Theorien der sozialen Gerechtigkeit

Wolfgang Kersting

Theorien der sozialen Gerechtigkeit

Verlag J. B. Metzler
Stuttgart · Weimar

Die Deutsche Bibliothek – CIP-Einheitsaufnahme

Theorien der sozialen Gerechtigkeit / Wolfgang Kersting.
– Stuttgart ; Weimar : Metzler, 2000
ISBN 3-476-01752-4

Gedruckt auf chlorfrei gebleichtem, säurefreiem
und alterungsbeständigem Papier

ISBN 3-476-01752-4

© 2000 J. B. Metzlersche Verlagsbuchhandlung und
Carl Ernst Poeschel Verlag GmbH in Stuttgart
Einbandgestaltung: Willy Löffelhardt
Satz: Grafik-Design und Satzstudio Fischer, Weimar
Druck und Bindung: Franz Spiegel Buch GmbH, Ulm
Printed in Germany
Verlag J. B. Metzler Stuttgart · Weimar

Für Angela, Edna und Erasmus

Inhaltsverzeichnis

„The issues are so complex and ramified
that any simplicistic doctrine
proposing an easy answer to the riddle of distributive justice
can be dismissed out of hand"
(Nicholas Rescher, *Distributive Justice*).

Vorwort

Friedrich August von Hayek hat den Verdacht geäußert, daß der Begriff der sozialen oder distributiven Gerechtigkeit eine Bedeutungschimäre, ein semantisches Irrlicht sei. In dieser Vermutung sah er sich unter anderem auch dadurch bekräftigt, daß die Anhänger und Freunde der sozialen Gerechtigkeit bis heute sich nicht darauf haben einigen können, was denn unter einer gerechten Verteilung ökonomischer Güter zu verstehen sei.[1] Jeder Blick in die Wirklichkeit wie in die Theorie bestätigt diesen deprimierenden Befund aufs neue. *Bis heute ermangelt der Sozialstaat einer zuverlässigen normativen Hintergrundtheorie.* Dies ist überaus bedenklich, denn selbst die maßvollste sozialstaatliche Umverteilung bedeutet eine Einschränkung der bürgerrechtlichen Verfügungsfreiheit über den Ertrag der eigenen Leistung. Der Sozialstaat ist also erheblich legitimationsbedürftig. Er verlangt nach einer Begründung, die einsichtig machen kann, daß das menschenrechtlich ausgezeichnete liberale Ordnungsmodell der Marktwirtschaft und des demokratischen Rechtsstaats aus moralischer Notwendigkeit einer normativen Einschränkung unterworfen werden muß. Diese Begründungslast wiegt besonders schwer, weil die mögliche gerechtigkeitstheoretische Relativierung privater Verfügungsrechte die staatliche Zwangsbefugnis einschließen muß. Nur zu oft wird übersehen, daß der Sozialstaat wie der Rechtsstaat ein Zwangssystem ist, daß die Benevolenz wohlfahrtsstaatlicher Verteilungen auf einem Sockel erzwungener Abgaben ruht. Ein Sozialstaatsbeweis muß daher einsichtig machen, daß die sozialstaatliche Umverteilung nicht nur moralisch wünschenswert oder gerechtigkeitstheoretisch erforderlich, sondern vor allem auch legitim erzwingbar ist.

Dieses anspruchsvolle sozialstaatliche Legitimationsprogramm ist bis heute politikphilosophisch noch nicht eingelöst worden. Statt eines begrifflich scharfen und politisch orientierungskompetenten legitimatorischen Profils kann der herrschende Sozialstaat nur eine diffuse, erheblich gefühlslastige, freilich in hohem Maße konsensfähige Gerechtigkeitspräsumtion vorweisen. Sie bildet den undeutlichen Hintergrund einer für den politischen Alltag wie für das Selbstverständnis des Sozialarbeiterwesens gleichermaßen tauglichen Gebrauchsrhetorik der sozialen Gerechtigkeit, deren politisch-moralische Persuasivität im umgekehrten Verhältnis

---

1 Hayek 1996.

zur semantischen Klarheit steht. Gerade weil der Begriff der distributiven Gerechtigkeit keine kriterielle Schärfe besitzt, vermag er sich natürlich dem politischen Opportunismus und den Begehrlichkeiten der Verteilungslobby zu empfehlen. Er ist
moralisch geschmeidig, kann jedem Maximierungsinteresse den Anschein moralischer Berechtigung geben. Die Rhetorik der sozialen Gerechtigkeit beutet undeut-
liche moralische Intuitionen aus und bietet die jeweils angestrebte sozio-ökonomische Besserstellung als inhaltliche Klarstellung an. Der Wunsch nach deutlicherer
begrifflicher Kontur findet freilich in den Grundüberzeugungen des *common sense*
genausowenig Rückhalt wie in der Grammatik unserer politisch-kulturellen Selbstverständigung. Die Frage gerechter Verteilungskriterien gehört zu den dunkelsten
Zonen des moralischen Bewußtseins; keinerlei geteilte Überzeugungen bieten hier
eine gesicherte Wissensgrundlage. *Was eine gerechte Verteilung ist, versteht sich nicht von
selbst.* Auch ist nicht zu hoffen, die Umrisse einer allgemein zustimmungsfähigen
Konzeption der Verteilungsgerechtigkeit im direkten Zugriff auf unsere grundlegenden normativen Wert- und Beurteilungsperspektiven gewinnen zu können. Es
bedarf daher aufwendiger Interpretations- und Explikationsanstrengungen, um
einen plausiblen Argumentationszusammenhang zwischen den unangefochtenen
normativen Grundorientierungen und den problemangemessenen Grundsätzen
einer gerechten Verteilung herzustellen. Ein sorgfältiges Abwägen ist nötig, um die
unterschiedlichen Ansprüche unserer moralischen Basisprinzipien auszubalancieren und dem Begriff der Verteilungsgerechtigkeit einen festen Halt im vielsträngi-
gen Dimensionsgeflecht der grundlegenden moralischen Wertperspektiven unseres
ethisch-kulturellen Selbstverständnisses zu geben.

Daher ist es nicht verwunderlich, daß nur im Rahmen des philosophischen Liberalismus Theorien der Verteilungsgerechtigkeit entwickelt worden sind. Denn nur
der philosophische Liberalismus ist aufgrund seiner konstruktivistischen Erkenntnistheorie methodologisch in der Lage, diese Herausforderung anzunehmen und
eine gerechtigkeitstheoretische Sozialstaatsbegründung zu entwerfen. Durch philo-
sophieeigentümliche begriffliche Zuspitzung und gedankliche Radikalisierung zum
einen, durch die Verwendung geeigneter Modelle, Konstrukte und kontrafaktischer
Arrangements zum anderen vermag er den argumentativ-interpretativen Brückenschlag zwischen den allgemeinen Wert- und Beurteilungsperspektiven unseres
moralischen Selbstverständnisses und der besonderen Problemstruktur der Frage
gerechter Verteilung zu leisten, der erforderlich ist, um Distributionsprinzipien zu
entwickeln, die zugleich in den normativen Grundlagen unserer moralischen und
politischen Überzeugungen wurzeln und eine problemgerechte Klarstellung bieten und daher den diffusen wohlfahrtsstaatlichen Diskurs der sozialen Gerechtigkeit philosophisch disziplinieren können. Ein solcher Rationalitätsfortschritt ist
nur von dem hermeneutischen Konstruktivismus des Liberalismus zu erwarten,
nicht jedoch von dem Kommunitarismus.[2] Daher sucht man auch vergeblich nach

---

2 Vgl. Kersting 1999b.

kommunitaristischen Theorien der Verteilungsgerechtigkeit, die in explikatorischer Konkurrenz zu den Gerechtigkeitskonzeptionen des Liberalismus alternative gerechtigkeitstheoretische Ausdeutungen unserer moralischen Überzeugungen anbieten. Denn der Kommunitarismus bürdet anfallende Rechtfertigungslasten unmittelbar geteilten Überzeugungen, gemeinsamen Wertvorstellungen und lebensweltlichen Üblichkeiten auf. Jedoch herrscht gerade auf dem Gebiet der sozialen oder distributiven Gerechtigkeit ein eklatanter Mangel an Selbstverständlichkeit. Daher sind hier philosophische Problemvermessungen, begriffliche Klärungen und normative Abwägungen nötig, um unter Einsatz bewährter, insbesondere der kontraktualistischen Begründungstradition entstammender Konzepte kohärente Interpretationsvorschläge zu erarbeiten. Und diese Explikations- und Interpretationsleistungen kann nur die konstruktivistische politische Philosophie des egalitären Liberalismus erbringen.

Angefangen hat es mit John Rawls' *Theory of Justice* von 1971, in der eine ehrgeizige vertragstheoretische Begründung von Distributionsprinzipien für soziale und ökonomische Grundgüter entwickelt wird. Dworkin, Nagel, Ackerman und andere haben die Rawlssche Thematik dann aufgegriffen und in zugleich kritischer und sympathetischer Auseinandersetzung mit seinen gerechtigkeitstheoretischen Innovationen eigene Konzeptionen der sozialen Gerechtigkeit entwickelt, die sich allesamt als philosophische Ausdeutung und verteilungsgerechtigkeitstheoretische Ausmünzung der liberalen Kernüberzeugung von der grundlegenden moralischen Gleichheit aller Menschen verstehen. So ist ein vielgestaltiger liberaler Egalitarismus entstanden, der das rechtsstaatliche Begründungsprogramm der klassischen politischen Philosophie durch ein sozialstaatliches Begründungsprogramm vervollständigen will. In ihm wird der Gesellschaft die Aufgabe übertragen, durch eine angemessene Korrektur der Verteilungsentscheidungen des Marktes jeden Bürger mit einem fairen Anteil an den kooperativ erwirtschafteten Gütern zu versorgen. Was die einzelnen Konzeptionen freilich unter einem fairen Anteil verstehen, hängt von dem Equalisandum ab, das die Theorie zur Bemessungsgrundlage der egalitären Gerechtigkeit erklärt. Diese Entscheidung hat großen Einfluß auf die Physiognomie des Egalitarismus und das von ihm verlangte gesellschaftliche Verteilungsprofil. Unterschiedliche Sozialstaatsbilder entstehen, wenn die Begründung marktkorrektiver Umverteilungen sich an der Vorstellung der Wohlfahrtsgleichheit orientiert oder sich auf das Programm einer Sicherstellung der Gleichheit lebensplanrelevanter Ressourcen stützt, wenn die egalitäre Gerechtigkeit den Staat zur Auszahlung eines bedingungslosen und arbeitsfreien Grundeinkommens verpflichtet oder sich auf die Einrichtung eines differenzierten Erziehungs- und Ausbildungswesens konzentriert, das den Individuen gleiche Chancen zur Entwicklung ihrer Fähigkeiten und Fertigkeiten einräumt.

Ich werde in diesem Buch die wichtigsten Gerechtigkeitskonzeptionen des egalitären Liberalismus untersuchen: das Rawlssche Differenzkriterium, die Ressourcengleichheitskonzeption von Dworkin und den Unparteilichkeitsegalitarismus von Thomas Nagel. Jedoch stützt sich meine kritische Analyse der egalitären Gerechtigkeit nicht allein auf diese drei philosophisch elaboriertesten Theorien des liberalen Egalitarismus. Ich beschäftige mich auch mit den Konzeptionen von Ackerman und Arneson, mit der Ackermanschen und Alstottschen Vorstellung von einer *stakeholder society*, der Van Parijsschen Idee eines gegenleistungsfreien Grundeinkommens und den Beckschen Überlegungen zur Bürgerarbeit. Eingeleitet wird diese kritische Analyse des liberalen Egalitarismus durch zwei Kapitel zur Semantik und zur Geschichte der Verteilungsgerechtigkeit. Unter einer *Semantik der Verteilungsgerechtigkeit* verstehe ich eine metatheoretische Untersuchung, die eine allgemeine Beschreibung des Theorieprogramms der Philosophie der Verteilungsgerechtigkeit gibt, seine Grundbegriffe einführt, seine Grundprobleme aufzeigt und typologische Unterscheidungen für einen orientierenden Überblick über die Gesamtdiskussion bereitstellt. Das Geschichtskapitel gibt einen kurzen Einblick in einige wichtige Etappen der Bedeutungsgeschichte des Begriffs der *iustitia distributiva*.

   Eine philosophisch zufriedenstellende Untersuchung von Verteilungsgerechtigkeitstheorien muß mehrere Fragestellungen miteinander verbinden und mehrere Betrachtungsebenen durchlaufen. Da ist erst einmal die Frage der internen Konsistenz; da ist zum anderen die Frage der normativen Kohärenz; da ist drittens die Frage der philosophischen oder metaphysischen Voraussetzungen und Implikationen; und da ist schließlich die Frage der politischen Folgen. Die Untersuchung der internen Konsistenz widmet sich dem inneren Argumentationsgefüge der Theorie, ihrem begründungstheoretischen Duktus und dem logischen Verhältnis ihrer zentralen Lehrstücke. Bei der Frage der normativen Kohärenz geht es hingegen um die Beziehungen des entfalteten Gerechtigkeitskonzepts zu den sowohl von der Theorie selbst in Anspruch genommenen normativen Voraussetzungen unserer moralischen Grundüberzeugungen als auch zu anderen wichtigen Wertperspektiven und Beurteilungsdimensionen unseres Selbstverständnisses. Die Frage der normativen Kohärenz verlangt also eine kartographische Vermessung unserer moralischen Überzeugungslandschaft, die eine zuverlässige Ortsbestimmung der zu untersuchenden Gerechtigkeitskonzeption gestattet. Bei den philosophischen oder metaphysischen Voraussetzungen und Implikationen einer Gerechtigkeitstheorie handelt es sich um zumeist verborgene, von dem Theoretiker unbedachte Annahmen und Konsequenzen vornehmlich personentheoretischer Natur. Der Kritiker muß diese Voraussetzungen und Implikationen freilegen und ihre Haltbarkeit und Angemessenheit prüfen. In meiner Analyse erweist sich diese dritte Betrachtungsdimension als besonders wichtig, denn es zeigt sich, daß das philosophische Schicksal des egalitären Liberalismus von einem angemessenen Personen- und Subjektivitätsbegriff abhängig ist, daß gerade die personentheoretischen Voraussetzungen und Implikationen in hohem Maße über das Gelingen seiner Gerechtigkeitstheorie entscheiden. Diese Einsicht erreicht man jedoch nur, wenn man die ausgetretenen universalistischen Diskurspfade des moralphilosophischen und gerechtigkeitsphilosophischen Liberalismus verläßt, sich nicht auf eine Analyse der internen argumentationslogischen Statik seiner epistemologischen Modelle und Konstruktionen beschränkt und die dunkle Metaphysik des

Egalitarismus, seine personen- und freiheitsphilosophischen Vorstellungen zu Tage fördert.

Auch die vierte Fragestellung konzentriert sich auf eine innerhalb der Theoriebildung des egalitären Liberalismus weitgehend unbelichtete Dimension. Es sollte im Rahmen politikphilosophischer Reflexion selbstverständlich sein, daß sich gerechtigkeitstheoretische Entwürfe ihres Verhältnisses zur politischen Wirklichkeit vergewissern, um angemessene Vorstellungen über ihre politischen Kosten und die Konsequenzen ihrer Verwirklichung entwickeln zu können. Aber, so wird sich zeigen, an nichts scheint der egalitäre Liberalismus weniger interessiert zu sein als an der gegebenen Wirklichkeit und den Bedingungen seiner zukünftigen Verwirklichung. Jedoch kann einer politischen Philosophie ein derartiger Härtetest nicht erspart werden; *mit ihrer politischen Ernsthaftigkeit steht immerhin auch ihr philosophischer Ruf auf dem Spiel.* Daher gehe ich in meiner Untersuchung der Gerechtigkeitskonzeptionen des egalitären Liberalismus auch ihrem Politikverständnis nach. Ich frage nach ihrer Einschätzung der vorfindlichen wohlfahrtsstaatlichen Realität und nach ihren politischen Konsequenzen, zum einen nach den politischen Auswirkungen, die diese Theorie hätte, wenn sie Wirklichkeit würde, und zum anderen nach ihrer strukturpolitischen Phantasie, nach den politischen Instrumenten und Strategien, die in der gegenwärtigen Situation anzuwenden wären, um erste Schritte zur Verwirklichung der Theorie zu machen.

Das Ergebnis meiner Untersuchung des Theorieprogramms des liberalen Egalitarismus ist durch und durch negativ. *Auf je unterschiedliche Weise zeigen die Konzeptionen von Rawls, Dworkin, Nagel, Arneson und anderen Egalitaristen, daß die Versuche, dem gerechtigkeitsrelevanten Gleichheitsgedanken über den Rahmen rechtsstaatlicher Antidiskriminierungspolitik hinaus Bedeutung für eine marktkorrektive Verteilung sozio-ökonomischer Güter zu geben, verhängnisvolle Auswirkungen für Theorie und Praxis hat.* Der Versuch, die natürlichen und sozialen Ausgangsungleichheiten als bürgerrechtliche Anspruchsgrundlage moralisch zu diskreditieren, führt zu kontrafaktischen Egalitätskonstruktionen, von denen kein akzeptabler Weg in die politische Wirklichkeit zurückführt, hat überdies beträchtliche freiheitsprekäre Auswirkungen, die die Konzeption des egalitären Liberalismus in einen deutlichen Gegensatz zu den Grundüberzeugungen des normativen Individualismus und den darin begründeten individualrechtlichen und bürgerrechtlichen Verfügungsrechten setzen. Auch wird deutlich, daß die von dem Wohlfahrtsegalitarismus geforderten diversen interpersonellen Eudämonievergleiche nach dem gläsernen Bürger verlangen und zur Etablierung einer totalitären Informationsbeschaffungsbürokratie führen müssen. Weiterhin ist zu kritisieren, daß insbesondere die Konzeptionen des egalitären Liberalismus, die auf die Egalisierung der ungleichen natürlichen und sozialen Ausgangsbedingungen der individuellen Lebenskarrieren dringen, sich zur Begründung ihrer Thesen der Beihilfe überaus fragwürdiger personentheoretischer und metaphysischer Vorstellungen bedienen.

Ein weiterer schwerwiegender Einwand ist methodologischer Natur. Der egalitäre Liberalismus, der Gerechtigkeit als gesellschaftliche Anstrengung um den Ausgleich der Auswirkungen natürlicher wie sozialer Ungleichheit versteht, wird unweigerlich dazu getrieben, Gerechtigkeit als Kompensationsmathematik zu operationalisieren. Damit verletzt er nicht nur den beherzigenswerten Grundsatz des Aristoteles, daß die Genauigkeitserwartungen einer Theorie sich an der Natur ihres Gegenstandes ausrichten sollten; damit kappt er vor allem auch alle Verbindung zur politischen Praxis. Die Gerechtigkeitstheorien des egalitären Liberalismus sind wenig mehr als politisch unverbindliche und begrifflich exaltierte Konstruktionsspiele, die eine um politische Verwirklichungschancen besorgte politische Philosophie ebenso enttäuschen wie eine um theoretische Klarstellung und Orientierung ihres Handelns bemühte Politik. Ich komme letztlich zu der Überzeugung, daß die Vorstellung einer gerechtigkeitsethischen Regulation des Marktgeschehens zum Zwecke der egalitären Neutralisierung vormarktlicher natürlicher und sozialer Ungleichheiten oder zur Sicherstellung gleicher welfaristischer Ausschüttungen genau die Kritik verdient, die Hayek gegen das Unternehmen der theoretischen wie politischen Rettung unserer *common-sense*-Intuitionen von sozialer Gerechtigkeit gerichtet hat. Dies Unternehmen ist gescheitert. Der egalitäre Liberalismus ist in eine sowohl politikphilosophische wie politische Sackgasse geraten. Das moralische Bewußtsein sollte daraus die bittere Lehre ziehen, seinen Vorstellungshaushalt und seine Grundbegrifflichkeit zu revidieren. Eine Verteilungsgerechtigkeit, die den Bereich übersichtlicher Allokationssituationen mit eindeutig zuständigen Kriterien verläßt, und die Gesamtgesellschaft unter die Gerechtigkeitsregie egalitärer Demokratie zwingt und in eine heftig rotierende Verteilungsmaschinerie verwandelt, die zur egalitären Korrektur einer durch vormarktliche Gegebenheiten verursachten Einkommens- und Lebenserfolgsungleichheit eingesetzt wird, sollte nicht länger den Leitstern progressiver und moralisch sensibler Gesellschaftspolitik bilden.

Ich gelange in meiner Untersuchung zu der Überzeugung, daß eine Sozialstaatsbegründung im Rahmen des egalitären Liberalismus nicht gelingen kann.[3] Ich gelange freilich nicht zu der Überzeugung, daß eine Sozialstaatsbegründung unmöglich ist, weil jede Ausweitung kollektiven Handelns über den rechtsstaatlichen Aufgabenkreis hinaus illegitim sei. Ich halte eine Sozialstaatsbegründung für möglich; und ich halte sie für notwendig. Denn die bestehenden sozialstaatlichen Systeme sind nicht nur einer deutlichen und konturenscharfen politischen Rekonstruktion zu unterwerfen, sie verlangen auch nach einer neuen moralischen Grundlegung, die sich von den vagen Vorstellungen einer sozialen Gerechtigkeit als Gleichheitsherstellung und Ungleichheitskompensation befreit und Halt in den unstrittigen Grundlagen des normativen Individualismus und politischen Liberalismus findet. Diese neue moralische Grundlegung verlangt einen Paradigmenwechsel, einen Wechsel vom gescheiterten Paradigma der egalitaristischen Gerechtigkeit zum Paradigma der politischen Solidarität.

---

3   Ich rücke mit diesem Buch daher auch von vielen eigenen früheren Arbeiten ab, in denen ich dem Theorieprogramm des egalitären Liberalismus noch mit großer Sympathie begegnet bin; vgl. z. B. Kersting 1997; Kersting 1998b; Kersting 1999a; Kersting 1999b.

Um diese These zu begründen, unternehme ich zwei Argumentationsschritte. Zuerst vervollständige ich die Auseinandersetzung mit dem liberalen Egalitarismus durch eine kritische Analyse der sozialstaatspolemischen Position des *libertarianism*, die Robert Nozick in seinem Buch *Anarchy, State, and Utopia* von 1974 entwickelt hat und die die bislang theoretisch phantasievollste und argumentativ raffinierteste Zurückweisung des Sozialstaats bietet. Da auch diese Untersuchung zu einem negativen Ergebnis führt, die Sozialstaatsablehnung genausowenig moralisch überzeugen kann wie das Projekt egalitärer Verteilungsgerechtigkeit, ist es notwendig, sich nach einer alternativen normativen Grundlage sozialer Sicherungssysteme umzusehen. Ich entwickle daher in einem zweiten Schritt einen Liberalismus der politischen Solidarität, stelle die von dieser Liberalismusversion geforderten Revisionen des Sozialstaatsdiskurses der politischen Philosophie heraus und schildere in Umrissen die von ihr favorisierte politische Praxis. Ich nenne ihn Liberalismus *sans phrase*.

Dieser Liberalismus ohne Umschweife ist die Antwort auf die vielfältigen philosophischen, methodologischen, moralischen und politischen Schwächen des Egalitarismus und Libertismus. Der Liberalismus *sans phrase* verlangt den Übergang von dem Minimalstaat zu einem Minimalsozialstaat. Die Grenzen des Minimalsozialstaats liegen sowohl diesseits der imaginierten Umverteilungsmaschinerien des Egalitarismus als auch der gegebenen wohlfahrtsstaatlichen Wirklichkeit. Das Redistributionsvolumen der politischen Solidarität ist weitaus geringer als das der umverteilungsintensiven Programme des Egalitarismus, soll aber auch bei weitem das Sozialbudget unterschreiten, das etwa die bundesrepublikanische sozialsstaatliche Wirklichkeit zur ungeschmälerten Selbsterhaltung und Zufriedenstellung der etablierten Verteilungslobby benötigt. *Der Liberalismus sans phrase verlangt eine sowohl ökonomische als auch moralische Evaluation gegenwärtiger sozialstaatlicher Verhältnisse, die die Grundlage für ihre ökonomische Restrukturierung und bürgerethische Verbesserung bildet.* Denn der gegebene Sozialstaat hat nicht nur die Grenzen seiner Finanzierbarkeit erreicht, er erzeugt auch immense moralische Kosten. Als soziale Rahmenordnung der Marktwirtschaft konzipiert ist der Sozialstaat mittlerweile zu einer bürgerfeindlichen und lebensethisch verhängnisvollen Einrichtung geworden, die Bürger in Klienten verwandelt, die aus der lebensethischen und selbstwertstiftenden Balance von Leistung und Gegenleistung geraten und zusehends die Fähigkeit zur eigenverantwortlichen Lebensführung, zur Selbstbeanspruchung und zum Umgang mit Lebensrisiken verlieren.

Der Liberalismus *sans phrase* beruht auf vier Säulen. Da ist zuerst der *verdienstethische Naturalismus*, der sich gegen die unangemessenen personentheoretischen Vorstellungen des Egalitarismus richtet und die damit verbundenen Programme einer kontingenzkritischen gerechtigkeitsethischen Korrektur natürlicher Begabungs- und Fähigkeitenunterschiede und unterschiedlicher Sozialisationsmilieus entschieden ablehnt. Mit dem verdienstethischen Naturalismus wird jede Form von Kompensationismus verabschiedet, denn gerade der liberale Egalitarismus zeigt, daß keine Kompensation des geringeren Talents möglich ist, ohne daß die Gesellschaft das größere Talent in Produktionshaft nimmt. Politische Solidarität reagiert im Rahmen verrechtlichter Anspruchsgrundlagen und Auszahlungsverpflichtungen auf definierte Bedürfnisse und verwirft jede gesellschaftliche Verantwortung für eine Angleichung unterschiedlicher natürlicher und sozialer Startbedingungen, die über die engagierte Gewährleistung von Chancengleichheit hinausginge. Politische Solidarität ist dem Suffizienzprinzip verpflichtet, gibt nicht gleich, sondern genug. Da ist zweitens das *Prinzip der Entwicklungschancengleichheit*. Die gesellschaftliche Verantwortung für Entwicklungschancengleichheit verlangt nicht, wie die Egalitaristen meinen, die Minderbegabten durch Transferzahlungen zu entschädigen, sondern die Einrichtung eines allgemein zugänglichen, vertikal wie horizontal hinreichend ausdifferenzierten Erziehungs- und Ausbildungssystems, das jedem die Chance einräumt, seine Begabungen und Talente zu entfalten und die ihm möglichen Fähigkeiten zu trainieren. Die dritte Komponente des Liberalismus *sans phrase* ist eine dem Suffizienzprinzip verpflichtete *einkommensneutrale Grundversorgung*, die diejenigen, die sich kein hinreichendes Arbeitseinkommen verschaffen können und über kein Vermögen verfügen, sozial und finanziell durch einschlägige Leistungen verschiedener Versicherungssysteme absichert. Die vierte Komponente des Liberalismus *sans phrase* ist *arbeitsmarktpolitische Offensivität*, denn Arbeit ist nicht nur ein ökonomisch wichtiges, sondern auch ein bürgerethisch wertvolles Gut, um dessen Mehrung sich eine bürgerfreundliche Politik bemühen muß. Der Liberalismus *sans phrase* verlangt eine Arbeitsmarktpolitik, die der beschäftigungspolitischen Unverantwortlichkeit der Tarifparteien zu Lasten der gesetzlichen Kassen und der zukünftigen Generationen entgegenwirkt und dem ungerechten Lobbyismus der organisierten Arbeitsplatzbesitzer ein Ende macht, die durch ein sowohl ökonomisch wie ethisch kluges Anreizsystem Eigenverantwortung ermutigt und durch Ausdifferenzierung des Lohnsektors, durch Flexibilisierung der arbeits- und tarifrechtlichen Rahmenbedingungen und durch Subventionsabbau im Fall wirtschaftlich überlebter Industriezweige zum einen und Subventionsengagement im Fall zukunftsträchtiger Produktionsentwicklungen zum anderen die Beschäftigungssituation signifikant verbessert.

Wir warnen Sie! Nicht auszudenken,
was Ihnen zuteil würde,
ginge's mit rechten Dingen zu.
(Hans Magnus Enzensberger: *Warnung vor der Gerechtigkeit*)

I Zur Semantik der Verteilungsgerechtigkeit

Beginnen wir mit dem Verteilungsschema. Es ist einfach und lautet: x verteilt y an z. Es enthält also eine Verteilungsrelation mit drei Variablen. Diese müssen interpretiert werden. Es muß gefragt werden, was für x, y und z eingesetzt werden kann, wie sich einzelne Interpretationen der Variablen zueinander verhalten, wo die Grenze zwischen zulässigen und unzulässigen Substitutionen verläuft. Sodann muß in einem zweiten Schritt das Verteilungsschema mit dem Gerechtigkeitsbegriff kombiniert werden. Das verlangt zuallererst die Einführung einer vierten Variable, denn Gerechtigkeit ist im Kontext der Verteilungsgerechtigkeit ein Verteilungsmodus. Somit erweitert sich das Verteilungsschema folgendermaßen: x verteilt y an z auf die Weise a resp. nach dem Kriterium a. Diese Erweiterung geht einher mit einer Verengung der möglichen Interpretationen der drei Ausgangsvariablen, denn nur solche Substitutionen sind zugelassen, die mit den Voraussetzungen der Gerechtigkeit in Übereinstimmung stehen. Die Voraussetzungen der Gerechtigkeit umfassen die Bedingungen, die erfüllt sein müssen, damit eine Interpretation des Verteilungsschemas überhaupt unter der Gerechtigkeitsdifferenz steht, und das meint: damit die Prädikate der Gerechtigkeit oder der Ungerechtigkeit auf sie angewandt werden können.

1 Wer verteilt?

Stellen wir zuerst eine Liste möglicher Verteiler zusammen. Wer kann als Subjekt einer Verteilung angesprochen werden? Welche Arten von Verteilungsagenten und Verteilungsagenturen gibt es? Zuerst sind sicherlich Menschen zu nennen und dann Institutionen. Das Handeln von Institutionen ist durch Regelsysteme bestimmt, die in umfassendere normative Netze eingebunden sind, deren Grundstruktur durch die allgemeine gesellschaftliche Verfassung und die ihr zugrundeliegenden Wertperspektiven bestimmt ist, so daß wir als dritten Kandidat die gesellschaftliche Grundverfassung anführen können. Aber damit ist die Verteilerriege noch nicht erschöpft. Auch die Natur verteilt; und wenn wir die Natur als Schöpfung buchstabieren, müssen wir auch Gott als letztinstanzlichen Großverteiler aufführen. Obwohl mit diesen altehrwürdigen Instanzen der Bereich außergesellschaftlicher Lebensbedingungen vollständig abgedeckt zu sein scheint, gibt es manche, die noch eine weitere Verteilungsinstanz einführen wollen. Die einen bestehen darauf, daß auch das Schicksal immer seine Hände im Spiel hat, die anderen reden da lieber vom Zufall. Natürlich sind mit diesen Kandidaten beträchtliche Probleme verbunden. Während wir noch einigermaßen zu wissen glauben, was es mit der Natur auf sich hat, ist uns Gott fremd; und was sich ontologisch hinter den so leichthin ins Spiel gebrachten Mächten des Schicksals und des Zufalls verbirgt, wissen wir noch weniger: diese Unter- und Nebengötter der Kausalität sind noch rätselhafter als der omnipotente Hausgott. Aber wie dieses Gelände undurchsichtig agierender Verteilungskausalitäten auch immer aussehen mag, hier ist erst einmal nur folgendes festzuhalten: *mögliche Verteiler oder Verteilungsagenturen – und damit auf ihre Einsetzbarkeit in ein Schema der Verteilungsgerechtigkeit befragbare Kandidaten – sind Menschen, Institutionen, Strukturen, Gesellschaftsverfassungen, Natur, Gott, das Schicksal und der Zufall.*

2 An wen wird verteilt?

Wenn wir zum anderen Ende der Verteilungsrelation blicken, ergibt sich ein weit einfacheres Bild. Verteilungsadressaten sind Tiere, Menschen und Institutionen. Der Begriff der Institution ist sehr umfassend. Die Bandbreite der Institutionen erstreckt sich von der Familie über Kommunen, Regionen und Länder bis zu Staaten, Staatenallianzen, internationalen und supranationalen Organisationen; umfaßt aber auch Vereine, Verbände, Parteien und internationale nicht-staatliche, nicht-gouvernementale Organisationen. Tiere sind nur der Vollständigkeit halber mit aufgeführt worden. In der teils prahlenden, teils melancholischen Tradition anthropologischer Selbstverständigung ist der Tier-Mensch-Vergleich ein Gemeinplatz, der literarisch häufig durch Geschichten besetzt wird, in denen die Erschaffung von Mensch und Tier als Verteilungsaktion dargestellt wird: der Weltenschöpfer stattet das Getier mit unterschiedlichen Gaben aus, so daß es sich in Arten auseinanderlegen kann, und je nachdem wie der Mensch im Vergleich mit den anderen Tieren weggekommen ist, stimmen diese Geschichten dann ein Lob- oder ein Klagelied über den Menschen an.[1]

Bei der politischen Behandlung von Verteilungsproblemen wird der Horizont der Aktualität in der Regel nicht verlassen. Die politische Philosophie darf sich jedoch nicht auf die Kompräsenz der um knappe Güter konkurrierenden Menschen und Institutionen beschränken. Sie muß auch die zukünftigen Generationen in die Liste legitimer Gerechtigkeitsforderer und zu berücksichtigender Verteilungsadressaten aufnehmen. Denn nicht nur die Verzeihensmoral zielt auf eine Neutralisierung zeitlinearitätsbedingter Nachteile und Vorteile; auch die Gerechtigkeitstheorie muß sich dem Problem der zeitlichen Linearität stellen und in ihren Verteilungsschemata die Schwierigkeiten zeitlicher Asymmetrien reflektieren. Beim Verzeihen

---

1 Man denke etwa an Giovanni Pico della Mirandolas *De dignitate hominis oratio* von 1486 oder an Plutarchs *Gryllos oder die Vernunft der unvernünftigen Tiere.*

geht es darum, die Herrschaft des Vergangenen über die Gegenwart zu brechen und die Auswirkungen vergangenen Handelns zu annullieren. In der Verteilungsgerechtigkeit haben wir eine andere, um eine Zeitphase verschobene Situation vor uns. Hier geht es um die Brechung der Herrschaft der Gegenwart über die Zukunft, genauer um ein Verteilungsarrangement, daß die Zukünftigen nicht zugunsten der Gegenwärtigen benachteiligt. Unser Handeln wie unser Denken steht aufgrund der Zeitlichkeit all unserer kognitiven, volitiven und appetitiven Akte und der korrespondierenden Endlichkeit alles kognitiv, volitiv und appetitiv Intendierten unter der Herrschaft eines konstitutionellen präsentischen Vorurteils. Unser jetziger Hunger läßt den zukünftigen Hunger verstummen. Unsere jetzt empfundenen und auf Befriedigung pochenden Bedürfnisse und Interessen sind uns gegenwärtiger als die Bedürfnisse und Interessen, die sich morgen und übermorgen melden werden. Kurzfristige Präferenzen sind gegenwärtiger als mittelfristige, und mittelfristige Präferenzen sind gegenwärtiger als langfristige.

Darum fällt richtige Klugheit, Klugheit von Format, uns so schwer. Wenn wir die individuelle Lebensplanung verlassen und den Bereich der Intersubjektivität betreten, bleibt das präsentistische Vorurteil bestehen: wir sind uns gegenwärtiger als alle anderen, darum hat es der Altruismus schwerer als der Egoismus. Und was für jeden einzelnen von uns gilt, gilt auch für uns als konvivantes Kollektiv: uns ist unsere Gegenwart näher als unsere Zukunft; erst recht freilich ist uns unsere Gegenwart näher als die Zukunft anderer, noch nicht zu uns Gehöriger. Das bringt darum moralische Probleme mit sich, weil menschliches Wohlbefinden allgemein von der Verfügung über natürliche und gesellschaftliche Güter abhängig ist, diese hingegen wiederum in Bestand wie in Qualität abhängig sind von der Art, wie wir sie behandeln. *Es gibt also ein intergenerationelles Verteilungsproblem.* In der Umweltethik weiß man das seit geraumer Zeit: der sich nicht in vormoderne Denkfallen lockende Anthropozentrismus ist dann systematisch am stärksten und philosophisch am überzeugendsten, wenn er die anfallenden moralischen Problemkosten moderner, wachstumsgesellschaftlicher Naturnutzung nach dem Modell der intergenerativen Verteilungsgerechtigkeit betrachtet und behandelt. Natürliche Güter sind nichtvermehrbare Güter; sie müssen folglich durch jede Generation so genutzt werden, daß ihr humanbiologischer, kultureller und ästhetischer Nutzungswert nicht geschmälert wird. In intergenerationeller Hinsicht müssen Hostizität und Xenoität zum prägenden menschlichen Existenzmodus werden: nur der ideale Gast, nur der ideale Fremde beläßt das ihn Umgebende so, wie er es vorfindet.

3 *Debita innata:* die ökonomischen Lebensbedingungen zukünftiger Generationen

Der politischen Philosophie ist aber bislang gänzlich entgangen, daß nicht nur die ökologische Belastung der natürlichen Lebensbedingungen zukünftiger Generationen ein Gerechtigkeitsproblem darstellt, sondern auch die finanzielle Belastung der *ökonomischen Lebensbedingungen zukünftiger Generationen*. Denkt man an den letzten Punkt, dann nimmt der Sozialstaat schnell die *Gestalt eines gerechtigkeitstheoretischen Paradoxons* an. Zum einen verlangt die dem Markt mißtrauende, auf normative Distributionskorrektur bestehende Verteilungsgerechtigkeit den Sozialstaat, da nur durch sozialstaatliche Redistributionen die durch die Theorie ausgemachten fairen Ansprüche aller an den kooperativ erwirtschafteten Gütern verwirklicht werden können. Zum anderen aber führt gerade die Etablierung des Sozialstaats als gerechtigkeitsmotivierte Umverteilungsmaschinerie zu explodierender Staatsverschuldung, die zukünftige Generationen in Zinsknechtschaft treibt. Rawls, so scheint es, stellt hier eine Ausnahme dar: denn seine Gründer einer wohlgeordneten Gemeinschaft einigen sich auch auf ein gerechtes Sparprinzip, auf ein „just savings principle",[2] das die Ansprüche gegenwärtiger und zukünftiger Generationen gleichermaßen berücksichtigen will und darum jedes gegenwärtige Verteilungshandeln unter die Bedingung stellt, keinen vergleichbaren Zukünftigen schlechter wegkommen zu lassen als einen durch Zeitpräferenz bevorzugten Gegenwärtigen. Das bleibt bei Rawls freilich alles recht vage; letztlich ist es nicht mehr als eine rein formale Begegnung zwischen einem allgemeinen Schema und einer Problemempfindung. Da ist ein Problem, ich habe ein Schema. Um dessen allgemein problemlösenden Anspruch aufrechtzuerhalten, gebe ich ihm eine ausweitende Interpretation, erweitere ich das Personal des Schemas der Verteilungsgerechtigkeit um zukünftige Generationen; und das vermag ich zu tun, indem ich jedem meiner gerechtigkeitstheoretischen Zentralbegriffe den Indikator einer zeitneutralen Bedeutung gebe.

Die Philosophie mag auf die Idee kommen, gegenwärtige und zukünftige Generationen gleichberechtigt zu behandeln; ein demokratischer Politiker wird aber nicht von zukünftigen Wählern, sondern immer nur von gegenwärtigen Wählern gewählt. Daher ist die einzige Möglichkeit, dem demokratischen Politiker mehr Zukunftsverantwortung einzuimpfen, immer eine schlechte: quantitative Ausweitung der Wähler durch Senkung des Wahlrechtsalters, am besten gleich, wie es jüngst die Berliner Justizsenatorin Peschel-Gutzeit vorschlug, die Kinder von Geburt an mit dem Wahlrecht ausstatten. Rawls' „just savings principle" hat aber nicht nur den Nachteil, recht abstrakt und wenig mehr als eine schematische Ausweitung zu sein, ihm ist überdies vorzuwerfen, all denen in die Hände zu spielen, die normativer politischer Philosophie ohnehin negativ gegenüberstehen und sie, sei es mit Skepsis, sei es gar mit Verachtung, betrachten. Denn der von Rawls gebrauchte Begriff des Sparens kann angesichts der finanzpolitischen Misere, der Schuldenwirklichkeit in den westlichen Wohlfahrtsstaaten nur bitterstes Hohnlachen hervorrufen.

Selbst bei dem Versuch, den Zeitvorteil der Gegenwart gerechtigkeitstheoretisch zu neutralisieren, macht sich die Prägung durch den Präsentismus übersicht-

---

2 Rawls 1971, 284ff.

licher Allokationssituation bemerkbar: man stellt sich einen Hausvater vor, der, an der schmalen Tischseite einsam präsidierend, den versammelten Kindern je nach aktuellem Hunger, entwicklungsphysiologisch normiertem Bedarf und individueller Leistung Brot und Suppe zuteilt und dabei genügend zurückhält, damit auch die später Hinzukommenden nach den gleichen Richtlinien versorgt werden können. Sparen heißt: Güter dem jetzigen Verbrauch entziehen und für künftigen Verbrauch reservieren; Sparen heißt Konsumhemmung. Wenn wir das ökologische Problem der zukünftigen Generationen mit dem sozialen Problem der zukünftigen Generationen parallelisieren, dann können wir durchaus von Sparen reden, denn die ganze Rhetorik schonender Naturnutzung ist eine Rhetorik des Verschwendens und des Sparens. *Aber in sozialer Hinsicht besteht das Verteilungsproblem der intergenerationellen Gerechtigkeit nicht darin, daß Späteren zuwenig an Gutem hinterlassen wird, sondern daß Späteren zuviel an Schlechtem vererbt wird.* Es gibt noch einen anderen wichtigen Unterschied: während die ökologische Gerechtigkeit einschreitet, um den Egoismus der gegenwärtigen Generation moralisch zu kontrollieren, entstehen die sozialen intergenerationellen Gerechtigkeitsdefizite selbst als Gerechtigkeitskosten. Hier ist der Egoismus der gegenwärtigen Generationen nicht in unbeschränkter technischer Naturausbeutung begründet, sondern in der Etablierung einer verteilungsintensiven wohlfahrtsstaatlichen Gerechtigkeitsbürokratie. Das, was soziale Gerechtigkeit heute zu verlangen scheint, bedeutet eine schreiende Ungerechtigkeit gegenüber der kommenden Generation. Die intergenerationelle Gerechtigkeit verlangt die Kündigung eines Generationenvertrags, der aufgrund der Metamorphose der demographischen Altersstruktur von einer Pyramide in einen Pilz die Gestalt eines unsittlichen Ausbeutungsvertrages annimmt. Die demographischen Veränderungen haben die formale Sittlichkeitsbedingung jeden Vertrages angegriffen, die Reziprozitäts- und Symmetriestruktur. Das Gleichgewicht von Belastung und Gewinn ist zerstört, wenn immer weniger Junge immer mehr Alte alimentieren müssen. Verschärft wird diese Situation noch, weil nicht nur die Harmonie zwischen den Generationen, sondern auch die Harmonie zwischen Gerechtigkeit und Demokratie getrübt wird, denn die immer weiter anwachsende Wählergruppe der Alten wird als Antirentenniveausenkungslobby tätig und damit die Jungen mehrheitsdemokratisch strangulieren.

Die Schuldenproduktion des gegenwärtigen Wohlfahrtsstaates ist exorbitant. Nicht ums Sparen geht es, noch nicht einmal um Altschuldenabbau, sondern nur noch darum, die Neuverschuldungsrate nicht allzusehr über den im jeweilig letzten Haushaltsgesetz festgelegten Prozentsatz steigen zu lassen. Im 17. und 18. Jahrhundert redete man von *ideae innatae* und meinte damit, daß jeder Mensch mit einer bestimmten Ausstattung mit Grundvorstellungen und kognitiven Fähigkeiten ins Leben tritt. Wir Wohlfahrtsstaatsbürger von heute müssen stattdessen von *debita innata*, von eingeborenen Schulden, reden. Jedes neugeborene Kind ist vor jedem Atemzug bereits mehrfacher Schuldner: sowohl bei seiner Kommune, als auch bei seinem Land und bei seinem Staat – und bald steht er auch bei der europäischen Einheit in der Kreide: die Erbsünde ist dagegen eine

Kleinigkeit.[3] Kommt der Gesichtspunkt einer intergenerationellen Verteilungsgerechtigkeit ins Spiel, dann zeigt sich, daß unser Sozialstaat an einer merkwürdigen gerechtigkeitstheoretischen Dialektik leidet: er produziert ungerechte Gerechtigkeit, da er die gerechtigkeitstheoretisch geforderte Verbesserung der sozialen Verhältnisse in der Gegenwart mit einer gerechtigkeitstheoretisch zu verwerfenden Verschlechterung der sozialen Verhältnisse in der Zukunft bezahlt. Die zukünftigen Generationen sind keine absonderliche Erfindung umweltethischer Konstrukteure. Jede Theorie der Verteilungsgerechtigkeit muß sich dem Problem der angemessenen Berücksichtigung zukünftiger Generationen stellen, muß sich Gedanken über die Auswirkungen gegenwärtigen Handelns, auch gegenwärtigen Gerechtigkeitshandelns, auf die Zukunft machen. *Auch Gerechtigkeitstheorien müssen zukunftsfähig sein*, und wenn ihre Gerechtigkeitsvorstellung sich im Licht der Rechte zukünftiger Generationen als desaströs erweist, muß sie korrigiert werden. Und dies gilt insbesondere für den Kernbereich sozialer Gerechtigkeit, für die sozio-ökonomischen Verteilungseigenschaften der gesellschaftlichen Verfassung. Hier muß die neutralisierungsbedürftige Zeitpräferenz besonders sorgfältig beachtet werden, hier muß dem Vorurteil der Gegenwärtigkeit besonders entschieden entgegengetreten werden, denn hier ist die Zukunft in Gestalt der eigenen Jugend immer schon anwesend.[4]

4 Was wird verteilt?

Nachdem sich Individuen, Institutionen und zukünftige Generationen als genuine Adressaten der Verteilungsgerechtigkeit erwiesen haben, ist die Frage der zu verteilenden Güter zu behandeln. Was kann verteilt werden? Diese Frage gestattet aufgrund der Allgemeinheit des Ausgangsschemas keine erhellende Antwort. Alles

---

3 Der Bund der Steuerzahler hat an seinem Sitz in Wiesbaden eine Schuldenuhr angebracht, die die unaufhörlich anwachsende Staatsverschuldung in Deutschland anzeigt – glücklicherweise mit Lesehilfe unter dem riesigen Display – und den Schuldenzuwachs pro Sekunde notiert. Gegen Ende des Jahres 1998 verzeichnete die Uhr folgenden Stand: 2 Billionen, 219 Milliarden, 471 Millionen, 259 Tausend und 113 DM. Der sekündliche Schuldenzuwachs betrug 3171 DM. Bedenklich ist dabei vor allem die Geschwindigkeit des jährlichen Anwachsens. Gerade fünf Jahre benötigte die Schuldensumme, um sich auf das hier angegebene Maß zu verdoppeln. Rechnet man die Schulden auf die Bevölkerung um, dann erweist sich jeder Einwohner mit 27100 DM belastet. Diese Schuldensumme umfaßt mehr als die Hälfte des Bruttoinlandsprodukts; und wollte man sie mit einem Mal abzahlen, dann müßte die gesamte deutsche Volkswirtschaft mehr als sieben Monate allein dafür arbeiten.

4 Aber die hohe Staatsverschuldung belastet nicht nur zukünftige Generationen. Sie hat noch einen weiteren Ungerechtigkeitseffekt. Sie führt auch zu einer Umverteilung von unten nach oben, denn die staatlichen Schuldzinsen werden von allen Steuerzahlern aufgebracht, aber nur die Begüterten, die in ihren Wertpapierdepots Bundesobligationen und Schuldverschreibungen halten, kassieren Kreditzinsen.

kann verteilt werden. Was könnte sich denn so umfassenden und abundanten Verteilungsagenturen wie Gott, der Natur und der Gesellschaft entziehen? Erst wenn wir infolge des Einbezugs der Gerechtigkeitsdimension das Schema einengen, wird es sinnvoll, nach dem Charakter der zu verteilenden Güter zu fragen. Eins läßt sich aber schon jetzt sagen: wenn wir Gott einmal außer Acht lassen, dann wird deutlich, daß auf allgemeinster Ebene zwischen den Verteilungsagenturen und den zu verteilenden Gütern eine eineindeutige Zuordnung besteht. *Die Großverteiler Natur und Gesellschaft sind auf unterschiedliche Güter spezialisiert, besitzen eine unterschiedliche Verteilungskompetenz.* Das besagt freilich nicht, daß die Grenze zwischen der natürlichen und der gesellschaftlichen Verteilungsregion auf Dauer festgelegt ist. Im Gegenteil, diese Grenze ist beweglich, und je moderner die Zeiten werden, umso stärker verändert sich der Grenzverlauf zugunsten der Gesellschaft. Man kann also sogar die geschichtliche Entwicklung als Verteilungskampf zwischen Natur und Gesellschaft interpretieren, in dem die Gesellschaft bislang siegreich war und den Bereich natürlicher Verteilungshoheit immer weiter eingeengt hat. Grund dieser Ausweitung gesellschaftlicher Verteilungszuständigkeit ist der technologische Fortschritt, der die Verfügungsgewalt des Menschen unaufhörlich vergrößert und den Einflußbereich ohnmächtig hinzunehmender Naturbestimmtheit stetig zurückdrängt. Sobald es aber nicht mehr nur um eine Ausdehnung menschlicher Verfügungsgewalt über den Bereich der äußeren Natur geht, sondern die innere Natur des Menschen selbst sowohl ins technische Manipulationskalkül als auch ins gerechtigkeitsethische Verteilungskalkül einbezogen wird, wird eine entscheidende Grenze überschritten. Es wird sich zeigen, daß die Ausweitung des gerechtigkeitstheoretischen Redistributions- und Kompensationsauftrags auf die natürlichen Gegebenheiten menschlicher Personen, auf ihre Begabungsstruktur und ihre genetische Beschaffenheit, die egalitaristische Gerechtigkeitstheorie mit tiefgehenden personentheoretischen Inkonsistenzen belastet.

Die Frage nach der Natur der zu verteilenden Güter kann zu diesem Zeitpunkt auch darum noch keine informative Antwort erhalten, weil der Begriff der Verteilung innerhalb des allgemeinen Ausgangsschemas selbst viel zu unspezifisch ist und jede kausale Bestimmung und Veränderung umfaßt. Nichts hindert uns daran, die Verteilungsagenturen Gott, Natur, Zufall, Schicksal, Gesellschaft, Verfassung, Mensch als Kausalitätsinstanzen zu verstehen. In dem allgemeinen Schema ist der Verteilungsbegriff also zur Kausalitätsmetapher ausgeweitet worden. Solch kausalitätsmetaphorisch ausgedehnter Verteilungsbegriff ist aber gerechtigkeitstheoretisch unbrauchbar. Wir werden nur dann ein angemessenes Verständnis des Begriffes der Verteilungsgerechtigkeit gewinnen können, wenn wir diese kausalitätsmetaphorische Ausweitung rückgängig machen und den Verteilungsbegriff auf seine Kernbedeutung, auf den Bereich des zurechenbaren, planbaren und veränderbaren Verteilungshandelns zurückführen. Des näheren gelangt man zu einem gerechtigkeitstheoretisch tauglichen Verteilungsbegriff, wenn man der Frage nachgeht, welche allgemeinen Bedingungen erfüllt sein müssen, damit eine Verteilung unter die Gerechtigkeitsdifferenz gestellt werden und als gerecht oder ungerecht beurteilt werden kann.

Der Gerechtigkeitsbegriff ist ein normatives Prädikat und darum den allgemeinen Zuschreibungsbedingungen normativer Prädikate unterworfen. Normative Prädikate sprechen wir gemeinhin Menschen, Handlungen und Institutionen zu. Institutionen können darum sinnvoll mit normativen Prädikaten belegt werden, weil sie nicht der Natur entstammen, sondern sich menschlichem Handeln verdanken und in ihren Binnen- und Außenverhältnissen durch Handlungsregeln organisiert sind. Ohne ins immer intrikate Detail zu gehen und etwa dem Problem des moralischen Zufalls besondere Beachtung zu schenken, läßt sich allgemein sagen, daß im großen und ganzen der Bereich der sinnvollen Verwendung normativer Prädikate mit dem Bereich sinnvoller Verantwortlichkeitszuschreibung konvergiert. Verantwortlichkeitszuschreibung setzt hinwiederum semantisch Freiheit voraus; und diese Voraussetzung impliziert ihrerseits die Fähigkeit, unter Alternativen mit Gründen wählen und daher auch über die getroffene Wahl Rechenschaft ablegen zu können. Das besagt aber nun umgekehrt, daß normative Prädikate Abbreviaturen moralischer oder gerechtigkeitstheoretischer Argumente sind, die die, sei es zustimmende, sei es verwerfende Bewertung von Menschen, Handlungen und Institutionen begründen.

5 Gott, Schicksal und moralische Weltordnung

Eine Theorie der Verteilungsgerechtigkeit hat es also mit dem Verteilungshandeln von Menschen und Institutionen zu tun. Ihre Aufgabe besteht darin, die Prinzipien und Kriterien zu benennen, die den Unterschied zwischen gerechtem und ungerechtem Verteilungshandeln begründen und mit deren Unterstützung man beispielsweise ein institutionelles Verteilungsmuster als gerecht verteidigen und menschliches Verteilungshandeln gegebenenfalls als ungerecht kritisieren kann. Und wie steht es mit Gott? Handelt nicht auch Gott? Ist Gott nicht gerecht? Nun, wenn Gott ist, dann handelt er auch; und weil Gott Gott ist, handelt er dann immer auch und mit Notwendigkeit gerecht. Freilich ist die Gerechtigkeit Gottes gerechtigkeitstheoretisch unergiebig, weil sie ihre Gründe nicht preisgibt. Was wäre denn in ihrem Licht Ungerechtigkeit? Offenkundig muß das Gerechtigkeitswerk Gottes mit der manifesten Beschaffenheit der Schöpfung zusammenfallen. Das will nun in vielerlei Hinsicht nicht mit unseren moralischen Vorstellungen zusammenpassen, zumal dann nicht, wenn wir die Menschengeschichte nicht aus dem Bereich der Verantwortlichkeit Gottes herausnehmen wollen.

Aber selbst wenn wir uns die Freiheit nicht nehmen lassen und an unserer Verantwortung für unsere Untaten festhalten wollen, bleiben noch genügend Erdbeben und sonstige Naturkatastrophen übrig, die erheblichen Zweifel in Gottes Gerechtigkeit setzen und gravierende Rechtfertigungsprobleme aufwerfen. Wir haben also die Wahl, entweder an unserer Moral oder an der Gerechtigkeit Gottes irre zu werden. Diese quälende Entscheidung bleibt selbst Gläubigen nicht erspart, wenn sie denn konsequent sind und nicht auf den Ausweg verfallen, die Gerechtigkeit

Gottes in die moralepistemologische Unerreichbarkeit zu schieben. Diese Selbstbeschwichtigung ist freilich unter Gläubigen weit verbreitet. Sie macht von einer der ältesten Narkotisierungsstrategien des Denkens Gebrauch, der semantischen Verdoppelung, die zum gleichzeitigen Schutz Gottes und der Menschen den Begriffen der Moral, der Vernunft und der Gerechtigkeit eine zweifache Bedeutung gibt.

Und wie steht es mit dem Schicksal? Wir hören das Klappern der Scheren der Parzen, und wir können uns moralischer Wertungen nicht enthalten. Wir begnügen uns nicht damit, neutral und moralisch leidenschaftslos festzustellen, daß dem einen alles nach Wunsch gelingt, der andere hingegen vom Pech verfolgt wird, nein, wir interpretieren die lebensbestimmenden Auswirkungen von Umständen und Geschehnissen, von Begebenheiten, Situationen und Konstellationen als Schicksalshandlungen und können sie so einer moralischen Bewertung unterziehen, die in eminentem Maße sich an dem Modell distributiver Gerechtigkeit orientiert. Denn unser moralisch eingefärbtes Schicksal ist immer ein gerechtes oder ungerechtes Schicksal; und wenn wir von einem guten oder bösen Geschick sprechen, dann sind es immer die Verteilungshandlungen des Schicksals, die uns zu solchen Wertungen veranlassen. Welches Kriterium aber wenden wir an, wenn wir von der Gerechtigkeit oder Ungerechtigkeit des Schicksals sprechen? Offenkundig ein meritorisches, ein verdienstethisches Kriterium, denn ein Schicksal ist für uns dann ein gerechtes Schicksal, wenn der, den es trifft, es auch verdient; und ein Schicksal ist dann ein ungerechtes Schicksal, wenn der, den es trifft, es nicht verdient. Freilich sind wir damit noch nicht viel weiter gekommen, denn wir benötigen ein weiteres Kriterium, um bestimmen zu können, was Verdienstlichkeit denn beinhaltet. Verdienstlichkeit ist wie Nützlichkeit ein formal-konsequentialistischer Begriff, näherer Bestimmung durch Maßstabsangabe bedürftig. Im Fall des Nützlichkeitsbegriff müssen Präferenzen angegeben werden, in bezug auf die sich Handlungen, Einstellungen und Institutionen als nützlich erweisen können. Im Fall des Verdienstlichkeitsbegriffs hingegen müssen moralisch wertvolle Leistungen angegeben werden, durch die Anwartschaften auf Zuteilungen, auf eudämonistische Gratifikationen erworben werden können; und je nachdem, ob jemand diese moralisch wertvollen Leistungen nun erbringt oder mißachtet, erwirbt er sich moralischen Verdienst oder moralischen Tadel, nimmt die Anwartschaft auf Zuteilung die Gestalt eines Anspruchs auf Lohn oder eines Anspruchs auf Strafe an. Ein gerechtes Schicksal ist ein Schicksal, das jemand verdient hat, für dessen Zuteilungen er sich durch sein Handeln eine Anwartschaft erworben hat. Ist sein Handeln moralisch, denn hat er sich Verdienst erworben, einen Anspruch auf Belohnung. Ist sein Handeln unmoralisch, dann zieht er sich Tadel zu, dann ist seine Bestrafung verlangt.

Unsere Schicksalsrhetorik entlarvt uns als Moralromantiker und Gerechtigkeitsmetaphysiker. Wir haben insgeheim überaus romantische Vorstellung von einer moralischen Weltordnung; sie muß so beschaffen sein, daß es fair zugeht; und es geht dann fair in ihr zu, wenn die Umstände überaus moralisch sensibel auf unsere

moralischen Anstrengungen reagieren. Fair geht es zu, wenn der Weltlauf Glücks-
lohn und Leidstrafe in genauer Entsprechung zum Ausmaß des moralischen Engagements austeilt: den Guten soll es gut gehen, und den Schlechten soll es schlecht
gehen. Welch' begrüßenswerte moralerzieherische Wirkung hätte doch eine solche
sich dem subjektiven Moralitätsniveau anpassende eudämonistische Schicksalskau-
salität! Wir sind moralische Expansionisten. Die Vorstellung einer selbstgeschaffe-
nen moralischen Enklave in der Wüste geschichtlicher und natürlicher moralischer
Gleichgültigkeit scheint uns unerträglich. Wir dehnen den Geltungsbereich des
moralischen Urteils bis an die Grenzen der Welt aus und etablieren so eine men-
schen- und gesellschaftstranszendierende moralische Ordnung. *Was immer uns geschieht, widerfährt und zustößt, es schwingt in der Frequenz der Moral.* Nicht, daß die Tugend
sonderlich Grund hätte, sich über die moralische Sensibilität des Laufs der Welt zu
freuen. Nicht, daß stabile Korrelationen zwischen moralischer Güte und individuellem Wohlergehen uns mit moralischen Weltbeweisen überhäufen würden. Nicht
induktiv gelangen wird zur These von der moralischen Weltordnung, sondern
kontrafaktisch. Sie verdankt sich einem gegen die Fakten gekehrten moralisch-
metaphysischen Trotz und ist darum auch, wie alles, was sich einer Trotzhaltung
verdankt, ein wenig kindisch.[5]

Auch wenn – wie wir noch sehen werden – in der Kantischen Moraltheologie ein
rationaler Begriff der Verteilungsgerechtigkeit Gottes entwickelt wird, geht weder
das göttliche Verteilungshandeln noch das, was Weltlauf und Schicksal für die Men-

---

5 Wir wünschen uns eine derartige Welt; und jedesmal, wenn wir von einem verdienten Schicksal
sprechen, verspüren wir ein kleines metaphysisches Glücksgefühl, da das, was ist, jedenfalls diesmal
so war, wie es sein sollte; und jedesmal, wenn wir von einem unverdienten Schicksal sprechen,
schwingt immer beträchtlicher metaphysischer Groll mit. Übrigens: wenn das verdiente Schicksal
Belohnungscharakter hat, dann sprechen wir davon, daß jemand es sich redlich verdient habe; wenn
es hingegen Bestrafungscharakter hat, dann reden wir davon, daß jemanden sein verdientes Schicksal ereilt habe. Diese unterschiedliche Gewichtung weist darauf hin, daß wir leichter mit Mängeln in
der Prämiierung als in der Sanktionierung leben können und besonders dann moralisch gekränkt
sind, wenn die Bestrafung ausbleibt – daher: *fiat iustitia pereat mundus.* Der Grund dieses Gefälles
ist leicht anzugeben. Während der Erwerb moralischer Verdienstlichkeit zur moralischen Zu-
standsverbesserung der Welt beiträgt, kommt dem Unrecht der Charakter einer Ordnungsstörung
zu, die dringend nach Kompensation, Restitution und Entschädigung verlangt. Prämiierung und
Sanktionierung stehen also darum nicht in einem symmetrischen Verhältnis, weil es neben dem An-
häufen moralischer Verdienste und dem schädigenden, unordnungstiftenden Unrecht immer ein
Drittes gibt, die schlichte, sich an die Unterlassungsgebote der Gerechtigkeit haltende Rechtschaffenheit. Prämiierung ist die Belohnung für die Erwirtschaftung eines moralischen Mehrwerts; Sanktionierung ist die Bestrafung für Ordnungsverletzung. Sollte die Produktion von moralischem
Mehrwert ausbleiben, dann kann immer noch allseitige Rechtschaffenheit existieren. Sollte hingegen Ordnungsverletzung nicht mehr bestraft werden, bricht die Ordnung zusammen. *Daher genießt
die Sanktionierungsstrategie moralpolitischen Vorrang vor der Prämiierungsstrategie.* Daher sind wir auch
immer erleichtert, wenn dem Bösen die verdiente Strafe zuteil wird. Und da derartiges selten in der
Wirklichkeit sich ereignet, legen wir umso größeren Wert darauf, daß es in unseren Geschichten geschieht.

schen bereithalten, eine philosophische Theorie der Verteilungsgerechtigkeit etwas an. Jedenfalls nicht in dem Sinne, daß die Auswirkungen von naturbedingten Widerfahrnissen und Geschehnissen auf menschliches Wohlbefinden einer unmittelbaren moralischen Beurteilung zu unterziehen wären. In einem anderen Sinne können die Auswirkungen von natürlichen Gegebenheiten, Widerfahrnissen und Ereignissen auf menschliches Wohlbefinden gleichwohl von gerechtigkeitstheoretischem Interesse sein. Dann nämlich, wenn die Frage gestellt wird, in welcher Weise eine Gesellschaft mit dem kontingenten Benachteiligungs- und Bevorzugungspotential, das in solchen natürlichen Gegebenheiten, Widerfahrnissen und Geschehnissen steckt, umgehen muß, wenn sie eine gerechte Gesellschaft sein will. Die kontingenten Auswirkungen natürlicher Lebenseinflüsse sind sicherlich dann auch von gerechtigkeitstheoretischem Interesse, wenn sich herausstellen sollte, daß der Begriff der Verteilungsgerechtigkeit, der Begriff einer Gesellschaft mit gerechten Verteilungseigenschaften die Verpflichtung zu irgendeiner Form kompensatorischer Neutralisierung natürlich verursachter, in der Naturausstattung der Menschen angelegter Benachteiligungs- und Begünstigungseffekte beinhalten könnte. Und dies wird fraglos dann der Fall sein, wenn der Begriff der Verteilungsgerechtigkeit eine stark egalitaristische Prägung erhält.

Kehren wir zum Ausgangspunkt unserer Abschweifung zurück. – Eine Theorie der Verteilungsgerechtigkeit hat es ausschließlich mit dem Verteilungshandeln von Menschen und Institutionen zu tun. Ihre Aufgabe besteht darin, die Prinzipien und Kriterien zu benennen, die den Unterschied zwischen gerechtem und ungerechtem Verteilungshandeln begründen und mit deren Unterstützung man beispielsweise ein institutionelles Verteilungsmuster als gerecht verteidigen und menschliches Verteilungshandeln gegebenenfalls als ungerecht kritisieren kann. Freilich bildet das Verteilungshandeln der Individuen nicht das Hauptinteresse der philosophischen Theorie der Verteilungsgerechtigkeit. Die philosophische Theorie der Verteilungsgerechtigkeit ist ein Teilbereich der politischen Philosophie; Verteilungsgerechtigkeit wird als ein Teilbereich der sozialen Gerechtigkeit verstanden. Die politische Philosophie der Verteilungsgerechtigkeit beschäftigt sich primär mit den Verteilungseigenschaften der gesellschaftlichen Verfassung. Ihr Augenmerk ist vordringlich auf die Auswirkungen der Gesellschaft auf die Lebenssituation der Individuen gerichtet. Gerecht ist eine Gesellschaft dann, wenn ihre Auswirkungen auf die Lebenssituation der Individuen durch allgemein zustimmungsfähige Prinzipien regiert werden. Aber Fragen der Gerechtigkeit betreffen auch die politische, rechtliche oder wirtschaftliche Behandlung von Institutionen und Menschengruppen durch Staat, Gesellschaft und internationale Organisationen. Familien, Unternehmen, Kommunen, Regionen und Nationen einerseits, Klassen, Ethnien, Geschlechter, Religionsgemeinschaften und Kulturen andererseits können allesamt als Nutznießer und Leidtragende unterschiedlichster ungerechter Güterverteilungen in Frage kommen. Oft sind Fragen einer gerechten Behandlung von Institutionen freilich reduzierbar auf Fragen einer gerechten Behandlung von Individuen. Denn Individuen leben gleichzeitig immer in mehreren verteilungsrelevanten und damit gerechtigkeits- resp. diskriminierungsriskanten Kontexten: sie gehören einer Religions-, Geschlechts- und Kulturgemeinschaft an. Freilich ist die Behandlung der unterschiedlichen Gemeinschaften der Individuen nur ein sekundäres Thema der politischen Philosophie der Verteilungsgerechtigkeit. Der Primärkontext der Verteilungsgerechtigkeit ist der Bereich der wirtschaftlichen Kooperation einerseits und der gesellschaftlichen Solidarität andererseits. Der Protagonist der Theorie der Verteilungsgerechtigkeit ist der teils steuerzahlende, teils fürsorgebedürftige und wohlfahrtsberechtigte Bürger.

6 Güterknappheit und „minimum content of natural law"

Nachdem wir das Ausgangsschema der Verteilung gerechtigkeitsphilosophisch zugespitzt und die metaphorische Ausweitung des Verteilungsbegriffs auf seine gerechtigkeitsdifferente Kernbedeutung zurückgeführt haben, können wir uns einer allgemeineren Bestimmung der Verteilungsgüter zuwenden. Etwas ist darum ein Gut, weil sein Besitz besser ist als sein Nicht-Besitz. Etwas ist darum ein Übel, weil sein Nicht-Besitz besser ist als sein Besitz. Güter werden begehrt; Übel werden gemieden. Wir begehren etwas, das wir nicht haben, aber haben möchten. Wir vermeiden etwas, das wir nicht haben möchten, das uns aber zuteil werden kann. Besitzen wir das begehrte Gut, dann steigt unser Wohlbefinden; stößt uns ein Übel zu, dann verringert sich unserer Wohlbefinden. Ein Übel ist ein Mangel an einem Gut. Hätten wir ausreichend Güter, würden wir nie an einem Übel leiden. Wir haben aber nicht ausreichend Güter, darum sind wir übelanfällig. Da wir nicht ausreichend Güter haben, leiden wir an einem Gütermangel. Und genau das ist unser Schicksal; Adam und Eva haben es uns eingebrockt. Seitdem sie aus dem Paradies, dem Zustand der Abundanz, verwiesen worden sind, steht menschliches Leben unter einem unerbittlichen Regiment der Knappheit. Nichts ist im Überfluß vorhanden. Alles ist knapp: nicht nur die äußeren Güter sind knapp, auch die Güter des Leibes und der Seele und die des Verstandes erst recht. Auch das Leben selbst ist knapp; eh' man sich's versieht, ist's zuende; wir haben wirklich nicht allzu viel davon und hätten schon gern mehr. Weil menschliches Leben endlichkeitsbedingt ist, muß es mit Güterknappheit zurechtkommen. Weil wir uns mit Güterknappheit arrangieren müssen, entstehen Anspruchskonflikte und Verteilungsprobleme, denn jeder möchte lieber mehr als weniger haben. Und weil Verteilungsprobleme existieren, besteht Gerechtigkeitsbedarf. Gerechtigkeit dient der Entwaffnung, der Zivilisierung der Pleonexie, die unter Knappheitsbedingung weniger ein Laster als eine fundamentale lebensrationale Strategie ist. Gerechtigkeit ist der Inbegriff der Regeln und Verfahren, die den naturwüchsigen Zustand eines Güterkriegs eines jeden gegen einen jeden befrieden und die Güterverteilung auf eine für alle Konkurrenten rational annehmbare Weise regulieren.

Die Endlichkeit menschlichen Lebens definiert die Anwendungsverhältnisse der Gerechtigkeit, enthält die Bedingungen, unter denen Gerechtigkeit nötig und möglich ist. Diese sind identisch mit den natürlichen Gegebenheiten des menschlichen Lebens auf der Erde, die den Bodensatz aller politischen Anthropologie bilden. Seit Beginn des politischen Denkens hat die Philosophie auf die unveränderbaren Naturbedingungen menschlichen Lebens verwiesen, um Vergesellschaftung, Verstaatlichung und Verrechtlichung als Basisstrategien menschlicher Lebensverbesserung plausibel zu machen und die damit verbundenen Freiheitseinbußen als für jedermann vorteilhaft und daher zumutbar aufzuweisen. Und keine Rechtsordnung, kein Herrschaftssystem darf diese Koordinaten natürlicher Notwendigkeit außer Acht lassen, die als „minimum content of natural law"[6] aller politischen Gestaltungsmacht unübersteigbare verbindlichkeitstheoretische Grenzen setzen. Neben der Knappheit der natürlichen Ressourcen umfassen diese unentrinnbaren natürlichen Bestimmungen Sterblichkeit und Verwundbarkeit, annähernde Gleichheit; weiterhin das, was Kant als die ‚ungesellige Geselligkeit' des Menschen bezeichnet hat, das spannungsvolle Nebeneinander von begrenztem Altruismus und begrenztem Egoismus; und schließlich den ganzen Bereich kognitiver und praktischer Defizienz: Irrtumsanfälligkeit im Urteil, eingeschränktes Verstehen, unvollständiges Wissen, Willensschwäche.

Unter Göttern Gerechtigkeit einzuführen, ist nicht notwendig, ist aber auch nicht möglich. *Gerechtigkeit ist ein typisch menschliches Optimierungsprogramm*; denn nur Menschen legt sich die Strategie der Vergesellschaftung nahe, um die naturverursachten, endlichkeitsbedingten Mängel zu mindern. Eine Vergesellschaftung von Göttern macht keinen Sinn. Welches Motiv sollten unendliche, also unbedürftige, dem Knappheitsregiment entrückte, unverwundbare und allwissende Wesen haben, sich zu vergesellschaften? Während das Tier ökologisch perfekt ist und eine Einheit von Vermögen, Bedürfnis und Umwelt darstellt, ist der Mensch ökologisch imperfekt: Vermögen, Bedürfnis und Umwelt treten bei ihm weit auseinander.

> „Die für seine Erhaltung notwendige Nahrung flieht vor ihm, wenn er sie sucht und sich ihr nähert; oder es bedarf wenigstens der Arbeit zu ihrer Herstellung. Und auch Kleidung und Wohnung muß er besitzen, um sich gegen die Unbill des Wetters zu schützen. Und doch besitzt er, an sich betrachtet, weder Waffen noch Stärke, noch die natürlichen Geschicklichkeiten, die einer solchen Menge von Bedürfnissen entsprächen. Nur durch Vergesellschaftung kann er diesen Mängeln abhelfen und sich zur Gleichheit mit seinen Nebengeschöpfen erheben, ja sogar eine Überlegenheit über dieselben gewinnen. Durch die Gesellschaft wird seine Schwäche ausgeglichen, und wenn auch innerhalb derselben seine Bedürfnisse sich jeden Augenblick vermehren, so nehmen doch seine Fertigkeiten in noch höherem Grade zu. So wird er in jeder Beziehung glücklicher und zufriedener, als er es im Zustande der Wildheit und Vereinsamung jemals hätte werden können. Wenn jeder einzelne Mensch allein und nur für sich arbeitet, so reicht seine Kraft nicht aus, um irgend ein bedeutsames Werk auszuführen; seine Arbeit wird aufgebraucht durch die Beschaffung der mancherlei Dinge, welche die Not des Lebens erfordert; er bringt es in keiner Kunst zur

---

6 Hart 1961, 189.

Vollkommenheit. Zudem sind seine Kraft und die Möglichkeiten ihres Gebrauches nicht immer dieselben und der kleinste Ausfall in einem von beiden kann unvermeidlichen Ruin und unvermeidliches Elend nach sich ziehen. Die Gesellschaft aber sorgt für ein Mittel gegen diese *drei* Übelstände. Durch die Vereinigung der Kräfte wird unsere Leistungsfähigkeit vermehrt; durch Teilung der Arbeit wächst unsere Geschicklichkeit, und gegenseitiger Beistand macht uns weniger abhängig von Glück und Zufall. Durch diese Vermehrung von *Kraft, Geschicklichkeit und Sicherheit* wird die Gesellschaft nützlich."[7]

Während die Knappheit aller Güter die Vergesellschaftung der Menschen erforderlich macht – nur innerhalb eines Systems gesellschaftlicher Arbeitsteilung lassen sich Güterknappheit, Unsicherheit, Existenzangst, mangelhafte Naturausstattung und unvollständiges Wissen kompensieren, nur durch Vergesellschaftung aller theoretischen und praktischen Lernprozesse lassen sich Güter und Fertigkeiten, Entdeckungen und Erfindungen, Wissen und Kompetenz signifikant maximieren –, machen annähernde Gleichheit und begrenzter Egoismus der Menschen, genauer: die grundsätzliche Fähigkeit des Menschen, seinen Egoismus durch Berücksichtigung fremder und allgemeiner Interessen einzuschränken, die Vergesellschaftung möglich. Die Vergesellschaftung dient der Herstellung kooperativer Verhältnisse; denn nur durch Zusammenarbeit lassen sich die Nutzenpositionen der Individuen nachhaltig verbessern.

7 Kooperationsgemeinschaft und Solidaritätsgemeinschaft

Unter einer Kooperationsgemeinschaft versteht man ein allseits nützliches, kooperatives System, ein Unternehmen der Arbeitsteilung und Zusammenarbeit zu wechselseitigem Vorteil. Kooperationsgemeinschaften können kompetitiv oder nicht-kompetitiv organisiert sein, je nachdem, welcher Zielsetzung sie unterworfen sind. Nicht-kompetitive Kooperationsgemeinschaften dienen der Bündelung der Kräfte für ein gemeinsames Ziel. Kompetitive Kooperationsgemeinschaften hingegen dienen der Entfesselung der Kräfte und der Diversifikation der Talente; sie stehen nicht im Dienste eines gemeinsamen Ziels. Gleichwohl findet sich auch im Handeln der Mitglieder einer kompetitiven Kooperationsgemeinschaft ein gemeinsames Ziel. Nur ist dieses kein direkt intendiertes, in den individuellen Handlungsprogrammen ausweisbares Ziel, sondern ein allein durch Bedingungsreflexion und Voraussetzungsanalyse zu entdeckendes transzendentales Ziel. Jeder will, gerade weil er seine individuellen Ziele verwirklichen möchte, implizit auch die eine erfolgreiche Zielverwirklichung überhaupt ermöglichenden strukturellen sozialen Bedingungen. Jeder, rationale Willensbildung einmal unterstellt, will also

---

7 Hume 1973, III/229; vgl. auch Hobbes' Darstellung des menschlichen Lebens im Naturzustand, „solitary, poore, nasty, brutish, and short" (Hobbes 1996, Kap. 13, 89).

mit jeder Willensregung immer auch die Bedingungen, die die gleichzeitige Realisierung unterschiedlicher individueller Zielvorstellungen innerhalb eines Systems erlauben.

Nicht-kompetitive Kooperationsgemeinschaften haben eine homogenisierende Tendenz, der gemeinsame Einsatz der Kräfte für die Erreichung eines gemeinsamen Ziels eint und schmiedet zusammen. Kompetitive Kooperationsgemeinschaften hingegen haben stark individualisierende Effekte und führen zu einer Erosion der Homogenität. Beide Typen von Kooperationsgemeinschaften sind gleichermaßen, wenn auch auf unterschiedliche Weise, von Interessenidentität und Interessenkonflikt geprägt. Daher entstehen in beiden Kooperationsformen Probleme einer gerechten Verteilung. Im Fall der nicht-kompetitiven Kooperationsgemeinschaften geht es um eine faire Verteilung der Lasten, die die Gemeinschaft auf sich nehmen muß, damit sie in kollektiver Anstrengung das für alle erstrebenswerte Gut erreichen oder das allgemeine Übel erfolgreich abwehren kann. Im Fall der kompetitiven Kooperationsgemeinschaften geht es hingegen um eine faire Verteilung des Kooperationsgewinns, denn es ist den Menschen nicht im mindesten gleichgültig, wie die Kooperationserträge, die durch ihre Zusammenarbeit erwirtschafteten Güter, verteilt werden. Da jeder zumindest lieber mehr als weniger haben möchte, entstehen Interessenkonflikte, die nach Regeln einer gerechten Verteilung verlangen.

Aber mit der Etablierung von Kooperationsgemeinschaften ist der Erfindungsreichtum der knappheitsbedingten menschlichen Lebensnot noch nicht erschöpft. Nicht nur Kooperation dient der Minderung des Mangels, sondern auch die Solidarität. Unter einer Solidaritätsgemeinschaft versteht man ein kompensatorisches System der wechselseitigen gesellschaftlichen Sorge, die insbesondere den Bedürftigen und Schwachen gilt, den Kranken und Gescheiterten, den Pechvögeln und den Opfern. Solidaritätsgemeinschaften modernen Zuschnitts sind abstrakt; Solidaritätsgemeinschaften traditionellen Zuschnitts sind konkret. In konkreten Solidaritätsgemeinschaften helfen Menschen Menschen; in abstrakten Solidaritätsgemeinschaften verteilt eine zentrale Bürokratie immer größere Teile des gesetzlich erzwungenen Steueraufkommens an Anspruchsberechtigte. In konkreten Solidargemeinschaften helfen die Gruppenmitglieder einander selbstbestimmt; hier herrscht moralische Freiwilligkeit. Überdies unterliegen hier Mittel, Weg und Adressat der individuell ausgeübten Solidarität der Kontrolle des Hilfeleistenden. In abstrakten Solidargemeinschaften hingegen herrscht Anonymität. Solidaritätsressourcen werden abstrakt und situationsunabhängig abgeschöpft; und die Bürger kennen weder die Nutznießer ihrer Solidarität noch haben sie Einfluß auf den Inhalt der solidarischen Verteilung; hier wird entpersonalisierte Solidarität geübt. Abstrakte Solidaritätsgemeinschaften verstaatlichen die Nächstenliebe und verbeamten den Samariter, verwirklichen Solidarität unter Fremden.[8]

---

8 Vgl. Brunkhorst 1997.

Diese Entwicklung war freilich notwendig. Der Solidaritätsbedarf der Moderne, zumal der kapitalistisch verfaßten, ist so groß, daß seine Deckung nicht mehr den traditionellen Solidaritätsgemeinschaften der Herkunftswelt überlassen bleiben kann. Die sittliche Ausbleichung der Traditionsmilieus, die Ausweitung marktförmiger Sozialität und damit die Ausbreitung ökonomischer und juristischer Koordinationstechniken hat den solidaritätsethischen Partikularismus mit stetig wachsenden Implementierungsschwierigkeiten belastet. Die Versorgung derjenigen, die sich kein Markteinkommen erarbeiten können und über keine eigenen Ressourcen für die Befriedigung ihrer Bedürfnisse verfügen, kann nicht mehr von den herkömmlichen Solidaritätsagenturen gesichert werden. Selbst wenn diese noch intakt wären und durch die Modernisierungserosion nicht erschüttert, könnten sie den insbesondere in Krisenzeiten anfallenden Solidaritätsbedarf nicht decken. Daher mußten modernitätsspezifische neue Solidaritätsorganisationen an die Stelle der Solidaritätsgemeinschaften der Traditionswelt treten.[9]

Zwischen Kooperationsgemeinschaften und Solidaritätsgemeinschaften, insbesondere modernen Solidaritätsgemeinschaften, besteht eine eindeutige logische und historische Beziehung: Solidaritätsgemeinschaften sind logisch und geschichtlich später als Kooperationsgemeinschaften; sie therapieren die Versorgungsmängel und Ungleichheitsopfer von Kooperationsgemeinschaften, insbesondere der effizientesten Kooperationsgemeinschaft, die die Menschen bislang entwickelt haben, des kompetitiven Marktes. Sie kümmern sich aber auch um die Gemeinschaftsmitglieder, die von Geburt an physische, psychische und mentale Schädigungen aufweisen oder solche während ihres Lebens erleiden müssen. Es scheint, daß die Mitgliedschaft in einer Solidaritätsgemeinschaft auf anspruchsvolleren motivationalen Voraussetzungen beruht als die Mitgliedschaft in einer Kooperationsgemeinschaft. Während eine Kooperationsgemeinschaft auf der rationalen Motivation des wechselseitigen Vorteils beruht, wird mit einer Solidaritätsgemeinschaft immer ein stärkeres soziales Interesse, oft auch ein Gefühl engerer Zusammengehörigkeit und wechselseitiger Sympathie verbunden, das die Verpflichtung, sich um das Wohlergehen der Gemeinschaftsmitglieder zu kümmern, in sich birgt und zugleich die motivationale Basis für die erforderlichen Solidaritätsleistungen bereitstellt. Sicherlich ist dieses hohe ethische Motivationsplateau in unseren Wohlfahrtsstaaten, den effizientesten Solidaritätsgemeinschaften, die die Menschen bislang entwickelt haben, nicht mehr auszumachen.

Es ist charakteristisch, daß Solidargemeinschaften in der Moderne sich stabilitätssichernden Verstaatlichungs- und Verrechtlichungsprozeduren unterworfen haben, daß sie bürokratisiert sind. Der Sozialstaat ist ein System *zwangsorganisierter* Hilfsbereitschaft und Mitmenschlichkeit resp. Mitbürgerlichkeit. Der Wohlfahrtsstaat ist keine moralisch neutrale Form der Zentralisierung und Koordination konkreter und spontaner Solidarität, sondern ein Zwangsverband, der die mitmensch-

---

9 Vgl. Hondrich/Koch-Arzberger 1992.

lichen Unterstützungsleistungen abgaben- und steuerpolitisch erzwingt, die lebensweltlichen Netze der freiwilligen privaten Hilfe durch ein bürokratisches System
umfassender Zwangsmitgliedschaft und gesetzlicher Umverteilung ersetzt. Aufgrund der Aufnahme dieser ungemein regulationsintensiven Ziele der Daseinsfürsorge und Schicksalsmilderung in den Katalog der Staatsaufgaben und der damit
verbundenen material-ethischen Auspolsterung der negativen Grundrechte sind
die Rechtfertigungsbürden des Sozialstaats besonders drückend. Aber auch wenn
das oben skizzierte hohe ethische Motivationsniveau in Wohlfahrtsstaaten moderner
Prägung sicherlich nicht mehr anzutreffen ist, Solidaritätsabgaben nicht so reichhaltig und zuverlässig fließen würden, wenn nicht das staatliche Einzugs- und Sank-
tionssystem sich ihrer annehmen würde, scheint es mir doch richtig zu sein, daß
ohne einen solidaritätsgemeinschaftlichen Hintergrund die über die Kooperationsgesellschaft hinausreichende Verteilungstätigkeit nicht begründet werden kann
und, das ist die Hauptthese dieses Buches, eine politische Philosophie des Sozialstaats scheitern muß, wenn sie die Verteilungsgerechtigkeit nicht aus den abstrakten
rechtlichen Rechtfertigungskonstruktionen herausnimmt und als bedürftigkeitsorientierte Hilfeleistung und mitbürgerliche Sorge in der politischen Solidarität
eines Gemeinwesens verankert.

Moderne Gesellschaften sind zugleich Kooperationsgemeinschaften und Solidaritätsgemeinschaften. Sie bilden einen spannungsvollen Verbund zweier divergierender, gleichwohl aufeinander verwiesener Verteilungssysteme. Wird einmal die
Verteilung der materialen Güter den Tauschmechanismen des dezentralen Marktsystems überlassen, so wird die Verteilung im anderen Fall der markt-externen Instanz
einer zentralistischen Bürokratie übertragen. Damit aber diese zweite solidargemeinschaftliche Verteilungsquelle überhaupt fließen kann, müssen Umverteilungen
vorgenommen werden, müssen kooperativ erwirtschaftete Ressourcen der Verteilungshoheit des Marktes entzogen werden und in die Verteilungszuständigkeit des
Staates übergehen. Verteilungen und Umverteilungen sind keine Ereignisse einer
unbelangbaren Natur. Verteilungen und Umverteilungen können darum gerecht
oder ungerecht sein. Was jedoch als eine gerechte Verteilung zu gelten hat, versteht
sich keinesfalls von selbst. Insbesondere in der Distributionszone der wirtschaftlichen, kooperativ erwirtschafteten Güter herrscht beträchtliche gerechtigkeitstheoretische Dunkelheit; nicht minder in der eng benachbarten und von ihr finanzierten
solidargemeinschaftlichen Verteilungsregion. Das unterscheidet diesen kooperati-
ons- und solidargemeinschaftlichen Doppelbereich von den anderen gesellschaftlichen Distributionszonen, in denen die Verteilung der hier produzierten Güter nach
weitgehend unstrittigen Distributionsregeln vor sich geht. Denn es ist offenkundig
so, daß sich die Natur der zu verteilenden Güter in den Verteilungsstrukturen spiegeln muß: die einzelnen Distributionszonen haben ihre eigene Verteilungsräson, die
eng mit der Beschaffenheit der hier zur Verteilung anstehenden Güter verbunden
ist, deren Bedeutung ihrerseits durch die gesellschaftlichen Wertvorstellungen bestimmt werden, die als kulturelle Grammatik der Begehrlichkeit fungiert und den
Wert des Gutes bestimmt. Entsprechend gilt, daß das kolonisierende Eindringen

fremder Verteilungsformen den Wert des einheimischen Gutes auf die Dauer zerstört. Daher lassen sich gesellschaftliche Pathologien durchaus auch als distributive Vereinheitlichung des gesellschaftlichen Güterverkehrs durch hegemonialen Übergriff einer dominanten Verteilungsräson auf güterfremde Bereiche bei gleichzeitiger Zerstörung aller lokalen Distributionsmuster entziffern. Wenn, wie die achselzuckenden Resignationsformeln des alltäglichen Zynismus sagen, alles käuflich, alles eine Frage der richtigen Beziehungen, alles eine Frage der Macht ist, dann ist die Gesellschaft in ethische Unordnung geraten, dann haben Verteilungsregeln ihre Zuständigkeitsgrenzen überschritten und ihre Distributionsräson und das damit verbundene Güterverständnis anderen Güterregionen aufgezwungen.[10]

Hinsichtlich der Verteilung materialer Güter sehen sich moderne Gesellschaften mit *zwei Gerechtigkeitsproblemen* konfrontiert, mit einem fundamentalen und einem abgeleiteten, je nachdem ob wir uns auf den kooperationsgemeinschaftlichen Kern der Gesellschaft beschränken oder ob wir den Markt mit einem sozialen Ausgleichssystem versehen und ihn solidaritätsgemeinschaftlich erweitern. Das fundamentale oder kooperationsgesellschaftliche Gerechtigkeitsproblem bezieht sich auf die *internen* Verteilungseigenschaften des Kooperationssystems: *Wie ist innerhalb des Kooperationssystems der Kooperationsmehrwert an die aktiv in die Kooperation eingebundenen Wirtschaftssubjekte zu verteilen, damit eine gerechte Verteilung erreicht wird?* Das abgeleitete oder solidaritätsgemeinschaftliche Gerechtigkeitsproblem bezieht sich auf das *äußere* Verhältnis des wirtschaftlichen Kooperationssystems zu denjenigen Gesellschaftsmitgliedern, die aufgrund von angeborenen Gebrechen, von zwischenzeitlich eingetretener Arbeitsunfähigkeit oder von Arbeitsplatzverlust nicht in der Lage sind, sich selbständig ein Markteinkommen zu verschaffen: *Gibt es eine Versorgungsverantwortung der Allgemeinheit gegenüber ihren Mitgliedern? Sind die wirtschaftlich Selbständigen aus Gründen der Gerechtigkeit verpflichtet, Ausgleichsleistungen für die dauerhaft oder vorübergehend wirtschaftlich Unselbständigen zu erbringen? In welchem Maße und nach welchen Kriterien muß die wirtschaftliche Ungleichheit zwischen den Selbständigen und Unselbständigen ausgeglichen werden?*

8 Transzendentale Güter

Aber zurück zu den Gütern. – Es ist für ein besseres Verständnis des Aufgabenbereichs der Verteilungsgerechtigkeit nützlich, einige klassifikatorische Unterscheidungen vorzunehmen. Zuerst ist da die Unterscheidung zwischen transzendenta-

---

10 Walzer hat in *Spheres of Justice* (1983) auf diese Pluralität gesellschaftlicher Verteilungsregionen mit je eigenem Güterverständnis und je eigener Distributionsregel hingewiesen. Er hat damit ein ethisches Gegenstück zur soziologischen These der gesellschaftlichen Ausdifferenzierung geliefert, das es gestattet, modernitätstypische Tendenzen wirtschaftstranszendierender Ökonomisierung, ethosverdrängender Verrechtlichung und sonstige Formen der Lebensweltkolonialisierung als Deformationen einer pluralistischen Verteilungsgerechtigkeit zu interpretieren.

len oder konditionalen und nicht-transzendentalen oder nicht-konditionalen Gütern. Transzendentale oder konditionale Güter erweisen sich aus der Perspektive des menschlichen Individuums als grundlegende Lebensvoraussetzungen. Dazu zählen etwa: das Leben selbst, körperliche Unversehrtheit, Gesundheit, Sicherheit, Grundversorgung mit Lebensmitteln, Kleidung und Wohnung, Handlungsfähigkeit. Von diesen Gütern gilt allgemein, *daß sie nicht alles sind, alles aber ohne sie nichts ist*. Sie besitzen einen Ermöglichungscharakter; ihr Besitz muß vorausgesetzt werden, damit die Individuen ihre Lebensprojekte überhaupt mit einer Aussicht auf Minimalerfolg angehen, verfolgen und ausbauen können. In Zeiten der Normalität sind sie unauffällig; denn dann sind wir uns ihres Besitzes sicher und achten in der Routine des Lebensalltags nicht sonderlich auf sie. Wenn sie uns jedoch knapp werden und wir darum in existentielle Grenzsituationen und Notlagen geraten, dann bilden sie den einzigen Inhalt unserer Sorge; alle anderen Interessen verblassen dann, der Erwerb und Wiedererwerb der konditionalen Güter wird zum ausschließlichen Ziel unseres ganzen Bestrebens. Mit anderen Worten: Zeiten der Normalität stehen im Zeichen der *konjunktiven Belanglosigkeit*: da tut der eine dies, und der andere tut das, und der dritte tut jenes, denn alle sind mit den Grundgütern in ausreichendem Maße versorgt. Zeiten der Not hingegen sind Zeiten der existentiell bedrohlicher Grundgüterknappheit und stehen im Zeichen *disjunktiver Dramatik*: alle divergierenden Interessen schnurren auf ein Interesse zusammen, das zudem zu seiner Verwirklichung alles aufbieten muß, was zur Verfügung steht: Tod oder Leben, Gesundheit oder Krankheit, Krieg oder Frieden, Sicherheit oder Angst, Elend oder gesichertes Auskommen, Erniedrigung oder Selbstachtung.

Wir haben mit diesen transzendentalen Gütern offenkundig ein vorzügliches Mittel an der Hand, um die Gerechtigkeit von Gesellschaften zu untersuchen: eine Gesellschaft, in der eine selektive Unterversorgung mit transzendentalen Gütern anzutreffen ist, die also keine egalitaristische Grundversorgung mit transzendentalen Gütern ermöglicht, verdient sicherlich nicht das Prädikat einer wohlgeordneten Gesellschaft. Eine gerechte Gesellschaft wird daher auch nicht die Versorgung mit sozialen Grundgütern dem Markt überlassen können, denn der Markt ist ungerecht und wird eine Gleichverteilung der sozialen Grundgüter nicht garantieren. *In einer absoluten, durch keine marktexternen Verteilungsregeln eingeschränkten Marktgesellschaft wird der Marktpreis zum einzigen Verteilungskriterium aller transzendentalen Güter werden und daher der Grundgüterbesitz immer funktional abhängig von der Marktmacht der einzelnen sein.* In der neuzeitlichen Tradition der politischen Philosophie bezeichnete man Zustände, die durch eine allseitige eklatante Unterversorgung mit transzendentalen Gütern charakterisiert waren, als Naturzustand. Die staatliche Ordnung ist ihrerseits dadurch charakterisiert, daß sie im Gegensatz zum Naturzustand eine allseitige Grundversorgung der Individuen mit transzendentalen Gütern sicherstellen kann, *so daß diese nicht mehr ihre ganzen Mittel und ihre ganze Energie und Phantasie in die gleichzeitig rationale und zum Scheitern verurteilte Strategie einer eigenständigen Grundgüterversorgung investieren müssen*, sondern auf dem Fundament einer selbstverständlichen Versorgtheit mit diesen transzendentalen Gütern ihren unterschiedlichen Interessen nachgehen können.

Der Staat ist also Inbegriff der kollektiv-kooperativen Bereitstellung transzendentaler Güter, daher bildet gerade ihre Verteilung den gerechtigkeitstheoretischen Lackmustest; daher bilden gerade sie die Währung der Verteilungsgerechtigkeit, die unterschiedliche Verteilungsmuster vergleichbar macht. Der Naturzustand ist dadurch definiert, daß transzendentale Güter in ihm den Charakter kompetitiver, rivalisierender Güter besitzen. Da transzendentale Güter universell präferiert werden, ihr Besitz notwendige Voraussetzung für ein hinlänglich gelingendes Leben ist, ist der Naturzustand für alle unerträglich. Der Übergang in den *status civilis* ändert den Charakter der transzendentalen Güter. Die Vorzugswürdigkeit des staatlichen Zustandes liegt darin, daß sich in ihm transzendentale Güter in kooperative Güter verwandeln können, nicht mehr Wettstreit und Rivalität über das Versorgungsausmaß mit transzendentalen Gütern entscheiden. Und erst wenn dieser Entwicklungszustand erreicht ist, tritt die Gerechtigkeit in den Kreis der Aufmerksamkeit, denn *Gerechtigkeit ist die moralisch ausgezeichnete Verfassung gesellschaftlicher Kooperation.*

Aber nicht nur das gelingende Leben der Individuen ist von Voraussetzungen abhängig, die sie nicht auf eigene Faust sichern können und deren Bereitstellung daher kollektiv-kooperativer Anstrengungen bedarf. Auch Wirtschaft und Gesellschaft ruhen auf Voraussetzungen, die in der kompetitiven und individualistischen Geschäftsroutine nicht nur nicht kontinuierlich reproduziert werden können, sondern sukzessiv ausgehöhlt werden und insbesondere in Zeiten wachsender Konflikte einem rapiden Schwund ausgesetzt sind. Zu diesen Voraussetzungen gehören: sozialer Frieden, politische Loyalität, demokratischer Konsens und eine stabile, alle Systembereiche von der kapitalistischen Wirtschaft über den Rechtsstaat bis zur sozialstaatlichen Bürokratie umfassende Legitimitätsüberzeugung der Bürger. Es ist offenkundig, daß diese beiden Klassen transzendentaler Güter kausal zusammengehören: eine eklatante Unterversorgung an transzendentalen Gütern der ersten Klasse führt zu einer Unterversorgung an transzendentalen Gütern der zweiten Klasse. Wachsende rechtsfreie Räume, andauernde Massenarbeitslosigkeit, Zukunftsangst angesichts zusammenbrechender Rentenversicherungssysteme werden zu Loyalitätserosionen führen, Legitimitätsüberzeugungen ins Wanken bringen und den Konsens zerbrechen lassen. Angesichts solcher Zusammenhänge erweist sich Gerechtigkeit auch als *präventives zivilgesellschaftliches Krisenmanagement.*

Die Grundgüterdiskussion in der politischen Philosophie der Gegenwart geht zwar auf Rawls' Konzept der „primary goods" zurück, doch ist der Grundgüterbegriff weitaus älter. Seit Thomas Hobbes kennt die politische Philosophie Grundgüter, denn Grundgüter sind ein notwendiger Bestandteil jedes kontraktualistischen Beweisprogramms. Nur dann läßt sich die legitimationstheoretisch notwendige Einmütigkeit vertraglicher Einigung plausibel machen, wenn zum einen angenommen werden darf, daß es überhaupt generelle Präferenzen und universell begehrenswerte Güter gibt, und wenn zum anderen die Vertragssituation so gestaltet werden kann, daß in jedem der Wunsch nach Erfüllung dieser generellen Präferenz, nach Besitz des universell begehrenswerten Gutes all seine anderen

Wünsche dominiert.[11] Freilich stützten sich die klassischen politikphilosophischen Konzeptionen auf kurze Güterlisten, oft genug nur auf ein einziges Gut. Bei Hobbes streben die Menschen allein nach Sicherheit und entwerfen den Staat ausschließlich als Sicherheitsagentur, als Agentur, die für eine egalitaristische Verteilung des Grundgutes Sicherheit zu sorgen hat. Auch Locke und Kant entwickeln ihre politische Philosophie als Grundgutmonismus, nur wird bei ihnen das egalitaristisch zu verteilende Gut der Sicherheit rechtlich qualifiziert, die staatliche Verteilungsagentur daher zum Rechtsstaat. Erst der wiederauferstandene Kontraktualismus der politischen Philosophie der Gegenwart hat die Grundgüterliste ausgeweitet, so weit ausgeweitet, daß das Problem der Sozialstaatsbegründung überhaupt innerhalb des tradierten konzeptuellen Rahmens der Vertrags- und Sozialwahltheorie gestellt und eine alle politische Gerechtigkeit der Rechtsstaatlichkeit überschreitende Theorie der gerechten, sowohl kooperationsgemeinschaftlichen wie solidaritätsgemeinschaftlichen Güterverteilung entwickelt werden konnte.

Das Konzept der transzendentalen Güter regt zu einer weiteren Betrachtung an. Offenkundig können, zumindest bei einer hinreichend umfangreichen Grundgüterliste, Rivalitätsbeziehungen zwischen einzelnen Gütern nicht ausgeschlossen werden. Die Bereitstellung des transzendentalen Gutes A kann auf Kosten des transzendentalen Gutes B gehen. Oder mit anderen Worten: eine maximale Grundgüterversorgung ist unmöglich. Jede kollektiv-kooperative Versorgung muß folglich die einzelnen Ansprüche ausbalancieren. Jede Grundgüterversorgung, die sich dieser Aufgabe der Ausbalancierung der einzelnen Güter entzieht, ist irrational. Man stelle sich nur eine Gesellschaft vor, die sich eine maximale Gesundheitsversorgung als Ziel gesetzt hätte. Sie würde nur noch in medizintechnische Optimierung, Verbesserung der medizinischen Versorgungseinrichtungen und Ausbau der Pflegestationen investieren; sie würde eine rigorose Politik der Maximierung des Gesundheitsnutzens betreiben und jede medizinische Maßnahme in ihr Versorgungsprogramm aufnehmen, wie gering auch immer ihr gesundheitlicher Nutzen und wie kostspielig auch immer ihre Anwendung sein mögen.

Ein Leben, das sich ganz in den Dienst der Bereitstellung und Sicherung eines einzigen transzendentalen Gutes stellt, nimmt obsessive Züge an. Der Sicherheitsfanatiker ist nicht minder pathologisch als der Gesundheitsfanatiker; die Vielfältigkeit des menschlichen Lebens schnurrt bei beiden zu einem eindimensionalen Wahnprogramm zusammen. Und wenn wir von der privaten Lebensformung zum kollektiven Handlungssystem übergehen, stoßen wir auf ähnliche Fehlbildungen. Ein Staat, der alles der Sicherheit opfert, erscheint uns ebenso monströs wie ein Staat, der sich allein dem Programm der Maximierung der Gesundheitsversorgung verschrieben hat. In beiden Fällen haben wir es mit einer wahnhaften Überschätzung menschlicher Möglichkeiten zu tun. Individuen führen ein komplexes Leben und verfolgen mehrere Interessen und verwenden ihre Ressourcen für unterschied-

---

11 Ausführlicheres zur Logik des kontraktualistischen Arguments in Kersting 1994.

liche Ziele, die ausbalanciert werden müssen und daher jeweils nur mit limitierten Budgets unterstützt werden können. Und nichts anderes gilt für die Systeme öffentlicher Grundgüterversorgung. Die Theorie der Verteilungsgerechtigkeit sieht sich also mit einem doppelten Problem konfrontiert: sie muß nicht nur bedenken, wie die transzendentalen Güter an die Individuen zu verteilen sind, sie muß auch Entscheidungsregeln für rivalisierende Ansprüche der Grundgüter formulieren.

9 Güterrivalität

Neben der Unterscheidung zwischen transzendentalen und nicht-transzendentalen Gütern gibt es noch eine weitere wichtige gütertheoretische Differenz. Güter können rivalisierend oder nicht-rivalisierend sein. Um rivalisierende Güter handelt es sich, wenn die Verbesserung der Versorgungssituation des einen eine Verbesserung der Versorgungssituation des anderen ausschließt. Wenn rivalisierende Güter unvermehrbar sind, liegen statische Konkurrenzverhältnisse vor. Wenn rivalisierende Güter vermehrbar sind, können wir von dynamischen Konkurrenzverhältnissen sprechen. Beispiele unvermehrbarer rivalisierender Güter sind etwa Schokoladenriegel, die die Mutter vom Einkaufen mitgebracht hat, Ufergrundstücke am Starnbergersee, Land und Bodenschätze. Vermehrbare rivalisierende Güter kann es trivialerweise nur dort geben, wo es Güterwachstum gibt; und Güterwachstum gibt es in einer auf Wachstum angelegten Wirtschaftsordnung. Die Verteilungsgerechtigkeit trifft bei unvermehrbaren rivalisierenden und vermehrbaren rivalisierenden Gütern offenkundig auf unterschiedliche Probleme. Während sie im Fall unvermehrbarer rivalisierender Güter sich im Dreieck von Erwerbsgeschichte, Besitzrecht und Gebrauchszugang bewegt, muß sie sich im Fall der vermehrbaren rivalisierenden Güter wie etwa Einkommen und Arbeitsplätze auf die Aufgabe einlassen, die Verteilung vermehrbarer Güter mit den Vermehrungsbedingungen vermehrbarer Güter zu harmonisieren. Und da wohl davon auszugehen ist, daß grundsätzlich die Gerechtigkeitschance der Verteilungssituation mit der Zunahme der Güter steigt, sollte es niemanden überraschen, daß die Verteilungsgerechtigkeit ein fundamentales Interesse an Wachstum hat. *Wachstumsschwäche führt zumindest mittelfristig auch zu einer Gerechtigkeitssklerose.* Nebenbei gesagt lassen sich die beiden Klassen rivalisierender Güter auch mithilfe der Kriterien der Pareto-Optimalität und der Pareto-Superiorität definieren. Man bezeichnet eine Verteilungssituation dann als pareto-optimal, wenn es nicht möglich ist, die Position einer Person zu verbessern, ohne die Position einer anderen zu verschlechtern. Offenkundig trifft genau dies auf nicht-vermehrbare Güter zu: jede denkbare Verteilung nicht-vermehrbarer rivalisierender Güter führt immer zu einer pareto-optimalen Situation. Pareto-superior ist hingegen die Verteilungssituation V_2 im Vergleich mit der Verteilungssituation V_1 dann, wenn durch den Übergang von V_1 nach V_2 zumindest eine Person besser gestellt wird, ohne daß sich die Position von irgendjemandem verschlechtert, die Besserstellung also auf niemandes Kosten erfolgt. Es ist ersichtlich, daß nur bei vermehrbaren rivalisierenden Gütern pareto-superiore Veränderungen von Verteilungssituationen möglich sind. Entsprechend treffen wir hier auch auf unterschiedliche Problemstellungen der Verteilungsgerechtigkeit: in pareto-optimalen Verteilungssituationen hat die Philosophie der distributiven Gerechtigkeit ein ganz anderes Aufgabenpensum zu bewältigen als in Verteilungssituationen, die pareto-superiore Veränderungen zulassen.

Im Falle nicht-rivalisierenden Güter wird die Verbesserung der Versorgungssituation des einen nie zu einer Verschlechterung der Versorgungssituation des anderen führen können. Als Frauen das Wahlrecht gegeben wurde, mußten Männer nichts von ihrem Wahlrecht abgeben. Nicht-rivalisierende Güter sind Grundrechte und Grundfreiheiten. Die Verteilungsgerechtigkeit hat hier ein sehr übersichtliches Problemfeld: entweder es besteht Ungleichverteilung oder Gleichverteilung. Und entscheidend ist hier, daß die Gleichverteilung eine Sättigungsgrenze darstellt, bis zu der Verbesserungen von Benachteiligungen möglich sind, daß diese Güter Redistributionen nicht gestatten. Freilich ändert sich die Situation sofort, wenn wir den Blick vom Recht auf die Macht richten. Rechtliche Gleichstellung verlangt von den Privilegierten keine Rechtseinbuße, aber sie impliziert natürlich immer eine Machteinbuße, denn Macht zeigt sich gerade auch in Form einer ungleichen Rechtsverteilung. Macht ist im Gegensatz zum Recht ein rivalisierendes Gut. Mehr noch: Macht ist das rivalisierende Gut *kat' exochen*, da Macht nur im Komparativ, nur als Mehr- und Übermacht existiert. Angesichts des besonderen – immateriellen, ungegenständlichen – Charakters der nicht-rivalisierenden Güter macht es keinen Sinn, die Unterscheidung zwischen vermehrbaren und nicht-vermehrbaren Gütern zu übernehmen. Das Wahlrecht oder das Recht, Verträge zu schließen, oder das Recht, nicht willkürlich verhaftet zu werden, oder das Recht auf Glaubens- und Gewissensfreiheit ist weder vermehrbar noch nicht-vermehrbar. Entweder eine Person besitzt es, oder eine Person besitzt es nicht; und ihr Besitz dieses Rechtes wird durch den Besitz dieses Rechts durch einen anderen nicht geschmälert und durch den Nicht-Besitz dieses Rechts durch einen anderen nicht vermehrt.

10 Gegebenheiten und Ressourcen

Da menschliches Leben nicht als *creatio ex nihilo* gelingen kann, ist menschliches Handeln in hohem Maße von Voraussetzungen abhängig. Diese Voraussetzungen sind einerseits handlungsermöglichend, andererseits handlungsbestimmend. Sie zerfallen in zwei Klassen: in strukturelle Gegebenheiten und in individuelle Ressourcen. Der Ort der strukturellen Voraussetzungen ist die individuellem Handeln vorgängige gesellschaftliche Verfassung mit ihren ökonomischen, rechtlichen und politischen Systembereichen. Daß und in welcher Weise hier ermöglichende wie bestimmende Voraussetzungen für individuelles Handeln vorliegen, zeigt zum einen ein Vergleich des individuellen Handlungslebens im gedankenexperimentellen Naturzustand mit der Lebensgestaltung in einem strukturierten, institutionell gefestigten gesellschaftlichen Normalkontext und zum anderen eine Gegenüberstellung unterschiedlicher Verfassungsordnungen. Während die einen autonomiefreundlich und dem menschlichen Handlungs- und Selbstbestimmungsbedürfnis entgegenkommen, dem Individuum also einen großen Handlungsspielraum einräumen, sind andere darauf bedacht, den Optionsbereich zu kontrollieren und den individuellen Handlungsspielraum einzuengen. Und während der eine Verfassungstyp die Herausforderungen der Freiheit scheut, den Markt erstickt, jede Kultivierung eigenverantwortlicher Daseinsgestaltung behindert und den Bereich zentral-kollektiver Versorgung so weit wie möglich ausdehnt, trainiert der andere Verfassungstyp die bürgerliche Freiheit, indem er die kollektive Verantwortung auf die Bereitstellung einer einkommensunabhängigen Grundversorgung einschränkt und dadurch die Bürger zu eigenverantwortlicher Lebensführung und Zukunftssicherung nötigt.

Die Geschichte der politischen Philosophie ist charakterisiert durch ein wachsendes Bewußtsein von der Wichtigkeit institutioneller Lebensvoraussetzungen. Der Anspruch an die konstitutionellen Rahmenbedingungen individueller Lebensplanungen ist dabei stetig gestiegen: vom Sicherheitsstaat über den Rechts- und Verfassungsstaat zum Sozialstaat. Hinter dieser Ausweitung steht die Einsicht, daß selbstbestimmte und eigenverantwortliche Lebensgestaltung, daß der Genuß von Freiheit und Freizügigkeit an materielle Voraussetzungen gebunden ist. Wenn der Wert des Freiheitsrechts im Zustand der Mittellosigkeit verschwindet, wird aus der Grammatik unserer ethisch-politischen Selbstverständigung das naturrechtliche Herzstück herausgebrochen. Wenn die Menschen über keine materiellen Ressourcen verfügen können, dann rückt hinreichender Ressourcenbesitz in den Rang einer freiheitsermöglichenden Bedingung, dann wird hinreichender materieller Ressourcenbesitz zur Voraussetzung von Recht, personaler Würde und bürgerlicher Existenz, dann erweist es sich wie das Recht selbst als Grundgut, dann muß bürgerliche Solidarität für eine hinreichende materielle Versorgung einstehen. Zumindest dann gilt dieser Ermöglichungszusammenhang zwischen dem immateriellen Zentralgut des Rechts und einem materiellen Zentralgut hinreichenden Ressourcenbesitzes, wenn wir das Recht nicht nur im Lichte des *status negativus*, als Abwehrrecht betrachten, sondern uns auf die in den normativ-individualistischen Begriff der Rechtsordnung eingelassene normative Leitvorstellung einer eigenverantwortlichen, zur selbstbestimmten Lebensführung fähigen Person beziehen. Angesichts dieser operationalen Abhängigkeit des Freiheits- und Freizügigkeitsrechts von hinreichendem materiellen Güterbesitz muß eine um gerechte Grundgüterversorgung bemühte Gesellschaft auch eine zumindest basale Versorgung mit einem Ersatzeinkommen im Falle wie auch immer verursachter Erwerbsunfähigkeit sicherstellen. *Die menschenrechtliche Verpflichtung zur Rechtsstaatlichkeit treibt aus sich selbst die solidaritätsethische Verpflichtung zur Sozialstaatlichkeit hervor.*

Die individuellen Ressourcen zerfallen ihrerseits in zwei Klassen: in die natürlich-inneren, die man an sich, in sich und mit sich vorfindet, also Talente, Begabungen, Fähigkeiten, und in die gesellschaftlich-äußeren, also den Arbeitslohn, den

Lottogewinn, das Familienvermögen. Die erste Klasse kann dabei noch hinsichtlich der Herkunft dieser inneren Ressourcen unterschieden werden: da wäre dann einmal die Klasse der naturgegebenen Eigenschaften und zum anderen die Klasse der durch Erziehung und Herkunftsmilieu erworbenen Eigenschaften, etwa Umgangsformen und gewinnendes Auftreten. So sinnvoll die begrifflichen Trennungen zwischen inneren und äußeren Gütern sind, so falsch wäre es, sie mit kausaler Unabhängigkeit gleichzusetzen. Natürlich – und genau das ist das Problem der politischen Philosophie der Verteilungsgerechtigkeit – bestehen Abhängigkeits- und Wechselwirkungsbeziehungen zwischen den gesellschaftlichen Verteilungseigenschaften und den unterschiedlichen Ressourcenklassen. Zum einen haben die strukturellen Voraussetzungen immer auch einen kausalen Einfluß auf die individuelle Versorgung mit gesellschaftlich-äußeren Ressourcen, legen sie doch die objektiven Bedingungen fest, unter denen die Individuen ihre Talente, Begabungen und Fähigkeiten entwickeln und ihre Lebenskarrieren planen und verfolgen müssen. *Insofern bestimmt die gesellschaftliche Struktur die Verwertungsbedingungen der Lebenserfolgsressource, die wir selbst sind.* Denn es hängt von ihrer Gestalt ab, ob die Menschen ihre kognitiven und emotionalen Eigenschaften entwickeln können, welchen Ansprüchen sie sich aussetzen und welche Lebensziele sie sich stecken. Zum anderen besteht ein kausales Verhältnis zwischen inneren und äußeren individuellen Ressourcen: die qualitativ unterschiedliche Ausstattung der Lebenserfolgsressource, die wir selbst sind, hat ohne jeden Zweifel ebenfalls Auswirkungen auf das Ausmaß und die Qualität unserer Versorgung mit gesellschaftlich-äußeren Gütern.

11 Verteilungsgerechtigkeit und rechtfertigungstheoretischer Subjektivismus

Die Aufgabe einer philosophischen Theorie der Verteilungsgerechtigkeit besteht darin, allgemein zustimmungsfähige Prinzipien für die Verteilung gesellschaftlicher Grundgüter aufzustellen. Aufgrund der für die neuzeitliche Begründungsmethodologie charakteristischen Ablösung des rechtfertigungstheoretischen Objektivismus durch einen rechtfertigungstheoretischen Subjektivismus können normative Grundsätze nur dann als gerechtfertigt gelten, wenn sie mit den Grundbestimmungen des normativen Individualismus in Übereinstimmung stehen, wenn sie als allgemein anerkennungsfähig gelten können. Denn der Protagonist dieses neuzeittypischen rechtfertigungstheoretischen Subjektivismus ist das autonome, aus allen vorgegebenen Natur-, Kosmos- und Schöpfungsordnungen herausgefallene, allein auf sich gestellte Individuum. Der Mensch erfährt nicht mehr durch Integration in übergreifende und von Natur aus frühere oder geschichtlich vorgegebene Gemeinschaften Wert und Sinn, sondern umgekehrt gilt jetzt, daß sich die gesellschaftlichen und politischen Einrichtungen nur dann rechtfertigen lassen, wenn sich in ihren Funktionen die Interessen, Rechte, Glücksvorstellungen der Individuen spiegeln. Die richtige gesellschaftliche Ordnung, die Muster gerechter Güterverteilung sind weder der Natur zu entnehmen noch zwischen den Sternen aufgehängt; sie können nur gedankenexperimentell, im fiktiven Rahmen rationaler Gründungs- und Implementierungshandlungen ermittelt werden. Dabei macht es keinen prinzipiellen Unterschied, ob die Philosophie sich dem Fundamentalproblem der Herrschaftslegitimation zuwendet oder sich mit dem weitaus intrikateren der Aufstellung und Rechtfertigung gesellschaftlicher Distributionsregeln abmüht. Der Hobbessche Staatsbeweis ist auch das rechtfertigungsmethodologische Vorbild jedes Sozialstaatsbeweises.

Die neuzeittypische individualistische Fundierung aller gesellschaftlichen und politischen Organisationsformen krempelt das traditionell-aristotelische Verhältnis von Individuum und Gemeinschaft gründlich um. Zum einen schreibt sie dem Individuum *rechtfertigungstheoretische Absolutheit* zu, die verlangt, es dem Bereich des Besonderen zu entziehen und jenseits aller geschichtlich entwickelten und kulturell formierten Gemeinschaftlichkeit zu situieren. Nur als entweder naturalisiertes oder universalisiertes Individuum, nur als Bewohner einer vor-sozialen Natur oder einer gesellschaftsjenseitigen Vernunftallgemeinheit vermag es die Rolle zu übernehmen, die ihm eine Rechtfertigungstheorie zuweist, die alles Vertrauen in die Leistungskraft der traditionellen objektivistischen Legitimationsinstanzen verloren hat, gleichwohl aber an dem Allgemeingültigkeitsziel festhalten will. Als gerechtfertigt können gesellschaftliche und politische Institutionen daher nur gelten, wenn sie generellen Präferenzen der menschlichen Natur oder universellen normativen Bestimmungen menschlicher Persönlichkeit entsprechen. Zum anderen führt die individualistische Fundierung zur Auszeichnung des Legitimationstyps des *prozeduralen Konsentismus*. Da menschliche Individuen unterschiedliches normatives Gewicht nur im Rahmen vorgegebener normativ verbindlicher Ordnungen besitzen können, diese aber rechtfertigungstheoretisch nicht mehr in Betracht kommen, zählt ein Individuum soviel wie jedes andere, hat jedes Individuum also gleiches Recht, im Legitimationsdiskurs gehört zu werden. Die rechtfertigungstheoretische Absolutsetzung des Individuums führt also notwendig zu *Egalitarismus* und *Impartialismus* und verlangt, die fällige Rechtfertigung *konsensgenerierenden Verfahren* zu übertragen. Das erklärt die nicht nachlassende Attraktivität des Kontraktualismus in der politischen Philosophie, denn der Vertrag ist das konsensgenerierende Verfahren *kat' exochen*.

12 Verteilungsgerechtigkeit und Egalitarismus

„Suum cuique" – das ist das Motto der Verteilungsgerechtigkeit. Was aber bestimmt die Verteilungsgerechtigkeit als das Seine eines jeden; was steht jedermann von Gerechtigkeits wegen zu? Der egalitäre Liberalismus gibt auf diese Frage zwei Antworten, eine schwache und eine starke. Die schwache Antwort bezeichne ich als *prima-facie*-Egalitarismus. Der *prima-facie*-Egalitarismus umfaßt zwei Thesen: (1) Verteilungsungleichheit bei Rechten ist nicht rechtfertigungsfähig; (2) Verteilungsungleichheit bei materialen Gütern ist rechtfertigungspflichtig. In dem Rawlsschen Differenzprinzip haben wir ein Beispiel eines solchen *prima-facie*-Egalitarismus vor uns, denn es ist ein Prinzip gerechtfertigter Ungleichheit. Dabei liegt der Rechtfertigungsgrund der Ungleichheit in der distributiv-allgemeinen Vorteilhaftigkeit der Ungleichheitsordnung. Die starke Antwort des Egalitarismus hingegen ist radikaler und kennt keine gerechtfertigte Abweichung von der Gleichverteilung. Sie besteht darauf, daß jeder das Gleiche bekommt.

Freilich ist es damit noch nicht viel gesagt. *Gleichheit ist ein elliptisches Relationsprädikat, das notwendigerweise der Ergänzung durch eine ausdrücklich gemachte Vergleichshinsicht bedarf, um informativ zu sein.* Daher ist auch der Egalitarismus der Verteilungsgerechtigkeit vorerst nur parametrischer Natur und bedarf näherer referentieller Bestimmung. Soll jeder von allem, was überhaupt durch Strukturen und Institutionen verteilt werden kann, gleich viel bekommen? Oder zeigt sich Verteilungsgerechtigkeit in der Gleichverteilung bestimmter Verteilungsgegenstände? Was also soll zu den Equalisanda gezählt werden? Alles, was überhaupt verteilt werden kann? Oder nur Bestimmtes, von dem dann aber gezeigt werden muß, daß es in hohem Maße verteilungsgerechtigkeitsrelevant ist, daß Gerechtigkeit gerade seine Gleichverteilung verlangt? Wie also ist das zu bestimmen, was Sen „informational basis of justice"[12] nennt? Welches ist das relevante Equalisandum? Die entscheidende Frage lautet also: Gleichheit von was? Welche „currency of egalitarian justice" soll gelten?[13] Herrscht dann Verteilungsgerechtigkeit, wenn „equality of welfare", Gleichheit des Wohlbefindens besteht? Oder geht es eher um die Ermöglichung von „equal opportunity for welfare"[14], um einen „equal access to advantage"[15], um „equally good shares of unowned worldly resources"[16]? Oder soll die *welfare*-Währung durch eine Ressourcen-Währung ersetzt werden? Oder sind vielleicht beide zugunsten einer *capability*-Orientierung, einer Orientierung an der Gleichheit der Entwicklung der Fähigkeiten aufzugeben?[17] Oder soll egalitäre Gerechtigkeit gar zu sockelegalitaristischen Auszahlungen führen, zu einem einmaligen Bürgerdarlehen, wie Ackerman und Alstott vorschlagen,[18] oder zu einem regelmäßigen monatlichen arbeitsfreien Einkommen, für das Van Parjis seit geraumer Zeit mit gleichem Vertrauen in die ökonomische Leistungsstärke wie in die ethische Leistungsschwäche des Kapitalismus wirbt?[19]

Angesichts dieser verwirrenden Vielfalt egalitärer Distributionsprinzipien ist eine typologische Orientierung empfehlenswert. Dabei ist es sinnvoll, die praxeo-

---

12 Sen 1990, 111.
13 Cohen 1989; vgl. Cohen 1993.
14 Vgl. Arneson 1989; 1990b.
15 Cohen 1989, 907.
16 Otsuka 1998, 79.
17 Vgl. Sen 1980; 1985a, 1985b; 1990.
18 Vgl. Ackerman/Alstott 1999.
19 Vgl. Van Parijs 1995.

logische Trias von Handlungsvoraussetzungen, Handlungsumständen und Handlungsergebnissen zugrundezulegen und *ressourcenegalitaristische, strukturegalitaristische* und *erfolgs*-resp. *wohlbefindensegalitaristische* Theoriekonzeptionen der Verteilungsgerechtigkeit zu unterscheiden.

13 Egalisierungsoptionen[20]

Verortet der *Strukturegalitarismus* seine gerechtigkeitsmehrende Egalisierungspolitik ausschließlich im Bereich der strukturellen Voraussetzungen individueller Lebensführung, geht es ihm also ausschließlich um die Gestaltung der institutionellen Rahmenbedingungen individuellen Handelns, um die strukturellen Verteilungseigenschaften der ökonomischen, rechtlichen und politischen Verfassungsbereiche, so

---

20 Die egalitäre Ausrichtung moderner Konzeptionen der Verteilungsgerechtigkeit hat nicht nur rechtfertigungsmethodologische Gründe; die Beschränkung auf Egalisierungsoptionen macht auch guten politischen Sinn. In der Regel ist die Aufgabe der Gerechtigkeitspolitik auf Gleichheitsherstellung und Gleichheitsmehrung gerichtet, nicht auf Ungleichheitsherstellung und Ungleichheitsmehrung. Ungleichheit ist gemeinhin das, was von selbst eintritt, insbesondere in liberalen Gesellschaften; und wenn diese Ungleichheit ein kritisches Maß überschreitet, wird sie zu einem gerechtigkeitstheoretischen Ärgernis, zu einem Gerechtigkeitsskandal, der nach geeigneter Rektifikation verlangt. Der Kampf für Rechtsstaatlichkeit und Sozialstaatlichkeit, gegen Apartheid und andere Formen der Diskriminierung war und ist immer ein Kampf für mehr Gleichheit, der im Erfolgsfall zu grundlegenden Strukturreformen führt; mit zunehmender gesellschaftlicher Gleichheit freilich seine existentielle Dringlichkeit und seine menschenrechtliche Wichtigkeit verliert; er wird politisch instrumentalisiert und mündet in ein um sich greifendes, planstellenschöpferisches Gleichstellungsbeauftragtenwesen. Der Gleichheit gilt unsere moralisch imprägnierte politische Sorge, nicht der Ungleichheit; die vermag gut für sich selbst zu sorgen. Wenn man nicht Deregulierung als politische Ungleichheitssorge interpretieren will, was gekünstelt klänge, da nicht Ungleichheit intendiert ist, sondern Effizienzsteigerung, Freiheitsmaximierung und Mehrung von Arbeitsplätzen, weiß ich von keinem Fall einer gerechtigkeitsinspirierten Ungleichheitsherstellungspolitik. Freilich ist die ausschließliche Egalisierungsorientierung der Gerechtigkeitspolitik zumindest dann nicht mehr einsichtig, wenn der Bereich der großformatigen Politik gesellschaftlicher Gestaltung verlassen und etwa das Dickicht des Steuer- und Sozialversicherungsrechts betreten wird. Daß hier immer nur Gleiche zu Unrecht ungleich behandelt werden und nicht etwa auch Ungleiche zu Unrecht gleich behandelt werden, wird wohl niemand behaupten wollen. Und wenn ein solcher Fall vorliegt, wenn Ungleiche in gerechtigkeitsethisch relevanter Hinsicht gleich behandelt werden, etwa kinderlose Ehepaare und Ehepaare mit Kindern steuerrechtlich gleichgestellt sein sollten, dann ist eine differenzierte Behandlung notwendig, dann ist Ungleichheitsherstellung zu verlangen. Es scheint sinnvoll zu sein, analog zur entsprechenden Unterscheidung in der Ökonomie eine Makrodikaiologie von einer Mikrodikaiologie zu unterscheiden. Und dann zeigt sich, daß auf makrodikaiologischer Ebene in der Tat sich die Verwirklichungsgeschichte der Gerechtigkeit als Geschichte fortschreitender Egalisierung entdeckt, wohingegen auf mikrodikaiologischer Ebene sowohl Egalisierungsmaßnahmen wie Inegalisierungsmaßnahmen von Seiten der Gerechtigkeit gefordert werden können. Beispiele mikrodikaiologischer Ungleichheitsforderungen geben *affirmative action*, Quotierung, Politik der Differenz, alles Instrumente einer Gleichheitsherstellung durch Ungleichheitsherstellung, die eine nicht zu akzeptierende Ungleichheitsstellung, die unter dem Schutz formaler Gleichheit eingetreten ist, kompensatorisch ausgleichen soll.

orientieren sich die anderen Egalisierungsoptionen vordringlich an den Individuen. Dabei zielt der *Ressourcenegalitarismus* auf eine Gleichverteilung der individuellen Ressourcen, also auf die Herstellung einer Gleichheit der natürliche wie soziale Faktoren umfassenden Startbedingungen individueller Lebenskarrieren. Wohingegen der *Wohlbefindens-* oder *Befriedigungsegalitarismus* es sich zur Aufgabe setzt, jedes Individuum mit dem gleichen Wohlbefinden, mit dem gleichen hedonistischen/eudämonistischen Lebensertrag auszustatten. Geht es einmal um *Gleichheit der Ressourcen*, die die Individuen für die Durchführung ihrer unterschiedlichen Lebensprojekte präferieren, so geht es zum anderen um Gleichheit hinsichtlich des erwünschten Resultats des präferenzgesteuerten Ressourceneinsatzes, also um *Wohlfahrtsgleichheit*, die entweder auf den Handlungserfolg hin ausgelegt werden kann und die Gestalt einer Gleichheit des Erfolgs annimmt oder auf den subjektiven Befriedigungszustand hin betrachtet wird und dann die Gestalt einer Gleichheit der Befriedigung annimmt.

Wenn man bedenkt, daß Ressourcen Mittel sind, die zum einen eingesetzt werden, um bestimmte Zwecke zu erfüllen, etwa Erfolg zu haben und Wohlfahrt zu gewinnen, die zum anderen aber auch die Betätigung und Entwicklung grundlegender Fähigkeiten ermöglichen, kann man dem Ressourcenegalitarismus sogar noch einen *Entwicklungsegalitarismus* logisch und anthropologisch vorschalten. Der Entwicklungsegalitarismus gründet in einer „capability-based assessment of justice", derzufolge „individual claims are not to be assessed in terms of the resources or primary goods the persons respectively hold, but in terms of freedoms they actually enjoy to choose between different ways of living that they can have reason to value".[21] Entwicklungsegalitarismus würde eine situationsaufmerksame und für kulturelle Differenzen sensible Ressourcenverteilung verlangen, die geeignet ist, jedem Menschen die gleiche Chance zu geben, seine Fähigkeiten zu entwickeln, sich an seinem Können zu erfreuen und ein selbstbestimmtes, seinen eigenen Zwecken folgendes Leben zu wählen.[22]

---

21 Sen 1990, 115.
22 Der Nachteil dieser Konzeption scheint offensichtlich: der von ihr offerierte Referenzbereich für Gerechtigkeitsüberlegungen, die „capabilities" und ihr „functioning", ist ohne Zweifel vag. Aber im Verlauf meiner Untersuchungen wird sich dieser Nachteil als Vorteil entpuppen, während sich die Offenheit der anderen Egalitarismusversionen für allerlei präzisionstechnische Verfeinerung als schwerwiegender Nachteil entdecken wird. Sen führt mit seiner fähigkeitsbezogenen Konzeption gleichsam die lebensethische Hardware in die politische Philosophie ein: die menschliche Natur wird in der Gerechtigkeitstheorie wieder heimisch gemacht. Gerechtigkeit bekommt damit einen starken aristotelischen Grundzug und eine entschieden perfektionistische Ausrichtung: es gilt, die menschlichen Lebensbedingungen so zu gestalten, daß alle die gleichen Entwicklungsmöglichkeiten haben. Während sich die anderen egalitaristischen Konzeptionen realitätsfern und politikenthoben darüber Gedanken machen, ob die Kompensationstiefe gerechtigkeitsethischer Umverteilung auch die Kostenträchtigkeit eines erlesenen Geschmacks berücksichtigen muß, führt Sens Konzeption dorthin, wo Ungerechtigkeit schmerzhaft und entwürdigend und jeder Fortschritt in der Gerechtigkeit evident und spürbar ist; dorthin also, wo durch fundamentale Strukturverbesserung die Lebens- und Selbstbestimmungsbedingungen der Menschen erhöht werden können, wo Hunger und Analphabetismus, Sklaverei und Erniedrigung herrschen.

Die Begriffe *Strukturegalitarismus*, *Ressourcenegalitarismus* und *Wohlfahrtsegalitarismus* haben offenkundig keine eindeutige theoretische Gestalt, sondern bezeichnen immer ganze Bündel von Theorien, denn jeder dieser drei Egalitarismen läßt eine Fülle von Binnendifferenzierungen und Abschattungen zu, weil die jeweiligen Zentralbegriffe unterschiedlichster Interpretation zugänglich sind. Das soll am Begriff des Strukturegalitarismus kurz gezeigt werden: Wenn sich die Egalisierung nur auf die Grundrechte bezieht, dann haben wir einen basalen Rechtsstaat, der einen rechtlichen Egalitarismus der Handlungsfreiheit konstituiert, aber keinerlei Egalisierungsengagement in die individuellen Voraussetzungen der Handlung investiert, die faktische Ungleichheit der natürlichen und sozialen Lebensvoraussetzungen der Individuen also unangetastet läßt. Dieser rohe *Strukturegalitarismus* kann nun durch Hinzunahme weiterer Egalisierungsfelder sukzessive ausgebaut werden. Die Rechtsgleichheit kann erst um die Chancengleichheit vermehrt werden; sodann können ungleichheitsmindernde Prinzipien der Ressourcenverteilung und der Mittelausstattung entwickelt werden; es kann zum Beispiel auch eine strikt egalitaristische Grundversorgung mit Grundgütern eingerichtet werden, die das Prinzip der Rechtsgleichheit durch Bürgergeld resp. negative Einkommenssteuer sozialstaatlich ausdehnt.

Dieser zunehmenden Vertiefung des Strukturegalitarismus korrespondiert offenkundig eine zunehmende Einschränkung individueller Handlungsfreiheit. Den Ausgangspunkt bildet die Gerechtigkeitstheorie des *libertarianism*, die keinerlei Egalisierung duldet, die über die Gewährleistung gleicher Handlungsfreiheit hinausgeht, und alle Kriterien außer Kraft setzt, die weitere Verteilungsleistungen verlangen und steuern könnten. Im Mittelpunkt der Gerechtigkeitstheorie des *libertarianism* steht maximale Handlungsfreiheit, die am besten durch den klassischen Anspruch des Individuums auf den ungeschmälerten Besitz der direkten und indirekten Früchte seiner Arbeit, seiner Anstrengungen ausgedrückt wird und das Recht auf unbesteuerten Gütertausch, unbesteuerte Schenkung und unbesteuerte Erbschaft enthält. Auf die zentrale Frage der Theorie der Verteilungsgerechtigkeit – Gleichheit worin? Gleichheit in Bezug auf was? – antwortet der *libertarian*: Gleichheit in Hinblick auf das Recht auf Handlungsfreiheit und den ungeschmälerten Besitz der dem freien Einsatz der eigenen Kräfte und der eigenen Mittel entstammenden Früchte. In dem Maße, in dem sich der egalitaristische Anspruch nicht mehr bloß mit gleicher Rechtsgewähr zufrieden gibt und den Gleichheitsparameter von den abwehrenden Freiheitsrechten auf die ermöglichenden Freiheitsbedingungen ausdehnt, wird dieses Maximalrecht notwendigerweise eingeschränkt werden müssen. Um beispielsweise Rechtsgleichheit durch Chancengleichheit zu vervollständigen, müssen Qualifizierungsmöglichkeiten mit marktunabhängigem, einkommensneutralem Zugang etabliert werden, die nur kollektiv finanziert werden können, also durch Steuern und Abgaben. Da aber selbst in allgemein zugänglichen und gebührenfreien Ausbildungsinstitutionen der Qualifikationserfolg und damit auch die karrierepolitischen Erfolgsaussichten von Begabung, Leistungsverhalten und häuslichem Umfeld abhängen, kann ein Anhänger der Chancengleichheit auch zu der radikalen Überzeugung gelangen, daß man über den Zustand der Diskriminierungsfreiheit hinausgehen und zusätzlich für kompensatorischen Ausgleich zu sorgen habe, damit die, die unverdienterweise durch die natürlichen und sozialen Umstände benachteiligt sind, dafür entschädigt werden, etwa in Form einer Abwärtsegalisierung durch steuerliche Umverteilung.

Es ist evident, daß der Egalitarismus der Wohlfahrtsgleichheit radikaler als der Egalitarismus der Ressourcengleichheit ist. Denn Wohlfahrtsgleichheit ist mit Ungleichheit inkompatibel, Ressourcengleichheit hingegen läßt Ungleichheit durchaus zu. Zielt Wohlfahrtsgleichheit auf *outcome*-orientierte Neutralisierung aller natürlichen und sozio-ökonomischen Differenz, so versteht sich Ressourcengleichheit als egalitaristische Legitimationsbedingung für sozio-ökonomische Ungleichheit. Denn wenn bei Sicherung eines kompensatorischen Ausgleichs einer Ressourcenminderung durch Handicap, mangelndes Talent und Arbeitslosigkeit jemand seine Ressourcen geschickter, ambitionierter, ökonomischer verwendet als ein anderer, dann muß der dadurch entstandene Lebenserfolgsmehrwert legitimerweise bei ihm auch verbleiben. Während also die endzustandsorientierte Wohlfahrtsgleichheit ungleiches Leben nur insofern akzeptieren kann, wie es sich nicht auf die Gleichheit des Wohlfahrtsertrags auswirkt, ist die Ressourcengleichheit grundsätzlich, auch die redistributionsfreudigste, mit wachsender Ungleichheit, sich erfolgspragmatisch diversifizierenden Lebensverläufen und damit ungleichen Wohlfahrtserträgen kompatibel. Die Ressourcengleichheit macht nicht gleich glücklich. Obwohl sie mit der Gleichheit der Glückserwartung beginnt, die analytischer Bestandteil ihres Konzepts ist, läßt sie eine entscheidungsverursachte, freiheitsverursachte Erfolgsdivergenz der individuellen Lebensprojekte zu. Die Wohlfahrtsgleichheit hingegen orientiert sich zu jedem Zeitpunkt an dem faktischen Wohlbefinden der Mitglieder und sieht in dem gleichen Glück einen Gerechtigkeitsindikator.

Die Ressourcengleichheit kann viele Gestalten annehmen; sie kann entweder radikale Ressourcengleichheit sein oder den Charakter einer Sockelgleichheit besitzen. Radikale Ressourcengleichheit, die etwa in der Theorie Dworkins begegnet, ist eine Gleichheit hinsichtlich der für die Realisierung eines Lebensplans erforderlichen Güter. Da unterschiedliche Individuen unterschiedliche Lebenspläne haben, sind die Ressourcen material unterschiedlich. Gleich sind sie, insofern sie von den Individuen als zureichend für die Verwirklichung ihres Lebensplans angesehen werden. Da aber nicht nur äußere Güter benötigt werden, um einen Lebensplan zu verwirklichen, sondern auch die Lebenserfolgsressource, die man selbst ist, die natürliche Begabungsausstattung und das soziale Herkunftsmilieu, erfolgsrelevante Auswirkungen auf das eigene Leben haben, muß Ressourcengleichheit sich bemühen, diese gegebenen, in den natürlichen und sozialen Geburts- und Entwicklungsumständen vorgefundenen lebensbestimmenden Faktoren mit zu den Ressourcen zu zählen und bei einer entsprechenden Sicherung von Ressourcengleichheit zu berücksichtigen. Angesichts der technisch-politischen Unerreichbarkeit dieser natürlichen und sozialen Lebensumstände muß Ressourcengleichheit wesentlich auf das Mittel monetaristischer Entschädigung der Schlechtergestellten zurückgreifen und durch geeignete Steuerinstrumente eine Abwärtsegalisierung

vornehmen. Ressourcengleichheit nimmt hingegen den Charakter einer Sockelgleichheit an, wenn es nur darum geht, jedem, unabhängig von seiner Begabungsausstattung, seinem sozialen Hintergrund, seinen Präferenzen und seinem Leistungsverhalten einen gleichen Anteil an materialen Ressourcen zu sichern. Also
beispielsweise jedem Bürger eines Landes mit dem Erreichen seiner Volljährigkeit
ein lebenslanges, zinsloses und mit dem Tode zurückzahlbares Darlehen von, so
Ackerman/Alstott in ihrem *stakeholding*-Projekt, 80 000 Dollar zu geben.[23] Oder ein
Bürgergeld im Sinne des Van Parijsschen „unconditional basic income" zu zahlen.[24]

14 Individualistische und institutionalistische Gerechtigkeitstheorien

Bei genauerer Betrachtung der drei Egalitarismusvarianten des Struktur-, Ressour-
cen- und Wohlbefindensegalitarismus stößt man auf einen theoretisch interessan-
ten wie praktisch überaus folgenreichen methodologischen Unterschied. Während
strukturegalitaristische Theoriekonzeptionen institutionalistischer Natur sind, sind
die Konzeptionen des Ressourcenegalitarismus und des Wohlfahrtsegalitarismus
individualistischer Natur. *Institutionalistische Gerechtigkeitstheorien* erblicken den Ort
der Gerechtigkeit im institutionellen Geflecht der Gesellschaft; sie generalisieren
und besitzen ein flaches Gleichheitsverständnis. *Individualistische Gerechtigkeitstheorien*
hingegen erblicken den Ort der Gerechtigkeit im interindividuellen Beziehungszusammenhang; sie individualisieren und besitzen ein tiefes Gleichheitsverständnis,
das entweder im Sinne der Ressourcengleichheit oder im Sinne der Wohlfahrtsgleichheit oder in einem irgendwie zwischen diesen beiden Polen gelegenen Sinne
ausgelegt werden kann. Allgemein läßt sich das Grundprinzip individualistischer
Theorien der Verteilungsgerechtigkeit oder des „distributive subjectivism"[25] folgendermaßen bestimmen: *Will eine Gesellschaft ‚gerecht' heißen, dann muß sie im Rahmen
des rechtsstaatlichen Egalitarismus ein Verteilungsmuster etablieren, das jedermann einen gleichen
Wohlfahrtsanteil oder ein gleiches Ressourcenbündel sichert, jedem Individuum also ein Leben mit
gleichem Glücksertrag sichert oder die Lebenskarriere jedes Individuums mit einer gleich großen und
gleich wertvollen Ressourcenausstattung beginnen läßt und ihren Fortgang dann durch entsprechende gleichheitsstabilisierende Ausgleichsleistungen begleitet.* Bei allen Schwierigkeiten, die
angesichts der Unterschiedlichkeit der inhaltlichen Präferenzen die Bestimmung

---

23 Ackerman/Alstott 1999.
24 Vgl. Van Parijs 1995.
25 Vgl. Arneson 1990. Arneson definiert seine Version des distributiven Subjektivismus folgender-
    maßen: „The claim I wish to defend is that for purposes of determining what should count as fair
    shares from the standpoint of distributive justice, the appropriate measure of a person's resources
    is some function of the importance those resources have for that very person as weighted by her
    conception of her own welfare" (159).

gleicher Wohlfahrtsausschüttungen und gleicher Ressourcenausstattungen bereiten mag, *für den individualistischen Verteilungstheoretiker steht fest, daß die Ermittlung einer gerechten Verteilung der wirtschaftlichen Güter in der Gesellschaft auf der Grundlage eines umfassenden Positionsvergleichs eines jeden mit einem jeden erfolgen muß und einen entsprechend aufwendigen, für alle individuellen Differenzen gleichermaßen empfindlichen Ausgleichsmechanismus verlangt.* Das Verfahren der Gleichheitsherstellung im Verteilungsstaat ist für individualistische Theoretiker der Verteilungsgerechtigkeit die genaue Umkehrung des Verfahrens der Gleichheitsherstellung im Rechtsstaat: Basiert rechtsstaatliche Gleichheit auf dem Verfahren der Entdifferenzierung, so gründet verteilungsstaatliche Gleichheit in dem Verfahren der Differenzierung. Wird in der Perspektive rechtsstaatlicher Gleichheit von aller empirischen Bestimmtheit der Individuen abstrahiert, so rückt in der Perspektive sozio-ökonomischer Gleichheit die Besonderheit des je einzelnen Individuums in den Mittelpunkt; denn sie allein bestimmt in einem Verfahren der interindividuellen Abwägung Ausmaß und Inhalt dessen, was das Seine ist, was im Zuge gleicher Wohlfahrtsausschüttung oder gleicher Ressourcenzuteilung den Individuen aus Gründen der Gerechtigkeit zusteht und zukommt.

Diese individualistische Feinabstimmung besitzen institutionalistische Theorien der Verteilungsgerechtigkeit nicht. Sie orientieren sich nicht an individuellen Präferenzen, individuellen Ausstattungen und individuellen Lebensplänen, sondern an gruppenspezifischen Bedürfnislagen und standardisierten Existenznöten. Der Adressat der institutionalistischen Gerechtigkeitstheorie ist nicht das Individuum, sondern die Verfassung. Die Normierungsreichweite der Gerechtigkeitsregeln geht über den Bereich der gesellschaftlichen Strukturen und Institutionen nicht hinaus, endet bereits mit dem allgemeinen Verteilungsresultat der Grundstruktur und läßt die besonderen Auswirkungen der Verteilung auf die einzelnen Individuen gänzlich außer Betracht. Ihr gerechtigkeitspolitisches Instrument ist das rechtliche Regelsystem. Rechtliche Regelsysteme innerhalb einer redistributiven Sozialstaatsverfassung definieren generelle Anspruchs-Leistungs-Korrelationen und bestimmen so die Verteilungsansprüche der Individuen. Aber durch solche öffentliche Regeln werden Individuen nur Leistungsansprüche eingeräumt, insofern sie gesetzlich definierte allgemeine Merkmale erfüllen. Und die Gesetze hinwiederum orientieren sich mit ihren allgemeinen Bedürftigkeitsdefinitionen an repräsentativen Sozialschicksalen und Benachteiligungsmustern. Die Ermittlung gerechter Verteilungen erfolgt im Kontext institutionalistischer Gerechtigkeitstheorie nie in Hinblick auf die Individualität der Gesellschaftsmitglieder, sondern allein in Hinblick auf Gruppenzugehörigkeit. *Die Welt der institutionalistischen Verteilungsgerechtigkeit wird nicht von den Individuen A, B und C bewohnt, sondern von Erwerbstätigen, geringfügig Beschäftigten, Arbeitslosen, Niedriglohnempfängern, Rentnern, Ehepaaren mit Kindern, kinderlosen Ehepaaren usf.*

II Zur Geschichte der Verteilungsgerechtigkeit

1 *Iustitia directiva* und *iustitia distributiva*

In der gerechtigkeitstheoretischen Tradition des Aristotelismus unterscheidet man zwei Arten der Gerechtigkeit, die diorthotische Gerechtigkeit, die später als *iustitia regulativa sive correctiva, in commutatibus directiva* bezeichnet wurde, und die dianemetische Gerechtigkeit, die *iustitia distributiva*. Die *iustitia directiva* ist eine ausgleichende, eine entschädigende Gerechtigkeit; und je nachdem ob die Ausgleichs- oder Entschädigungsverpflichtung einem Rechtsbruch oder einem Vertrag entspringt, nimmt die *iustitia directiva* die Gestalt einer *iustitia correctiva* oder einer *iustitia commutativa* an; erstere umfaßt alle *obligationes ex delictu*, letztere alle *obligationes ex contractu*. Die ausgleichende Gerechtigkeit verlangt die Erfüllung von Schuldigkeitspflichten, *officia debiti*. Die Erfüllung einer Schuldigkeitspflicht macht „eine Verbindlichkeit, die da war, ungeschehen".[1] Schuldigkeiten sind „negative Größen", Mängel, die durch entsprechende Leistungen auszugleichen sind. Unrecht ist im Lichte der *iustitia directiva* einer Gleichgewichtsstörung vergleichbar, die nach einer Restabilisierung verlangt. Kant hat für diesen Gerechtigkeitstyp darum auch die folgende Formel gefunden: „-a+a=0". Die *iustitia directiva* hat keine eigenen Prinzipien; sie will nicht die vorliegende Ordnung des Rechts verbessern, sondern nur ihre Schäden ausbessern. Die Verbindlichkeit des positiven Rechts gibt ihr normativen Rückhalt; sie verlangt von den Bürgern nicht mehr als das, was das Recht bereits selbst von ihnen verlangt. Die ihr eingeschriebene Wohlordnung ist der *status quo*; und ihr Ideal ist ihre eigene Überflüssigkeit. Sie übt sich in einer Äquilibristik des Konservativen; sie sieht ihre Aufgabe in der genauen Wiederherstellung des ursprünglichen, durch das Unrecht verletzten Zustandes. Ihr Symbol ist die Waage. Ihre Entschädigungsleistung wird durch das Ausmaß der Schädigung bestimmt. Die ausgleichende Gerechtigkeit ist jemandem vergleichbar, der in vorgefundenen Spuren rückwärts an deren Ausgangspunkt zurückgeht und durch das zweite, gegenläufige Ausfüllen der Abdrücke diese zum Verschwinden bringt und so die Zeit überlistet. Nach der Entschädigung kann die Ordnung unversehrt von neuem beginnen, als ob nichts geschehen sei.

Die moralische Entsprechung der Entschädigung ist die Entschuldigung: beides sind kompensatorische Akte, durch die ein verantwortlicher Defiziterzeuger die von ihm erzeugten Defizite aus der Welt und aus der Zeit schaffen möchte. Daß das Geschehene ungeschehen gemacht werden kann, daß also sämtliche äußeren und inneren Effekte des Geschehens auf alle Betroffenen zum Verschwinden gebracht werden können, liegt freilich nie in der Macht dessen, der die kompensatorischen Akte vollzieht. Das Opfer, der sachlich und moralisch Geschädigte, muß kooperie-

---

1 Kant: Akad.-Ausg. XIX, Refl. 6585.

ren. Es hat eine wichtige Rolle bei diesem fragilen Spiel, die Zeit aus Ordnungsliebe zu überlisten; nur dann, wenn die inneren Auswirkungen der materiellen und moralischen Schädigung sich verlieren, wenn das Opfer also seine Entschädigung akzeptiert und zur Entschuldung bereit ist, kann es gelingen, die gestörte Ordnung zu heilen. Daher vollendet sich gelingende Entschädigung und Entschuldung im Vergessen. Der restaurative Zweck der Entschädigung und Entschuldung verlangt geradezu das Vergessen. *Das Vergessen ist hier moralische Pflicht.* Derjenige, der nach der Entschuldung wieder die Schuldgeschichte aufs Tapet bringt, an seine moralische Kränkung erinnert und dem Schuldner seine Wunden zeigt, hat sich nicht an die Spielregeln gehalten. Er gefällt sich in der Rolle des moralischen Gläubigers und münzt die ihm zugefügte Kränkung in moralische Macht um. Offensichtlich enthält die Gesamtsituation der moralischen Entschuldung also auch Verbindlichkeiten für den Gekränkten, denen er sich zulässigerweise nicht entziehen kann. Es ist inkonsistent, zum einen die Moral in Anspruch zu nehmen, um sich als den Gekränkten und mit Entschuldungskompetenz Ausgestatteten zu begreifen, zum anderen aber den in der Institution der moralischen Entschuldung eingebetteten Zweck des Ungeschehenmachens, der Überlistung der Zeit zu sabotieren und durch Verdauerung der Schuld Herrschaft zu etablieren. Nur dann gelingt moralische Entschuldung, wenn der moralisch Gekränkte bereit ist, den Schädiger wieder in den Stand der Unschuld zu versetzen.

Die praktische Philosophie hat dem spannungsvollen Verhältnis zwischen menschlichem Handeln und Zeit noch keinesfalls die systematische Beachtung geschenkt, die ihm gebührt. Wenn man erst einmal auf diese Problemperspektive aufmerksam geworden ist, dann sieht man leicht, daß das Zeitverhältnis individuellen und kollektiven menschlichen Handelns einen überaus aufschlußreichen Zugang zu einem tieferen Verständnis menschlicher Praxis liefert und der systematisch interessierten Philosophie geradezu einen hermeneutischen Generalschlüssel an die Hand gibt. Mit den obigen Bemerkungen über die List des Verzeihens ist angedeutet, welche Art von Betrachtung erforderlich ist, wenn das Zeitverhältnis menschlichen Handelns angemessen bedacht werden soll. *Die Zeit ist die Diktatur des fait accompli* und daher eine Herausforderung für menschliches Handeln, da sich dieses als selbstmächtig versteht. Es entstehen allerorten Anknüpfungs- und Integrationsprobleme: wie kann das Abgelaufensein der Vergangenheit, die Unwiderruflichkeit des Geschehenen, die Unwiderbringlichkeit des Gestrigen, die Unkorrigierbarkeit des Getanen und Widerfahrenen mit dem Ziel einer autonomen moralischen Ordnung menschlichen Zusammenlebens und einer verantwortlichen biographischen lebensgeschichtlichen Einheit der Individuen harmonisiert werden? Vergessen und Erinnern sind weit entfernt davon, nur Kognitionsmodi zu sein. Sie haben eine wichtige moralische und praxeologische Bedeutung. Das zeigt sich darin, daß Vergessen und Erinnern selbst zum Gegenstand normativer Bewertung werden können, daß es uns nicht sinnlos erscheint, von richtigem und falschem Vergessen, von richtigem und falschen Erinnern zu reden. Vergessen, so zeigte sich, ist der *terminus ad quem*, der Ideallimes gelingenden Entschuldens; und *Amnesie ist die Voll-*

kommenheitsform von Amnestie. Denn Amnesie verhindert geradezu mit natürlicher Notwendigkeit, daß nachgesehen, nachgetragen wird. Der Amnestie ist ein Wille zur Vergeßlichkeit eingebaut; die moralische Anstrengung der Entkonsequentialisierung vergangenen Tuns arbeitet mit der Fiktion der Überlistung der Zeit durch menschliche Selbstmächtigkeit. Die intendierten Konsequenzen dieser bemühten Entkonsequentialisierung sind dann vollständig erreicht, wenn ein amnesieanaloger Zustand sich einstellt. Das, was durch natürliche Kausalität im Amnesiefall erreicht wird, ist das Idealziel der intendierten Entkonsequentialisierung der Vergangenheit, der intentional-moralischen Beherrschung eines Zeitabschnitts, der sich jedem menschlichen Eingriff entzogen hat. Hier allein kann sinnvoll von Vergangenheitsbewältigung geredet werden: Vergangenheitsbewältigung kann es immer nur im Rahmen einer moralischen Vergessenskultur geben, nicht im Rahmen einer moralischen Erinnerungskultur, die die Gewalt des Vergangenen wach hält und verhindern will, daß das Vergangene vergeht. Allein verzeihungs-, entschuldigungsverursachtes Vergessen ist Vergangenheitsbewältigung, ist Vergangenheitsüberwältigung, Brechung der Macht der Vergangenheit, einvernehmliches Ungeschehenmachen des Geschehenen.

2 Arithmetische und geometrische Gleichheit

Die Gerechtigkeitsform der *iustitia directiva* stützt sich auf einen *arithmetischen* Gleichheitsbegriff. Das meint zum einen, daß die Menschen im Horizont der *iustitia directiva* einander nur als Rechtspersonen und somit unter der Perspektive völliger Gleichheit begegnen. Das meint zum anderen, daß allein Delikt und Vertragsinhalt für die Bemessung der Entschädigungs- und Ausgleichshöhe von Bedeutung sind und es keinerlei Rolle spielen kann, welcher Art der Schädiger, welcher Art der Geschädigte ist. Vor dem Gesetz sind alle gleich, die Wirksamkeit der *iustitia directiva* ist von allen rechtstranszendenten Beurteilungsperspektiven unabhängig.

> „Denn es liegt nichts daran, ob der Gute den Schlechten um etwas betrogen hat oder der Schlechte den Guten, noch auch, ob der Gute Ehebruch begangen hat oder der Schlechte: das Gesetz schaut nur auf den Unterschied zwischen Höhe (des Unrechts und) des Schadens, es betrachtet die Partner als gleich – ob der eine das Unrecht getan und der andere es erlitten hat, ob der eine den Schaden verursacht hat und der andere davon betroffen worden ist. Daher versucht der Richter diese Form des Ungerechten – sie ist Verletzung der Gleichheit – auszugleichen. Denn auch in dem Falle, wo der eine verletzt worden ist und der andere zugeschlagen hat oder der eine getötet hat und der andere getötet worden ist, sind Erleiden und Tun ungleich aufgeteilt, und so versucht der Richter die Gewinnseite an die Verlustseite anzugleichen, indem er von dem ungerechten Gewinn des Täters wieder etwas wegnimmt."[2]

---

2 Aristoteles: *Nikomachische Ethik*, 1132 a 2.

Von dieser Gerechtigkeitsform der *arithmetischen* Gleichheit hat Aristoteles die Gerechtigkeitsform der *proportionalen* Gleichheit unterschieden. Die Gerechtigkeitsform der *proportionalen* oder auch *geometrischen* Gleichheit ist die verteilende Gerechtigkeit. Der Anwendungsbereich der distributiven Gerechtigkeit ist nicht die Rechtsordnung, sondern der gesellschaftliche Raum der Produktion und Distribution sozialer Güter; es geht hier um die „Verteilung von öffentlichen Anerkennungen, von Geld und sonstigen Werten, die den Bürgern eines geordneten Gemeinwesens zustehen".[3] Während die arithmetische Gleichheit der *iustitia directiva* eine Gleichheit des Wegsehens, der Entdifferenzierung ist, ist die proportionale Gleichheit der *iustitia distributiva* eine Gleichheit des Hinsehens, der Differenzierung. Ist die Göttin der *iustitia directiva* blind, da hier keine unterscheidenden empirischen Bestimmungen der Menschen von Belang sein dürfen, so muß die Göttin der *iustitia distributiva* genau hinblicken, denn hier kommt es auf den Besitz zuteilungsrelevanter Eigenschaften an.

Anders als die *iustitia directiva* hat die *iustitia distributiva* also ein Kriterienproblem. Es gibt gerechte Verteilungen, und es gibt ungerechte Verteilungen. Gleichverteilungen sind als solche ebensowenig gerecht wie Ungleichverteilungen bereits als solche schon ungerecht sind. Es ist denkbar, daß Gleichverteilungen ungerecht sind und Ungleichverteilungen gerecht; daher benötigt die gerechte Verteilung einen Maßstab, der die gerechtigkeitsrelevante Gleichheitshinsicht definiert, der die Grenzen der Gleich- und Ungleichverteilung absteckt, der festlegt, wer zu den Gleichen und wer zu den Ungleichen gehört. Die Grundformel der *iustitia distributiva* lautet also: Gleiches Gleichen, Ungleiches Ungleichen. Da die hier wirksame Gleichheit *proportionaler* Natur ist, besteht die formale Gerechtigkeitsforderung, daß sich in der Verteilung der Güter die Verteilung des zuteilungsrelevanten Kriteriums auf die Verteilungsadressaten widerspiegelt. Gerecht ist eine Verteilung an A und B dann, wenn sich das Anrecht von A zu dem Anrecht von B genauso verhält wie sich das Verdienst von A zu dem Verdienst von B verhält oder wenn sich der Anteil von A zu dem Anteil von B genauso verhält wie sich das Verdienst von A zu dem Verdienst von B verhält. Es ist also eine Gleichheit von Verhältnissen, um die es hier geht. Hier muß, wie Aristoteles sagt,

> „das Gerechte eine Mindestzahl von vier Gliedern aufweisen, denn die Menschen, für die es das Gerechte darstellt, sind zwei, und die Dinge, an denen es in Erscheinung tritt – die zu verteilenden Objekte, – sind zwei. Und zwar wird die Gleichheit dieselbe sein für die in Frage stehenden Personen und für die Sachen. Denn so wie die letzteren, nämlich die Sachen, zueinander in einem Verhältnis stehen, so auch die Personen. Denn wenn die Personen nicht gleich sind, so werden sie nicht gleiche Anteile haben können, sondern hieraus ergeben sich die Streitigkeiten und Zerwürfnisse, wenn entweder gleiche Personen nicht-gleiche Anteile oder nicht-gleiche Personen gleiche Anteile haben und zugeteilt erhalten."[4]

---

3 Ebd., 1130 b 30.
4 Ebd., 1131 a 18.

3 Aristoteles und Platon

Mit dieser formalen Strukturbeschreibung der Proportionalität ist aber das inhaltliche Verteilungskriterium selbst noch nicht gewonnen, denn gleich und ungleich sind Menschen immer nur in Hinblick auf bestimmte Maßstäbe. Wenn es sich um ökonomische Verhältnisse handelt, ist die Sache einfach: so gebietet etwa die *iustitia distributiva*, daß der Gewinn, den ein gemeinsam finanziertes Unternehmen abwirft, nach Maßgabe des Verhältnisses der Investitions- oder Kapitalanteile aufgeteilt wird. Schwieriger sind gerechte Verteilungen aber auf dem Gebiet der öffentlichen Ehrung und Belohnung herzustellen. Nach Aristoteles ist das Verteilungskriterium für gesellschaftliche Anerkennung, Ämter und Pfründen die Verdienstlichkeit, die *axia*; gerechte proportionale Verteilungen sind Verteilungen nach Verdienstlichkeit und Würdigkeit, Verteilungen *kat'axian*. Wer aber ist des Amtes würdig? Wer verdient Anerkennung und Ehre? Aristoteles weiß, daß sich hier die Geister scheiden. Die verdienstethischen Überzeugungen und Würdigkeitsauffassungen sind abhängig von den gesellschaftlichen Wertbegriffen und politischen Kräfteverhältnissen und daher veränderlich: „die Vertreter des demokratischen Prinzips meinen die Freiheit, die des oligarchischen den Reichtum, oder den Geburtsadel, und die Aristokraten den hohen Manneswert."[5] Beide Gerechtigkeitsbegriffe der Aristotelischen Tradition erweisen sich damit als hermeneutisch; sie bezeichnen ausgezeichnete Verhaltensweisen, in denen sich die vorfindlichen normativen Muster des Rechts und der Sittlichkeit spiegeln. Der im Sinne der *iustitia directiva* Gerechte ist der rechtschaffene und vertragstreue Bürger, der tut, was zu tun er aufgrund der geltenden Gesetze schuldig ist. Der im Sinne der *iustitia distributiva* Gerechte ist der Machthaber, der bei seiner Verteilung der sozialen Güter sich an den Verdienst- und Würdigkeitsvorstellungen der geltenden Sittlichkeitsauffassung orientiert.

Auch in den politischen Philosophie Platons wird der Verteilungsgerechtigkeit und ihrem formalen Leitprinzip der proportionalen Gleichheit große Bedeutung eingeräumt. Die proportionale Gleichheit ist in den *Nomoi* die „wahrste und beste Gleichheit". Freilich ist für den Idealisten Platon eine historische Relativierung der Verdienstlichkeitsmatrix nicht hinzunehmen. Für ihn besteht die Weisheit des Gesetzgebers und damit auch des Verteilers von Ämtern, Ehren und Würden darin, seine meritokratische Distributionstätigkeit soweit irgend möglich an der „Entscheidung des Zeus" auszurichten und sich an dem Maß wahrer Tugendhaftigkeit, nicht hingegen an den von den unterschiedlichen Verfassungsformen für Tugendhaftigkeit und Verdienstlichkeit ausgegebenen Kriterien, zu orientieren.[6]

Die Verteilungsgerechtigkeit ist bei Platon und Aristoteles eine politische Gerechtigkeit; in ihr spiegelt sich das ethische Selbstverständnis der Gemeinschaft.

---

5 Ebd., 1131 a 25.
6 Platon: *Nomoi* 757b-c.

Das Gemeinwesen der klassischen Politik ist kein Koordinationssystem, keine Befriedungs- und Konfliktregulierungsmaschine. Es ist der Ort des guten Lebens. In der *koinonia politike* lassen sich die den Menschen ausmachenden natürlichen Fähigkeiten, seine Vernünftigkeit, Sprachfähigkeit und Handlungsfähigkeit entwickeln. Im tätigen Polisleben allein, in der gemeinschaftlichen Sorge um das Allgemeinwohl, kann er seiner Bestimmung gerecht werden. In der verfaßten politischen Gemeinschaft arbeiten Gesetze und bürgerliche Tugenden einander zu: die Gesetze unterstützen die Bemühung der Bürger um ein tugendhaftes Leben und bedürfen ihrerseits der Unterstützung durch bürgerliche Tugenden; und die Bürger bedürfen der Stabilisierungswirkung der Gesetze, um in ihrem sittlichen Ertüchtigungsprozeß voranzukommen. Und die Ehrungen und Ämter, die die Gemeinschaft zu vergeben hat, bilden ein *exzellenzförderliches ethisches Anreizsystem*. Der Tugendhafte macht sich um sein Vaterland verdient; und die Polis belohnt ihn durch Ehrungen, die seiner würdig sind. Die Verteilungsgerechtigkeit zielt auf Tugendbelohnung. Sie hat daher auch eine tugendagonale Funktion, sie spornt zum sittlichen Wettkampf an, hält die Exzellenzspirale in Bewegung. So wird auch verständlich, warum Platon die proportionale Gleichheit der Meritokratie als die „wahrste und beste" bezeichnet hat. Für eine Gemeinschaft des guten Lebens ist es verhängnisvoll, wenn das Entsprechungsverhältnis zwischen individueller tugendethischer Anstrengung einerseits und politischer Ehrung und gesellschaftlicher Anerkennung andererseits aus dem ethischen Lot gerät, verbogen wird; wenn Mode, Macht und Opportunität die Verteilungsschlüssel an sich reißen. Wenn das tugendbelohnende Anreizsystem sich nicht mehr an der wahren Verdienstlichkeit ausrichtet, werden die für die ethische Integration und politische Reproduktion des Gemeinwesens erforderlichen moralischen Ressourcen nicht mehr in hinreichendem Maße sichergestellt werden können. Die Verteilungsgerechtigkeit entscheidet daher über das Überleben einer politischen Gemeinschaft des guten Lebens.

4 Hobbes über distributive Gerechtigkeit

Die politische Philosophie der Neuzeit bricht mit der gerechtigkeitstheoretischen Tradition des Aristotelismus auf zweifache Weise. Zum einen ersetzt sie das hermeneutisch-tugendethische Gerechtigkeitskonzept durch ein vernunftrechtlich-prinzipientheoretisches Gerechtigkeitskonzept; zum anderen läßt sie die Unterscheidung zwischen den beiden Zuständigkeitsbereichen der responsiven, auf die Verletzung vorgegebener Rechtskonstellationen ausgleichend reagierenden *iustitia directiva* einerseits und der Güter, Anerkennung und Ämter nach überkommenen Wertvorstellungen verteilenden *iustitia distributiva* andererseits fallen. Diese beiden Modifikationen hängen zusammen, denn das durch den konzeptionellen Wechsel von der philosophischen Explikation vorfindlicher Gerechtigkeitsauffassungen zur Begründung der Gerechtigkeit in vernunftrechtlichen

Prinzipien eröffnete Erkenntnisprogramm zielt vordringlich auf eine Freilegung der erklärenden und rechtfertigenden Gründe einer Eigentumsordnung, die von den Philosophen der neuzeitlichen politischen Philosophie gern als Verteilungsordnung, als Ordnung, die einem jeden das Seine gibt, ausgelegt wird. Sie kennen nur noch die Gerechtigkeitsform der *arithmetischen* Gleichheit und finden für die Gerechtigkeitsform der *proportionalen* Gleichheit in ihrer Theoriekonzeption keinen eigenen Ort mehr.

„Wenn du sagst, daß Gerechtigkeit jedem Menschen das Seine gibt, was meinst du mit dem „Seinen"? Wie kann mir das erst gegeben werden, was schon meines ist oder wenn es nicht meines ist, wie kann Gerechtigkeit es dazu machen?", so fragt der Philosoph in dem Hobbesschen *Dialog zwischen einem Philosophen und einem Juristen über das englische Recht*; und der Jurist antwortet mit einer eigentumstheoretischen Variation des berühmten Staatsgründungsarguments aus dem *Leviathan*:

> „Ohne Gesetz gehört jedes Ding insofern jedem Menschen, als er, ohne einem anderen Menschen Unrecht zu tun, jedes Ding, Land, Tiere, Früchte und sogar die Körper anderer Menschen nehmen, besitzen und sich daran erfreuen mag, wenn ihm seine Vernunft sagt, daß er anders nicht sicher leben kann: denn die Gebote der Vernunft hätten wenig Wert, wenn sie nicht dem Schutz und der Vervollkommnung menschlichen Lebens dienten. Indem wir also sehen, daß ohne menschliches Gesetz alle Dinge Gemeingut wären und daß diese Gemeinsamkeit ein Anlaß für Übergriffe, Neid, Totschlag und dauernden Krieg untereinander wäre, befiehlt dasselbe Recht der Vernunft der Menschheit, (zu ihrer Erhaltung) Land und Güter zu verteilen, daß jeder Mensch wissen kann, was sein eigen ist, und daß kein anderer darauf ein Recht beanspruchen oder ihn an der Benutzung derselben hindern kann. Diese Festlegung bedeutet erst Gerechtigkeit, und dies ist genaugenommen gemeint, wenn wir sagen, daß jeder „das Seine" haben soll. Daraus wird deutlich, daß es zur Erhaltung der Menschheit von großer Notwendigkeit ist, Gesetzesrecht zu haben. Desgleichen sagt auch das Vernunftgesetz, daß das Gesetzesrecht ein notwendiges Mittel für die Sicherheit und das Wohlergehen des Menschen in dieser Welt ist und daß es von allen Bürgern zu befolgen ist."[7]

Distributive Gerechtigkeit fällt hier mit Rechtsgleichheit zusammen: für diese *kat'axian* ihr Verteilungswerk verrichtende *iustitia distributiva* ist ein jeder würdig. Die Hobbessche Philosophie stellt aber auch keine inhaltlichen Kriterien bereit, mit deren Hilfe gerechte von ungerechten Eigentumsverteilungen unterschieden werden könnten. Gerechtigkeit wird hier vor dem Hintergrund des fundamentalen Gegensatzes zwischen einem Zustand der Gesetzeslosigkeit und Gewalt einerseits und einem Zustand der gesetzlichen Ordnung und rechtlichen Konfliktregelung andererseits expliziert. Gerechtigkeit herrscht bereits dann, wenn durch das Zusammenspiel von Gesetzgebung, Jurisdiktion und Rechtsdurchsetzung der Naturzustand befriedet wird. Inbegriff der verteilenden Gerechtigkeit ist darum der Schiedsrichter; dieser tritt sowohl in der Gestalt des Gesetzgebers

---

7 Hobbes 1992, 47f.

auf, der verbindlich und letztinstanzlich festlegt, was im allgemeinen gerecht und nicht gerecht ist, als auch in der Gestalt des Richters, der inappelabel verkündet, was im vorliegenden Fall Rechtens und nicht Rechtens ist. Durch diese Entscheidungsleistungen der generellen Normen des Rechts und der individuellen Normen des Urteilsspruchs wird einem jeden das Seine gegeben.

5 Kant über distributive Gerechtigkeit

In seiner *Friedensschrift* hat Kant behauptet, daß das „Problem der Staatserrichtung […] selbst für ein Volk von Teufeln […] auflösbar" sei, „wenn sie nur Verstand haben",[8] und mit diesem drastischen Bild der grundlegenden Überzeugung der individualistischen neuzeitlichen politischen Philosophie einprägsamen Ausdruck gegeben, daß alle erforderlichen sozialen Integrationsaufwendungen aus dem motivationalen Fundus des aufgeklärten Eigeninteresses bestritten werden könnten, daß die rechtlichen Ordnungsnormen zur Sicherung ihrer Wirklichkeit, Stabilität und Kontinuität nicht mehr als Klugheit und reflektiertes Selbstinteresse verlangten. Der durch erzwingbares Recht geordnete soziale Frieden ist eine allgemeine Vorteilsdistribution, und um sich den Bedingungen zu unterwerfen, die die Wirklichkeit dieser für jedermann vorteilhaften Ordnung garantiert und ihre Aushöhlung durch *free-rider*-Parasitismus verhindert, ist keinerlei moralische Disziplinierung, kein Gemeinsinn, keine Tugendhaftigkeit der Bürger vonnöten. Dieses liberale Integrationsprogramm basiert auf einem motivationalen Externalismus, der alle Disziplinierungskosten dem rationalen Zusammenspiel von zwangsbewehrter Rahmenordnung, rationalem Anreizsystem und strategischer Anpassung überträgt. Dieses kluge Ordnungsarrangement benötigt keine distributive Gerechtigkeit von Platonischem und Aristotelischem Zuschnitt. Wenn die Tugend aus dem Gemeinwesen verschwindet, dieses durch staatliches Maschinenwerk ersetzt wird, gibt es kein tugendagonales Wetteifern der Bürger, keine substantielle, von Seiten des Gemeinwesen zu fördernde und zu kultivierende Verdienstlichkeit mehr, gibt es nur noch die Verdienstlichkeitsformeln ritueller Staatsbegräbnisrhetorik. Diese Eigentümlichkeit der politischen Moderne, sich von der Tugend der Bürger unabhängig zu machen und sie daher verkümmern zu lassen und auf die ethischen Kultivierungsleistungen einer *iustitia distributiva* zu verzichten, hat bereits Montesquieu im Rahmen seiner Monarchiebeschreibung herausgestellt:

> „In den Monarchien bringt die Politik die wichtigen Dinge mit sowenig wie möglich Tugend zuwege. Ähnlich besteht bei schönen Maschinen die Kunst gerade darin, sowenig wie möglich Triebwerk, Energie und Räder zu verwenden. Der Staat behauptet sich unabhängig von Vaterlandsliebe, echter Ruhmesbegier, Selbstüberwindung,

---

8 Kant: *Zum ewigen Frieden*, Akad.-Ausg. VIII, 366.

Opferung der Lieblingsinteressen und allen jenen heroischen Tugenden, denen wir bei den Alten begegnen, während wir davon lediglich haben reden hören. Die Gesetze treten hier an die Stelle all jener Tugenden, deren man nicht mehr bedarf. Deren enthebt euch der Staat."[9]

Wie bei vielem anderen ist Kant Hobbes auch bei der semantischen Enteignung des Begriffs der Verteilungsgerechtigkeit gefolgt. Das Gebot der Verteilungsgerechtigkeit wird nach Kant bereits und allein dadurch erfüllt, daß man sich an die staatlichen Gesetze hält und das gesetzlich bestimmte Recht eines jeden respektiert. In seiner Interpretation der dritten Ulpianschen Rechtsregel heißt es: „Tritt [...] in eine Gesellschaft mit anderen, in welcher jedem das Seine erhalten werden kann (suum cuique tribue). – Die letztere Formel, wenn sie so übersetzt würde: „Gib jedem das Seine", würde eine Ungereimtheit sagen; denn man kann niemandem etwas geben, was er schon hat. Wenn sie also einen Sinn haben soll, so müßte sie so lauten: „Tritt in einen Zustand, worin jedermann das Seine gegen jeden anderen gesichert werden kann"(lex iustitiae)."[10] Deutlicher noch wird der § 42 der *Metaphysischen Anfangsgründe der Rechtslehre:* „Aus dem Privatrecht im natürlichen Zustande geht nun das Postulat des öffentlichen Rechts hervor: du sollst, im Verhältnis eines unvermeidlichen Nebeneinanderseins mit allen anderen, aus jenem heraus in einen rechtlichen Zustand, d.i. den einer austeilenden Gerechtigkeit übergehen. – Der Grund davon läßt sich analytisch aus dem Begriffe des Rechts im äußeren Verhältniß im Gegensatz der Gewalt (violentia) entwickeln."[11] Natürliches Recht und austeilende Gerechtigkeit stehen bei Kant in einem analytischen Verhältnis; um die *lex iuridica*, das Prinzip des *neminem laedere* und das natürliche Gesetz der rechtlichen Freiheit, zu verwirklichen, muß die *lex iustitiae* in Kraft treten. Das System der verteilenden Gerechtigkeit ist das System der öffentlichen Gewalt des Staates, das durch legislatorische Rechtsetzung, die Rechtsprechung der Gerichte und durch administrativ-exekutive Rechtsdurchsetzung einen Zustand allgemeiner Rechtssicherheit erzeugt. Ein Unterschied zu Hobbes besteht nur insofern als im Hobbesschen Vernunftrecht der individualistischen Rationalität die Etablierung einer staatlich gefestigten und daher friedensstiftenden Privatrechtsordnung nur den Charakter eines dringenden Rats der Klugheit besitzt, wohingegen in der Kantischen Rechtsmetaphysik der universalistischen Rationalität die Errichtung einer staatlichen Rechtsordnung praktisch unbedingt notwendig ist und als Pflicht gilt. Ist die Errichtung eines Systems der verteilenden Gerechtigkeit bei Hobbes also nur von allgemeinem Vorteil, so ist sie bei Kant eine kategorische Forderung des Rechts selbst. Der Grund dieses geltungs-

---

9   Montesquieu 1965, III, 5; 122. Montesquieu bildet in seinem Monarchieporträt den modernen absolutistischen Staat ab, gegen den seine im Ständestaat der alten Freiheiten verankerte Gewaltenteilungskonzeption gerichtet ist; vgl. Kersting 1993b, 395f.

10   Kant: *Metaphysische Anfangsgründe der Rechtslehre*, Akad.-Ausg. VI, 237.

11   Ebd., 307.

modalen Unterschiedes liegt darin, daß das rationale Vernunftrecht Hobbes' keine natürlichen Gesetze des Mein und Dein kennt, Kants moralisches Vernunftrecht hingegen ein reines Privatrecht umfaßt, das jedoch nur provisorischer Natur ist und darum selbst seine Positivierung und Institutionalisierung im Rahmen eines Systems der öffentlichen Gerechtigkeit verlangt.[12] Nebenbei gesagt: natürlich muß Kant entschieden widersprochen werden: die *suum-cuique*-Formel ist alles andere als eine Ungereimtheit. Sie ist nur dann eine Ungereimtheit, wenn der *suum*-Begriff eigentumstheoretisch verkürzt wird, wenn er nur im Lichte privatrechtlicher Bedeutung gelesen wird. Denn dann gehört in der Tat das, was dem gegeben werden soll, dessen Seines es ist, immer schon diesem selbst; dann kann, wenn an dieser analytischen Lesart festgehalten wird, der Formel nur dann ein leidlicher Sinn gegeben werden, wenn man diesen vorausgesetzten Besitzbegriff semantisch splittet, wenn man also nicht Besitz und Nicht-Besitz unterscheidet, sondern unterschiedliche Besitzmodi angibt und die Aufforderung nicht auf das Geben des Seinen richtet, sondern auf das Sichern des rechtlich immer schon Besessenen.

Bei Kant geht die Gerechtigkeit also den Weg von der normativen Gültigkeit zur sozialen Geltung. Kants Uminterpretation der ehrwürdigen Formel der Verteilungsgerechtigkeit kommt ihrer semantischen Zerstörung gleich, denn sie entfernt gänzlich das Herzstück der *verdienstethischer Proportionalität*. Gerechtigkeit zeigt sich darin, jedem das zu geben, was ihm zukommt, was ihm gebührt, worauf er ein Anrecht hat. Das aber festzustellen verlangt, Gleiche und Ungleiche auseinanderzuhalten. Wohingegen Kants Interpretation der Verteilungsgerechtigkeit eine durch und durch universalistisch-egalitaristische Anwendungssituation etabliert: der Staat, das System der öffentlichen Gerechtigkeit, gewährt allen Rechtssicherheit; jeder hat unterschiedslos ein Recht auf Gerechtigkeit, auf Staat, auf Rechtssicherheit. Der Rechtsstaat macht keinerlei Unterschiede; sein Ideal ist die arithmetische Gleichheit. Da das natürliche Recht nur die Grundsätze von Freiheit, Eigentum und Vertrag umfaßt, fällt das System der Verteilungsgerechtigkeit inhaltlich mit der liberalen Privatrechtsordnung zusammen. Die Differenz zwischen der *lex iuridica* und der *lex iustitiae* ist keine inhaltliche, sondern allein eine modale: mit der Etablierung der Gerechtigkeit wird der *lex iuridica* peremtorische Geltung verliehen; daher ist die Verteilungsgerechtigkeit hier auch zugeordnet. Der Weg zur Gerechtigkeit ist der Weg aus dem Naturzustand in den liberalen Rechtsstaat. Aufgrund dieser implementierungstechnischen Reduktion der Verteilungsgerechtigkeit auf die staatliche Sicherung der natürlichen Privatrechtsordnung hat die Kantische Rechtsphilosophie für die Aufgabe der kritischen Begründung einer den Horizont der individuellen Eigentumsrechte übersteigenden gerechten Güterverteilung und damit für die Aufgabe einer Gerechtigkeitskritik der vorfindlichen Eigentumsverteilung keinerlei

---

12 Vgl. Kersting 1993b; Kersting 1997, 41–70.

Raum. Für sie ist eine gerechte Güterverteilung identisch mit der liberalen Ordnung des absoluten Eigentums; und d. h.: gerechte Verteilungen sind das Ergebnis gerechter Appropriationen und gerechter Eigentumsübertragungen. Die Gerechtigkeit einer Verteilung ist somit eine Funktion der Rechtmäßigkeit ihrer Entstehungsgeschichte.

Die frühe Neuzeit ist die Zeit der gerechtigkeitsphilosophischen Unschuld des absoluten Eigentums. In der politischen Philosophie von Hobbes bis Kant steht der Begriff der Verteilungsgerechtigkeit ganz im Bann des Eigentumsbegriffs. In der Hochzeit des Besitzindividualismus sind gerechte Verhältnisse gefestigte Eigentumsverhältnisse. *Kants Konzeption ist für den Aristotelischen Begriff der iustitia distributiva nicht mehr offen und für den modernen Begriff einer sozialstaatlichen Verteilungsgerechtigkeit noch nicht aufgeschlossen.* Die sozialen Güter, deren öffentliche Verteilung die gerechtigkeitsphilosophische Aufmerksamkeit des Aristotelismus fand, sind aus dem neuzeitlichen Naturrecht ebenso verschwunden wie die ethisch-zivile Verdienstlichkeit, die anzuspornen und zu belohnen die *iustitia distributiva* der klassischen Politik etabliert worden war. Der politische Raum öffentlicher Güterverteilung ist in der Frühzeit der politischen Moderne der staatlich gesicherten Eigentumsordnung und den sie konstituierenden Regeln privater Verteilung gewichen. Daß dieses System der verteilenden Gerechtigkeit jedoch seinerseits Gerechtigkeitsprobleme aufwerfen könnte, war für Kant und seine Zeitgenossen undenkbar. Daß diese Eigentumsordnung in ihrer Gesamtheit Gegenstand einer unabhängigen, von den liberalen eigentumsrechtlichen Grundsätzen unabhängigen Gerechtigkeitsüberprüfung sein könnte, daß eine korrekt entstandene Eigentumsordnung einer gerechtigkeitskritischen Veränderung unterworfen werden müßte, daß die rechts- und marktförmigen Regeln privater Eigentumsverteilung durch gerechtigkeitsbegründete Regeln öffentlicher Eigentumsumverteilung überlagert und relativiert werden könnten, war eine unzeitige Vorstellung. In der politischen Welt von Hobbes und Kant gibt es nur Gleiche, durch das Recht zu Gleichen gemachte Individuen. Der Staat ist daher ausschließlich für die arithmetische Gleichheit zuständig; er ist der Konstrukteur und Garant des rechtlichen Systems der arithmetischen Gleichheit. Und er verrichtet sein Gerechtigkeitswerk zufriedenstellend, wenn seine Koordinationsanstrengungen durch keinerlei Diskriminierung verzerrt werden und den Individuen streng symmetrische Interaktionsräume eröffnet werden. Die Aufgabe einer ungleichheitsempfindlichen, die relevanten Unterschiede berücksichtigenden Verteilung ist in dieser früh-liberalen Konzeption vollständig an den Markt übergegangen. Der Markt ist jetzt der Ort der proportionalen Gleichheit, der differenzsensiblen Zuteilung. Die materiale Verteilungsgerechtigkeit wird in der frühen neuzeitlichen Philosophie also aus der politischen Zuständigkeit herausgenommen und dem Markt überantwortet; sie wird privatisiert und verschwindet daher als politikphilosophisches Thema. Freilich ist mit dieser Entpolitisierung zugleich eine Entethisierung verbunden, denn keine geteilten Wert- und Würdigkeitsvorstellungen regieren die Distribution begehrter Güter, sondern ausschließlich die Mechanismen von Angebot und Nachfrage. Die durch die marktförmige Verteilungsgerechtigkeit bestimmte Zuteilung erfolgt nicht mehr *kat'axian*, sondern nach den Gesetzen des ökonomischen Opportunismus: man erhält das, was man anderen wert ist.

6 Die *iustitia distributiva* Gottes

Gibt man der neuzeitlichen politischen Philosophie das letzte gerechtigkeitsphilosophische Wort, dann können es die Menschen in ihrem Bemühen um Gerechtigkeit hienieden nicht weiterbringen als Kants Volk verständiger Teufel. Mit der Errichtung eines Systems rechts- und eigentumssichernder Institutionen gelangen sie an ihre kollektiv-moralische Grenze; *der Staat des Eigentums ist die Gerechtigkeit auf Erden.* Mehr Gerechtigkeit steht nicht in menschlicher Macht. Gottes Macht ist jedoch grenzenlos, daher dürfen die Menschen nach Kant durchaus auf mehr Gerechtigkeit hoffen, auf eine göttliche Verteilungsgerechtigkeit, die jenseits des Grabes tätig wird. Damit der im Diesseits immer wieder enttäuschte Rechtschaffene am Ende nicht verzagt, wird er auf die transzendente *iustitia distributiva* Gottes vertröstet, die die Moralität verdienstethisch auslegt und in genauer Proportionalität zu den individuellen Moralitätseinlagen Glückseligkeitsdividenden ausschüttet. Ohne diese Hoffnung auf eine gerechte Belohnung ihrer moralischen Anstrengungen, auf eine „der Moralität verbundenen proportionierlichen Glückseligkeit"[13] muß die strenge Forderung des Sittengesetzes ohne Wirkung bleiben. Während der Weltlauf der Tugend arg zusetzt, darf sie von der transzendenten Gerechtigkeit Glückseligkeitszuwendungen erwarten, die in „geziemender Proportion",[14] „in genauem Verhältnisse"[15] zur erworbenen Glückswürdigkeit, der Moralität „genau angemessen ausgeteilt" werden.[16] Obwohl sich die göttliche *iustitia distributiva* an dem Aristotelischen Konzept der Verteilungsgerechtigkeit orientiert und durch den Begriff proportionaler Gleichheit bestimmt ist, wohingegen die staatliche Verteilungsgerechtigkeit sich von dem Aristotelischen Verständnis entfernt hat und durch den Begriff der arithmetischen Gleichheit charakterisiert ist, sind die Analogien zwischen dem rechtsphilosophischen System der Verteilungsgerechtigkeit und dem moralphilosophischen System der Verteilungsgerechtigkeit doch unübersehbar. In beiden Fällen kommt dem System der Verteilungsgerechtigkeit die Aufgabe der Festigung und Sicherung, mehr noch: der Ermöglichung zu. Das Recht bleibt ohne die Wirklichkeit des Staates ebenso wirkungslos wie die Moralität ohne die Hoffnung auf eine göttliche Gerechtigkeit ohnmächtig. Der Staat ermöglicht das Recht, und die göttliche Gerechtigkeit ermöglicht die Moral. In beiden Fällen erfolgt ein Übergang vom Natur-

---

13 Kant: *Kritik der reinen Vernunft,* Akad.-Ausg. IV, A 809.
14 Kant: *Kritik der praktischen Vernunft,* Akad.-Ausg. V, S.115.
15 Kant: *Kritik der reinen Vernunft,* Akad.-Ausg. IV, A 810.
16 Ebd., A 811.

zustand zu einem *status civilis*: einmal von einem Zustand, in dem niemand seines Rechts sicher sein kann, in einen Zustand, in dem jedermann seines Rechts sicher sein kann; zum anderen von einem Zustand, in dem niemand das bekommt, was er sich durch seine moralischen Anstrengungen verdient hat, in einen Zustand, in dem jeder das ihm Zustehende erhält. Das postmortale Sanktions- und Gratifikationssystem der göttlichen Verteilungsgerechtigkeit ist ein göttlicher *status civilis*; seine belohnenden und bestrafenden Verteilungsmechanismen dienen der Moralitätssicherung und entsprechen genau den rechtsbestimmenden und rechtsdurchsetzenden Strukturen der staatlichen Rechtssicherung.

Diese Erinnerung an Kants Moraltheologie und den sie regierenden Grundsatz des vollständigen, Moralität und Glück gleichermaßen umfassenden Gutes ist mehr als eine launige Anekdote aus der Geschichte des Gerechtigkeitsbegriffs. Kants Bild der göttlichen Verteilungsgerechtigkeit ist von beträchtlicher systematischer Bedeutung, da es uns ein angemessenes Verständnis der Voraussetzungen vermittelt, die im Falle einer individualistischen, den ethisch relevanten Besonderheiten eines Individuums gerecht werdenden Verteilung berücksichtigt werden müssen. Das Gelingen des eudämonistischen Verteilungswerks der Kantischen Moraltheologie ist von zumindest drei grundlegenden Erkenntnisleistungen abhängig: zum einen muß der Verteiler den Moralitätsertrag des individuellen Lebens ermitteln können; zum anderen muß er zu einem umfassenden Vergleich eines jeden mit einem jeden in der Lage sein, weil natürlich erst durch diesen Vergleich der eudämonistische Wert der einzelnen Moralitätseinheiten ermittelt werden kann. Drittens schließlich muß er bei seiner Abwägung der individuellen Moralitätsleistungen und der Feststellung der gebührlichen Glückszuweisung die unterschiedliche Lebensdauer der Individuen berücksichtigen. Er muß eine *Lebensspannenparametrik* entwickeln, denn angesichts der unterschiedlichen Lebensdauer kann er sich mit einer Berücksichtigung des absoluten Moralitätsertrags eines Lebens nicht begnügen; vielmehr muß der absolute Moralitätsertrag zur Dauer, die der Mensch für seine Erwirtschaftung zur Verfügung hatte, in ein relativierendes Verhältnis gesetzt werden. Denn es ist evident, daß mit steigender Lebensdauer einerseits die Chancen, einen größeren Moralitätsertrag zu erwirtschaften, zunehmen, andererseits aber auch die Risiken, moralisch zu versagen, anwachsen. Daher können Frühverstorbene einerseits Glück haben, andererseits aber auch benachteiligt sein. Entsprechendes gilt für Langlebige. Der Pessimist würde hier von der Gnade des frühen Todes reden; der Optimist hingegen von dem Geschenk des späten Todes.

Wenn diese lebensspannenempfindliche Parametrik jedoch mit Durchschnittswerten arbeitet, wird das gerechtigkeitstheoretische Anspruchsniveau unterboten, geht es doch darum, jedem einzelnen das zu geben, was ihm gebührt. Um die durch Durchschnittswerte hervorgerufene Verschleifungswirkung zu vermeiden, müßte unser Verteiler wissen, wie sich das Leben aller moralitätsökonomisch entwickelt hätte, wenn sie nicht früher gestorben wären als der absolut älteste Mensch. Unser Verteiler müßte also die distributive Berechnungsgrundlage durch kontrafaktische Biographien verdoppeln. Freilich entstehen jetzt Probleme anderer Art: wie können wir im faktischen Jenseits mit faktischen Glückseligkeitsdosen für Moralitätsleistungen belohnt werden, die nicht wir selbst in unserem wirklichen Leben erbracht haben, sondern die wir erbracht hätten, wenn wir nicht früher gestorben wären als der Mensch mit der absolut größten Lebensdauer. Aber mit dieser kontrafaktischen Verlängerung des faktischen Lebens ist es ja noch nicht getan. Denn es gibt ja unterschiedliche Sozialisationsbedingungen: der eine wird mit moralischer Sensibilität ausgestattet, der andere wächst unter verrohenden Bedingungen auf. Auch die Lebenskontexte können sich in unterschiedlicher Weise moralitätsökonomisch auswirken; der eine muß sich nie sonderlich moralisch bewähren, da es ihm die Umstände leicht machen, anständig zu bleiben; der andere hingegen muß große Anstrengungen aufbringen, um den moralischen Anfechtungen und Herausforderungen nicht zu unterliegen. Die Verteilungsgeometrie benötigte also nicht nur eine lebensspannenempfindliche Parametrik, sondern auch eine Parametrik der Lebensumstände, die die unterschiedlichen Grade ihrer moralischen Belastung berücksichtigt. Nur dann ist ein fairer Vergleich möglich. Diese Überlegung zeigt, daß die um eine faire Zuteilung von Glück und Leid bemühte Gerechtigkeit einen ungeheuren Operationalisierungsaufwand mit sich führt. Die Fairneß der Grundoperation kann nur dann gewährleistet werden, wenn alle Teilprozeduren ihrerseits fair organisiert sind, und das heißt: wenn alle Unfairneßursachen durch geeignete Verfahren neutralisiert werden. Und wem mag ein solches epistemologisch anspruchsvolles Verteilungswerk gelingen? Wer zu solch titanischer, alles Menschenmaß überschreitender Informationsbeschaffung fähig? Offenkundig nur Gott, denn Gott ist in Argumentationskontexten wie diesem die Chiffre für die Gelöstheit aller endlichkeitsbedingten epistemologischen Probleme. Nur Gott verfügt über die kognitiven Fähigkeiten, die erforderlich sind, um die je individuelle Glückswürdigkeit ermitteln zu können; nur ein Herzenskundiger kann den wahren Moralitätsgehalt menschlichen Lebens feststellen und, sofern überhaupt vorhanden, den Kern lauterer sittlicher Gesinnung vom motivationalen Gespinst aus gemischten Absichten und verstellenden Rationalisierungen sondern. Nur Gott kann die Benachteiligungs- und Begünstigungseffekte der unterschiedlichen Lebensspannen und der unterschiedlichen Lebensumstände durch eine angemessene Parametrik des Kontrafaktischen neutralisieren und so umfassende Fairneß gewährleisten.

Die Erkenntnisanstrengung Gottes am Jüngsten Tag, dem *Großen Tag der Verteilungsgerechtigkeit*, beschreibt den Problemhorizont jeder menschlichen Gerechtigkeitspolitik, die sich wie die göttliche im Jenseits an eine Bestimmung fairer individueller Anteile macht. Denn die Informationsbeschaffungsleistungen, die ein sozialstaatliches Verteilungssystem aufbringen müßte, um die Güter auf der Grundlage differenzempfindlicher interindividueller Rundumvergleiche durchzuführen, sind kaum geringer. Jedem nach seiner Moralität, das ist das Kriterium der göttlichen *iustitia distributiva*. Aber der *suum-cuique*-Grundsatz läßt natürlich auch andere Interpretationen zu: jedem nach seiner Leistung, jedem nach seinem Bedürfnis, jedem die gleichen Ressourcen, jedem die gleichen Wohlfahrtschancen. Und bei jeder dieser gängigen Interpretationen wiederholt sich das Problem; denn sowohl die Leistungsfähigkeit als auch die Bedürfnislandschaft haben wie die Moralität förderliche und hinderliche Entstehungsbedingungen. Folglich ist das Ausmaß des Besitzes des für die Zuteilung des Begehrten kriteriell Erheblichen kontingent; das kann aber gerechtigkeitstheoretisch nicht zugelassen werden, weil sich ja sonst die Kontingenz des Ausmaßes des kriteriell Erheblichen dem Verteilungsbild der Gerechtigkeit mitteilen würde. Das wäre aber für die Gerechtigkeit letal, denn ihr Bestreben geht ja gerade darauf, kontingente Zuteilungen moralisch zu korrigieren. Wie Rawls uns zeigen wird, ist für den Egalitaristen Verteilungsgerechtigkeit nichts anderes als Kampf gegen moralische Willkür, als ein Programm moralisch-rationaler Kontingenzminderung. Folglich kann eine Verteilung gemäß der Leistung, gemäß des Bedürfnisses nicht von der Faktizität der vorgefundenen Leistung, nicht von der Faktizität des vorgefundenen Bedürfnisses ausgehen, sondern muß die unterschiedlichen Entstehungsbedingungen der unterschiedlichen faktischen Leistungen und Bedürfnisse ihrerseits einer gerechtigkeitstheoretischen Analyse und einer gerechtigkeitspraktischen Korrektur unterwerfen, die auf eine Neutralisierung der kontingenten Benachteiligungen und Bevorzugungen bei der Erwerbung der Leistungsfähigkeit und Bedürfnisstruktur zielen. *Wenn aber die Bedingungen der Erwerbung von Anwartschaften für faire Anteile ihrerseits Gegenstand gerechtigkeitstheoretischer Sorge werden müssen, ist zu befürchten, daß die Theorie jeder Politik über den Kopf wächst.* Daß insbesondere die Theoriekonzeptionen der egalitaristischen Gerechtigkeit, die in der politischen Philosophie der Gegenwart im Anschluß an Rawls entwickelt worden sind, ausreichend Grund für diese Befürchtung liefern, werden die folgenden Kapitel zeigen.

7 Gerechtigkeit und gesellschaftliche Wohlordnung bei Rawls und Platon

Das Konzept einer Verteilungsgerechtigkeit, die die Verteilungsmechanismen der rechtmäßigen Aneignung, des Tausches und des rechtlichen Erwerbs relativiert und deren strukturelle Ergebnisse einer moralischen Korrektur unterzieht, ist im Rahmen der Rechtsphilosophie Kants nicht zu entwickeln. Der Gedanke, daß die durch individuelles rechtliches Handeln entstandene Güterverteilung selbst einer unabhängigen, von ihrer postivrechtlich-korrekten Erzeugung unabhängigen Gerechtigkeitsüberprüfung ausgesetzt werden müßte, daß die Versorgung derjenigen, die sich kein selbständiges Markteinkommen verschaffen können, nicht länger der privaten Caritas überlassen bleiben dürfe, sondern der politischen Gemeinschaft übertragen werden müßte, ist dem vernunftrechtlichen System Kants wie auch den anderen Konzeptionen der frühen neuzeitlichen politischen Philosophie völlig fremd. Weder Locke noch Kant noch auch die französischen Verfassungstheoretiker vermochten sich vorzustellen, daß das neuentstandene System der Bedürfnisse, der weltgeschichtlich neue Verbund aus Privatrechtsordnung, Marktwirtschaft und Rechtsstaatlichkeit ein Armuts- und Verelendungsproblem erzeugen könnte, an dem die Legitimität des Gesamtsystems zerbrechen müßte.

Das frühe bürgerliche Denken hat sich für diese subtile Abschaffung der Verteilungsgerechtigkeit durch ihre Gleichsetzung mit den bestehenden Verhältnissen überdies eine zusätzliche Legitimation verschafft.

> „Nun ist aber das Volkseinkommen eines Landes immer genau so groß wie der Tauschwert des gesamten Jahresertrags oder, besser, es ist genau dasselbe, nur anders ausgedrückt. Wenn daher jeder einzelne soviel wie nur möglich danach trachtet, sein Kapital zur Unterstützung der einheimischen Erwerbstätigkeit einzusetzen und dadurch diese so lenkt, daß ihr Ertrag den höchsten Wertzuwachs erwarten läßt, dann bemüht sich auch jeder einzelne ganz zwangsläufig, daß das gesamte Volkseinkommen im Jahr so groß wie möglich werden wird. Tatsächlich fördert er in der Regel nicht bewußt das Allgemeinwohl, noch weiß er, wie hoch der eigene Beitrag ist. Wenn er es vorzieht, die nationale Wirtschaft anstatt die ausländische zu unterstützen, denkt er eigentlich nur an die eigene Sicherheit und wenn er dadurch die Erwerbstätigkeit so fördert, daß ihr Ertrag den höchsten Wert erzielen kann, strebt er lediglich nach eigenem Gewinn. Und er wird in diesem wie auch in vielen anderen Fällen von einer unsichtbaren Hand geleitet, um einen Zweck zu fördern, den zu erfüllen er in keiner Weise beabsichtigt hat."[17]

Die bürgerliche Vorstellung von Freiheit und Gleichheit war von der Hoffnung durchdrungen, daß die Verwirklichung rechtlicher Gleichheit und die Gewährleistung der politischen, vor allem aber der wirtschaftlichen Grundfreiheiten von selbst zu einem gesellschaftlichen Zustand führen würden, in dem jeder das größtmögliche Wohlergehen genießt. Wenn alle innerhalb der durch die soziale Ordnung, durch Markt und Recht gesetzten Grenzen die weitestgehende Freiheit haben, ihr Leben nach eigenen Gutdünken zu gestalten und ihre Interessen konsequent zu verfolgen, wird jeder das Beste für sich herausholen und schließlich den größtmöglichen Nutzen davontragen, den er erreichen kann. Jeder werde, so dachte man, die Güter produzieren, die ihm für seinen Lebensunterhalt am dienlichsten erscheinen oder die er am Markt zu seinem Vorteil gegen andere Güter eintauschen kann. Auf diese Weise würde jeder gerade dadurch, daß er nur seinen eigenen Vorteil sucht, zum allgemeinen Besten beitragen. Und die Wohlfahrtsqualität des gesamten Systems würde unaufhörlich steigen, da sich in ihm immer besser ausgestattete individuelle Nutzenpositionen zu wechselseitigem Vorteil miteinander vernetzen würden. Was bedarf es dann noch einer Verteilungsgerechtigkeit jenseits der staatlichen Koordinationssysteme des generalisierten Egoismus, wenn die unsichtbare Hand des Marktes selbst für unaufhörlich steigende Wohlfahrtsauszahlungen an jedermann sorgt? Aber dieser Mythos von der unsichtbaren Hand verwelkte schnell. Die industrielle Revolution spaltete die Gesellschaft. In den kapitalbesitzenden Höhen der Gesellschaft sammelte sich der gesellschaftlich erarbeitete Reichtum, in den weiten Niederungen der bürgerlichen Gesellschaft wuchsen Armut, Elend und Not ins Unermeßliche.

Es war bemerkenswerterweise zuerst Hegel, der während seines intensiven morgendlichen Studiums der Zeitungen durch die Berichte über die soziale Lage

---

17   Smith 1978, 370f.

der arbeitenden Klasse in England aufgeschreckt wurde und mit seinem dialekti-
schen, Strukturen, Zusammenhänge und Spannungen erfassenden Blick sofort
die unauflösliche Verbindung zwischen der internen Optimierungsrationalität des
industrialisierten Wirtschaftssystems und der steigenden Elendsproduktion er-
kannte, freilich dann nicht eine abstrakte, prinzipiengestützte Gerechtigkeitsre-
form der gesellschaftlichen Verteilungsstrukturen verlangte, sondern auf die Institutionen des traditionellen Wohlfahrtsstaats zurückgriff und für die Beibehaltung
und Wiederbelebung der vormodernen gesellschaftlichen Solidaritätseinrichtungen
der Kooperation und Polizei plädierte.[18] Für den Sittlichkeitstheoretiker Hegel gab
es keinen anderen Ausweg: er mußte in der vorfindlichen Wirklichkeit nach Lösungen des Problems suchen. Seine hermeneutische Theoriekonzeption ließ keine
konstruktivistische Argumentation zu, die das weltgeschichtlich neue und unver-
lierbare Prinzip der Subjektivität zur rechtfertigungsmethodologischen Grundlage
eines umfassenden Systems der sozialen Gerechtigkeit machte, das die Ordnung
des Rechtsstaats gerechtigkeitskritisch transzendierte.

Eine solche Argumentation ist erst in der Gegenwart entwickelt worden, lange
Zeit, nachdem die politische Erfolgsgeschichte der sozialen Marktwirtschaft und des
Sozialstaats begonnen hatte. *Es ist in der Tat überaus merkwürdig, daß die Rechtsstaatsphi-
losophie bei Kant und Locke weitaus früher als der Rechtsstaat selbst entwickelt worden ist und wie
ein Herold der Geschichte voranzog, während die Sozialstaatsphilosophie eine Nachzüglerin ist, die
Philosophie den Sozialstaat erst als Problem entdeckte, nachdem der Sozialstaat selbst schon längst
Wirklichkeit geworden war.* Die politische Philosophie von John Rawls ist die erste neuzeitliche Gerechtigkeitsphilosophie, die eine umfassende Theorie der sozialen Gerechtigkeit entwickelt und Grundprinzipien einer gerechten Verteilung sozialer und
ökonomischer Güter formuliert. In ihr wird der alte Aristotelische gerechtigkeitstheoretische Dualismus wieder aufgegriffen und der Bereich der Verteilung sozialer
und ökonomischer Güter als selbständiges, von dem Bereich der staatlichen Privatrechtsordnung unterschiedenes Problemfeld der Gerechtigkeit in die Theorie eingeführt. Um eine gerechte gesellschaftliche Grundordnung zu etablieren, um ein
wohlgeordnetes Gemeinwesen einzurichten, ist es nicht ausreichend, sich an den
Prinzipien gleicher Freiheits- und Partizipationsrechte zu orientieren; vielmehr müssen diese liberalen und politischen Grundrechte mit den Grundsätzen der gerechten Verteilung von sozialen und ökonomischen Gütern in Übereinstimmung gebracht werden. Eine gerechte Gesellschaft muß sich daher um eine Balance der
Prinzipien der rechtlichen Freiheit, der demokratischen Herrschaft und der sozio-
ökonomischen Gerechtigkeit bemühen.

Rawls hat jedoch nicht nur den Begriff der Verteilungsgerechtigkeit im Sinne
einer Theorie der gerechten Verteilung sozialer und ökonomischer Güter rehabili-
tiert, er hat darüber hinaus den Begriff der Verteilungsgerechtigkeit ins Zentrum
seiner Gerechtigkeitstheorie gerückt und ihn in den Rang eines methodologischen

---

18 Vgl. Kersting 1988.

Schlüsselkonzepts erhoben. Während in Kants radikaler Umdeutung die Verteilungsgerechtigkeit zur institutionellen Sicherheitsgarantie einer vernunftrechtlich begründeten Freiheits- und Eigentumsordnung schrumpft, legt Rawls die soziale Gerechtigkeit durchgängig als Verteilungsgerechtigkeit aus. Der Begriff der distributiven Gerechtigkeit wird zum operativen Grundbegriff seines gesamten Begründungsprogramms. Wenn alle Geltungsbereiche der sozialen Gerechtigkeit als Problemfelder einer gerechten Verteilung betrachtet werden, ist die Gesamtgesellschaft selbst als komplexe Verteilungsstruktur aufzufassen, die die Distribution der sozialen Grundgüter, der materiellen und immateriellen Erfolgsvoraussetzungen für die Verfolgung individueller Lebensprojekte im gesellschaftlichen Raum festlegt.

Der traditionelle liberale Grundrechtsdiskurs nimmt in der Rawlsschen Gerechtigkeitstheorie eine andere Wendung. Die normative politische Philosophie fragt bei Rawls nicht nach den Prinzipien einer grundrechtssichernden Verfassung; ihre Begründungsargumentation nimmt ihren Ausgang nicht von wohldefinierten menschenrechtlichen Voraussetzungen der Freiheit, der Gleichheit und des Eigentums. Ihr Interesse gilt den gerechtigkeitsverbürgenden Verteilungseigenschaften der gesellschaftlichen Grundstruktur; sie sucht nach den Prinzipien einer gerechten Verteilung der sozialen Grundgüter, leitet diese jedoch nicht aus angeborenen Rechtspositionen ab. Innerhalb der Rawlsschen Begründungstheorie besitzen die Individuen nur ein allen gesellschaftlichen Rechtszuschreibungen vorgängiges Recht: *das Recht auf einen fairen Anteil an den gesellschaftlichen Grundgütern.* Aufgrund ihres gesellschaftstotalen Anwendungsbereiches erinnert Rawls' Theorie der sozialen Gerechtigkeit durchaus an die Gerechtigkeitskonzeption, die Platon am Anfang der Geschichte der abendländischen Gerechtigkeitsphilosophie in der *Politeia* entwickelt hat. Platon und Rawls verstehen beide Gerechtigkeit als ein gesellschaftsweites Organisationsprinzip, das die sozialen Grundelemente zu einer harmonischen Ganzheit, zu einer Wohlordnung zusammenfügt. Bei Platon werden die sozialen Grundelemente durch die drei Stände gebildet, denen unterschiedliche Tugend- und Leistungsprofile zugeordnet sind,[19] bei Rawls übernehmen die Verteilungsleistungen der gesellschaftlichen Hauptinstitutionen, ihre grundlegenden Auswirkungen auf die Ausgangsposition der individuellen Lebenskarrieren, die Rolle der sozialen Grundelemente. Die gerechtigkeitstheoretische Übereinstimmung zwischen Platon und Rawls endet freilich, wenn man den Bereich der Gerechtigkeitsepistemologie betritt und nach den jeweiligen Grundsätzen der integrierenden Organisation und den Prinzipien der sozialen Wohlordnung fragt. Während im Platonschen Dialog die Gerechtigkeitserkenntnis als epistemologisches Privileg des Philosophenstandes ausgegeben und als nicht allgemein mitteilbares, nicht allgemeinheitstaugliches Sonderwissen charakterisiert wird, das weder begründungsbedürftig noch intersubjektiv begründungsfähig ist, entwickelt die Rawlssche Theorie eine umfassende kontraktualistische Gerechtigkeitsbegründung, die zentrale Be-

---

19 Vgl. Kersting 1999c.

griffsmotive und Argumentationsmuster der neuzeitlichen Rechtfertigungsmethodologie zu der komplexesten Begründungsargumentation verbindet, die in der Geschichte der politischen Philosophie bislang ersonnen worden ist.[20]

8 Hayek und „die Illusion der sozialen Gerechtigkeit"

Weil das Konzept der sozialen Gerechtigkeit die Grundstrukturen der Gesamtgesellschaft zum Gegenstand gerechtigkeitsethischer Beurteilung und gerechtigkeitspolitischer Reformen macht, hat es heftigen libertären Widerspruch erfahren. Die Gesamtgesellschaft entziehe sich menschlicher Beurteilung und menschlicher Planung. Es gebe keinen normativen Maßstab, mit dessen Hilfe wir unterschiedliche Gesellschaftsverfassungen gerechtigkeitsethisch bewerten könnten; der Begriff der sozialen Gerechtigkeit sei in Wirklichkeit leer, eine semantische Fatamorgana, mit der sozialistische Scharlatane Wissenschaft, Philosophie und Politik erfolgreich in die Irre führten.

> „Mehr als zehn Jahre lang habe ich mich intensiv damit befaßt, den Sinn des Begriffs „soziale Gerechtigkeit" herauszufinden. Der Versuch ist gescheitert; oder besser gesagt, ich bin zu dem Schluß gelangt, daß für eine Gesellschaft freier Menschen dieses Wort überhaupt keinen Sinn hat [...] Der Begriff „soziale Gerechtigkeit" wird heute allgemein als Synonym für das benutzt, was bislang mit „austeilender Gerechtigkeit" bezeichnet worden ist. Dieser Begriff vermittelt vielleicht eine etwas bessere Vorstellung davon, was er bedeuten kann. Und er zeigt zugleich, warum er nicht auf die Ergebnisse einer Marktwirtschaft angewendet werden kann: Es kann keine austeilende Gerechtigkeit geben, wo niemand etwas austeilt. Gerechtigkeit hat einen Sinn nur als eine Regel für menschliches Verhalten. Keine denkbaren Regeln für das Verhalten der einzelnen, die sich in einer Marktwirtschaft gegenseitig mit Gütern und Dienstleistungen versorgen, könnten eine Verteilung herstellen, von der es sinnvoll wäre zu sagen, sie sei gerecht oder ungerecht. Die einzelnen könnten sich so gerecht wie möglich verhalten; da aber das Ergebnis, das für jeden einzelnen dabei herauskommt, von anderen weder beabsichtigt noch vorauszusehen wäre, kann das Gesamtergebnis weder als gerecht noch als ungerecht bezeichnet werden."[22]

> „Natürlich muß zugegeben werden, daß die Art und Weise, in der die Wohltaten und Lasten durch den Marktmechanismus verteilt werden, in vielen Fällen als sehr ungerecht angesehen werden müßte, w e n n sie das Resultat einer absichtlichen Zuteilung an bestimmte Leute wäre. Aber dies ist nicht der Fall. Diese Anteile sind das Ergebnis eines Prozesses, dessen Auswirkung auf bestimmte Leute weder beabsichtigt noch von irgendjemandem vorhergesehen war, als diese Institutionen entstanden – Institutionen, die man beibehielt, weil man fand, daß sie für alle oder die meisten die Aussichten auf Bedürfnisbefriedigung verbessern. Gerechtigkeit von einem derarti-

20   Vgl. Kersting 1993a; Kersting 1996.
21   Hayek 1981.
22   Hayek 1976b, 23f.

gen Prozeß zu verlangen, ist offensichtlich absurd, und in einer solchen Gesellschaft bestimmte Leute dadurch auszusondern, daß man ihnen einen Rechtsanspruch auf bestimmte Anteile zubilligt, augenscheinlich ungerecht."[23]

Der Begriff der sozialen oder distributiven Gerechtigkeit ist für Friedrich August von Hayek nur eine semantische Luftspiegelung, eine begriffliche Illusion. Der Begriff der Gerechtigkeit, das der Kern seines Arguments, sei allein auf individuelles menschliches Handeln anwendbar; die unintendierten Verteilungsergebnisse einer spontanen Ordnung hingegen erlaubten ebensowenig eine sinnvolle Anwendung des Gerechtigkeitsbegriffs wie die Folgen eines Unwetters oder eines Meteoritenein-schlags. Der Markt ist unverantwortlich und daher in seinen Distributionsleistungen weder gerecht noch ungerecht, bedarf folglich auch nicht einer wohlfahrtsstaatlichen Korrektur markterzeugter Ungerechtigkeit. Dieses Argument erinnert nicht von un-gefähr an Adam Smith: es ist ein Argument von der Art der ‚invisible-hand'-Argu-mente, die den Hiatus zwischen den vielen absichtsvollen Handlungen der Indivi-duen und dem sich durch ihre vielfältige Verflechtung ergebenden, unintendierten Gesamtzustand herausstellen. Bei Adam Smith bezeichnet die unsichtbare Hand einen anonymen, hinter dem Rücken der Bürger wirksamen Mechanismus der ge-sellschaftlichen Integration, Interessenharmonisierung und Gemeinwohlsicherung. Wo dieser Mechanismus tätig wird, ist das Selbstinteresse von allen moralischen Anstrengungen entlastet. Man kann sich aus der moralischen Verantwortung für das eigene Handeln stehlen, wenn die unsichtbare Hand die egoistischen Handlungen der Wirtschaftssubjekte hinter deren Rücken in die Herstellung eines Zustands wach-senden Wohlstands und gerechter Güterverteilung umlenkt. Die unsichtbare Hand verwandelt den moralverzehrenden Markt in eine moralproduzierende Ordnung.

Hayeks Argument ist gerechtigkeitssemantischen Zuschnitts und bietet eine weit weniger optimistische Variante des ‚invisible-hand'-Arguments. Während bei Smith die Allgemeinheit darum vernünftigerweise kein Gegenstand moralischer Sorge ist, weil diese am besten dann für sich sorgt, wenn sie von aller politischen Gesell-schaftsgestaltung verschont bleibt, ist die gesamtgesellschaftliche Ordnung bei Hayek jeder normativen Beurteilung und politischen Formierung entzogen, weil sie sich aller rationalen Herstellung widersetzt und die Grenzen menschlicher Verant-wortlichkeit überschreitet. Bei Adam Smith ist die unsichtbare Hand durchaus mo-ralisch produktiv und für die allgemein nützliche Wohlstandsmehrung verantwort-lich; bei Hayek hingegen ist sie gerechtigkeitsethisch unbelangbar und kann für ihre Verteilungsergebnisse nicht haftbar gemacht werden. *Sie bezeichnet nicht den Ort einer transindividuellen Wertschöpfung, sondern die Grenze individueller Verantwortlichkeit und moralischer Zurechenbarkeit.* Läßt sich bei Adam Smith der Geltungsbereich der Moral-sprache durchaus auf den Wirkungsbereich der unsichtbaren Hand ausdehnen, so bilden bei Hayek die Verteilungsergebnisse der unsichtbaren Hand die Grenze einer sinnvollen Verwendung moralischer Prädikate. Wo sich die Spur der individu-

---

23 Hayek 1981, 95.

ellen Handlung im strukturellen Zustand der Gesamtgesellschaft verliert, erlischt auch die Semantik von Verantwortung und Gerechtigkeit; kommt die Rede auf die Verteilungszustände der Marktgesellschaft, dann wird die Gerechtigkeit bei Hayek sprachlos.

Hayeks hat aber mehr im Sinn als semantische Klarstellung. Die Sprachkritik bereitet der Ideologiekritik den Boden. Der Begriff der sozialen Gerechtigkeit besitzt in den wohlfahrtsstaatlichen Gesellschaften der Gegenwart einen großen moral-propagandistischen Wert; er versammelt nicht nur die moralisch Feinfühligen und zuverlässig Betroffenen hinter seiner Fahne, sondern ist auch interessenpolitisch gut verwendbar und darum in den Verteilungskämpfen unseres Gruppen- und Verbändestaates von erheblichem strategischen Nutzen. Gerade darum muß er entlarvt werden; gerade darum muß gezeigt werden, daß er eine sozialistische Rattenfängerparole ist, daß er in Wirklichkeit das Moralempfinden zerstört, die Politik vernebelt und die Rationalität der gesellschaftlichen Diskurse zersetzt. Wenn man den Bann nicht bricht, der sich mit der allgemeinen Besorgtheit um das Schicksal der sozialen Gerechtigkeit über das ganze gesellschaftliche Leben legt, wird den Bürgern die freie Ordnung unmerklich aus den Händen gleiten.

Wie das Vorwort zum zweiten Band der Hayekschen Trilogie *Law, Legislation and Liberty* zeigt, verfolgt der marktabsolutistische Libertäre mit seinem Kampf gegen die soziale Gerechtigkeit eine genuin aufklärerische Mission.

> „In these circumstances I could not content myself to show that particular attempts to achieve ‚social justice‘ would not work, but had to explain that the phrase meant nothing at all, and that to employ it was either thoughtless or fraudulent. It is not pleasant to have to argue against a superstition which is held most strongly by men and women who are often regarded as the best in our society, and against a belief that has become almost the new religion of our time (and in which many of the ministers of old religion have found their refuge), and which has become the recognized mark of the good man. But the present universality of that belief proves no more the reality of its object than did the universal belief in witches or the philosopher's stone. Nor does the long history of the conception of distributive justice understood as an attribute of individual conduct (and now often treated as synonymous with ‚social justice‘) prove that it has any relevance to the positions arising from the market process. I believe indeed that the greatest service I can still render to my fellow men would be if it were in my power to make them ashamed of ever again using that hollow incantation. I felt it my duty at least to try and free them of that incubus which today makes fine sentiments the instruments for the destruction of all values of a free civilization – and to try this at the risk of gravely offending many the strength of whose moral feelings I respect.“[24]

Für Hayek ist der Begriff der sozialen oder distributiven Gerechtigkeit ein Allokationsatavismus, ein Überbleibsel aus den Zeiten, in denen die Menschen das indivi-

---

24 Hayek 1976a, Preface.

dualistische Regelwerk des Katallaxie-Spiels noch nicht entwickelt hatten und das Entdeckungsverfahren des Marktes noch unbekannt war und übersichtliche, statische Allokationssituationen vorherrschten. Die Natur des Wertbewerbmarktes gestattet es nicht, den spontanen, kopflosen Prozeß durch ein normatives Regelkorsett zu kontrollieren. Nur die wettbewerbsermöglichenden formal-rechtlichen Systeme der Handlungskoordination sind mit den internen Gelingensbedingungen eines Wettbewerbsmarktes vereinbar. Und wenn denn immer noch Gerechtigkeit gewollt wird, muß diese innerhalb des Wettbewerbmarktes gesucht und in den Ergebnissen des durch freie Marktpreise organisierten Angebot-Nachfrage-Spiels gefunden werden[25].

9 Autonomieethische Verteilungsgerechtigkeit des egalitären Liberalismus

Der sich in der Nachfolge Rawls' entwickelnde politikphilosophische Liberalismus hat sich durch das Hayeksche Sinnkriterium nicht im mindesten beeindrucken lassen. Daß sich der Liberalismus nur mit der Handlungsgerechtigkeit, nicht jedoch mit der Gerechtigkeit der Institutionen und Strukturen zu befassen habe, nur eine kommutative Gerechtigkeit, nicht jedoch eine distributive oder soziale Gerechtigkeit kennen dürfe,[26] betrachtet er als unbegründetes, sich einer unangemessenen Gesellschaftsauffassung verdankendes Vorurteil. Wie Kant und die anderen Kontraktualisten der Neuzeit betrachten Hayek und die zeitgenössischen *libertarians* die Gesellschaft als ein Koordinationssystem selbständig agierender Individuen; sein Protagonist ist der Eigentümerproduzent, der Produktionsmittelbesitzer, der die von ihm hergestellten Güter auf den Markt bringt. Dieses System basiert auf menschenrechtlicher Freiheit und Gleichheit; ein rechtsstaatliches Regelwerk harmonisiert die Aktionen der Individuen, ohne den Horizont der kommutativen Gerechtigkeit zu überschreiten. Und da alle Besitzverteilungen, die innerhalb dieses Koordinationssystems erzeugt werden, in Übereinstimmung mit den Eigentumserwerbsregeln der kommutativen Gerechtigkeit zustande kommen, besteht nicht der geringste Grund, Bürgern einen Anspruch auf Güter einzuräumen, der über das hinausgeht, was sie innerhalb der Eigentumsverteilungen des rechtsstaatlich kontrollierten Tauschsystems erhalten haben. Der egalitäre Liberalismus betrachtet die Gesellschaft jedoch nicht atomistisch, nicht als Aggregat von Individuen und Handlungssumme, sondern als Kooperationssystem, das die Wirtschaftssubjekte in einen arbeitsteilig organisierten Produktionsprozeß integriert; an die Stelle der Summe der Einzelproduzenten

---

25 „So sollten wir die Entlohnung, die durch den freien Markt zustande kommt, als gerecht ansehen" (Hayek 1996).
26 Vgl. Hayek 1979, 30.

tritt hier der gesellschaftliche Produktionsprozeß selbst.[27] Wird die Gesellschaft aber als Kooperationsgemeinschaft, als gemeinsames Unternehmen wirtschaftlicher Zusammenarbeit betrachtet, dann entstehen Verteilungsprobleme, denn den Menschen ist nicht im mindesten gleichgültig, wie die Kooperationserträge verteilt werden, dann entstehen Gerechtigkeitsforderungen, denn nur die Regeln einer gerechten Verteilung können die Zustimmung aller finden. Die kooperationsgemeinschaftliche Perspektive bedingt also die Gerechtigkeitsperspektive, unterwirft die gesamte Gesellschaft einer gerechtigkeitsethischen Beurteilung. Wird die Gesellschaft als gemeinsames Unternehmen wirtschaftlicher Zusammenarbeit betrachtet, dann wird sie auch als umfassendes Verteilungssystem betrachtet, dann stellt sich aber unweigerlich die Frage nach den Prinzipien einer gerechten Verteilung, nach der Grundstruktur einer Gesellschaft, die gerechte Verteilungsleistungen verbürgt. Dem egalitären Liberalismus will nicht einleuchten, daß die menschenrechtliche Gleichheit sich mit der Herstellung von Marktgesellschaft und Rechtsstaat erschöpfen soll, daß ihre gerechtigkeitsethischen Implikationen über die Verfassung der kommutativen Gerechtigkeit nicht hinausgelangen. Er ist davon überzeugt, daß der menschenrechtliche Egalitarismus auch normative Auswirkungen auf die gesellschaftliche Güterverteilung haben muß und sucht nach den Grundzügen einer egalitaristischen Konzeption der distributiven Gerechtigkeit.

Das, was Hayek als ideologische Parole und Bedeutungsfatamorgana abtut, ist für den egalitären Liberalismus zu einer herausforderungsvollen philosophischen Aufgabenstellung geworden; die Logik der sozialen Gerechtigkeit rückt daher ins Zentrum seiner Bemühungen. Seit Rawls' ingeniösem Entwurf einer umfassenden Gerechtigkeitsordnung versucht er in immer neuen Anläufen, die Verteilungsmuster einer gerechten Gesellschaft zu bestimmen, ersinnt er immer feinere begriffliche Arrangements, um die spannungsvollen Forderungen der Gerechtigkeit nach umfassender Gleichheit und Freiheit zu präzisieren und zu harmonisieren. Dabei läßt sich der egalitäre Liberalismus von zwei Grundvoraussetzungen leiten. Die erste lautet: *Gesellschaft ist nicht Natur* und ersetzt den gerechtigkeitsethisch unbelangbaren, naturwüchsigen Markt Hayeks durch einen gerechtigkeitsethisch zugänglichen, ins Verantwortungsfeld kollektiven Handelns gerückten Markt. Die

---

27 Vgl. Koller 1994a. Koller bezeichnet hier die frühliberale Gesellschaftsauffassung, die sich am Leitbild des *beatus possidens* und des selbständigen Produzenten orientiert, als „Marktplatzkonzeption der Gesellschaft", und die geschichtlich jüngere, die Erfahrungen der industriellen Revolution reflektierende Gesellschaftsauffassung, die die Gesellschaft als kooperatives Wirtschaftsunternehmen versteht, als „Fabrikkonzeption der Gesellschaft". Diese Illustrierungen reflektieren eine Akzentverlagerung von der Distribution zur Produktion. Wie der Anfang dieses Kapitels zeigt, läßt sich Kollers These von einem Entsprechungsverhältnis zwischen Gesellschaftsauffassung und Gerechtigkeitsauffassung auch auf die klassische Zeit übertragen. Offenkundig ist das Platonisch-Aristotelische Verständnis der Verteilungsgerechtigkeit, der proportionalen Belohnung des tugendethisch Verdienstvollen, mit dem Modell der *koinonia politike*, der politischen Gemeinschaft des guten Lebens, eng verknüpft.

zweite Voraussetzung hängt damit eng zusammen. Sie lautet: *Der Markt agiert nicht jenseits von Gut und Böse.*

Moderne Gesellschaften sind für den egalitären Liberalen komplizierte Verteilungsapparate, die ihren Mitgliedern in unterschiedlichen Distributionszonen und auf verschiedene Weise, teils unmittelbar und direkt, teils indirekt und vermittelt, Güter zuteilen: Rechte und Pflichten, Ansehen, Macht und Sicherheit, Freiheit, Bildung und Berufschancen, Einkommen, Unterstützung und Selbstachtung. Auch die Natur ist eine Verteilungsagentur, aber die Natur ist bei ihrer Zusammenstellung der physischen, geistigen und ästhetischen Grundausstattung der Menschen nicht rechenschaftspflichtig. Die gesellschaftliche Verteilungsagentur hingegen ist menschlichen Ursprungs; die Normen und institutionellen Raster ihres Verteilungshandelns fallen nicht vom Himmel, sondern sind gesellschaftliche Erfindungen und daher begründungsbedürftig. Es ist für uns nicht nur wichtig, welches Leben wir führen; es ist für uns auch von Bedeutung, in welcher Gesellschaft wir leben. Es ist uns nicht gleichgültig, wie die Gesellschaft institutionell verfaßt ist, wie ihre Verteilungsagenturen arbeiten. Weil die gesellschaftlichen Teilsysteme, Regelwerke und Institutionen unser Leben einschneidend prägen, unnachgiebig unsere Freiheit einschränken und mit der Zuteilung von Chancen und Entwicklungsmöglichkeiten auf Gestalt und Verlauf unserer Lebensprojekte beträchtlichen Einfluß nehmen, stellen wir Legitimationsforderungen an die gesellschaftlichen Rahmenbedingungen unseres Lebens, wollen wir allgemein zustimmungsfähige, eben gerechte Institutionen und Verteilungsstrukturen. Wir wollen eine gesellschaftliche Verfassung, die unsere moralischen Vorstellungen realisiert und uns ein selbstbestimmtes Leben ermöglicht.

Während Hayek nur im Bereich der Verantwortung des Individuums für seine eigenen Handlungen eine legitime Anwendung des Gerechtigkeitsprädikats für möglich hält, geht der egalitäre Liberalismus von der institutionellen Verantwortung der Gesellschaft aus. Gerechtigkeit ist nicht nur eine individuelle Tugend, Gerechtigkeit ist auch und vor allem eine soziale Tugend. Der Adressat einer sinnvollen Gerechtigkeitsforderung ist nicht nur das Individuum, auch die institutionelle Grundstruktur der Gesellschaft ist ein sinnvoller Adressat einer Gerechtigkeitsforderung. Insofern nämlich die institutionelle Grundstruktur über die Verteilung wichtiger immaterieller und materieller Güter entscheidet, steht sie unter der Gerechtigkeitsdifferenz, kann sie eine gerechte oder eine ungerechte Verteilung bewirken, ist ihre Verteilungseigenschaft also einer kritischen Gerechtigkeitsprüfung zu unterwerfen. Daher agiert auch der Markt nicht jenseits von Gut und Böse, sondern er ist eine gesellschaftliche Distributionszone, die wie jede andere auch nach der Gerechtigkeitsqualität ihrer Verteilungsleistungen zu befragen ist.

Für Hayek gibt es weder ein kooperationsgemeinschaftliches Gerechtigkeitsproblem noch ein solidaritätsgemeinschaftliches Gerechtigkeitsproblem, aber man muß nicht seine gerechtigkeitssemantischen Voraussetzungen teilen, um zu seinen libertären Konsequenzen zu gelangen. Denn einige, allen voran Robert Nozick, meinen, daß der Markt selbst die gesuchte Verteilungsregel der Gerechtigkeitstheorie sei, daß man den Markt nur machen lassen solle, er würde schon für sich selbst *und* für die Gerechtigkeit sorgen: – *indem er nämlich jedem Menschen das gebe, was ihm zustehe, weil doch vernünftigerweise niemandem mehr zustehen könne, als er für seine Talente, Leistungen und Fähigkeiten auf dem Markt erhalten werde.* Wenn aber jeder das bekommt, was ihm zusteht, dann haben wir doch eine gerechte Verteilung. Wo also könnte die distributive Gerechtigkeit besser aufgehoben sein als auf dem Markt?

Der Markt vereint zwar eine Fülle beeindruckender Eigenschaften, jedoch gehört die Gerechtigkeit nicht dazu. Der Markt vermag keine gerechte Verteilung zu verbürgen. Er bietet keine Lösung des Gerechtigkeitsproblems moderner Gesellschaften, ihm ist gleich ein doppeltes verteilungsmoralisches Versagen vorzuwerfen. Zum einen führt ein reiner Markt nicht zu einer gerechten Verteilung der Kooperationsgewinne unter die Kooperationspartner. Und zum anderen versagt der Markt völlig hinsichtlich der Versorgung derjenigen, die nicht marktfähig sind, die nichts anzubieten haben und nicht nachgefragt werden. Der Grund für diese gerechtigkeitstheoretische Schwäche des marktwirtschaftlichen Konkurrenz- und Tauschsystems liegt in der Ungleichheit der Zugangsbedingungen. Der Erfolg der individuellen Lebenskarrieren ist abhängig von den Voraussetzungen, die die Menschen vorfinden, und diese Voraussetzungen sind erheblich ungleich – und zwar unverdientermaßen erheblich ungleich, wir sind für unser Handeln verantwortlich, wir sind auch für das verantwortlich, was wir aus uns machen und insofern sind, wir sind aber nicht für das verantwortlich, was wir zu Beginn unserer Lebenskarriere mit uns, in uns, an uns und um uns vorfinden. Uns bleibt nichts anderes übrig, als uns hinzunehmen: der eine hat aber nun bei der Lotterie der Natur das große Los gezogen und ist bei der Verteilung der natürlichen Fähigkeiten mit Talent, Begabung und Durchsetzungskraft überreich ausgestattet worden, der andere hat hingegen nur eine Niete erwischt und muß sich sein ganzes Leben lang mit einer überaus ärmlichen Fähigkeitenausstattung abmühen.

Und nicht nur das natürliche Schicksal verteilt die Startbedingungen ungleich; auch das Sozialschicksal ist zu den Menschen nicht fair. Der eine findet in seiner Familie die beste Ausgangssituation vor; einer behüteten Kindheit folgt eine erfolgreiche Karriere. Der andere ist zeitlebens von den Narben der sozialen Verwahrlosung gezeichnet und kommt keinen Schritt voran. Der Markt ist keinesfalls eine Glücksschmiede für jedermann, er ist ungerecht, denn er macht keinerlei Unterschiede. Er reagiert auf die unterschiedlichen Ausgangspositionen der Individuen gleich; und das führt dazu, daß die, die ohnehin schon bevorzugt sind, belohnt werden, und die, die ohnehin bereits benachteiligt sind, bestraft werden, obgleich weder die einen ihre natürliche und soziale Besserstellung noch die anderen ihre natürliche und soziale Schlechterstellung verdient haben.

Würden wir allein den Markt als Verteilungsregel gesellschaftlicher Güter akzeptieren, dann, so argumentieren die Egalitaristen, würden wir uns dem Diktat der moralisch unverantwortlichen Natur und der kontingenten sozialen Herkunft unterwerfen. Es gehört aber zu der Grundüberzeugung des egalitären Liberalismus, daß sich ein gesellschaftliches Verteilungssystem die Verteilungskriterien gesellschaftlicher Güter nicht durch die willkürlichen Fähigkeitsverteilungen der Natur und das unterschiedliche Sozialschicksal vorgeben lassen darf. Es darf sich nicht einer naturwüchsigen Entwicklung überlassen, die die Willkür der natürlichen Begabungsausstattungen und die Zufälligkeit der Herkunft in den gesellschaftlichen Bereich hinein verlängert und sozio-ökonomisch potenziert. Aufgabe eines gesellschaftlichen Verteilungssystem ist es vielmehr, die Verteilungskriterien autonom und einvernehmlich festzulegen und die natürliche Verteilungswillkür hinsichtlich der Fähigkeiten als auch die Zufälligkeit der sozialen Startpositionen auf der Grundlage vernunftbegründeter Gerechtigkeitsregeln zu korrigieren. *Egalitaristische Gerechtigkeit zielt auf Dekontingentisierung der natürlichen und sozialen Umstände der individuellen Lebenskarrieren.* So wie wir uns in unserer individuellen Lebensorganisation durch Unterwerfung unter moralische Regeln von natürlicher Willkür und historischer Kontingenz unabhängig machen, so können und sollen wir auch die gesellschaftliche Organisation unseres Lebens von natürlicher Willkür und historischem Zufall weitgehend unabhängig machen. Der egalitäre Liberalismus legt die Theorie der sozialen Gerechtigkeit *autonomieethisch* aus.

Der egalitäre Liberale hat sich damit das philosophisch anspruchsvolle Ziel gesetzt, die traditionelle utilitaristische Grundlegung des Wohlfahrtsstaats zu ersetzen. Der Utilitarismus ist in all seinen Spielarten eine unangemessene philosophische Explikation unserer moralischen Intuitionen. Er verletzt auf mehrfache Weise unseren Gerechtigkeitssinn; und sein Demokratismus, der alle Präferenzen gleichberechtigt, rechtlich ungefiltert und moralisch unqualifiziert in das Nutzenmaximierungskalkül eingehen läßt, widerspricht unseren grundlegenden moralischen Vorstellungen, die legitime und berücksichtigungswerte von illegitimen und berücksichtigungsunwerten Präferenzen unterscheiden. Daher bildet die *utilitaristische Wohlfahrtsökonomik* ein brüchiges Geltungsfundament für das Gebäude des Wohlfahrtsstaats. Der egalitäre Liberalismus will den Wohlfahrtsstaat auf einen philosophisch und moralisch solideren Sockel stellen. Er entwickelt eine *deontologische Wohlfahrtsbegründung* auf egalitaristischer Grundlage, die die Verpflichtung zu staatlichen Wohlfahrtsleistungen auf das Prinzip der moralischen Gleichheit und das damit verbundene Recht auf einen gerechten Anteil an den gesellschaftlichen, kooperativ erwirtschafteten Gütern zurückführen will.

III Soziale Gerechtigkeit und Differenzprinzip bei John Rawls

1 Vertrag, Urzustand und allgemeine Verteilungsgerechtigkeit

Um die Verfassungsgrundsätze einer gerechten Gesellschaft zu begründen, bedient sich John Rawls der Gesellschaftsvertragslehre, die bereits in der frühen Neuzeit der politischen Philosophie von Hobbes bis Kant als Legitimationstheorie diente. Gesellschaftsvertragstheorien sind dem rechtfertigungstheoretischen Individualismus verpflichtet, der für die Moderne charakteristisch ist und metaphysikfreie Begründungen erlaubt. Nach dem Zerfall der traditionellen Orientierungssysteme und der Entstehung der modernen Wissenschaften und der kapitalistischen Welt mußte die kulturelle Rechtfertigungspraxis umgestellt und den veränderten Denk- und Lebensverhältnissen angepaßt werden. Die einzige Instanz, auf die sich die philosophische Begründung fortan stützen konnte, war das souveräne und autonome Individuum. Das autonome Individuum ist der uneingeschränkte Herr seiner Verbindlichkeiten: nur das kann eine rechtmäßige Freiheitseinschränkung seines Handelns sein, was es selbst vernünftigerweise als eine Freiheitseinschränkung seines Handelns will. Das besagt jedoch, daß eine Rechtfertigung von Grundsätzen des gesellschaftlichen Zusammenlebens und von gesellschaftsgestaltenden ethischen Prinzipien die Zustimmung und Billigung aller Beteiligten verlangt. Die traditionellen Rechtfertigungsszenarien ermöglichten eine *Allgemeinheitsherstellung von oben*; in der Moderne wird das Begründungsgeschäft jedoch mühseliger, in der Moderne muß die *Allgemeinheit von unten* aufgebaut werden, durch Diskurs, Übereinkunft, Mehrheitsbeschaffung. Sofern eine Gesellschaft Regeln des Handelns und der Güterverteilung braucht, sofern diese Regeln allgemein gelten und verbindlich sein sollen, muß die Rechtfertigung dieser Regeln darauf abzielen, ihre allgemeine Zustimmungsfähigkeit zu erweisen.

Diese rechtfertigungsmethodologische Überlegung führt ohne Umwege zum *Gedankenexperiment des Gesellschaftsvertrags*. Das Modell des Gesellschaftsvertrags bildet den allgemeinen begrifflichen Rahmen, der durch das philosophische Begründungsargument interpretiert, ausgefüllt und den unterschiedlichen Erkenntnisprogrammen und Problemstellungen der normativen Philosophie angepaßt wird.[1] Und welche Gestalt, welche legitimatorische Verwendung die Gesellschaftsvertragskonstruktion dabei im einzelnen auch immer finden mag, der rechtfertigungstheoretische Grundgedanke ist immer derselbe: nur dann kann es legitim und fair sein, von den Menschen zu verlangen, sich Verfassungsgrundsätzen zu unterwerfen und gesellschaftlichen und politischen Institutionen zu fügen,

---

1 Vgl. Kersting 1994.

wenn diese Menschen sich unter vernünftigen, rationalitäts- wie moralitätsgerechten Bedingungen in einer ursprünglichen Situation der Gesellschaftsgründung auch selbst auf diese Grundsätze und Institutionen hätten einigen können. Der Gesellschaftsvertrag ist ein rechtfertigungsmethodologisches Autonomiesymbol.

Zwar ist die radikale politische Selbstbestimmung, von der die kontraktualistische Geschichte erzählt, den Menschen verwehrt, denn menschliches Leben ist hypoleptisch, muß Vorgefundenes hinnehmen und an Vorgängiges anknüpfen, kennt insbesondere keine konstitutionalistische Stunde Null, in der in einer gänzlich voraussetzungsfreien Situation allgemeiner Gleichheit gemeinsam eine Ordnung erfunden werden könnte. Aber Gerechtigkeit vermag den Druck der gesellschaftlichen Verhältnisse zu lindern, vermag Autonomie zu simulieren:

> „Wer in gesellschaftlichen Institutionen eingebunden ist, die diesen Grundsätzen entsprechen, kann einem anderen Mitglied gegenüber behaupten, beide arbeiteten nach Regeln zusammen, auf die sie sich einigen würden, wenn sie freie und gleiche Menschen wären und in fairen Beziehungen zueinander stünden. Alle könnten von ihren Verhältnissen behaupten, sie erfüllten die Bedingungen, die man in einem Urzustand aufstellen würde, der weithin anerkannte und vernünftige Einschränkungen für die Wahl der Grundsätze enthält. Die allgemeine Anerkennung dieser Tatsache wäre die Grundlage für die allgemeine Anerkennung der entsprechenden Gerechtigkeitsgrundsätze. Natürlich kann keine Gesellschaft ein Plan der Zusammenarbeit sein, dem die Menschen im buchstäblichen Sinn freiwillig beitreten; jedermann findet sich bei seiner Geburt in einer bestimmten Position in einer bestimmten Gesellschaft, die seine Lebenschancen entscheidend beeinflußt. Doch eine Gesellschaft, die den Grundsätzen der Gerechtigkeit als Fairneß entspricht, kommt einem freiwilligen System noch am nächsten, denn sie entspricht den Grundsätzen, denen freie und gleiche Menschen unter fairen Bedingungen zustimmen würden. In diesem Sinne sind ihre Mitglieder autonom und die von ihnen anerkannten Pflichten selbstauferlegt."[2]

Eigentlich sollten Vertragstheorien Naturzustandstheorien heißen. Denn das zentrale Element des Vertragsmodells ist nicht der Vertrag, sondern die Vertragssituation, der Ausgangszustand der hypothetischen Einigung, der in der philosophischen Tradition als *status naturalis* bezeichnet wurde und bei Rawls Urzustand, ‚original position' heißt. Er definiert das Problem, das durch den Vertrag gelöst werden soll; er kontrolliert die Gelingensbedingungen der ganzen kontraktualistischen Argumentation. Verträge, die im Kopf der Philosophen geschlossen werden, verbinden niemanden. Jedoch können die Gründe, die der Philosoph für die Vernünftigkeit einer Einigung vorbringt, überzeugen. Ob eine Einigung auf ein bestimmtes Verfassungsprinzip, auf einen bestimmten Verteilungsgrundsatz aber vernünftig ist, hängt von den Umständen ab, unter denen die Einigung erfolgt ist. Nur dann kann eine gedankenexperimentelle Einigung annehmbar sein, wenn sie sachlich angemessen

---

2 Rawls 1975, 30.

ist und eine rationale Lösung für das vorliegende Problem bietet: die Konfliktstruktur des Ausgangszustandes muß sich in den vertraglichen Einigungsergebnissen spiegeln. Jedoch muß noch ein weiteres beachtet werden, um die Annehmbarkeit der Vertragsergebnisse sicherzustellen: die hypothetischen Beratungen und Entscheidungen müssen unter fairen Bedingungen stattfinden. Die Umstände müssen in dem kontraktualistischen Gedankenexperiment also so gestaltet werden, daß sie unseren Vorstellungen einer fairen, niemanden bevorzugenden oder benachteiligenden Beratungs- und Entscheidungssituation entsprechen.

Damit erweist sich die Naturzustandskonstruktion als das wichtigste systematische Element der Vertragstheorie, muß sie doch die Beschreibung eines Konfliktszenarios mit der Beschreibung einer fairen, gleichheitssichernden Einigungssituation kombinieren. Dabei kann sie zwei Wege einschlagen: einmal kann die Konfliktsituation so geartet sein, daß sie selbst die Bedingungen für eine faire Einigung bereithält; zum anderen kann die Konfliktsituation aber auch so strukturiert sein, daß es zusätzlicher, kontrafaktischer Annahmen bedarf, um faire Beratungs- und Entscheidungsumstände zu sichern. Im ersten Fall produzieren die Problemumstände selbst die Egalisierungswirkung, im zweiten Fall muß die Egalisierungswirkung durch ein zusätzliches fairneßethisches Arrangement eigens erzeugt werden. Hobbes' *status belli* liefert ein Beispiel für den ersten Fall; ein Naturzustand, dessen Konfliktdramatik der Logik der Grenzsituation folgt, erzeugt zuverlässig die egalisierende Wirkung der Planke des Karneades. Der Urzustand in der Rawlsschen ‚justice-as-fairness'-Konstruktion ist hingegen ein Beispiel der zweiten Möglichkeit: hier wird die Einigungsprozedur unter fairneßethische Bedingungen gestellt, die der Problembeschreibung äußerlich beigefügt werden und von dem Konfliktszenario kausal völlig unabhängig sind.

2 Konfliktgrammatik des Ausgangszustandes

In der kontraktualistischen Theoriekonzeption bestimmt die Fragestellung der politischen Philosophie die Problemausstattung des Naturzustandes. Je differenzierter und anspruchsvoller das Beweisprogramm, desto differenzierter und voraussetzungsreicher muß die Darstellung des Ausgangszustandes ausfallen. Bei Hobbes ging es um das Problem einer modernen Rechtfertigung absoluter Herrschaft. Die Lösung fand er in der paradoxen Konstruktion der bedingungslosen Selbstentmachtung der Bürger, die ihnen angesichts der existentiellen Bedrohlichkeit des Naturzustandes als einzig erfolgversprechende Überlebensstrategie erschien. Locke und Kant hingegen interpretierten den Naturzustand nicht mehr als existentielle Grenzsituation, sondern als einen Zustand unsicheren Rechts, gaben sich somit auch nicht mehr mit einer normativ unqualifizierten staatlichen Friedensstiftung zufrieden, sondern übertrugen dem Staat die weitaus anspruchsvollere Aufgabe der institutionellen Sicherung vorgegebener Grundrechte und Rechtsprinzipien. Bei Rawls wird die Konfliktgrammatik des Naturzustandes noch komplizierter, denn er muß den Ausgangszustand der kontraktualistischen Argumentation mit einem Problemprofil ausstatten, das dem Erkenntnisprogramm einer Theorie der sozialen Gerechtigkeit angepaßt ist. *Sein Konfliktszenario wird nicht durch Überlebenskonflikte in einer Situation der existentiellen Bedrohung oder durch Rechtskonflikte in einem Zustand der Rechtsunsicherheit, sondern durch Distributionskonflikte in einer unstrukturierten kooperativen Gesellschaft bestimmt.* Damit die Gesellschaft nicht durch Anspruchskonkurrenzen und Verteilungskonflikte zerrissen wird, müssen konfliktregulierende Normen und Verfahren etabliert werden, müssen Prinzipien in Geltung gesetzt werden, die die Güterverteilung, die Verteilung der Kooperationslasten und Kooperationsgewinne regeln.

Welche der vielen denkbaren Verteilungsprinzipien, die das institutionelle Gefüge der Gesellschaft bestimmen und die Distribution der Güter regeln, können nun als gerecht gelten? Rawls' kontraktualistische Grundidee ist, *daß Gerechtigkeitsprinzipien mit den Grundsätzen identisch sind, die freie und rationale, nur ihr eigenes Interesse verfolgende Personen wählen würden, wenn sie in einen ursprünglichen Zustand der Gleichheit versetzt wären und die Aufgabe bekämen, die Form, die Grundstruktur und die fundamentalen, alle Folgegesetze bindenden Normen ihrer zukünftigen Gesellschaft zu bestimmen.*

> „Wir wollen uns also vorstellen, daß diejenigen, die sich zu gesellschaftlicher Zusammenarbeit vereinigen wollen, in einem gemeinsamen Akt die Grundsätze wählen, nach denen Grundrechte und -pflichten und die Verteilung der gesellschaftlichen Güter bestimmt werden. Die Menschen sollen im voraus entscheiden, wie sie ihre Ansprüche gegeneinander regeln wollen und wie die Gründungsurkunde ihrer Gesellschaft aussehen soll. Ganz wie jeder Mensch durch vernünftige Überlegung entscheiden muß, was für ihn das Gute ist, d. h. das System der Ziele, die zu verfolgen für ihn vernünftig ist, so muß eine Gruppe von Menschen ein für allemal entscheiden, was ihnen als gerecht und ungerecht gelten soll. Die Entscheidung, die vernünftige Menschen in dieser theoretischen Situation der Freiheit und Gleichheit treffen würden, bestimmt die Grundsätze der Gerechtigkeit."[3]

Dieses Programm einer Begründung der sozialen Gerechtigkeit geht ersichtlich über die Ermittlung von Prinzipien einer gerechten Verteilung materialer Güter hinaus. Rawls geht es nicht um die Rechtfertigung einer ökonomischen Regionalgerechtigkeit, nicht um eine sozialstaatliche Ergänzung einer bereits bestehenden rechtsstaatlichen und demokratischen Ordnung. Zwar bilden ökonomische Verteilungskonflikte den Anlaß für die Verfassungswahl, aber sie begrenzen nicht ihre Regulationstiefe und ihren Normierungsumfang. Auch wenn im Rawlsschen Ausgangszustand die Menschen wirtschaftlich zusammenarbeiten und keinen Krieg gegeneinander führen, ist dieser doch genau so unstrukturiert und ungeregelt wie der Hobbessche *status belli.* Daher erstreckt sich der Verfassungsauftrag auf die Gesamtgesellschaft, auf den Gesamtbereich der gesellschaftlichen Güter. Und in der Verfassungsurkunde werden nicht nur die Grundzüge einer gerechtigkeitssichern-

---

3 Rawls 1975, 28.

den Rahmenordnung der Wirtschaft zu finden sein, sondern auch rechtsstaatliche und verfassungsstaatliche Prinzipien und die Grundregeln demokratischer Herrschaft. Man muß dem Begriff der gesellschaftlichen Zusammenarbeit also eine weite Bedeutung geben, darf ihn nicht auf ökonomische Kooperation einengen, sondern muß ihn als sozialtheoretischen Grundbegriff betrachten. Entsprechend weit ist der Begriff der gesellschaftlichen Güter auszulegen; er ist keinesfalls auf das Sozialprodukt einzugrenzen, sondern umfaßt alles, was durch gesellschaftliche Zusammenarbeit ermöglicht wird und ohne gesellschaftliche Zusammenarbeit nicht erreicht werden kann, und dazu zählen neben den materialen Gütern vor allem auch Rechte, Pflichten, Lebenschancen und die sozialen Grundlagen der Sicherheit und Selbstachtung.

3 Koordination und Kooperation

Individuen, die sich zu gesellschaftlicher Zusammenarbeit vereinigen wollen, haben eine andere Gesellschaftsauffassung als die Naturzustandsbewohner der kontraktualistischen Tradition. Der sozialtheoretische Grundbegriff der klassischen Vertragstheorie ist der Begriff der Koordination, nicht der der Kooperation. Das *Koordinationsmodell* orientiert sich am Leitbild des selbständigen Individuums, das nur das Maß an Vergesellschaftungsauflagen akzeptiert, das für die Gewährleistung eines gewaltfreien Nebeneinanders erforderlich ist. Die Gesellschaft der Koordination ist ein Aggregat von individuellen Selbstversorgern. Die Koordinationsregeln des Rechts finden im gemeinsamen Interesse an gewaltfreiem Umgang und reibungslosem Ablauf der Geschäfte zum einen und in prä-konstitutionellen Grundrechten zum anderen ihren legitimatorischen Rückhalt. Obwohl Ermöglichungsbedingung von allgemeiner Sicherheit, Freiheit und Wohlstand ist die Gesellschaft im Koordinationsmodell des Sozialen sekundär und den Individuen gegenüber äußerlich, die mit ihren natürlichen Interessen und natürlichen Rechten das Handeln der Allgemeinheit begrenzen.

Im Kooperationsmodell der Gesellschaft erhält die Beziehung zwischen Individuum und Gemeinschaft eine andere Gewichtung. Kooperative Lebensformen sind abhängigkeitsmehrende Verhältnisse; sie bilden Kontexte, innerhalb derer sich die Individuen im Verhältnis zueinander und zum umfassenden kooperativen Unternehmen definieren. Das Leitbild des selbständigen Individuums verschwindet; mit ihm die legitimatorischen Ausgangsgrößen des natürlichen Interesses und des natürlichen Rechts. Im *Kooperationsmodell* der Gesellschaft errichten nicht mehr autonome, mit vorsozialen Rechten ausgestattete Selbstversorger eine äußere Handlungsordnung; im Kooperationsmodell der Gesellschaft verkehren sich die Verhältnisse: hier stattet die Gesellschaft die Individuen mit Rechten, Gütern und Lebenschancen aus. *Die legitimen Ansprüche der Individuen sind keine Funktion ihrer natürlichen Rechtsausstattung, sondern in den Verteilungsstrukturen der Gesamtgesellschaft begründet.* Im Kooperationsmodell des Sozialen ist die Gesellschaft eine *alma mater*, die ihre

Güter fair unter ihre Bürger verteilt. Dabei wird sie durch keine normativ vorgängigen Prinzipien und natürlichen Grundrechte eingeengt. Denn hier definieren keine menschenrechtlichen Voraussetzungen die normative Binnenstruktur eines allseits akzeptierten Koordinationssystems, hier bestimmt umgekehrt die Verteilungsstruktur des gesamtgesellschaftlichen Kooperationsunternehmens die individuelle Rechtsposition. Die sich zur gesellschaftlichen Zusammenarbeit vereinigenden Individuen besitzen keine unveräußerliche Rechtsausstattung, die dem Zugriff der gesellschaftlichen Verteilungsräson entzogen wäre.

Der Unterschied zwischen Menschenrechten und Bürgerrechten läßt sich im Kooperationsmodell des Sozialen nicht aufrechterhalten. Wenn Grundrechte soziale Grundgüter sind, dann verliert die Differenz zwischen Rechten, die Menschen als Menschen besitzen, und Rechten, die Menschen als Mitgliedern einer Gesellschaft zukommen, ihren Sinn. Wenn alle Rechtspositionen gesellschaftlich zugeteilt werden, dann gibt es jenseits der Grenzen gesellschaftlicher Kooperation keine Rechte. Die traditionellen Positionen des Natur-, Vernunft- und Menschenrechts werden in der Rawlsschen ‚justice-as-fairness‘-Konzeption gerechtigkeitsethisch mediatisiert. Daher auch wird die rechtfertigungsmethodologische Autonomie durch den Wechsel vom Koordinationsmodell der Gesellschaft zum Kooperationsmodell der Gesellschaft keinesfalls beeinträchtigt, sondern erhöht. Wenn nicht die Individualrechte die Gerechtigkeitsprinzipien bestimmen, sondern die Gerechtigkeitsprinzipien die Individualrechte, dann gibt es keine der politischen Selbstbestimmung der Vertragsgemeinschaft entzogenen Normsphären, dann wird selbst die Grundrechtsausstattung in die Zuständigkeit der Vertragsgemeinschaft überführt. Diese Aufweichung des normativen Individualismus durch den Rawlsschen Kooperationskontraktualismus schafft die Voraussetzung für das problematische Rawlssche Argument von dem Gemeinbesitz an den individuellen Talenten und Begabungen. Rückblickend wird sich zeigen, daß der *common asset*-Gedanke seine Wurzeln in einer rechtfertigungsmethodologischen Gewichtsverlagerung von den erratischen Individuen des menschenrechtlichen Egalitarismus zur kontraktualistischen Intersubjektivität hat.[4]

Gerechte Verteilungsprinzipien sind gerechtfertigte Verteilungsprinzipien. Und gerechtfertigte Verteilungsprinzipien sind das Ergebnis einer rationalen, also egoistisch motivierten Verfassungswahl unter bestimmten, fairneßverbürgenden Randbedingungen. Indem John Rawls seine vertragstheoretische Gerechtigkeitskonzeption ‚justice-as-fairness‘ tauft, will er genau auf diese fundamentale geltungslogische Bedingung kontraktualistischer Begründungen aufmerksam machen. Nur wenn die Verfassungswahl unter fairen Bedingungen stattfindet, kann erwartet werden, daß ihr Ergebnis allgemein anerkannt wird. Fair wird es in dem

---

4 Gerade wenn man die rechtfertigungsmethodologischen Grundlagen der ‚justice-as-fairness‘-Konzeption betrachtet, erscheint es keinesfalls sonderlich abwegig, daß der Soziologe Daniel Bell Rawls' Theorie als „the most comprehensive effort in modern philosophy to justify a socialist ethic" interpretierte (*Public Interest* 1972, 72).

kontraktualistischen Gedankenexperiment zugehen, wenn durch die Verfassungs-entscheidungen niemand bevorzugt oder benachteiligt wird, wenn jeder einen fairen, teils gleichen, teils durch das Differenzprinzip kontrollierten Anteil an sozialen Grundgütern zugewiesen bekommt. Und dann wird die Verfassungswahl garantiert fair sein und keinerlei bevorzugende oder benachteiligende Auswirkungen haben, wenn sie unter einem *Schleier der Unwissenheit* stattfindet. Dieses Arrangement einer epistemologischen Entindividualisierung „gewährleistet, daß niemand durch die Zufälligkeiten der Natur oder der gesellschaftlichen Umstände bevorzugt oder benachteiligt wird. Da sich alle in der gleichen Lage befinden und niemand Grundsätze ausdenken kann, die ihn aufgrund seiner besonderen Verhältnisse bevorzugen, sind die Grundsätze der Gerechtigkeit das Ergebnis einer fairen Übereinkunft".[5] Hinter dieser Bedingung des Schleiers des Nichtwissens steht die folgende einfache und einsichtige Überlegung: wenn jemand Verfassungsprinzipien auszuwählen hat, über sich selbst aber nichts weiß, somit auch nicht feststellen kann, welche der zur Entscheidung stehenden Verfassungsprinzipien für ihn vorteilhaft sein könnten, muß er notgedrungen eine Wahl unter allgemeinen Gesichtspunkten vornehmen. Durch den Schleier der Unwissenheit wird die besondere Individualität zum Schweigen gebracht; seine Textur ist so dicht, daß nur noch die Stimme des Allgemeinen zu vernehmen ist.

4 Soziale Grundgüter, Lebenspläne und das Gute

Wenn zur Sicherung des fairen Charakters der ursprünglichen Entscheidungssituation die Individuen in einen Schleier der Unwissenheit gehüllt werden und ihre Identität verlieren, wie können sie dann überhaupt eine rationale Entscheidung treffen? Muß nicht das Maximierungsprogramm ins Leere greifen, wenn das Selbst selbstlos geworden ist und das Selbstinteresse seinen natürlichen Gegenstand verloren hat? Die Entindividualisierung erlaubt der individualistischen Rationalität nur eine Orientierung an grundlegenden gesellschaftlichen Gütern, an formalen, allgemeinen, allen individuellen Lebensplänen und Glücksstrategien gemeinsamen Gelingens- und Optimierungsbedingungen. Sie sind für die Lebensqualität und die Zukunftsaussichten eines jeden von entscheidender Bedeutung, daher

> „Dinge, von denen man annimmt, daß sie ein vernünftiger Mensch haben möchte, was auch immer er sonst noch haben möchte. Wie auch immer die vernünftigen Pläne eines Menschen im einzelnen aussehen mögen, es wird angenommen, daß es verschiedenes gibt, von dem er lieber mehr als weniger haben möchte. Wer mehr davon hat, kann sich allgemein mehr Erfolg bei der Ausführung seiner Absichten versprechen, welcher Art sie auch sein mögen. Die wichtigsten Arten der gesellschaftlichen Grundgüter sind Rechte, Freiheiten und Chancen sowie Einkommen und Vermögen [...] Es dürfte auf

---

5 Rawls 1975, 29.

der Hand liegen, daß diese Dinge im allgemeinen als Grundgüter zu betrachten sind. Es sind gesellschaftliche Güter, da sie mit der Grundstruktur zusammenhängen; Freiheiten und Chancen werden durch die Regeln der wichtigeren Institutionen festgelegt, ebenso die Einkommens- und Vermögensverteilung."[6]

Die Rawlssche Grundgütertheorie läßt sich am besten vor dem Hintergrund des Konzepts des Lebensplans explizieren. Menschen hasten nicht von Handlung zu Handlung, von Situation zu Situation. Sie sind nicht an den „Pflock des Augenblicks"[7] gefesselt. Sie haben eine Vorstellung von Vergangenheit, Gegenwart und Zukunft und verfügen über eine vorhersehend-besorgende, in die Zukunft hineinlangende Vernunft. Sie entscheiden und wählen aus, sie planen, entwickeln langfristige Strategien und entwerfen Lebenspläne. Im Begriff des Lebensplans beziehen sich die Menschen auf die Gesamtheit ihres Lebens; mit ihm übernehmen sie Verantwortung für ihr Leben; in ihm spiegelt sich der Wunsch, ein gelingendes und selbstbestimmtes Leben zu führen. Aristoteles hat das Leben als umfassende menschliche Praxis verstanden, die wie jede untergeordnete Praxis der Erreichung eines Guts dient. Das Gut, das wir im Leben anstreben, ist das Glück. Der Rawlssche Begriff des Lebensplans ist ein rationales Pendant zur aristotelischen Konzeption des Lebens als einer integralen ethischen Praxis. Er verknüpft ein schwaches und ein starkes Konzept des Guten. Menschen wollen glücklich sein, ein gutes Leben führen. Aber das ist eine rein formale Bestimmung, da nahezu jeder Mensch etwas anderes darunter versteht, sich in einer anderen Situation hinsichtlich seiner natürlichen und gesellschaftlichen Lebensvoraussetzungen befindet und entsprechend andere Wege in seinem Leben einschlagen wird.

Die unterschiedlichen Lebenspläne der Menschen weisen aber auch Gemeinsamkeiten auf, denn sie haben ungeachtet der eudämonistischen Vielfalt auch identische Gelingensvoraussetzungen, deren maximale Erfüllung sich vernünftigerweise jeder Mensch wünschen muß, was auch immer er sich sonst noch für sein Leben wünschen mag. Lebenspläne haben also ein *universalteleologisches Fundament*. Orientierungskraft gewinnen Lebenspläne aber erst im Rahmen einer starken Theorie des Guten, also durch ihre *partikularteleologische Gestalt*, in der sich die individuelle Vorstellung von einem gelingenden Leben zum Ausdruck bringt.[8] Es versteht sich, daß der Lebensplan kein Algorithmus ist, mit dessen Hilfe die Zukunft entscheidungslogisch geschlossen und jeder Handlungsschritt minutiös ermittelt werden kann. *Das Leben muß gelebt werden; es kann nicht deduziert werden.* Und da immer vielerlei passieren kann, ist das partikularteleologische Profil des Lebensplans nicht unveränderlich, sondern revisionsoffen. Das, was bislang als Gut erstrebt wurde, kann einer Sinnesänderung, einem Lernprozeß, einer notwendigen Anpassung an

---

6 Rawls 1975, 112f.

7 Nietzsche 1980, 211.

8 Daher unterscheidet Rawls eine schwache Theorie des Guten von einer starker Theorie des Guten; vgl. Kersting 1998a.

veränderte Verhältnisse zum Opfer fallen. Das universalteleologische Fundament hingegen ist nach Rawls' Überzeugung revisionsresistent. *Diese Unkorrigierbarkeit ist in seiner anthropologischen Objektivität und seiner ethischen Neutralität begründet.* Wenn die in der Grundstruktur zu verteilenden Güter ethisch neutral sind und in Äquidistanz zu allen unterschiedlichen Konzeptionen gelingenden Lebens stehen, kann es keinen Grund geben, sie im Kielwasser partikularteleologischer Neuorientierungen einer Revision zu unterziehen.

Unter dem Schleier der Unwissenheit kommt den Individuen mit ihrer Identität auch das Wissen um die partikularteleologische Gestalt ihrer Lebenspläne abhanden. Sie können sich daher keine Verfassung auswählen, die dem besonderen Zuschnitt ihrer Interessen und Glücksvorstellungen entgegen käme. Ein partikularteleologisches Maximierungsprogramm können sie nicht durchführen. Sie wissen jedoch um die allgemeinen gesellschaftlichen Gelingensbedingungen individueller Lebenspläne, sie wissen, was im allgemeinen gut für sie ist. Sie können daher ein universalteleologisches Maximierungsprogramm durchführen und die Verfassung suchen, die eine maximale Grundgüterversorgung gewährleistet. Die Gewinnung der Grundgüter verdankt sich also einer Aufspaltung des Guten in einen allgemeinen Teil und einen besonderen Teil, mit der auf der Objektseite der rationalen Wahl genau das wiederholt wird, was mit der Einführung des Schleiers der Unwissenheit auf der Subjektseite bereits erfolgt war. *Während die unverschleierten Egoisten ihren individuellen Präferenzen folgen, orientieren sich die verschleierten Egoisten an ihren universellen Präferenzen. Während das Maximierungsprogramm der unverschleierten Egoisten immer endzustandsorientiert ist, ist das Maximierungsprogramm der verschleierten Egoisten immer voraussetzungsorientiert.* Die Konzeption der gesellschaftlichen Grundgüter gibt den Individuen im Urzustand ein Instrument an die Hand, um trotz ihrer Unkenntnis über die eigenen Lebensbedingungen eine rationale, am Selbstinteresse orientierte Entscheidung treffen zu können. Jeder betrachtet die zur Wahl stehenden Verteilungsprinzipien unter der Perspektive der Grundgüterverteilung und ermittelt das für ihn günstigste Grundgüterverteilungsmuster. Dieses ist aber dank der Anonymisierungswirkung des Schleiers des Nichtwissens das für jedermann vorteilhafteste und daher von allen gleichermaßen gewollte Grundgüterverteilungsmuster. Es ist mit allen unterschiedlichen subjektiven Vorstellungen von einem sinnvollen und glückenden Leben vereinbar, so daß die Verfassungswähler auch an ihren gewählten Grundsätzen der Grundgüterverteilung festhalten können, wenn sich der Schleier der Unwissenheit hebt und sie ihre Identität zurückerhalten, ihre Lebensumstände kennen und wissen, welche besondere Konzeption des Guten sie ihren Urteilen und Bestrebungen zugrundelegen.

Der Erfolg der Rawlsschen Gerechtigkeitstheorie hängt davon ab, daß die Aufspaltung des Guten gelingt und sich die fundamentalteleologische und die partikularteleologische Dimension des Guten deutlich voneinander unterscheiden lassen. Diese Aufspaltung ist dann erfolgreich, wenn sich eine ethisch neutrale Basis aller denkbaren Lebenspläne ausmachen läßt. Die allgemeine Annehmbarkeit der Gerechtigkeitsgrundsätze ist von der ethischen Neutralität der Grundgüter abhängig.

Wenn die Grundgüterzusammenstellung bestimmte Lebenspläne bevorzugt und andere benachteiligt, wenn gar zwischen der Grundgüterliste und bestimmten Vorstellungen von einem guten Leben eine Wertverwandtschaft bestehen würde, dann müßte das Rawlssche Begründungsunternehmen scheitern, da eine ethisch parteiliche Grundgüterliste fraglos die Fairneßbedingungen verletzt.

Die Gefahr einer ethischen Parteilichkeit der Grundgüterliste wird sicherlich dann vermieden, wenn die Grundgüter sich auf anthropologische Konstanten stützen und den Horizont einer basalen, aller kulturellen Begehrlichkeitscodierung vorausliegenden menschlichen Bedürftigkeit nicht überschreiten oder wenn sie sich auf grundlegende Funktionsleistungen gesellschaftlicher und politischer Institutionen beschränken. Wohingegen wachsende Komplexität in der Grundgüterlehre die Aufrechterhaltung des Ideals der ethischen Neutralität immer unwahrscheinlicher macht. Ein Blick in die staatsphilosophische Vorgeschichte der Rawlsschen Konzeption ist hier aufschlußreich. Die Idee, mit Hilfe des Entscheidungsverfahrens der ökonomischen Rationalität einen tragfähigen Konsens zu ermitteln, ist ja so alt wie der neuzeitliche Kontraktualismus. Bereits Hobbes hat seinen Naturzustand als ein Entscheidungsverfahren angelegt: auch hier ging es darum, ein Interesse, ein Gut ausfindig zu machen, das alle teilen, um dann auf der Grundlage dieses Interesses, dieses Guts eine Theorie der politischen Ordnung zu errichten. Und auch Hobbes hat den Zweck der politischen Ordnung über die Sicherung dieses Interesses, über die gleichmäßige Verteilung dieses Guts an alle bestimmt. *Rawls ist also beileibe nicht der erste Grundgütertheoretiker; es gibt keine Vertragstheorie ohne Grundgütertheorie.* Bei Hobbes ist das grundlegende Gut die Selbsterhaltung, bei Locke und Kant die Rechtssicherheit; die in ihren vertragstheoretischen Konzeptionen entworfenen staatlichen Ordnungen sind vornehmlich *Ein-Gut-Lieferanten.* Und die Philosophie muß keine großen Anstrengungen unternehmen, um zu zeigen, daß jeder nur denkbare Lebensentwurf Lebenssicherheit, Gewaltfreiheit und rechtliche Geregeltheit voraussetzt. Hobbes, Locke und Kant bieten unkontroverse Interpretationen des Grundgüterkonzepts, da sich ihre Grundgütervorstellungen an den institutionellen Grundfunktionen orientieren.

In der Rawlsschen Ursprungssituation herrscht nicht mehr die Übersichtlichkeit der traditionellen Naturzustandsarrangements. Wird die Gesellschaft als umfassendes gemeinschaftliches Unternehmen betrachtet und die politische Philosophie mit der Aufgabe betraut, Prinzipien einer gerechten Verteilung der für das Gelingen individueller Lebenspläne wichtigen gesellschaftlichen Leistungen zu entwickeln, dann ist die Zusammenstellung einer umfangreichen Grundgüterliste zu erwarten. Denn in der Grundgüterliste spiegeln sich die Ansprüche, die die Bewohner des Naturzustands und die Verfassungswähler des Urzustands an die von ihnen ins Leben gerufene institutionell gefestigte Allgemeinheit haben. Das traditionelle Naturzustandspersonal war überaus anspruchsarm. Im Rawlsschen Unternehmen hingegen florieren die Ansprüche, da das materiale Leistungsprofil der Grundstruktur einer umfassenden gesellschaftlichen Kooperationsordnung weitaus komplexer ist als das des machtstaatlichen Leviathan oder des frühliberalen

Rechtsstaats. Es ist so komplex, daß a priori gar nicht mehr ausgemacht werden kann, welche gesellschaftlichen Leistungen denn nun gerechtigkeitsethisch relevant sind und welche nicht, welche also als allgemein lebensplanunterstützend angesehen werden können und daher maximiert werden sollen und welche nicht. Dann läßt sich aber auch nicht mehr sagen, welche gesellschaftlichen Verteilungsregionen nach Maßgabe allgemein anerkannter Gerechtigkeitsgrundsätze geregelt werden müssen und welche nicht. Dann aber wird sich der eine Lebensplantypus dieses Grundgüterset und ein anderer Lebensplantypus jenes Grundgüterset aussuchen. Die Isolierung einer allen denkbaren Lebensplänen gemeinsamen, ethisch neutralen fundamentalteleologischen Güterschicht erweist sich als Illusion. *Die Zusammenstellung der entscheidungsorientierenden Grundgüterliste wird selbst zu einem gerechtigkeitsethischen Streit- und Entscheidungsfall.* Indem Rawls seine Grundgüterliste zu verschwenderisch anlegt hat und insbesondere die gegensätzlichsten ethischen Auslegungen Tür und Tor öffnende Selbstachtung aufnimmt, läuft er Gefahr, den systematischen Gewinn des Grundgüterkonzepts zu verspielen. Es gibt hier eine Parallele zur verbreiteten Neigung, hypertrophe Menschenrechtskataloge aufzustellen. *In beiden Fällen werden wichtige Konzepte unserer politischen Reflexion verdorben, weil ihre normative Orientierungskraft und methodische Leistungsfähigkeit durch Überbeanspruchung und Übernutzung zerstört wird. In beiden Fällen gilt es, die Konzepte vor der doppelten Gefahr der inflationären Bedeutungsausweitung und des modischen Geltungsrelativismus zu schützen und sie durch Rückführung auf verteidigbare Grundbedeutungen leistungsfähig zu erhalten.*

Wird ein bestimmtes Komplexitätsniveau in der gerechtigkeitsphilosophischen Aufgabenstellung überschritten und der Regelungsbereich der Gerechtigkeitsprinzipien auf den Gesamtbereich der gesellschaftlichen Zusammenarbeit ausgedehnt, dann ist die Zusammenstellung einer ethisch neutralen Grundgüterliste unmöglich, dann wird jede Grundgüterliste eine bestimmte Lebensauffassung zum Ausdruck bringen, die durch die auf ihrer Grundlage gewählten Gerechtigkeitsprinzipien dann institutionell befestigt wird. *Die Theorie des formalen Guten bricht unter dem Komplexitätsdruck zusammen;* sie weicht einer Pluralität von grundlegenden Lebensauffassungen, die unterschiedliche gesellschaftliche Verteilungsmuster favorisieren, somit unterschiedliche Gerechtigkeitskonzepte entwickeln. Es ist offensichtlich, daß Rawls' Grundgüterliste individualistische Lebensentwürfe bevorzugt; das durch sie skizzierte gesellschaftliche Verteilungsprogramm begünstigt Autonomie und Selbstverwirklichung. Es werden in dieser Liste nur solche Güter aufgeführt, die die Individuen für sich allein genießen können. Es fehlen, das bringen etwa kommunitaristische Kritiker vor, kollektive Grundgüter, die – wie beispielsweise Solidarität, Gemeinschaftlichkeit, Wohlwollen, sinnstiftende Zugehörigkeit – nicht als individuelle Glücksdividenden ausgeteilt werden können, sondern nur gemeinsam erlebt werden können, und deren Sicherung und Förderung durch das Institutionengefüge der gesellschaftlichen Grundstruktur sicherlich in ganz andersgearteten Gerechtigkeitsprinzipien ihren Ausdruck finden würde – ohne daß jedoch Kommunitaristen je sagen könnten, wie eine institutionelle Produktion und

Distribution dieser Kollektivgüter aussehen würde, die ähnlich unstrittig und ähnlich effizient wie die Produktion und Distribution von Rechtsgleichheit und rechtlicher Freiheit ans Werk gehen könnte.

Man sage nicht, daß derartige kollektive Grundgüter keine notwendigen Voraussetzungen eines gelingenden Lebens seien und nicht in einen fundamentalteleologischen Sockel individueller Lebenspläne gehörten. Wenn wir eine kommunitaristische Lebensauffassung zugrundelegen, dann sind die genannten kollektiven Grundgüter unverzichtbare Bestandteile einer Grundgüterliste. Wenn wir hingegen das Gelingen individueller Lebenspläne im Lichte einer grundlegend individualistischen Lebensauffassung verstehen, dann erweisen sich diese Grundgüter der Sozialität als marginal. Angesichts der ethischen Parteilichkeit komplexer Grundgüterlisten bricht, das der grundsätzliche Einwand, das Urzustandsargument zur Ermittlung der Gerechtigkeitsprinzipien für ein System der gesellschaftlichen Zusammenarbeit in sich zusammen: die Verfassungswähler werden die ihnen von Rawls offerierte Grundgüterliste nicht als Entscheidungsgrundlage akzeptieren, da sie verabredungsgemäß nicht wissen, welcher Konzeption des Guten sie sich verschrieben haben und befürchten müssen, durch die Gerechtigkeitsordnung, die ja eine maximale Verteilung der aufgelisteten Grundgüter sichert, während ihrer ganzen Lebenskarriere benachteiligt zu werden.[9]

Freilich sollte man diesen Einwand nicht überbewerten. Ohne Frage kommt in dem Rawlsschen Grundgüterset die Grammatik einer individualistischen Lebensauffassung zum Ausdruck. Eine Gerechtigkeitsordnung, die sich um eine maximale Verteilung dieser Güter an die Individuen bemüht, wird individualistische Lebenspläne stärker begünstigen als kommunitaristische. Sie wird aber kommunitaristische Lebenspläne nicht verhindern, somit auch diejenigen nicht benachteiligen, die in ihrem Leben einer nicht-individualistischen Auffassung vom Guten folgen. Die Freiheit, die gerade ein liberales System der individuellen Lebensgestaltung einräumt, kann durchaus für kommunitaristisches Engagement oder für ein Leben nach religiösen Überzeugungen genutzt werden. Somit besteht für die Verfassungswähler kein ernsthafter Anlaß, der Grundgüterliste die Zustimmung zu versagen. Auch dann, wenn sie sich nach der Entschleierung als religiöse Menschen oder als Gemeinschaftsfreunde vorfinden sollten, werden sie in der liberalen Ordnung ungestört ihr Leben führen können. Freilich ist das selbst hinwiederum individualistisch gedacht: die Konzeption des Guten als Wahlmöglichkeit, die Ethik als Angebot. Wenn jemand aber nicht als individualistischer Liberaler sich eine religiöse Ethik wählt oder sich dem Gemeinschaftsethos verschreibt, sondern ein Kommunitarist oder ein tiefreligiöser Mensch ist, dann wird er auch wollen, daß sich in der gesellschaftlichen Güter- und Wertordnung das Profil seiner Lebensauffassung spiegelt. Wenn die verschleierten Verfassungswähler diesen Unterschied bedenken, dann werden sie die Grundgüterliste verwerfen müssen: denn es ist ein Unterschied,

---

9 Vgl. Nagel 1973; Schwartz 1973.

in einer liberalen Ordnung ein religiöses oder kommunitaristisches Leben zu führen oder in einer religiösen oder kommunitaristischen Gesellschaft zu leben. Dann müssen sie aber freilich bereits die Mitarbeit bei der Verfassungssuche aufkündigen, denn diese ist durch ein Verfahren bestimmt, das die normativen Überzeugungen der politischen Moderne spiegelt. Geben sich die Verfassungswähler nicht mit der Möglichkeit nicht-individualistischer und nicht-liberaler Lebenskarrieren in einer liberalen Gerechtigkeitsordnung zufrieden, orientieren sie sich an dem Verhältnis zwischen individueller Lebensauffassung, gerechtigkeitsethischer Auszeichnung und institutioneller Verstärkung, dann müssen sie das Rawlssche Arrangement aufgrund seiner individualistisch-liberalen Parteilichkeit ablehnen.

Aber wenn erst einmal ein Pluralismus unterschiedlicher Lebensformen zugestanden wird, bedarf es einer gesellschaftlichen Ordnung, die eine gewaltfreie Koexistenz unterschiedlicher Lebensformen ermöglicht. Und diese wird allein durch den Liberalismus entwickelt werden können; der Liberalismus ist von Beginn an eine Theorie des Multikulturalismus, des Multiethnizismus, des Multikonfessionalismus gewesen. Und er vermochte seine Ordnungsleistungen als Pluralismusmanagement empfehlen, weil er sich von Anfang an erfolgreich gemeinsamkeitsheuristisch betätigt hat. Und es bereitet keine Schwierigkeit, in einer konzentrierten politischen, von ethischen Überschwenglichkeiten gereinigten Rawlsschen Grundgüterliste eine gelungene Fortsetzung dieser liberalen Suche nach pluralismusermöglichenden Gemeinsamkeiten zu erblicken. Rawls' Grundgüteridee ist entschieden gegen die modischen Bedenken der ethischen Differenzphilosophie, der Kommunitaristen, Feministinnen und Multikulturalisten in Schutz zu nehmen; allenfalls ist ihr mangelnde Wachsamkeit gegenüber ihrer inhärenten Neigung zur ethischen Überschwenglichkeit vorzuwerfen. *Welche Lebensform besitzt denn nicht in den Gütern der Sicherheit, des Eigentumsschutzes, der Meinungs-, Handlungs- und Entscheidungsfreiheit innerhalb allgemeiner Gesetze, einer zureichenden Gesundheitsversorgung und einer hinlänglichen Ausstattung mit einem frei verfügbaren Einkommen notwendige Gelingensvoraussetzungen?* Es ist unbestritten, daß auch viele andere erstrebenswerte Güter durch die gesellschaftliche Grundverfassung bereitgestellt werden. Aber nicht alles, was die Gesellschaft verteilt, ist im Rahmen einer Gerechtigkeitstheorie als gerechtigkeitsrelevant anzusehen. Nicht alles, was Gesellschaft an Positivem bereitstellen mag, kann zum Gegenstand politischer Optimierung werden, weil nicht alle gesellschaftlichen Auswirkungen politisch legitim gestaltbare strukturelle und institutionelle Auswirkungen sind. Während die Rawlssche Grundgüterkonzeption diese doppelte Anbindung an die anthropologische Fundierung einerseits und die Bedingungen politischer Implementierung andererseits immerhin im Kern noch im Auge behält, sind diese für jeden Problembereich der politischen Philosophie gleichermaßen wichtigen Verbindungen von den Kritikern völlig außer Acht gelassen worden.

Welch lächerliche Verrenkungen entstehen, wenn Kritiker diesen anthropologisch-politischen Kontext ignorieren, zeigt die folgende Beispielsgeschichte, die Arneson erzählt, um zu zeigen, daß eine Verteilungsgerechtigkeit sich nicht auf eine Distribution von Grundgütern stützen darf:

„Consider a simple world in which each of three persons wants above all to play a different game. All three of these games require a playing field; two require a ball, one also requires a net. Nothing else would be needed for fulfillment of the three person's aims. Assume also that each person believes correctly that his aims will not change. In the situation as described, playing fields are primary goods and nets and balls are not. The complaint that it would be unfair for a principle of distributive justice to evaluate person's resource holdings solely in terms of their primary goods shares rests on the idea that getting primary goods will enable only one of the three to fulfill his aims."[10]

In dieser Geschichte kommt klar zum Ausdruck, daß Arneson ein Anhänger der individualistischen Konzeption der Verteilungsgerechtigkeit ist, daher in der egalitaristischen Zuteilung von „individual opportunities for preference satisfaction"[11] das geeignete Kriterium erblickt, und Rawls entschlossen mißversteht und sein Rechtfertigungsargument aller Pointen beraubt. Gerechtigkeit zeigt sich nach Rawls vernünftigerweise nicht in der Verantwortung des Staates für individuelle Präferenzerfüllung. Diese Arnesonsche Geschichte ließe sich mühelos vervielfältigen: immer benötigen wir drei inhaltliche Lebensentwürfe, deren einer in den anderen beiden enthalten ist, während die anderen beiden auf je unterschiedliche Weise anspruchsvoller sind und über ihn hinausgehen. Würde nun eine Ressourcenversorgung sich an dem ersten Lebensentwurf orientieren, wäre der erste ausreichend versorgt, die anderen hingegen unterversorgt. Aber diese Konstruktion verfehlt die Rawlssche Intuition völlig – und damit auch die Lockesche und Hobbessche und die aller anderen Kontraktualisten. Denn nicht um einen inhaltlichen Vergleich von unterschiedlichen Lebensentwürfen geht es, sondern um notwendige Voraussetzungen von Lebensentwürfen überhaupt. Nicht der Lebenserfolg ist das Equalisandum, sondern die von allen nur denkbaren Lebensentwürfen gleichermaßen geschätzten Grundgüter. Oder anders formuliert: was kann der kollektiven Verantwortung übertragen werden und was muß der kollektiven Verantwortung entzogen bleiben?

Es ist evident, daß Arnesons Geschichte auf eine Fehlanalogisierung basiert: das Spielfeld ist keine geeignete Illustrierung des Rawlsschen Grundguts. Arneson hat den transzendentalen Charakter des Grundguts, die Idee einer universellen Präferenz mißdeutet. Das zeigt sich an folgendem: offenkundig vermag der eine aufgrund seiner anspruchsloseren Spielauffassung mit Hilfe des ihm zugeteilten Grundgutes sein Ziel zu erreichen, während die anderen beiden ihr Ziel aufgrund ihrer anspruchsvolleren Spielauffassung nicht erreichen können und sich daher, nach Arnesons Meinung, unfair behandelt vorkommen müssen. Aber es ist ein Irrtum zu glauben, mit Grundgüterbesitz allein seine Lebenspläne realisieren zu können. Und es ist ein weiterer Irrtum zu glauben, Gerechtigkeit hätte etwas mit der Verantwortung des Staates für die materiale Gleicherfüllung individueller Lebens-

---

10 Arneson 1990a, 430.
11 Ebd., 429.

pläne zu tun. Arneson mißversteht das Konstitutionsverhältnis zwischen der universalteleologischen Grundlage und der partikularteleologischen Gestalt der Lebenspläne; er legt dieses Verhältnis additiv aus. Dadurch wird der Grundgüterliste Neutralität und Formalität genommen; und der grundsätzliche Unterschied zwischen der neutralen Lebensplanermöglichung und den diversen Lebensplänen selbst wird in die Binnendifferenz der materialen Ausstattungen der individuellen Lebenspläne verlagert.

Die Kritik vermag kein grundsätzliches Argument gegen eine Gerechtigkeitskonzeption vorzubringen, die Gerechtigkeit als fairen Anteil an gesellschaftlichen Grundgütern bestimmt und diese Grundgüter als universalteleologische Gelingensvoraussetzungen jedes Lebensplans versteht. Die skizzierten Einwände legen allenfalls zwei Einschränkungen nahe: zum einen eine drastische Reduktion der Grundgüterliste auf solche Grundgüter, die auf anthropologische Grundbedürfnisse zurückgeführt werden können; zum anderen den Verzicht auf einen Letztbegründungsanspruch der Theorie. Letztbegründungsansprüche sind längst als obsolet erkannt worden. Auch das Rawlssche Begründungsszenario gestattet keine Letztbegründung, entwickelt keine Gerechtigkeitstheorie, die *sub specie aeternitatis* Bestand hätte. Denn es ist selbst nicht neutral, sondern doppelter Ausdruck eines spezifischen rechtfertigungsmethodologischen und spezifischen lebensethischen Verständnisses. Im Agieren des kontraktualistischen Personals spiegelt sich modernes, rationales, autonomes Handeln; und die Rahmenbedingungen seines Deliberierens und Entscheidens sind konstruktive Ausdeutungen kontingenter, nämlich liberal-westlicher Vorstellungen vom Fairen und Richtigen. Mehr als eine philosophische Explikation der geschichtlich gewachsenen Gerechtigkeitsvorstellungen der zeitgenössischen westlichen Industriegesellschaften ist von keiner Gerechtigkeitstheorie zu erwarten, die ihre Argumente auf dem Niveau moderner, reflexiver Rechtfertigungsmethodologie entwickelt. Indem Rawls darauf bestanden hat, die Rahmenbedingungen des kontraktualistischen Gedankenexperiments ihrerseits kohärenztheoretisch zu legitimieren, hat er zumindest implizit zugestanden, daß Letztbegründungsambitionen aufgegeben werden müssen[12]. Der Kohärenztheoretiker weiß, daß wir Troglodyten bleiben müssen und kein begründungstheoretischer Königsweg aus der Höhle vorfindlicher moralischer Überzeugungen herausführt. Aufgabe des Gerechtigkeitsphilosophen ist es, vorfindliche Gerechtigkeitsüberzeugungen zu explizieren und zu überprüfen, ihre Voraussetzungen offenzulegen und ihre Implikationen auszubreiten. Und Vertrag und Grundgüterkonzeption sind – wie alle ähnlichen Konzepte und Modelle – nicht als Letztbegründungsinstrumente zu handhaben, sondern als Explikationsinstrumente eines hermeneutischen Konstruktivismus.

---

12 In der *Theorie der Gerechtigkeit* hat Rawls freilich explizit noch an der Illusion einer Gerechtigkeitsbegründung von einem archimedischen Punkt aus festgehalten; vgl. Rawls 1975, 637. Zum Verhältnis von Kontraktualismus und Kohärenztheorie bei Rawls vgl. Kersting 1993a, 95–142; Kersting 1994, 259–291; Kersting 1996a, 227–261.

5 Kantischer Konstruktivismus und Gerechtigkeit

In den *John Dewey Lectures* von 1980 hat Rawls sein archimedisches Mißverständnis explizit korrigiert und den hermeneutischen Charakter aller politischen Philosophie herausgestellt. „Das Ziel politischer Philosophie innerhalb der öffentlichen Kultur einer demokratischen Gesellschaft ist es, diese gemeinsamen Begriffe und Grundsätze, von denen angenommen wird, daß sie im Common sense schon latent sind, zu artikulieren und explizit zu machen; oder, wie es oft der Fall ist, wenn der Common sense zögerlich und unsicher ist und nicht weiß, was er glauben soll, ihm bestimmte Konzeptionen und Grundsätze vorzuschlagen, die seinen wichtigsten Überzeugungen und historischen Überlieferungen entsprechen".[13] Dabei kommt dem hermeneutischen Konstruktivismus durchaus eine aufklärerische Bedeutung zu: er macht sich um die interne Rationalitätssteigerung der moralischen Auseinandersetzungen des *common sense* und der kulturell-politischen Begründungspraxis der politischen Öffentlichkeit verdient, indem er seiner Gesellschaft die verborgenen Grundlagen und die offensichtlichen Implikationen ihrer Überzeugungen und Handlungen aufzeigt; er macht sich um die Tiefe des gesellschaftlichen Selbstverständnisses verdient, indem er den Bürgern die sich in ihrer historischen Kultur ausgebildeten diffusen Vorstellungen von Sozialität und Personalität in geeigneten, gleichsam piktogrammatisch zugespitzten Modellvorstellungen vor Augen hält. Seine „Aufgabe besteht darin, die tieferen Grundlagen der Übereinstimmung, von denen man hofft, daß sie im Common sense eingebettet sind, aufzudecken und zu formulieren; oder sogar Ausgangspunkte für ein allgemeines Verständnis dadurch zu schaffen und zu gestalten, daß man traditionelle Auffassungen in neuer Weise formuliert, indem man sie mit einem weiten Bereich wohlerwogener Überzeugungen der Menschen in Beziehung setzt".[14]

Die erste Konsequenz dieses hermeneutischen Eingeständnisses ist eine Auswechslung des Urzustandspersonals, die die rationalitätstheoretische Grundspannung der Erstfassung der Konstruktion weitgehend auflöst.[15] An die Stelle der rationalen Egoisten treten jetzt moralische Personen, Bürger, die sich als frei und gleich betrachten, die zu rationalem und zu vernünftigem Handeln fähig sind, daher ihre Teilnahme an der gesellschaftlichen Zusammenarbeit nicht nur auf egoistische Interessen, sondern auch auf moralische Überzeugungen und ethische Einstellungen stützen. Die *homo-oeconomicus*-Anthropologie der ersten Version der Gerechtigkeitstheorie verschwindet, die kontraktualistische Syntax erhält eine neue, eine Kantische Deutung. Rawls bezeichnet denn auch diese neue Gestalt seiner Gerechtigkeitstheorie als „Kantischen Konstruktivismus".[16] Immer noch wird in einem rechtfertigungstheoretischen Konstruktionsverfahren ein plausibler Zusammenhang

---

13 Rawls 1992, 84.
14 Ebd.
15 Vgl. Kersting 1996a.
16 Rawls 1992, 80.

zwischen bestimmten Gerechtigkeitsprinzipien und einem bestimmten Subjektkonzept hergestellt, nur sind es jetzt nicht mehr die Protagonisten der individualistischen Rationalität, sondern die Protagonisten der universalistischen Rationalität, die sich auf Grundsätze gesellschaftlicher Zusammenarbeit zu einigen haben. Offenkundig ist Rawls zu der Überzeugung gelangt, daß die Teilnehmer der gesellschaftlichen Rechtfertigungsdiskurse der westlichen Demokratien erhebliche Schwierigkeiten haben, sich in den Maximierungsautomaten der Entscheidungstheorie wiederzuerkennen und die Urzustandskonstruktion als philosophisch zugespitzte Modellsituation vernünftiger Einigung zu akzeptieren. Angemessener scheint es darum zu sein, von einem impliziten Kantianismus in der politischen Kultur moderner demokratischer Gesellschaften auszugehen, den es philosophisch auszudeuten und bewußt zu machen gilt.[17] Auch aus interner Perspektive ist ein Konsistenzgewinn zu vermelden. Denn von dem neuen begründungstheoretischen Protagonisten der Rawlsschen Gerechtigkeitstheorie ist immerhin vorstellbar, daß er sich dazu bewegen läßt, für die Ermittlung gerechter gesellschaftlicher Regeln unter den Schleier der Unwissenheit zu treten. Das geschilderte Verhalten des Rationalegoisten der Fassung von 1971 war hingegen zutiefst rätselhaft, denn was nur konnte ihn motiviert haben, sein Entscheidungsprogramm moralischen Rahmenbedingungen zu unterwerfen und sich unter dem Schleier der Unwissenheit zu verlieren?

Was versteht Rawls nun näherhin unter einem Bürger als einer „moralischen Person"?

> „Wir betrachten Personen als durch zwei moralische Vermögen und zwei ihnen korrespondierende höchstrangige Interessen an der Verwirklichung und Ausübung dieser Vermögen gekennzeichnet. Das erste Vermögen ist die Anlage zu einem wirksamen Gerechtigkeitssinn, d.h. die Fähigkeit, die Gerechtigkeitsgrundsätze zu verstehen, sie anzuwenden und aus ihnen heraus zu handeln (und nicht nur in Übereinstimmung mit ihnen). Das zweite moralische Vermögen ist die Befähigung, eine Konzeption des Guten auszubilden, zu revidieren und rational zu verfolgen. Entsprechend den zwei moralischen Vermögen heißt es von moralischen Personen, daß sie zwei höchstrangige Interessen haben, diese Vermögen zu verwirklichen und auszuüben."[18]

---

17 Offensichtlich sind die allein auf die individualistische oder ökonomische Rationalität setzenden *libertarians* gegen derartige kulturalistische Damaskus-Erlebnisse weitaus gefeiter als die mit den Begründungsfiguren der universalistischen Rationalität arbeitenden Liberalen. Nicht nur Rawls ist von einer Allgemeingültigkeit beanspruchenden Position abgerückt und zum philosophischen Hermeneuten seiner Zeit und seiner Gesellschaft geworden, auch der Philosoph des „Neutral Dialogue", der Weltbürger und Raumfahrer Bruce Ackerman, ist mittlerweile aus dem universalistischen Orbit zurückgekehrt, um sich ausschließlich der Verfassungswirklichkeit seines Landes zu widmen – wie sein neuestes Buch zur *Stakeholder Society* zeigt, hat das seiner konstruktiven Phantasie jedoch keinen Abbruch getan; vgl. Ackerman 1980; Ackerman 1991; Ackerman/Alstott 1999.

18 Rawls 1992, 93.

Setzen wir nun dieses neue Subjektmodell in die ‚justice-as-fairness'-Formel ein und vergleichen die *Theory of Justice* mit den *Dewey Lectures*. Einmal heißt es: gerecht sind Güterverteilungsprinzipien, auf die sich Menschen, die an einem günstigen gesellschaftlichen Verwirklichungsklima für ihre privaten Lebenspläne interessiert sind und einen maximalen Anteil an den universal nützlichen gesellschaftlichen Grundgütern besitzen möchten, unter (genau festgelegten [Unwissenheitsschleier usf.]) Urzustandsbedingungen einigen würden. Jetzt heißt es: gerecht sind Güterverteilungsprinzipien, auf die sich Bürger, die sich als moralische Personen betrachten und wechselseitig als frei und gleich anerkennen und die an einem günstigen gesellschaftlichen Verwirklichungsklima für ihre ihnen wesentlichen moralischen Anlagen interessiert sind und einen maximalen Anteil an den für die Entwicklung dieser Anlagen nützlichen gesellschaftlichen Grundgütern haben möchten, unter (genau festgelegten [Unwissenheitsschleier usf.]) Urzustandsbedingungen einigen würden. *Merkwürdigerweise ist das Wahlergebnis von dieser Änderung des Einigungsszenarios nicht betroffen: gleichgültig ob die Bürger als moralische Personen oder Rationalegoisten unter den Schleier der Unwissenheit gesteckt werden, immer werden die gleichen beiden Grundsätze gewählt.* Das gleiche gerechtigkeitsethische Sollen, gleichgültig, ob ihm ein Wollen rationaler Egoisten oder vernünftiger Bürger zugrundeliegt; dieselbe Grundgüterliste, gleichgültig, ob nach dem universalteleologischen Fundament rationaler Lebensplanung oder nach dem universalteleologischen Fundament ethischer Vervollkommnung gefragt wird.

Es ist offensichtlich, daß auch die jetzt zu moralischen Personen erklärten Verfassungswähler als Interessenmaximierer wählen. Ihr Entscheidungsverhalten wird nach wie vor durch die ökonomische Rationalität bestimmt. Nur das Verständnis der zur Entscheidungsorientierung herangezogenen Liste der sozialen Grundgüter hat sich geändert. Umfaßten die Grundgüter ursprünglich allgemeine neutrale lebensplanförderliche Bestimmungen und wurde ursprünglich gefragt, welcher der angegebenen Grundsätze die für alle rationalen Lebenspläne günstigste Verteilung dieser Grundgüter bewirkte, so umfassen die Grundgüter jetzt Bestimmungen, die sich für die Entwicklung und Vervollkommnung der beiden moralischen Kompetenzen der Personen als förderlich ausweisen, und wird jetzt gefragt, welche der angegebenen Grundsätze die effektivste gesellschaftliche Förderung dieser beiden moralischen Fähigkeiten gewährleistet. Rawls' Gerechtigkeitstheorie nimmt damit den Charakter einer *moralteleologischen, moralperfektionistischen Theorie* an: gerecht ist eine institutionelle Ordnung dann, wenn sie sich als förderlich für die Entwicklung der genannten moralischen Eigenschaften der Bürger erweist. Rawls verankert damit die Gerechtigkeit als Optimierungsmittel in einer Konzeption des Guten, das seinerseits zusammenfällt mit der affirmativen Beziehung der modernen moralischen Subjektivität auf sich selbst. *Unter dem Einfluß kommunitaristischer Kritik scheint sich Rawls an das merkwürdige Unternehmen einer Aristotelisierung Kants gemacht und Verteilungsgerechtigkeit als aristotelisches Perfektionierungsprogramm für moderne, Kantisch verfaßte moralische Subjekte reformuliert zu haben.*

In einer Hinsicht führt dieser Personalwechsel sicherlich zu einer Verbesserung des Arguments: die semantische Inkonsistenz verschwindet, die notwendig mit einer Konzeption verbunden ist, die mit den Mitteln der Rationalwahl moralische, normativ verbindliche Prinzipien begründen möchte. Die Bürger unter dem Schleier der Unwissenheit haben ein angemessenes Verständnis von dem Unterschied zwischen moralischen und rationalen Prinzipien; sie mißinterpretieren die Gerechtigkeitsgrundsätze nicht mehr als rationale Verteilungsregeln, sondern sie verstehen sie als normativ verbindliche Grundsätze. Rawls treibt die moralische Korrektur des Arguments freilich zu weit. Da sich der Gerechtigkeitssinn vor allem auch in der habituellen Bereitschaft zeigen soll, die Gerechtigkeitsprinzipien nicht nur einfach zu befolgen und gerecht zu sein, sondern aus Gerechtigkeit zu handeln, liegt hier eine *moralische Überbestimmung der normativen Voraussetzung einer angemessenen Gerechtigkeitswahl* vor. Ein Verständnis der Gerechtigkeitsgrundsätze als kategorisch-verbindlicher Prinzipien ist eines, die Bereitschaft, sie nicht nur zu erfüllen, sondern aus Gerechtigkeit zu befolgen, etwas ganz anderes. Die Motive spielen in einem institutionalistischen Gerechtigkeitskonzept keine Rolle. Einen guten Menschen mag es ausmachen, Gerechtigkeitsprinzipien aus Gerechtigkeit zu befolgen, wenn es aber darum geht, eine gerechte Grundstruktur der Gesellschaft, eine gerechte Verfassung gesellschaftlicher Zusammenarbeit zu entwickeln, dann spielen derartige tugendethische Überlegungen keine Rolle. Rawls verwischt hier unnötigerweise den Unterschied zwischen Moralität und Legalität, zwischen einem individuenadressierten, tugendethischen Gerechtigkeitskonzept und zwischen einem strukturadressierten, institutionalistischen Gerechtigkeitskonzept. *Im Begründungsstadium sollte eine Theorie der gesellschaftlichen Wohlordnung die Tugendverfassung ihrer Bürger nichts angehen.* Diese moralpsychologische Belastung der Ursprungssituation rührt daher, daß Rawls' Konzeption von vornherein den grundlegenden Unterschied zwischen Recht und Moral vernachlässigt und darum seine Gerechtigkeitstheorie ethisch und nicht rechtsphilosophisch auslegt. Zwar erblickt er in den Gerechtigkeitsprinzipien Grundsätze der Gesellschaftsgestaltung, jedoch legt er sie nicht rechtsphilosophisch als Prinzipien erlaubten, zwangsbewehrten staatlichen Handelns aus, nicht als Legitimationsregeln rechtlichen Zwangs. Wird die Frage nach den Prinzipien der Gerechtigkeit als Frage nach den Legitimationsbedingungen staatlichen Handelns und rechtlicher Zwangsanwendung verstanden, dann besteht keinerlei Notwendigkeit, das Begründungsargument mit unklaren Annahmen über bürgerlichen Gerechtigkeitssinn, ethische Vervollkommnung und deliberativ-reflexive Fortbildung moralischer Subjektivität zu belasten.

Neben dem motivationspsychologischen Gerechtigkeitssinn, der ein pflichtgemäßes Handelnwollen aus Pflicht meint, sollte eine Gerechtigkeitstheorie auch nicht mit so merkwürdigen Autonomieidealen wie dem der ethischen Revisionsfähigkeit belastet werden. Was kann eine Gesellschaft mehr als Handlungsfreiheit bieten, um Meinungsänderungen und Lebensauffassungswechsel zu ermöglichen? Und wie soll sich diese von Rawls gelobte Eigenschaft der ethischen Revisionsbereitschaft und Lernfähigkeit in dem Grundgüterverteilungsmuster der Gesellschaft widerspiegeln? Welchen Grundgüterbesitz muß eine an derartiger ethischer Kultivierung interessierte Ordnung verlangen? Obwohl sich das kontraktualistische Personal von der *Theorie der Gerechtigkeit* zum *Politischen Liberalismus* ebenso wie die das Entscheidungsverhalten orientierende Theorie des schwachen Guten beträchtlich geändert hat, bleibt das Wahlresultat unverändert. Das rationale, lebensplanbezogene Maximierungsinteresse konzentriert sich auf dieselben Güter wie das moralische, fähigkeitenbezogene Maximierungsinteresse. Das ist überaus merkwürdig, denn dieser Sachverhalt bedeutet nichts anderes als die personentheoretische Neutralität der Grundgüterliste. Warum hat Rawls aber dann sich zu einer so weitreichenden Neubestimmung des kontraktualistischen Personals veranlaßt gesehen? Und da die Grundgüter das distributive Profil der Grundverfassung bestimmen, ist somit auch die institutionelle Grundstruktur der Gesellschaft neutral gegenüber der doch nicht unerheblichen Differenz zwischen Rationalegoisten einerseits und an der Vervollkommnung ihrer reflexiv-moralischen Verfassung interessierten Bürgern andererseits.

Es ist offensichtlich, daß keinerlei plausible Beziehung zwischen der neuen personentheoretischen Statur der Verfassungswähler im Kantischen Konstruktivismus und dem alten Differenzprinzip und der alten Grundgüterliste hergestellt werden kann. Rawls stülpt vielmehr übernommenen Lehrstücken eine neue kantianisierende Subjekttheorie und eine neue Universalteleologie über, ohne auch nur ein Argument dafür anzubieten, daß dieser begründungstheoretische Personalwechsel mit der in seinem Gefolge erforderlichen Neufassung der schwachen Theorie des Guten nach genau demselben Verteilungsprinzip materialer Güter, nach genau derselben Grundgüterliste verlangt wie das Entscheidungsszenario der Rationalegoisten aus der ersten Fassung des Rawlsschen Kontraktualismus. Dadurch löst sich das Kernargument auf. Mühelos läßt sich eine einsichtige Verbindung zwischen rationaler Lebensplanung, erwünschtem maximalen Grundgüterbesitz, dem Differenzprinzip und der Forderung der Besserstellung der Schlechtestgestellten herstellen. Wo aber ist der sachliche Zusammenhang zwischen diesem letztgenannten Legitimationskriterium für sozio-ökonomische Ungleichheit und dem um Verbesserung seiner Moralkompetenzen besorgten Bürger? Welche Bedeutung kommt den Schlechtestgestellten zu, wenn es nicht mehr um maximale Grundgüterausstattung rationaler Lebenspläne geht, sondern um eine interne Vervollkommnung moralischer Subjekte?[19]

---

19 „Wenn wir einer Person überhaupt irgendwelche moralischen Ansprüche zuerkennen wollen, dann müssen wir ihr zumindest auch einen Anspruch auf die für das Leben einer moralischen Person notwendigen Subsistenzmittel zuerkennen. Diese umfassen neben den zur physischen Existenzsicherung notwendigen Mitteln alles, was für das Leben einer moralischen Person im weiteren Sinne unverzichtbar ist. So müssen etwa alle mit ausreichend Gütern und Ressourcen ausgestattet sein, um ihr Leben in rationaler und sinnvoller Weise gestalten zu können, und niemand darf gezwungen sein, unter materiellen Bedingungen zu leben, die es aus seiner Perspektive irrational erscheinen lassen müssen, sich an Gerechtigkeitsgrundsätzen und sozialen Normen zu orientieren. Was die Gewährleistung des physischen und moralischen Existenzminimums betrifft [...]" (Hinsch 1998, 34). Wie deutlich ist, vermag auch Hinschs überaus Rawls-freundliche Inter-

Das Problem spitzt sich noch zu, wenn wir den anderen Strang des Rawlsschen Konzepts moralischer Subjektivität betrachten und von den gesellschaftlichen Institutionen neben der Unterstützung der Revisionsfähigkeit auch die Beförderung moralischer Kompetenz und Ernsthaftigkeit verlangen. Wie kann die gesellschaftliche Grundstruktur zugleich einen ethischen Experimentalismus und ernsthafte, das moralische Geforderte um seiner selbst willen beachtende Lebensführung begünstigen? Und wie soll diese delikate, das Koordinationsprofil rechtlicher und politischer Institutionen beträchtlich überfordernde neue Aufgabenstellung gerade durch einen Grundgüterbesitz vorangebracht werden können, den lebensplanorientierte Rationalegoisten bei ihrer Suche nach der Befriedigung genereller Präferenzen ausfindig gemacht haben? Fraglos hat das Urzustandsrevirement bedenkliche Auswirkungen auf die Gesamtkonstruktion des kontraktualistischen Arguments. Andererseits erweist es sich sowohl hinsichtlich der Grundgüterliste als auch hinsichtlich der Gerechtigkeitsprinzipien als gänzlich folgenlos. Wenn aber die entscheidungsermöglichende Grundgüterliste beim Personalwechsel erhalten bleibt, diese, so wie eine gute Administration mit jeder Regierung zurecht kommt, sowohl den universellen Präferenzen der Egoisten als auch dem vernünftigen Interesse der Bürger an der Ausbildung ihrer moralischen, ethischen und rationalen Kapazitäten dienlich ist, wenn jedes Grundgut somit moralteleologisch als auch lebensplanrational ausgelegt werden kann, dann ist es zumindest für das Funktionieren des Arguments nicht von Bedeutung, welcher Art das Selbst, welcher Art die Person ist, die unter den einmütigkeitssichernden Schleier gesteckt wird. Aber ist das, was für selbstinteressierte Rationalisten gut ist, immer auch für moralische Personen gut? Sicherlich nicht, erst recht nicht, wenn die moralische Person von der grundgüterverteilenden Gesellschaft eine Stärkung ihrer moralischen Kapazitäten verlangt.[20]

---

pretation hier keine Klarheit zu schaffen. Das Kantische Interpretament wirft keinen kriteriellen Ertrag ab: weder kann mit ihm eine inhaltliche Revision der Grundgüterliste begründet werden, noch vermag eine einsichtsvolle Beziehung zwischen dem Ziel der Vervollkommnung moralischer Subjektivität und dem Inhalt der Grundgüterliste hergestellt zu werden. Und wenn wir einfach alles verdoppeln und das Epitheton des Physischen durch das Epitheton des Moralischen ergänzen, kommen wir auch nicht weiter. Was um alles in der Welt ist ein „moralisches Existenzminimum"? Was sind für ‚das Leben einer *moralischen* Person notwendige Substistenzmittel'? Und was ist von einer Angabe zu halten, derzufolge dann der Limes überschritten ist, wenn Regelbefolgungsbereitschaft aus persönlicher Perspektive irrational erscheint? Welchem Regelbrecher – vom Mund-räuber bis zum betrügerisch abrechnenden Kassenarzt – wäre denn Regelbefolgungsbereitschaft nicht irrational vorgekommen? Rawls' personentheoretische Innovation vernebelt seine Argumentation und verwischt die ohnehin nicht allzu klare semantische Kontur von Differenzprinzip und Grundgüterliste vollends.

20 Wenn man auf diesem Unterschied besteht, bedeutet das freilich nicht, daß man diesen Unterschied auch in der Grundgüterliste abbilden könnte: ich wüßte keine nicht-idiosynkratische Antwort auf die Frage, welche durch die Grundordnung einer Gesellschaft zu verteilenden Grundgüter für die Beförderung der Grundfähigkeiten moralischer Subjektivität spezifisch notwendig wären. Aber daraus kann nur folgen, daß sich Rawls' Verbesserung, die er mit der Konzeption des

So willkommen die durch die Auswechslung des Urzustandspersonals ermöglichte semantische Glättung des Arguments ist: die gerechtigkeitstheoretischen und gesellschaftspolitischen Konsequenzen der Ersetzung eines Volks von Teufeln mit Verstand durch ein Volk von moralischen Bürgern mit Vernunft sind verhängnisvoll, denn entgegen der Rawlsschen Versicherung wird sich die gesamte Gesellschaft ändern, wenn wir von dem System der Koordination und maximalen institutionellen Ermöglichung glückender individueller Lebenskarrieren zu einem System der maximalen institutionellen Ermöglichung der Entwicklung moralischer Kapazitäten übergehen. Gesellschaftlich maximale Grundgüterverteilung bietet die Kooperation der Egoisten wie die Kooperation der moralischen Bürger. Während sich aber die erste, wie es sich für Rechts- und Gerechtigkeitsordnungen gehört, auf den Bereich des äußeren Handelns und der äußeren Güterversorgung beschränkt, muß sich die zweite dem ethisch-moralischen Anspruchsprofil der Bürger anpassen und die Grundgüterverteilung dem erzieherischen Ziel der moralischen und ethischen Fähigkeitsverbesserung unterwerfen. Rawls hat hier die Perspektiven des Rechts und der Moralität konfundiert und mit der Verwischung von Handlung und Vermögen, Erfolg und moralpsychologischer Kapazität die für Gerechtigkeitsuntersuchungen lebenswichtige Grenze des Leibes überschritten. Rawls hätte die Undeutlichkeit der zweiten Fassung seines Begründungsarguments vermeiden können, wenn sein ‚Kantischer Konstruktivismus‘ sich nicht über Kantische Unterscheidungen und Trennungen hinweggesetzt hätte.

Kollidiert die Vorstellung eines kapazitätsoptimierenden Erziehungsstaates mit unserem rechtsstaatlichen Freiheitsverständnis, so kollidiert eine sich an der Kultivierung moralischer Personalität orientierende Kooperationsgerechtigkeit mit unseren Gerechtigkeitsempfindungen. Hier wird der Staat des *beatus possidens* abgelöst durch einen Staat des *homo moralis*. Wer nicht oder nur in vermindertem Maße die Eigenschaften vollgültiger moralischer Personalität an den Tag legt, gerät in den Schatten der Gerechtigkeit. Wenn der Besitz moralischer Eigenschaften als Zuteilungskriterium gesellschaftlicher Grundgüter ausgegeben wird, verwandelt sich der liberale Rechtsstaat in eine moralische Aristokratie: in der Gesellschaftsmitte wird die Optimierung der rational-moralischen Vollmenschen mit ethischer Revisionsvirtuosität betrieben, und die anderen werden an den Rand der Gesellschaft gedrängt.

Rawls offenbart hier einen deutlichen Hang zum Perfektionismus. Es kann gerechtigkeitspolitisch nicht gut ausgehen, wenn das Urzustandspersonal aus der rechtfertigungstheoretischen Retorte die gerechtigkeitsethisch maßgeblichen Interessen bestimmt. Die Kosten dieses moralischen Elitarismus zeigen sich in

---

politischen Liberalismus und des Kantischen Konstruktivismus erreichen wollte, als politikphilosophisch überaus verhängnisvoll erweist. All die oben notierten Unklarheiten sind dem Umstand zu verdanken, daß die Rawlssche Philosophie – im verständlichen Bestreben, sich gegen Kritiker zu behaupten – diesen viel zu weit entgegengekommen ist und das bereits von Anfang an durch unnötige Ethisierung verwischte Profil politischer Philosophie gänzlich aufgeweicht hat.

einer völligen Verkehrung des Grundgütergedankens. Während Grundgüter ursprünglich allgemein nützliche soziale Hintergrundbedingungen moralisch ungewichteter Lebenspläne sind und vernünftigerweise die Bentham-Bedingung der Gleichberechtigung aller Präferenzen erfüllen, also ein *pushpin*-Leben genauso begünstigen wie ein *poetry*-Leben, verwandeln sie sich jetzt – in der sie legitimierenden Interpretation, nicht in der materialen Gestalt: die ändert sich ja bemerkenswerterweise nicht – zu moralischen Exzellenzbedingungen, die aus der Warte gewöhnlicher Daseinsfristung nicht angemessen begriffen und genutzt werden können.

> „Würden die Parteien nur durch ein niederrangiges Interesse z. B. an Essen oder Trinken oder durch ihre affektionsbestimmte Zugehörigkeit zu dieser oder jener Personengruppe, Vereinigung oder Gemeinschaft, bewegt, dann würden wir sie als heteronom bestimmt und nicht als autonom ansehen. Jedoch entspringt der Wunsch nach Grundgütern den höchstrangigen Interessen moralischer Personalität und dem Bedürfnis, die jeweilige Konzeption des Guten (worin auch immer sie bestehen mag) abzusichern. Die Parteien versuchen also nur die erforderlichen Bedingungen für die Ausübung der Vermögen, die sie als moralische Personen auszeichnen, zu gewährleisten und zu verbessern. Diese Motivation ist sicherlich weder heteronom noch egoistisch: wir erwarten und verlangen auch von den Menschen, daß sie ihre Freiheiten und Chancen für die Verwirklichung dieser moralischen Vermögen wichtig nehmen, und wir glauben, daß es ein Zeichen mangelnder Selbstachtung und charakterlicher Schwäche wäre, dies nicht zu tun."[21]

Hier ist offenkundig die Bentham-Bedingung außer Kraft gesetzt worden. Rawls hält es mehr mit Mill, dem unglücklichen Sokrates und der Vorzugswürdigkeit bestimmter, um moralische Kompetenz bemühter Lebensformen, die sich autonomiebewußt über die in den seelischen und gesellschaftlichen Niederungen gehegten Wünsche hinwegsetzen. Nur dann scheint hier eine maximale Grundgütersicherung legitim, wenn sie der Begünstigung der moralischer Lebensgestaltung dient, wenn sie zugleich moralische Kompetenz festigt und einem Experimentalismus ethischer Lebensentwürfe entgegenkommt. Rawls hätte diese Konzeption nicht als ‚Kantischen Konstruktivismus' bezeichnen sollen, denn Kant hätte einem derartigen Paternalismus nicht zugestimmt und sich sehr darüber gewundert, welch diskriminierende Auswirkung eine liberale Politik der Autonomie doch haben kann.

In der Wendung seiner Theorie, die Rawls merkwürdigerweise als Hinwendung zu einem „politischen Liberalismus" bezeichnet, zerstört er das gerechtigkeitstheoretische Kernargument der *Theorie der Gerechtigkeit*. Die Moralisierung des Naturzustandspersonals führt zu einer Ethisierung von Gerechtigkeit und Politik. Der fruchtbare Neutralitätsgedanke der frühen Grundgüterkonzeption verschwindet; die Vorstellung einer ethisch neutralen, rechtsbegründenden Theorie des schwa-

---

21   Rawls 1992, 96 (die Übersetzung ist von mir korrigiert).

chen Guten wird fallengelassen. Die Orientierung an dem rationalen Gesichtspunkt einer lebensplanneutralen Grundgüterausstattung weicht dem perfektionistischen Gedanken einer Optimierung der moralischen Verfassung der Subjekte. Die Gerechtigkeit gerät hier in den Schatten eines sich kleinmütig als Sonderethos präsentierenden Liberalismus und kann damit schwerlich ihren Fairneßanspruch aufrechterhalten. Wieviel klarer ist doch die Menschenrechtsposition als diese verschlungene metaethische Ornamentik! Was immer zu den Menschenrechten zu zählen ist – auch hier gibt es, wie bereits oben erwähnt, den Hang zu einer Menschenrechtshypertrophie, die dem Gedanken des Menschenrechts überaus schädlich ist –, sicherlich wird eine menschenrechtliche Auflistung im Kern auch die wichtigsten der Rawlsschen Grundgüter enthalten. Zwar wird wohl ein Anspruch auf die gesellschaftlichen Grundlagen der Selbstachtung nicht dazu gehören, aber zwischen dem menschenrechtlichen Kernbestand – dem Recht auf Freiheit und Gleichheit, auf körperliche Unversehrtheit und allgemeinverträgliche Benutzung der Früchte der eigenen Arbeit, möglicherweise sogar auf Eigentum und dem Recht auf eine in menschenrechtlicher Freiheit und Gleichheit begründete, also demokratische Herrschaftsorganisation – einerseits und den einschlägigen Posten des Rawlsschen Grundgütersets andererseits lassen sich mühelos Entsprechungen finden.

Menschenrechte aber werden unkonditional zugesprochen. Genau darin liegt ihre herrschaftspolitische Sprengkraft: daß sie Menschen als solchen zukommen, diese keinerlei besondere Qualifikationen aufweisen müssen, um in den Genuß der Menschenrechte zu kommen. Wohingegen Rawls – wie übrigens auch Habermas in seiner diskursethischen Begründung der Grundrechte und des Rechtsstaats – die Zuschreibung von Menschenrechten/gesellschaftlichen Grundgütern von komplizierten rechtfertigungstheoretischen Arrangements und Musterexemplaren vollvernünftigen Menschseins abhängig macht, somit einen Wall an Qualifikationen aufwirft, der erst überstiegen werden muß, um ans Ziel der Grundgüterzuteilung und des Grundrechtsbesitzes zu gelangen.[22] Man sage nun nicht, daß die Berufung auf Menschenrechte eine Flucht aus der Rechtfertigung sei und eine Theorie daher allemal als überlegen anzusehen wäre, die die normativen Grundpositionen menschlicher Lebensverhältnisse aus mühseligen Begründungsprozeduren herausfiltert. Dieser Einwand würde nur dann treffen, wenn diese Rechtfertigungskon-

---

[22] Diese im Namen der Diskursethik und des politischen Liberalismus betriebene Aufblähung des Gerechtigkeitsgedankens hat konsequenterweise – im Habermasianismus der dritten oder vierten Generation – zu einer Reformulierung des Menschenrechtsgedankens geführt, demzufolge es nur ein Menschenrecht gibt, und zwar das *Recht auf (das Geben/ Erhalten von) Rechtfertigung*. Menschsein aus menschenrechtlicher Perspektive ist nun vor allem Teilnehmer-in-Rechtfertigungsdiskursen-Sein. Es zögert keine Philosophie, den Menschen nach ihrem Bilde zu entwerfen. Daß der Menschenrechtsgedanke allerdings einmal das Zentralkonzept eines politischen Freiheitsprogramms gewesen ist, gerät in diesem justifikatorischen Filigran in Vergessenheit; vgl. Forst 1999.

struktionen und Begründungsprozeduren ihrerseits voraussetzungslos wären und uns Verbindlichkeiten aus dem normativen Nichts bescheren könnten. Aber das können sie keineswegs. Der Rawlssche Urzustand ist wie der Habermassche Diskurs ein Festival normativer Vorurteile. Und diese normativen Vorurteile sind die Menschenrechte, die alle Begründungskonstruktionen tragen, selbst aber den begründungstheoretischen Fels bilden, an dem sich der – Wittgensteinsche – Letztbegründungsspaten zurückbiegt.

Wie man es auch wendet, Rawls' Verbesserung der Erstfassung seines Urzustandsarguments ist unbefriedigend. Stellt man das unverrückte Ergebnis der Gerechtigkeitswahl und die unveränderte materiale Fassung der Grundgüterliste in den Vordergrund, dann muß man feststellen, daß die neu eingeführte Bestimmung der moralischen Person und ihrer höchstrangigen moralischen Interessen keinerlei argumentationslogische Bedeutung besitzt und der Urzustand der neuen Fassung nur subjektivitätsrhetorisch aufgebläht wird. Nimmt man diese Veränderungen jedoch ernst, verbindet man mit dem Personalwechsel vernünftigerweise auch eine Veränderung des Anspruchs an die Gestaltung der gesellschaftlichen Zusammenarbeit, eine Modifikation der Beurteilungs- und Entscheidungskriterien, dann zeigt sich, daß eine andere Gerechtigkeitsordnung gewählt werden müßte oder zumindest die gewählte Gerechtigkeitsordnung einen solchen moralpaternalistischen Zuschnitt bekäme, daß sie schwer mit unseren fundamentalen Gerechtigkeitsüberzeugungen, mit unserem liberalen Alltagskantianismus in Übereinstimmung zu bringen sein würde. *Proton pseudos* dieser gescheiterten Argumentationsverbesserung ist Rawls' deplazierte Ethisierung des Liberalismus. Grund dieser abwegigen Ethisierung ist ein mangelhaftes, das grundlegende Definitionskriterium legitimer staatlicher Zwangsanwendung vernachlässigendes Rechtsverständnis. *Rawls hat keinen angemessenen Begriff des Rechts, daher gerät seine Gerechtigkeitstheorie ins Zwielicht.* Denn eine Gerechtigkeitstheorie, die die Verteilungseigenschaften gesellschaftlicher Grundstruktur festlegen möchte, muß auf allen Ebenen die Verrechtlichungsbedingung erfüllen und darf die strikten, über legitime zwangsbewehrte politische Implementierung entscheidenden Differenzen zwischen Recht und Ethik nicht verwischen. Ich behaupte nicht, daß der Liberalismus keiner Ethik bedarf,[23] nur hat diese sich in der politischen Erziehung zu entfalten, nicht in der gesellschaftlichen Verfassung.

6 Zwei Grundsätze der Gerechtigkeit

Gleichgültig, ob sie als rationale Egoisten oder als moralische Personen agieren, die Rawlsschen Verfassungswähler lassen sich immer von derselben allgemeinen Gerechtigkeitsvorstellung leiten und deuten sie immer auf dieselbe Weise aus:

---

23 Vgl. Kersting 1997; Kap.11–13.

„Alle sozialen Werte – Freiheit, Chancen, Einkommen und die sozialen Grundlagen der Selbstachtung – sind gleichmäßig zu verteilen, soweit nicht eine ungleiche Verteilung jedermann zum Vorteil gereicht."[24] Angesichts der offenkundig personentheoretisch neutralen Präferenz der Verfassungswähler – ein jeder möchte von den gesellschaftlichen Grundgütern lieber mehr als weniger haben – ist diese Grundorientierung verständlich. Ungleichverteilungen werden keine allgemeine Zustimmung finden, es sei denn, sie sind zum Vorteil von jedermann. *Ungerechtigkeiten sind folglich distributiv unvorteilhafte Ungleichheiten.* Daraus folgt, daß Gerechtigkeit nicht notwendig Gleichverteilung impliziert; daraus folgt weiterhin, daß sich Ungleichheiten durch allgemeine Vorteilhaftigkeit legitimieren müssen.

Die allgemeine Gerechtigkeitsvorstellung stellt die immateriellen und die materiellen Grundgüter prinzipiell gleich und läßt zu, daß Freiheit und ökonomisches Wohlergehen gegeneinander aufgerechnet werden können, daß eine Privilegienordnung, also eine Ungleichverteilung von Freiheiten und Rechten, gerechtigkeitstheoretisch akzeptabel wird, wenn sie sich – wie auch immer und an welchem Vorteils- und Nutzenmaß auch immer gemessen – als distributiv vorteilhaft erweist. Die Gerechtigkeitskonzeption würde dann mit der normativen, für unsere kulturelle Selbstverständigung wichtigen menschenrechtlichen Orientierung in Konflikt geraten können. Um das zu vermeiden, zerlegt Rawls die Gerechtigkeitsvorstellung in zwei Prinzipien, in ein egalitaristisches Verteilungsprinzip für die immateriellen Grundgüter und in ein nicht-egalitaristisches Verteilungsprinzip für materielle Grundgüter.

Das erste Verteilungsprinzip ist ein Grundsatz der rechtlich-politischen Gerechtigkeit: „Jedermann soll gleiches Recht auf das umfangreichste System gleicher Grundfreiheiten haben, das mit dem gleichen System für alle anderen verträglich ist."[25] Das zweite Verteilungsprinzip ist ein Grundsatz der sozio-ökonomischen Gerechtigkeit; es lautet: „Soziale und wirtschaftliche Ungleichheiten sind so zu gestalten, daß (a) vernünftigerweise zu erwarten ist, daß sie zu jedermanns Vorteil dienen, und (b) sie mit Positionen und Ämtern verbunden sind, die jedem offen stehen."[26] Das erste Gerechtigkeitsprinzip verlangt eine gleiche Verteilung von Grundfreiheiten und politischen Rechten und eine Maximierung der individuellen Freiheit. Hier geht es zum einen um politische Wahl- und Beteiligungsrechte, um Rede- und Versammlungsfreiheit, dann um persönliche Grundfreiheiten, um Gewissens-, Gedanken- und Religionsfreiheit, und schließlich um die fundamentalen Menschenrechte, um das Recht auf persönliches Eigentum, um das Recht auf körperliche Unversehrtheit, um das Recht auf Sicherheit, um Freiheit vor Angst und Terror. Der Anwendungsbereich des zweiten Gerechtigkeitsprinzips sind soziale und wirtschaftliche Güter, Vermögen und Einkommen, Ansehen und

---

24 Rawls 1975, 83.
25 Rawls 1975, 81.
26 Ebd.

Macht; es unterwirft die sozio-ökonomische Ungleichheit bestimmten Legitimationsbedingungen, belastet sie mit dem noch näher zu bestimmenden Nachweis allgemeiner, auch den Schlechtestgestellten einbeziehenden Nützlichkeit und fordert den freien und fairen Zugang zu allen Positionen gesellschaftlicher und politischer Funktionsmacht.

Konflikte in der Anwendung der beiden Verteilungsregeln werden von Rawls durch die Einführung einer ausnahmslos geltenden Vorrangregel entschieden. D. h. die Menschen im Urzustand haben hinsichtlich der Anwendung der Prinzipien der politischen und der sozialen Gerechtigkeit zugleich mit ihrer Wahl festgelegt, daß „diese Grundsätze in lexikalischer Ordnung stehen sollen, derart, daß der erste dem zweiten vorausgeht. Diese Ordnung bedeutet, daß Verletzungen der vom ersten Grundsatz geschützten gleichen Grundfreiheiten nicht durch größere gesellschaftliche oder wirtschaftliche Vorteile gerechtfertigt oder ausgeglichen werden können".[27] Die Ansprüche der Freiheit sind aufgrund dieses lexikalischen Grundsatzes immer überlegen: so wie Naturrecht positives Recht bricht und Moral den Vorteil übertrumpft, so ist das Freiheitsprinzip gegenüber allen Konkurrenzprinzipien vorrangig. *Freiheit hat keinen Preis* – so lautet Rawls' gerechtigkeitsphilosophische Parole. Insbesondere dürfen wirtschaftliche Vorteile nicht zu Lasten der Freiheit gehen, können daher auch kein gerechtigkeitstheoretisch anerkennbares Argument für Freiheitseinschränkungen sein. Allerdings muß bezweifelt werden, daß Rawls' Wertschätzung der Freiheit von seinen Verfassungswählern geteilt wird. Es ist nicht anzunehmen, daß sie sich auf eine *unkonditionale* Vorrangigkeit der Grundfreiheiten einigen würden. Ihr allgemeines Wissen über den Menschen, über die menschliche Lebenssituation und menschliche Bedürfnisse wird verhindern, daß sie unter allen Umständen den Grundfreiheiten den Vorrang vor ökonomischen Gütern einräumen.[28] Sie wissen ja nicht, daß die Gesellschaft, die sich ihnen nach dem Heben des Schleiers zeigen wird, die demokratisch-liberale Gesellschaft moderner westlicher Wohlfahrtsstaaten ist, deren gesellschaftsweiter Wohlstandssockel so solide ist, daß man sich allgemein den Vorrang der Freiheit leisten kann.

Das zweite Rawlssche Verteilungsprinzip verlangt, soziale und wirtschaftliche Ungleichheiten so zu gestalten, daß vernünftigerweise zu erwarten ist, daß sie zu jedermanns Vorteil dienen. Es ist ein Erlaubniskriterium für sozio-ökonomische Ungleichheit. Es besagt, daß die besseren Aussichten der Begünstigten nur dann gerecht sind, wenn sie bzw. die sie ermöglichenden sozio-ökonomischen Umstände zur Verbesserung der Aussichten der am wenigsten begünstigten Gesellschaftsmitglieder beitragen. Dahinter steht der Gedanke, daß die Gesellschaftsordnung nur

---

27 Rawls 1975, 84.

28 Rawls' These von der unerschütterlichen Priorität der Freiheit ist auf einhellige Ablehnung gestoßen; vgl. Barry 1973, 59ff; Hart 75; Daniels 1975. Eine gute Darstellung dieser Kontroverse findet sich bei Koller 1987, 102–109.

dann günstigere Aussichten für Bevorzugte einrichten und sichern darf, wenn das den weniger Begünstigten zum Vorteil gereicht.

> „Zur Veranschaulichung des Unterschiedsprinzips betrachte man die Einkommens-verteilung zwischen gesellschaftlichen Klassen, denen repräsentative Personen ent-sprechen mögen, deren Aussichten eine Beurteilung ermöglichen. Nun hat jemand, der etwa in einer Demokratie mit Privateigentum als Mitglied der Unternehmerklasse anfängt, bessere Aussichten als jemand, der als ungelernter Arbeiter anfängt. Das dürfte auch dann noch gelten, wenn die heutigen sozialen Ungleichheiten beseitigt wären. Wie ließe sich nun eine solche anfängliche Ungleichheit der Lebenschancen überhaupt rechtfertigen? Nach dem Unterschiedsprinzip ist sie nur gerechtfertigt, wenn der Unterschied in den Aussichten zum Vorteil der schlechter gestellten reprä-sentativen Person – hier des ungelernten Arbeiters – ausschlägt. Die Ungleichheit der Aussichten ist nur dann zulässig, wenn ihre Verringerung die Arbeiterklasse noch schlechter stellen würde."[29]

7 Das Differenzprinzip und die falsche Genauigkeit in der politischen Philosophie

Es scheint eine Spannung zu bestehen zwischen dem allgemeinen Gerechtigkeits-kriterium der allgemeinen Vorteilhaftigkeit von Verteilungen und der kriteriellen Orientierung des Differenzprinzips an der Grundgüterausstattung der Schlechtest-gestellten. Die allgemeine Gerechtigkeitsvorstellung verlangt, daß die sozio-öko-nomische Ungleichheit jedermann zum Vorteil gereichen müsse. Wenn jedoch das Differenzprinzip sich allein auf die Maximierung der Lebensaussichten der Schlech-testgestellten konzentriert, dann scheint mit ihm eine Einschränkung dieses Prinzips von der allgemeinen Vorteilhaftigkeit der Ungleichverteilung verbunden zu sein. Um diese Schwierigkeit zu beheben und die Übereinstimmung der Besserstellung des repräsentativen Mindestbegünstigten nach dem Differenzprinzip mit dem Kri-terium der allgemeinen Vorteilhaftigkeit zu sichern, hat Rawls ein deskriptives ad-hoc-Prinzip eingeführt. Er unterstellt nämlich einen sich mit der Realisierung des Differenzprinzips durch die Gesellschaftsschichten von unten nach oben fortpflan-zenden *Verkettungseffekt*. „Wenn eine Bevorzugung zur Verbesserung der Aussichten der niedrigsten Position führt, dann wirkt sie ebenso auf alle Positionen dazwischen. Wenn etwa die besseren Aussichten der Unternehmer dem ungelernten Arbeiter Vorteile bringen, so auch dem angelernten."[30] Freilich ist diese Verkettungsunter-stellung problematisch. Empirisch dürfte sie sich kaum bestätigen lassen. Zu schön wäre es, wenn wir von einem derartigen Verbesserungsautomatismus ausgehen könnten. Man ist an das drastische Bild von dem Dekadenzvorsprung der Eliten er-

---

29 Rawls 1975, 98f.
30 Ebd., 101.

innert: der Fisch beginnt am Kopf zu stinken. Hätte Rawls recht, dann könnten wir dieses Bild umkehren: die moralische Heilung des Fisches beginnt am Schwanz und setzt sich durch seinen ganzen Körper stetig fort. Aber so ist es nicht: die Besserstellung der Schlechtestgestellten leitet keinesfalls gesetzmäßig einen Besserstellungsprozeß ein, der durch die ganze Gesellschaft läuft und das Wohlfahrtsniveau aller Schichten nach und nach anhebt. Wir können uns Transformationen von Verteilungsprofilen vorstellen, die sich wenig um diesen Verkettungsprozeß kümmern, die die Gaußsche Normalverteilung des starken Mittelstandes in ein mittelstandsloses doppelhöckriges Kamel verwandeln oder große Teile des Mittelstandes in die Armutsregion abrutschen lassen, dabei aber das Wohlfahrtsniveau der Allerärmsten anheben.

Die Legitimitätsbedingung der sozio-ökonomischen Ungleichheit ist ihre wirtschaftliche Effizienz für die Schlechtestgestellten. Die Ungleichverteilung muß einen Ungleichheitsmehrwert erwirtschaften, der nicht unbedingt nur, aber zumindest auch diejenigen erreicht, die den Sockel der gesellschaftlichen Einkommens- und Vermögenspyramide bilden, so daß diese insgesamt mehr Ressourcen zur Verfügung haben als bei jeder gleichmäßigeren Verteilung. Das Differenzprinzip formuliert ein Erlaubniskriterium für sozio-ökonomische Ungleichheit und entdeckt sich damit als egalitaristisch. Die Gleichverteilung ist die Norm; die Gleichverteilung besitzt grundsätzlich den Vorzug, solange es eben keine Abweichung von ihr gibt, durch die die von ihr am wenigsten Bevorzugten besser gestellt werden als in jeder gleichmäßigeren oder gar gleichen Verteilungssituation. Erlaubnisse sind logisch immer sekundär, sie begründen Abweichungen von der Gebots- oder Verbotsnorm. Und der Grund, der die Gleichheitsabweichung rechtfertigt, ist die Vorteilhaftigkeit der Ungleichheitsverteilung auch für den in ihr Schlechtestgestellten im Vergleich mit jeder weniger ungleichen Verteilungssituation. Zur Verdeutlichung dieses egalitaristischen Normhintergrundes des Differenzprinzips wollen wir einen kurzen Blick auf einige seiner bekanntesten Auslegungen werfen.[31]

Da ist zum einen die sogenannte Maximin-Version des Differenzprinzips. Sie lautet: *Existieren mehrere realisierbare Verteilungsmuster, dann ist das Verteilungsmuster mit der besten Auszahlung für die Schlechtestgestellten vorzuziehen; oder: Wähle das Verteilungsmuster mit der besten schlechtesten Position!* Von einer Maximin-Version spricht man, weil es hier *ausschließlich* darum geht, die beste schlechteste Position aller Verteilungsarrangements zu erhalten: ein Verteilungsarrangement ist dann gerecht, wenn es allen anderen vorzuziehen ist; und es ist dann allen anderen vorzuziehen, wenn es die vergleichbar beste schlechteste Position enthält. Das entscheidende Merkmal dieser Interpretationsversion ist, daß sie sich allein auf die Position der jeweils mindestbegünstigten Individuen konzentriert und die Positionen der bessergestellten Individuen vollständig ausblendet.

---

31 Zum folgenden der vorzügliche Überblick über die Diskussion des Rawlsschen Differenzprinzips bei Koller 1983.

Diese Lesart setzt sich jedoch erheblichen Einwänden aus, da sie mit unseren intuitiven Gerechtigkeitsvorstellungen kollidiert. Man stelle sich nur einmal die folgenden Verteilungszustände vor:[32]

A: 80 – 50 – 12 – 11 – 10 – 7 = (170)
B: 50 – 40 – 30 – 20 – 15 – 7 = (162)
C: 50 – 40 – 30 – 20 – 15 – 8 = (163)
D: 50 – 40 – 30 – 25 – 20 – 8 = (173)
E: 80 – 50 – 12 – 11 – 10 – 9 = (172)

Nach dem Maximin-Prinzip geordnet ergibt sich folgende Vorzugsreihung: E>(D=C)>(B=A). Es ist evident, daß wir die Verteilungen A und B nicht als indifferent ansehen würden, sondern wir würden der Verteilung B aus Gerechtigkeitsgründen den Vorzug geben, da sie die verfügbaren Grundgüter wesentlich gleichmäßiger verteilt als A und in ihrer Gesamtleistung trotzdem nicht weit hinter A zurückbleibt. Ebenfalls ist die Bevorzugung von E nicht einsichtig; gerechter erscheinen uns B, C, D; sie bieten ein besseres Verteilungsbild, weil sie eine gleichmäßigere Verteilung darstellen. Die punktualistische Orientierung an nur einer Position führt zu Verfälschungen unserer Gerechtigkeitsintuitionen; für unsere Beurteilung ist das Verteilungsbild von Wichtigkeit, das Gleichmäßigkeitsprofil ist ausschlaggebend. Daher leuchtet es uns auch überhaupt nicht ein, daß C und D gleich gut sein sollen, obwohl zwei niederrangige Positionen in D besser ausgestattet sind als die entsprechenden in C und keine D-Position schlechter ist als die entsprechende C-Position.

Während der erste Einwand das *Verteilungsgesamtbild* gegen das herausgehobene Kriterium der schlechtesten Position ausspielt, macht ein weiterer Einwand auf einen Widerspruch aufmerksam, der zwischen der Maximin-Lesart des Differenzprinzips und der sogenannten Pareto-Bedingung besteht; dieser Einwand wiegt besonders schwer, weil Rawls selbst die Übereinstimmung seiner Gerechtigkeitsprinzipien mit der Pareto-Bedingung behauptet hat.[33] Die Pareto-Bedingung gilt als unerläßliche wohlfahrtsökonomische Adäquatheitsbedingung bei der Ermittlung kollektiver Wohlfahrtsfunktionen. Als pareto-besser bezeichnet man in einem Zustandsvergleich zweier Verteilungsmuster T und U das Verteilungsmuster T dann, wenn sich in T mindestens eine Person besser steht als in U und alle anderen Personen in T sich im Vergleich zu ihrer Situation in U nicht verschlechtert haben. (Als pareto-optimal hingegen bezeichnet man einen Zustand, in dem jede Verbesserung einer Position notwendigerweise die Verschlechterung zumindest einer anderen Position verlangt; folglich sind alle Verteilungen nichtvermehrbarer Güter pareto-optimal, Nullsummenspiele). Die Pareto-Bedingung für kollektive Wohlfahrtsfunktionen besagt: *Wenn jedes Individuum hinsichtlich zweier*

---

32 Ich übernehme diese Matrix von Koller 1983, 6.
33 Rawls 1975, 100.

alternativer sozialer Situationen O und P indifferent ist, dann sollte auch die Gesellschaft bezüglich dieser Situationen indifferent sein; wenn jedoch mindestens ein Individuum O strikt gegenüber P vorzieht und alle anderen Individuen O für genauso gut halten wie P, dann sollte auch die Gesellschaft O den Vorzug vor P geben. Es ist offenkundig, daß diese Bedingung die Vorzugswürdigkeit des Verteilungsmusters D im Vergleich zu C begründet, wohingegen das Maximin-Prinzip hier unentschieden bleiben muß. Das Maximin-Prinzip verletzt hier also die Pareto-Bedingung, da sich in D zwei Personen besser stehen als in C und keine Person schlechter steht als in C.

Um die Schwierigkeiten der Maximin-Lesart zu überwinden, sind andere Lesarten des Differenzprinzips vorgeschlagen worden. Um insbesondere die Möglichkeit zu versperren, daß das Differenzprinzip die Pareto-Bedingung verletzt, hat Amartya Sen das Leximin-Prinzip vorgeschlagen. ‚Leximin' steht für: lexikographisches Maximin-Prinzip. Die lexikographische Qualifikation verwandelt die Rawlssche Verkettungsunterstellung in eine ausdrückliche Handlungsanweisung, die einer Art von Stafettenlauf der Maximierung gleicht. Für eine Gemeinschaft von n Individuen gilt „(1) Maximize the welfare of the worst-off individual. (2) For equal welfare of the worst-off individuals, maximize the welfare of the second worst-off individual [...]. (n) For equal welfare of the worst-off individuals, the second worst-off individuals, [...] the (n-1)th worst-off individuals, maximize the welfare of the best-off individual."[34] Die Vorzüge dieser Lesart zeigen sich, wenn wir an die Kollersche Verteilungsmatrix denken. Jetzt ergibt sich eine eindeutige Reihung: E>D>C>B>A. Freilich ist immer noch nicht der Skandal aus der Welt, daß E gerechteste Verfassung darstellt, obwohl sie in den unteren Rängen durchgängig schlechter gestellte Positionen aufweist als die D-Verteilung.

Nicht zuletzt um dieser Unzufriedenheit unserer moralischen Intuitionen zu begegnen, hat Douglas Rae eine weitere Modifikation des Differenzprinzips vorgeschlagen, das Prinzip des allgemeinen Vorteils, *principle of general advantage.* Sein Ziel ist es, der egalitarismusnahen Gleichmäßigkeitsverteilung das gerechtigkeitstheoretische Gewicht zu geben, das ihr im Licht unserer moralischen Intuitionen gebührt. Es lautet: „Eine weniger gleiche Verteilungsstruktur ist einer gleichmäßigeren Verteilung dann und nur dann vorzuziehen, wenn diese Wahl dem allgemeinen Vorteil dient. Die Bevorzugung einer Verteilungsstruktur X vor einer Verteilung Y dient dem allgemeinen Vorteil dann und nur dann, wenn (1) jeder Position in Y eine mindestens gleich gute Position in X entspricht, und (2) wenigstens eine Position in X besser ausgestattet ist als die entsprechende Position in Y."[35] Dieses Prinzip definiert ersichtlich den allgemeinen Vorteil durch das Pareto-Kriterium: Pareto-superior = allgemein vorteilhafter = gerechter. Eine gleiche Verteilung ist einer un-

---

34   Sen 1970, 138/Anm.12. Sen bezieht sich in seiner Diskussion auf Rawlssche Aufsätze und Manuskripte, in denen die Positionen des Buches von 1971 bereits enthalten sind.

35   Douglas Rae: „Maximin Justice and an Alternative Principle of General Advantage", *The American Political Science Review* 69/1975, 630–647; 645; zit. n. Koller 1983, 11.

gleichen Verteilung grundsätzlich vorzuziehen, es sei denn, die ungleiche Verteilung bringt wenigstens einer Person einen Vorteil, ohne irgendjemanden sonst zu benachteiligen und zu schaden. Wenden wir dieses Pareto-Prinzip auf das Kollersche Verteilungsarrangements an:

A: $80 - 50 - 12 - 11 - 10 - 7 = (170)$
B: $50 - 40 - 30 - 20 - 15 - 7 = (162)$
C: $50 - 40 - 30 - 20 - 15 - 8 = (163)$
D: $50 - 40 - 30 - 25 - 20 - 8 = (173)$
E: $80 - 50 - 12 - 11 - 10 - 9 = (172)$

Vergleichbar im Sinne des Pareto-Prinzips sind einerseits A und E und andererseits B, C, D (bei allen anderen Kombinationen haben wir immer zugleich schlechtere und bessere Positionen). Dabei ergibt sich zum einen, daß E vor A rangiert, und zum anderen, daß D besser ist als C, und C besser ist als B. Vergleichen wir die beiden Vergleichssieger D und E, dann erweist sich, daß D das weitaus gleichmäßigere Verteilungsprofil aufweist und daher den Vorzug verdient. Unser intuitives Urteil würde nicht anders lauten.

Haben wir jetzt also eine einwandfreie Lesart des Differenzprinzips gefunden? Mitnichten, denn wie Peter Koller gezeigt hat, weist auch dieses Prinzip Konsistenzlücken auf. Das macht folgender Vergleich der beiden Verteilungsarrangement D und E mit Z' deutlich:

D: $50 - 40 - 30 - 25 - 20 - 8$ (173)
Z': $14 - 13 - 12 - 11 - 10 - 9$ (69)
E: $80 - 50 - 12 - 11 - 10 - 9$ (172)

Vergleichen wir zuerst D und Z'. Da jede Verteilung wenigstens eine Position enthält, die schlechter ist als die entsprechende Position der anderen, sind sie nach dem Pareto-Kriterium nicht vergleichbar. Daher genießt die gleichmäßigere Verteilung den Vorzug; das ist ganz offensichtlich Z'. Vergleichen wir andererseits Z' mit E, so schneidet E aufgrund des Pareto-Kriteriums besser ab. Damit ergibt sich folgende Präferenzordnung: E>Z'>D. Diese widerspricht aber dem Ergebnis, das der direkte Vergleich von E und D erbringt, der eindeutig aufgrund der größeren Gleichmäßigkeit von D zugunsten von D ausfiel.

Die hier kurz vorgestellten Lesarten des Differenzprinzips können allesamt nicht als Grundsatz der Verteilung ökonomischer und sozialer Ungleichheiten überzeugen. Diese Schwäche hat ihren Grund jedoch weniger in formeltechnischen Ungenauigkeiten; diese Schwäche hat ihren Grund in einem fundamentalen Explikationsmangel. Alle diskutierten Lesarten verfehlen den Sinn des Rawlsschen Prinzips von vornherein; sie stellen eine eklatante Unterbietung seiner philosophischen und politischen Radikalität dar. Sie versuchen, das Differenzprinzip im vertrauten Rahmen der wirtschaftswissenschaftlichen Theorie, im Rahmen der Wohlfahrtsökonomie und Theorie kollektiven Handelns zu reformulieren und können sich dabei durchaus von den Darstellungskonventionen Rawls' ermutigt sehen, bilden diese zeitgenössischen Diskurse der Wirtschaftswissenschaften doch auch den Referenzrahmen der eigenen

Überlegungen Rawls'. Aber das stellt eher eine Irreführung dar. Es ist ein Nachteil der Rawlsschen Darstellung, daß Rawls sich immer wieder von den Instrumenten, Methoden und Modellen der Wirtschaftswissenschaften in Präzisierungsscharmützel verwickeln läßt und dabei oft den philosophischen Gehalt samt der diesem innewohnenden Radikalität durch vordergründige Genauigkeitsformalismen zudeckt.

Daraus folgt, daß wir den gesamten Ableitungszusammenhang vor Augen haben müssen, der zu dem Differenzprinzip geführt hat, daß wir uns die Überlegungen, und damit die Motive vergegenwärtigen müssen, die die Verfassungswähler im Urzustand zu dem Differenzprinzip geführt haben, und das Differenzprinzip damit in den Argumentationskontext zurückstellen müssen, aus dem heraus es philosophisch entwickelt worden ist. Nur wenn der hier entwickelte *egalitaristische Normhintergrund* in die Formulierung des Differenzprinzips eingeht, kann ein angemessenes Verständnis dieses Prinzips gewonnen werden. *Angesichts der Existenz unterschiedlicher Interpretationen des Differenzprinzips bildet dieses egalitaristische Kriterium ein verbindliches Auswahlkriterium: von den unterschiedlichen Interpretationen des Differenzprinzips ist die Version auszuzeichnen, die das Kriterium der Wirtschaftlichkeit der Ungleichheit mit der geringsten Gleichheitsabweichung verknüpft, die also nur den Gleichheitsabweichungsgrad erlaubt, der für die Erzielung des legitimierenden Ungleichheitsertrags notwendig ist, die sich also selbst als wirtschaftlichste Interpretationsversion erweist, weil sie den legitimierenden Ungleichheits-Mehrertrag mit den geringsten Gleichheitsabweichungskosten erwirtschaftet.* Die Pointe dieser Überlegung zeigt sich darin, daß sich nur dann eine Differenzprinzipversion als angemessen erweisen wird, wenn sie redistributionsoffen ist, wenn sie unter die Menge der zu vergleichenden Verteilungszustände auch Umverteilungsalternativen mit aufnimmt und diesen immer dann den Vorzug einräumt, wenn sie den intendierten Wirtschaftlichkeitsgewinn der Ungleichverteilung mit der größten erreichbaren Verteilungsgleichmäßigkeit erreichen.

Eine einfache Überlegung bringt hier Klarheit. Im Lichte des Differenzprinzips lassen sich nämlich schematisch drei Zustände unterscheiden: 1. *Der vollkommen gerechte Zustand.* Es ist ein Zustand optimaler Ungleichheit; die Ungleichheit hat sich als produktiv und für alle vorteilhaft erwiesen; die Aussichten der am wenigsten Begünstigten und dann die der weniger Begünstigten sind tatsächlich maximiert worden. 2. *Der durchwegs gerechte Zustand.* Hier liegt der Fall vor, „daß die Aussichten aller Bevorzugten wenigstens zum Wohl der Benachteiligten beitragen, daß sich diese also mit jenen verschlechtern würden, daß aber nicht ihr Maximum vorliegt"[36]. Um vom durchwegs gerechten Zustand zum vollkommen gerechten Zustand zu gelangen, könnte es notwendig sein, die Situation der Bevorzugten zu verbessern, die Bevorzugung lohnender zu gestalten, um damit auch zu einer weiteren Besserstellung der Benachteiligten zu gelangen. 3. *Der ungerechte Zustand.* Immer dann liegt ein ungerechter Zustand vor, wenn die besseren Aussichten der Bevorzugten unangemessen sind und eine Verschlechterung ihrer Situation das Los der am stärksten Benachteiligten verbessern würde. Und immer dann ist die von der Grundstruktur

---

36 Rawls 1975, 99.

zugelassene Bevorzugung der natürlich und sozial Begünstigten unangemessen, wenn sie sich nicht zu jedermanns Vorteil auswirkt, wenn sie sich als unproduktiv in gerechtigkeitspragmatischer Hinsicht erweist, wenn durch sie die Bedingung des wechselseitigen Vorteils nicht mehr erfüllt wird und sich die Vorteile nur auf der Seite der Begünstigten sammeln. Gerechtigkeitspragmatisch unproduktive Ungleichheiten müssen durch redistributive Maßnahmen reduziert werden. *Ungerechte Zustände sind also Ungleichheitszustände, die durch Umverteilung, also einseitige Schlechterstellung der Bevorzugten, in gerechtigkeitstheoretischer Hinsicht verbesserbar sind.* Daraus ist ersichtlich, daß das Differenzprinzip Umverteilungen implizieren kann. Als Prinzip der erlaubten, weil allseits vorteilhaften Ungleichheit ist es auf seiner Kehrseite auch ein *Prinzip der unerlaubten Ungleichheit* und beinhaltet in dieser Hinsicht folglich auch die Forderung, unerlaubte Ungleichheiten durch Umverteilungen und andere egalisierende Maßnahmen zu reduzieren.

Man würde die Radikalität des Differenzprinzips erheblich unterschätzen, betrachtete man es allein als eine Antwort auf die Gerechtigkeitsmängel des unreinen oder unvollkommenen Marktes. Würde sich seine Funktion mit der Korrektur der Ungleichheit der natürlichen und gesellschaftlichen Startvoraussetzungen erschöpfen, dann wäre es offenkundig überbestimmt, da ein Markt mit Zugangsgleichheit und unverzerrtem Wettbewerb zwar ein System einer reinen prozeduralen Verteilungsgerechtigkeit darstellt, dieses System aber keinesfalls die sich einstellende legitime sozio-ökonomische Ungleichheit mit einem Automatismus der Besserstellung der Schlechtestgestellten verknüpft, geschweige denn mit einem Besserstellungsautomatismus, in dem ein Verkettungsmechanismus eingebaut ist. Selbst wenn also die offenkundigen Gerechtigkeitshindernisse im Bereich der Marktzugangsbedingungen beseitigt wären, wäre das Differenzprinzip nicht überflüssig. Auch im Falle eines vollkommenen Marktes müßte es auf eine strukturelle Korrektur der Verteilungsergebnisse pochen, wären differenzprinzipbezogene Umverteilungen notwendig, um ökonomische Gerechtigkeit zu gewährleisten. Die Gleichung: Differenzprinzip + unvollkommener Markt = sozio-ökonomische Verteilungsgerechtigkeit = Verteilungsgeschehen des reinen und vollkommenen Marktes geht nicht auf. Der Markt ist nicht nur als real existierendes Verteilungssystem ungerecht, aus der Perspektive des Differenzprinzips stellt er auch als Idealmarkt mit gleichen Zugangsbedingungen und unverzerrtem Wettbewerb kein gerechtes Verteilungssystem dar. Diese Überlegung läßt sich sogar noch zuspitzen. Man könnte argumentieren, daß die Gerechtigkeitsaufsicht des vollkommenen und in seinen Ausgangslagen bereits gerechtigkeitsethisch kompensierten Marktes darum notwendig sei, weil das Marktgeschehen aufgrund seiner internen Logik durch Konzentrationen und Monopolbildungen den Wettbewerb untergraben und notwendigerweise den vollkommenen Markt in einen unvollkommenen Markt verwandeln würde. Aber selbst wenn wir den vollkommenen Markt mit unerschütterlicher Stabilität ausstatten und ihn gegen alle kompetitive Degeneration immunisieren, bleibt das aus der Sicht des Differenzprinzips gerechtigkeitsrelevante Problem bestehen, daß die in diesem Idealsystem entstehende sozio-ökonomische Ungleichheit keinesfalls die sich nach oben mit starker Egalisierungswirkung fortsetzende Besserstellung des Schlechtestgestellten garantiert und damit eine zufriedenstellende Balance zwischen produktivitätserforderlicher Ungleichheit und gerechtigkeitserforderlicher Gleichheit herstellt. Der redistributive Schatten des Differenzprinzips ist lang und erstreckt sich selbst auf das Ideal eines vollkommenen kompetitiven und stabilen Marktes.

Ohne Frage hätten die Prinzipienwähler des Urzustandes den strikten Egalitarismus, den sie ihrer Entscheidung für die Verteilung von Rechten und Freiheiten zugrunde gelegt haben, auch zur Basis einer Verteilungsregel für die sozio-ökonomischen Grundgüter gemacht, wenn die Gesamtmenge der sozialen und ökonomischen Grundgüter nicht vermehrbar wäre. Hätten sie davon ausgehen müssen, daß die Anzahl der sozio-ökonomischen Grundgüter feststeht, dann hätte keine Verteilungsregel die Zustimmung aller gefunden, die von einer Gleichverteilung abgewichen wäre. Da die Menschen aber in der ursprünglichen Situation ein gewisses ökonomisches Basiswissen haben, wissen sie das, was auch wir wissen, daß nämlich durch arbeitsteilige Kooperation die sozio-ökonomischen Grundgüter vermehrt werden können. Damit wissen sie aber auch, daß diese kooperative Grundgütervermehrung Ungleichheit beinhaltet. Grundgütervermehrung und sozio-ökonomische Ungleichheit bedingen einander: das ist die Voraussetzung der gesamten Überlegung; denn gäbe es die Möglichkeit eines grundgüterproduktiven Egalitarismus, würden die Prinzipienwähler sich natürlich auf ihn, und nicht auf das Differenzprinzip, geeinigt haben.

Die mit der kooperativen Grundgütervermehrung einhergehende Ungleichheit kann nur unter der Bedingung von allen akzeptiert werden, daß alle von ihr profitieren: nicht nur die Glücklichen, die aufgrund ihrer Fähigkeiten und Eigenschaften ohnehin in den Besitz der Begünstigungen kommen, die im Interesse der kooperativen Grundgütervermehrung, also der gesellschaftlichen Produktivitätssteigerung einzuräumen sind, sondern auch die, die sich nicht zu diesen Glücklichen zählen können. Die sozio-ökonomische Ungleichheit muß auch den rundherum Benachteiligten und am schlechtesten Gestellten zum Vorteil gereichen und langfristig ihre Aussichten verbessern.

Entscheidend ist, daß das Legitimationskriterium der sozio-ökonomischen Ungleichheit in ihrer ökonomischen Notwendigkeit für eine allen dienliche gesellschaftliche Produktivitätssteigerung liegt. Mit diesem Kriterium rechtfertigt sich die Ungleichheit vor der Gleichheit, lassen sich zulässige Ungleichverteilungen von unzulässigen Ungleichverteilungen unterscheiden. Ersichtlich ist, daß ungleiche Verteilungen nur insofern gerechtigkeitstheoretisch geduldet werden können wie sie über eine ökonomisch notwendige Abweichung von der Gleichheit nicht hinausgehen. Ist gerechtfertigte Ungleichheit gerechtfertigte Gleichheitsabweichung, dann sind im Differenzprinzip immer zwei Komponenten wirksam: die Gleichheitsorientierung und die Ungleichheitslegitimation. Um die moralische Möglichkeit einer Verteilung festzustellen, müssen wir also immer fragen, ob der Gleichheitsabweichungsgrad der vorhandenen Verteilung, ihr Ungleichheitsmaß ökonomisch notwendig ist. Nicht schon dann ist eine Ungleichheit zulässig, wenn sie die Aussichten der Minderbegünstigten langfristig verbessert, denn sie könnte ja diese Verbesserung bewirken und zugleich das erforderliche Ungleichheitsmaß überschreiten. Daher gilt: so gleich wie möglich, so ungleich wie nötig. Der Gleichheitsabweichungsgrad der jeweiligen Ungleichheitsverteilung ist immer mit zu berücksichtigen. Eine Ungleichverteilung ist nur insofern und nur in dem Maße gerechtfertigt, wie sie notwendig ist, die Aussichten der Minderbegünstigten auf lange Sicht zu verbessern. Anders formuliert: Wirtschaftliche und soziale Grundgüter sind möglichst gleichmäßig zu verteilen.

Peter Koller hat diese umverteilungsoffene Version des Differenzprinzips anhand der folgenden Verteilungsliste expliziert:[37]

$$
\begin{array}{llllllll}
U: & 10 & - & 10 & - & 10 & - & 10 & - & 10 & - & 10 & (60) \\
V: & 20 & - & 17 & - & 15 & - & 13 & - & 11 & - & 11 & (87) \\
X: & 22 & - & 18 & - & 16 & - & 13 & - & 12 & - & 11 & (92) \\
Y: & 25 & - & 19 & - & 16 & - & 13 & - & 12 & - & 11 & (96) \\
Y': & 23 & - & 19 & - & 16 & - & 14 & - & 12 & - & 11 & (95)
\end{array}
$$

Wir haben einen egalitären Ausgangszustand U; wir haben die Verteilungsalternativen V, X, Y. Die Pareto-Bedingung ergibt folgende Rangordnung: Y>X>V>U. Aber wir müssen auch den Gleichheitsabweichungsgrad mit berücksichtigen, müssen Y, X, und V nach ihrem Gleichheitsabweichungsgrad befragen. Da zeigt sich, daß V gegenüber U den geringsten Abweichungsgrad aufweist, somit bei der Verbesserung der Position der Schlechtestgestellten die geringsten Ungleichheitskosten produziert. Weiterhin zeigt sich, daß X im Verhältnis zu V die geringstmögliche Steigerung an Ungleichheit beinhaltet, die für die Verbesserung der Position der zweitschlechtestgestellten Person notwendig ist. Y hingegen besitzt einen Ungleichheitsüberfluß, produziert zu hohe Ungleichheitskosten; mit geringerer Ungleichheit kann die schlechtestgestellte Position gegenüber V beibehalten und die zweitschlechtestgestellte Position gegenüber V verbessert werden. Wenn das zusätzliche Kriterium der geringsten Ungleichheitskosten mit herangezogen wird, entsteht ein Konflikt mit der Pareto-Bedingung, da diese Y gegenüber X den Vorzug gibt, bei Beachtung möglichst geringer Ungleichheitskosten jedoch Y die Vorzugswürdigkeit gegenüber X verliert. Dieser Konflikt kann jedoch durch geeignete Umverteilung beseitigt werden: Wenn es der Fall ist, daß die in X vorgegebenen Begünstigungen einen hinreichenden Anreiz für die Tüchtigen und Begabten bieten, um zum gesellschaftlichen Wohlstand so viel beizutragen, daß die Minderbegünstigten Vorteile der angegebenen Art haben, dann erscheint es als äußerst unwahrscheinlich, daß die Wohlfahrtszuwächse, die in Y in Vergleich zu X erzielt werden, nur dann und genau in dem Umfang erzielt werden können, wenn sie den Begünstigten allein zugute kommen. Viel wahrscheinlicher ist es, daß diese – oder vielleicht etwas geringere – Zuwächse auch dann erzielbar wären, wenn man die durch die vermehrten Anstrengungen der Tüchtigen, Fleißigen und Begabten erzielte Wohlfahrtsmehrung nicht zur Gänze und ausschließlich diesen zugute kommen

---

37   Vgl. Koller 1983, 16ff.

läßt, sondern wenn man einen Teil davon auch den weniger Begünstigten zukommen lassen würde. Das bedeutet nichts anderes als daß es für Y mit großer Wahrscheinlichkeit Umverteilungsmöglichkeiten gibt, durch die ein Teil der zusätzlichen Auszahlungen, die die ersten beiden Spitzenpositionen in Y gegenüber X genießen, zum Vorteil der Wenigerbegünstigten umverteilt werden kann. Y' ist gegenüber X nun die Verteilungsstruktur, die die geringstmögliche Abweichung von der Gleichheit darstellt, die erforderlich ist, um auch den Inhabern der weniger begünstigten Positionen, hier der vierten von oben, zusätzliche Vorteile zu verschaffen. Die Gerechtigkeit des redistributiv ausgelegten Differenzprinzips verlangt also einen Übergang von Y nach Y'. Umverteilungen zerstören die Pareto-Vergleichbarkeit; damit ist der Übergang von Y nach Y' kein Verstoß gegen das Pareto-Prinzip: das Pareto-Prinzip sagt nichts darüber aus, welchem von mehreren vorziehenswerten, nach ihm aber unvergleichbaren Zuständen der Vorzug gegeben werden soll. Y>X; Y'>X; Y und Y' sind pareto-unvergleichbar, da gegenläufige Schlechter- und Besserstellungen. Vorzuziehen ist die Struktur, deren Gleichheitsabweichungsgrad am geringsten ist, also die Struktur, die durch produktivitätsunschädliche Redistribution die Ungleichheitskosten senkt, die die Ungleichheit auf das für Grundgütermehrung erforderliche Maß zurückschraubt.

Freilich würde ein auf möglichst große Gleichmäßigkeit abzielendes Differenzprinzip die Verteilung X wählen, und das wäre ein Verstoß gegen das Pareto-Prinzip. Dem begegnet Koller mit einer Modifikation, die hier das *Kollersche Umverteilungsprinzip* heißen soll: „Wirtschaftliche und soziale Grundgüter sind möglichst gleichmäßig zu verteilen. Jedoch ist eine Ungleichverteilung insoweit und nur in dem Maße zulässig, als es unmöglich ist, eine Umverteilung von den Begünstigten auf die Minderbegünstigten vorzunehmen, durch die – auf lange Sicht – die Aussichten der Minderbegünstigten verbessert werden können."[38] Wenn es zu Y keine Umverteilungsmöglichkeit in Richtung einer weniger ungleichen Verteilung gibt, dann ist Y der Verteilung X vorzuziehen. Wenn es aber eine derartige Umverteilungsmöglichkeit gibt, dann ist Y' vorzuziehen. – Es soll nicht verschwiegen werden, daß auch mit dieser expliziten Umverteilungsversion des Differenzprinzip noch beträchtliche Schwierigkeiten verbunden sind, da es nicht in allen Fällen eindeutige Entscheidungen liefert; und Unentscheidbarkeitssegmente im Anwendungsfeld eines Prinzips stellen aus präzisionslogischer Sicht allemal einen erheblichen Mangel dar.[39]

Übrigens: Wenn man die Ausgewogenheit des Verteilungsbildes zum Kriterium erhebt, um unterschiedliche Lesarten des Differenzprinzips zu gewichten, wird man nicht vermeiden können, selbst die Ausgangsintuition Rawls' in Frage zu ziehen und die Maximin-Orientierung an der Position der Schlechtestgestellten aufzugeben. Die Gerechtigkeit darf sich durch keinen *worst-off*-Dogmatismus binden lassen. Es sind Situationen denkbar, in denen die redistributive Gerechtigkeit sich

---

38 Ebd., 18.
39 Weitere interessante Interpretationen des Differenzprinzips bei Gauthier 1990 und Martin 1994.

nicht an dem Kriterium der Maximierung des sozio-ökonomische Minimums orientieren darf. Dworkin schildert in seiner Rawls-Kritik einen solchen Fall:

> „Suppose an existing economic system is in fact just. It meets the conditions of the difference principle because no further transfers of wealth to the worst-off class would in fact improve its position. Then some impending catastrophe (for example) presents officials with a choice. They can act so that the position of the representative member of the small worst-off class is worsened by a just noticeable amount or so that the position of everyone else is dramatically worsened and they become almost as poor as the worst-off. Does justice really require the much greater loss to everyone but the poorest in order to prevent a very small loss by them?"[40]

Aber nun genug der kontrafaktischen Konstruktionen und gedankenexperimentellen Bastelei. Die Klarstellungsleistung dieser Modelle und Formeln ist natürlich immer willkommen, aber sie hat in philosophischer Hinsicht allenfalls eine heuristische Funktion. Man sollte da keine falschen Erwartungen hegen. Allen Liebhabern von Idealsprachen, Symbolsystemen und Formalisierungen sei nachdrücklich ins Stammbuch geschrieben, daß die philosophische Gerechtigkeitstheorie genausowenig wie jede andere Abteilung der normativen praktischen Philosophie mit einer Algorithmusillusion belastet werden darf. *Die Philosophie produziert Argumente, nicht Formeln, ihre Rationalität arbeitet im Horizont der situationsklugen Urteilskraft, nicht auf dem Gebiet der kontextüberhobenen Anwendungslogik.* Man kann natürlich aus Rawls' Differenzprinzip keine Umverteilungs- und Enteignungsgeometrie gewinnen, mit der jeder sozio-ökonomische Punkt auf der Positionsfläche der Gesamtgesellschaft gerechtigkeitsoptimal neu vermessen werden könnte. Es versteht sich, daß mit einem möglichen internen algorithmischen Präzisionsgewinn keinesfalls ein politischer, empirietauglicher Operationsgewinn Hand in Hand gehen würde. Die Anwendungsschwierigkeiten, die die Wirklichkeit vor einer formelgeleiteten Gerechtigkeitspolitik auftürmt, sind bereits für die grobschraffierte Ursprungsversion des Differenzprinzips schier unüberwindlich: das beginnt mit einem akzeptablen Grundgüter-Index und setzt sich mit fehlenden Wohlfahrtsmeßverfahren und zuverlässigen Entwicklungsprognosen fort. Die Unentscheidbarkeitsmängel in der Symbolwelt der Formeln zerbröseln angesichts unserer Unfähigkeit, die empirischen Konsequenzen komplexer Alternativverteilungen zu messen, zu bewerten und miteinander zu vergleichen. Bereits der Vergleich individueller Nutzenpositionen macht Kopfzerbrechen; ins Gigantische hingegen wachsen die Schwierigkeiten, wenn die Gerechtigkeitsbeurteilung einer gesellschaftlichen Grundstruktur, also des basalen institutionellen Verteilungsprofils, die Heranziehung aller denkbaren Alternativverteilungsmuster verlangt, die ja intern immer auch empirisch plausibel sein müssen. *Aber wir verfügen nicht über das Kausalwissen, das uns ermöglichte, die Auswirkungen von Verteilungen an der Gesellschaftsspitze auf die Wohlfahrtsprofile am Fuße der Gesellschaftspyramide empirisch plausibel anzugeben, um verantwortlich die unterschiedlichen*

---

40 Dworkin 1981b, 340.

Kombinationen von Ungleichheitswirtschaftlichkeit und Verteilungsgleichmäßigkeit gegeneinander aufrechnen zu können. Der praktisch-politische Gebrauch des philosophischen Arguments unterscheidet sich beträchtlich von der Formellogik der Symbolsprache. Daher ist mit deren Unübersetzbarkeit in die Welt des politischen Handelns auch nichts über die politische Brauchbarkeit der sich im Differenzprinzip verdichtenden gerechtigkeitstheoretischen Argumentation entschieden. Daher schmälert es auch nicht im mindesten die philosophische Leistung Rawls', wenn den symbolspracheninternen Präzisionsanstrengungen kein politisch-pragmatischer Operationsgewinn gleichen Ausmaßes korrespondiert; derartiges darf man grundsätzlich nicht von der Philosophie erwarten.[41] Eine Gerechtigkeitsphilosophie kann nicht bis zur Algorithmusreife gedeihen und die Eigenschaft einer wirklichkeitsfähigen Operationalisierung besitzen. Diese Form von Genauigkeit durfte schon der Hörer der aristotelischen Ethik-Vorlesungen nicht von seinem Lehrer verlangen, um wieviel deplacierter ist eine solche Erwartung angesichts unserer komplexen modernen Gesellschaft. Freilich, darauf wird zurückzukommen sein, entbindet diese aristotelische Erinnerung an die sachlichen Präzisionsgrenzen politisch-praktischer Grundprinzipien nicht von der Aufgabe einer politischen Profilierung und programmatischen Konturierung des Prinzips vor dem Hintergrund der zeitgenössischen Diskussion.

8 Gerechtigkeit und Effizienz

Zurück zum Differenzprinzip, denn seine Bedeutung ist mit dem Durchgang durch die Galerie seiner Formalisierungen noch längst nicht erschöpft. Im Gegenteil: erst wenn man den Präzisionsscharmützeln den Rücken kehrt, lassen sich die argumentativ gewinnbringenden Kontextualisierungen vornehmen, die das philosophische und politische Profil dieses Prinzips deutlicher hervortreten lassen. Es macht die Stärke des Rawlsschen Differenzprinzips aus, daß es für die Erfordernisse wirtschaftlicher Effizienz zugänglich ist. Daß die Gesichtspunkte der Effizienz und der Gerechtigkeit einander ausschließen, ist eine vulgärmoralische Legende. Gerade weil Ökonomie und Gerechtigkeit, Kooperationsgemeinschaft und Solidaritätsgemeinschaft unter dem Regiment der Knappheit stehen, auf die Endlichkeitsbedingungen menschlichen Lebens antworten, sind sie keinen exklusiven Wertorientierungen unterworfen. Es besteht vielmehr eine vielfältige *Wechselwirtschaft der Werte*; und die Qualität des Rawlsschen Differenzprinzips zeigt sich darin, daß es gerade als Differenzprinzips einen Grundsatz der Wechselbeziehung von Gerechtigkeit und ökonomischer Effizienz formuliert. Wenn Werte in Wechselbeziehung stehen, verbietet sich eine abstrakte Hierarchisierung, ein Absolutismus

---

41 Vgl. Mapel 1989.

des Vorrangs. Daß Werte in Wechselbeziehung stehen, ist darin begründet, daß Wertverwirklichung nur situativ möglich ist, in Anknüpfung an vorgegebene Bedingungen, in Abhängigkeit von entgegenkommenden Verhältnissen.

Daß Werte in Wechselbeziehungen stehen, bedeutet nicht, daß ihr Verhältnis untereinander spannungsfrei ist. Es bedeutet aber, daß sie ihre Verwirklichung nicht ausschließlich kompetitiv betreiben dürfen, sondern in hohem Maße kooperativ bestreiten müssen, da das Wohlergehen ihres jeweiligen Wertopponenten zu den Bedingungen ihres eigenen Fortkommens zählt. Da Werte nicht im Zuge einer *creatio ex nihilo* verwirklicht werden können, werden sie unter ihren Verwirklichungsbedingungen immer auch die Wirklichkeit anderer Werte finden. Da sich somit der Verwirklichungsgrad des einen Wertes auf die Verwirklichungsbedingungen anderer Werte auswirken kann, kann der Wert A seine Erfolgsbedingungen nicht unabhängig von den Erfolgsbedingungen des Wertes B und umgekehrt betrachten und ansteuern, muß also geradezu aus Eigeninteresse um ein günstiges Entwicklungsklima seines Wertopponenten besorgt sein. *Der Wertaltruismus erweist sich dann als Rationalitätsbedingung des Wertegoismus.* Daher bricht die beliebte Konfrontation von sozialdemokratischer Gerechtigkeitsorientierung und neoliberaler Effizienzverabsolutierung schon bei zweitem Hinsehen in sich zusammen. Ein angemessenerer Ausgangspunkt ist allemal die Wechselwirtschaft der Werte, die sich ihrerseits vor metaaxiologischen Anwandlungen hüten und auf eine Bewertung der Werte verzichten sollte, daher keinen Überwert auszeichnen darf, im Vergleich zu dem alle anderen Werte funktional dienstbare Unterwerte wären. Mit den Werten ist es genauso wie mit Personen: bei seiner Verwirklichung soll kein Wert den anderen nur als Mittel, sondern immer zugleich auch als Zweck betrachten. Der einfachen Klarheit der Hierarchie weicht die diffuse Situation der Gleichberechtigung und wechselseitigen Instrumentalisierung.

Daher ist es gänzlich falsch, den Markt als *ancilla iustitiae* zu betrachten und zu behandeln. Er ist nicht nur ein Raum eigenständiger Wertverwirklichung; er hat auch sein eigenes Prinzip. Aber der Markt ist nicht alles; daher besitzt sein Prinzip nur eine begrenzte Autonomie. Andererseits ist es aber auch nicht so, daß die Gerechtigkeit sich mit Almosen begnügen müßte, mit den Krümeln, die von dem Tisch der *beati possidentes* fallen. Aber auch das Prinzip der Gerechtigkeit besitzt nur begrenzte Autonomie. Die Wertverwirklichungsbedingungen der Effizienz und die Wertverwirklichungsbedingungen der Gerechtigkeit sind, in der Sprache der Systemtheorie formuliert, einander Umwelt; und es ist ein Gebot der Systemrationalität, die Selbsterhaltung und Optimierung des Systems mit der Systemumwelt abzustimmen. Materialer Kern diese Interdependenz von Effizienz und Gerechtigkeit ist die Trivialität, daß eine Wachstumswirtschaft die Voraussetzung für sozialstaatliche Umverteilungsprogramme ist, daß nur das verteilt werden kann, was erwirtschaftet worden ist, genauer: was nach Abzug der Bestandssicherungskosten vom Gewinn übrig bleibt; zumal angesichts der betriebswirtschaftlichen Unverantwortlichkeit staatlichen Verteilungshandelns selbst diese ökonomische Binsenweisheit außer Kraft gesetzt worden ist. Wenn der Staat seine sozialstaatliche Daseinsfürsorge freilich auf Kredit betreiben kann, vermag er sich, zumindest kurzfristig, von dem Steueraufkommen und damit von der Ertragssituation der Wirtschaft unabhängig zu machen. Wenn hier ineffiziente Regelungen, ein erstickendes Regulationsdickicht, zeitaufwendige Genehmigungsverfahren, bürokratische Hindernisse sich als allseits schädigend erweisen, wird man sie nicht als gerecht ansehen können. Wenn Ineffizienz die allgemeine Produktivität vermindert, die Verteilungsverhältnisse verschlechtert und die ökonomische und politische Beweglichkeit des Gesamtsystems zerstört, dann zählt die Gerechtigkeit zu den vornehmsten Opfern. Eine effiziente Krankenhausverwaltung ist im Rahmen eines solidargemeinschaftlich finanzierten Gesundheitsversorgungssystems einer ineffizienten, zeit- und mittelverschwendenden Krankenhausverwaltung vorzuziehen. Eine bewegliche, weil regulationsminimale Volkswirtschaft ist für einen Sozialstaat förderlicher und darum der Gerechtigkeit dienlicher als eine unbewegliche, regulationsmaximale Volkswirtschaft. Wenn der Rahmen nicht das Bild hält, sondern das Bild verdeckt, selbst zum Bild wird, dann wird die Bürokratie zum gesellschaftlichen Vordergrund, der Wirtschaft wie Solidaritätsgemeinschaft gleichermaßen verdrängt. *Effizienz ist angesichts des nicht abzuschüttelnden Endlichkeitsregiments menschlicher Lebensführung selbst eine fundamentale Gerechtigkeitsforderung.* Genauso kann aber auch Gerechtigkeit eine Forderung der Effizienz sein. Wenn Ungerechtigkeiten die Leistungsfähigkeit und Leistungsbereitschaft der Betroffenen schmälern, wenn Ungerechtigkeit das Gesamtsystem delegitimiert und die soziale und politische Massenloyalität aufzehrt, dann erweist sich die Gerechtigkeit als ökonomische wie politische Überlebensbedingung. Ungerechtigkeit erweist sich als ökonomisch wie politisch riskant; Zukunftssicherung verlangt, in Ungerechtigkeitsprophylaxe zu investieren; Gerechtigkeitssicherung rückt damit ins Zentrum einer Politik der Bestandssicherung.

Praktischer Ausdruck dieser Interdependenz von Gerechtigkeit und Effizienz ist die Entmoralisierung und Politisierung der Gerechtigkeit. Die Verwirklichung der Gerechtigkeit darf nicht der moralischen Hochherzigkeit und idealistischen Hartnäckigkeit anvertraut werden; die Verwirklichung der Gerechtigkeit verlangt nach einer Politik der Gerechtigkeit, kann nur im Rahmen einer kollektiven, politisch und ökonomisch gleichermaßen kompetenten Praxis gelingen. Und eben dieses komplexe Verhältnis zwischen Gerechtigkeit, wirtschaftlicher Effizienz und politischer Kompetenz kommt in dem Rawlsschen Differenzprinzip zum Ausdruck: wenn es inzentive, produktivitätssichernde und -steigernde Ungleichheit erlaubt, gestattet es, das Ausmaß egalisierender Gerechtigkeit durch die Bedingungen ökonomischer Effizienz zu kontrollieren. Umgekehrt bindet es die Entwicklung der privaten Gewinnstrategien und der strukturellen Verwertungsbedingungen des Kapitals durch Gerechtigkeitsauflagen, die auf die Verbesserung der sozio-ökonomischen Position zuerst der Schlechtestgestellten und sodann der Schlechtergestellten zielen und dabei auch vor produktivitätsunschädlichen Umverteilungen nicht zurückscheuen.

Aber sicherlich wird es das Hauptziel des Differenzprinzips sein müssen, die Kooperationsgemeinschaft nicht schrumpfen und nicht ausfransen zu lassen, der

Verknappung der Arbeit entgegenzuwirken und strukturelle Arbeitslosigkeit entschieden zu bekämpfen. Daher, so sollte man meinen, gilt die gerechtigkeitsethische Hauptsorge des Differenzprinzips gar nicht der Gestaltung von Umverteilungen und Transferzahlungen, sondern dem Arbeitsmarkt und der Arbeitsproduktivität. Gerade angesichts wachsender Arbeitslosigkeit wird die Forderung nach der Maximierung des sozialen Minimums nicht zu einer Strategie führen dürfen, die durch Verteuerung der Arbeit die Arbeitsproduktivität, die Wertschöpfung pro Arbeitenden senkt, die eine Lohnzunahme begünstigt, die nicht hinter dem Produktionsfortschritt zurückbleibt und daher – unter den gegebenen und überdies ja auch gerechtigkeitsethisch vorzugswürdigen Bedingungen der Marktwirtschaft – keine neuen Arbeitsplätze schaffen wird. Sondern das soziale Minimum, das die Aufmerksamkeit der Gerechtigkeit verdient, muß unter dem Einfluß der Arbeitsverknappung neu definiert werden. Wenn man den Gedanken akzeptiert, daß das Differenzprinzip gerade wegen seiner Sorge um die sozio-ökonomische Position und der Selbstachtung der Schlechtestgestellten immer auch ein Prinzip der Maximierung von Arbeitsplätzen, also ein Prinzip zur Verhinderung der Schrumpfung der Kooperationsgemeinschaft sein muß, dann wird Gerechtigkeitspolitik all das ins Auge fassen müssen, was in Politik und Wirtschaft signifikante arbeitsmarktpolitische Negativauswirkungen produziert, das Initiativen strangulierende institutionelle Regelwerk der Arbeitsgesellschaft, die Regulationsdichte der Vorschriften und Normen mit ihren bürokratischen Begleitwucherungen ebenso wie die politischen Einwirkungen auf die Arbeitskosten, sei es durch wirtschaftlich unvernünftige, überlebte Industrien an den Steuertropf legende Subventionsprogramme, sei es durch die ganzen Bündel der psychologischen wie ökonomischen Fehlanreize der expandierenden Sicherungssysteme des Sozialstaats, sei es schließlich durch die unverdrossene Bereitschaft, die Steuern und Abgaben der Bürger zu erhöhen, um die Klientengruppen des Wohlfahrtsstaats zufriedenzustellen.

9 Die Politikferne des Differenzprinzips

Freilich bleibt die von mir hier skizzierte politische Bedeutung des Rawlsschen Differenzprinzips ohne genauere programmatische Kontur und praktische Struktur. Im Text der *Theory of Justice* findet sich selbst nichts, das die von mir oben angedeutete beschäftigungspolitische Interpretation möglicher politischer Folgen des Differenzprinzips unterstützen würde oder eine andere Interpretation, die das Differenzprinzip mit anderen ‚policy'-Formen in Verbindung brächte, näher legte. Diese politische Abstinenz ist entschieden zu kritisieren. Die Ablehnung der Mathematisierung philosophischer Gerechtigkeitsprinzipien, die ich oben vorgebracht habe, darf nicht mißverstanden werden. Meine skeptische Einstellung ist durch ein doppeltes Motiv geprägt, durch ein epistemologisches und durch ein praktisches. Mir geht es einerseits darum, die philosophische Argumentation vor den deplazierten Genauigkeitsstandards der einzelwissenschaftlichen Symbolsprachen zu schützen und an die eigentümliche Aufgabe praktischer Philosophie zu erinnern, die vor-findlichen normativen Intuitionen, Vernunft- und Moralkonzepte des *common sense* zu explizieren, zu überprüfen und prinzipienlogisch zu ordnen. Ich bin davon über-zeugt, daß es ein für die szientistische Mentalität charakteristischer präzisionistischer Fehlschluß ist zu glauben, daß mit der symbolsprachlich hochgerüsteten Verwissen-schaftlichung normativer Grundsätze deren politischer Orientierungswert steigt. *Nur der hinreichend weit entfernte Leuchtturm kann das Blickfeld strukturieren. Grundregeln haben daher einen nicht unerheblichen Ungenauigkeitsbedarf.* Nur so können sie eine poli-tische Praxis normativ ausrichten, die als Praxis immer auch die Erhaltungsbedin-gungen von Handlungsmächtigkeit im Auge haben muß und ein gerütteltes Maß an situativer Beweglichkeit benötigt. Daher ist der einzige Sinn der symbolsprachlichen Präzisierung praktischer Grundregeln ausschließlich theorieinterner Natur, nämlich Welt zu vermeiden und die inneren Wände des gewählten Realitäts-, Rationalitäts- und Handlungs*modells* scharf auszuleuchten.[42]

---

42 Es versteht sich, daß dieser methodologische Aristotelismus auch und gerade von den ökono-misch trainierten Theoretikern der Verteilungsgerechtigkeit nicht geteilt wird, die sich mit ihren Axiomatisierungen und ihrer Egalisierungsmathematik jeden Weg zur Rationalisierung der gesell-schaftlich-politischen Diskurse über Verteilungsgerechtigkeit verstellen. Ein Musterbeispiel ist das Buch des Ökonomen John E. Roemer: *Theories of Distributive Justice* (1996), das – wie auch das vor-liegende Buch – einen Durchgang durch die wichtigsten Theorien der Verteilungsgerechtigkeit der gegenwärtigen politischen Philosophie unternimmt, dabei aber die Argumente aus allen philoso-phischen und politischen Kontexten herausnimmt, so daß die Lehrstücke ihres genuinen histori-schen wie systematischen philosophischen Diskussionszusammenhangs entfremdet und aus aller politischen Reichweite gerückt werden. Niemand kann daran zweifeln, daß, wenn es denn über-haupt Verteilungsgerechtigkeit gibt, diese zu einer politischen Aufgabe wird; und weiterhin ist auch unzweifelhaft, daß in einer demokratischen Gesellschaft diese Aufgabe nur dann angegangen wer-den kann, wenn das einschlägige staatliche Handeln als legitim anerkannt wird. Folglich bedarf es normativer Argumente, die die Konzeption der Verteilungsgerechtigkeit kohärentistisch, vor dem Hintergrund unserer normativen Grundüberzeugungen zu rechtfertigen und zu explizieren ver-mögen. Weiterhin muß die Konzeption der Verteilungsgerechtigkeit praxeologisch zugänglich sein, anderenfalls läßt sie sich in die Handlungs- und Urteilsprogramme der Politik nicht integrie-ren. Es ist ein fundamentaler Irrtum zu glauben, die Formelsprache der Ökonomie begründe eine genuine wissenschaftliche Zuständigkeit für Verteilungsgerechtigkeit. *Die Verteilungsgerechtigkeit ist kein wissenschaftlicher Gegenstand.* Nicht minder illusionär ist es zu glauben, über die Verwissen-schaftlichung der Verteilungsgerechtigkeit Politik rationalisieren, Entscheidungs- und Beurtei-lungsprobleme algorithmisch disziplinieren zu können. Roemer hingegen ist dieser verhängnis-vollen politikverkennenden Überzeugung, wie die folgende Passage zeigt: „I attempt in this essay to propose a precise way that we can organize our disparate views about equal opportunity. More specifically, different people have different conceptions about where the starting gate should be, or about the degrees to which individuals should be held accountable for the outcomes or advan-tages they eventually enjoy. My purpose is to propose an algorithm which will enable a society (or a social planner) to translate any such view about personal accountability into a social policy that will implement a kind or degree of equal opportunity consonant with that view. If my algorithm is generally accepted as a reasonable one, then the political debate over what equality of opportu-nity requires can be reduced from one over social policy to a more fundamental debate about the

Aber wenn ich Rawls' Differenzprinzip vor der Formalisierungsmathematik in Schutz genommen habe, bedeutet das andererseits nicht, daß Rawls' vage Angaben zur Bedeutung seines zweiten Verteilungsprinzips politisch zufriedenstellen könnten. Denn formalsprachliche Präzisierung ist eines, politische Profilierung etwas ganz anderes. Und wenn die Bemühung um erstere verfehlt ist, bleibt die Verpflichtung zu letzterer doch bestehen. Meine Zurückweisung symbolsprachlicher Pseudogenauigkeit und erkenntnisleerer Formelbastelei in der politischen Philosophie entlastet den Philosophen keinesfalls von der *Pflicht der politischen Würdigung* der von ihm aufgestellten Gerechtigkeitsprinzipien. Unter einer politischen Würdigung verstehe ich eine Darstellung der politischen Implikationen der Gerechtigkeitsregeln und eine realistische Skizze möglicher politischer Strategien und Programme, die unter den vorliegenden Bedingungen geeignet erscheinen, die Gerechtigkeitsforderungen zu verwirklichen. Welche Veränderungen verlangt das Prinzip? In welchen gesellschaftlich-politischen Sektoren der entwickelten Wohlfahrtsdemokratie kann es, in welchen Zonen muß es Anwendung finden? Wie wirkt es sich auf die Familie aus? Wie auf den Arbeitsmarkt? Müssen neue arbeitsmarktpolitische Instrumente entwickelt werden? Wie steht es mit der Eigentumsordnung? Wie mit den Mechanismen der Vermögensbildung in Arbeitnehmerhand? Verlangt das Differenzprinzip die Beteiligung der Arbeitnehmer am Produktivvermögen? Wie sieht das Verhältnis zwischen sozialer Gerechtigkeit und Erbrecht aus? Wie sind Spekulationsgewinne gerechtigkeitsethisch zu handhaben? Müssen eingefleischte tarifpolitische Routinen aufgegeben werden? Ist der Flächenvertragsregelung der Vorzug zu geben, oder soll der Beweglichkeitsgewinn differenzierter innerbetrieblicher Einigungen arbeitsmarktpolitisch genutzt werden? Sind die bewährten Strategien der Tarifpartner aufrechtzuerhalten; oder ist hier eine phantasievolle Neuorientierung verlangt?

Eine derartige politische Folgenabschätzung philosophisch entwickelter Prinzipien der Verteilungsgerechtigkeit ist von der politischen Philosophie zu verlangen. Nur um den Preis ihrer Unverbindlichkeit kann sie darauf verzichten, den Innovationsbedarf zu skizzieren, der mit einer Verwirklichung der von ihr entwickelten Vorstellungen einer material-gerechten Güterverteilung verbunden ist, oder auch nur die vorfindlichen Instrumente und in der Diskussion hin- und hergewendeten Vorschläge zu prüfen, ob sie geeignet sind, die Wirklichkeit dem durch das Differenzprinzip aufgezeigten normativen Horizont näher zu bringen. Das muß natürlich alles nicht die Detailliertheit von Referentenentwürfen und Gesetzesvorhaben besitzen. Aber eine um Ernsthaftigkeit bemühte normative politische Philosophie muß ihre Prinzipien zumindest zu den großen politischen Problemzonen der Ge-

---

proper realm of individual accountability. For once that realm has been agreed upon, or once a view of what that realm should be has been victorious through political competition, then a specific equal-opportunity policy will follow automatically, as it were, from the application of my proposed algorithm" (Roemer 1998, 2f.). Es ist schwer, angesichts dieser an eine alte rechtspositivistische Vorstellung vom judikativen subsumtionslogischen Apparat erinnernden Programmbeschreibung die Assoziation einer unfreiwilligen Wissenschaftssatire zu unterdrücken.

genwartsgesellschaft in Beziehung setzen und wenigstens in groben Zügen andeuten, welche arbeitsmarktpolitischen, steuer-, erb- und familienrechtlichen Auswirkungen die von ihr entwickelte Verteilungsgerechtigkeit haben sollte. Wie soll man denn die Gerechtigkeitsregeln als politische Gestaltungsprinzipien angemessen würdigen können, wenn sie programmatisch nichts riskieren und ohne jedes praktische politische Profil bleiben? Es ist kaum zu leugnen, daß Rawls' Darstellung seines Differenzprinzips diesen Anforderungen nicht entfernt gerecht wird. Seine konstruktive Phantasie, die er in der Begründungsargumentation entfaltet, wird nicht durch politische Analyse und praktischen Sinn ergänzt. Das Differenzprinzip gewinnt letztlich kein praktisch-politisches Profil, das die Formelhaftigkeit durchbrechen könnte.

Rawls zeigt nicht, wie die vorfindliche soziale und politische Wirklichkeit aus der Sicht des Differenzprinzips zu beurteilen ist, noch deutet er an, welche Hebel in der gigantischen gesellschaftlichen Verteilungsmaschinerie in Bewegung gesetzt werden müßten, um die Wirklichkeit in eine vom Differenzprinzip gewünschte Richtung zu verändern. Natürlich muß der konstruktiven Phantasie keine kongeniale Erfindungskraft zur Seite treten, aber eine grundsätzliche politische Würdigung des Prinzips darf der Leser von einem politischen Philosophen erwarten. Eine kritische Vermessung der allgemein bekannten Reformvorschläge auf den Feldern der Wirtschafts- und Arbeitsmarktpolitik, der Sozial- und Familienpolitik, des Steuerwesens mit der Elle des Differenzprinzips hätte schon ausgereicht, um eine Vorstellung von seiner politischen Bedeutung und Leistungskraft zu vermitteln. Es zum einen mit wirtschaftswissenschaftlichen Indifferenzkurvendiskussionen einzurahmen und zum anderen in eine explikatorische Beziehung zu nahezu jedem neuzeitlichen Grundprinzip von der Kantischen Zweck-Mittel-Formel bis zum Prinzip der Brüderlichkeit zu setzen, ist kein Ersatz für eine politische Würdigung seiner praktischen Bedeutung und Leistungsfähigkeit.

Besonders schmerzlich ist, daß Rawls die arbeitsmarktpolitische Dimension gänzlich außer Acht läßt. Wenn die Kooperationsgesellschaft, der Leistungs- und Warentausch zu wechselseitigem Vorteil das soziale Grundmodell bildet, auf das die gesamte gerechtigkeitstheoretische Argumentation bezogen ist, dann darf man doch nicht darüber hinwegsehen, daß aufgrund der zunehmenden Verknappung der Arbeit das kooperationsgemeinschaftliche Segment der Gesamtgesellschaft drastisch schrumpft und damit die allgemeinen Strukturaussagen über die Gerechtigkeit der gesellschaftlichen Grundstruktur immer mehr an Triftigkeit einbüßen. Daß die anderen Vertreter des liberalen Egalitarismus die Rawlssche Politikferne noch überbieten, vermag kein Trost zu sein. – Aber nun zurück zur philosophischen Argumentation; sie wird uns weitere Schwächen des Differenzprinzips offenbaren.

10 Natürliche Freiheit, liberale Gleichheit und Differenzprinzip

In einer instruktiven Typologie gesellschaftlicher Systeme unterscheidet Rawls drei Ordnungsmodelle. Da ist zuerst das System der natürlichen Freiheit; dann kommt das System der liberalen Gleichheit; und schließlich folgt das von ihm entworfene, durch das Differenzprinzip regierte System der demokratischen Gleichheit. Das System der natürlichen Freiheit ist eine rechtsstaatlich verfaßte kompetitive Marktgesellschaft. Die Verteilung sozio-ökonomischer Positionen folgt allein dem Prinzip der Individualrechte und der Regel der formalen Chancengleichheit, die einen diskriminierungsfreien, formalrechtlich gleichen Zugang aller zu den gesellschaftlichen Machtpositionen etabliert. Das natürliche Freiheitssystem ist blind gegenüber der Tatsache, daß die Menschen aufgrund unterschiedlicher Naturausstattung und verschiedener sozialer Geburts- und Sozialisationsumstände die ihnen von dem System der natürlichen Freiheit eingeräumten gleichen Chancen, gleichen rechtlichen Zugangsmöglichkeit zum Markt und zu den Ämtern und gesellschaftlichen Positionen keinesfalls in gleich gewinnbringender und erfolgreicher Weise nutzen können.

Das System der liberalen Gleichheit bereichert das System der natürlichen Freiheit um die Forderung nach fairer Chancengleichheit. Fairer Chancengleichheit dient ein System von Erziehungs- und Ausbildungsinstitutionen, die Gleichbefähigten und Gleichbegabten gleiche Aufstiegschancen verschaffen, die die soziale Ungleichheit der Startpositionen kompensieren und die gesellschaftliche Privilegierung unterlaufen.

> „Der Gedanke ist hier der, daß Positionen nicht nur in einem formalen Sinne offen sein sollen, sondern daß jeder auch eine faire Chance haben soll, sie zu erlangen […] Menschen mit ähnlichen Fähigkeiten sollten ähnliche Lebenschancen haben. Genauer: man geht von einer Verteilung der natürlichen Fähigkeiten aus und verlangt, daß Menschen mit gleichen Fähigkeiten und gleicher Bereitschaft, sie einzusetzen, gleiche Erfolgsaussichten haben sollen, unabhängig von ihrer anfänglichen gesellschaftlichen Stellung […] Die Aussichten von Menschen mit gleichen Fähigkeiten und Motiven dürfen nicht von ihrer sozialen Schicht abhängen."[43]

Aber auch dieser Liberalismus der kompensatorischen Erziehungseinrichtungen und des diskriminierungsfreien Zugangs zu Amtsautorität und gesellschaftlicher Funktionsmacht ist noch nicht hinreichend. Zwischen ihm und einer gerechten und wohlgeordneten Gesellschaft stehen zum einen die Auswirkungen der „natürlichen Lotterie",[44] der ungleichen natürlichen Begabungsaustattungen, auf den Erfolg der individuellen Lebenskarrieren und zum anderen die unterschiedlichen Einflüsse der Familien auf die Entwicklung der Talente und Anlagen. Diese Macht der „gesellschaftlichen und natürlichen Zufälligkeiten"[45] muß jedoch nach Rawls gebrochen werden. Gerechtigkeit verlangt die Neutralisierung der unterschiedlichen Ergebnisse der Begabungslotterie und des sozialen Geburtsschicksals. Nur dann kann eine Gesellschaft uns gerechtigkeitsethisch überzeugen, wenn sie durch geeignete Verteilungsarrangement dafür sorgt, daß der in-

---

43 Rawls 1975, 93.
44 Rawls 1975, 94.
45 Ebd., 95.

dividuelle Grundgüterbesitz von den zufälligen Auswirkungen natürlicher und sozialer Unterschiede unabhängig ist. Die liberale Auffassung erscheint also

> „intuitiv immer noch als mangelhaft. Einmal gestattet sie, selbst wenn sie den Einfluß gesellschaftlicher Zufälligkeiten vollkommen ausschalten könnte, immer noch, daß die Einkommens- und Vermögensverteilung von der Verteilung der natürlichen Fähigkeiten abhängt. Innerhalb der durch die allgemeinen Bedingungen gezogenen Grenzen ist die Verteilung das Ergebnis der Lotterie der Natur, und das ist unter moralischen Gesichtspunkten willkürlich. Für den Einfluß natürlicher Fähigkeiten auf die Einkommens- und Vermögensverteilung gibt es keine besseren Gründe als für den geschichtlicher und gesellschaftlicher Zufälle. Außerdem läßt sich der Grundsatz der fairen Chancen nur unvollkommen durchführen, mindestens solange es die Familie in irgendeiner Form gibt."[46]

Rawls' egalitärer Liberalismus legt die Theorie der sozialen Gerechtigkeit autonomieethisch aus. Eine gerechte gesellschaftliche Grundstruktur darf die „Anteile der Menschen an den Früchten und Lasten der gesellschaftlichen Zusammenarbeit nicht durch gesellschaftliche oder natürliche Zufälligkeiten bestimmen lassen",[47] muß die Menschen von distributiver Fremdbestimmung befreien und die Verteilungsmacht von Natur und Geschichte brechen. Beide sind gleichermaßen moralisch willkürlich; moralisch willkürlich sind folglich auch die durch ihre Auswirkungen zustandegekommenen Verteilungszustände. Wenn aber moralisch willkürlich zustandegekommene Verteilungszustände einer moralischen Gerechtigkeitskorrektur zu unterziehen sind, müssen auch die Diskriminierungen der Natur den Ausgleichsmechanismen einer egalitären Gerechtigkeit unterworfen werden, muß die Geltungsreichweite des Gerechtigkeitsbegriffs über die Grenzen des Menschengemachten hinaus auf den Bereich der natürlichen Kontingenzen ausgedehnt werden.

Das ist eine ungemein starke These. Demokratien sind gleichheitsversessen – wir kennen die scharfsinnigen Bemerkungen Tocquevilles hierzu. Mit der zunehmenden Empfindlichkeit des gesellschaftlichen Moralbewußtseins wächst unsere Diskriminierungsintoleranz. Demokraten sind fortwährend der Ungleichheit und der Verursachung von Ungleichheit auf der Spur und lassen in ihrem Bemühen nicht nach, die gesellschaftliche Ungleichheit auszumerzen. Gewaltige Reformen der Ausbildungssysteme sollten in den sechziger Jahren in der Bundesrepublik die familienbedingte Chancenungleichheit korrigieren und die Bestimmung über den Verlauf der eigenen Lebenskarrieren in die Autonomie der Individuen geben, uns von den Familienprägungen unabhängig machen, die von externen Interessen regiert wurden und sich weder an den Wünschen und Träumen der Kinder noch an ihren vorhandenen Begabungspotentialen orientierten. Die kompensatorische Pädagogik der Demokraten glich einer Befreiungsarmee, die das Begabungspotential der Kinder aus der klassengesellschaftlichen Unterdrückung befreien wollte. Sie zeigte eine beachtliche Konse-

---

46 Ebd., 94.
47 Ebd., 95.

quenz; sie begnügte sich nicht mit der Errichtung offener Bildungsinstitutionen, sondern marschierte in die Familien selbst ein, verlegte deren Orientierungsentscheidung für die Ausbildungskarrieren der Kinder von der Familie nach außen, in den gesellschaftlich neutralen Raum und erschuf Orientierungsstufen und Gesamtschulen. Mit seiner egalitaristischen Verdächtigung der Familie knüpft Rawls nahtlos an die familienfeindlichen Affekte der emanzipatorischen Pädagogik der siebziger Jahre an. Aber aller egalitaristischer Gerechtigkeitsfuror der Demokratie endete doch an den kontingenten Distributionen der Natur. Es galt, natürlichen Begabungsausstattungen den Weg zur selbstbestimmten Entwicklung zu ermöglichen; es galt auch, denjenigen, die durch die Natur eklatant benachteiligt waren, gesellschaftliche Solidarität zu zeigen. *Der Gedanke einer moralischen Gerechtigkeitskritik der Natur jedoch gehört nicht zum Standardrepertoire des ansonsten immer empörungsbereiten demokratischen Egalitarismus; und die Radikalität der Konzeption einer die natürliche Verteilung mit umgreifenden Gerechtigkeitspolitik, einer den sozialen und kulturellen Raum überschreitenden und den Naturbereich einbeziehenden Schicksalskorrektur war dem traditionellen Egalitarismus fremd.* Für Rawls hingegen ist dieser Gedanke nur die Frucht gerechtigkeitstheoretischer Folgerichtigkeit. Aus dem Blickwinkel der Gerechtigkeitstheorie besteht zwischen der gesellschaftlichen Ausgangsungleichheit, die die Individuen um sich vorfinden, und der natürlichen Ausgangsungleichheit, die die Individuen an sich und in sich vorfinden, kein Unterschied; sie sind beide gleichermaßen gerechtigkeitstheoretisch skandalös; „from a moral standpoint, the two seem equally arbitrary."[48]

Im Differenzprinzip kommt eine egalitäre Gerechtigkeitsauffassung zum Ausdruck. Denn es enthält neben der Forderung der Maximierung der Position der sozio-ökonomisch Schlechtestgestellten auch eine Ausgleichs- und Neutralisierungsforderung. Es verlagt, daß „unverdiente Ungleichheiten ausgeglichen werden sollten. Da nun Ungleichheiten der Geburt und der natürlichen Gaben unverdient sind, müssen sie irgendwie ausgeglichen werden".[49] Der grundlegende Gerechtigkeitsmangel der Systeme der natürlichen Freiheit und der liberalen Gleichheit besteht also darin, daß beide Begabungen, Fähigkeiten und soziales Geburtsglück belohnen, von denen vernünftigerweise nicht gesagt werden kann, daß die Individuen, die dies alles genießen, es verdienen, und Begabungsmängel, Fähigkeitendefizite und soziales Herkunftspech bestrafen, von denen ebenfalls nicht gesagt werden kann, daß die Individuen, die an all diesem leiden, es verdienen. Denn weder ist die natürliche Anlagen- und Talentverteilung gerecht, noch ist sie ungerecht; es ist auch nicht ungerecht, daß die Menschen in verschiedene gesellschaftliche Startpositionen, in Familien mit verschieden günstigem Entwicklungsklima hineingeboren werden. Das sind alles nur hinzunehmende Tatsachen. Gerecht oder ungerecht ist nur die Art, wie die Gesellschaft damit umgeht, wie sich die gesellschaftlichen Institutionen angesichts dieser Tatsachen verhalten. So sind alle Ge-

---

48 Rawls 1971, 75.
49 Rawls 1975, 121.

sellschaftsformationen für den egalitären Liberalen ungerecht, die sich bei der Verteilung der kooperativ hergestellten Güter die Verteilungsregeln von der Natur und dem sozialen Geburtsschicksal vorgeben lassen, die gleichsam Gesellschaft als Naturereignis belassen und nicht begreifen, daß das gesellschaftliche Institutionensystem um der Autonomie der Subjekte willen den Gerechtigkeitsregeln der moralischen Vernunft zu unterwerfen ist. Rawls' Differenzprinzip zeigt übrigens, daß diese Regeln nicht notwendig Gleichheitsregeln sein müssen, aber hier ist nicht von Interesse, wie sie im einzelnen aussehen mögen. *Hier interessiert allein die Hintergrundthese, daß es zum Pensum der Verteilungsgerechtigkeit gehören soll, natürliche und herkunftsbedingte Ungleichheitsursachen und ihre distributiven Auswirkungen gerechtigkeitsethisch zu neutralisieren, natürliche und soziale Verteilungswillkür zu dekontingentisieren, durch ein System der Verteilungsvernunft zu überformen.*

Sozial und kulturell bedingte Benachteiligungen sind weitaus leichter auszugleichen als natürlich verursachte Benachteiligungen. Die menschengemachten Diskriminierungen können durch geeignete Ausgleichsinstitutionen grundsätzlich aus der Welt geschafft werden, die Diskriminierungen der Natur hingegen sind von einer schicksalhaften Widerständigkeit und verlangen offenkundig nach besonderen Kompensationsanstrengungen. Wir können Bibliotheken, Schulen und Universitäten durch einfache legislative und administrative Maßnahmen für die Bevölkerungsschichten öffnen, denen sie bislang aus welchen Gründen auch immer verschlossen waren. Wir können den Zugang zu gesellschaftlichen Positionen und staatlichen Ämtern durch eine Reform der etablierten Rekrutierungsverfahren denjenigen gesellschaftlichen Gruppen ebnen, die bislang von ihnen grundsätzlich oder überproportional ausgeschlossen waren. Grundsätzlich ist es menschlichen Gesellschaften möglich, durch eine geeignete Antidiskriminierungspolitik die selbst verursachten Gerechtigkeitsverzerrungen zu korrigieren, auch wenn diese nicht offenbar ideologischen Ursprungs, sondern das auffällig gewordene, gleichwohl unintendierte Resultat struktureller Entwicklungen sind.

Wie ist aber mit den Verteilungsentscheidungen der Natur zu verfahren? Wie mit den natürlichen Bevorzugungen und Benachteiligungen umzugehen, also mit denen, für die die Gesellschaft vernünftigerweise weder eine positive noch eine negative, weder eine aktive noch eine passive Verantwortung übernehmen kann, da diese Verteilungsentscheidungen jenseits des Bereiches menschlichen Handelns, damit aber auch jenseits der Grenzen der menschlichen Verantwortung gefallen sind? Geht das, was das Schicksal für die Menschen bei ihrer Geburt und während ihres Lebens bereithält, die Gesellschaft etwas an? Ist die Geltungsreichweite des Gerechtigkeitsbegriffs auf die Domäne der natürlichen Kontingenzen auszudehnen?

Es ist evident, daß der Gedanke, der im Falle des Systems der liberalen Gleichheit den Gerechtigkeitsfortschritt brachte, nicht erneut angewendet werden kann. Man kann mit gesellschaftlichen Institutionen eine faire Chancengleichheit erreichen, sozial und kulturell Diskriminierte inkludieren, denn genau darum geht es bei der Politik der Diskriminierungsbekämpfung, um Aufhebung der Exklusion und Ermöglichung von Inklusion. Aber dieses Muster ist auf den Fall der natürlichen Begabungsungleichverteilung nicht anwendbar. Die gerechtigkeitsoptimierende Inklusionspolitik geht von der Voraussetzung aus, daß gleich Begabte und Befähigte aufgrund eines unterschiedlichen sozialen und kulturellen Herkunftskontextes nicht die gleiche Chance erhalten, ihre Begabungen und Fähigkeiten zu entwickeln und eine ihrer Intelligenz und ihren Möglichkeiten entsprechende gesellschaftliche Position einzunehmen. *Es geht hier also um die Korrektur eines sozialen Entwicklungsklimas, das Gleiche und Gleiches nicht in gleicher Weise gedeihen und sich entwickeln läßt.* Im Fall der natürlichen Ungleichheit hingegen haben wir ein ganz anderes Problem vor uns; da geht es nicht um die Herstellung gleicher Entwicklungsbedingungen für gleiche Fähigkeiten und Begabungen, sondern da geht es um die Korrektur einer vorgegebenen fundamentalen Ungleichheit. *In der Gesellschaft können gleiche Entwicklungsbedingungen für Gleichbegabte hergestellt werden. Wie aber kann die gerechtigkeitsnotwendige Gleichheit in der natürlichen Begabungsungleichverteilung hergestellt werden?* Welche operativen Möglichkeiten hat hier die egalitaristische Gerechtigkeit überhaupt? Es scheint, daß wir hier auf einen unauflöslichen Ungerechtigkeitsrest des Lebens stoßen, an dem aller moralreformerischer Elan abprallen muß. Selbst der leidenschaftlichste Gerechtigkeitsfreund muß anerkennen, daß die Kompensationsreichweite der gesellschaftlichen Institutionen begrenzt ist, daß nicht mehr getan werden kann als möglichst alle gesellschaftlichen Binnenhindernisse für die individuelle Entwicklung abzuräumen.

Aber da würde Rawls entschieden widersprechen. Natürlich sieht auch er ein, daß es nicht möglich ist, mit Antidiskriminierungsinitiativen natürliche Ungleichverteilungen zu korrigieren. Aber wenn der direkte Weg einer Korrektur der Ungleichheitsursachen im Falle der natürlichen Begabungs- und Fähigkeitsausstattungen nicht möglich ist, so ist damit doch nicht bereits auch der indirekte Weg einer verteilungspolitischen Überformung der Ungleichheitswirkungen verstellt. Da die natürliche Begabungsgleichheit nicht unmittelbar hergestellt werden kann, muß die gegebene Ungleichheit der natürlichen Startbedingungen mittelbar korrigiert werden, durch geeignete, kompensatorische Maßnahmen, die die Ungleichheitsauswirkungen der ungleichen natürlichen Startbedingungen durch ein autonomes Verteilungsschema für gesellschaftliche Güter egalitaristisch korrigiert. Da die natürliche Ungleichheit selbst nicht korrigiert werden kann, muß ihr Effekt gerechtigkeitstheoretisch neutralisiert werden. *Die Gesellschaft wird damit als Verteilungsagentur zum gerechten Verwalter der natürlichen Ungleichheitsursachen.* Freilich artikuliert sich diese nicht als Gleichverteilung der gesellschaftlich produzierten Güter; der Übergang vom liberalen Freiheitssystem zum demokratischen Gleichheitssystem impliziert nicht den Übergang von der Chancengleichheit zur Gleichheit der Wohlfahrtsausschüttungen. Die Kompensation der Ausgangsungleichheit nimmt nicht den Weg einer redistributiven Resultatsgleichheit; sondern sie folgt bei Rawls eben den Bahnen des Differenzprinzips, das auch als Prinzip der demokratischen Gleichheit bezeichnet wird.

„Das Unterschiedsprinzip bedeutet faktisch, daß man die Verteilung der natürlichen Gaben in gewisser Hinsicht als Gemeinschaftssache betrachtet und in jedem Falle die größeren sozialen und wirtschaftlichen Vorteile aufteilt, die durch die Komplementaritäten dieser Verteilung ermöglicht werden. Wer von der Natur begünstigt ist, sei es, wer es wolle, der darf sich der Früchte nur so weit erfreuen, wie das auch die Lage der Benachteiligten verbessert. Die von der Natur Bevorzugten dürfen keine Vorteile haben, bloß weil sie begabter sind, sondern nur zur Deckung der Kosten ihrer Ausbildung und zu solcher Ausbildung und zu solcher Verwendung ihrer Gaben, daß auch den weniger Begünstigten geholfen wird. Niemand hat seine besseren natürlichen Fähigkeiten oder einen besseren Startplatz in der Gesellschaft verdient. Doch das ist natürlich kein Grund, diese Unterschiede zu übersehen oder gar zu beseitigen. Vielmehr läßt sich die Grundstruktur so gestalten, daß diese Unterschiede auch den am wenigsten Begünstigten zugute kommen. Man wird also auf das Unterschiedsprinzip geführt, wenn man das Gesellschaftssystem so gestalten möchte, daß niemand von seinem zufälligen Platz in der Verteilung der natürlichen Gaben oder seiner Ausgangsposition in der Gesellschaft Vor- oder Nachteile hat, ohne Ausgleich zu geben oder zu empfangen."[50]

11 Differenzprinzip und egalitaristische Gerechtigkeit

Ursprünglich wurde das Differenzprinzip als Prinzip einer bedingt erlaubten sozio-ökonomischen Ungleichheit eingeführt. Die Annahme eines solchen Prinzips erschien den Verfassungswählern vernünftig, die innerhalb einer Ordnung des wechselseitigen Vorteils ihre Nutzenpositionen optimieren wollten und im Falle einer distributiven Vorteilhaftigkeit einer Ungleichverteilung dieser dann den Vorzug geben mußten.[51] Da ihnen aufgrund ihres wirtschaftlichen Strukturwissens klar war, daß Ungleichverteilungen durchaus für alle vorteilhaft sein können, mußten sie die Zustimmung zur Ungleichverteilung eben nur an die Bedingung binden, daß in ihr der Schlechtestgestellte auch wirklich bessergestellt wird als in jeder vergleichbaren Gleichverteilung. In dem Gerechtigkeitsgebot, den durch die Inzentiveffekte der Ungleichheit erwirtschafteten Kooperationsgewinn partiell auch zur Besserstellung der faktisch Schlechtestgestellten zu nutzen, wird diese kontrafaktische Bedingung politisch operationalisierbar gemacht.

---

50 Ebd., 122f.
51 Dies alles freilich unter der überaus problematischen Voraussetzung einer Entscheidung nach dem Maximin-Prinzip. Sicherlich ist es ein sehr gewichtiger, wenn nicht gar letaler Einwand gegen Rawls' moralische Rationalitätsfiguren und ökonomische Rationalitätsfiguren verquirlende Begründungsargumentation, daß nicht einzusehen ist, warum die Verfassungswähler sich unter dem Schleier der Unwissenheit nach dem Prinzip der Minimumsmaximierung verhalten sollten. Daß einige Menschen in einigen Situationen sich nach diesem Prinzip verhalten mögen, berechtigt nicht im mindesten dazu, dieses hasenfüßige Entscheidungsverhalten allen Menschen – denn die Verfassungswähler stehen für alle Menschen – bei der Wahl des institutionellen Rahmenwerks für alle Situationen als naturgegebenes Verhaltensprogramm zu unterstellen; vgl. Harsanyi 1976; Kersting 1993a, 74–81.

Als Grundprinzip der demokratischen Gleichheit rückt das Differenzprinzip hingegen in den Mittelpunkt eines egalitären Gerechtigkeitskonzepts, das die Aufgabe zugewiesen bekommt, die Gerechtigkeitsdefizite der liberalen Gleichheit zu kompensieren und die durch unterschiedliche Begabungsausstattungen und Sozialisationsschicksale verursachten Benachteilungen und Begünstigungen auszugleichen. Diese unterschiedlichen Darstellungskontexte färben das Differenzprinzip unterschiedlich ein, verändern seine Bedeutung. Dieser Bedeutungswechsel ist beträchtlich. Wir haben es eigentlich mit zwei Differenzprinzipien zu tun, mit dem Differenzprinzip I, das im Rahmen der kontraktualistischen Begründungsargumentation entwickelt wurde und *kontraktualistisches Differenzprinzip* heißen soll, und mit dem Differenzprinzip II, das sich im Zuge der semantischen Erläuterung und egalitaristischen Ausdeutung des Ergebnisses der kontraktualistischen Begründungsargumentation herausbildet und *egalitaristisches Differenzprinzip* heißen soll.

Ich behaupte aber nicht nur, daß es zwei Versionen des Differenzprinzips gibt und daß sich diese beiden Versionen beträchtlich unterscheiden. Ich behaupte auch, daß diese beiden Versionen sich nicht nur beträchtlich unterscheiden, sondern unvereinbar sind. *Das egalitaristische Differenzprinzip dementiert das kontraktualistische Differenzprinzip*, gibt diesem zumindest eine Ausrichtung, die mit den Grundvorstellungen der rationalegoistischen Verfassungswähler nicht zusammenstimmen. Ich behaupte weiterhin, daß mit der egalitaristischen Radikalisierung des Differenzprinzips Rawls' Theorie der Verteilungsgerechtigkeit unannehmbar wird. Die These, daß Rawls' Konzeption des Differenzprinzips zwei nicht zu vereinbarende Lesarten äußerlich zusammenbindet, stützt sich auf die Zurückweisung der drei Argumente, die Rawls zur Charakterisierung der gerechtigkeitsethischen Überlegenheit des Zustandes der demokratischen Gleichheit vorbringt. Es sind dies das *Argument der moralischen Willkür*, das *Argument vom Verdienst* und das *Argument von der Gemeinschaftssache*. Rawls will mit diesen Argumenten das Differenzprinzip erläutern. Aber er erläutert damit nicht das kontraktualistische Differenzprinzip, er erzeugt mit ihnen ein neues, ein egalitaristisches Differenzprinzip.[52] Als Interpretamente gedacht haben diese drei Argumente nicht einen bekannten Gegenstand deutlicher gemacht, sondern einen neuen Gegenstand geschaffen. Um diese These zu stützen, müssen wir uns fragen, ob die Verfassungswähler wohl diese drei Argu-

---

52 Die Anhänger der egalitaristischen Gerechtigkeit hingegen sehen die Sache genau anders. Während für mich der Kern der Rawlsschen Argumentation in seiner universalistische, individualistische und hermeneutische Rationalitätsfiguren verwebenden kontraktualistisch-kohärentistischen Begründungskonstruktion liegt (vgl. Kersting 1996a) und die nachgereichten egalitaristischen Explikationen seine Bedeutung verfälschen, erblicken die Egalitaristen, insbesondere die, die dem moralischen Unparteilichkeitsmodell den Vorzug vor dem rational-egoistischen Arrangement des wechselseitigen Vorteils geben, gerade in der egalitaristischen Explikation und in der auf die Verwandlung der liberalen Gleichheit in die demokratische Gleichheit zielenden ausgleichenden Funktion der Verteilungsgerechtigkeit das Herzstück der Rawlsschen Theorie; vgl. Barry, 1989, 213–225.

mente entwickelt und aufgrund ihrer das Differenzprinzip formuliert hätten. Oder genauer: wir müssen uns fragen, ob es denkbar ist, daß die Rationalegoisten unter dem Schleier des Nichtwissens sich wohl aufgrund dieser drei Argumente für das Differenzprinzip hätten entscheiden können. Die einzige Möglichkeit, diese Frage zu beantworten, besteht darin, diese Argumente selbst vor dem Hintergrund des kontraktualistischen Begründungsszenarios zu überprüfen.

11.1 Das Argument von der moralischen Willkür

Die Hauptlast dieser egalitaristischen Gerechtigkeitskonzeption ruht auf dem *Argument von der moralischen Willkür*. Um die Bedeutung dieses Arguments richtig zu erfassen, muß vorher ein Blick auf den Willkürbegriff geworfen werden. Ich unterscheide moralisch auffällige Willkür von moralisch unauffälliger Willkür. Moralisch auffällig wird Willkür, wenn sie gegen die Prinzipien moralischer Rationalität verstößt. Ein Beispiel moralisch auffälliger Willkür ist der Willkürherrscher der autokratischen Tradition, der Tyrann, der *summus malus* der klassischen Politik, oder der absolute Fürst der frühen Neuzeit, beide durch keine Regeln der Gerechtigkeit und des Naturrechts eingeschränkt, ja selbst durch das eigene gesetzesstiftende Wort nicht gebunden. Ein anderes Beispiel sind die willkürlichen Entscheidungen, die darum mit einem deutlich kritischen Unterton als willkürliche gebrandmarkt werden, weil sie sich nicht durch allgemein anerkennungsfähige Gründe rechtfertigen lassen, wohingegen die von ihnen verdrängten alternativen Entscheidungen durchaus intersubjektiv begründbar gewesen wären. Moralisch unauffällig wird die Willkür hingegen in Kontexten tätig, in denen eine Entscheidung getroffen werden muß, aber keine auszeichnenden Gründe zur Verfügung stehen. In solchen Situationen wird gewürfelt, ein Los aus dem Hut gezogen oder an den Knöpfen abgezählt; moralisch unauffällige Willkür artikuliert sich in den einschlägigen Verwillkürlichungsprozeduren.[53]

Der Unterschied zwischen diesen beiden Willkürsorten ist deutlich. Die moralisch auffällige Willkür ist die Ursache einer moralisch verwerflichen Entscheidung; sie hat durchaus Gründe auf ihrer Seite, nur sind dies nicht Gründe, die durch allgemein anerkennungsfähige Prinzipien gestützt sind. Der Tyrann würfelt nicht, sondern befriedigt seine Interessen auf Kosten des Allgemeinwohls. Moralisch auffällige Willkür ist also moralisch zu kritisierende Willkür. Wo sie tätig wird, gibt es immer eine moralisch vorzugswürdige Alternative. Die moralisch unauffällige Willkür hingegen ermöglicht Entscheidungen in Abwesenheit auszeichnender Gründe; daher gibt es zu ihren Entscheidungen auch keine vorzugswürdige Alternative. Hätte ein anderer gewürfelt, hätte man beim Knöpfeabzählen mit einem anderen Knopf begonnen, wäre ein anderes Ergebnis erzielt worden. Aber welches Ergebnis auch erzielt worden wäre, eins wäre so gut wie ein

---

53 Vgl. Elster 1988.

anderes gewesen. Denn die moralisch unauffällige Willkür wird eben dann tätig, wenn entschieden werden muß, aber keine entscheidenden Gründe vorliegen. Und da in bestimmten Situationen selbst einem Willkürherrscher die Gründe ausgehen können, kann auch er auf die Entscheidungsverfahren der moralisch unauffälligen Willkür zurückgreifen.

Obwohl Rawls selbst das Bild von der „Lotterie der Natur" gebraucht, ist es gerade nicht seine Überzeugung, daß bei der natürlichen Begabungsverteilung eine moralisch unauffällige Willkür am Werk gewesen ist. Das Handeln der moralisch unauffälligen Willkür ist moralisch neutral und kann nicht von einem moralischen Standpunkt aus betrachtet und beurteilt werden. Rawls, und mit ihm der gesamte egalitäre Liberalismus, betrachtet aber das Ergebnis der natürlichen Begabungsverteilung von einem moralischen Standpunkt aus und verwirft es als moralisch beliebig, als moralisch willkürlich. Die Entscheidungen der Natur sind also moralisch auffällige Willkürentscheidungen. Freilich kann man nur dann ein Verteilungsmuster als moralisch willkürlich bezeichnen, wenn man über rationale Verteilungskriterien verfügt, wenn man sagen kann, wie die Verteilungsentscheidungen einer moralisch korrekten Natur hätten aussehen müssen. Wie also sieht eine moralisch nicht-willkürliche natürliche Begabungsausstattung aus? Die einzig mögliche Antwort lautet: egalitär. *Eine moralisch nicht-willkürliche natürliche Begabungsausstattung würde jedermann mit Talenten und Fähigkeiten solchen Ausmaßes und solcher Qualität versehen, daß niemand in seiner Lebensplanung und Lebensführung gegenüber anderen benachteiligt oder bevorzugt wäre.* Daher verlangt dann die Gerechtigkeit nach Regeln, die die vorhandenen Verteilungsergebnisse so korrigieren, daß ein Zustand erreicht wird, der dem möglichst nahekommt, der sich im Fall einer kontrafaktischen Begabungsgleichheit einstellen würde. Für den Fall der unterschiedlichen sozialen Geburts- und familialen Sozialisationsschicksale gilt dasselbe Argument. Auch die Geschichte ist ein Ort moralisch willkürlicher Verteilungen von Ausgangschancen. Auch hier müßte eine, den Makel der moralischen Arbitrarität wettmachende, nicht moralisch willkürliche Verteilung zu einer egalitären, weder benachteiligenden noch begünstigenden Verteilung kommen.

Daß die Rawlssche Intuition, alle moralisch willkürlichen Verteilungen natürlicher wie sozialer Provenienz einer egalitaristischen Gerechtigkeitskorrektur zu unterwerfen, noch weit über diese Standardfälle der natürlichen Ungleichverteilung von Talent und Fähigkeit zum einen und der unterschiedlichen sozialen Herkunft zum anderen hinausgeht, zeigt Cohens Beispiel von der „eye lottery" und dem „eye-tree".[54] Dieses Beispiel erzählt eine entsetzliche Geschichte, aber es ist unbezweifelbar, daß die Möglichkeit einer Augenzwangslotterie für Bürger mit zwei guten Augen, um die zu bestimmen, die eins ihrer Augen ihren blinden Mitbürgern schenken müssen, durch die Rawlssche Argumentation von der Korrekturbedürftigkeit moralisch willkürlicher Verteilungen logisch gedeckt ist.[55] Dieses Beispiel macht deutlich, daß es

---

54 Cohen 1995, 70; 244.
55 Vgl. Roemer 1996, 232f.

kaum möglich ist, das Recht auf Freiheit, Autonomie und Selbstverfügung angesichts der Forderungen der egalitaristischen Gerechtigkeitskonzeption des Differenzprinzips aufrechtzuerhalten. *Durch das Argument der moralischen Willkür wird die freiheitsrechtliche Schutzzone aufgebrochen und all das, was zur empirisch-körperlichen Grundausstattung der Individuen gehört, der redistributiven Gerechtigkeit überantwortet.*

Rawls' Argument von der moralischen Willkür ist grotesk unvernünftig. Es ist unvernünftig, die natürlichen Eigenschaften der Menschen aus der Perspektive einer distributiven Gerechtigkeit zu gewichten. Diese Form von moralischer Naturkritik ist absurd, ist Ausdruck einer grammatischen Verfehlung, einer Verletzung der Grenzen des Handlungssprachspiels im allgemeinen und des moralischen Sprachspiels im besonderen. Die Natur hätte nicht anders handeln können. Mehr noch; sie handelt nicht und trifft auch keine Verteilungsentscheidungen. Die Natur liegt jenseits der Anwendungsgrenzen des Willkürbegriffs. Unsere Naturausstattung ist schiere Faktizität; man kann sich über sie grämen, man kann sie aber nicht zum Gegenstand moralischer Kritik machen. Sollte unser Haar schütter werden, dann können wir sagen, daß uns die Natur vergleichsweise übel mitgespielt hat, denn wir können uns vorstellen, daß wir uns mit samsondichtem Haupthaar weitaus wohler fühlen würden. Wir können das sagen, weil der Zustand unserer Haare *identitätskontingent* und nicht *identitätskonstitutiv* ist. Die lebensplanbestimmenden, lebenserfolgsrelevanten natürlichen Fähigkeiten und Begabungen hingegen stehen nicht in einem derart äußerlichen Verhältnis zu uns wie der ästhetische Zustand unseres Haarwuchses; sie machen uns aus, sie sind Bestandteil unserer Identität. Im egalitären Liberalismus wird das Gerechtigkeitsparadigma überstrapaziert, gedehnt, gestreckt und auf Bereiche angewandt, die sich ihm entziehen. Es ist semantischer Unfug, von einer moralisch willkürlichen Begabungsverteilung zu reden. Es ist semantischer Unfug, die Grammatik der moralischen Willkür vom Innenraum gesellschaftlich-politischen Handelns auf den Vorhof der genetisch bedingten Naturausstattung auszudehnen. Und was ist davon zu halten, wenn die Sprache der Benachteiligung und Bevorzugung nicht mehr nur dort Anwendung finden soll, wo Menschen die Bedingungen des Wettkampf-, Handlungs-, Lern- und Lebenserfolgs anderer Menschen beherrschen, sondern auch dort, wo die natürlichen Vorgaben sich aller menschlichen Kontrolle entziehen? Ist der Preis dieser Grenzüberschreitung nicht zu hoch? Werden hier nicht Begriffe zu Metaphern? Muß nicht der Zoll einer unstatthaften Subjektivierung entrichtet werden, wenn der moralische Gesichtspunkt auch natürliche Vorgegebenheiten in seine kritische Beurteilung einbezieht? Wenn die Gerechtigkeitstheorie diese natürlichen Verteilungsmuster ihrer moralischen Korrektur unterwirft, dann überdehnt sie menschliche Verantwortlichkeit, dann verwandelt sie den autonomieethischen Ansatz in hybride Anmaßung. So vorteilhaft die natürliche Begabungsausstattung des einen auch immer für seinen Lebensplanentwurf und die Durchsetzung seines Zukunftsprojekts sein mag, und so dürftig die natürliche Begabungsausstattung des anderen sich im Vergleich dazu ausnehmen mag, hier ist nichts Ungerechtes vorgefallen, hier sind keine unverdienten Auszahlungen vorgenommen worden, hier ist nichts moralisch Ungerechtfertigtes, moralisch Willkürliches geschehen. Und zwar darum nicht, es kann nicht oft genug betont werden, weil die genetische Ausstattung der Menschen, außerhalb des Bereichs moralischer Beurteilung liegt, weil die genetische Ausstattung des Menschen ebenso wie sein Geburtsschicksal moralisch völlig neutral ist. *Daraus folgt nicht, daß es keine Umverteilungen von den Erfolg-reichen zu den Erfolglosen geben darf, daraus folgt auch nicht, daß es nie eine Forderung der Gerechtigkeit sein kann, daß Einkommensstarke mit Einkommensschwachen und Einkommenslosen teilen sollen. Aber es folgt daraus, daß eine solche Gerechtigkeit ihre Umverteilungsaktionen nie damit begründen kann, daß es ihre Aufgabe wäre, unverdiente und moralisch zufällige lebens-erfolgsrelevante Begabungs- und Herkunftsungleichheiten auszugleichen.*

Andererseits: Sind die Menschen, die im Oderbruch wohnen, nicht im Vergleich zu den anderen, die in keiner flutbedrohten Gegend leben, benachteiligt? Sind nicht die Menschen, die in den Schneisen der Tornados leben, gegenüber anderen, die in sicheren Gefilden wohnen, benachteiligt? Immerhin ist es uns eine moralische und politische Selbstverständlichkeit, sie für die Nachteile ihres den Gewalten der Natur ausgesetzten Lebens zu entschädigen. Freilich – und darauf kommt alles an –: *diese Entschädigung versteht sich nicht als gerechtigkeitspolitische Rektifikation einer moralisch arbiträren Benachteiligung seitens einer moralisch irrationalen Natur.* Sie ist handfester Ausdruck unserer Solidarität mit in Not geratenen Landsleuten und Mitmenschen. Es ist eine Hilfeleistung, die auf eine vorliegende Elendssituation reagiert; es ist keine Entschädigung, die ein vor- oder außergesellschaftliches Gerechtigkeitsdefizit kompensatorisch und innergesellschaftlich ausgleicht. Wenn aber das Gerechtigkeitsparadigma nicht herangezogen werden kann, um naturverursachte Verschlechterungen der Lebenssituation und der Zukunftsaussichten der Menschen in Katastrophengebieten, also naturverursachte Benachteiligungen im Vergleich zu den günstigen Naturbedingungen der Lebenssituation und den Zukunftsaussichten der Menschen in anderen Gegenden des Globus, normativ zu gewichten, warum soll es dann einen verläßlichen Zugang zu dem Problem der unterschiedlichen Begabungs- und Fähigkeitenausstattung bieten können? *Es ist schlicht so, daß die Gerechtigkeit die unterschiedliche Naturausstattung der Menschen nichts angeht.* Wenn die Gerechtigkeit gesellschaftliche Verteilungsmuster auffordert, natürliche Begabungsungleichheiten und unterschiedliche Sozialschicksale zu korrigieren, dann wird sie von einer schlechten Metaphysik geleitet. Kein Rationalegoist unter dem Schleier der Unwissenheit würde eine Argumentation akzeptieren können, die zum einen den Willkürbegriff auf die Natur überträgt, zum anderen die natürlichen Begabungsausstattungen als moralisch willkürlich charakterisiert und daher zum dritten die Gesellschaft mit der Aufgabe betraut, diese moralisch willkürlichen Begünstigungen und Benachteiligungen durch geeignete rechtsförmige Verteilungsregeln zu neutralisieren. Keinerlei sachliche gerechtigkeitstheoretische Verbindung besteht zwischen dem Programm der Maximierung lebensplanneutraler Grundgüter im Gerechtigkeitsrahmen des kontraktualistischen Differenzprinzips und der Aufgabe, die Verteilungsagenturen der Gesellschaft als moralische Korrektur einer moralisch defizienten, moralisch willkürlich austeilenden Schöpfung zu organisieren.

11.2 Soziale Gerechtigkeit und Ackermans *Master Geneticist*

„I have assumed so far that the distribution of natural assets is a fact of nature and that no attempt is made to change it, or even to take it into account. But to some extent this distribution is bound to be affected by the social system. A caste system, for example, tends to divide society into separate biological populations, while an open society encourages the widest genetic diversity. In addition, it is possible to adopt eugenic policies, more or less explicit. I shall not consider questions of eugenics, confining myself throughout to the traditional concerns of social justice. We should note, though, that it is not in general to the advantage of the less fortunate to propose policies which reduce talents of others. Instead, by accepting the difference principle, they view the greater abilities as a social asset to be used for the common advantage. But it is also in the interest of each to have greater natural assets. This enables him to pursue a preferred plan of life. In the original position, then, the parties want to insure for their descendants the best genetic endowment (assuming their own to be fixed). The pursuit of reasonable policies in this regard is something that arises between generations. Thus over time a society is to take steps at least to preserve the general level of natural abilities and to prevent the diffusion of serious defects. These measures are to be guided by principles that the parties would be willing to consent to for the sake of their successors. I mention this speculative and difficult matter to indicate once again the manner in which the difference principle is likely to transform problems of social justice. We might conjecture that in the long run, if there is an upper bound on ability, we would eventually reach a society with the greatest equal liberty the members of which enjoy the greatest equal talent."[56]

Wenn wir zum einen soziale Gerechtigkeit als umfassende Verteilungsgerechtigkeit auslegen, Verteilungsgerechtigkeit wiederum als Organisationsprinzip einer auf wechselseitigem Vorteil basierenden Kooperationsgemeinschaft verstehen und ihr somit die Aufgabe zuweisen, einen fairen, die Prinzipien abstrakter Gleichheit und rationalegoistischer Nutzenmaximierung ausbalancierenden Grundgüteranteil zu bestimmen, wenn wir dann zum anderen die Bestimmung des jedermann zukommenden Grundgüteranteils von den unterschiedlichen Auswirkungen unterschiedlicher Begabungsausstattungen unabhängig machen wollen, weil wir in der kontingenten Empirie der Person keine Grundlage legitimer verdienstethischer Ansprüche erblicken können, und darum das Programm der Verteilungsgerechtigkeit mit dem Auftrag versehen, die karrierepolitischen Einflüsse der Natur- und Schicksalslotterie zu neutralisieren, – dann ist es nur konsequent, wenn der Theoretiker der Verteilungsgerechtigkeit sich überlegt, ob es nicht sowohl ökonomisch als auch moralisch vernünftiger ist, zumindest mittel- und langfristig die indirekte sozialpolitische Strategie der Umverteilung durch eine direkte eugenetische Strategie der Egalisierung der Begabungsstrukturen zu ersetzen.

---

56 Rawls 1971, 107 f.

Ist Leben unter der Perspektive der Verteilungsgerechtigkeit wesentlich produktiver Grundgütereinsatz; hat gerechte Verteilung für eine Grundgüterausstattung nach Maßgabe des einschlägigen Gerechtigkeitsprinzips zu sorgen; hat dieses Gerechtigkeitsprinzip die Aufgabe übernommen, die moralische Willkür der natürlichen Begabungsverteilung und der sozialen Herkunfts- und Aufzuchtsbedingungen zu korrigieren, dann muß die Verteilungsgerechtigkeit genetische Sensibilität entwickeln. Rawls' Gedankenskizze ist überaus aufschlußreich. In sachlicher Nüchternheit breitet sie die theoretischen wie praktischen Implikationen einer Theorie aus, die die Einheit der Person aufsprengt und die unterschiedlichen konstitutiven Elemente personaler Identität hinsichtlich ihrer karrierepolitischen Produktivität der Aufsicht ausgleichender Gerechtigkeit unterstellt. Nachdem die Person kontingenzphilosophisch dekonstruiert worden ist, steht im Sonnenstaat der Verteilungsgerechtigkeit ihre genetische Ausstattung technologischer Optimierung zur Verfügung. Es ist nur eine Frage des wissenschaftlichen Erkenntnisstandes und des technologischen Könnens, daß hinter dem sozialpolitisch zu bewirtschaftenden Talentpool der eugenetisch zu bewirtschaftende Genpool auftaucht. Ackerman hat zweifellos recht, daß Rawls die Einladung seines *Master Geneticist*, durch eine gerechtigkeitstheoretisch kontrollierte Produktion von *testtube-Babies* die anstößige Lotterie der Natur außer Kraft zu setzen und die Macht der moralischen Willkür zurückzudrängen, nicht ausschlagen kann.[57] Theorien der Verteilungsgerechtigkeit, die wie die Rawlssche oder – stärker noch – die Dworkinsche die Naturausstattung der Menschen in ihr egalitäres Gerechtigkeitskalkül einbeziehen und die kompensatorischen Programme der Verteilungsgerechtigkeit daher mit der Aufgabe des egalitären Ausgleichs von natürlichen Bevorzugungen und Benachteiligungen betrauen müssen, tendieren dazu, die Frage der genetischen Manipulation nur noch als technisches Problem zu sehen. Und daß ein solcher gentechnischer Feldzug gegen den genetisch bedingten Unterschied zwischen Bevorzugung und Benachteiligung und für die genetische Herbeiführung von größerer karrierepolitischer Chancengleichheit notwendig zu einer Homogenisierung der genetischen Ausstattung führen wird, liegt auf der Hand: „The only way to eliminate all such inequalities would be to make all people into carbon copies of one another."[58] Aber genau das hat ja Rawls als ungefähres Ziel vorgegeben: daß es gerechtigkeitstheoretisch erwünscht sei, durch geeignete Maßnahmen dafür Sorge zu tragen, daß zum einen der Genpool der Kooperationsgemeinschaft sich qualitativ nie verschlechtert und zum anderen die Aussicht besteht, daß – „in the long run" – die Talentausstattung sich hinsichtlich ihrer karriereökonomischen Produktivität immer mehr angleicht, die Summe der durch die natürliche Lotterie Benachteiligten also sukzessive immer kleiner wird. Ackerman selbst, der der Frage der genetischen Manipulation im Rahmen seiner

---

57 Ackerman 1980, 136.
58 Ebd.

skurrilen, ja bizarren Gerechtigkeitsdialoge ungemein viel Raum gibt, ist ein Vertreter des liberalen genetischen Prinzips der „undominated diversity".[59] Die von Ackerman zur Illustrierung seiner Legitimationsmethode des neutralen Dialoges erfundene Raumschiffbesatzung, die um den ausgewählten Planeten kreist, um sich über die Ordnung und Verteilungsstrukturen ihres künftigen gemeinsamen Lebens vor der Landung klar zu werden, entscheidet sich, mit dem Problem der genetischen Gerechtigkeit konfrontiert, gegen „master race" und „parental design" und für eine „genetic lottery", „in which every undominated genetic distribution is given an equal chance of success".[60] Ackermans Leitvorstellung der genetischen Gerechtigkeit ist „undominated diversity". Dieses Prinzip hat nichts mit der Wettbewerbslogik der Egalitaristen und ihrer leichthändigen Zuschreibung von Benachteiligung und Bevorzugung zu tun. Da jede Lebensvorstellung so gut und so wertvoll ist wie jede andere, ist es sehr schwierig, zu allgemeinverbindlichen Definitionen von Bevorzugung und Benachteiligung zu kommen. Erst dann ist eine genetische Ausstattung aus gerechtigkeitstheoretischer Perspektive problematisch, wenn sie durch und durch dominiert wird, d. h. wenn sie im Vergleich mit jeder anderen genetischen Ausstattung in jeder nur denkbaren Lebenshinsicht und hinsichtlich jeder nur denkbaren Tätigkeitsdimension immer und durchwegs die unterlegene ist.

11.3 Verdienst versus berechtigte Erwartungen

Das egalitaristische Differenzprinzip verlangt, daß man das Gesellschaftssystem so gestalten soll, daß diejenigen, die aufgrund der willkürlichen Naturausstattung und zufälligen gesellschaftlichen sozialen Ausgangsposition Vorteile haben, dafür einen Ausgleich für die Benachteiligten leisten, und diejenigen, die aufgrund der willkürlichen Naturausstattung und zufälligen sozialen Ausgangsposition Nachteile haben, dafür einen Ausgleich von den Bevorzugten empfangen. Das Argument, mit dem diese Umverteilungspflicht begründet wird, weist daraufhin, daß weder die Benachteiligten ihre Benachteiligung noch die Bevorzugten ihre Bevorzugung verdient hätten. Offensichtlich erläutern sich das Argument der moralischen Willkür und das Argument vom Verdienst wechselseitig. Die Unverdientheit der Bevorzugung und die Unverdientheit der Benachteiligung ist die Folge der Verteilungsentscheidungen der moralischen Willkür. Umgekehrt wäre eine nicht-willkürliche Begabungsverteilung dann eine solche, die verdient wäre, die die Individuen mit Talentausstattungen versehen würden, die ihnen den Anteil an den Grundgütern und die Lebenskarrieren verschaffen würden, die sie verdienen. Aber aufgrund welcher Leistungen sollte man sich eine bestimmte Naturausstattung verdienen können? Wenn man aber nicht angeben kann, welche

---

59　Ackerman 1980, 120.
60　Ackerman 1980, 113–138; 120; 121; 123.

Naturausstattung verdient wäre, kann man auch nicht sagen, daß die, die man vorgefunden hat, unverdient ist. Rawls schreibt: „Man hat seinen Platz in der Verteilung der natürlichen Gaben ebensowenig verdient wie seine Ausgangsposition in der Gesellschaft"; das scheint einleuchtend. Aber wäre die Verneinung dieses Satzes nicht minder richtig? „Der Platz, den man in der Verteilung der natürlichen Gaben einnimmt, ist ebensowenig unverdient wie die vorgefundene gesellschaftliche Ausgangsposition". Und darum sind die beiden Sätze gleichermaßen richtig, weil wir vernünftigerweise weder die natürliche Begabungsverteilung noch die vorfindlichen gesellschaftlichen Startbedingungen unter die Verdienstlichkeitsdifferenz stellen. Wir müssen sie aber unter die Verdienstlichkeitsdifferenz stellen, um sagen zu können, daß ungleiche natürliche und soziale Ausgangsbedingungen unverdient sind. Dann müssen wir aber grundsätzlich auch angeben können, welche Eigenschaften eine Verteilung der Ausgangsbedingungen haben muß, um verdient zu sein. Natürliche Ungleichheiten sind weder verdient noch unverdient, weder gerecht noch ungerecht. Weder läßt sich mit Hinweis auf ihre Unverdientheit eine ausgleichende Umverteilungspolitik rechtfertigen; noch vermag der Hinweis auf ihre Verdientheit jede ausgleichende Umverteilungspolitik moralisch diskreditieren. Keinerlei gerechtigkeitstheoretische Schlüsse lassen sich aus der natürlichen Ungleichheit und der Ungleichheit der gesellschaftlichen Ausgangspositionen gewinnen. Und es ist ein gänzlich verfehltes Unternehmen, eine Theorie der Verteilungsgerechtigkeit zu entwickeln, die ein moralisch willkürliches Verteilungsmuster durch ein moralisch notwendiges Verteilungsmuster ersetzen will und die gerechte Verteilung als Korrektur einer vorgegebenen unverdienten Verteilung inszeniert. Das führt nur zu semantischen Konfusionen.

Rawls gibt einerseits zu, daß es sehr problematisch ist, bei der Beurteilung natürlicher und sozialer Startbedingungen mit dem Begriff des Verdienstes zu operieren. Aber von der Behauptung, daß die unterschiedlichen natürlichen und sozialen Ausgangsbedingungen unverdient sind, will er nicht lassen. Er ist nur an der negativen Hälfte der Verdienstethik interessiert. Wann würden wir sagen, daß jemand seine günstigen natürlichen und sozialen Startbedingungen nicht verdient hätte? Vielleicht, wenn wir sehen würden, daß er seine sozialen Chancen nicht nutzt, daß er seine Anlagen brachliegen läßt, seine Talente nicht entfaltet. Dahinter steht die intuitive Überzeugung, daß ein Leben, das sich der Entwicklung, Förderung und Nutzung der vorhandenen Naturanlagen widmet, einem Leben moralisch vorzuziehen ist, das durch Nichtstun und Selbstindulgenz die vorgefundenen Begabungspotentiale verkommen läßt, daß es geradezu eine Pflicht gegen sich selbst ist, seine Anlagen zu entfalten.[61] Rawls' Rede von der Unverdientheit natürlicher Anlagen hat nichts mit dem Gedanken einer Verletzung einer unvollkommenen Pflicht gegen sich selbst zu tun. Auf die Unverdient-

---

61 Der *common sense* erweist sich hier einmal mehr als intuitiver Kantianer; vgl. Kant, *Metaphysik der Sitten*, Akad.-Ausg. VI, 444f.

heit der Begabungsausstattungen wird man nicht durch eklatante Unterbeanspruchung aufmerksam, sondern durch ihre unterschiedliche Auswirkungen auf den Lebenserfolg, auf den Besitz gesellschaftlicher Grundgüter. Unverdient ist jede Begabungsausstattung im Vergleich zu jeder anderen. Es ist nicht so, daß es etwa durchschnittliche Begabungsausstattungen gäbe, die verdient wären, und nur die an den Extremen der Bellschen Glocke zu findenden reichen und ärmlichen unverdient wären. Da aber jede Begabungsausstattung unverdient ist, ist auch jeder Vorteil, den sich jemand aufgrund seiner Begabungsausstattung gegenüber anderen verschaffen kann, wie auch jeder Nachteil, den einer anderer wegen seiner Begabungsausstattung im Vergleich zu anderen erleidet, unverdient. Damit aber, und das sicherzustellen ist Rawls vor allem bemüht, vermag niemand unter Berufung auf seine Talente und Fähigkeiten einen Anspruch auf die mit seinen Talenten und Fähigkeiten erarbeiteten Güter erheben. Naturausstattungen scheiden genauso wie soziale Herkunftsbedingungen als Grundlagen berechtigter Ansprüche auf das, was infolge dieser natürlichen und sozialen Startgegebenheiten erwirtschaftet werden konnte, aus. Da letztlich aller Erfolg der Lebenskarrieren der Individuen auf natürliche Fähigkeiten, soziale Herkunft und Sozialisationsverlauf zurückzuführen ist, besagt die These von der Unverdientheit der natürlichen und sozialen Ausgangsbedingungen in letzter Konsequenz, daß niemand ein natürliches Recht auf die von ihm erarbeiteten sozio-ökonomischen Güter hat.

Da eine Markt- und Herkunftsaristokratie unseren gerechtigkeitstheoretischen Vorstellungen widerstreitet, dürfen Erfolg und Mißerfolg nicht als gerechte Belohnung erscheinen, dürfen die für Erfolg und Mißerfolg weitgehend verantwortlichen unterschiedlichen natürlichen Begabungsausstattungen und sozialen Herkunftsbedingungen nicht als unterschiedliche Verdienstansprüche der Individuen interpretiert werden. Denn das lieferte die Gerechtigkeit in der Tat den blinden Verteilungen der Kontingenz aus, würde Gegebenheiten unmittelbar normativ sanktionieren. Um diese Verwandlung des Faktischen ins meritorisch Sanktionierte zu verhindern, hat Rawls jedoch nun nicht die Prädikate des Verdienstlichen und moralisch Zufälligen grundsätzlich aus der Beschreibung der natürlichen und sozialen Ausgangsbedingungen der individuellen Lebenskarrieren entfernt, sondern sie ins Negative gewendet. Anstatt verdienter und daher moralisch begründeter ungleicher natürlicher und gesellschaftlicher Startbedingungen geht Rawls von unverdienten und moralisch unbegründeten ungleichen natürlichen und gesellschaftlichen Startbedingungen aus.[62] Damit belastet er die Gerechtigkeit mit der Aufgabe einer rückwirkenden, die ungleichen Ausgangsbedingungen der Lebenskarrieren umwegig ausgleichenden moralischen Korrektur. Es

---

62 Rawls orientiert sich hier an einem Argument von Herbert Spiegelberg, entwickelt in „A Defense of Human Equality", *Philosophical Review* 52/1944, das fordert, daß alle unverdiente Diskriminierung einen Ausgleich verlangt, und unter unverdienter Diskriminierung moralisch ungerechtfertigte Diskriminierung versteht; vgl. Pojman/McLeod 1999, 149–156.

ist nicht einzusehen, wie dieser metaphysische Korrekturegalitarismus in das Entscheidungsprogramm der nutzenmaximierenden Verfassungswähler integriert werden kann.

Indem das Differenzprinzip „den Gesichtspunkten des Ausgleichsprinzips einiges Gewicht gibt" und wie dieses meint, daß „unverdiente Ungleichheiten ausgeglichen werden sollten",[63] verwandelt es sich vom Differenzprinzip I zum Differenzprinzip II, vom kontraktualistischen zum egalitaristischen Differenzprinzip. Es verliert damit die Legitimität, die ihm im *justice-as-fairness*-Szenario zuteil wurde, denn es ist gänzlich ausgeschlossen, daß die rationalegoistischen Verfassungswähler sich auf ein Prinzip des Ausgleichs unverdienter natürlicher Begabungsungleichheit einlassen und jede verdienstethische, ein Verdienstanrecht begründende Verbindung zwischen ihrer Natur und ihrer sozialen Herkunft einerseits und den erwirtschafteten sozio-ökonomischen Grundgütern andrerseits kappen würden. Kein um Maximierung seines Nutzens bemühtes Individuum würde einem Prinzip zustimmen, daß von ihm eine Schlechterstellung um der Herstellung größerer gesellschaftlicher Gleichheit willen verlangte. Ist dem individuellen Nutzenmaximierer schon nicht nahezubringen, sich zu Wohlfahrtseinbußen um der Steigerung des Durchschnittsnutzens willens bereitzufinden, so wird er *a fortiori* nicht einer egalitaristischen Gerechtigkeitspolitik beipflichten wollen. Das rationalegoistische Maximierungsprogramm, das den entscheidungstheoretischen Kern des kontraktualistischen Arguments bildet, ist weder mit dem Ziel der Maximierung des Durchschnittsnutzens noch mit dem Ziel der Maximierung der Gleichheit vereinbar. Und wenn Gerechtigkeit kontraktualistisch-proceduralistisch definiert wird durch die Regel, auf die sich allein um die Verbesserung ihrer Nutzenpositionen besorgte Egoisten unter dem Schleier der Unwissenheit einigen würden, dann bringt weder die Regel der Durchschnittsnutzenmaximierung noch die der Gleichheitsmaximierung Gerechtigkeit zum Ausdruck. Man darf nicht vergessen, daß das begründungstheoretische Ausgangsarrangement Rawls' Gerechtigkeit als Ermöglichung von Kooperationsrationalität bestimmt. Um die rationale Vorzugswürdigkeit der Kooperation zu genießen, muß der Kooperationsgewinn einvernehmlich verteilt werden. Und diese allgemein akzeptierten Verteilungsregeln des Kooperationsgewinns sind die Regeln der sozialen Gerechtigkeit. Dabei ist das Differenzprinzip für sozio-ökonomische Güter zuständig. Es verlangt in seiner ursprünglichen Fassung eine lexikalisch organisierte Maximierung des gesellschaftlichen Minimums. Das besagt, daß sich die Individuen auf eine Regel geeinigt haben, die die kooperationsermöglichenden Gerechtigkeitskosten auf den Beitrag einschränkt, der für die lexikalische Maximierung des gesellschaftlichen Minimums erforderlich ist. Das besagt, daß die Individuen nie einer Regel zustimmen würden, die die Höhe der kooperationsermöglichenden Gerechtigkeitskosten an dem Umverteilungsauf-

---

63   Rawls 1975, 121.

wand bemißt, der erforderlich wäre, um den Durchschnittsnutzen zu maximieren oder gar um die sozio-ökonomische Gleichheit zu maximieren.[64]

„Man hat seinen Platz in der Verteilung der natürlichen Gaben ebensowenig verdient wie seine Ausgangsposition in der Gesellschaft. Ob man den überlegenen Charakter, der die Initiative zur Ausbildung der Fähigkeiten mit sich bringt, als Verdienst betrachten kann, ist ebenfalls fraglich; denn ein solcher Charakter hängt in erheblichem Maße von glücklichen familiären und gesellschaftlichen Bedingungen in der Kindheit ab, die man sich nicht als Verdienst anrechnen kann. Der Begriff des Verdienstes ist hier nicht am Platze."[65]

Wie diese These von der illegitimen Selbstzuschreibung des eigenen Charakters deutlich macht, beruht Rawls' Angriff auf ein prä-konstitutionelles Verdienstanrecht auf einer einfachen Überlegung:

1. Notwendige und hinreichende Bedingung für die Zuschreibung eines Verdienstanrechts ist die Selbstverursachung der Handlung, der Eigenschaft, auf die sich das Verdienstanrecht stützt.

2. Weder der Besitz der natürlichen Eigenschaften noch der Besitz der sozialen Startposition noch der eigene Charakter, der über die Nutzungsweisen der natürlichen und sozialen Gegebenheiten bestimmt, verdanken sich eigenverantwortlichem Handeln, sondern sind eminent fremdverursacht. Rawls legt die Logik des Verdienstanrechts also in enger Anlehnung an die Logik der Verantwortung und Selbstverursachung aus; er argumentiert inkompatibilistisch: Fremdverursachung ist genauso wenig mit Verdienstanrecht kompatibel wie es mit Verantwortlichkeit kompatibel ist. Verantwortlichkeit für ... und Verdienstanrecht auf ... sind beide gleichermaßen geltungslogisch in eigener Handlungsmächtigkeit, in Selbstverursachtheit begründet.

3. Wenn weder der Besitz der natürlichen Eigenschaften noch der Besitz der sozialen Position verdient sind, sind auch die Vorteile nicht verdient, die daraus fließen; obwohl diese durchaus auf bewußtes, verantwortliches Eigenhandeln

---

64 Wenn wir den ursprünglichen Maximierungsgedanken festhalten, dann ist es weitaus wahrscheinlicher, daß nur der Teil des kooperativ erwirtschafteten Vermögens zur Finanzierung der Kooperationsgerechtigkeit – Maximierung des sozialen Minimums – aufgewandt wird, der durch eine progressive Einkommensteuer auf der Grundlage einer dem unterschiedlichen Fähigkeitsniveau und Leistungsvermögen proportional angemessenen, marktorganisierten Verteilung abgesteckt wird. Vgl. David Gauthiers „proportionate difference principle":"I conclude, then, that people who are rational in the sense assumed by Rawls, and who find themselves subject to the circumstances of justice in a position of original equality, will agree to a system of social cooperation regulated by a difference principle which specifies that each is to receive such benefits as he would expect apart from agreement, and, in addition, each is to receive that share of the social surplus of primary goods which ensures that the lowest level of realization of social potential is maximized, and, for equal lowest levels, that the second lowest level of realization of social potential is maximized, and so on. The object to rational agreement is the lexical difference principle applied to the distribution to the social surplus proportionate to social potential" (Gauthier 1990, 164f.).

65 Rawls 1975, 125.

der Individuen zurückzuführen sind. Die Fremdverursachtheit der begabungs-
mäßigen, sozialen und charakterlichen Grundausstattung teilt sich moralisch
allen Vorteilen mit, die mit ihrer Hilfe von den Individuen erwirtschaftet werden, und macht sie so unverdient wie sie selbst sind. Ein Eigenhandeln im Einsatz und in der Anwendung dieser Grundausstattung kann also den Bann nicht
brechen, den die Fremdverursachtheit dieser Grundausstattung über alle individuellen Verdienstanrechte legt. Ist die Grundausstattung nicht verdient,
dann ist auch alles, was wir mit ihrer Hilfe an Vorteilen erwirtschaften, nicht
verdient.

4. Diejenigen, die hier nur unsere verantwortungstheoretische Standardsemantik
   wiederfinden, mögen ein zweites Mal hinschauen: nichts geringeres verlangt dieses Argument als Legitimationsbedingung für Verdienstanrechte als die Selbster-
   schaffung. Wer aber ist schon der Autor seiner Fähigkeiten und Charakterzüge.
   Sicherlich, wir können manches erwerben; aber dieses Erwerbenkönnen ist seinerseits durch vorausgesetzte Fähigkeiten begünstigt, die grundsätzlich nicht erworben werden können. Wir können manches aus uns machen, aber wir können
   uns nicht selbst machen; wir sind nun einmal hypoleptische Wesen, die in ihren
   Aktivitäten, auch sich selbst kultivierenden Aktivitäten an uneinholbare Voraussetzungen und basale, nicht durch sich selbst induzierbare Fähigkeiten anknüpfen müssen.[66]

Haben wir hier ein valides Argument vor uns? Es wäre ein valides Argument, wenn
es beweisen wollte, daß das Prädikat des Verdienstanrechts nur auf Gott anwendbar wäre; denn der hypoleptische Charakter menschlichen Lebens und Handelns
verlegt jeder Möglichkeit, in der Menschenwelt das Verdienst-Prädikat legitim zu
verwenden, den Weg. Das Kausalitätsaxiom, das jede Ursache eine verursachte
Wirkung ist, wird für jeden Verdienst-Kandidat Y ein kausal notwendiges, nicht
selbstgetätigtes und also unverdientes X ausfindig machen. Die Unverdientheit der
basalen Ausstattung kontaminiert alles folgende, alles, was sich mit ihrer Hilfe
während des menschlichen Lebens erreichen läßt. Wir pflegen ja noch nicht einmal
etwas zu tun, um uns unser Zur-Welt-Kommen zu verdienen. Da ist es dann wirklich überflüssig, noch darauf hinzuweisen, daß wir unsere Begabungen nicht verdienen. Niemand verdient irgendetwas, das ist die Quintessenz der Rawlsschen Argumentation. Selbst unseren Charakter dürfen wir uns nicht zuschreiben.

---

66 Und so sieht das vollständige Rawlssche Anti-Verdienstanrechts-Argument aus: „1. Each person
has some basic set of abilities, including an ability to exert effort, which does not belong to him as
a result of anything he has done. 2. If a person's having X is not a result of anything he has done,
then he does not deserve to have X. Therefore, 3. No person deserves to have his basic abilities.
Moreover, 4. Each action a person performs is made possible, directly or indirectly, by some sub-
set of his basic abilities. 5. If a person does not deserve to have X, and X makes Y possible, then
the person does not deserve Y. Therefore, 6. No person deserves to perform his actions, and neither does anyone deserve to enjoy any of the benefits that his actions in turn make possible" (Sher
1987, 24).

Neben diesem kausal-rekursiven Argumentationsstrang, der nur einer *causa sui* die Chance läßt, prä-konstitutionelle Verdienstanrechte anzumelden, weist das Rawls-sche Argument noch einen weiteren Gedankenzug auf, der dazu quer liegt, nicht diachron-linear verläuft, sondern synchron-komparatistisch ist. Es ist ja wesentlich die sich als Vorteilhaftigkeit und Nachteiligkeit, als Begünstigung und Benachteiligung erweisende Unterschiedlichkeit der Begabungen und sozialen Herkunftsschicksale, die das Unverdientheits-Urteil veranlaßt. Daß diese beiden Argumentationsstränge divergieren, zeigt folgende Überlegung: während im Lichte des ersten Argumentationsstranges alles unverdient ist, gleichgültig wie es inhaltlich beschaffen ist, gleichgültig auch wie es sich zu anderem verhält, ist im Lichte des zweiten Argumentationsstranges durchaus eine Situation denkbar, in der kein Anlaß bestünde, von unverdienten Ausgangspositionen zu reden. Dann nämlich bestünde kein Anlaß, von unverdienten Ausgangspositionen zu reden, wenn keinerlei signifikante Ungleichheit zwischen den Ausgangspositionen besteht, keinerlei begünstigungs- oder benachteiligungsrelevante Ungleichheit. Zumindest aber müßte man, das legt die Logik des Komparativ-Kompetitiven nahe, den Begabungsbereich als verdient bezeichnen dürfen, der im Konvergenz- oder Äquivalenzbereich aller menschlichen Begabungsausstattungen liegt. Wenn jemand von unverdient ungleichen Begabungs- und Fähigkeitsausstattungen redet und der Gerechtigkeit eine egalitaristisch orientierte Ausgleichspflicht überträgt, dann sollte man meinen, daß er die Begriffe der Fähigkeit, des Fähigkeitenvergleichs, der Benachteiligung und der Bevorzugung vorher semantisch geklärt hat. Doch obwohl Rawls unablässig Fähigkeiten, Talente und Begabungen vergleicht und Benachteiligungen und Bevorzugungen konstatiert und einer dikaiologischen Rektifikation überantwortet, bleiben die Begriffe unklar, bleibt auch die Vergleichsoperation undeutlich.

Rawls' Gerechtigkeitstheorie zielt darauf, natürliche, prä-konstitutionelle Verdienstansprüche durch institutionell definierte berechtigte Erwartungen zu ersetzen.

> „It is perfectly true that given a just system of cooperation as a scheme of public rules and the expectations set up by it, those who, with the prospect of improving their condition, have done what the system announces that it will reward are entitled to their advantages. In this sense the more fortunate have a claim to their better situation; their claims are legitimate expectations established by social institutions; and the community is obligated to meet them. But his sense of desert presupposes the existence of the cooperative scheme; it is irrelevant to the question whether in the first place the scheme is to be designed in accordance with the difference principle or some other criterion."[67]

Rawls' Rede von der Unverdientheit günstiger und benachteiligender natürlicher und sozialer Startbedingungen hat das Ziel, den natürlich und sozial mit lebenserfolgsrelevanten Vorzügen Ausgestatteten die Möglichkeit zu nehmen, sich der redistributiven Gerechtigkeit mit dem Argument zu entziehen, daß sie das, was sie be-

---

67   Rawls 1971, 103.

sitzen, auch verdienten. Wird die Naturausstattung zum Verdienst, dann entsteht ein Anrecht auf alles, das unter Einsatz von Talent, Begabung und Fähigkeiten erarbeitet und erwirtschaftet wurde. So vermag sich das Individuum hinter seinem Verdienstanrecht zu verschanzen und seine im kooperativen System erarbeiteten Güter dem Zugriff der autonomieethischen Verteilungsgerechtigkeit zu entziehen. Niemand verdient seine natürlichen und sozialen Startbedingungen, niemand hat einen prä-institutionellen, von den gemeinsam ermittelten Prinzipien der Verteilungsgerechtigkeit unabhängigen Anspruch auf das, was ihm kontingenterweise zugefallen ist, und was er aufgrund des Einsatzes seiner natürlichen Talente und sozialen Begünstigung für sich gewinnen kann.

Rawls' Ablehnung des Verdienstbegriffes ist die Konsequenz seines absoluten rechtfertigungstheoretischen Intersubjektivismus. Kennzeichen des rechtfertigungstheoretischen Intersubjektivismus ist die Ablehnung aller prä-institutionellen subjektbegründeten normativen Ansprüche. In der Rawlsschen Theorie sind alle normativen Prädikate der Individuen, alle Rechte, Pflichten und Ansprüche in dem institutionellen Gefüge der Gesellschaft begründet. Was einer Person an Rechten, Pflichten und Ansprüchen zusteht, ist keinem normativ gehaltvollen Begriff der Person, der menschlichen Natur oder des individuellen Menschenrechts zu entnehmen. Die Institutionen sind die Schöpfer der Normativität: sie legen ein Netz von Rechten, Ansprüchen und Pflichten über die Gesellschaft; sie allein begründen legitime Erwartungen. Der ganze prä-institutionelle Bereich der menschlichen Natur und der individuellen Grundrechte wird bei Rawls gerechtigkeitstheoretisch neutralisiert; die bislang von ihm geleisteten Orientierungen werden jetzt von der Grundstruktur der Gesellschaft selbst übernommen, die sich durch keine normativen Vorgaben binden und durch keine prä-institutionellen Instanzen einschränken läßt. Die metaphysische Grundlage dieses rechtfertigungstheoretischen Intersubjektivismus ist das Kontingenzargument, daß all das, was aus moralischer Beurteilungsperspektive betrachtet willkürlich ist, als Grundlage legitimer, durch die gesellschaftliche Grundstruktur zu respektierender Verdienstansprüche nicht herangezogen werden darf.

11.4 Das Argument vom Gemeinbesitz der Begabungen

Zur weiteren Erläuterung der gerechtigkeitspolitischen Wirkungsweise des egalitaristischen Differenzprinzips hat Rawls den Begriff des „common asset" eingeführt: „The difference principle represents, in effect, an agreement to regard the distribution of natural talents as a common asset and to share in the benefits of this distribution whatever it turns out to be."[68] Das Differenzprinzip etabliert eine *Gerechtigkeitsregie der demokratischen Gleichheit*. Nicht mehr Individuen erarbeiten sich aufgrund ihrer Rechtsausstattung zum einen und ihrer Anstrengungen zum anderen einen berechtigten Anteil an den kooperativ erwirtschafteten Grundgütern, sondern die Allgemeinheit, die Kooperative bestimmt den Anteil, den jeder be-

---

68 Rawls 1971, 101.

rechtigterweise erwarten kann, durch ihr distributives Regelwerk. „Wer von der Natur begünstigt ist, sei es, wer es wolle, der darf sich der Früchte nur so weit erfreuen, wie das auch die Lage der Benachteiligten verbessert. Die von der Natur Bevorzugten dürfen keine Vorteile haben, bloß weil sie begabter sind, sondern nur zur Deckung der Kosten ihrer Ausbildung und zu solcher Verwendung ihrer Gaben, daß auch den weniger Begünstigten geholfen wird."[69]

Die Gerechtigkeitskonzeption des Differenzprinzip läuft also auf eine Art Konfiszierung der natürlichen Talente, Fähigkeiten und Anlagen hinaus, auf eine rektifizierende Begabungsbewirtschaftung, die die natürlichen Kapazitäten und Leistungsdispositionen in Produktivitätshaftung nimmt.[70] Das Individuum mit günstigen natürlichen und sozialen Ausgangsbedingungen wird vor das egalitaristische Tribunal gezogen und dann auf den Markt geschickt, um ein hohes Einkommen zu erzielen, damit es seine unverdiente Bevorzugung durch eine hohe Steuer- und Abgabenquote abarbeiten und sich durch derartige Gemeinnützigkeit ihrer würdig erweisen kann. Man muß mit seinen natürlichen Pfunden wuchern und die erzielten Zinsen den weniger Begünstigten zukommen lassen. Die Gesellschaft wird zur Treuhandgesellschaft, die die Talente wie ein Wertdepot verwaltet und auf günstige kompensationspolitische Verwertungsbedingungen bedacht ist. Die Symbolfigur dieses kompensatorischen Gerechtigkeitsbegriffs ist offensichtlich jener ebenso riesenhafte wie unfreundliche Kerl aus Corydallus in Attica, der vorüberkommende Reisende auf ein Bett zwang und ihnen die überragenden Körperpartien abschnitt, wenn sie zu lang waren, sie jedoch dehnte und streckte, wenn sie zu kurz waren. Darum wurde er *Procrustes*, der Folterer und Gliederdehner genannt. Theseus, offenkundig der erste *libertarian*, hat ihn erschlagen.

---

69 Rawls 1975, 122.

70 Man sollte meinen, daß nicht eigens betont werden muß, daß der Talentpool natürlich nur ein Begründungsargument für eine egalitaristische Begabungsbewirtschaftung symbolisiert und natürlich niemand je mit diesem Gedanken meinen könnte, Talente zu portionieren und die Portionen dann zu implantieren. Aber die sich aller Kontexte und *common sense*-Nähe entledigende Methodologie der analytischen Philosophie erzeugt ihre eigene Naivität, die sich erst wortgläubig äußert, um dann zurückgewiesen zu werden: „A second objection to talent pooling that may be summarily dismissed turns on the impossibility of actually redistributing natural capacities, of transferring them from one individual to another. If Jones has a excess of musical talent and Smith a surplus of brains, no transfer will make Jones smarter and Smith a better pianist: however unfair it may be that each enjoys the particular advantages he does, there is no way (yet) of reshuffling the deck so as to equalize the distribution of desirable attributes. This objection, however, misconceives the nature of the redistribution a pooling program would entail. Treating Jones's talent as a communal asset does not mean that the talent itself must somehow be carved up into portions and distributed to the members of Jones's community [...], but only that Jones must be prohibited from exploiting his gifts in a way that does not benefit others equally – that he must be prohibited, in other words, from selfishly using his own talent to make himself better off than his neighbours. The object of pooling is not to achieve an equal distribution of attributes but rather to equalize the advantages and disadvantages that result from the natural endowments different individuals happen to have" (Kronman 1981, 65).

Die Idee, die natürlichen Eigenschaften der Menschen in einen Talentpool zu geben und als „Gemeinschaftssache" zu betrachten, sie kollektiv zu bewirtschaften und gesamtgesellschaftlich zu investieren, damit ein möglichst großer Umverteilungsertrag erzielt werden kann, durch den die lexikographische Besserstellung der natürlich Benachteiligten finanziert werden kann, setzt sich dem Einwand aus, daß sich hier das egalitaristische Engagement weit über die Voraussetzungen des normativen Individualismus hinwegsetzt. Dieser Einwand kann sogar die Gestalt eines Selbstwiderspruchvorwurfs annehmen, scheint hinter der Idee der gesellschaftlichen Bewirtschaftung der natürlichen Begabungsausstattungen doch genau dieselbe mangelhafte Individualitätskonzeption zu stecken, die Rawls dem Utilitarismus vorgeworfen hat und die zu korrigieren erklärtermaßen ein zentrales Motiv der deontologischen Gerechtigkeitsphilosophie Rawls' ist.

Der Utilitarismus verlangt, eine Gesellschaft so zu ordnen, daß ihre Einrichtungen und Regelsysteme den Bürgern insgesamt eine größere Befriedigung ihrer Interessen ermöglichen als jedes vergleichbare institutionelle Arrangement. So wie wir bei unserer rationalen Lebensgestaltung uns aus unserer Gegenwartsverhaftetheit reflexiv und imaginativ lösen und gegenwärtige und zukünftige Gewinne und Verluste unserer angenommenen Handlungsstrategien gegeneinander aufrechnen können, so kann eine Gesellschaft aus utilitaristischer Perspektive Wohl und Wehe ihrer verschiedenen Mitglieder gegeneinander aufrechnen. Dabei spielt die Verteilung der Befriedigungen und Frustrationen, der Kooperationslasten und Kooperationsprämien auf die einzelnen Individuen keine Rolle. Das utilitaristische Prinzip der Nutzensummenmaximierung ist verteilungsindifferent und folglich mit fundamentalen Gerechtigkeitsvorstellungen und Fairneßanschauungen inkompatibel. Der Utilitarismus ist auch mit unseren intuitiven Vorstellungen von persönlicher Integrität, Selbstbestimmung und Eigenrecht nicht vereinbar. Wir können für uns bei der Entscheidung zwischen Handlungsalternativen Nachteile und Vorteile gegeneinander aufrechnen, d. h. wir können unsere Vorteile und unsere Nachteile gegeneinander aufrechnen; aber es ist nicht vertretbar, die Vorteile und Nachteile verschiedener Menschen miteinander zu verrechnen und die Nachteile des einen durch die Vorteile des anderen zu kompensieren oder die Besserstellung des einen durch die Schlechterstellung des anderen zu bezahlen. Der Utilitarismus betrachtet, das insbesondere wirft ihm Rawls vor, die Gesellschaft nach dem Modell des Einzelmenschen.[71] Er konzipiert die Gesellschaft als großformatigen nutzenmaximierenden Egoisten und kann daher die Verschiedenheit der Individuen moralisch und rechtlich nicht ernst nehmen. Nicht als ein mit unveräußerlichen Rechten begabtes Wesen erscheint der Mensch dem Utilitaristen, sondern als ein Glückscontainer, als Träger verrechenbarer Befriedigungs- und Enttäuschungseinheiten. Das führt zu einer Entwürdigung des Individuums, zu seiner Entindividualisierung, zur Einebnung aller zwischen Individuen bestehenden qualitativen Differenzen. Dem ent-

---

71 Rawls 1975, 45.

spricht eine *makros-anthropos*-Konzeption, die sich die Gesellschaft als selbständiges und homogenes Bedürfnissystem vorstellt, dessen Befriedigung der unparteiische Beobachter durch den wirkungsvollen Einsatz der gesellschaftlichen Hilfsmittel zu maximieren sucht.

Aus all diesen Gründen versteht sich der utilitarismuskritische Liberalismus, sei es der egalitäre eines Rawls, Dworkin und Nagel, sei es der libertäre eines Nozick und Buchanan, als deontologische Konzeption, die die These des normativen Individualismus in den Mittelpunkt stellt und sich gern mit Hilfe des Kantischen Diktums, daß der individuelle Mensch Zweck an sich selbst sei und weder von seinesgleichen noch von der gesellschaftlichen Gesamtheit als bloßes Mittel behandelt werden dürfe, über sich selbst verständigt. Rawls weist denn auch den Gedanken von sich, daß das Differenzprinzip diese individualistischen Grundlagen übermäßig belasten könnte. Für ihn ist es ausgemachte Sache, daß das Differenzprinzip ein deontologisches Rechtsprinzip und mit dem normativen Individualismus kompatibel sei und das Kantische Ideal des wechselseitigen Respekts klar zum Ausdruck bringe. „By arranging inequalities for reciprocal advantage and by abstaining from the exploitation of the contingencies of natural and social cirumstance within a framework of equal liberty, persons express their respect for one another in the very constitution of their society [...] Another way of putting this is to say that the principles of justice manifest in the basic structure of society men's desire to treat one another not as means only but as ends in themselves."[72] Und an einer anderen, nicht in die deutsche Fassung übernommenen Stelle der *Theory of Justice* heißt es ausdrücklich: „The two principles of justice [...] rule out even the tendency to regard men as means to one another's welfare."[73] Während der individualistische Kritiker die Rede von dem *common asset* als ein heimliches Eingeständnis des Grundlagenverrats betrachten würde, wollte Rawls selbst die Wendung von der ‚Gemeinschaftssache‘ wohl nur als Interpretations- und Operationalisierungsbegriff verstanden wissen, der auf der Grundlage des gleichen Rechts eines jeden auf einen fairen Anteil an den kooperativ erwirtschafteten Gütern, oder noch allgemeiner: auf der Grundlage des gleichen Rechts eines jeden darauf, daß es in seinem Leben einigermaßen fair zugeht, lediglich den Weg veranschaulicht, wie im gesellschaftlichen Denken und Handeln das Problem der ungleichen natürlichen Begabungsverteilung gerechtigkeitspolitisch verdeutlicht und angepackt werden kann. Freilich verdankt sich die Idee der ‚Gemeinschaftssache‘ wesentlich der Tatsache, daß die ungleiche natürliche Begabungsverteilung und die ungleichen gesellschaftlichen Startbedingungen als moralische Herausforderung verstanden werden. Genau das aber sind sie auf der Grundlage des normativen Individualismus nicht. Die Unduldsamkeit gegenüber unterschiedlichen natürlichen und gesellschaftlichen Ausgangsbedingungen individueller Lebenskarrieren, die den Egalitaristen kennzeichnet,

---

72 Rawls 1971, 179.
73 Ebd., 183.

ist dem von Haus aus pluralismus- und differenzfreundlichen normativen Individualisten fremd.

Eine Klärung der subjektivitätstheoretischen und personentheoretischen Grundlagen des Differenzprinzips und seiner *common-asset*-Deutungsperspektive ist erforderlich, zu frappant und argwohnerregend ist trotz aller Rawlsschen Versicherung seiner Kantischen Linientreue die Ähnlichkeit zwischen der utilitaristischen Mißachtung individueller Selbständigkeit und Verschiedenheit einerseits und der Kollektivierung der erfolgsrelevanten natürlichen und sozialen Ausgangseigenschaften durch die Politik des Differenzprinzips andererseits. Müssen nicht die Bevorzugten den Eindruck gewinnen, von dem gesellschaftlichen Verteilungsarrangement nur als Mittel, nämlich im Wortsinn: als Produktionsmittel für eine kompensatorische Umverteilungswirtschaft behandelt zu werden? Impliziert nicht der Gedanke der Selbstzweckhaftigkeit den anderen der Selbstverfügung, des Eigentums an sich selbst und an seinen natürlichen Kräften? Es ist jedenfalls durchaus nachvollziehbar, daß der *libertarian* Robert Nozick Rawls hier Verrat am deontologischen Liberalismus vorwirft und die Kritik, die Rawls gegen den Utilitarismus richtet, an Rawls zurückgibt: jemand, der die natürlichen Fähigkeiten der Individuen in einen gesellschaftlich zu bewirtschaftenden Pool gibt und das Prinzip des Privatbesitzes an den eigenen natürlichen Produktionsmitteln aufhebt zugunsten des Prinzips des gesellschaftlichen Kollektivbesitzes aller individuellen Fähigkeiten, nimmt nun wahrlich nicht die Eigenständigkeit und Distinktheit der Personen ernst, sondern reduziert sie auf einen kontingenten Behälter kollektiv besessener Eigenschaften.

11.5 Gerechtigkeitstheorie und Personenkonzeption

Rawls' Behauptung, daß das Differenzprinzip die Selbstzweckhaftigkeit der Menschen achte, veranlaßt Nozick zu folgender ironischen Entgegnung: „Only if one presses very hard on the distinction between men and their talents, assets, abilities, and special traits. Whether any coherent conception of a person remains when the distinction is so pressed is an open question. Why we, thick with particular traits, should be cheered that (only) the thus purified men within us are not regarded as means is also unclear."[74] In der Tat, wenig bleibt von der Person übrig, wenn man all ihre Eigenschaften enteignet und in den kollektiven Besitz überführt. Unklar ist, was es unabhängig von der Behandlung der Eigenschaften einer Person heißen kann, sie als Zweck ernst zu nehmen oder nur als Mittel zu behandeln. Der so gereinigte, all seiner kontingenten Eigenschaften beraubte und damit seiner empirischen identitätsbildenden Merkmale vollständig entkleidete Personenkern ist kein möglicher Adressat einer Handlung; wir können miteinander nur über unsere empirischen Eigenschaften verkehren, aber nicht als cartesianische, körperlose Gespenster.

---

74 Nozick 1974, 228.

Also müssen wir zu dem Schluß kommen, daß das Differenzprinzip das utilitarismuskritische Motiv selbst mißachtet und Personen instrumentalisiert, zum Gegenstand einer manipulativen, teleologischen Politik der Gemeinschaft macht. Rawls' Überzeugung, daß sein kontraktualistisches Begründungsargument eine „procedural interpretation of Kant's conception of autonomy and the categorical imperative" liefere,[75] hat sicherlich Gründe. Kant wie Rawls sind Anhänger einer universalistischen, prozeduralistischen und kognitivistischen Moralkonzeption, explizieren ‚gerecht', ‚moralisch zulässig' als ‚universell zustimmungsfähig', entwerfen entsprechend Universalisierungsverfahren und Einmütigkeitsarrangements. Aber es gibt zum einen keinen vernünftigen Grund für die These, daß der Egalitarismus des Arguments von der moralischen Willkür und vom *common asset* aus dem kontraktualistischen und kohärentistischen Ursprungsszenario abgeleitet werden könnte, daß sich die theorieinternen rational-egoistischen Verfassungswähler oder – dieses wichtige Kriterium des *reflective equilibrium* wird immer übergangen – die theorieexternen vernünftig urteilenden Bürger auf eine solche Interpretation ihrer Gerechtigkeits- und Fairneßintuitionen einlassen könnten. Und zum anderen ist nicht zu sehen, wie aus dem Kantischen Verständnis moralischer Subjektivität der *common asset*-Gedanke, die verdienstethische Enteignung der Menschen gewonnen werden könnte.

Es scheint, daß Rawls' Egalitarismus sich einem subjektivitätstheoretischen Fehlschluß verdankt: die für die neuzeittypische Rechtfertigungsmethodologie charakteristische begründungstheoretische Differenzierung zwischen einem Subjekt a priori und einem Subjekt a posteriori, zwischen einem Standpunkt der Unparteilichkeit und einem Standpunkt der subjektiven Interessen, zwischen einem sich auf sich konzentrierenden Subjekt und einem zur Rollenübernahme und Empathie fähigen Subjekt hat Rawls subjektivitätstheoretisch mißverstanden. Er zerteilt das menschliche Subjekt nach krud cartesischer Manier in einen Teil, der moralisch zählt, und einen Teil, der moralisch nicht zählt, in den *homo noumenon* und den *homo phaenomenon*. Ersterer ist das eigentliche Vernunftsubjekt, das mit anderen eine kollektive Gerechtigkeitsregie etabliert, letzterer ist der Körper, der dem kollektiven Gerechtigkeitswillen unterstellt wird. *Doch ist das begründungstheoretische Verhältnis des Apriorischen zum Aposteriorischen nicht das ontologische Strukturvorbild für die subjektivitätstheoretische Erfassung moralischer Personalität.* Die Fähigkeit zur Selbstdistanzierung impliziert nicht die moralische Wertlosigkeit körperlicher Eigenschaft, erlaubt nicht, die der moralischen Subjektivität als der moralischen Subjektivität einer empirischen menschlichen Person unabtrennbar zukommende kontingente natürliche Beschaffenheit moralisch zu entwerten und der Allgemeinheit zu unterstellen. Nicht erst der *common asset*-Gedanke ist zu verwerfen, bereits die Vorstellung moralisch willkürlicher und daher von der moralischen Subjekten als moralischen Subjekten zukommenden natürlichen Rechtsverfassung nicht berührter Naturanlagen und Begabungsausstattungen ist mit Entschiedenheit

---

75   Rawls 1971, 256.

zurückzuweisen. In Rawls' „bifurcated self"[76] wird das moralische Subjekt enteignet, seines Körpers beraubt, in seiner persönlichen Integrität zerstört.

Ohne zu irgendwelchen Konzessionen gegenüber Nozicks *libertarianism* gezwungen zu sein, kann man seiner personentheoretischen Kritik nur zustimmen. Wenn man darüber hinaus Anhänger der Systemidee einer umfassenden und kohärenten praktischen Hermeneutik und daher der Überzeugung ist, daß jede normative Philosophie bestimmte subjektivitäts-, personen-, handlungs- und rationalitätstheoretische Adäquatheitsbedingungen zu erfüllen hat, dann gewinnt dieser personentheoretische Einwand zusätzliches systematisches Gewicht. Ich werde mich mit diesem Problem noch ausführlich beschäftigen, denn Rawls ist beileibe nicht der einzige, der eine egalitaristische Gerechtigkeitskonzeption auf eine fragwürdige Theorie der Person stützt. Auch der Ressourcenegalitarist von Dworkinschem Zuschnitt und der Wohlbefindensegalitarist arbeiten mit defizienten Personenkonzepten. Larmore hat sich gründlich geirrt, als er meinte: „We do better to recognize that liberalism is not a philosophy of man, but a philosophy of politics."[77] Immer ist politische Philosophie eine Philosophie des Menschen; immer ist das entworfene Politikkonzept eine normative und institutionelle Entfaltung einer zugrundegelegten politischen Anthropologie.[78] Wenn dieser Zusammenhang nicht beachtet wird, mißrät beides. Meine Auseinandersetzung mit dem egalitären und libertären Liberalismus wird zeigen, daß auf beiden Flügeln des Liberalismus dieser Zusammenhang nicht beachtet wird und komplementäres Mißlingen daraus folgt, daß Egalitaristen wie *libertarians* auf unterschiedliche Weise eine defizitäre Personentheorie mit einer unhaltbaren Gerechtigkeitskonzeption und einem desolaten Politikverständnis verbinden.

Rawls vollzieht den Übergang vom System der liberalen Gleichheit zum System der demokratischen Gleichheit ungemein leichtfüßig. Jedoch sollten wir ihm nicht so schnell folgen und bei jedem Schritt genau überlegen. Die gerechtigkeitstheoretische Notwendigkeit, das System der fairen Chancengleichheit durch das System des Differenzprinzip zu ersetzen, stützt sich auf die folgende These: wo moralische Willkür herrscht, gibt es kein verdienstbegründetes Anrecht. Weil die natürliche Begabungsverteilung moralisch willkürlich ist, verdient niemand, von ihr zu profitieren oder an ihr zu leiden. Natürlich sind die Begabungen und Fähigkeiten Bestandteil meiner Natur, natürlich machen sie meine Identität aus, sind also konstitutive Teile meiner selbst, aber sie gehören mir nicht in dem starken Sinn, daß sie und ihre Entfaltung individualrechtlichen Schutz genießen; sie gehören mir nur in dem schwachen Sinn, daß sie mich als Wirtskörper gewählt haben, daß sie in mir residieren. Und eben weil sie mir nur in diesem schwachen Sinn gehören, besitze ich kein besonderes Recht hinsichtlich meiner Natur, meiner Talente und Fähigkeiten oder irgendeinen vorzugswürdigen Anspruch auf die Früchte ihres Einsatzes. Ich

---

76 Kronman 1981, 75.
77 Larmore 1987, 129.
78 Vgl. Kersting 2000.

bin, wie Sandel es ausgedrückt hat, das Hier dieser natürlichen Ressourcen, diese Ressourcen jedoch sind nicht im starken, konstitutiven Sinne meine.[79]

Rawls' Selbst ist ein eigenschaftsloses Selbst, ein attributiver Habenichts, es hat nichts, was es sein eigen nennen könnte, es lebt gleichsam aus dem Koffer. Aber diese Personenkonzeption ist falsch; das Verhältnis zwischen Selbst und seinen eigenen Eigenschaften ist nicht mittels der Eigentümer-Relation explizierbar. Die Meinigkeit meiner Eigenschaften ist nicht die Meinigkeit äußerer Habe. Wäre sie es, dann müßte ich immer noch derselbe sein, nachdem man mir alle äußere Habe genommen, mich also aller nur im Modus äußerer Habe besessenen Eigenschaften entkleidet hätte, aber dann wäre ich schon darum nicht mehr derselbe, weil sich nicht mehr sagen ließe, wer oder was ich denn überhaupt in derart enteigneter Form wäre. Es ist falsch, das Verhältnis zwischen dem Selbst und seinen Eigenschaften nach dem Modus des äußeren Dingbesitzes zu deuten. Gewiß, ich habe die Eigenschaften Y, X, Z, man sagt so, aber nicht, wie ich ein Auto, ein Haus, eine Aktentasche habe; denn ich bin geblieben, der ich bin, wenn man mir Auto, Haus und Aktentasche nimmt; aber ich bin nicht geblieben, der ich bin, wenn man mir Y, X, Z nimmt, einfach darum nicht, weil ich Y, X, Z nicht nur habe, wie man so sagt, sondern weil ich Y, X, Z bin. Die Meinigkeit meiner Eigenschaft ist also nicht im äußeren Mein der Habe begründet, sondern im inneren Mein der Identität.

Das Rawlssche Argument der moralischen Willkür schlägt einen weiten Bogen. Nicht nur den Bereich der natürlichen Eigenschaften zählt es zu den moralisch willkürlichen, kontingenten Prädikaten; auch die vorgefundenen sozialen Lebensbedingungen gehören dazu und letztlich sogar der ganze Charakter, denn „the assertion that a man deserves the superior character that enables him to make the effort to cultivate his abilities is equally problematic; for his character depends in large part upon fortunate family and social circumstances for which he can claim no credit."[80] Derart von Kontingenzen umzingelt schrumpft der Bereich autonomer Subjektivität bedenklich. Aber mit dieser Entkernung des Subjekts betreibt Rawls ein überaus gefährliches Geschäft. Mag auf dem Markt der Gerechtigkeitstheorie mit diesem Argument möglicherweise Gewinn zu erzielen sein, so fährt es in anderen Gesellschaftssektionen herbe Verluste ein. Diese Enteignung breitet nämlich der Leugnung individueller Verantwortung und moralischer Entscheidung einen überaus bequemen Weg. Nozick ist zuzustimmen, wenn er schreibt:

> „So denigrating a person's autonomy and prime responsibility for his actions is a risky line to take for a theory that otherwise wishes to buttress the dignity and self-respect of autonomous beings; especially for a theory that founds so much (including a theory of the good) upon a person's choices. One doubts that the unexalted picture of human beings Rawls' theory presupposes and rests upon can be made to fit together with the view of human dignity it is designed to lead to and embody."[81]

---

79 Sandel 1982, 66–103.
80 Rawls 1971, 104.
81 Nozick 1974, 214.

Das Kontingenzargument verwandelt das Subjekt in ein transzendentales Gespenst, überantwortet es der Gesellschaft, die seine Eigenschaften wie Produktionskapital verwaltet und auf günstige Verwertungsbedingungen bedacht ist. Der egalitäre Liberalismus der Verteilungsgerechtigkeit verliert seinen Protagonisten vollständig aus den Augen. Unter dem Druck des Kontingenzarguments bleicht dieser völlig aus, seine empirisch-distinkte Beschaffenheitsschicht verdampft, übrig bleibt das indistinkte supernatürliche unsichtbare Selbst des Cartesianismus.

Daß Rawls durch diesen Vorwurf getroffen wird, zeigt folgende Bemerkung, die er im Kontext der Erörterung der These macht, ob das moralische Verdienst ein primäres Prinzip der Verteilungsgerechtigkeit sein kann.

> „Der Belohnung des moralischen Verdienstes scheint intuitiv am nächsten die Vorschrift der Verteilung nach dem Einsatz oder besser dem gewissenhaften Bemühen zu kommen. Doch wiederum dürfte es auf der Hand liegen, daß der Einsatz, zu dem jemand bereit ist, von seinen natürlichen Fähigkeiten und den ihm offenstehenden Möglichkeiten abhängt. Die Begabteren werden unter sonst gleichen Umständen mehr gewissenhaftes Bemühen an den Tag legen, und es scheint keine Möglichkeit zu geben, das Moment des glücklichen Zufalls herauszuanalysieren. Der Gedanke der Belohnung des Verdienstes ist undurchführbar."[82]

Das ist zweifellos richtig, nur zieht Rawls daraus den falschen Schluß. Niemand kommt ernsthaft auf die Idee, den gesellschaftlichen Verantwortlichkeitsdiskurs an der Kontingenz der vorfindlichen natürlichen und sozialen Lebensumstände und ihrer zufälligen, teils günstigen, teils ungünstigen Auswirkungen auf Richtung und Gelingen des privaten Lebensprojekts scheitern zu lassen, die Subjekte aus ihrer Verantwortung zu entlassen, ihnen die Verantwortung für ihre Entscheidungen zu nehmen, wozu eben auch gehört, ihnen den Gewinn erfolgreicher Strategien, sinnvoller Talentverwendung, strebsamen Bemühens und harten Fähigkeitentrainings zuzusprechen und ihnen einen Verdienstanspruch darauf prima facie zuzubilligen. *Es kann nicht gut gehen, wenn eine Gerechtigkeitstheorie sich von einer Version der Subjektivitätstheorie und der Moralanthropologie abhängig macht, die sich in subjektivitätstheoretischen und moralphilosophischen Kontexten selbst als überaus desaströs, als geradezu selbstzerstörerisch auswirken muß.* Die durch das Kontingenzargument ermöglichte Trennung zwischen der Person einerseits und ihren vorgefundenen natürlichen und sozialen Lebensumständen andererseits muß sich nachteilig auf den Begriff der moralischen Entscheidung und der Verantwortung auswirken: *das Kontingenzargument zerstört meritorische Zuschreibungskonventionen,* aber diese meritorischen Zuschreibungskonventionen korrelieren mit unserer Verantwortungszuschreibungspraxis und mit unseren Imputationsstandards; damit zerstört das Kontingenzargument auch unsere Konventionen der Zuschreibung moralischer

---

82 Rawls 1975, 346.

Verantwortlichkeit. Das ist ein starker Einwand gegen die Rawlssche Handhabung des Kontingenzarguments.

Ich werde weiter unten für eine Position argumentieren, die der Rawlsschen diametral entgegengesetzt ist und die ich als *verdienstethischen Naturalismus* bezeichne. Sie hat den Vorzug, von den subjektivitätstheoretischen Absonderlichkeiten des Kontingenzarguments unbelastet zu sein und in Übereinstimmung mit dem personentheoretischen Intuitionen des *common sense* und dem menschenrechtlichen Verständnis von Autonomie und Selbstverfügung zu stehen. Die Nähe des verdienstethischen Naturalismus zum *libertarianism* ist freilich nur ein Schein: denn während der *libertarianism* seine verdienstethische These eigentumsrechtlich absolutiert und daher ein sozialstaatspolemisches Argument daraus gewinnt, werde ich den verdienstethischen Naturalismus in eine Theoriekonzeption einbinden, die als *Liberalismus sans phrase* sich in Äquidistanz zu allen libertären und egalitären Übertreibungen des normativen Individualismus hält und ein sozialstaatsfreundliches Argument entwickelt, das zwar keine Gründe für die Verteidigung des Konzepts der Verteilungsgerechtigkeit bereitstellt, aber gute Gründe für seine Ersetzung durch die Konzeption der *politischen Solidarität* vorbringt.

Was die entscheidungstheoretischen Anstrengungen um eine interne Präzisierung des Differenzprinzips gar nicht vermuten ließen, eine philosophische Durchdringung der Problemlandschaft der Verteilungsgerechtigkeit muß bis zu den tiefen Schichten der Subjektivitätstheorie durchstoßen und das komplexe Geflecht physikalischer, mentaler und normativer Bestimmungen, die sich in unseren intuitiven Beurteilungen verknoten, entwirren. *Der philosophische Reiz der Verteilungsgerechtigkeitstheorie ist nicht zuletzt darin begründet, daß sich die Frage nach einer angemessenen Interpretation des geradezu klassischen ontologischen Themas des Verhältnisses des Subjekts zu seinen Eigenschaften als weitaus wichtiger erweist als der subtilste präzisionstechnische Dreh.* Es wird die Gerechtigkeitstheorie nicht wesentlich schwächen, wenn sie den Genauigkeitsstandards und Entscheidbarkeitsforderungen der Entscheidungstheorie nicht gerecht werden kann, es ist aber zweifellos letal für sie, wenn ihre subjektivitätstheoretischen Grundlagen brüchig werden und ihre Interpretation der physikalisch-mentalistisch-normativen Gemengelage unserer personentheoretischen Vorstellungen auf argumentativ uneinholbare Weise von den Standards unserer intuitiven Selbstverständigung abweicht.

Welche Modelle stehen uns nun zur Verfügung, um das Verhältnis des Subjekts zu seinen natürlichen und sozialisationsgeprägten Eigenschaften zu interpretieren? Da ist zuerst das *Konstitutionsmodell*: Das menschliche Subjekt wird durch seine Eigenschaften konstituiert, nicht durch alle, aber doch durch all die, von denen man sagen kann, daß sie es ausmachen, seinen *selbstverständigungsrelevanten* Bestimmungskern bilden. Implikation des *Konstitutionsmodells* ist, daß das Individuum und seine konstitutiven Eigenschaften nicht auseinander gerissen werden können, daß das Individuum seine konstitutiven Eigenschaften in dem starken Sinne sein eigen nennt, daß es sich ohne diese Eigenschaften gar nicht angemessen verstehen kann. Und diese Selbstverständigung führt nicht zu einem allgemeinen subjektivitätstheoretischen Steckbrief, sondern zu einer konkreten Identitätsbeschreibung.

Sodann haben wir das *Besitzmodell*; es kann entweder von einem *Eigenbesitz* oder von einem *Fremdbesitz* ausgehen. Im Fall des *Eigenbesitzes* besitzt das Individuum seine Eigenschaften wie es Dinge besitzt, und das heißt, das Individuum besitzt ein absolutes, unqualifiziertes, exklusives Recht an seinen Eigenschaften und den Früchten ihrer rechtmäßigen Verwendung. Zumindest aber bedeutet das, daß eine starke normative Vermutung zugunsten eines prioritären Anrechts des Besitzers auf die durch ihren Einsatz erarbeiteten Gewinne besteht.

Im Fall des *Fremdbesitzmodells* gehören die Eigenschaften der Individuen nicht diesen selbst, sondern anderen; diese sind die wahren Besitzer, wohingegen die Individuen die Eigenschaften nur in einer Art treuhänderischen Verwaltung besitzen. Aus der christlichen Überlieferung ist die Sicht bekannt, daß wir uns nicht gehören und die Verpflichtung haben, das, was uns an Begabung, Talent und Fähigkeiten geschenkt worden ist, zu pflegen und zu entwickeln. Die bekannteste Version des Fremdbesitzmodells ist Lockes Naturrecht, das auf einer eigentumsrechtlichen Interpretation der Schöpfung basiert. Hinter der unantastbaren Rechtspersonalität des Individuums taucht so als tieferer Grund der rechtlichen Unverletzlichkeit der Menschen seine Geschöpflichkeit auf. Die Menschen sind als Geschöpfe Gottes Gottes Eigentum und können folglich weder über sich selbst rechtlich uneingeschränkt verfügen noch zum rechtlichen Verfügungsobjekt anderer ihresgleichen werden. Moralisches Selbstmordverbot und naturrechtliches *neminem laedere*-Gebot wurzeln gleichermaßen im Besitzrecht des Schöpfers an seinen Schöpfungen. Gerade weil der Mensch sich nicht selbst gehört, darf niemand über ihn verfügen, darf er auch nicht über sich selbst verfügen.

Das *Fremdbesitzmodell* kann jedoch auch anders interpretiert werden. Der eigentliche Besitzer der individuellen Talente kann auch die Gemeinschaft sein, und die individuellen Inhaber der Begabungen sind nur ihre treuhänderischen Verwalter. Diese Interpretation des Fremdbesitzmodells bedarf ebenfalls einer Unterstützungsthese. Im Falle des göttlichen Eigentums an unseren Anlagen war die Unterstützungsthese die göttliche Welterschaffung. Das Fremdbesitzmodell findet sich häufig in antiliberalen, kollektivistischen Ethiken, etwa in der Volksgemeinschaftsethik des Nationalsozialismus; hier wurde das Privateigentum nach dem Treuhändermodell interpretiert.[83] An die Stelle des liberalen Rechtsbesitzers trat die Volksgemeinschaft als substantieller Eigentümer allen Besitzes, aller Produktionsmittel auf ihrem Territorium. Auch Rawls ist ein Anhänger des Fremdbesitzmodells, wenn er die Begabungen als Gemeinschaftssache[84] betrachtet und den

---

83 Vgl. Thoss 1968.

84 Der Begriff der Gemeinschaftssache läßt an den Begriff des Gemeinbesitzes denken. Gemeinbesitz war den traditionellen Naturrechtlern die Erde, daher bedurfte die Etablierung des Instituts des Privateigentums der vertraglichen Einigung aller. Der Vertrag wurde somit zur Geburtsstätte des Privateigentums. Rawls' Theorie der Verteilungsgerechtigkeit schlägt genau die entgegenge-

enteigneten Individuen statt des selbstbesitzbegründeten prä-konstitutionellen Verdienstanrechts nur noch institutionenbegründete vernünftige Erwartungen auf einen Anteil der durch die Institutionen festgelegten Verteilung der kooperativ erwirtschafteten Güter einräumt. Wie die nationalsozialistische Volksgemeinschaftsethik zeigt, besitzen Fremdbesitzmodelle eine starke kollektivistische Orientierung und eine starke Präsumtion für eine holistische Sozialtheorie. Beides widerspricht jedoch den individualistischen Prämissen des Rawlsschen Denkens.

Sodann haben wir das *Residenz- oder Vehikelmodell*: das Individuum ist eine Residenz von Eigenschaften, die ihm nicht irgendwie zukommen, sondern die nur zufälligerweise in ihm wohnen, die aber auch niemand anderem gehören und von ihm nicht in treuhänderische Verwaltung genommen worden sind.

Rawls' vertritt die These, daß die Willkürlichkeit der vorgegeben natürlichen und sozialen Lebensbedingungen der Individuen den Gedanken unterminiert, daß Individuen ihre Eigenschaften besitzen und diese daher eine geeignete Grundlage für verdienstbegründete Ansprüche sind. Aber führt das Argument von der moralischen Willkür im Fall des Besitzmodells zu einer Unterstützung des Differenzprinzips? Wenn die Besitzklammer zwischen Selbst und Eigenschaften aufgebrochen wird und die Eigenschaften aus der besonderen Beziehung zu ihrem Besitzer herausgelöst werden, dieser nur mehr eine Art Vehikel, eine Art Residenz für diese ihm vollständig äußerlichen Eigenschaften darstellt, ist damit keinesfalls der *common asset*-Schluß des Differenzprinzips nahegelegt. Selbst wenn man davon ausgeht, daß niemand seine Eigenschaften verdient, weil er sie nicht in einem durch das Kontingenzargument unanfechtbaren Sinne besitzt, ist daraus nicht ableitbar, daß die Allgemeinheit sie als ihre Sache behandeln und einsetzen kann. Rawls kann mit Hilfe des Kontingenzarguments den Übergang vom Eigenbesitzmodell zum Residenzmodell vorbereiten; aber aus dem Residenzmodell ist keinesfalls das Differenzprinzip ableitbar: Rawls kann mit Hilfe des Kontingenzarguments nicht den Übergang vom Eigenbesitzmodell zum Fremdbesitzmodell vorbereiten. Das Fremdbesitzmodell müßte jedoch eine gesicherte Grundlage sein, um das Differenzprinzip stützen zu können. Warum sollten Individuen nicht einfach darum, weil sie diese Eigenschaften schlicht haben, berechtigt sein, sie zu gebrauchen und ihren Ertrag zu beanspruchen?[85]

Also gehören die Begabungen niemandem; kein Besitz, keine Verdienstansprüche. Aber wie soll denn dann die Verteilung organisiert werden? Die Begabungen arbeiten, produzieren. Und da scheint es vernünftig zu sein, die Gewinne dort zu lassen, wo sie hinfallen; gerade die Abwesenheit aller Anspruchsrechte begründet eine Präsumtion zugunsten der schlichten Produktionskausalität, die die erwirkten

---

setzte Richtung ein. Führte die liberale Eigentumsbegründung zur Privatisierung, so führt seine egalitaristische Gerechtigkeitsbegründung zur Enteignung; war den Naturrechtlern der Vertrag das Instrument der Individualisierung, so ist bei ihm der Vertrag der Ort der Kollektivierung, der Verwandlung der Eigensache in eine Gemeinschaftssache.

85   Sandel 1982, 96.

Gewinne dort läßt, wo die verantwortlichen Ursachen gearbeitet haben. Lebten wir in einer „manna-from-heaven-world",[86] dann benötigten wir in der Tat ein Verteilungsmuster, aber wir leben nicht in einer „manna-from-heaven-world"; nicht vom Himmel und nicht zufällig kommen die Güter, sondern sie kommen dank der Anstrengungen und Begabungen und Fähigkeiten der Individuen in die Welt: „The situation is not an appropriate one for wondering, „after all, what is to become of these things; what are we to do with them". In the non-manna-from-heaven world in which things have to be made or produced or transformed by people, there is no separate process of distribution for a theory of distribution to be a theory of."[87] Die Präsumtion, daß die Verteilungsmuster durch die Linien der Produktionskausalität bestimmt werden, setzt nicht das Verdienst-Prinzip wieder in Kraft; sondern sie setzt an die von Rawls hinterlassene Leerstelle den Begriff der Anspruchsberechtigung. Diejenigen, die die weder verdienten, noch unverdienten Begabungen und Talente nun einmal haben, haben darum auch einen berechtigten Anspruch auf die durch ihren Einsatz erwirtschafteten Gewinne; und es ist nicht einzusehen, wie ein anderer, der diese Talente nicht besitzt und diese Anstrengungen nicht übernommen hat, oder wie gar die Gemeinschaft einen konkurrierenden Anspruch auf diese produktionskausal erzeugten Güter erheben kann. „Whether or not people's natural assets are arbitrary from a moral point of view, they are entitled to them, and to what flows from them."[88]

Aufgrund seines Kontingenzarguments interpretiert Rawls die natürliche und soziale Verteilung der Startpositionen im Sinne einer „manna-from-heaven-world"; kein Grund besteht da, das Manna dort liegen zu lassen, wo es hingefallen ist; kein Grund besteht, die Begabungen und sozialen Startvorsprünge samt allem, was daraus an Mehrgewinn folgt, dort liegen zu lassen, wo sie nun einmal kontingenterweise hingefallen sind. Da der Regreß nirgendwo auf einen nicht-kontingenten Verdienstgrund stößt, muß grundsätzlich etwas Unverdientes, Kontingentes, moralisch Willkürliches als Grund dienen. „It is not true, that a person earns Y (a right to keep a painting he's made, praise for writing *A Theory of Justice*, and so on) only if he's earned (or otherwise *deserves*) whatever he used (including natural assets) in the process of earning Y. Some of the things he uses he just may *have*, not illegitimately. It needn't be that the foundations underlying desert are themselves deserved, *all the way down.*"[89]

Die Zuteilungen der genetischen Lotterie sind weder verdient noch unverdient; sie sind die Voraussetzungen für Verdiensterwerb, Anspruchserwerb. Das Willkürargument verliert seine antimeritorische Tauglichkeit. Ich bin mein Charakter, ich bin von den mich ausmachenden Eigenschaften, Talenten, Fähigkeiten, Begabungen nicht zu trennen. Ich bin, und weder habe ich mich verdient, noch habe ich

---

86 Nozick 1975, 219.
87 Ebd.
88 Nozick 1975, 226.
89 Ebd., 225.

mich nicht verdient. Aber ich muß mich nicht verdienen, um einen berechtigten Anspruch auf die Ergebnisse meiner Arbeit zu erheben, um das zu verdienen, was ich mir durch den Einsatz meiner Talente, Fähigkeiten, Begabungen erwerben kann. Diese Lösung des Kontingenzproblems, die ich als *verdienstethischen Naturalismus* bezeichne, erscheint noch einleuchtender, wenn man einmal die Eigentümlichkeiten der Rawlsschen Gerechtigkeitstheorie verläßt und Individualrechte nicht als Verteilungsresultate eines gesellschaftlichen Kooperationssystems betrachtet, sondern als normative Voraussetzungen eines menschenrechtlichen Egalitarismus würdigt. Welchen Sinn würde ein individuelles Freiheitsrecht haben, das zwar dem Individuum Handlungsfreiheit im Rahmen allgemeiner formaler Gesetze garantierte, aber auch zuließe, daß ihm die Ergebnisse seiner Arbeit als unverdient abgenommen und einer zentralen Instanz zur Verteilung überantwortet würden, das also die geschützte Selbstverfügung des Individuums auf die nicht-produktiven Tätigkeitsbereiche einschränkte, die produktiven Tätigkeitsbereiche hingegen gesellschaftlicher Fremdverfügung unterstellte? Ein solches Verständnis von gerechter Verteilung würden weder die nutzenmaximierenden Verfassungswähler sich zu eigen machen können, noch wäre es mit der Position natürlicher menschenrechtlicher Freiheit vereinbar.

Rawls' egalitaristische Deutung des Differenzprinzips macht das zweite Gerechtigkeitsprinzip der kontraktualistischen Begründung unkenntlich. Die zur Unterstützung der egalitaristischen Auslegung aufgebotenen Argumente von der moralischen Willkür, von der Unzulässigkeit prä-konstitutioneller Verdienstanrechte und von dem Gemeinschaftseigentum aller an den unterschiedlichen natürlichen Begabungsausstattungen aller bringen keine verborgene Bedeutungsschicht zum Vorschein, sondern verwandeln das Differenzprinzip. Das zeigt sich auch daran, daß die Probleme, auf die das egalitaristische Differenzprinzip antwortet, aus der Perspektive des kontraktualistischen Differenzprinzips entweder nicht als Probleme erkennbar waren oder bereits eine systemkonforme Lösung gefunden hatten. Daß die Lebenskarrieren der Menschen durch unterschiedliche natürliche und soziale Ausgangsbedingungen geprägt sind, daß sich diese unterschiedlichen Startbedingungen teils vorteilhaft, teils nachteilig auf den Grundgütererwerb auswirken werden, wußten die Verfassungswähler. Das von ihnen infolge ihres Maximierungsprogramms gewählte Differenzprinzip ist ein Prinzip, daß eine von genau diesen unterschiedlichen natürlichen und sozialen Startbedingungen verursachte sozio-ökonomische Ungleichheit ausdrücklich billigt, wenn denn nur auch die Schlechtestgestellten davon profitieren. Und diese Gruppe am Fuße der Einkommenspyramide profitiert genau dann davon, wenn sie in diesem System der Ungleichheit besser gestellt ist als in einem vergleichbaren System einer Grundgütergleichverteilung. Das kontraktualistische Differenzprinzip ist ein Prinzip der legitimen Ungleichheit, das von der Ungleichheit verlangt, die Mittel bereitzustellen, die zur legitimitätsstiftenden Maximierung des sozialen Minimums erforderlich sind. Und es bedarf keiner besonderen Überlegungen, um zu sehen, daß eine solche Mittelbereitstellung auf dem Wege einer progressiven Besteuerung erfolgen kann. Im Rahmen dieses Maximierungskalküls ist ebensowenig wie unter dem Schleier der Unwissenheit, der für die unparteiliche Anerkennungsfähigkeit der Ergebnisse dieses Maximierungskalküls sorgt, das Argument von der moralischen Willkür oder das verdienstkritische Argument oder das Argument vom *common asset* sinnvoll unterzubringen. Mehr noch, die Anlage des kontraktualistischen Arguments ist mit all diesen Argumenten unvereinbar. Wie kann Rawls sie dann als aufschlußreiche Interpretamente ausgeben? Der an maximalem Grundgüterbesitz interessierte rationalegoistische Verfassungswähler hat eine Vorstellung von Lebensführung, individueller Verantwortung, Arbeitsanspruch und Leistungsverdienst, die der Idee, daß die Talente, Fähigkeiten und Leistungen keinen legitimen Grund bieten würden, um die mit ihrer Hilfe erarbeiteten Güter als verdienten Lohn eigener Leistungen anzusehen, entschieden widerstreitet. Es gehört zum Selbstverständnis der im kontraktualistischen Argument operierenden Subjektkonzeption, daß die Menschen ein legitimes Anrecht auf die Ergebnisse ihrer Anstrengungen haben. Daher betrachten die Verfassungswähler die Gerechtigkeitsprinzipien auch nicht als einzigen Quell berechtigter Erwartungen, sondern als Rahmenbedingungen, die die unterschiedlichen Grundgütermaximierungsstrategien einvernehmlich koordinieren.

11.6 Kontingenz, Selbstaneignung und Verteilungsgerechtigkeit

Die Ablehnung des Rawlsschen Egalitarismus durch die einander nahezu entgegengesetzten Theoriekonzeptionen des Kommunitarismus und *libertarianism* ist nicht zuletzt darum von großem systematischen Interesse, weil beide der Rawlsschen Argumentation personentheoretische Unangemessenheit vorwerfen. Sie haben erkannt, daß den Rawlsschen Interpretamenten der moralischen Willkür, des verdienstethischen Institutionalismus und des *common asset*-Gedankens eine kontingenzskeptische Dekonstruktion der Person zugrundeliegt, daß der Rawlssche Egalitarismus infolge seiner personentheoretischen Insuffizienz im Verlauf seiner Entwicklung die Verbindung zwischen der Basistheorie des normativen Individualismus und der Konzeption institutioneller Gerechtigkeit kappt und sich verselbständigt. Freilich vermag weder die von Sandel vorgetragene Personenkonzeption noch die in die genau entgegengesetzte Richtung weisende Personenkonzeption Nozicks Abhilfe verschaffen. Die kontextualistische Personenkonzeption des Kommunitarismus hat sich soweit von den Voraussetzungen des normativen Individualismus entfernt, daß sie, durchaus folgerichtig, aber ohne Argumentationserfolg, für eine Revision der individualistischen, seit Kant zum Grundstock liberaler Überzeugungsartikel zählenden These von der normativen wie politischen Priorität des Rechts eintritt und das Gute in den Rang eines normativen Leitbegriffs erheben möchte.[90] Der personentheoretische Begriff des *libertarianism* muß ebenfalls zurück-

---

90 Vgl. Kersting 1997, 397–496.

gewiesen werden; wie sich unten bei der Analyse der Nozickschen *entitlement*-Konzeption zeigen wird, ist der libertäre Begriff der Person selbst ungenügend und führt zu nicht minder inakzeptablen normativen-gerechtigkeitsphilosophischen Ergebnissen wie die kontingenzphilosophisch enteignete Person Rawls'. Auch wenn ich Nozicks Zurückweisung der Rawlsschen Zurückweisung von ,desert' und ,merit' folge und Rawls' verdienstethischen Institutionalismus der berechtigten Erwartungen durch einen verdienstethischen Naturalismus legitimer prä-konstitutioneller Verdiensterwerbung ersetze, kann ich mich nicht Nozicks libertärem Personenkonzept anschließen.

Gleichwohl waren kommunitaristische und libertäre Kritik von der richtigen methodologischen Intuition geleitet: das Gelingen politischer Philosophie ist in hohem Maße abhängig von einer angemessenen Personenkonzeption. *Man muß wissen, wer und was der Mensch ist, um zu wissen, welche Ordnung er benötigt, welche Güterverteilung er verdient hat und beanspruchen darf, welche Politik ihm bekömmlich ist.* Ich werde im folgenden die Umrisse einer integrativen Personentheorie skizzieren. Sie wird den systematischen Hintergrund sowohl für die sich anschließende Zurückweisung der Rawlsschen kontingenzphilosophischen Dekonstruktion der Person als auch für meine im Fortgang der Analysen und Studien sich abzeichnende und dann im Schlußkapitel unter der Bezeichnung eines *Liberalismus sans phrase* zusammenfassend vorgestellte liberale Sozialstaatskonzeption bilden. Die Zurückweisung der Rawlsschen Argumentation werde ich verbinden mit einem Blick auf die *moral luck*-Diskussion in der Moralphilosophie zum einen und auf einen von Kant inspirierten Begriff von Autonomie und moralischer Subjektivität zum anderen.

Die kontingenzphilosophische Dekonstruktion der Person, die Rawls mit dem Argument von der moralischen Willkür betreibt, die ihn zuerst zur *rejection of desert* und sodann zur *common-asset*-Interpretation führt, widerspricht dem Selbstverständnis, das wir als Personen besitzen.[91] Wir können kein Leben aus einer externen, objektiven Perspektive führen. Wir vermögen zwar in handlungsentlasteten Augenblicken – gleichsam als Gedankenexperiment – uns selbst gegenüber eine objektive Position einzunehmen, uns aus allen lebensgeschichtlichen und lebensweltlichen Kontexten herauszudenken und uns als Ding unter Dingen zu betrachten, doch

---

91 Dieser Einwand ist fundamentaler als Zaitchiks Metakritik der verdienstkritischen Position des Egalitarismus. Alan Zaitchik macht lediglich geltend, daß die Verdienstethik ein fester Bestandteil der *common-sense*-Moralität ist (vgl. Zaitchik 1977). Mein Ziel ist es hingegen zu zeigen, daß die egalitaristische Diskreditierung des Verdienstgedankens und die dadurch eröffnete Möglichkeit der dikaiologischen Bewirtschaftung der Talente auf einer personentheoretisch unangemessenen und darüber hinaus inkonsistenten, da dem an anderen Stellen der Theorie benötigten Personenverständnis widerstreitenden kontingenzphilosophischen Dekonstruktion der Person basiert. Ich möchte einen durch eine nicht-reduktionistische Personentheorie abgestützten *verdienstethischen Naturalismus* begründen, der es jeder Verteilungsgerechtigkeitskonzeption verwehrt, den institutionellen Rahmen der gesellschaftlichen Handlungsordnung zu verlassen und ihr redistributives Augenmerk – unter dem Vorwand ihrer Kontingenz und Zufälligkeit – auf die Individualitätsmerkmale einer Person zu richten.

vermögen wir diese Perspektive nicht zur dauerhaften Grundlage unseres theoretischen und praktischen Selbstverständnisses zu machen. Das ganze Netz der praktischen Selbstbezüge, in dem die menschlichen Subjekte ihre personale Existenz entfalten und ein eigenes Leben in Selbstverantwortung und steter Selbstbeanspruchung zu führen versuchen, würde zerreißen, denn bewußte Selbstbezüglichkeit kommt in einer objektiven Dingwelt nicht vor. Und mit den Personen, die durch Selbstaneignung ihre gegebene und vorgefundene empirische Beschaffenheit in personale Identität und selbstbewußte Individualität verwandeln, verschwindet die Welt der gesellschaftlichen Institutionen und Praktiken. Rawls aber verlangt von uns, uns gegenüber genau eine solche objektive Perspektive einzunehmen, unsere identitätskonstituierende Selbstaneignung zu revidieren und alle empirischen Individualitätsmerkmale, unseren natürlichen und gesellschaftlichen Körper, unsere Begabungen, Fähigkeiten und Charaktereigenschaften als kontingent, als Wirkungen anonymer kausaler Prozesse zu erkennen. Er verlangt von uns diese Selbstentfremdungsanstrengungen jedoch nicht als Physikalist, sondern merkwürdigerweise als Gerechtigkeitstheoretiker, der das anspruchsvolle philosophische Ziel verfolgt, den fairen Anteil zu ermitteln, den moralische Subjekte, Bürger und gerechtigkeitsinteressierte Partner einer Kooperationsgemeinschaft beanspruchen dürfen. Dadurch jedoch erhöht sich das mit aller personentheoretischen Reduktion notwendig verbundene Inkonsistenzrisiko. Das Inkonsistenzrisiko des Physikalisten besteht schlicht darin, daß er weder als Person noch als Gesellschaftswesen auf Selbstverständigung verzichten und daher seine Theorie nicht leben kann. Sein zum Programm erhobener reduktiver Naturalismus kollidiert mit der nahezu natürlichen Unvermeidlichkeit des personalen Selbstentwurfs und der moralischen Selbstbeanspruchung im Kontext gesellschaftlich etablierter Beurteilungskonventionen, Rechtfertigungspraktiken und Verantwortlichkeitszuschreibungsregeln.[92] Aufgrund der Nichtlebbarkeit seiner eigenen Theorie und des Festhaltens an der Perspektive der ersten Person, ohne die er seine Theorie noch nicht einmal als seine behaupten kann, muß sich der reduktive Naturalist mit dem gleichen Vorwurf der Unernsthaftigkeit auseinandersetzen, den bereits David Hume seinerzeit gegen den pyrrhonischen Skeptizismus gerichtet hat.[93]

Bei Rawls verschärft sich das Konsistenzproblem, weil seiner kontingenzphilosophischen Einlassung kein externes, sondern ein internes Inkonsistenzrisiko droht.

---

92 Hier haben wir genau den Fall, den Strawson (1985) als Konflikt zwischen einem „reductive naturalism" und einem „nonreductive naturalism" charakterisiert. Während der erste Naturalismus eine ontologische These bezeichnet, charakterisiert der zweite Naturalismus eine in unserer Natur begründete, als achselzuckendes ‚we cannot help' sich ausdrückende Unvermeidlichkeit, von Skeptizismus und Reduktionismus unbeeindruckt an bestimmten Positionen auch dann festzuhalten, wenn sie nicht begründbar sind.

93 „The great subverter of *Pyrrhonism* or the excessive principles of scepticism is action, and employment, and the occupations of common life" (Hume 1902, 158f.; vgl. Cleanthes' Skeptizismuskritik in Humes religionsphilosophischen Dialogen (Hume 1986, Part I).

Von einem internen Konsistenzproblem spreche ich, weil innerhalb einer normativen, gerechtigkeitsphilosophischen Argumentation zwei miteinander unvereinbare personentheoretische Konzeptionen verknüpft werden sollen, weil Rawls zur Ermittlung eines moralischen Subjekten, politischen Bürgern und Kooperationspartnern zukommenden fairen Anteils den Begriff des moralischen Subjekts und damit auch den des politischen Bürgers und des Kooperationspartners personentheoretisch beschädigt. Sein Kontingenzargument rückt das empirisch bestimmte Subjekt genauso aus der Welt personaler und gesellschaftlicher Selbstverständigung wie die reduktionistische Strategie des Physikalisten, dient aber der Vorbereitung eines normativen Arguments, das eben die personentheoretischen Annahmen machen muß, die das Kontingenzargument außer Geltung setzt. Wenn das Individuum sowohl um seine natürlichen und erworbenen, zum Charakter verfestigten Eigenschaften gebracht wird, bleibt als unverfügbarer Subjektivitätsrest nur etwas von der ontologisch extravaganten Art eines *homo noumenon* oder einer *res cogitans* übrig. *Moralische Subjekte aber sind nicht die ontologischen Restbestände einer von ihren Kontingenzen befreiten menschlichen Person.* Moralische Subjekte sind empirische Subjekte, mit unterschiedlichen und je unterschiedlich ausgeprägten Fähigkeiten und Kapazitäten ausgestattet, voller physischer, emotionaler, intellektueller und moralischer Bedürfnisse, zu einem Leben in vielfältigen praktischen Selbstverhältnissen, zur Selbstbeanspruchung und Selbstverantwortung, zur Selbstaneignung und Selbstbestimmung, zur Selbsttranszendierung, Selbstverwirklichung und Selbsterweiterung fähig. Und da moralische Subjekte „flesh and blood men and women" sind, „each separate, each responsible to himself for the judgments he makes and the life he chooses",[94] umfaßt der ihnen entgegenzubringende Respekt auch ihre empirische Individualität. Die Personalität, Identität und Individualität moralischer Subjekte verweisen aufeinander und bilden eine Einheit, die ihre moralische Beurteilung zu würdigen und abzubilden hat. Personale Identität ist ohne körperliche Identität nicht möglich; körperliche Identität umfaßt aber nicht nur die Bereitstellung eines Individualitätsprinzips, einer Verankerung der Person in Raum und Zeit. Körperliche Identität umfaßt auch das gesamte Individualitätsmaterial, die gesamte empirische Beschaffenheit, die die Besonderheit, die Individualität der Person ausmacht. Eine personale Existenz besitzen, das Leben einer Person zu führen setzt also die Integration genau der empirischen Gegebenheit in die personale, in praktischen Selbstverhältnissen lebende Einheit voraus, die als objektive Bestandstücke der Welt nach der kontingenzphilosophischen Entzauberung des moralischen Subjekts übrig bleiben würden.

Als Personen können moralische Subjekte sich selbst gegenüber keine kontingente Einstellung besitzen, obwohl sie durchaus zur objektiven Perspektive fähig sind, sich als Ding unter Dingen betrachten und ihrer diesbezüglichen Kontingenz bewußt werden können. Insofern sie bei der Einnahme der letztgenannten Perspektive die Fähigkeit der Selbstdistanzierung, der reflexiven Selbstentfremdung

---

94 Fried 1982, 95.

anwenden, ist selbstbezogenes Kontingenzbewußtsein Entpersonalisierung: die ganze natürliche und gesellschaftliche Empirie der Person wird dem Kontext selbstbezüglicher personaler Einheit entnommen und in den objektiven Kontext natürlicher Dinge und Ereignisse versetzt. Entsprechend läßt sich personale Existenz und personale Lebensführung aus notwendig interner Perspektive durch die Gegenbewegung der Dekontingentisierung der natürlichen Gegebenheiten der eigenen genetischen und körperlichen Beschaffenheit und erfahrungsleitenden und charakterbildenden Herkunftsumstände verständlich machen. *Personale Existenz und moralisches Subjektsein beruhen wesentlich auf dekontingentisierender Selbstaneignung und Vermeinigung des Gegebenen*; nur durch derartige Prozesse der Selbstaneignung und Vermeinigung kann die Kontingenz entschärft, kann die uns bedrängende Zufälligkeit abgewiesen und eine gehaltvolle interne und kontingenzfreie Perspektive ausgebildet werden, aus der das eigene Leben entworfen und gelebt werden kann, von der aus eine Grundlage für Selbstbeanspruchung und Selbstverantwortung gewonnen werden kann.

Der Dekontingentisierungseffekt der Vermeinigung dessen, was eine Person in sich, an sich, um sich und mit sich vorfindet, der Selbstaneignung, die kontingent Gegebenes in die individuelle Beschaffenheit einer kontingenzfrei sich zu sich verhaltenden Person überführt, ist strukturell dem Dekontingentisierungseffekt vergleichbar, der mit der Bereitschaft der Handelnden zur Verantwortungsübernahme oder der Bereitschaft der Mitlebenden und gesellschaftlichen Genossen zur Verantwortungszuschreibung verbunden ist. Um hier größere Klarheit zu gewinnen, ist ein vergleichender Blick auf Kants Moralphilosophie und die ‚moral luck'-Diskussion in der zeitgenössischen Ethik von Nutzen.[95] Man kann Kants Moralphilosophie als Versuch lesen, Moralität gegen Kontingenz zu immunisieren. Kontingenzimmun kann Moralität werden, wenn ihr eine Position zugewiesen werden kann, in der sie den Auswirkungen der Kontingenz entzogen ist, in der es ihr gelingt, der Einbindung in das Netz der wissenschaftlichen Zwangsläufigkeiten und ontologischen Zufälligkeiten[96] zu entkommen. Kontingenzimmun ist Moralität also dann, wenn das moralische Subjekt die Fähigkeit besitzt, Handlungsreihen von selbst anzufangen, ein unbewegter Beweger zu sein und voraussetzungslos, nur sich selbst voraussetzend, praktische Wirksamkeit zu erlangen. Es versteht sich, daß die Selbstdarstellung dieser metaphysisch trotzigen Moralität auf die Aktivitätszone beschränkt bleiben muß, der allein eine Chance auf unverfälschte, durch keine interferierenden Kontingenzen getrübte Verwirklichung eingeräumt werden kann. Und das ist der Bereich des rei-

---

[95] Vgl. Nagel 1979; Williams 1984; Sturma 1997, 254ff.; 287ff.

[96] Das ist kein Widerspruch: ein Ereignis dieser Welt kann sich kausalgesetzlicher (innerweltlicher) Zwangsläufigkeit verdanken und gleichzeitig im metaphysischen Sinne kontingent, zufällig, also nicht notwendig sein, denn kausalgesetzliche Notwendigkeit und metaphysische Notwendigkeit sind nicht koextensiv: etwas ist erst dann metaphysisch notwendig, wenn der es beschreibende Satz in allen möglichen Welten wahr ist; derartiges gilt aber nicht für die kausalitätsgesteuerten Abläufe dieser Welt.

nen Willens, der Anfang des Handelns in Begründung und Selbstanspruch.[97] In ihm nimmt die moralische Selbstbehauptung ihren Ausgang; hier kann sich der Mensch aus den Zwangsläufigkeiten der Natur emporrecken und Freiheit gewinnen, die Befürchtigung seiner Bedeutungslosigkeit, die ihn unter dem „bestirnten Himmel", angesichts der „zahllosen Weltenmenge", befallen mußte, abschütteln und ein Bewußtsein seines Wertes und seiner Würde erlangen.[98] Indem Wert und Würde eines Menschen in seiner Moralität begründet sind, Moralität ihrerseits aber in einer jedem Menschen als Menschen zukommenden grundlegenden Tätigkeit praktischer Vernünftigkeit verankert ist und sich daher kontingenzimmuner Selbstmächtigkeit verdanken kann, hat jeder Mensch die Chance auf Moralität, unabhängig von allen vorgefundenen natürlichen und gesellschaftlichen Lebensumständen. Somit ist auch seine – moralitätsproportionale – Glückswürdigkeit weder von natürlichen Gaben noch von gesellschaftlicher Gunst abhängig. Was immer jemand in seinem Leben vorfindet, was immer ihm mit sich selbst gegeben ist, die Chance auf Moralität und damit auch auf Glück wird dadurch nicht beeinflußt. In der erfahrungsfremden Welt der Moral ist wirklich jeder seines Glückes Schmied; hier herrscht strikte Dworkinsche Ressourcengleichheit. Jeder beginnt sein moralisches Leben unter gleichen Voraussetzungen, mit der gleichen Ausstattung, mit den gleichen Erfolgschancen. Weil Kant moralisches Handeln wie moralisches Urteilen von allen kontingenten natürlich-inneren wie gesellschaftlich-äußeren Umständen unabhängig macht, vermögen die Umstände keinerlei Auswirkungen auf die Erfolgsbilanz des moralischen Lebens auszuüben, kann es keine zufälligen Begünstigungen und Benachteiligungen geben. Daher wohnt der Kantischen Moralität die „Verlockung letzter Gerechtigkeit" inne.[99]

> „Der gute Wille ist nicht durch das, was er bewirkt oder ausrichtet, nicht durch seine Tauglichkeit zu Erreichung irgend eines vorgesetzten Zweckes, sondern allein durch das Wollen, d. i. an sich, gut und, für sich selbst betrachtet, ohne Vergleich weit höher zu schätzen als alles, was durch ihn zu Gunsten irgend einer Neigung, ja wenn man will, der Summe aller Neigungen nur immer zu Stande gebracht werden könnte. Wenn gleich durch eine besondere Ungunst des Schicksals, oder durch kärgliche Ausstattung einer stiefmütterlichen Natur es diesem Willen gänzlich an Vermögen fehlte, seine Absicht, durchzusetzen; wenn bei seiner größten Bestrebung dennoch nichts von ihm ausgerichtet würde, und nur der gute Wille (freilich nicht etwa als ein bloßer Wunsch, sondern als die Aufbietung aller Mittel, so weit sie in unserer Gewalt sind) übrig bliebe: so würde er wie ein Juwel doch für sich selbst glänzen, als etwas, das seinen vollen Werth in sich selbst hat. Die Nützlichkeit oder Fruchtlosigkeit kann diesem Werthe weder etwas zusetzen, noch abnehmen. Sie würde gleichsam nur die Einfassung sein, um ihn im gemeinen Verkehr besser handhaben zu können, oder die Aufmerksamkeit derer, die noch nicht gnug Kenner sind, auf sich zu ziehen, nicht aber um ihn Kennern zu empfehlen und seinen Werth zu bestimmen."[100]

97   Vgl. Gerhardt 1999, 296ff.
98   Kant: *Kritik der praktischen Vernunft*, Akad.-Ausg. V, 161f.
99   Williams 1984, 30/1.
100 Kant: *Grundlegung der Metaphysik der Sitten*, Akad.-Ausg. IV, 394.

Fraglos hat Kants Konzeption eine starke Ähnlichkeit mit Rawls' Leugnung des Verdienstes, denn auch die Rawlssche Philosophie ist dem Ziel gewidmet, Gerechtigkeitsurteile vom Einfluß des moralischen Zufalls unabhängig zu machen. Wie Kant versucht, Moralität gegen Kontingenz zu immunisieren, versucht Rawls, Gerechtigkeit gegen Kontingenz zu immunisieren. Ist nur das eine legitime Grundlage eines Verdienstanspruchs, was man sich autonom und selbstmächtig geschaffen hat, dann gibt es angesichts der Zufälligkeit aller empirischen Bestimmtheit menschlichen Wollens, Könnens und Handelns entweder keine legitime Grundlage eines Verdienstanspruchs, oder diese muß außerhalb der empirischen Welt liegen, unerreichbar durch Kontingenz. Kants autonomes Moralsubjekt erfüllt diese Bedingung berechtigter Zuschreibung von Verdienstansprüchen; es verdient zu verdienen. Der empirische Mensch hingegen verdient nicht, zu verdienen; all sein Handeln, das Verdienstansprüche begründen könnte, ist selbst nur Ausdruck kontingenter Bestimmungen. Daher ist seinen Fähigkeiten und Anstrengungen auch nicht ablesbar, was ihm zukommt; daher kann er sich selbstmächtig keine Ansprüche erarbeiten. Was ihm gebührt, was das Seine ist, bestimmt die Allgemeinheit, der vereinigte Wille der Verfassungswähler.

Die distributive Allgemeinheit Rawls' ist das gerechtigkeitstheoretische Gegenstück zum reinen Willen. Beides sind dezidiert kontingenzpolemische Instanzen, die den Geltungsgrund verbindlicher normativer Urteile jenseits der empirischen Bestimmtheit der Menschen ansiedeln. Beide verdanken sich dem Bestreben, die Grundlage der Zuschreibung normativer Prädikate – den moralischen Verdienst bei Kant, den gerechten Anspruch bei Rawls – vom moralisch zufälligen Einfluß natürlicher Zwangsläufigkeiten und gesellschaftlicher Umstünden freizuhalten. Diese Immunisierungsstrategie hat ihren Preis: bei Kant eine der Sinnlichkeit entfremdete Moralität, die der kontingenzflüchtigen Person als Asyl dient, bei Rawls eine die Individuen enteignende Gerechtigkeit, die die kontingenten Gegebenheiten individueller Lebensführung egalitaristisch vermißt und einem kompensatorischen Ausgleichsprogramm nach Maßgabe des Differenzprinzips unterwirft. Sowohl bei Kant als auch bei Rawls schlägt das kontingenzskeptische Immunisierungsbestreben eine Strategie der Ausgrenzung ein: die fremdkausalen Personeneigenschaften werden von der eigenkausalen, selbstmächtigen, sich selbst organisierenden praktischen Vernunft getrennt, die bei Kant als Allgemeinheit innerhalb der kontingenten Besonderheit der Individuen auftritt, bei Rawls hingegen als Allgemeinheit, die als moralisch notwendiges Regelsystem den kontingenten Individuen gegenübertritt, wirksam wird.

Die von Kant und Rawls entwickelten Verfahren zur Überwindung des moralischen Zufalls weichen beträchtlich von den Kontingenzbewältigungsstrategien des *common sense* ab. Sie kulminieren in einer personentheoretischen Konzeption, die unserer intuitiven Überzeugung von personaler Einheit und verantwortlicher Lebensführung widerstreitet. Der Umgang des *common sense* mit Kontingenz ist durch eine grundlegend integrative Einstellung charakterisiert. Hinsichtlich der vorgefundenen natürlichen und sozialen Lebensumstände läßt sich diese integrative Einstellung als

Selbstaneignung verstehen. ‚Selbstaneignung' ist ein personentheoretischer, ein metaphysischer Terminus; er darf nicht psychologisch verstanden werden, hat nichts mit einer affirmativen oder ablehnenden Einstellung sich selbst gegenüber zu tun.[101] Derartige Gestimmtheiten und Gemütsattitüden setzen personale Einheit, praktische Identität und die nicht-kontingente Einstellung einer Person zu sich selbst als einer in sowohl praktischen Selbstverhältnissen lebenden wie auch in vielen unterschiedlichen Kontexten eingelassenen Person immer schon voraus. Durch diese grundlegende Selbstaneignung wird sowohl der Kantische als auch der Rawlssche Fluchtweg aus der Kontingenz versperrt. Selbstaneignung hat eine dekontingentisierende Wirkung; sie integriert das, was aus objektiver Perspektive zwangsläufig und zufällig ist, in die eigene subjektive Perspektive, allein aus der heraus eine Person ein praktisches Verhältnis zu sich gewinnen und ein Leben führen kann.

Diese subjektive Perspektive hebt die Person aus dem Reich des Kontingenten heraus; alles um sie herum ist kontingent, nur sie nicht; und auch die anderen nicht, denen sie die ihr selbst gewisse Personalität zuspricht, die sie damit ebenfalls aus der Welt der Dinge heraushebt. Da Personen weder zu sich noch zu anderen eine kontingente Einstellung einnehmen können, der Referenzbereich dieser, sei es selbstbezüglichen, sei es fremdbezüglichen nicht-kontingenten personalen Einstellung jedoch die ganze empirische Bestimmtheit der Personen umfaßt, alle ihre identitätskonstitutiven natürlichen Eigenschaften und sozialen Geburts- und Entwicklungsumstände, muß aus der Perspektive des integrierten Personenverständnisses des *common sense* sowohl die Konzeption der Moralität als auch der Verteilungsgerechtigkeit korrigiert werden. *Moralität und Verteilungsgerechtigkeit müssen ihr Selbstverständnis in Übereinstimmung mit der subjektiven Perspektive personalen Lebens entwickeln.* Sie dürfen sich nicht als Kontingenzimmunisierungsprogramm verstehen, das seine Aufgabenstellung einer Perspektivenkonfusion verdankt, durch die die objektive Perspektive in das Gewebe der praktischen Selbstverhältnisse eindringt, die subjektive Perspektive überlagert und verdunkelt. Erst dadurch tritt die Kontingenz in die personale Einheit ein, aus der sie dann nachher, um den Preis der Zerstörung der personalen Einheit, durch die Programme der Moralität und Verteilungsgerechtigkeit wieder entfernt werden muß. Erst dadurch sieht sich die Moralphilosophie Kants genötigt, in der Person selbst nach einer empiriefreien, natürlicher wie gesellschaftlicher Bestimmung entzogenen Enklave reiner Selbsttätigkeit zu suchen. Erst dadurch glaubt die Gerechtigkeitsphilosophie Rawls' sich verpflichtet, eine staatliche Umverteilungsallgemeinheit als nor-

---

101   Diese Selbstaneignung hat auch nichts mit jenem Goethe-Wort aus Faust I / Z. 682 zu tun: „Was du ererbt von deinen Vätern hast, erwirb' es um es zu besitzen". Gleichwohl kann auch dies als Antwort auf das Kontingenzproblem gelesen werden: um den Skandal der Bevorzugung durch die Erbschaft – denn andere haben nichts oder nur Unbedeutendes von ihren Vätern ererbt – moralisch zu mildern, gilt die Aufforderung, sich der Erbschaft würdig zu erweisen, mit den Pfunden zu wuchern, durch Phantasie und Anstrengung das Beste aus dem, was einem da zugefallen ist, zu machen.

mative Korrekturinstanz der in ihrem Marktwert genommenen Lebenserfolgs-auswirkungen der natürlichen und sozialen Gegebenheiten der personalen Existenz einrichten zu müssen.

Das Kantische Programm ist gescheitert: Moralität läßt sich nicht gegen moralischen Zufall immunisieren. Wenn wir moralisches Handeln und moralisches Urteilen wirklich nur auf den Bereich garantierter, interferenzfreier Selbstmächtigkeit einschränken wollen, wenn nur ein Zustand gesicherter Autorschaft, also ein Zustand, der dem gleichen würde, in dem sich Gott bei der Erschaffung der Welt befunden hat, eine Verantwortlichkeitszuschreibung erlaubt, eine faire Anwendungsbedingung für moralsprachliche Prädikate ist, dann verlangt die Moralphilosophie, daß wir uns von der Überzeugung verabschieden, daß es sinnvoll ist, unsere moralische Beurteilungspraxis über die Grenzen des reinen Willens hinaus auszudehnen und auf die ganze Person und ihr Verhalten und Handeln anzuwenden, als auch von der Vorstellung vom gesamten Menschen als einer empirisch bestimmten, gleichwohl sich nicht auf kontingente Weise auf sich beziehenden personalen Einheit abrücken. Diese durch Kontingenzimmunisierung geprägte Moralität widerstreitet unserem sowohl moralischen als auch personentheoretischen Selbstverständnis. Daß der *common sense* die Strategie einer integrativen Kontingenzbewältigung verfolgt, zeigt sich nicht nur daran, daß er an der personalen Einheit festhält und sich weigert, den Menschen zu dividieren, in ihm eine Zone reiner Selbstmächtigkeit von kontingenten natürlichen und gesellschaftlichen Eigenschaften zu trennen, es zeigt sich auch daran, daß er seine Verantwortlichkeitszuschreibungen weder in der moralischen Selbstbewertung noch in der Fremdbeurteilung an dem Prinzip der Selbstverursachung orientiert. Denn jede Analyse der objektiven Faktoren einer Handlungssituation zeigt, daß nahezu nichts, von dem was eine Person tut, ihrer Kontrolle zu unterliegen scheint, daß das, was wir tun und getan haben, von der Wendung abhängt, die die Ereignisse nehmen.[102]

Gleichwohl hören wir nicht auf, moralisch zu urteilen, verzichten wir nicht darauf, uns in unserer Ganzheit als zurechnungsfähige und selbstverantwortliche moralische Subjekte zu betrachten. Moralität ist Selbstbehauptung, die der Kontingenz trotzt, gründet in einem Selbstanspruch, der sich über alle Entlastungsmöglichkeiten hinweg setzt, die eine objektive Betrachtung der kausalen Zwangsläufigkeiten und Zufälligkeiten in unserem Handlungsleben bereitstellen würde. Würde die Person diese Entlastungsangebote annehmen und die meritorischen Zuschreibungsgewohnheiten zerbrechen, würde sie ihren Charakter und ihre Handlungen, ihre Einstellungen und Absichten kausalanalytisch dechiffrieren und der Welt der Dinge und Ereignisse einreihen, dann würde sie sich auflösen,[103] und mit ihr würden alle

---

102 Nagel 1979, 26; 29.

103 Und keine Lösung der dritten Antinomie könnte sie retten („The effect of concentrating on the influence of what is not under his control is to make this responsible self seem to disappear, swallowed up by the order of mere events" (Nagel 1979, 36).

normativen Praktiken der Gesellschaft, und damit letztlich die Gesellschaft selbst, zerfallen. Diese Parallelisierung von Kant und Rawls zeigt, daß Rawls die Reichweite seines Kontingenzarguments gewaltig unterschätzt hat. Im Bestreben, die Meritokratie der liberalen Gleichheit durch ein System der demokratischen Gleichheit gerechtigkeitsethisch zu verbessern, wollte er gegen den Verdienstbegriff, die Konzeption prä-konstitutioneller individueller Ansprüche vorgehen. Das Argument von der moralischen Willkür hat aber nicht nur der Meritokratie die Grundlage entzogen, sondern im Kielwasser der Dekonstruktion der Person auch dem Begriff der Verantwortung alle Berechtigung genommen. Verantwortlichkeitszuschreibung ist jedoch für unser Selbstverständnis unverzichtbar: wir können keine personale Existenz besitzen, nicht in praktischen Selbstverhältnissen leben, kein eigenes Leben führen, würden wir nicht meinen, den Begriff der Verantwortlichkeit auf uns selbst anwenden zu dürfen; wir würden keine gesellschaftliche Existenz besitzen, keine Gesellschaft mehr haben, gäbe es keine Berechtigung mehr, Verantwortlichkeit zu unterstellen; wir würden schließlich auch, wie Berlin gezeigt hat, uns unserer Geschichte entledigen müssen, sie in dem Strom natürlicher Geschehnisse untergehen lassen, wenn uns der Mut abhanden käme, Menschen aller Kontingenzerfahrung zum Trotz für verantwortlich zu halten.

> „If the history of the world is due to the operation of identifiable forces other than, and little affected by, free human wills and free choices [...], then the proper explanation of what happens must be given in terms of the evolution of such forces. And there is then a tendency to say that not individuals, but these larger entities, are ultimately ‚responsible‘. I live at a particular moment of time in the spiritual and social and economic circumstances into which I have been cast: how then can I help choosing and acting as I do? The values in terms of which I conduct my life are the values of my class, or race, or church, or civilization, or are part and parcel of my ‚station‘ – my position in the ‚social structure‘. Nobody denies that it would be stupid as well as cruel to blame me for not being taller than I am, or to regard the colour of my hair or the qualities of my intellect or heart as being due principally to my own free choice; these attributes are as they are through no decision of mine. If I extend this category without limit, then whatever is, is necessary and inevitable. This unlimited extension of necessity [...] becomes intrinsic to the explanation of everything. To blame and praise, consider possible alternative courses of action, accuse or defend historical figures for acting as they do or did becomes an absurd activity. Admiration and contempt for this or that may indeed continue, but it becomes akin to aesthetic judgment. We can eulogize and denounce, feel love or hatred, satisfaction and shame, but we can neither blame nor justify. Alexander, Caesar, Attila, Mohammed, Cromwell, Hitler are like floods and earthquakes, sunsets, oceans, mountains; we may admire or fear them, welcome or curse them, but to denounce or extol their acts is (ultimately) as sensible as addressing sermons to a tree (as Frederick the Great pointed out with his customary pungency in the course of his attack on d'Holbach's *System of Nature*).“[104]

---

104 Berlin 1969, 63f.

Verantwortlichkeit und Verdienstlichkeit sind die Seiten ein und derselben Medaille, verlangen einander, verweisen aufeinander. Selbst der einfachste Begriff des Selbst könnte nicht das Verschwinden des einen oder das Verschwinden des anderen überleben.

Wie sich unser Handeln verliert, wenn wir von ihm all das entfernen, was lediglich passiert, verschwindet die Person, wenn wir von ihr all das entfernen, was ihr lediglich gegeben ist. Der moralische Zufall kann nicht durch das Prinzip der *kontingenzexklusiven* Autorschaft bekämpft werden. Weder unserer Verständnis vom moralischen Handeln und Urteilen noch unser Verständnis von uns selbst als Person orientiert sich an dem Kriterium der kausalen Kontrolle. In beiden Fällen setzt sich der Einheitssinn der Person, die für Personen konstitutive nicht-kontingente Einstellung zu sich selbst über die dissoziierenden Befunde objektiver Ursachenanalyse hinweg; in beiden Fällen konstituiert sich die Person als empirisch bestimmtes Handlungssubjekt durch integrative Aneignung von Gegebenem und Geschehenem, in beiden Fällen spricht sich die Person eine *kontingenzinklusive* Autorschaft über ihr Leben zu. Wie anders sollten wir uns denn als Personen behaupten, wenn wir nicht auf Selbstverantwortung und auf dem Recht bestehen, unser eigenes Leben aus subjektiver Perspektive und in nicht-kontingenter Einstellung zu uns selbst zu führen? Und wie anders sollten wir vermeiden können, nur noch passive Objekte ontologischer Zufälligkeiten und kausaler Zwangsläufigkeit zu sein, nur noch als Klienten und Empfänger der Verteilungen einer anonym-rationalen Gerechtigkeitszentrale zu existieren, wenn wir uns nicht mit dem, was wir mit und um uns, mit unseren natürlichen Gegebenheiten und sozialen Umständen vorgefunden haben, identifizieren, wenn wir uns nicht das, was uns zufällt, zustößt, passiert – aneignen?

Wie Kants Programm der Kontingenzimmunisierung ist auch Rawls' Programm der Ausschaltung des moralischen Zufalls aus der Beurteilungsperspektive der Verteilungsgerechtigkeit gescheitert. Wie soll eine normative Philosophie Anerkennung bei Personen finden, wenn die gerechtigkeitstheoretische Hauptthese der intersubjektiven moralischen Korrektur der natürlich-sozialen Kontingenzen personaler Existenz die Dekonstruktion der Person impliziert? Genausowenig wie im Fall des moralischen Urteils das Kriterium der Kontrollierbarkeit der handlungsbestimmenden Faktoren die Grenzen der Selbst- und Fremdzuschreibung, der Kritik, des Schuldgefühls und des Täter-Bedauerns[105] abstecken und unsere Selbstverantwortlichkeit sich durch kausale Zwangsläufigkeit und moralischen Zufall aus der Welt jagen läßt, genausowenig vermag im Fall des gerechtigkeitstheoretischen Urteils das Kriterium der Kontrollierbarkeit die Grenzen der Berechtigung der Person, einen verteilungsrelevanten Anspruch auf die natürliche Fähigkeitenausstattung und sozialen Herkunfts- und Entwicklungsumstände und ihre lebenserfolgspragmatischen Auswirkungen zu erheben, festzulegen. *Das Kriterium der kausalen Kontrollierbarkeit ist aufzugeben*; es verdankt sich einer unangemessenen Über-

---

105   Zu diesem Begriff (‚agent-regret') vgl. Williams 1984.

tragung der objektiven, für den Kontext der Dinge und Ereignisse zuständigen Perspektive auf die praktischen Selbstverhältnisse der Person. Das Verdienstanspruch wie Verantwortlichkeit begründende Prinzip einer personentheoretisch angemessenen Autorschaft macht sich von den Ergebnissen der Ereignis- und Dingkausalität unabhängig und erklärt die ganze, alle natürlichen Gegebenheiten und sozialen Umstände integrierende Person zum Autor ihres Lebens. Damit ist die Rawlssche Zurückweisung des Verdienstes zurückzuweisen. Es ist vielmehr von einem *verdienstethischen Naturalismus* auszugehen, der die Person in ihrer natürlichen Beschaffenheit und mit all ihren durch ihr soziales Herkunftsmilieu bestimmten Eigenschaften zum ungeteilten Subjekt eines fundamentalen Anspruches auf all die durch Einsatz ihrer Talente, Fähigkeiten und Kompetenzen erarbeiteten Güter erklärt – genauso wie in Verabschiedung der Kantischen Konzeption des reinen Willens von einem *verantwortungsethischen Naturalismus* auszugehen ist, der kontingenzinklusiv agiert und die empirische Person in ihr Zuschreibungsregiment einbezieht. Das heißt nicht, daß keine guten Gründe für wohlfahrtsstaatliche Umverteilungen gibt; das heißt aber, daß kein umverteilender Staat als Instrument einer sich gegen moralische Willkür immunisierenden, die Auswirkungen von Talent, Herkunft und Charakter neutralisierenden und ausgleichenden Verteilungsgerechtigkeit begründbar ist. Und das heißt weiterhin, daß der Marktgesellschaft mit einer gut begründeten verdienstethischen Vorzugswürdigkeitsvermutung zu begegnen ist, denn sie bietet den Individuen die beste Chance, ihre Talente zu entwickeln, ein selbstbestimmtes Leben zu führen und eine angemessenere Belohnung ihrer Leistungen und Fähigkeiten zu erhalten.[106]

Ich habe das Rawlssche Argument von der moralischen Willkür mit Kants Konzeption des reinen Willens verglichen und einen gemeinsamen Zug der Kantischen Moralphilosophie und der Rawlsschen Gerechtigkeitstheorie herausgestellt: beide sind bestrebt, eine kontingenzfreie Grundlage normativer Beurteilung zu finden; und beide finden diese kontingenzfreie Grundlage mittels eines radikalen Verständnisses von Selbstmächtigkeit, das nur das als Grundlage eines moralischen Anspruchs oder eines gerechten Anspruchs zuläßt, was auf reine Selbstverursachung zurückzuführen ist. Jedoch hiermit enden die Gemeinsamkeiten der beiden Philosophen schon.[107] Kant war ein Kritiker des Systems der Vererbung von Privilegien und ein Anhänger der bürgerlichen Meritokratie. Nie hätte er sich dazu bereitgefunden, der Rawlsschen Widerlegung des Verdienstes zuzustimmen und in der von ihm ja selbst in seiner Feier des reinen Willens erwähnten und in Rechnung gestellten „besonderen Ungunst des Schicksals" oder der „kärglichen Ausstattung einer stiefmütterlichen Natur" einen hinreichenden Grund erblickt, das Individuum nicht mit dem Anspruch auszustatten, alles das, was es sich unter Einsatz seiner Fähigkeiten, Fertigkeiten und erworbenen Qualifikationen erarbeitet, als das Seine zu betrachten. Obwohl Rawls seine Gerechtigkeitsauffassung als angemessene Auslegung des

---

106   Vgl. Kateb 1992, 18/9.
107   Zum Verhältnis Kant-Rawls vgl. Fleischacker 1999, 184–240.

berühmten Kantischen Grundsatzes, daß niemand ausschließlich als Mittel, sondern immer zugleich auch als Zweck behandelt werden soll, angesehen hat,[108] ist unzweifelhaft, daß sich sein libertärer Gegenspieler Nozick in seiner Kritik struktureller Gerechtigkeitsgrundsätze mit ungleich größerer Berechtigung auf Kant berufen hat. In verdienstethischer Hinsicht ist Kant Naturalist; d. h. all die Dimensionen der empirischen Person, die bei der moralischen Bewertung ausgeklammert werden mußten, bilden eine legitime Anspruchsgrundlage. Es ist nicht daran zu denken, daß Kant die natürliche Ausstattung der Menschen, Talent, Fleiß und Charakter verdienstethisch neutralisiert und als moralisch willkürlich aus der Rechnung der Verteilungsgerechtigkeit herausgenommen hätte. Im Gegenteil, die in der Zweck-Mittel-Formel des kategorischen Imperativs zum Ausdruck kommende Gleichheitsvorstellung verlangt, den ungeteilten Menschen als einheitliche, integrierte Person zu nehmen und ihm die Freiheit einer gleichen Entfaltung seiner Anlagen und Fähigkeiten zu geben. Daß die Begabungsausstattung ungleich ist und somit keine gleichen Aussichten auf gleichen Lebenserfolg bestehen, nicht alle alles erreichen können, manche mit weniger vorlieb nehmen müssen, hat Kant nicht als Gerechtigkeitsskandal erblickt. Daher hätte er es nicht als Aufgabe der Gerechtigkeit angesehen, ein über gleiches Recht hinausgehendes Rahmenwerk zu etablieren, daß natürliche Ungleichheiten in den Lebenserfolgsaussichten ganz oder teilweise auszugleichen hat. Nur gesellschaftliche, also auf menschliches Dulden zurückzuführende und durch menschliches Handeln veränderbare Bevorzugungen und Benachteiligungen bei der Entwicklung der Anlagen, bei dem Versuch der Selbständigkeitsgewinnung können als Gegenstände einer gerechtigkeitsbegründeten Ausgleichsforderung betrachtet werden. Und die Verwirklichung dieser Ausgleichsforderung kann keinen anderen Weg als den der Bereitstellung von Entwicklungschancen und einer möglichst umfassenden Verbürgerlichung der Gesellschaft einschlagen: es kann nicht Aufgabe der Politik sein, eine moralische Gerechtigkeitskorrektur der natürlichen Begabungsverteilung durchzuführen, sondern sie hat eine umfassende bürgerliche Meritokratie zu ermöglichen, in der jeder auf der Grundlage gleicher Entwicklungschancen sein Leben selbständig und eigenverantwortlich zu führen vermag.

12 Differenzprinzip und Sozialstaatsbegründung

Um die Ergebnisse der eigenen Anstrengungen der Verfügung der egalitaristischen Gerechtigkeit zu entziehen und sich wieder anzueignen, könnten die Begabteren und Talentierteren sich zu einer Sezession entschließen und eine Gesellschaft des Talents gründen, die nur so viel Steuern erheben würde, wie nötig wäre, um die in-

---

108 „To regard persons as ends in themselves in the basic design of society is to agree to forgo those gains which do not contribute to their representative expectations. By contrast, to regard persons as means is to be prepared to impose upon them lower prospects of life for the sake of the higher expectations of others" (Rawls 1971, 180).

ternen Koordinationsprobleme zu lösen und die Verteidigungsfähigkeit zu sichern. Freilich würde ein solcher Entschluß wenig Sinn machen, da sich Talent, Begabung und Ideenreichtum nur in einer arbeitsteilig organisierten Gesellschaft voll entfalten können, in der die vielen anspruchslosen, aber nötigen Tätigkeiten allesamt zuverlässig ausgeübt werden. Was aber, wenn die Mitglieder der Kooperationsgemeinschaft sich von all denen zurückziehen, die selbst keinerlei Beitrag zur gemeinsamen Produktion des Kooperationsgewinns liefern, im kooperativen Prozeß der Grundgütermaximierung keinerlei wertschöpferische Bedeutung besitzen, die nur konsumieren, aber nicht produzieren, auch nicht auf dem Feld der Dienstleistungen tätig sein können? Denn eine Sezession der Exzellenz mag sich als rational nicht vorteilhaft erweisen, sich der sozialstaatlichen Kostgänger zu entledigen ist aber mit Sicherheit rational vorteilhaft. Keines der beiden Gerechtigkeitsprinzipien Rawls' könnte einer derartigen Aufkündigung solidargemeinschaftlicher Verpflichtungen den Weg verlegen und es als Verletzung der Verteilungsgerechtigkeit brandmarken, wenn der kooperativ erwirtschaftete Mehrertrag an sozialen Grundgütern allein unter die produktiven Mitglieder der Kooperationsgemeinschaft verteilt wird.

12.1 Konvergenz von Gerechtigkeitsgemeinschaft und Kooperationsgemeinschaft

Die Rawlssche Gerechtigkeitstheorie entwickelt Regeln zur Lösung innerkooperationsgemeinschaftlicher Teilungsprobleme. Sie etabliert eine Gerechtigkeit zwischen Kooperationspartnern. Die unter dem Schleier der Unwissenheit ermittelte Verfassung bestimmt allein die Grundstruktur einer Gesellschaft selbständiger Wirtschaftssubjekte, die Grundstruktur einer geschlossenen, alle Erwerbsunfähigen ausschließenden Marktgesellschaft. Gerade weil es auf die internen Verteilungsprobleme des Kooperationssystems eingeschränkt ist, taugt das Differenzprinzip nicht als Sozialstaatsprinzip. Denn obwohl das Differenzprinzip sozio-ökonomische Ungleichheit zuläßt, liegt ihm eine „conception of reciprocity" zugrunde, ist es ein „principle of mutual benefit".[109] Die Vereinbarkeit von wechselseitiger Vortilhaftigkeit und Ungleichheit ist darin begründet, daß der Kooperationsgewinn in ungleicher Gesellschaft größer ist als in gleicher Gesellschaft, somit selbst der Schlechtestgestellte in ungleichen Gesellschaften eine größere Kooperationsdividende erhalten kann als in gleichen Gesellschaften. Wird die Verteilungsgerechtigkeit als moralisch vorzugswürdige Regulation interner kooperationsgemeinschaftlicher Verteilungskonflikte entwickelt, dann kommen Individuen nur dann in den Genuß der Gerechtigkeit, wenn sie Mitglieder der Kooperationsgemeinschaft sind. *Für Rawls konvergieren Gerechtigkeitsgemeinschaft und Kooperationsgemeinschaft.* Daher vermag seine Gerechtigkeitstheorie keine So-

---

109 Rawls 1971, 102.

zialstaatsbegründung, keine Begründung der moralischen Vorzugswürdigkeit kollektiver Sicherungssysteme zu liefern. Denn die Adressaten sozialstaatlicher Versorgung sind gerade die Mitmenschen, die entweder aus der Kooperationsgemeinschaft ausgestoßen oder nicht in sie aufgenommen werden. Die Adressaten der sozialstaatlichen Versorgung sind Arbeitslose, Arbeitsunfähige, Rentner, Kranke und geistig, psychisch und körperlich Behinderte, all die also, die sich in einer Gesellschaft der Gegenseitigkeit, des wechselseitigen Vorteils nicht behaupten können, da sie nichts anzubieten haben, das zu erwerben andere interessiert sein könnten. Die Adressaten der sozialstaatlichen Versorgung sind allesamt selbstversorgungsunfähig. Vergleicht man diese bedürftigkeitsorientierte Sozialstaatsskizze übrigens mit der Verteilerliste bestehender wohlfahrtsstaatlicher Systeme, dann ist ersichtlich, wie weit sich in der Wirklichkeit der Wohlfahrtsstaat von dieser grundlegenden Aufgabe der Sicherung des sozialen Ausgleichs für Selbstversorgungsunfähige entfernt hat. Die organisierten Interessen, die in den zeitgenössischen Verteilungskämpfen des Wohlfahrtsstaates ihre Zuteilungen zu vergrößern trachten, sind längst nicht mehr durch drängende Bedürfnisse legitimiert. Längst hat die Begehrlichkeit die Bedürftigkeit überwuchert, hat sich solidarisches Versorgungswesen in strategische Klientelbewirtschaftung verwandelt.

Eine normative Sozialstaatsbegründung muß zeigen, daß die Gerechtigkeitsgemeinschaft auf die Gruppe der Selbstversorgungsunfähigen ausgedehnt werden muß, muß nicht nur Regeln für die innerkooperationsgemeinschaftliche Grundgüterverteilung entwickeln, sondern auch Regeln für eine Umverteilung von der Kooperationsgemeinschaft zu den Selbstversorgungsunfähigen vorschlagen. Eine vollständige Gerechtigkeitsgemeinschaft verlangt also, daß sich die Kooperationsgemeinschaft zur Solidaritätsgemeinschaft ausweitet. Eine vollständige Theorie der Gerechtigkeit muß sowohl Gerechtigkeitsregeln für die Kooperationsgemeinschaft als auch Regeln für die Solidaritätsgemeinschaft entwickeln. Man kann nun, wie es einige libertäre Sozialstaatskritiker tun, die Selbstversorgungsunfähigen an den privaten Versicherungsmarkt verweisen. Wenn es keinen Sozialstaat gibt, wenn folglich die Individuen sich nicht auf kollektive Sicherungssysteme verlassen können, dann werden sie genötigt sein, sich um eigenverantwortliche Vorsorge und Zukunftssicherung zu bemühen und geeignete Versicherungsverträge abzuschließen. Und die Versorgung der wenigen, denen auch dieser Weg verschlossen ist, weil sie etwa von Geburt an erwerbsunfähig sind, kann privaten und kirchlichen caritativen Einrichtungen übertragen werden. Es gibt keinen Hinweis in der *Theory of Justice*, daß der in kooperationsgemeinschaftlichen Gerechtigkeitsdingen egalitaristisch denkende Rawls das Versorgungsproblem der Marktunfähigen und marktunfähig Gewordenen strikt libertär, durch das Zusammenwirken von privatem Versicherungsmarkt und privater Caritas lösen wollte. Es ist aber auch nicht so, daß sich hinter den Schlechtestgestellten, die das Differenzprinzip zum Adressaten der gerechtigkeitspolitischen Verbesserung des gesellschaftlichen Verteilungsbildes bestimmt, die typische Sozialstaatsklientel verbirgt. Die Schlechtestgestellten sind die innerhalb der Kooperationsgemeinschaft Schlechtestgestellten: also ungelernte Arbeiter, Angehörige von Niedriglohngruppen, geringfügig Beschäftigte, aber eben keine Selbstversorgungsunfähige.

Daß das Differenzprinzip nicht dazu taugt, sozialstaatlicher Solidarität ein gerechtigkeitstheoretisches Fundament zu geben, wird sofort deutlich, wenn man sich die Situation vor Augen hält, in der die Verfassungswähler sich über die Grundstruktur ihrer Gesellschaft einigen sollen. Das rational-egoistische Entscheidungsprogramm, das jeder einzelne seinen Überlegungen zugrundelegt, ist auf Grundgütermaximierung ausgerichtet: jeder will lieber mehr als weniger haben. Damit orientiert sich jeder an der Vorstellung einer lebenslangen Erwerbskarriere. Jeder stellt sich die beiden folgenden Fragen: Wie wirkt sich das zu betrachtende Prinzip auf die Grundstruktur aus? Und wie wirkt sich die Grundstruktur auf die Durchführung meines grundgütermaximierenden Lebensplans aus? Diese nutzenmaximierende Kalkulation ist *lebensplanoptimistisch*, geht von der Voraussetzung eigenverantwortlicher und eigenmächtiger Daseinsgestaltung aus. In diesem gerechtigkeitstheoretischen Ausgangsszenario ist für das Problem der Versorgung Selbstversorgungsunfähiger kein Platz. Die Verfassungswähler denken weder an Arbeitslosigkeit noch an Arbeitsunfähigkeit, nicht an Krankheit und Behinderung.[110] Rawls' Gerechtigkeitstheorie ist eine Gerechtigkeitstheorie für rational agierende aktive Wirtschaftsbürger. Wo die Kooperationsgemeinschaft endet, wo keine Verhältnisse wechselseitig vorteilhafter Zusammenarbeit mehr anzutreffen sind, verliert die Verteilungsgerechtigkeit Rawlsschen Zuschnitts ihre Zuständigkeit. Rawls Gerechtigkeitstheorie taugt allenfalls als normative Basis für eine Theorie des Gewerkschaftsstaats und der progressiven Einkommensbesteuerung; aber der Aufgabenkatalog der sozialen Gerechtigkeit ist nicht auf die Verteilungsinteressen der Arbeitsplatzbesitzer zu beschränken, und die gesellschaftliche Grundstruktur hat umfassenderen Gerechtigkeitszielen zu dienen als der Hege verbands- und tarifpolitischer Verteilungskämpfe.

Obwohl wegen der Wiederentdeckung des Themas der sozialen Gerechtigkeit so hochgelobt, hat Rawls doch gerade den Bereich gerechtigkeitstheoretisch völlig ausgeklammert, den wir vordringlich mit dem Thema der sozialen Gerechtigkeit assoziieren, nämlich den Bereich, der durch die Versorgungsleistungen der gesetzlichen Sozialversicherungssysteme von der Rentenversicherung über die Krankenversicherung bis zur Arbeitslosenversicherung und Sozialhilfeversicherung definiert ist, also den sozialstaatlichen Bereich. Rawls war sich über diese Lücke in seiner Gerechtigkeitstheorie freilich im klaren. Er wußte, daß nur eine idealisierende, einen Vollbeschäftigung ermöglichenden Arbeitsmarkt wie lebenslange Arbeitsfähigkeit bei den Bürgern unterstellende Theorie das solidaritätsgemeinschaftliche Gerechtigkeitsproblem ignorieren kann. In dem Maße, in dem die Realität hinter diesen Idealvorstellungen zurückbleibt, muß sich Rawls' Theo-

---

110 Vgl. Daniels 1996, 191.

rie als unvollständig und ungenügend erweisen. „We are to assume", so Rawls, „that all citizens are fully cooperating members of society over the course of a complete life. This means that everyone has sufficient intellectual powers to play a normal part in society, and no one suffers from unusual needs that are especially difficult to fulfil, for example, unusual and costly medical requirements"[111]. Rawls gibt zu, daß „care for those with such requirements is a pressing practical question". Aber daß dieser Frage innerhalb des Horizonts seiner Theorie nicht zur Beantwortung ansteht, wird sofort deutlich, wenn er anmerkt, daß „at this initial stage, the fundamental problem of social justice arises between those who are full and active and morally conscientious participants in society and directly or indirectly associated together throughout a complete life".[112] Aufgrund dieses gerechtigkeitstheoretischen Defizits wird man auch die Einschätzung revidieren müssen, die Rawls zum politischen Philosophen der Sozialdemokratie erklärt, weil sich in seiner Gerechtigkeitstheorie die Grundzüge des herrschenden sozialdemokratischen Zeitalters philosophisch spiegeln würden.[113] Wenn wir bedenken, daß die Etablierung und Aufrechterhaltung eines Wohlfahrtsstaats aus Gründen der sozialen Gerechtigkeit zu dem Bestand sozialdemokratischer Kernüberzeugungen gehört, dann müssen wir diese Einschätzung zurückweisen. Rawls liefert keine Wohlfahrtsstaatsbegründung. Denn eine Wohlfahrtsstaatsbegründung verlangt einen ungeteilten Gerechtigkeitsbegriff, der sich nicht auf die Verteilungsprobleme innerhalb der Kooperationsgemeinschaft beschränkt, sondern den Bereich der Solidargemeinschaft einbezieht, der die Gesellschaft also nicht ausschließlich als güterproduzierende Kooperationsgemeinschaft betrachtet, sondern als spannungsreichen Verbund von Kooperationsgemeinschaft und Solidargemeinschaft.

12.2 Eine kontraktualistische Begründungsskizze für Sozialstaatlichkeit

Wie könnte ein vollständiger Begriff der Verteilungsgerechtigkeit gewonnen werden? Eine vollständige Konzeption der Verteilungsgerechtigkeit wird zwei unterschiedliche gerechtigkeitstheoretische Dimensionen miteinander verknüpfen müssen: auf der einen Seite die auf Kooperationsgemeinschaften zugeschnittene Gerechtigkeitsdimension der angemessenen Lasten- und Gewinnverteilung innerhalb eines Systems des wechselseitigen Vorteils, kurz die Dimension einer Gerechtigkeit des wechselseitigen Vorteils; und auf der anderen Seite die auf Soli-

---

111 Rawls 1980, 546.
112 Ebd.
113 So schreibt etwa der dem Sozialismus nahestehende Stuart Hampshire in einer Rezension des Rawlsschen Werks: es zeichne „a noble, coherent, highly abstract picture of the fair society, as social democrats see it […] This is certainly the model of social justice that has governed the advocacy of R.H. Tawney and Richard Titmuss and that holds the Labour Party together" („A Critical Notice of *A Theory of Justice*", *New York Review of Books*, 1972, Issue 3).

dargemeinschaften zugeschnittene Gerechtigkeitsdimension der markt- und leistungsunabhängigen, unparteilich jedem zuteil werdenden Grundversorgung. Sie wird eine Lösung sowohl für das ursprüngliche, kooperationsgemeinschaftliche Gerechtigkeitsproblem als auch für das abgeleitete, solidaritätsgemeinschaftliche Gerechtigkeitsproblem vorschlagen müssen. Die Lösung dieses abgeleiteten Gerechtigkeitsproblem ist von großer legitimatorischer Bedeutung für den Wohlfahrtsstaat. Der Wohlfahrtsstaat ist keine moralisch neutrale Form der Zentralisierung und Koordination konkreter und spontaner Solidarität, sondern ein Zwangsverband, die die mitmenschlichen Unterstützungsleistungen abgaben- und steuerpolitisch erzwingt und die lebensweltlichen Netze der freiwilligen privaten Hilfe durch ein bürokratisches System umfassender Zwangsmitgliedschaft und gesetzlicher Umverteilung ersetzt. Aufgrund der Aufnahme dieser ungemein regulationsintensiven Ziele der Daseinsfürsorge und Schicksalsmilderung in den Katalog der Staatsaufgaben und der damit verbundenen material-ethischen Auspolsterung der negativen Grundrechte sind die Rechtfertigungsbürden des Sozialstaats besonders drückend. Die Erfüllung von Rechtspflichten, die Handlungsweisen zum Inhalt haben, die wir anderen schulden, kann erzwungen und folglich auch der effektiven Koordination der staatlichen Zwangsordnung überantwortet werden. Mildtätigkeit, Barmherzigkeit, Hilfsbereitschaft, Solidarität jedoch sind moralische Einstellungen, Tugenden, denen auf seiten des Hilfebedürftigen keinesfalls ein erzwingbarer Rechtsanspruch gegenüber steht. Kant hat darum das „starke Gesetz der Schuldigkeit" von dem „schwächeren Gesetz der Gütigkeit" unterschieden und nur das erste zur Grundlage eines staatlichen Zwangssystem gemacht, die Erfüllung des zweiten jedoch menschlicher Freiwilligkeit überlassen.[114] Vor diesem Hintergrund wird verständlich, daß sich der Rechtsstaat mit der Ausdehnung des zwangsbewehrten staatlichen Handelns auf den Bereich der Solidarität und der Verbeamtung des Samariters eine riesige Legitimationslast aufbürdet. Der Sozialstaat benötigt ein solides gerechtigkeitstheoretisches Fundament, um die Verwaltung der Solidarität durch ein staatliches Abgaben- und Verteilungssystem zu rechtfertigen. In dem Maße, in dem seine Verteilungsleistungen nicht gerechtigkeitstheoretisch zu rechtfertigen sind, wächst auch der Zweifel in die Legitimität ihrer Erzwingbarkeit.

Es ist ersichtlich, daß eine solidargemeinschaftliche Vervollständigung der Gerechtigkeitstheorie kein unproblematischer Appendix der *Theory of Justice* sein kann, sondern eine tiefgreifende Korrektur des kontraktualistischen Ausgangsszenarios verlangt. Die einengende Voraussetzung der Kooperationsgemeinschaft zu wechselseitigem Vorteil muß revidiert werden. Eine solidargemeinschaftliche Verteilungsgerechtigkeit kann sich gerade nicht auf die Gerechtigkeitsintuition stützen, daß in einem allseits nützlichen Kooperationssystem die Lasten und die Vorzüge fair zu verteilen sind, da wir hier eben nicht mehr mit der Perspektive des wechsel-

---

114 Vgl. Kersting 1997, 74–120.

seitigen Vorteils arbeiten können. Es ist offenkundig so, daß die typischen Nutznießer solidargemeinschaftlicher Solidarität gerade keine Kooperations- und
Tauschpartner sind, keinen Arbeitsbeitrag leisten, in das Kooperationssystem also
nicht investieren, somit auch nicht einen Anspruch auf einen gerechten Anteil am
Kooperationsgewinn stellen können; sie befinden sich in der prekären Lage, daß
sie einerseits keinerlei Leistung für die Reproduktion des Kooperationssystems
erbringen, andererseits aber aus den Kooperationsgewinnen alimentiert werden
müssen. Es ist ersichtlich, daß eine solidargemeinschaftliche Begründung der Verteilungsgerechtigkeit von anderem Zuschnitt sein muß als eine kooperationsgesellschaftliche Begründung der Verteilungsgerechtigkeit; geht es doch einmal um
eine Verteilung der gemeinsam erwirtschafteten Güter an die Kooperationspartner, also um eine kooperationsgemeinschaftsinterne Verteilung, das andere Mal
jedoch um eine kooperationsgemeinschaftsexterne Verteilung, also um eine Umverteilung von Teilen des Kooperationsmehrwerts auf diejenigen, die selbst zum
Zustandekommen des Kooperationsgewinns keinerlei Beitrag geleistet haben.
Eine vollständige Theorie der Verteilungsgerechtigkeit verlangt also notgedrungen eine weitreichende Revision der Rawlsschen Voraussetzungen: Das ganze
kontraktualistische Arrangement muß sich ändern, die Anwendungsverhältnisse
der Gerechtigkeit werden komplizierter und die gesellschaftliche Grundstruktur
wird über den marktförmig organisierten Kernbereich der kooperativen Güterproduktion weit hinausreichen müssen. An dem Anfang wird eine andere Problembeschreibung stehen müssen. Auch werden die Verfassungswähler von anderer Art sein.

Es ist ja keinesfalls so, daß das Gerechtigkeitsproblem, das den Verfassungswählern zur prinzipienlogischen, institutionellen Lösung überantwortet wurde,
grundsätzlich durch den konzeptuellen Horizont der Kooperationsgesellschaft
definiert wäre und von den internen Verteilungsproblemen gesellschaftlicher Zusammenarbeit überhaupt nicht ablösbar sein würde. Wir brauchen nur die para-
metrischen Idealisierungen des Rawlsschen Arguments rückgängig zu machen und
den Markt nicht länger von den Beschäftigungs- und Versorgungsrisiken trennen,
denen Menschen auf dem Markt und durch den Markt ausgesetzt sein können. Es
ist nämlich überhaupt nicht einzusehen, daß die Verfassungswähler, die kein besonderes, sondern nur allgemeines Wissen haben, die sich also als Jedermann vor
dem Hintergrund allgemeiner Struktur- und Problembeschreibungen situieren,
sich nicht fragen, was aus ihnen wird, wenn ihr Leben keinen Normalverlauf
nimmt oder nur stotternd startet, wenn ihre Arbeitskraft nicht mehr nachgefragt
wird, wenn sie das Schicksal der Arbeitslosigkeit ereilt oder wenn sie gänzlich ar-
beitsunfähig werden oder es gar von vornherein sind, was aus ihnen also wird,
wenn sie ein Leben außerhalb der Kooperationsgemeinschaft führen müssen, weil
sie der Markt entweder von Anfang an zurückweist oder irgendwann ausgespuckt
hat. Die Arbeitslosigkeitsoption ist analytischer Bestandteil einer allgemeinen Beschreibung des kapitalistischen Wirtschaftssystems, und die Arbeitsunfähigkeits-
option ist analytischer Bestandteil einer allgemeinen Beschreibung menschlichen

Lebens. Gerade weil sie ihre Entscheidung in Hinblick auf ein ganzes Leben treffen und damit rechnen müssen, daß ein Teil ihres Leben in der Arbeitslosigkeit verbracht werden kann, werden sie das Verteilungsproblem nicht auf das Problem der Verteilung der kooperativ erwirtschafteten Güter auf die aktiven Kooperationsmitglieder beschränken, sondern auf alle Mitglieder der sich hinsichtlich der Güterproduktion kooperationsgemeinschaftlich organisierenden politischen Gemeinschaft ausdehnen. Diese sozialstaatliche Erweiterung des kontraktualistischen Begründungsszenarios hat den Vorzug, eine rationale Rechtfertigung des umverteilenden Sozialstaats zu liefern. Kann, wie es der Entscheidungslogik vertragstheoretischer Argumentation entspricht, die sozialstaatliche Solidarität in einer eigeninteressierten Entscheidung unter moralischen, der Unparteilichkeitsperspektive verpflichteten Bedingungen verankert werden, dann macht sich die Sozialstaatsbegründung von der Kohäsionsleistung empirischer Solidaritätsmilieus unabhängig. Zwar wird die Verwirklichung sozialstaatlicher Versicherungssysteme ohne die geschichtlich und kulturell vermittelten Solidaritätsüberzeugungen partikularer sozialer Gemeinschaften auf die Dauer nicht erfolgreich sein, aber das besagt nicht, daß es nur kommunitaristische Wohlfahrtsstaatsbegründungen geben kann und der normative Individualismus der liberalen Philosophie keine rechtfertigenden Argumente für die Etablierung eines umfassenden Systems kooperationsgemeinschaftlicher und solidaritätsgemeinschaftlicher Verteilungsgerechtigkeit entwickeln könnte.

Man könnte nun einwenden, die Etablierung eines Systems kollektiver Versorgungsleistungen sei unnötig, da der Markt die durch Arbeitslosigkeit und Arbeitsunfähigkeit entstehenden Versorgungsprobleme durchaus intern, durch Etablierung eines privaten Versicherungsmarktes, lösen könnte. Aber Versicherungsleistungen gibt es nur, wenn Versicherungsbeiträge gezahlt werden können. Und es sind Notlagen durchaus vorstellbar, in denen derartige Versicherungsbeiträge nicht gezahlt werden können, entweder weil sie die knappen Finanzmittel übersteigen, die den Individuen zur Verfügung stehen, oder weil von Geburt an Arbeitsunfähigkeit besteht, die verhindert, daß überhaupt die Mittel für die Beitragszahlung erworben werden können. Daher scheidet die Marktlösung aus, und es bleibt die Alternative Caritativität oder kollektive Versorgung. Im rationalegoistischen Entscheidungsrahmen des kontraktualistischen Arguments wird man sich nicht der Beliebigkeit und Willkür hinsichtlich der Unterstützungsbereitschaft und Unterstützungshöhe überlassen wollen und für die Einrichtung entsprechender kollektiver Versorgungsbehörden optieren.

Keinesfalls erfordert das erklärte Ziel einer Sozialstaatsbegründung also einen Verzicht auf das kontraktualistische Begründungsargument. Die Vertragstheorie kann auf beide Probleme der Verteilungsgerechtigkeit eine Antwort geben. Auf die erste Frage antwortet die Vertragstheorie – in Erinnerung an die Möglichkeit der rationalen Vorzugswürdigkeit eines Systems ungleich verteilter sozio-ökonomischer Positionen – mit dem *Grundsatz der erlaubten sozio-ökonomischen Ungleichheit*. Sozio-ökonomische Ungleichheiten sind nicht dogmatisch auszugleichen, sondern so zu gestalten, daß es den Schlechtestgestellten in diesem kompetitiv-kapitalistischen System langfristig besser geht als in einem vergleichbaren System strikter, planwirtschaftlich-zentralistischer Gleichverteilung. Die vertragstheoretische Fundierung der Gerechtigkeit bietet hier also eine Begründung der privaten Marktwirtschaft. *Es gibt demnach eine gerechtigkeitsethische Präferenz für den Kapitalismus.* Dabei ist keinesfalls ausgemacht, daß sich diese gerechtigkeitsethische Präferenz in der Gestalt des Rawlsschen Differenzprinzips artikulieren muß. Und natürlich ist bei dieser Rekonstruktion des Rawlsschen kontraktualistischen Arguments auf alle egalitaristische Fehlexplikation, auf die Vorstellungen von der moralischen Verteilungswillkür der Natur und der Unverdientheit der ungleichen, sei es begünstigenden, sei es benachteiligenden, natürlichen und gesellschaftlichen Ausgangsbedingungen, zu verzichten. Sie ist, wie wir gesehen haben, irreführend und bettet das rational-egoistische Maximierungsverfahren unter Unparteilichkeitsbedingungen in ein heikles egalitaristisches Programm mit einem subkutanen metaphysischen Dekontingentisierungsauftrag ein. Wenn dieser egalitaristische Nebel verflogen ist, treten die normativen Grundsätze des Individualismus wieder klar hervor, vermag der Liberalismus wieder zu sich selbst zu finden und zu erkennen, daß allein die Segmente des Marktes, der Rechtsstaatlichkeit, einer Wirtschafts- und Sozialpolitik, die sich der Maximierung des sozialen Minimums widmet, und einer einkommensneutralen Grundversorgung sich zu einer freiheitlichen Ordnung selbstverantwortlicher Individuen zusammenfügen.

Denn auf die zweite Frage antwortet die Vertragstheorie nämlich mit dem *Prinzip der marktunabhängigen Grundgüterversorgung.* Da jeder damit rechnen muß, in eine Lage geraten zu können, in der er nicht mehr selbst für sich und seine von ihm abhängigen Angehörigen sorgen kann und daher fremder Hilfe und Unterstützung bedarf, werden sich die Verfassungswähler auf ein Verfahren der Verstaatlichung der Solidarität einigen, auf eine Regelung also, durch die sich die verfaßte Allgemeinheit verpflichtet, den hilfsbedürftigen Mitgliedern der Gesellschaft jene Unterstützung zuteil werden zu lassen, die sie benötigen, um zumindest ihre grundlegenden Bedürfnisse befriedigen zu können. Wie aber dieser egalitäre Versorgungssockel näher zu gestalten ist, das läßt sich natürlich ohne zusätzliche Überlegungen aus dem kontraktualistischen Argumentationsaufbau selbst nicht beantworten. Nur eines steht fest: bei allen Maßnahmen der solidaritätsgemeinschaftlich sichergestellten Basisversorgung für Erwerbsunfähige muß die Strategie der Arbeitsplatzmehrung, der Wiedereingliederung der Unselbständigen in die Arbeitswelt im Vordergrund stehen.

Bereits diese Skizze macht das große Ausmaß der Veränderung deutlich, das die Ausweitung des kontraktualistischen Begründungsprogramms auf den Problembereich der Sozialstaatsbegründung für die Modellierung der Ausgangssituation bedeutet. *Es hat ein Akzentwechsel vom Ökonomischen zum Politischen stattgefunden, von der Betriebsversammlung zur politischen Vereinigung.* Bei Rawls haben wir in der Tat eine Betriebsversammlung vor uns: Wirtschaftsbürger, Mitglieder des Kooperationsunternehmens Marktgesellschaft kommen unter dem Schleier der Unwissenheit zusammen, um sich eine gerechte Verfassung zu geben. Dieser ökonomische Ausgang prägt den Problemhorizont und die Lösungswege: alles steht unter dem Paradigma der Güterverteilung; die Verteilungsgerechtigkeit wird zum normativen Führprädikat und zur modellbildenden Hauptkategorie. Alle Probleme werden vordringlich als Verteilungsprobleme buchstabiert und angegangen. Wenn es jedoch darum geht, die Versorgungsprobleme der Erwerbsunfähigen mit auf die Liste der konstitutionellen Aufgaben der Verfassungswähler zu setzen, dann kann das rational-egoistische Maximierungsinteresse nicht mehr die Richtlinien der Entscheidung bestimmen. Dann kann es nicht mehr darum gehen, einen möglichst großen Anteil der kooperativ erwirtschafteten Güter zu bekommen. Dann muß die Ausgangsfragestellung einen ganz anderen Zuschnitt bekommen. Den organisationspolitischen Referenzrahmen bildet jetzt eine politische Bürgergemeinschaft; und die Ausstattung mit Rechten, Chancen und materiellen Gütern, die erforderlich sind, um das Leben eines Bürgers zu führen, bilden jetzt den kriteriellen Bezugspunkt für die konstitutionellen Entscheidungen. Was das im einzelnen bedeutet, werde ich weiter unten, im Rahmen meiner egalitarismuskritischen, politisch-liberalen Sozialstaatsbegründung zeigen.

In der ausgeweiteten und revidierten Konzeption der kontraktualistischen Begründung der Verteilungsgerechtigkeit hat das Politische also wieder seine Führungsposition zurückgewonnen. Hier ist der Vertrag wieder die Verwandlungsstätte der Tradition, die die Menschen als asoziale Naturwesen betreten und als vergesellschaftete und staatlich organisierte Bürger verlassen. Unter dem Schleier der Unwissenheit kommt es zu einer politischen Vereinigung; ein *body politick* entsteht. Und die Verfassungswähler geben sich, ihrer politischen Gemeinschaft eine Verfassung, die neben individuellen und politischen Grundrechtsnormen, rechtsstaatlichen Verfahrensnormen und demokratischen Organisationsnormen auch sozialstaatliche Prinzipien enthält, die einen egalitären Versorgungssockel begründen, d.h. die Verteilungshoheit des Marktes einschränken und in politischer Solidarität eine marktunabhängige Grundversorgung durch die staatlich organisierte Allgemeinheit einrichten und gewährleisten.

13 Benutzungsabgabe statt *common asset*: ein alternatives Begründungsargument

Kommunitaristen haben darauf hingewiesen, daß es bei Rawls einen kommunitaristischen Subtext gibt, der insbesondere in seinen Äußerungen zur sozialen Gemeinschaft und Gemeinschaft der Gemeinschaften bis an die Textoberfläche kommt. In diesem Subtext begegnet uns keine extravagante Sichtweise, sondern das, was man den *Standardaristotelismus des gesunden Menschenverstandes* nennen könnte oder die dialektische Interdependenz von Individuation und Sozialisation. Hier wird die Sozialnatur des Menschen und die Abhängigkeit seiner Entwicklung von stabilen, gedeihlichen Sozialbeziehungen betont. Hier ist davon die Rede, daß sich

Menschen erst in der Gemeinschaft vervollständigen, daß die Selbstverwirklichung der Individuen nur im Gleisnetz der selbstbestimmten Handlungen anderer möglich ist. „The members of a community participate in one another's nature [...] the self is realized in the activities of many selves."[115]

> „It is a feature of human sociability that we are by ourselves but parts of what we might be. We must look to others to attain the excellences that we must leave aside, or lack altogether. The collective activity of society, the many associations and the public life of the largest community that regulates them, sustains our efforts and elicits our contribution. Yet the good attained from the common culture far exceeds our work in the sense that we cease to be mere fragments: that part of ourselves that we directly realize is joined to a wider and just arrangement the aims of which we affirm."[116]

Gesellschaftliche Kooperation hat viele Facetten; neben der gütermehrenden ökonomischen Kooperation gibt es auch die identitätsbildende ethische oder perfektionistische Kooperation. Wir alle sind Nutznießer der gesellschaftlichen Kooperation auf mehreren Ebenen. Und ohne das gedeihliche Klima einer entwicklungsfreundlichen Kooperation könnten wir grundsätzlich nicht die Anlagen, Fähigkeiten und Talente zur Entfaltung bringen, die in uns schlummern. Als Kehrseite des *common asset*-Gedankens entdeckt sich die ökonomisch-ethische Benutzung der Gemeinschaft durch den einzelnen. Und auch hier ist es so, daß gerade die Hochtalentierten von der Gemeinschaft profitieren, denn nur eine komplexe, ausdifferenzierte Gesellschaft mit hochentwickelten wissenschaftlichen, künstlerischen und technisch-wirtschaftlichen Sektoren enthält die erforderlichen perfektionistischen Anreize und Herausforderungen, kann der außergewöhnlichen Begabung ein geeignetes Entwicklungsmilieu bieten. Insofern korrespondiert der Besserstellungsabgabe der wirtschaftlich Erfolgreichen im Rahmen des *common asset*-Gedankens eine Benutzungsabgabe für gesellschaftliche Talententwicklung und Begabungstraining im Rahmen des Gedankens gesellschaftlicher Entwicklungshilfe. Wir haben hier ein stabiles Verhältnis der Wechselseitigkeit: nicht nur verwendet die Gesellschaft die wirtschaftliche Leistungsfähigkeit der natürlich Bevorzugten in gerechtigkeitspolitischer Absicht; ebenso verwenden insbesondere die natürlich Bevorzugten das gesellschaftliche Anreiz-, Entwicklungs- und Bildungssystem zur Vervollkommnung ihrer natürlichen Anlagen. Daher kann man anstatt von einer kollektiven Bewirtschaftung der individuellen Talente auch von einer individuellen Benutzung sozialer Vervollkommnungsagenturen sprechen.

Diese Umkehrung des *common asset*-Gedankens, dieser Wechsel von der distributiven Talentpoolbewirtschaftung zur perfektionistischen Ausnutzung des Ko-

---

115 Rawls 1971, 565.
116 Ebd., 529.

operationssystems, zeigt den Weg zu einer rationalen Begründung der Verteilungsgerechtigkeit, die den diffusen Argumenten, die Rawls' um das egalitaristische
Differenzprinzip windet, überlegen ist. Diese Begründung stützt sich auf die Vorstellung einer Benutzungsgebühr, die im Rahmen einer progressiven Einkommensteuer entrichtet wird und für die Maximierung des sozialen Minimums verwendet wird. In dem Gedanken der Benutzungsgebühr ist die Überlegung
enthalten, daß der karrierepolitisch erfolgreiche Einsatz der natürlichen Fähigkeiten, Talente und Begabungen ebenso wie die positive Verzinsung günstiger sozialer
Startbedingungen abhängig ist von einem gut funktionierenden, hinreichend ausdifferenzierten und politisch stabilen, durch allgemeine Anerkennung getragenen
sozio-ökonomischen Kooperationssystem. Ebenso wie eine Wachstumsökonomie
dem Kapital gute Verwertungsmöglichkeiten bietet, bietet ein entwickeltes gesellschaftliches Kooperationssystem den individuellen Anlagen, Talenten und Begabungen gute Entfaltungsbedingungen. Vor diesem Hintergrund läßt sich das Differenzprinzip als *progressive Benutzungsgebühr* verstehen, die die Individuen für die
perfektionistische, ihren Lebenserfolg verbessernde, zumindest ihren sozio-ökonomischen Grundgüterbesitz mehrende Inanspruchnahme des günstigen kooperationsgemeinschaftlichen Entwicklungssystems zu entrichten haben und die für
die Besserstellung der Schlechtestgestellten innerhalb dieses Systems zu verwenden
ist, die, unter der hier nicht zu diskutierenden Voraussetzung eines durchgängig
dem Maximin-Prinzip folgenden Entscheidungsverhaltens, durch das kontraktualistische Argument als unerläßliche gerechtigkeitsethische Legitimitätsbedingung
sozio-ökonomischer Ungleichheit aufgewiesen wurde. Und daß dabei die Einkom-
mensstärkeren größere Benutzungsabgaben zu entrichten haben als die Einkom-
mensschwächeren, versteht sich von selbst. Denn der, der am meisten von den günstigen Entfaltungschancen eines kooperativen Systems profitiert, muß auch, das ist
das Grundgebot proportionaler Gerechtigkeit, die höchsten Benutzungsgebühren
entrichten. Natürlich ist das Ausmaß des systemabhängigen Lebenserfolgs nicht
objektiv festzustellen, ist ein Vergleich karrierepolitischer Bilanzen mit denselben
Schwierigkeiten behaftet wie der notorische interpersonelle Nutzenvergleich, mit
dem der Utilitarismus genauso operieren muß wie die – uns noch ausgiebig be-
schäftigende – Konzeption der individualistischen Verteilungsgerechtigkeit. Aber
wir benötigen eine operationelle Größe. Daher müssen wir auf das Einkommen
zurückgreifen und seine Höhe zum Erfolgsmaß einer systemermöglichten Lebenskarriere erklären.

Dieser Gedanke einer als Benutzungsgebühr ausgelegten progressiven Einkommensteuer zur Finanzierung der vom Differenzprinzip geforderten langfristigen
Besserstellung der sozio-ökonomischen Schlechtestgestellten hat nicht nur den
Vorzug, das egalitaristische, ja kollektivistische Instrumentarium einer zentralen
Bewirtschaftung des gemeinsamen Talentpools nach Gerechtigkeitsplan verabschiedet zu haben. Er empfiehlt sich auch durch die Befreiung des Gerechtigkeits-
diskurses von dem Kontingenzargument und seinen fatalen Auswirkungen. Dieses
revidierte Argument läßt sich nicht durch eine angeblich moralisch skandalöse Ver-

teilungswillkür schrecken; es muß sich auch nicht über die unverdient ungleichen, Begünstigungschancen und Benachteiligungsschicksale vorab, vor aller Entscheidung und Handlung festlegenden natürlichen und sozialen Startbedingungen entrüsten und nach waghalsigen Konstruktionen Ausschau halten, um durch die Gesellschaft in der Gesellschaft die Kontingenzfolgen von Natur und Geschichte gerechtigkeitsethisch zu kompensieren. Und mein Argument ist auch vor subjektivitätstheoretischen Abenteuern geschützt, muß unser *common-sense*-Selbstverständnis nicht bis zur Unkenntlichkeit verbiegen. Um es noch einmal klar zu sagen: ich behaupte nicht, daß die Verteilung natürlicher und sozialer Startbedingungen nicht moralisch willkürlich ist, daß wir unsere Begabungsausstattung und unsere Herkunft verdient hätten, ich behaupte vielmehr, daß sich eine Gerechtigkeitstheorie in eine Sackgasse begibt, wenn sie sich mit dem Kontingenzargument belastet und das natürliche, sich selbst verstehende und auslegende Subjekt, das der Autor seiner Lebensgeschichte ist und sich in den sozialen Kontexten situiert, so drastisch entkernt, daß eine leere Hülle übrigbleibt, in der nur noch ein überphysikalisches Gespenst zu finden ist, das allenfalls kognitive Synthesisfunktionen vollzieht. Aus der Beschreibung der natürlichen und sozialen Startbedingungen sind die kontingenzgestützten Prädikate der moralischen Willkür und der Unverdientheit gänzlich zu entfernen. Daher sind die gerechtigkeitstheoretisch notwendigen Strukturierungsmaßnahmen auch nicht als naturkorrigierende Maßnahmen zu lesen. Der Versuch, eine gerechte Gesellschaft mit gerechten Verteilungsregeln einzurichten, hat nichts mit dem Dekontingentisierungsprogramm eines metaphysischen Rationalismus zu tun. Leibniz wollte in seiner Theodizee Gott angesichts des Übels in der Welt rechtfertigen und entwickelte zu diesem Zweck das Konzept von der wirklichen Welt als der besten aller möglichen. Auch Rawls wird durch sein starkes Kontingenzargument in ein derartiges metaphysisches Unternehmen hineingetrieben, das bei ihm freilich nicht die Gestalt einer Theodizee, sondern einer Anti-Theodizee annimmt und sich damit nahtlos in das Aufklärungsprogramm anthropologischer Selbstermächtigung einfügt, geht es bei ihm doch um eine moralische Kritik der Natur angesichts ihrer Ungerechtigkeit.

IV Ressourcengleichheit und Verteilungsgerechtigkeit: Ronald Dworkins Interpretation der liberalen Gleichheit

1 Vertrag und menschenrechtliche Tiefengrammatik

Der liberale Gerechtigkeitsbegriff ist in einer naturrechtlichen egalitaristischen Grammatik begründet, und der egalitäre Liberalismus sieht es als grundlegende Aufgabe der politischen Philosophie an, durch geeignete Gleichheitsinterpretationen die Bedeutung dieses menschenrechtlichen Egalitarismus für die institutionelle Gestaltung aller gesellschaftlichen Handlungsfelder herauszustellen und egalitaristische Ideal-Szenarien zu entwerfen, an denen die realen Verteilungsmuster in den einzelnen gesellschaftlichen Gütersphären kritisch gemessen werden können. Diese geltungslogische Abhängigkeit von menschenrechtlichen Prämissen teilt Rawls' Kontraktualismus mit allen anderen vertragstheoretischen Konzeptionen, aber auch mit der Diskursethik. Die neuzeitliche Rechtfertigungsmethodologie, die den Prinzipienobjektivismus der Tradition durch Konsensgewinnungsverfahren ersetzt hat, vermag Vertrag und Diskurs nur dann als Legitimationsprozeduren einsetzen, wenn Vertrag wie Diskurs unter normativen Geltungsbedingungen stehen, die als vertragsexterne Prinzipien und als Diskursvoraussetzungen selbst nicht durch Vertrag und Diskurs begründet werden können. Vertrag und Diskurs erweisen sich daher als verbindlichkeitstheoretisch sekundär und geltungslogisch abhängig. Verbindlichkeitstheoretischen Halt und geltungslogische Standfestigkeit erhalten beide nur, wenn sie mit dem allen Verträgen und Diskursen vorgeordneten normativen Fundament verhaftet sind, wenn Vertrags- und Diskursarrangement durch den menschenrechtlichen Egalitarismus bestimmt sind. Hier, in der vorgeordneten menschenrechtlichen Gleichheit ist das Geltungsfundament des moralisch-politischen Selbstverständnisses der Moderne zu finden. Und Vertrag und Diskurs sind nur heuristische Instrumente und hermeneutische Konstruktionen, mit deren Hilfe eine problembewußte und anwendungsbezogene Ausdeutung der vorausgesetzten menschenrechtlichen Gleichheit erreicht werden kann. Sie erschaffen nicht selbst normative Verbindlichkeit, sondern sie interpretieren und explizieren die Menschenrechtsgrammatik unserer politisch-kulturellen Selbstverständigung problemangemessen und anwendungsgerecht. Diese ist ihrerseits nur in der traditionellen Begrifflichkeit des Naturrechts darstellbar, als eine mit unseren Vorstellungen von moralischer Subjektivität und personaler Handlungsfähigkeit unauflöslich verknüpfte objektive moralische Qualität.

Wie Dworkins Philosophie zeigt, ist die Explikation und Ausdeutung der menschenrechtlichen Gleichheit nicht an das Medium kontraktualistischer Rechtfertigungsszenarien gebunden. Man kann auch die bei den Egalitaristen so beliebten Vertragsgeschichten überspringen und sich direkt der menschenrechtlichen Tiefengrammatik, der „Tiefentheorie der natürlichen Rechte"[1] zuwenden. Sie ist der letzte Halt aller normativen Gründe; von ihr kann daher auch eine philosophische Begründung liberaler Gerechtigkeitsvorstellungen unmittelbar ausgehen. Diese wird sich dann direkt auf die natürlichen Rechte stützen. In der Rawlsschen und der Dworkinschen Fassung des egalitären Liberalismus begegnen konkurrierende Ausdeutungen der menschenrechtlichen Tiefengrammatik der Wertüberzeugungen unserer westlichen Kultur. Beide Philosophen legen dabei die Aufgabenstellung der normativen politischen Philosophie übereinstimmend im Sinne des *hermeneutischen Konstruktivismus* aus. Sie beginnen nur auf einer unterschiedlichen Explikationshöhe. Während der Rawlssche Konstruktivismus mit einem aufwendigen kontraktualistischen Argument beginnt und die Explikation der menschenrechtlichen Basis überschlägt, macht sich der Dworkinsche Konstruktivismus gerade die philosophische Ausarbeitung dieser naturrechtlichen Tiefentheorie zur Aufgabe.

2 Freiheit, Gleichheit und Autonomie

Ist aber nicht die Freiheit der Grundwert des Liberalismus? Die kategoriale Vorgängigkeit der Gleichheit vor der Freiheit hat bereits Kant herausgestellt. Der freiheitsgesetzliche Charakter seiner rationalen Rechtstheorie wurzelt selbst in einer tiefer gelegenen gleichheitsrechtlichen Grundlage. *Kant zeigt, daß ein Explikationsrekurs von dem Begriff der rechtlichen äußeren Freiheit über den Begriff des allgemeinen Gesetzes zum Recht eines jeden auf gleiche Berücksichtigung seiner Interessen führt.* Unabhängig vom Begriff des allgemeinen Gesetzes und der in ihm eingelagerten rechtlichen Gleichheit läßt sich die Bedeutung des Begriffs der rechtlichen äußeren Freiheit nicht bestimmen. Die bekannte Definition der rechtlichen Freiheit als Befugnis, „alles zu thun, was man will, wenn man nur Keinem Unrecht thut", ist gedankenlos, da sie, ausbuchstabiert, sich als „leere Tautologie" erweist.[2] Da alle Gesetze freiheitseinschränkender Natur sind, aber die Freiheit nicht immer auf legitime Weise einschränken, muß eine nicht-tautologische und zugleich vernunftrechtlich begründete Bestimmung der äußeren rechtlichen Freiheit der Menschen diese mit dem Begriff legitimer, gerechter Gesetze zusammenbringen. Und da aufgrund des Kantischen Prozeduralismus gerechte Gesetze allgemein zustimmungsfähige Gesetze sind, gelangen wir zu einer Definition des privaten rechtlichen Freiheitsraumes, die von dem gleichen Gesetzgebungsrecht aller a priori Gebrauch macht. Meine äußere rechtliche Freiheit besteht in der Befugnis, nur solchen Gesetzen gehorchen zu müssen, die ich unter Wahrnehmung meiner Mitgesetzgebungskompetenz mit allen anderen einvernehmlich beschlossen haben könnte. *Erst innerhalb des Rahmens*

---

1 Vgl. Dworkin 1984, 293.
2 Kant: *Zum ewigen Frieden*, AA VIII, 350/Anm.

einer basalen rechtlichen Gleichheit läßt sich dem Freiheitsrecht eine konsistente semantische Fassung geben.

Es ist unübersehbar, daß Kants Recht, nur solchen Gesetzen gehorchen zu müssen, denen man selbst seine Zustimmung hätte geben können, und Dworkins moralisch-menschenrechtlicher Anspruch „to equal respect and concern in the design of political institutions"[3] sich nicht nennenswert unterscheiden. Aber das ist nicht überraschend: daß gesellschaftliche Institutionen nur im Rahmen eines egalitären Rechtfertigungsverfahrens legitimiert werden können, ist die Grundüberzeugung des egalitären Liberalismus, die in den unterschiedlichen Selbstverständigungsversuchen immer nur unterschiedlichen Ausdruck findet. Immer geht es um dieselbe Grundidee einer Legitimierung gesellschaftlicher Institutionen durch benachteiligungsfreie Verfahren: mag dieses als ideales demokratisches Gesetzgebungsverfahren – wie bei Kant – oder als Verfassungswahl unter einem egalisierenden Unwissenheitsschleier – wie bei Rawls – oder als Entscheidung von einem Unparteilichkeitsstandpunkt – wie bei Nagel – oder eben als Prinzip der Gleichberücksichtigung aller – wie bei Dworkin – explizert werden, immer geht es um dieselbe rechtfertigungstheoretische Grundüberzeugung[4]. Hier zeigt sich auch der große Unterschied zu den Begründungskonzepten des libertären Liberalismus. Die Begründungskonzeption des libertären Liberalismus ist durch die Kriterien der individualistischen Rationalität bestimmt und darum weitaus weniger anspruchsvoll als die Begründungskonzeption des der universalistischen Vernunft verpflichteten egalitären Liberalismus. Während das Legitimitätsbedürfnis des libertären Liberalismus bereits durch den Nachweis einer allseitigen und niemanden übergehenden Besserstellung seiner individuellen Nutzenposition erfüllt ist, verlangt der egalitäre Liberalismus faire Rechtfertigungsverfahren, die allen Betroffenen gleiche Teilnahmerechte und Teilnahmeerfolgschancen garantieren.

Keiner der zeitgenössischen Theoretiker des Liberalismus hat den Gleichheitsbegriff so konsequent in das Zentrum seiner politischen Philosophie gestellt wie Ronald Dworkin. „I want to argue that a certain conception of equality, which I

---

3 Dworkin 1977, 182.

4 Freilich gibt es da einen entscheidenden Unterschied: während Kant das egalitäre Rechtfertigungsverfahren in Moral und Recht anwendet, ohne es zur normativen Grundlage einer staatlich durchzusetzenden materialen Verteilungsgerechtigkeit zu machen, sind die Egalitaristen gerade bestrebt, diese Schranke zu überwinden und den Umverteilungsstaat als Gerechtigkeitsstaat, als notwendige Gerechtigkeitskonsequenz des normativen Egalitarismus auszuweisen. Kant ist ein Liberaler der Chancengleichheit, ein Anhänger der bürgerlichen Meritokratie: alle haben das Recht, im Rahmen der Gesetze und eines fairen Wettbewerbs um Geld, Amt und Ehren so weit voranzukommen, wie „ihr Talent, ihr Fleiß und ihr Glück" es zulassen; und die dadurch erzeugte sozio-ökonomische Ungleichheit ist keinesfalls aufgrund ihrer vermeintlich moralisch willkürlichen Gestalt Gegenstand einer kollektiven Gerechtigkeitskorrektur. Und genau diesen verteilungsgerechtigkeitsskeptischen Kantianismus versuche ich in meinem ‚Liberalismus *sans phrase*'-Konzept auszuformulieren (Kant: *Über den Gemeinspruch*, Akad.-Aus. Bd.VIII, 293).

shall call the liberal conception of equality, is the nerve of liberalism."[5] Das meint, daß der Liberalismus als „authentic and coherent political morality" betrachtet wird, die durch ein zentrales Prinzip regiert wird. Was aber meint im einzelnen liberale Gleichheit? Liberale Gleichheit ist ein Gestaltungsprinzip der gesellschaftlichen und politischen Institutionen und an den Staat adressiert; es formuliert die Legitimationsbedingungen staatlicher Herrschaft. Man kann das Recht eines jeden, beim Entwurf gesellschaftlicher und politischer Einrichtungen in gleicher Weise wie alle anderen berücksichtigt zu werden, auf zweifache Weise verstehen. Gleichbehandlung der Bürger durch die Regierung kann einmal meinen, „that the government treat all those in its charge as equals"; es kann aber auch heißen, „that the government treat all those in its charge *equally* in the distribution of some resource of opportunity, or at least work to secure the state of affairs in which they all are equal or more nearly equal in that respect".[6] Der erste Gleichheitssinn bezieht sich offensichtlich auf die Grundstrukturen der Rechtsstaatlichkeit; er verlangt, alle Bürger als prinzipiell gleichgestellte Rechtspersonen zu respektieren, Gleichheit vor dem Gesetz zu sichern und die Rechenschaftspflichtigkeit politischen Handelns gegenüber jedermann uneingeschränkt anzuerkennen. Der zweite Gleichheitssinn zielt hingegen auf eine aktive sozialstaatliche Verteilungspolitik, die zu redistributiven Maßnahmen greifen muß, um die sozio-ökonomischen Ausgangsbenachteiligungen und -bevorzugungen der Bürger durch geeignete kompensatorische Arrangements zu korrigieren. Für Dworkin gehören beide Gleichheitsdimensionen unauflöslich zusammen. Zwar räumt er der rechtlich-politischen Gleichheit Vorrang ein; daß jedoch Rechtsstaatlichkeit durch Sozialstaatlichkeit zu ergänzen ist, ist ihn keines besonderen Beweises wert. Nicht daß die menschenrechtliche Gleichheit eine politisch verpflichtende sozio-ökonomische Verteilungsgerechtigkeit impliziert, ist für ihn ein philosophisches Problem, sondern nur auf welche Weise diese über freiheitsrechtliche Gleichheit hinausgehende sozio-ökonomische Gleichheit verstanden werden muß, welche der möglichen Interpretationen die beste Explikation egalitaristischer, menschenrechtlich begründeter Verteilungsgerechtigkeit bietet.

Aber beide Gleichheitsdimensionen wurzeln in derselben personenethischen Prämisse: politische, gesellschaftliche und ökonomische Strukturen müssen die Menschen als Gleiche behandeln, weil sie grundsätzlich die Fähigkeit zur selbstbestimmten, eigenverantwortlichen Lebensführung besitzen, weil sie autonom sind und in praktisch-moralischen Selbstverhältnissen eine personale Existenzweise ausbilden können. Daher ist die sich in den Institutionen und Rahmenbedingungen ausdrückende Gleichheit immer eine autonomiefunktionale, eine selbstbestimmungsermöglichende und darum strikte ethische Neutralität wahrende Gleichheit. *Aus diesem Grunde verlangen Gleichbehandlung und Gleichberücksichtigung aller durch die ökonomische, gesellschaftliche und politische Ordnung sowohl diskriminierungsfreie als auch indivi-*

---

5 Dworkin 1985, 183.
6 Dworkin 1985, 190.

dualitätsfreundliche Institutionen. Gleichheit ist für den Egalitaristen infolge seiner anspruchsvollen personenethischen Grundlage nur dann erstrebenswert, wenn sie mit dem Individualitätsprinzip verträglich ist und der individuellen Differenz moralischen Respekt zollt. Der Gesellschaftsentwurf, den der Egalitarist aus menschenrechtlicher Gleichheit und gleicher moralischer Subjektivität herausspinnt, verlangt also keinerlei Gleichmacherei und Uniformierung; er ist entschieden antitotalitär und individualistisch. Es wird sich freilich zeigen, daß diese normativen Grundlagen zu zerbrechen drohen, wenn Dworkin in distributiver Ausdeutung der menschenrechtlichen Gleichheit eine individualitätsempfindliche Konzeption der Verteilungsgerechtigkeit zu entwickeln versucht.

Angesichts dieser Überlegung scheint es unverständlich, daß in liberalen Ordnungsformen Freiheit und Gleichheit überhaupt in einen Gegensatz treten können. Denn zum einen verlangt der Freiheitsbegriff doch selbst wegen seiner Inhaltslosigkeit und um seiner normativen Konsistenz willen das von Rousseau und Kant explizit gemachte und in allen individualistischen und prozeduralistischen Begründungsarrangements der neuzeitlichen politischen Philosophie implizit wirksame Recht eines jeden auf gleiche Berücksichtigung und Mitwirkung bei der Willensbildung und dem Zustandekommen von Entscheidungen und Gesetzen. Zum anderen verlangt aber auch die Gleichheit nach der Freiheit, denn ob die gesellschaftlichen Institutionen den Gleichheitstest bestehen, zeigt sich ja in ihrer Individualitätsfreundlichkeit, zeigt sich daran, ob sie einem jeden die Möglichkeit geben, sich zu entwickeln und ein eigenes, selbstbestimmtes Leben zu führen. Freilich trübt sich dieses Bild der Eintracht schnell, wenn wir die einzelnen Unterordnungen und Verteilungszonen des liberalen Gesellschaftsentwurfs genauer in Augenschein nehmen. Sicherlich finden wir dort ein harmonisches Kooperationsverhältnis, wo die rechtsstaatlich organisierte Gleichheit herrscht. Sobald wir uns aber dem Bereich der materialen Verteilungsgerechtigkeit nähern, weicht die Zusammenarbeit von Freiheit und Gleichheit einer höchst konfliktträchtigen Spannung.

Der Egalitarismus ist an einer autonomieförderlichen und daher individualitätsfreundlichen Politik der Gleichheit interessiert; das muß ihm zugestanden werden. Er will ein Regelwerk ersinnen, daß durch geeignete Egalisierung den Individuen gleiche Autonomie- und Selbstbestimmungschancen gibt. Solange sich Regeln auf die Aufgaben der Koordination von Handlungen und der Sicherung von formaler Chancengleichheit beschränken, entstehen keine Schwierigkeiten. Chancen und Handlungsbefugnisse sind unproblematische Equalisanda. Schwierigkeiten entstehen aber sofort, wenn sich die politische Aufmerksamkeit des Egalitarismus auch auf die natürlichen und sozialen Voraussetzungen selbstbestimmter Lebensführung richtet, nicht nur einen für jedermann gleichermaßen begehbaren und hindernisfreien Weg bahnen möchte, sondern auch dafür glaubt Sorge tragen zu müssen, daß auch alle am Ziel ankommen oder zumindest mit der gleichen Ausrüstung starten. Denn um diese weitergehende Egalisierungspolitik durchführen zu können, müssen Bereiche in die Liste der Equalisanda aufgenommen werden, die

aus der Sicht der personenethischen Grundlage des Egalitarismus als identitätskonstitutiv und unverfügbar gelten müssen. Das gleiche Recht eines jeden Individuums auf ein selbstbestimmtes Leben und auf gesellschaftliche und politische
Verhältnisse, die in ihren freiheitseinschränkenden Leistungen wie in ihren autono-
mieermöglichenden Funktionen jeden in gleicher Weise berücksichtigen, wurzelt in
einem personenethischen Konzept, das seinerseits auf einer bestimmten personentheoretischen Auffassung, also auf deskriptiv-metaphysischen Annahmen über
die Person, über personale Einheit, Identität und Kontinuität, über das Verhältnis
zwischen Kontingenz und Selbstbestimmung, beruht. Diese personentheoretische
Konzeption gibt dem personenethischen Konzept semantischen Rückhalt und bestimmt den Rahmen seiner normativen, legitimationstheoretischen Verwendung.
Daher steht alle Moralphilosophie und alle politische Philosophie sowohl unter der
Bedingung personenethischer Kohärenz als auch unter der *Bedingung personentheoretischer Angemessenheit*.

Damit ist auch das Problem benannt, mit dem jede Egalisierungspolitik innerhalb
des Bereichs der Verteilungsgerechtigkeit konfrontiert ist. Denn da die Egalisierung
der natürlichen und gesellschaftlichen Lebensvoraussetzungen offenkundig Begabungen und Fähigkeiten, Rationalitätspotentiale und Autonomiekapazitäten in die
Liste der Equalisanda aufnehmen muß, besteht die Gefahr, daß die Gleichheitspolitik zu Ausgleichsmanipulationen greifen muß, die den personentheoretischen
Kernbereich und damit auch den Bereich basaler personenethischer Unverfügbarkeit verletzen. Wir haben gesehen, daß bereits der moderate Rawlssche Egalitarismus in der Konsequenz seines Kontingenzarguments zu einer personenethisch wie
personentheoretisch gleichermaßen bedenklichen Dekonstruktion getrieben
wurde, so daß das integrative Kontingenzmanagement der moralischen Subjektivität durch eine moralobjektivistische Kontingenzexternalisierung unterlaufen
wurde und damit die ihr Leben aus der kontingenzmildernden Binnenperspektive
lebende Person zur anonymen Verrechnungseinheit einer begabungsbewirtschaf-
tenden Verteilungsgerechtigkeit wurde. Wir werden sehen, daß auch der radikalere
und konsequentere Egalitarismus Dworkins das Kriterium der personenethischen
und personentheoretischen Angemessenheit verletzt und im Zuge der institutionellen Ausdifferenzierung der moralischen Gleichheit Umverteilungs- und Ausgleichsmaßnahmen entwickelt, die das autonomieethische Fundament seiner gesamten Theorie gefährden.

Man könnte einwenden, daß ich in dieser Problemskizze den Autonomie- und
Personenbegriff über Gebühr ethisiere und mit unangebrachter Emphase ver-
wende und daher den liberalen Egalitarismus mit systemfremden Angemessen-
heitskriterien konfrontiere. Dieser Einwand ist aber nicht triftig. Die Egalitaristen
entwickeln eine politische Philosophie der universalistischen Vernunft und haben
darum ein anspruchsvolles Autonomie- und Personenverständnis, das sich nicht
auf das Niveau eines nutzenmaximierenden Rationalegoisten zurückschrauben
läßt. Menschliche Individuen sind in ihren Augen zur Selbstentwicklung, zur kritischen Selbsterweiterung und zur selbstverantwortlichen Lebensführung fähig; sie

haben daher auch ein Recht, unter Bedingungen zu leben, in denen sie diese Autonomiekapazität und Lebensführungskompetenz in gleicher Weise entfalten können; sie haben, mit Kant gesprochen, das Recht, ein Leben nach eigenen Begriffen zu führen. Autonomie, das macht Dworkin deutlich, ist nicht ungetrübtes Selbstinteresse, sondern ethische Selbstbestimmung. Und für die Egalitaristen ist es eine ausgemachte Sache, daß Menschen ein grundsätzliches, alle kontingenten und situativen Interessenimpulse überlagerndes Interesse an ethischer Autonomie haben, daß sie ein Interesse haben „in having as a good life as possible, a life that has in it much of what a life should have. Almost everyone acts as if he or she had that interest, and it is necessary to assume it in order to make sense of the kind of deliberation and judgement we exercise at important moments in our lives".[7] Ein Leben nach eigenen Begriffen führen heißt: ein Leben in Übereinstimmung mit unseren Überzeugungen über das, was ein Leben gelingen läßt, ihm Sinn und Wert gibt, zu führen, ein Leben zu führen, in dem diese Überzeugungen erprobt und modifiziert werden, ein deliberatives, in bewußtgehaltenen Selbstverhältnissen reflexiv aufgespanntes Leben zu führen. Und ein solches, unsere Autonomiekapazität ausreizendes Leben verlangt vor allem die Abwehr aller ethischen Heteronomie als „unduly, deeply paternalistic": „we must not propose, as a fixed social goal for any person, some goal that he himself could not endorse as a […] goal for himself."[8] Es ist also nicht im mindesten unbillig, sondern vielmehr ein Beweis ernsthafter und respektvoller philosophischer Auseinandersetzung, wenn ich den Egalitarismus beim Wort nehme und die Lehrstücke und die Politikprogramme der egalitären Verteilungsgerechtigkeit nach ihrem Verhältnis zum autonomieethischen Individualismus seiner Voraussetzungen befrage und auf der Erfüllung des Kriteriums der personenethischen und personentheoretischen Angemessenheit bestehe.

3 Egalitaristischer Ordnungsentwurf

Man stelle sich, so fordert uns nun Dworkin auf, einen gleichheitsverpflichteten Liberalen vor, der eine Gesellschaft entwerfen und Institutionen, Koordinationsregeln und Verteilungsmechanismen entwickeln sollte. Wären alle Menschen hinsichtlich ihrer Präferenzen gleich, wäre eine zentrale Versorgungswirtschaft, die jedem einen gleichen Teil der allgemein präferierten Güter zuwiese, die ideale Lösung. Da aber Menschen hinsichtlich ihrer Präferenzen differieren, es hinwiederum keinen Grund gibt, einige Präferenzen zugunsten anderer abzulehnen und einige zuungunsten anderer auszuzeichnen, muß der gleichheitsverpflichtete Liberale auf ein Güterproduktions- und Güterverteilungssystem zurückgreifen, das in seiner Grundstruktur, in seiner Dezentriertheit die gleiche Berechtigung aller unterschied-

---

7 Dworkin 1983b, 26.
8 Ebd., 28; 29.

lichen Präferenzen reflektiert: der gleichheitsverpflichtete Liberale würde zum Erfinder des freien Marktes, einer dezentrierten, gänzlich ungeplanten Produktions- und Verteilungswirtschaft werden. Hinsichtlich der Politik, des Systems kollektiver Entscheidungen, würde er sich für die repräsentative Demokratie und das Majoritätsprinzip entscheiden. Beide würde er deswegen bevorzugen, weil sie größere egalitaristische Auswirkungen haben als jedes alternative Versorgungs- und Entscheidungssystem.

Menschen unterscheiden sich jedoch nicht nur hinsichtlich ihrer Präferenzen; sie unterscheiden sich auch hinsichtlich ihrer natürlichen Eigenschaften und ihrer sozialen Gegebenheiten. Begabungsdifferenzen und andere natürlichen Unterschiede begründen ebenso wie die vorgefundenen unterschiedlichen sozialen Randbedingungen ein ganzes Bündel sozialer und ökonomischer Ungleichheiten, die eine ernsthafte Herausforderung für den basalen Egalitarismus des Liberalismus darstellen und von dem liberalen Gesetzgeber rektifizierende Maßnahmen verlangen. Wären die ökonomischen Ungleichheiten allein das Produkt unterschiedlicher individueller Präferenzen und Lebensentscheidungen, dann wäre der Markt das ideale Verteilungsinstrument der begehrten Güter. Da jedoch eine Fülle nicht subjektiv verantwortbarer, weil vorgefundener und nicht-gewählter Faktoren die Zuteilung von materiellen und positionellen Gütern beeinflußt, muß die Indifferenz des Marktes gegenüber den egalitaristischen Verzerrungen der vorgefundenen natürlichen und sozialen Ausgangsbedingungen der individuellen Lebensprojekte korrigiert werden.

Freilich wird die Erfindungskraft des liberalen Gesellschaftsingenieurs im Prinzip das nicht überbieten können, was in der Geschichte der modernen Gesellschaft bereits als Schutz vor ökonomischer Diskriminierung durch einen absoluten Markt und vor politischer Diskriminierung durch einen Mehrheitsabsolutismus entwickelt worden ist: nämlich ein System der Wohlfahrtsrechte einerseits und ein System der individuellen Grundrechte und Minderheitsrechte andererseits.

> „So the liberal, drawn to the economic market and to political democracy for distinctly egalitarian reasons, finds that these institutions will produce inegalitarian results unless he adds to his scheme different sorts of individual rights. These rights will function as trump cards held by individuals; they will enable individuals to resist particular decisions in spite of the fact that these decisions are or would be reached through the normal workings of general institutions that are not themselves challenged."[9]

Der Grund dieser Rechte liegt in ihrer instrumentellen Notwendigkeit, „to protect equal concern and respect". Es ist nicht so, daß ihre Rechtfertigung in Konkurrenz zur normativen Notwendigkeit von Markt und Demokratie stände; es ist vielmehr so, daß sie wie diese in der Gleichheit begründet sind; *es sind Rechte einer reflektierten Gleichheit, die die gleichheitsfeindlichen Konsequenzen der gleichheitsbegründeten Institutionen*

---

9 Dworkin 1985, 198.

des Marktes und der Demokratie kompensieren und damit dem allgemeinen Gleichheitsfundament größere Solidität verschaffen und seine logische und normative Konsistenz sichern. Diese Rechte sind Manifestationen der grundlegenden egalitaristischen politischen Moral des Liberalismus selbst. Der egalitaristische Liberalismus Dworkins enthält ein weitreichendes Versöhnungsangebot an die politische Moderne: die notorischen Spannungen zwischen Marktfreiheit und Sozialstaatsprinzip verschwinden genauso wie die Friktionen zwischen Demokratieprinzip und Konstitutionalismus. Im reflektierten Egalitarismus, der die Inegalitätsauswirkungen seiner Primärinstitutionen durch geeignete Sekundärarrangements korrigiert, konvergieren Marktverteilung und Wohlfahrtsrechte, demokratische Willensbildung und Verfassungsrechte: alle kooperieren in einem komplexen institutionellen Gefüge, um der moralischen Gleichheit der Menschen weitestreichenden und bestmöglichen gesellschaftlichen Ausdruck zu geben. Immer wieder betont Dworkin, daß der egalitäre Liberalismus nicht als eine kompromißlerische Versöhnung konfligierender Wertperspektiven mißverstanden werden dürfe und die von ihm favorisierte Mixtur aus Marktwirtschaft und Wohlfahrtsstaat, aus Demokratie und Verfassungsstaat keine Abschwächung der Forderungen des Egalitarismus bedeute, sondern nur seine innere Dialektik spiegele und dazu diene, „to achieve the best practical realization of the demands of equality itself".[10]

4 Neutralitätsliberalismus und Gleichheitsliberalismus

Die Essenz der rechtlich-politischen Gleichheit erblickt Dworkin wie bereits Kant im Antipaternalismus der Politik. Die Bürger als Gleiche und Freie behandeln, ihnen die gleiche Achtung und den gleichen Respekt entgegenzubringen, bedeutet für die Politik notwendigerweise, sich neutral gegenüber allen individuellen Vorstellungen eines glücklichen, guten und gelingenden Lebens zu verhalten. Die Bürger als Individuen zu achten, die ihr Leben im Horizont wertbezogener Interessen strukturieren, bedeutet in denjenigen Bereichen politischen Handelns Entscheidungsabstinenz zu zeigen, in denen notwendigerweise eine Wahl zugunsten einer bestimmten Konzeption des guten Lebens erfolgen muß und damit die zwangsbewehrte Durchsetzung dieser ausgewählten Konzeption gegenüber allen Andersmeinenden unvermeidlich würde. Aus dem Prinzip des „equal concern and respect" folgt zwingend die Neutralität, der Antipaternalismus: „Since the citizens of a society differ in their conceptions, the government does not treat them as equals if it prefers one conception to another, either because the officials believe that one is intrinsically superior, or because one is held by the more numerous or more powerful group."[11] Das Prinzip der Gleichberücksichtigung und des gleichen Respekts

---

10 Dworkin 1985, 196.
11 Ebd., 191.

verlangt also letztlich die Entethisierung der Politik; reduziert die moralischen Grundlagen staatlichen Handelns auf die Gebote der Rechtsstaatlichkeit und Sozialstaatlichkeit.[12] Fragen des guten Lebens sind Privatangelegenheiten; daher kann eine ethische Fundierung des Liberalismus nicht in Frage kommen. Für Dworkin steht im Zentrum der politischen Moral des Liberalismus die Neutralitätsgleichheit, nicht die Auszeichnung eines kollektiven Guts. Die Nicht-Universalisierbarkeit einer Konzeption des guten Lebens, die faktische Pluralität unterschiedlicher Vorstellungen einer glückenden Lebensführung verwandelt jede politische Favorisierung einer Konzeption des guten Lebens in einen Akt illegitimen Zwangs. Zwischen dem rechtsbegründeten Deontologismus der politischen Neutralität und der Teleologie eines gemeinsamen Guten liegt ein unüberbrückbarer Modernitäts- und Reflexionsabstand: *die deontologische Konstellation von Gleichheit, Recht und Neutralität ist die reflektierte Antwort auf die Zerstörung der teleologischen Konstellation von Gemeinschaft, Konzeption des Guten und ethischer Politik durch die fragmentierenden, pluralisierenden und individualisierenden Auswirkungen der sozialen und kulturellen Modernisierung.* Das moderne Individuum hat ein Recht auf moralische Privatheit, „a right to moral independence".[13]

Zweifellos begünstigt dieser modernisierungstheoretische Hintergrund eine politisch-pragmatische Lesart des Neutralitätskonzepts: staatliche Neutralität ist die rationale Forderung eines *modus-vivendi*-Liberalismus, der gerade in seiner pragmatischen Oberflächlichkeit seine Modernitätstauglichkeit erblickt, der sich als friedlicher Koordinator divergierender Lebensprojekte versteht und selbst keinerlei normative Wahrheitsansprüche erhebt und sich von allen strittigen philosophischen Voraussetzungen unabhängig macht. Als leichtfüßiger Makler ohne schweres metaphysisches Gepäck ist er überall willkommen, da er ohne eigene philosophische und moralische Konzessionskosten engagiert werden kann. Dworkins Argument hingegen rückt von dieser politischen Neutralitätsversion ab und verschafft der Neutralitätsforderung ein eigenständiges normatives Fundament. Er lehnt einen „liberalism based on neutrality" ab und argumentiert für einen „liberalism based on equality".[14] Ersterer „takes as fundamental the idea that government must not take sides on moral issues", während letzterer „insists on moral neutrality only to the degree that equality requires". Dieser metatheoretische Unterschied zwischen einer nonkognitivistischen und kognitivistischen Version des Liberalismus ist von großer theoretischer und praktischer Bedeutung. *Während der Neutralitätsliberalismus nicht vermeiden kann, sich auf einen moralischen Skeptizismus zu stützen, und die neutrale Funktion des Staates in der epistemologischen Unentscheidbarkeit der Wahrheitsansprüche praktischer Fragen begründet, basiert der Gleichheitsliberalismus selbst auf einer für ihn evidenten normativen These.* Hier ein Neutralismus, aus

---

12 Vgl. Larmore 1987, Kap. III.
13 Dworkin 1985, 353.
14 Dworkin 1985, 205.

der Not der epistemologischen Unentscheidbarkeit geboren, dort ein Neutralismus, in epistemischer Entschiedenheit begründet. Die Neutralität ist gleichheitsbegründet und nicht im mindesten der politische Ausdruck eines moralischen Skeptizismus. Die Neutralitätsforderung wurzelt nicht in der epistemologischen Unentscheidbarkeit der Wahrheitsansprüche moralischer Positionen, sondern ist selbst eine Manifestation der egalitaristischen These, daß „human beings must be treated as equals by their government".[15]

Der Gleichheitsliberalismus ist philosophisch weitaus anspruchsvoller als der Neutralitätsliberalismus. Der Neutralitätsliberalismus ist ein Weltanschauungsliberalismus, der nur einen begrenzten Gleichheitsbegriff unterstützt; alles, was in den Bereich der individuellen Überzeugungen und Vorstellungen eines gelingenden Lebens gehört, fällt auch unter den neutralitätsbegründeten Gleichheitsbegriff. Über die Verpflichtung zur weltanschaulichen Neutralität, zur Äquidistanz gegenüber allen individuellen Glücksvorstellungen hinaus ist freilich im Rahmen dieses Begründungsansatzes keine weitere liberale Verpflichtung des Staates ableitbar. Die libertären Liberalen sind Weltanschauungsliberale. Vom Weltanschauungsliberalismus führt kein Weg zum Dworkin so wichtigen Redistributionsliberalismus der Ressourcengleichheit. Umgekehrt freilich gibt es eine direkte Verbindung vom Gleichheitsliberalismus zur Neutralitätsforderung; denn die Verpflichtung, alle Bürger mit gleichem Respekt zu behandeln, impliziert seines Erachtens nicht nur einen Ressourcenegalitarismus, sondern auch gleichen Respekt vor ihren unterschiedlichen Vorstellungen eines guten Lebens und damit den Verzicht, eine Vorstellung zu Ungunsten aller anderen „with the steel of the criminal law"[16] durchzusetzen.

Mit dieser Verknüpfung von moralischer Gleichheit und ethischer Neutralität gibt Dworkin der liberalen Orthodoxie den philosophisch stärksten Ausdruck. Dworkin hat sich nicht an den Lernprozessen beteiligt, die durch die kommunitaristische Herausforderung bei vielen Liberalen ausgelöst worden sind und zu mancherlei Revisionen ursprünglicher Positionen geführt haben. Die Überlegungen, die Rawls etwa dazu veranlaßt haben, den Liberalismus zu politisieren und zu kontextualisieren, also das Unternehmen einer allgemeingültigen Liberalismusbegründung aufzugeben und sich mit einer Explikation der eigenen Lebensform zu begnügen, hat er daher nicht teilen können. Der Liberalismus ist für ihn keine historische Gesellschaftsgestalt, sondern eine moralisch überlegene, weil in der moralischen Gleichheit der Menschen begründete Ordnung, die in unüberbietbarer Fairness sich selbst aller ethischen Parteilichkeit enthält und jedem das gleiche Recht einräumt, seine individuelle Konzeption des Guten zu verwirklichen, daher in unüberbietbarer Inklusivität alle Lebensformen und ethischen Konzeptionen aufnimmt.[17]

---

15   Ebd., 203.
16   Dworkin 1983a, 1.
17   Vgl. Neal 1997, 162–184.

5 Wohlfahrtsgleichheit und Ressourcengleichheit

Die in den frühen achtziger Jahren entwickelte egalitaristische Begründung der Verteilungsgerechtigkeit in der liberalen Gleichheit hat für Dworkin auch eine große politische Bedeutung, soll sie doch die philosophische Rechtfertigung für eine sozialstaatliche Redistributionspolitik liefern und die „economic programs of the New Right",[18] den im Schatten von Thatcherismus und *reaganomics* aufblühenden und dann später durch die Globalisierungstendenzen unterstützten *libertarianism* moralisch widerlegen. Während Rawls' egalitärer Liberalismus vor allem gegen den herrschenden Utilitarismus gerichtet war, müssen sich Dworkins Arbeiten zum Liberalismus zusätzlich mit dem zwischenzeitlich in Theorie und Praxis erstarkten *libertarianism* auseinandersetzen, der sich zwar aus dem konzeptuellen Fundus des von Rawls wiederentdeckten Kontraktualismus ausgiebig bedient, dem philosophischen Hauptargument dabei aber einen radikal konservativ-libertären Drall gibt und somit der These Friedrich von Hayeks von der Unmöglichkeit sozialer Gerechtigkeit mit den Mitteln der deontologischen Vertragstheorie eine neue und philosophisch gediegenere Fassung geben möchte. Mit großem Engagement stellt Dworkin sich der herausfordernden politischen Aufgabe, jenen, „who are appalled at the Reagan administration's economic program",[19] philosophische Argumente für ihren politischen Kampf gegen diese „economics of privilege" an die Hand zu geben. Der egalitäre Liberalismus „insists on an economic system in which no citizen has less than an equal share of the community's resources just in order that others may have more of what he lacks",[20] und er verlangt daher wohlfahrtsstaatliche Umverteilungsprogramme, um die Kompensationsleistungen solidargemeinschaftlich zu finanzieren, mit denen die ungleichen natürlichen und sozio-ökonomischen Ausgangsbedingungen der individuellen Lebensprojekte ausgeglichen werden können.

Einer der ökonomischen Standardeinwände gegen Redistributionsprogramme lautet, daß sie sich auf die Dauer selbst unmöglich machen, daß sie *self-defeating* seien, da sie der wirtschaftlichen Produktivität Schaden zufügen und damit die umzuverteilende Menge sukzessive schmälern. Sie würden zudem die Inflation anheizen und Investitionsanreize zerstören. Stattdessen schlagen die Ökonomen Programme der Steuersenkung, der Investitionsstimulation und des Subventionsabbaus vor und versprechen arbeitsmarktliche Verbesserung, Erhöhung des Beschäftigungsniveaus auf lange Sicht. Die mit derartigen Verbesserungen der Verwertungsbedingungen des Kapitals notwendig verbundene weitere Schlechterstellung der unteren Schichten müsse man als zeitweilige Investition in eine Zukunft größerer und stabilerer Beschäftigung in Kauf nehmen. Aber diese invers-redistributive Strategie der Verengung der Sozialversicherungssysteme ist in den Augen Dwor-

---

18 Dworkin 1983a, 3.
19 Dworkin 1985, 205.
20 Ebd., 205/6.

kins überaus problematisch. Abgesehen davon, daß die Ökonomie nicht im mindesten die Prognosezuverlässigkeit besitze, die sie besitzen müßte, um Strategien mit derart hohen moralischen Kosten legitim empfehlen zu können, sei es doch so, daß solch eine Subvention des Kapitalismus aus den Kassen des Sozialstaats auf die Schlechtestgestellten so tiefgreifende depravierende Auswirkungen in sozialer, ökonomischer und psychologischer Sicht haben würde, daß sie nie wieder Anschluß an die normale ökonomische Erfolgssituation finden könnten: „People laid off for several years, with no effective training, are very unlikely to recoup their losses later, particularly if their psychological losses are counted."[21] Utilitaristisch lasse sich mit dem Opfer an Einkommen, Lebensqualität, Selbstwert und Hoffnung mühelos leben; aus der Perspektive des deontologischen Egalitarismus hingegen, der eine Behandlung aller als Gleicher verlangt und jedem einen fairen Anteil an allen gesellschaftlich zu verteilenden Gütern zugesteht, sei eine solche Benachteiligung moralisch nicht zu rechtfertigen.[22]

Ein anderer Standardeinwand verknüpft ein moralisches und ein psychologisches Argument. Er bringt vor, daß Redistributionsprogramme unfair und darum auch kontraproduktiv seien, da sie die berechtigten Ansprüche der Individuen auf die Früchte ihrer Anstrengungen verletzten und sich im Namen einer ominösen sozialen Gerechtigkeit manifester Ungerechtigkeit gegenüber Individuen schuldig machten, was notwendig zu einer tiefgreifenden Demotivierung gerade der Leistungsbereiten und -fähigen führen würde, die sich auf die ökonomische Effizienz des Gesamtsystems auf die Dauer verheerend auswirken müßte. Dworkin hat diesen Einwand ernst genommen und sich bemüht, moralisch zulässige und moralisch unzulässige Ungleichheitseffekte menschlichen Handelns zu unterscheiden und nur die moralisch unzulässigen Ungleichheitswirkungen den kompensatorischen Redistributionsprogrammen auszusetzen, die moralisch zulässigen Ungleichheitswirkungen hingegen als berechtigten Erfolg individueller Anstrengungen der wohlfahrtsstaatlichen Verteilungsdisposition zu entziehen. Er ist also an einem Verteilungsmuster interessiert, das zugleich „ambition-sensitive" und „endowment-insensitive" ist, das die Ungleichheitswirkungen ungleicher natürlicher Ausstattungen rektifiziert, hingegen die Ungleichheitswirkungen, die aus den freien, verantwortlichen Entscheidungen der Individuen resultieren, akzeptiert.[23] Welches Verteilungssystem aber kann diesen Forderungen genügen, kann auf der Grundlage der liberalen Gleichheit sowohl die Bedingung der Freiheitsempfindlichkeit als auch der Ausstattungsunempfindlichkeit erfüllen? Die Ausgestaltung des Verteilungssystems ist abhängig von der Wahl des Gleichheitsmaßes, das unterschiedliche Verteilungssysteme und unterschiedliche sozio-ökonomische Besitzpositionen vergleichbar macht.

---

21 Dworkin 1985, 209.

22 „Perhaps people can be forced into this position. But they cannot accept it consistently with a full recognition of their independence, and their right to equal concern on the part of their government" (Dworkin 1985, 210).

23 Dworkin 1981b, 311.

Präferenzen wollen verwirklicht werden. In der Verwirklichungsgeschichte von Präferenzen lassen sich verschiedene Phasen ausmachen. Da sich die verteilungsgerechte Egalisierung nicht auf den Inhalt der Präferenzen beziehen kann, muß sie sich auf die unterschiedlichen Phasen richten: *Jede dieser Phasen stellt eine Egalisierungsoption der Verteilungsgerechtigkeit dar.* Da wir unsere Präferenzen grundsätzlich nicht unmittelbar verwirklichen können, da menschliches Leben also nicht als *creatio ex nihilo* gelingen kann, sondern in hohem Maße von entgegenkommenden Vorgängigkeiten abhängig ist, benötigen wir Ressourcen. Und wenn wir unsere Präferenzen zu einem kohärenten und weit in die Zukunft weisenden Lebensplan verflechten, und dabei ebenfalls die umfassenden Präferenzen zweiter Ordnung berücksichtigen, die die Gestaltung des Lebens selbst zum Inhalt haben, dann gelangen wir auch zu einem anspruchsvollen, weil authentizitäts- wie lebenserfolgsorientierten Ressourcenbegriff. Damit hätten wir die erste Interpretation der Verteilungsgerechtigkeit auf der Basis der moralischen Gleichheit der Individuen: *Die Egalisierungsoperation der Verteilungsgerechtigkeit zielt auf die Gleichheit der Ressourcen, die Individuen als materiale Grundausstattung für die Durchführung ihres Lebensplans präferieren.* Freilich läßt der Ressourcenbegriff selbst auch noch unterschiedliche Interpretationen zu. Er kann im Sinne der Rawlsschen Grundgüterdoktrin ausgelegt werden; wir hätten dann einen *institutionalistischen Ressourcenbegriff.* Er kann aber auch im Sinne des Dworkinschen Ressourcenkonzepts ausgelegt werden; wir hätten dann einen *präferentiellen Ressourcenbegriff.* Und obwohl Amartya Sen deutlich zwischen internen Fähigkeiten und äußeren Mitteln unterscheidet und erstere, hingegen nicht letztere zur Grundlage einer Konzeption der Verteilungsgerechtigkeit machen möchte, könnte man auch Fähigkeiten und Handlungskompetenzen als Ressourcen eines gelingenden Lebens auslegen. Damit bekämen wir drittens einen *kompetenztheoretischen Ressourcenbegriff.* Aber welcher Ressourcenbegriff auch immer zugrundegelegt werden mag, für eine sich an der Ressourcengleichheit orientierende Verteilungsgleichheit gilt immer, daß „it treats people as equals when it distributes or transfers resources among them until no further transfer would leave their shares of the total resources more equal".[24]

Eine weitere Egalisierungsoption liegt am Ende der Präferenzrealisierungsgeschichte. Nennen wir das, was sich Individuen von ihren Handlungen erhoffen, Befriedigung oder Gelingen, dann würden wir als zweite Interpretation der Verteilungsgerechtigkeit die Gleichheit hinsichtlich des erwünschten Resultats des präferenzgesteuerten Ressourceneinsatzes erhalten, also die *Wohlfahrtsgleichheit,* die entweder auf den Handlungserfolg hin ausgelegt werden kann und die Gestalt einer Gleichheit des Erfolgs annimmt oder gar psychologisch gefaßt und auf den subjektiven Befriedigungszustand hin betrachtet wird und dann die Gestalt einer Gleichheit der Befriedigung annimmt.[25] Würde also die egalitaristische Gerechtig-

---

24 Dworkin 1981a, 186.
25 Ebd.

keit den Gleichheitsbegriff im Sinne der Wohlfahrtsgleichheit auslegen, dann wäre eine Gesellschaft dann gerecht, wenn sie dafür sorgt, daß jeder Bürger ungefähr das gleiche Maß an Glück oder Wohlbefinden oder Erfolg in seinem Leben erhalten und genießen wird.

Welche der beiden Lösungen des „problem of distributional equality" ist vorzuziehen? „The first – equality of welfare – holds that a distributional scheme treats people as equals when it distributes or transfers resources among them until no further transfer would leave them more equal in welfare. The second – equality of resources – holds that it treats them as equals when it distributes or transfers so that no further transfer would leave their shares of the total resources more equal."[26] Man könnte meinen, daß die *ergebnisbezogene Egalisierungsoption* ungemein attraktiver ist als die *voraussetzungsbezogene Egalisierungsoption*. Denn woraufhin will man denn bei vorausgesetzter Unterschiedlichkeit der Lebenspläne und somit qualitativer und quantitativer Unterschiedlichkeit der Ressourcenbündel die Gleichheit der Ressourcen messen wenn nicht hinsichtlich ihrer Fähigkeit, die für ihre Zusammenstellung konstitutiven Präferenzen zweiter Ordnung zu realisieren und somit ein erfolgreiches, gelingendes Leben zu ermöglichen? Eine Ressource ist als solche nicht wertvoll, wertvoll ist sie nur als Mittel zu einem Zweck. Dieser Zweck darf nicht extravagant sein, sondern er muß anthropologischen Zuschnitt haben. Dieser Zweck muß das sein, was Menschen in ihrem Leben anstreben, Glück und Erfolg, Wohlbefinden und Selbstgenuß. Wären alle Menschen gleich, gleich in den Ansprüchen, gleich in den Bedürfnissen, gleich hinsichtlich der Vorstellungen eines gelingenden Lebens, hätten alle Menschen gleiches Interesse und gleichen Geschmack, dann könnte man die Verteilung unabhängig von den individuellen Glücksvorstellungen vornehmen, da jede Ressource unter ansonsten gleichbleibenden Bedingungen bei jedem die selbe Menge an Glück, Wohlbefinden und Befriedigung erzeugen würde. Eine materiale Gleichverteilung der wohlbefindensrelevanten Ressourcen würde dann notwendig zu einer Gleichverteilung des ressourcenerzeugten Wohlbefindens führen. Unter dieser radikalen anthropologischen Gleichheitsvoraussetzung wäre Ressourcengleichheit also durchaus eine angemessene Explikation des Anspruchs „to be treated as equals". Da die Menschen aber nicht gleich sind, ist die ins Auge gefaßte Ressourcengleichverteilung keine angemessene Explikation des Anspruchs, als Gleiche behandelt zu werden. Denn dann ist mit materialer Ressourcengleichheit keinesfalls sichergestellt, daß alle Menschen ein Leben führen, das ihnen gleich wünschenswert, gleichermaßen gelungen und gut zu sein erscheint. „If we want genuinely to treat people as equals then we must contrive to make their lives equally desirable to them, or give them the means to do so, not simply to make the figures in their bank account the same."[27]

---

26 Ebd.
27 Ebd., 189.

Aufgrund der Ungleichheit der Menschen sind Ressourcengleichheit und Wohl-befindensgleichheit entkoppelt. Ressourcengleichheit produziert nicht Wohlbefin-densgleichheit. Daher haben wir zwei Möglichkeiten: entweder wir wählen Res-sourcengleichheit und nehmen Wohlbefindensungleichheit in Kauf; oder wir entscheiden uns für die Wohlbefindensgleichheit und müssen die Ressourcen un-gleich verteilen. Es scheint hier eine *prima-facie*-Präferenz für die zweite Kombina-tion zu geben, für die Kombination also, die zur Sicherung der Wohlbefindens-gleichheit übergleiche und untergleiche Ressourcenanteile zuläßt. Dabei führt ein untergleicher Ressourcenanteil zu einer Minderausstattung, hingegen ein überglei-cher Ressourcenanteil zu einer Mehrausstattung, jeweils verglichen mit der Aus-schüttung einer Gleichverteilung. Angesichts einer Verteilung des väterlichen Erbes unter verschiedenen Kindern erscheint es uns intuitiv unfair, wenn signifikante physische und mentale Benachteiligungen nicht einen Anspruch auf einen über-gleichen Anteil begründen. Wir halten es durchaus für fair, wenn der Erblasser bei der Verteilung einer kompensatorischen Strategie folgt und durch eine größere Res-sourcenzuteilung die Benachteiligten entschädigt, ihnen die Chance einräumt, eine zumindest annähernd gleiche Wohlfahrtsausschüttung zu erlangen wie die, die keinerlei wohlfahrtsbeeinträchtigendes Handikap auszugleichen haben und sich daher mit untergleichen Zuwendungen begnügen können.

Andererseits will es uns aber beträchtlich unfair vorkommen, wenn wir gezwun-gen werden, den erlesenen Geschmack und teuren Anspruch anderer finanzieren zu müssen. Besitzt jemand einen erlesenen Geschmack und einen teuren Anspruch, dann führt er ein kostenintensiveres Leben als andere, braucht mehr Ressourcen als andere, um glücklich und zufrieden zu sein und sich wohl zu fühlen. Wir sehen hier keine Symmetrie zwischen der Ressourcenungleichheit, die Beeinträchtigungen ausgleichen soll, und der Ressourcenungleichheit, die zur Finanzierung eines teuren Lebensstils erforderlich ist. Wir erlauben der signifikanten (und unverschuldeten) Benachteiligung, einen Anspruch auf einen übergleichen Anteil an den Ressourcen zu erheben; aber wir erlauben keinesfalls dem erlesenen Geschmack, der anspruchs-vollen Karriere, einen Anspruch auf einen übergleichen Anteil an den Ressourcen zu erheben. Daher, so das Benachteiligungsargument für übergleiche Anteile, ist den Nicht-Benachteiligten zuzumuten, die Benachteiligten durch die Hinnahme untergleicher Anteile zu entschädigen; jedoch, so das Argument vom teuren Ge-schmack, ist den Seltersmenschen nicht zuzumuten, den teuren Geschmack der Champagnermenschen durch die Hinnahme untergleicher Anteile zu finanzieren.

Der Wohlfahrtsegalitarismus freilich kann diese Differenzierung nicht aufrecht-erhalten und führt daher zu einem kontraintuitiven Ergebnis, das letztlich die mo-ralische Beziehung zwischen Verdienst und Belohnung pervertiert, dem Gierigen gibt und dem Bescheidenen nimmt: „Egalitarian welfarism would require that the allotment of someone who cultivated expensive tastes – for flashy cars, posh re-staurants, designer clothes – be increased, in order to reestablish parity of welfare, even though everyone else's stock or resources would have to fall to repair the de-ficit he created. By contrast, those whose predilections are more cheaply satisfied would receive smaller shares."[28] Das Argument vom teuren Geschmack verbietet es dem liberalen Egalitaristen, distributionale Gleichheit als Wohlfahrtsgleichheit zu explizieren. Wohlergehensgleichheit setzt die Vergleichbarkeit der individuellen Präferenzen, Erfüllungszustände, Wohlbefindensgrade und Lebenserfolge voraus. Wohlergehensgleichheit verlangt überdies eine moralisch neutrale Einstellung gegenüber allen individuellen Wohlfahrtsgründen, müßte allen Wohlbefindensquellen gleiches Gewicht einräumen. Damit zieht die Wohlergehensgleichheit zwei weitere Einwände auf sich, die aus der Utilitarismusdiskussion seit langem bekannt sind. Da ist zum einen der Inkommensurabilitätseinwand: wir besitzen keine Taxonomie des Glücks. Und zum anderen ist da der Einwand der moralischen Kontraintuitivität: wir können keine Gleichheitskonzeption als Explikation unserer grundlegenden gleichheitsgravitierten Gerechtigkeitsintuitionen akzeptieren, die anderen fundamentalen moralischen Überzeugungen von uns widerspricht. Es gibt Wohlergehensquellen, die bei einer Zuteilung gleicher Wohlergehensrationen schlechthin nicht berücksichtigt werden dürfen und von vornherein ausgesondert werden müssen. Alles Wohlergehen, das sich kausal aus der Beobachtung fremden Leids, aus gelungenen Benachteiligungen, Diskriminierungen usw. ergibt, darf in die Verteilungsrechnung nicht einbezogen werden. Dworkin unterscheidet in diesem Zusammenhang interne, selbstbezogene und externe, fremdbezogene Wünsche. Erstere beziehen sich auf die Güter, Chancen, Möglichkeiten, die man für sich begehrt; letztere haben das quantitative und qualitative Ausmaß des Güterbesitzes anderer, die Zuteilung von Chancen an andere, die Erfolgsbedingungen für das Leben anderer zum Inhalt[29] Eine Politik des Wohlergehensegalitarismus müßte die externen Präferenzen genauso wie die persönlichen berücksichtigen und sähe sich darum zu moralisch kontraintuitiven Programmen genötigt; „utilitarianism's nemesis" ereilt also auch die Wohlfahrtsgleichheit.[30]

Das Ressourcengleichheitsprinzip bietet aber nicht nur eine bessere Explikation unserer Gleichheitsintuition als das Wohlfahrtsgleichheitsprinzip. Es vermag überdies auch eine wichtige gerechtigkeitsethische Forderung zu erfüllen, die innerhalb des Konzepts der Wohlfahrtsgleichheit keinerlei Berücksichtigung finden kann. Auf der Grundlage der Wohlfahrtsgleichheit läßt sich kein Verteilungssystem errichten, daß zugleich „ambition-sensitive" und „endowment-insensitive" ist.[31] Wohlfahrtsgleichheit ist mit unserer Gerechtigkeitsintuition nicht zu vereinbaren, daß rationale und freie Menschen für die Konsequenzen ihrer Entscheidungen verantwortlich sind und auch verantwortlich gemacht werden müssen, daß somit ein Unterschied bestehen muß zwischen den Ungleichheitswirkungen, die aus unseren Anstrengungen und Entscheidungen resultieren, einerseits, und den Ungleichheitswirkungen, die sich unseren natürlichen und sozialen Ausgangsausstattungen verdanken, ande-

---

28   Rakowski 1991, 41.
29   Vgl. Dworkin 1977, 234.
30   Rakowski 1991, 40.
31   Dworkin 1981b, 311.

rerseits. Wohlfahrtsgleichheit kompensiert nicht nur ausstattungsgenerierte Ungleichheiten, Wohlfahrtsgleichheit würde auch die Ungleichheiten, die durch unterschiedlichen Arbeitseifer, Ehrgeiz und Einsatz entstehen, begradigen. Sie würde eben dazu führen, daß die Fleißigen die Aussteiger alimentieren und die Selterstrinker die Champagnertrinker subventionieren. *Es sollte der privaten Mildtätigkeit der Ameise überlassen bleiben, ob sie die Grille im Winter an ihr Feuer und an ihre Vorräte läßt. Sie darf aber nicht gezwungen werden, ihr halbes Vorratslager der Grille auszuhändigen. Es kann nicht gerecht sein, wenn die Grillen die Ameisen in Versorgungshaft nehmen und die Lebenskünstler die Lebensarbeiter zu Sklaven machen können.*

Es gibt also gute Gründe für den Egalitaristen, die ergebnisbezogene Egalisierungsoption auszuschlagen und die voraussetzungsbezogene Egalisierungsoption zu wählen. Aber damit ist natürlich nicht jeder Bezug auf den Wohlbefindensgedanken verschwunden. Die voraussetzungsbezogene Egalisierungsoption kann unabhängig von der ergebnisbezogenen Egalisierungsperspektive gar nicht konsistent dargestellt werden. Denn wenn Individuen mit gleichen Ressourcen ausgestattet werden, dann kann das doch nur heißen, daß jeder sich von der Verwendung seiner Ressourcen ein glückliches und erfolgreiches Leben erwartet. Anders als in Bezug auf das, was er mit seinen Ressourcen erreichen will, läßt sich eine Beurteilung des Ressourcensets also gar nicht vornehmen. Insofern impliziert Ressourcengleichheit immer auch gleiche Erfolgserwartung. Freilich benötigen wir hier keine Metrik, um Erfolgserlebnisse vergleichen zu können, denn es kommt bei der Bestimmung der Ressourcengleichheit nicht auf die Gleichheit des Erfolgs, sondern nur auf die Gleichheit der subjektiven Erfolgsvermutung zum Zeitpunkt des Ressourcenerwerbs an.

6 Gerechte Verteilungen sind ‚ambition-sensitive' und ‚endowment-insensitive'

„The requirements of equality (in the real world at least) pull in opposite directions. On the one hand we must, on pain of violating equality, allow the distribution of resources at any particular moment to be (as we might say) ambition-sensitive. It must, that is, reflect the cost or benefit to others of the choices people make so that, for example, those who choose to invest rather than consume, or to consume less expensively rather than more, or to work in more rather than less profitable ways, must be permitted to retain the gains that follow from these decisions in an equal auction followed by free trade. But on the other hand, we must not allow the distribution of resources at any moment to be endowment-sensitive, that is, to be affected, by differences in ability of the sort that produce income differences in a laissez-faire economy among people with the same ambitions. Can we devise some formula that offers a practical, or even a theoretical, compromise between these two, apparently competing, requirements?"[32]

---

32 Ebd.

Die von Dworkin entwickelte wohlfahrtsstaatliche Verteilungsmatrix ist ungemein komplex und geht sowohl hinsichtlich ihrer philosophischen Begründung als auch bezüglich ihrer inneren institutionellen Struktur weit über das hinaus, was uns Rawls als Ergebnis seiner Verfassungswahl offeriert. Er bedient sich dabei der konstruktivistischen Methode, führt jedoch kein kontraktualistisches Argument ein, sondern ersetzt die Rawlssche Prinzipienwahl durch ein weit aufwendigeres Gedankenexperiment, das eine anfängliche Ressourcenversteigerung mit Versicherungssystemen und Besteuerungsverfahren kombiniert. Seinen Ausgang nimmt dieses Festival des Kontrafaktischen mit einer gerechten Verteilungslage. Sodann betrachtet das Gedankenexperiment die vielfältige Differenz zwischen der Ideal-Welt und der Real-Welt und schlägt Instrumente vor, mit deren Hilfe die gerechtigkeitsbedeutsame Kluft zwischen der egalitaristischen Mustersituation und der durch diverse Inegalitäten charakterisierten Realität überbrückt werden könnte. Ziel dieser aufwendigen Argumentation ist die Grundlegung eines Verteilungssystems der liberalen Gleichheit, das gleichzeitig „ambition-sensitive" und „endowment-insensitive" ist und Fleiß, Engagement und Ehrgeiz den verdienten Entfaltungsspielraum läßt, jedoch unverdiente natürliche Begabungsvorteile und gesellschaftliche Startvorteile durch geeignete Kompensationen neutralisiert.

Hinter dieser Doppelforderung steht eine vertraute subjektivitätstheoretische Vorstellung, die all unseren praktischen und normativen Diskursen zugrundeliegt. Wir handeln und unterstellen uns eine Autorschaft für unser Leben. Wir sprechen uns wechselseitig Verantwortung für unsere Handlungen und für unser Leben zu und erlauben uns nicht, uns aus der Verantwortung für die Konsequenzen unserer Entscheidungen zu stehlen und die Kosten für unsere Wahl anderen aufzubürden oder den Umständen anzulasten. Ein derart selbstbestimmtes Leben erscheint uns wertvoll, und wir räumen daher Menschen ein Recht auf selbstbestimmte Lebensführung ein. Als Gegenleistung fordern wir Verantwortlichkeitsübernahme in den Lebensbereichen, die der Kontrolle der Personen unterworfen sind. Dabei geht Dworkin so weit, die Individuen auch für ihre Präferenzen verantwortlich zu machen, jedenfalls sofern sie sich mit ihnen identifizieren, sie bejahen können. Alles negativ eingefärbte Sucht- und Triebverhalten („cravings") hingegen wird daher den Umständen zugeschlagen; alle aufdringlichen und kostenträchtigen Präferenzen, die nicht zu haben wir uns dringend wünschen, markieren die Grenze des Selbst.[33].Wir wissen, daß innere und äußere Gegebenheiten unsere Handlungen

---

33 Dieses Wünschbarkeitskriterium ist sicherlich fragwürdig und hat eine Reihe von Einwänden hervorgerufen, die allesamt zum Typus: „tamed housewife", „battered slave", „hopeless destitute" gehören, also auf Fälle hinweisen, in denen deprivilegierte, depravierte, in tiefster Abhängigkeit lebende Personen den ihnen aufgezwungenen Status verinnerlicht haben und die mit ihm verbundenen Tätigkeiten als eigene Präferenzen akzeptieren. Und hier erhebt sich dann die Dworkin-kritische Frage: „Must an equal-opportunity policy accept the self-limiting views of tamed housewifes, because they identify with their preferences, or should it provide resources which might enable them to reconsider their preferences?" (Roemer 1998, 20); vgl. Roemer 1996, 249f., Amartya Sen 1985b.

verfälschen und pervertieren können, daß unsere Absichten durch interferierende Ereignisse vereitelt werden können, daß die Spur verantwortlich-selbstbestimmten Handelns durch überlagernde Kausalitäten verwischt werden kann. Aber nicht nur während unseres Handlungslebens wird unsere Selbsttätigkeit durch Interferenzen fremder Kausalität gestört, unser Handlungsleben selbst einschließlich der sich in ihm betätigenden Selbstmächtigkeit ist durch natürlich-genetische Vorgegebenheiten bestimmt und durch das soziale Milieu unserer ersten Jahre geprägt. Die natürlichen und sozialen Determinanten unserer Existenz sind das Bett, in dem der Fluß unseres Lebens fließt, bilden die Ufer, die ihn begrenzen. Immer stoßen menschliche Autonomie und Selbstmächtigkeit auf Bedingungen, die nicht kontrolliert, sondern nur hingenommen werden können; nie können wir unbeschwert von vorne anfangen; immer müssen wir an schon Bestehendes anknüpfen, um überhaupt handeln zu können. Menschliches Leben ist ein Leben unter Endlichkeitsbedingungen und steht daher unter einer *grundsätzlichen hypoleptisch-kreativen Grundspannung.* Kant hat diese Grundspannung in seinem Lehrstück von den beiden Kausalitäten abgebildet. Und Dworkin folgt ihm. Seine Theorie der Verteilungsgerechtigkeit lebt von der Fiktion, diese hypoleptisch-kreative Grundspannung aufbrechen und im menschlichen Leben den produktiven Subjektivitätsteil von den Umständen genau unterscheiden zu können, um in der sozio-ökonomischen Position, in der Mittelausstattung der Menschen den Teil, der kausal auf Entscheidung, Fleiß und Engagement zurückzuführen ist, von dem anderen, der durch natürliche und soziale Vorgegebenheiten bestimmt ist, trennen zu können.

Die sozio-ökonomischen Folgen eigener Entscheidungen sind ausschließliches Eigentum des Subjekts, sie mögen angenehm oder unangenehm sein, dem Subjekt im Vergleich mit anderen Vorteile oder Nachteile verschaffen. Niemand hat das Recht, jemanden um die positiven Früchte seiner Entscheidungen und seines Ehrgeizes zu bringen, auch dann nicht, wenn sich durch diese subjektiven Anstrengungen sozio-ökonomische Ungleichheit einstellt, und auch nicht zu dem Zweck, durch angemessene Besteuerung ein ungleichheitsminderndes Redistributionsprogramm zu finanzieren. Und niemand hat die Pflicht, die Früchte seiner Arbeit mit anderen zu teilen, auch dann nicht, wenn durch die Umverteilung die sozio-ökonomische Ungleichheit reduziert wird. Auch hat der, der sich zu einem anspruchs-

---

Hier wird eine Verlegenheit sichtbar, in die alle deontologisch-antiutilitaristischen Konzeptionen geraten, die als Wohlfahrtsgleichheits- oder Wohlfahrtschancengleichheitstheorien notwendig an der Orientierung an den individuellen Präferenzen festhalten müssen. Während der Utilitarist genauso wie der Entscheidungs- und Spieltheoretiker die faktischen Präferenzen zur Grundlage nimmt, schleicht sich bei den Deontologen ein normatives Kriterium ein, das die Präferenzen reinigt und nur die zuläßt, die den Test der moralischen Zulässigkeit passiert haben. Mit einem Wort: hier ist der Ort, wo die Theorie der Verteilungstheorie emanzipatorisch wird und den Begriff des falschen Bewußtseins benötigt, mit dem zulässige Gleichheiten von unzulässigen Gleichheiten gesondert werden können. Damit tauchen natürlich all die Unwägbarkeiten auf, die mit einem derartigen Paternalismus des ‚Es-besser-als-die-Betroffenen-Wissens' verbunden sind.

vollen oder genußreichen oder müßigen Leben entschlossen hat, nicht das geringste Recht auf eine Verringerung des sozio-ökonomischen Abstandes zwischen ihm und den Erfolgreicheren, auf Besserstellung durch Umverteilung. Die durch unterschiedliche Entscheidungen, durch unterschiedliche Lebenswahl erzeugte soziale und ökonomische Ungleichheit bietet für die Verteilungsgerechtigkeit keinerlei Herausforderung. Diese ist gleichgültig gegenüber der sozio-ökonomischen Ungleichheit, die Ausdruck der Unterschiede der individuellen Lebensprojekte ist.

Und auch das „secret working of God" (Hobbes), das die Menschen Glück nennen, untersteht nicht der Gerechtigkeitsaufsicht. Wenn glückliche Umstände die Lebensprojekte begünstigen oder wenn diese durch einen unglücklichen Gang der Dinge an den Rand des Scheiterns gebracht werden, ist das Konzept der Ressourcengleichheit nicht gefährdet. Allein die Ressourcenverteilung ist gerechtigkeitstheoretisch von Belang, aber nicht mehr das, was die Individuen mit ihren Ressourcen machen: der Spekulant, der einfach Glück gehabt hat, muß nicht mit dem risikoscheuen Festgeldsparer teilen; und der Börsenhasardeur, der sich gründlich verspekuliert hat, hat kein Anrecht, von den Soliden Entschädigung zu fordern. *Der Gott der Ressourcengleichheit gleicht dem Gott des Deismus, der nach Einrichtung der Welt diese sich selbst überläßt: nach der Verteilung der Ressourcen nach dem Prinzip strikter Gleichheit kann sich die subjektive Eigenmacht voll entfalten und nach Herzenslust die klaffendsten Unterschiede erzeugen.*

In den Bereich der redistributionsverschonten sozio-ökonomischen Differenz gehören auch alle Ungleichheiten, die durch „option luck" und durch „brute luck" verursacht werden. „Option luck is a matter of how deliberate and calculated gambles turn out – whether someone gains or loses through accepting an isolated risk he or she should have anticipated and might have declined. Brute luck is a matter of how risks fall out that are not in that sense deliberate gambles. If I buy a stock on the exchange that rises, then my option luck is good. If I am hit by a falling meteorite whose course could not have been predicted, then my bad luck is brute."[34] Der Grundgedanke leuchtet ein: um das Gebiet der redistributionsverschonten sozio-ökonomischen Differenz zu definieren, müssen wir den Bereich der willentlichen Ressourcenverwendung sowohl um den Bereich der günstigen und ungünstigen handlungskausalen Widerfahrnisse als auch um den Bereich der günstigen und ungünstigen handlungsunabhängigen Widerfahrnisse erweitern. Nicht nur die Ungleichheitswirkungen unserer unterschiedlichen Lebensentscheidungen müssen von der Verteilungsgerechtigkeit toleriert werden, sie muß auch die Ungleichheitswirkungen akzeptieren, die durch riskantes Spiel und puren Zufall entstanden sind. Der eine ist ein Glückspilz, der andere halt ein Pechvogel. Niemand kann wegen günstiger post-ressourcistischer Umstände bestraft werden. Auch kann die Gerechtigkeit uns nicht dazu verpflichten, das Pech anderer zu kompensieren. Wir

---

34 Dworkin 1981b, 293.

können nicht für die Spiele des Zufalls und die Launen des Schicksals haftbar gemacht werden. Die sich als Ressourcengleichheit auslegende Verteilungsgerechtigkeit muß indifferent gegenüber der gesamten Verwendungs- und Wirkungsgeschichte der von ihr gleich verteilten Ressourcen sein: was immer die Individuen, die günstigen Umstände, der schiere Zufall aus den Lebensprojekten machen, es geht die Verteilungsgerechtigkeit nichts mehr an. Wohlgemerkt, diese Toleranz der Verteilungsgerechtigkeit gegenüber den Launen der Fortuna bezieht sich nur auf den post-ressourcistischen Bereich, nur auf das, was Menschen während der Ressourcenverwendung zustößt, nicht jedoch auf die kontingenten Bestimmungen, die sich in der vorfindlichen natürlichen und sozialen Originalressourcenausstattung selbst bemerkbar machen. Hier muß jede durch genetisches Glück oder genetisches Pech, durch soziale Gunst oder soziale Ungunst verursachte Bevorzugung oder Benachteiligung einem egalitaristischen Ausgleichsprogramm unterworfen werden.

7 Dworkins Prinzip der Ressourcengleichheit

Wollen wir wissen, wie sich ein gesellschaftliches System verhalten wird, das seine liberale Basisverpflichtung, alle Menschen gleich zu berücksichtigen und zu beachten, mit Hilfe des Prinzips der Ressourcengleichheit ausbuchstabiert, dann müssen wir wissen, wie zum einen ein Verteilungssystem aussieht, daß Ressourcengleichheit garantiert, und wie zum anderen das bestehende System modifiziert werden muß, damit es die bestehenden Ungleichheiten in der Ressourcenversorgung korrigiert. Das ideale Verteilungssystem muß ein dezentrales, auf individuelle Lebensprojekte flexibel reagierendes Verteilungssystem sein; denn alle Menschen als Gleiche zu behandeln kann ja nicht heißen, alle mit gleichen Mengen und gleichen Qualitäten zu versorgen; das würde auf eine paternalistische Formierung individueller Lebensprojekte hinauslaufen; und wenn nur ein einziger nicht mit der ihm mechanisch zugeteilten Ressourcenmenge zufrieden wäre, wäre das Ziel einer gerechten Verteilung verfehlt. Wir brauchen folglich ein dezentrales Verteilungssystem, einen Markt also, auf den sich die Individuen selbst mit den Ressourcen versorgen können, die für ihre Lebensprojekte wichtig sind. Freilich muß dieser Markt sein dezentrales Verteilungsgeschäft unter einer einschränkenden Bedingung besorgen: alle müssen die gleichen Ausgangsvoraussetzungen haben. Dieser egalitaristische Parameter sorgt dafür, daß die Verteilung in einem gerechten Rahmen, unter fairen Bedingungen stattfindet.

7.1 Die Auktion

Auch Dworkin stellt eine egalitaristische Naturzustandskonstruktion an den Anfang seiner Theorie der Verteilungsgerechtigkeit. In seiner Erzählung ist das eine Insel, die von einer Anzahl Schiffbrüchiger kolonisiert wird. Um die Ressourcen der Insel unter sich zu verteilen, veranstalten die Insulaner eine Auktion, auf der jeder, mit gleichem Startkapital und allen Informationen über die auf der Insel verfügbaren Güter ausgestattet, sich die Ressourcen ersteigern kann, die er für sein Lebensprojekt benötigt.[35] Offenkundig kommt für Dworkin genausowenig wie für Nozick die Möglichkeit einer *communio fundi* oder einer Kollektivbewirtschaftung in Betracht. Am Ende der Auktion wird jeder mit dem Ergebnis zumindest in dem Sinne zufrieden sein, daß er keinen anderen um dessen ersteigertes Ressourcenbündel beneidet: niemand möchte mit jemand anderem tauschen. Dieser „envy test"[36] kontrolliert den egalitaristischen Anspruch, daß jeder durch das Verteilungssystem in gleicher Weise berücksichtigt worden ist. Jeder hat für seine Projektressourcen bezahlt, und jeder zieht die von ihm erworbenen Projektressourcen jeder anderen ersteigerten Ressourcenkombination vor.

> „Suppose the divider hands each of the immigrants an equal and large number of clamshells, which are sufficiently numerous and in themselves valued by no one, to use as counters in a market of the following sort. Each distinct item on the island (not including the immigrants themselves) is listed as a lot to be sold, unless someone notifies the auctioneer (as the divider has now become) of his or her desire to bid for some part of an item, including part, for example, of some piece of land, in which case that part becomes itself a distinct lot. The auctioneer then proposes a set of prices for each lot and discovers whether that set of prices clears the market, that is, whether there is only one purchaser at that price and all lots are sold. If not, then the auctioneer adjusts his prices until he reaches a set that does clear the markets. But the process does not stop then, because each of the immigrants remains free to change his bids even when an initially market-clearing set of prices is reached, or even to propose different lots. But let us suppose that in time even this leisurely process comes to an end, everyone declares himself satisfied, and goods are distributed accordingly."[37]

Es ist wichtig, den Neid-Test nicht mit psychologisch-moralischen Konnotationen zu verbinden; es geht hier nicht um Mißgunst, den verzehrenden Neid, der aus dem Ressentiment geboren wird, sondern um einen rationalen Neid, der als entscheidungstheoretisches Analyseinstrument arbeitet. Neidfreiheit besagt: keiner glaubt, daß das Ressourcenbündel eines anderen geeigneter für die Durchführung seines Lebensprojektes ist als sein eigenes. Und entsprechend fällt eine Güterverteilung dann durch den Neidtest, wenn zumindest einer glaubt, daß das Güterset eines anderen für seine Lebenspläne geeigneter ist als das eigene, von ihm ersteigerte. Neidfreiheit ist also Ausdruck der *Opportunitätskostengleichheit der Ressourcenbündel*: niemand hätte lieber sein Geld für den Erwerb anderer Ressour-

---

35   Bei der Dworkinschen Auktion handelt es sich genauer um einen Verteilungsmechanismus, der ein „equal devision Walrasian equilibrium" garantiert; zur Definition vgl. Roemer 1996, 48f.
36   Dworkin 1981b, 287.
37   Ebd., 286f.

cen ausgegeben; niemand hat das Gefühl, daß ihm durch die faktische Verwendung seiner Mittel für seine Ressourcen ein Vorteil entgangen ist. Warum bestimmt Dworkin den Ressourcenverteilungsmechanismus als Auktion, als Versteigerung? Weil nur auf dem Weg der Versteigerung die Gleichheit der ja inhaltlich immer unterschiedlichen und für unterschiedliche Lebenskarrieren erforderlichen Ressourcen festgestellt werden kann. Gleichheit kann immer nur in bezug auf eine Vergleichswährung festgestellt werden. Und die durch das Auktionsverfahren selbst bereitgestellte Vergleichswährung ist der Wert eines Ressourcenbündels für andere. „The auction proposes [...] that the true measure of the social resources devoted to the life of one person is fixed by asking how important, in fact, that resource is for others."[38] Gleich sind somit die beiden Ressourcensets a und b, wenn für B a nicht wichtiger ist als b und wenn für A b nicht wichtiger ist als a. Genau in einer solchen Situation würde keiner den anderen um sein Ressourcenbündel beneiden. Daher ist der Neid ein Lackmustest für Ressourcenungleichheit. Natürlich ist es nicht ausgeschlossen, daß es sowohl für A als auch für B Ressourcenbündel geben mag, die sie den von ihnen ersteigerten vorgezogen hätten, wenn sie auf der Insel verfügbar gewesen wären. Aber man beneidet nicht einen hypothetischen Besitzer eines hypothetischen Ressourcenbündels, sondern immer nur den Mitbieter und Marktkonkurrenten. Und da gilt nun, daß unter den gegebenen Bedingungen der Inselauktion niemand einen Grund hat, sich zu beklagen.

Die Individuen haben alle erforderlichen ökonomischen Informationen: sie kennen das Ressourcenangebot der Insel. Sie wissen, welche Ressourcen für ihr Lebensprojekt geeignet sind; und sie wissen auch, welche ökonomischen Konsequenzen mit der von ihnen gewählten Ressourcenausstattung verbunden sind, daß unterschiedliche Lebensprojekte aufgrund der sich einstellenden gesellschaftlichen Dynamik unterschiedliche ökonomische Schicksale nach sich ziehen werden. Es wird Ungleichheit entstehen, aber diese Ungleichheit kann keine moralische Kritik auf sich ziehen und nach einer Korrektur aus Gründen der Gerechtigkeit verlangen. Diese Ungleichheiten sind die Auswirkungen individueller Entscheidungen unter fairen, niemanden bevorzugenden oder benachteiligenden Bedingungen. Es sind autonom erzeugte, von allen Beteiligten gleichermaßen verantwortete Ungleichheiten, die nicht auf anderer Leute Kosten rektifiziert werden dürfen.

Die keinerlei Neid erregende und differenzfreundliche Ressourcenverteilung ist samt der sich aus ihr entwickelnden Geschichte der Ungleichheit gerecht, weil sie selbst durchgängig durch das Gleichheitsprinzip regiert wird. Das Gleichheitsprinzip bestimmt das ganze Szenario. Es besteht für alle ein gleicher Zugang zur Auktion: jeder hat gleiches Startkapital und gleiches Wissen. Das Gleichheitsprinzip bestimmt aber auch das Auktionsverfahren selbst; d. h. Menschen als Gleiche zu be-

---

38 Ebd., 289.

handeln verlangt nach einem marktförmigen Verteilungsverfahren, in dem sich die Individuen eigenverantwortlich mit den geeigneten Ressourcen für ihre Lebenspläne versehen können. Dworkin illustriert die unauflösliche Verknüpfung zwischen der Bedingung, jeden als gleichwertiges Individuum zu behandeln, und dem Markt anhand der Figur des mechanisch und zentral verteilenden „divider", der die Mannigfaltigkeit der Ressourcen der Insel in „a very large stock of plover's eggs and pre-phylloxera claret"[39] umtauscht und dann jedem eine gleiche Menge der eingetauschten Delikatessen zuteilt und so jedem seinen exquisiten Toskana-Geschmack aufzwingt. In diesem Fall wäre übrigens das Neidfreiheitskriterium erfüllt, da niemand Anlaß hätte, einen anderen um seinen Ressourcenanteil zu beneiden. Gleichwohl wäre hier keine gerechte Verteilung erreicht, da durch diese zentrale Verteilung einem jeden Menge, Art und Verwendung der Ressourcen aufgezwungen worden wäre und es sicherlich den einen oder anderen gibt, der keine Kiebitzeier mag und sich ganz andere Ressourcen wünschen würde. Dieses Beispiel der zentralen Gleichverteilung einer Ein-Sorten-Ressource macht übrigens deutlich, daß die Dworkinsche Auktionsgeschichte von einer empirisch überaus unplausiblen Doppelvoraussetzung ausgehen muß. Einmal muß sie unterstellen, daß die Individuen über prä-auktional festgelegte Lebenspläne verfügen, ihre Lebenspläne also nicht im Rahmen der vorgefundenen Grenzen ihres sich entwickelnden Lebens formulieren, sondern vorweg am Reißbrett, gleichsam in einer Situation, die der Gottes vor der Schöpfung gleicht. Zum anderen muß sie den unwahrscheinlichen Fall zur Regel machen, daß das Ressourcenangebot jeden der prä-auktional entworfenen Lebenspläne zufriedenstellend berücksichtigen kann.

Die Beziehung zwischen moralischer Gleichheit, egalitär-gerechter Ressourcenverteilung und dezentralem Markt ist unauflöslich. *Es gibt ein starkes egalitaristisches Argument für den Markt.* Der Markt ist kein metaphysischer Dom, in dem die Freiheit als *ens absolutum* angebetet wird, sondern ein flexibles, dezentrales Verteilungssystem, das notwendig ist, wenn Menschen ein Leben führen wollen und sollen, in dem sie für ihre eigenen Entscheidungen verantwortlich sind, wenn sie Lebensprojekte selbstbestimmt angehen und durchführen wollen, wenn ihnen gleiche Chancen auf individuelle und moralische Entfaltung eingeräumt werden sollen. *Der Markt ist die hohe Schule der Selbstverantwortlichkeit.* Aber nicht nur die moralische, ihre Lebensautorschaft ernstnehmende Subjektivität verlangt nach dem Markt. Auch das Prinzip der Individualität favorisiert den Markt, denn kein Verteilungssystem ist differenzfreundlicher, könnte der Individualität bessere Entfaltungsbedingungen bieten und der Unterschiedlichkeit der menschlichen Lebensentwürfe gerechter werden. *Gerade der moralische Egalitarismus verlangt also nach dem individualitätsfreundlichen Dezentralismus des Marktes.* Der Markt hat aber noch einen weiteren moralischen Vorzug; als leistungsbelohnendes System sichert er eine dem Prinzip der proportionalen Gleichheit entsprechende und damit einer unserer zentralen Gerechtigkeitsintui-

---

39 Ebd., 285.

tionen entgegenkommende Verteilung. Die von ihm verteilten ökonomischen Gratifikationen spiegeln – zumindest strukturell – den unterschiedlichen Einsatz der individuellen materiellen wie immateriellen Ressourcen.

> „This explains [...] why liberals have in the past been drawn to the idea of a market as a method of allocating resources. An efficient market for investment, labor, and goods works as a kind of auction in which the cost to someone of what he consumes, by way of goods and leisure, and the value of what he adds, through his productive labor or decisions, is fixed by the amount his use of some resource costs others, or his contributions benefit them, in each case measured by their willingness to pay for it. Indeed, if the world were very different from what it is, a liberal could accept the results of an efficient market as *defining* equal shares of community resources. If people start with equal amounts of wealth, and have roughly equal levels of raw skill, then a market allocation would ensure that no one could properly complain that he had less than others, over his whole life. He could have had the same as they if he had made the decisions to consume, save, or work that they did."[40]

Aber diese Bedingungen, unter denen der Markt ein zuverlässiges Verfahren der Definition und der Austeilung gleicher Ressourcenanteile wäre, sind nicht gegeben. Denn diese Bedingungen verlangen gleiche Ausgangsbedingungen, ein gleiches Startkapital und gleich leistungskräftige und erfolgversprechende Fähigkeitenausstattungen. Daher verlangt der Ressourcenegalitarismus gleichzeitig und aus den gleichen Gründen nach dem Markt und nach einer gerechtigkeitsethischen Korrektur der Verteilungsergebnisse des Marktes. Die Philosophie muß ein rektifizierendes Arrangement entwickeln, das die Differenz zwischen der Ausgangsgleichheit in der Ideal-Welt des Gedankenexperiments und der Ausgangsungleichheit in der Real-Welt minimiert; aber immer wird im Zentrum eines gerechten Verteilungssystems der dezentrale Markt stehen müssen.

7.2 Natürliche Benachteiligung und Ressourcengleichheit

„Of course it is sovereign in this argument [...] that people enter the market on equal terms. The desert island auction would not have avoided envy, and would have no appeal [...] if the immigrants had struggled ashore with different amounts of money in their pocket [...] or if some had stolen clamshells from others."[41] Aber es ist nicht damit getan, daß wir den Immigranten gleiches Startkapital geben. Der Egalitarismus verlangt nach größeren Investitionen, um dem Kriterium des Neid-Testes gerecht zu werden. Denn bislang ist ganz außer Acht gelassen worden, daß sich die Individuen hinsichtlich ihrer nicht gewählten, sondern an und in sich vorgefundenen natürlichen Ausstattung in einem beneidungsrelevanten Ausmaß unterscheiden können. Und diese unterschiedliche natürliche, nicht-gewählte Ausstat-

---

40 Dworkin 1985, 207.
41 Dworkin 1981b, 289.

tung bestimmt die Verwendung der gewählten Ressourcen, ist für die Durchführung des Lebensprojekts von Belang, kann seinen routinierten Ablauf stören,
kann ihm Mißerfolg bescheren, es gar zum Scheitern bringen, kann ihm aber auch
eine beneidete Exzellenz verschaffen.

*In derselben Sekunde, in der die Statik der Ressourcenversteigerung abgeschlossen ist und die
Dynamik der sich wechselseitig beeinflussenden Durchführungen der Lebensprojekte beginnt, ent-
steht der Neid;* denn die Gerechtigkeit des Auktionsresultats setzt sich nicht durch die
Geschichte dessen, was die einzelnen aus ihren Projektressourcen machen, fort.
Jetzt machen sich vielmehr die neiderzeugenden natürlichen Ungleichheiten und
Benachteiligungen bemerkbar und lassen die Lebensprojekte auseinandertreten,
lassen Ungleichheiten entstehen, die nicht Konsequenzen selbstverantworteter
Entscheidungen sind, sondern Folgen vorgefundener Benachteiligung und Privilegierung. Selbst wenn wir eine auktionale Gleichverteilung externer Ressourcen sicherstellen können, so bleibt doch eine signifikante Ungleichheit in der Ausstattung
der Lebenserfolgsressource, die man selbst ist. Und damit kann der Anspruch nicht
länger aufrechterhalten werden, ein Verteilungsmuster gefunden zu haben, das erlaubt, alle sozio-ökonomischen Ungleichheiten auf individuelle Entscheidungen
zurückzuführen, und folglich nur verdiente und moralisch zulässige Ungleichheiten
zuläßt. Wie kann das Verteilungssystem der Ressourcengleichheit auf dieses „problem of handicaps" reagieren? Dworkin diskutiert zwei Zugangsweisen: die Kompensationslösung und die Versicherungslösung. Er greift dabei Überlegungen auf,
die Charles Fried angestellt hat, um vor dem Hintergrund der gelegentlich eklatant
unterschiedlichen Kosten menschlicher Wünsche und Bedürfnisse die Umrisse
eines Systems positiver Rechte zu zeichnen.[42]

7.2.1 Die Kompensationslösung

In der Kompensationslösung werden natürliche Benachteiligungen als Kosten interpretiert, die das Startkapital für die Auktion reduzieren. Um nun in der egalitaristischen Mustersituation gleichwohl Ressourcengleichheit zu gewähren, kann man den
Weg einer prä-auktionalen Kompensation einschlagen. Bevor die Versteigerung beginnt, werden die behinderungsspezifischen Sonderaufwendungen der Benachteiligten aus öffentlichen Mitteln erstattet. Und das heißt genauer: bevor alle Kolonisten
ihre 100 Muscheln ausgehändigt bekommen, wird von der Gesamtmenge des Geldes
der Betrag abgezogen, der für den Ausgleich der Benachteiligungen benötigt wird.
Die Restsumme wird dann an alle, Benachteiligte wie Nicht-Benachteiligte, gleich
verteilt. „Suppose we say that any person's physical and mental powers must count as
part of his resources, so that someone who is born handicapped starts with less by
way of resources than others have, and should be allowed to catch up, by way of
transfer payments, before what remains is auctioned off in any equal market."[43]

---

42 Vgl. Fried 1978, 120–128.
43 Dworkin 1981b, 300.

Dieses Kompensationsbeispiel ist natürlich viel zu simpel; es buchstabiert die zu kompensierenden Benachteiligungen nach dem Modell der Prothese und des Rollstuhls. Aber es gibt das „problem of the voraciousness of needs",[44] es gibt Funktionsdefizite, die sich nicht mit technischen Mitteln ausgleichen lassen; es lassen sich Benachteiligungen, Funktionsmängel, Krankheiten vorstellen, deren Kompensation die Gesellschaft aller Mittel entblößen würde. Wenn das Prinzip der Ressourcengleichheit auf das Benachteiligungsproblem im Sinne der Kompensationslösung reagiert, dann verschwindet der Unterschied zwischen Ressourcengleichheit und Wohlfahrtsgleichheit, dann wird angesichts extremer Benachteiligung das Distributionsmodell der Ressourcengleichheit zu ähnlichen Resultaten kommen wie das Distributionsmodell der Wohlfahrtsgleichheit. Die Idee, durch eine Ressourcenverteilung vor der Auktion kompensatorisch einen Gleichstand herzustellen, ist nicht realisierbar; möglicherweise würde der ganze Reichtum der Insel aufgewendet werden müssen, um die Technologie für die Heilung einer ganz bestimmten Krankheit bezahlen zu können.[45] Wir hätten dann die paradoxe Situation, daß die Sicherung der gleichen Startbedingungen für die Auktion die zu versteigernden Ressourcen aufbrauchen würde und damit für die Ausstattung der individuellen Lebensprojekte nichts übrig ließe. Das ist aber angesichts des Anspruchs des Distributionsschemas der Ressourcengleichheit, nicht nur ausstattungs-insensitiv, sondern auch und vor allem leistungs-sensitiv zu sein, fatal.

Grundsätzlich läßt sich in diesem Modell keine „upper bound of initial compensation" angeben, ebensowenig wie sich verläßlich der Normalzustand bestimmen läßt, der über Kompensationsunbedürftigkeit und Kompensationsbedürftigkeit entscheidet. Hier sind dann bedenkliche politische Festlegungen zu erwarten, die durch Opportunitätserwägungen oder gar ideologische Überzeugungen bestimmt sein werden. Wir sollten grundsätzlich von dem Gedanken Abstand nehmen, der Ressourcengleichheit eine Gleichheit der natürlichen Umstände vorzuschalten und die Gerechtigkeitsdefizite der natürlichen Verteilungen durch eine gesellschaftliche Korrekturverteilung auszugleichen. Wir können keine Gleichheit der natürlichen Umstände erreichen und sollten es auch erst gar nicht versuchen. Der Ressourcenbegriff darf nicht undifferenziert verwendet werden; wir dürfen die externen Ressourcen und die internen Ressourcen nicht unterschiedslos dem Begriff der Ressourcengleichheit subsumieren; dann geraten wir in die Falle einer aufrechnenden Kompensationsarithmetik.

---

44 Fried 1978, 126.
45 Vgl. „A more serious objection asks whether it is fair to equate the income of someone who needs enormously expensive medical care with the income of a completely healthy person. Should not the fair situation be measured after basic needs have been taken care of? First we take care of a man's necessities, and then we distribute fair shares of income. This is what the distinction between needs and wants would require. But such a solution [...] opens the potential for excessive demands by those with extraordinary needs" (Fried 1978, 127).

7.2.2 Das Argument des Takts

Es gibt noch ein weiteres Argument, das gegen die Kompensationslösung spricht. Ich möchte es das Argument des Takts nennen. Die Kompensationslösung geht von der grundsätzlichen Möglichkeit aus, daß Benachteiligung und extreme Benachteiligung in der Währung der Ressourcen gemessen und durch Geld aufgewogen werden können. Das ist aber unsensibel und taktlos und eine drastische Verharmlosung der Einbuße an Lebensqualität, die mit Behinderungen verbunden ist. Körperliche und geistige Benachteiligungen stellen sicherlich eine gerechtigkeitsethische Herausforderung dar. Diese Herausforderung kann jedoch nur dann angemessen aufgenommen werden, wenn man sich darüber klar ist, daß gerade bei körperlichen und geistigen Benachteiligungen die kompensatorische Gerechtigkeit an ihre Grenze gelangt. Die subjektivitätstheoretische Grammatik des egalitären Liberalismus orientiert sich am Leitbild der autonomen Persönlichkeit, die ein Leben führt und nicht lediglich Wohlbefindensquanten maximiert. Rawls entwirft sein Grundgüterkonzept vor dem Hintergrund des vernünftigen Lebensplans, und auch Dworkin betrachtet die Auktion als Lernprozeß, in dem sich die Individuen darüber klar werden, welch ein Leben sie führen möchten. Angesichts dieses anspruchsvollen Leitbildes erscheint die Vorstellung des Kompensationsmodells von einem monetären Benachteiligungsausgleich entwürdigend. Damit will ich mich nicht gegen Sonderzuwendungen und Ausgleichsleistungen aussprechen; ich möchte nur dafür plädieren, daß durch das Design der begründenden Argumentation keine verharmlosende Sicht der Auswirkungen von Benachteiligungen auf die Qualität der Lebenskarrieren unterstützt wird, daß hier die Gerechtigkeit nur dann angemessen tätig werden kann, wenn ihre Anstrengungen in vollem Bewußtsein der Vergeblichkeit jedes Ausgleichsversuchs unternommen werden.

Man wird doch zugeben müssen, daß ein groteskes Mißverhältnis besteht zwischen der Analyse und der Therapie: auf der einen Seite geht der Egalitarist auf sorgfältige Ungleichheitsursachenfahndung, stellt moralisch nicht zu rechtfertigende, daher redistributiv auszugleichende Unterschiede in der Begabung, in den Fähigkeiten, im Charakter, im Leistungsverhalten, im Elternhaus, in der schulischen Erziehung, in der Betreuungsqualität des Kindergartens usf. fest, um auf der anderen Seite natürlich sofort einzuräumen, daß weder Gene noch Eltern noch Behinderungen noch Talente noch soziale Entwicklungsklimata noch familiäre und schulische Sozialisationsmilieus geteilt und umverteilt und von Person zu Person transferiert werden können. Was soll solch ein differenzierter Lebensplan- und Entwicklungschancenegalitarismus, wenn zum Schluß alles über den monetaristisch-konsumistischen Leisten geschlagen wird, wenn progressive Einkommenssteuer und wohlfahrtsstaatliche Umverteilung der politisch-ethischen Weisheit letzter Schluß sind? Ein analoges Argument bringe ich weiter unten gegen den Monetarismus des Wohlfahrtsstaats vor, der glaubt, sich mit der Erhöhung der umzuverteilenden Summe zufriedengeben zu können und keinerlei politisch-institutionelle Anstrengungen unternimmt, um die Beschäftigungssituation zu verbessern und die psychologisch desaströsen und ethisch bedenklichen Auswirkungen der

Arbeitslosigkeit zu mindern.[46] *Das Argument des Takts wirft dem egalitaristischen Konzept der Verteilungsgerechtigkeit vor, durch monetaristische Reduktion den Blick auf die Grenzen der Gerechtigkeit zu verstellen.* Die mit den Händen zu greifende Insuffizienz des Sonderzahlungsmodells deutet daraufhin, daß ein Bewußtsein der Gerechtigkeitsgrenzen integraler Bestandteil einer angemessenen Einstellung der Gerechtigkeit ist. Manchmal ist eine Anerkennung des erratischen Charakters großen Leids, das Eingeständnis seiner Nichterreichbarkeit durch egalitaristische Ausgleichsprogramme die einzig angemessene Ausdrucksform des menschlichen Respekts. Damit will ich, um es noch einmal zu betonen, die Unentschädigbarkeit gravierender körperlicher und geistiger funktionaler Mängel und die Unkompensierbarkeit der damit verbundenen lebensethischen Einbußen nicht als Vorwand für die Einstellung oder auch nur Kürzung der einschlägigen finanziellen Unterstützungsprogramme benutzen. Damit will ich nur auf die *deformation professionelle* einer philosophischen Gerechtigkeitskonzeption aufmerksam machen, die in moralkonstruktivistischer und omnitherapeutischer Hybris Mensch, Natur und Gesellschaft über den einen egalitaristischen Leisten schlagen will und aufgrund ihrer szientistischen Mentalität, ihres sowohl monetaristischen wie technizistischen Reduktionismus den Menschen zu einer kompensationsmathematischen Verrechnungseinheit macht, hinter der seine Würde, seine Individualität und sein lebensethisches Profil unkenntlich werden.

7.2.3 Die Versicherungslösung

Die Insulaner müssen feststellen, daß die Kompensationslösung des Problems der unterschiedlichen natürlichen Erfolgsbedingungen individueller Lebensprojekte nicht mit ihren allgemeinen Vorstellungen eines gerechten Verteilungsschemas in Übereinstimmung zu bringen ist. Die Kompensationslösung hat maximalistische Implikationen, die zu vielfältigen gerechtigkeitsethisch kontraproduktiven Auswirkungen führen.[47] Sie könnten nun auf den Gedanken kommen, die Sorge um die Elenden und vom Schicksal Geschlagenen der privaten Mildtätigkeit zu überlassen; das würde jedoch bedeuten, daß das Problem der natürlichen Benachteiligung nicht mehr als gerechtigkeitstheoretisches, sondern nur noch als individualmoralisches Problem verstanden würde. Es ist jedoch aus der Perspektive des Grundprinzips der Ressourcengleichheit ein gerechtigkeitstheoretisches Problem und muß eine kollektiv-institutionelle Lösung finden. Das Verteilungsschema muß daher die ressourcenverteilende Auktion um ein zweites, auf die egalitaristische Herausforderung der natürlichen Benachteiligung zugeschnittenes Arrangement erweitern. Dieses muß jedoch eine institutionelle Alternative zu dem Ausgleichsmechanismus der Kompensationslösung sein. Eine solche Alternative bietet nach Dworkin die Einrichtung eines Versicherungsmarktes. Er gestattet eine gerechtigkeitstheoreti-

---

46 Vgl. unten VIII-9.
47 Zum Problem von Maximallösungen in den Verteilungsbereichen des Wohlfahrtsstaats vgl. Kersting 1997, 170–221; 192ff.; Kersting 1999d.

sche Lösung mittlerer Reichweite, die zwischen den Extremen einer alle Ressourcen verbrauchenden Egalisierung der natürlichen Umstände einerseits und einer
achselzuckenden Festschreibung der natürlichen Ungleichheit andererseits hin-
durchsteuert.

„By way of supplement to the auction, they now establish a hypothetical insurance market which they effectuate through compulsory insurance at a fixed pre-
mium for everyone based on speculations about what the average immigrant would
have purchased by way of insurance had the antecedent risk of various handicaps
been equal."[48] Die Vorstellung, die hinter dieser Versicherungslösung steckt, läßt
sich am besten mit Hilfe des Rawlsschen Schleiers der Unwissenheit veranschaulichen. Man stelle sich Menschen vor, die wissen, das die Lebenskarrieren der Menschen durch die natürliche Ausstattung begünstigt oder erschwert werden können,
jedoch nicht wissen, ob sie zu den Begünstigten oder zu Benachteiligten gehören.
Die Konsequenz hiervon ist, daß sich alle dem gleichen Benachteiligungsrisiko ausgesetzt sehen. Weiterhin stelle man sich vor, daß es eine Versicherung gibt, bei der
man sich gegen Zahlung einer bestimmten Prämie gegen Benachteiligung versichern kann. Ein jeder wird sich nun vernünftigerweise mit einem angemessenen
Versicherungsschutz versehen wollen und einen Teil seines Muschelgeldes für den
Kauf einer Versicherungspolice verwenden. Das wird ihm natürlich für die Ressourcenversteigerung nicht mehr zur Verfügung stehen; aber er wird immer hinreichend viel Geldmittel für die Lebensauktion übrig behalten. Der weitere Schritt
führt dann zur Ermittlung des Preises einer Durchschnittsprämie; damit hätte man
die Höhe der Steuer, die man zur Bildung eines öffentlichen Fonds erheben würde,
aus dem dann die wirklich Benachteiligten im Sinne der Versicherung ihre Ausgleichszahlungen erhalten würden.

Es sprengt nicht im mindesten das Auktionsmodell, wenn man annimmt, daß
sich während der Auktion ein Versicherungsmarkt etabliert, auf dem die Immigranten Versicherungen gegen zukünftiges „brute bad luck" erwerben können.[49]
Wenn Versicherungen existieren, kann derjenige, der unversichert zum Opfer eines
Unfalls wird, sich nicht beklagen: der Neid-Test fällt negativ aus. ‚Brute bad luck'-
Beeinträchtigungen bilden angesichts des gleichen Zugangs zu Versicherungen keinerlei Herausforderung für die Ressourcengleichheit. „If everyone had an equal risk
of suffering some catastrophe that would leave him or her handicapped, and everyone knew roughly what the odds were and had ample opportunity to insure – then
handicaps would pose no special problem for equality of resources."[50] Dworkin
überträgt nun diesen Gedanken auf die gerechtigkeitstheoretische Ausgangssituation und erweitert die Angebotspalette des Versicherungsmarktes um Versicherungen gegen natürliche Benachteiligungen. „The idea of a market in insurance provi-

---

48 Dworkin 1981b, 301.
49 Ebd., 293.
50 Ebd., 297.

des a counterfactual guide through which equality of resources might face the problem of handicaps in the real world."[51] Der Grundgedanke dieser Konstruktion ist ungefähr folgender: die Versicherungsprämien, die die Immigranten für den Kauf einer Versicherung gegen natürliche Benachteiligung und andere Beeinträchtigungen ihrer Lebenskarriere aufzubringen sich entschlossen haben, werden dann in der realen Welt durch Besteuerung und gesetzliche Sozialabgaben eingesammelt und innerhalb der diversen Sparten des wohlfahrtsstaatlichen Versorgungssystems an die Versicherungsfälle, die Benachteiligten und Bedürftigen verteilt.

7.2.4 Noch einmal: Ressourcengleichheit und Wohlfahrtsgleichheit

Es ist nicht unstrittig, ob das Hauptproblem der egalitären Gerechtigkeitskonzeption, die genaue Bestimmung ihrer Grundwährungseinheit, mit dem Übergang von den sozialen Grundgütern des Institutionalisten Rawls zu den Ressourcen des Individualisten Dworkin eine überzeugendere Lösung gefunden hat. Viele Kritiker sind sich einig, daß Dworkins Abgrenzung der Ressourcengleichheit von der Wohlfahrtsgleichheit mißlungen sei, da der Ressourcenbegriff selbst zu unklar und seine Grenzziehung zwischen dem, was Ressource sei und damit einem egalitaristischen Regiment zu unterwerfen wäre, und dem, was nicht zur Klasse der Ressourcen gehöre und daher auch nicht zum Gegenstand kompensatorischer Ausgleichszahlungen bzw. hypothetischer Schutzversicherungen werden könnte, willkürlich sei. Was ist aus der Sicht der Ressourcengleichheit kompensationsbedürftig? Was ist außer den evidenten, das normale physische, psychische, emotionale und kognitive Funktionieren in einem entscheidenden und offensichtlichen Maß beeinträchtigenden Behinderungen eine signifikante Negativressource für Lebenserfolg und Wohlbefinden und muß nach der Logik der Ressourcengleichheit ausgeglichen werden? Wie ist zum Beispiel der teure Geschmack zu behandeln? Wie Dworkin in seiner Zurückweisung des Wohlfahrtsgleichheitsprinzip ausgeführt hat, zählt der teure Geschmack nicht zu den negativen und daher mit Ausgleichsansprüchen verbundenen Ressourcen. Diese Entscheidung ist aber nicht einsichtig und entspricht nicht der Logik der Unterscheidung zwischen selbstverantworteten und circumstantialen Faktoren des Lebens.

Dworkin muß aufgrund seiner Wahl eines sowohl ambitionssensiblen als auch talentindifferenten Verteilungssystems Umstände von subjektiver Eigenmacht unterscheiden und daher auch normale Präferenzen von der Klasse der „cravings", von unkontrollierbarer Sucht und übermannendem Trieb unterscheiden und letztere gleichsam als Okkupationstruppen ansehen, die die selbsttätige Personalität besetzt halten und daher nicht unter die Verantwortlichkeit des Subjekts fallen, sondern den Umständen zuzuschreiben sind. Als circumstantiale Faktoren jedoch gehören sie zu der Währungseinheit der Ressourcengleichheit und sind in das Egalisierungskalkül einzubeziehen. Warum aber sind dann nicht auch wohlfahrtsnega-

---

51 Ebd.

tive Ressourcen wie teure Eß-, Trink- und Kleidungsgewohnheiten in die Ausgleichsrechnung aufzunehmen? Und das heißt: warum ist dann nicht auch eine Versicherung gegen teuren Geschmack zulässig? Das ist sicherlich wider alle Vernunft, widerstrebt auch unseren gerechtigkeitsethischen Intuitionen, wäre zudem ökonomisch abstrus, käme es doch einer Erlaubnis zum Gelddrucken gleich und würde wie jede auf Nutzenmaximierung ausgerichtete Versicherung einen Staat, der der ihm von Dworkin auferlegten Strategie des ‚mimicking hypothetical insurance markets by taxation‘[52] bei der Einrichtung seines Steuersystems folgen würde, in den sowohl finanziellen wie ethischen Ruin treiben (da hier zum einen die talentierten, fleißigen Sekttrinker von den untalentierten, faulen Champagnertrinkern in Steuerknechtschaft genommen werden, zum anderen jeder mit einer entsprechenden Rechnung aus einem Delikatessengeschäft und glaubhaftem Selbstnutzungsnachweis seine Steuerschuld reduzieren kann). Da jedoch die Ressourcengleichheitstheorie nicht deutlich machen kann, warum zwischen Sucht und teurem Geschmack ein *redistributional signifikanter Unterschied* bestehen soll und man sich auf einem hypothetischen Versicherungsmarkt nicht auch gegen Schwäche für erlesene Speisen und erlesene Weine versichern kann, muß sie eine solche Versicherung zulassen. Damit freilich vermag sie den ihr wichtigen Unterschied zwischen Ressourcengleichheit und Wohlfahrtsgleichheit nicht mehr aufrechtzuerhalten.[53]

Was aber folgt aus solchen und ähnlichen[54] Überlegungen? Doch nur die Einsicht, daß die Diskussion um eine angemessene Gestalt der Verteilungsgerechtigkeit innerhalb der liberalen und egalitären politischen Philosophie der Gegenwart in eine tiefe methodologische Sackgasse geraten ist. Diese methodologische Abwegigkeit hat jedoch auch politische und moralische Implikationen. Will man eine gerechtere Gesellschaft aufbauen, dann benötigt man eine wirklichkeitstaugliche Theorie, deren epistemologische Komplexität und methodologische Feinheit realitätsfest ist und auch angesichts der praxeologischen Robustheit des politischen Reformalltags Orientierungskraft behält. Will man eine gerechtere Gesellschaft aufbauen, dann benötigt man aber auch eine moralisch responsive Theorie, die die

---

52 Vgl. Dworkin 1981b, 335.

53 Dworkin „must allow those individuals who wish to use resources for purely private consumption to insure against the resources beeing expensive ... Insurance against expensive tastes ... follows from insurance against handicaps, despite Dworkin's denial. And insurance against handicaps is necessary, as Dworkin recognizes, if quality of resources is to be a plausible political ideal. Yet insurance against expensive tastes reduces equality of resources to equality of welfare" (Alexander/Schwarzschild 1987, 102f.).

54 Vgl. etwa die weiter unten skizzierten Überlegungen Barrys und Roemers über den Status des ‚Asiatisch-Seins‘ innerhalb der Ressourcengleichheitstheorie: gehört es zu den Umständen – und ist daher egalitaristisch zu bewirtschaften – oder ist es konstitutiver Bestandteil des Subjekts, so daß alle damit verbundenen kompetitiven Vorteile in der amerikanischen Leistungsgesellschaft den Individuen als verdiente Belohnung zukommen und nicht durch geeignete Steuervorschriften herabegalisiert werden dürfen; vgl. Roemer 1998, 21f.

moralischen Prioritäten und Dringlichkeiten im Gedächtnis behält und auf die moralischen Problemkataloge der gesellschaftlichen Wirklichkeit kompetent antworten kann. Zweifellos muß die Begrifflichkeit der Theorie feiner sein als das Selbstverständigungsvokabular der wohlfahrtsstaatlichen Gesellschaft; zweifellos ist an die Argumente der Philosophie ein höherer Qualitäts- und Deutlichkeitsanspruch zu stellen als an Bekundungen politischer Rhetorik; jedoch scheitert eine normative politische Theorie – und nicht nur moralphilosophisch, sondern auch moralisch –, wenn sie das moralische Problemniveau der Wirklichkeit unterbietet und in methodologischem Autismus sich in selbstfabrizierte Probleme verbeißt. Wer kann denn ernsthaft behaupten, daß angesichts der großen politischen Aufgabe einer ökonomischen und moralischen Evaluation der gegenwärtigen wohlfahrtsstaatlichen Bestände und der Unerläßlichkeit einer sowohl ökonomisch vernünftigen wie moralisch soliden Reorganisation des Sozialstaates Fragen nach dem Ort erleseneren Konsumierens innerhalb des Verteilungsschemas von politischem oder moralischem Belang wären oder das, was moralisch belangvoll und politisch vernünftig ist, genauer zu erkennen erlauben würden? – Aber nun zurück zur Dworkinschen Byzantinistik.

7.3 Natürliche Begünstigung und Ressourcengleichheit

Das Prinzip der Ressourcengleichheit verlangt nicht nur einen positiven Ausgleich von natürlichen Benachteiligungen, es fordert auch einen negativen Ausgleich von Begünstigungen. Dadurch unterscheidet es sich von einer libertären „starting-gate theory", die sich zu einer egalitären Ausgangsposition bekennt, dann aber eine redistributionsverschonte *laissez-faire*-Ökonomie etabliert.[55] Denn diese Kombination aus Startgleichheit und natürlicher Freiheit toleriert nicht nur die sozio-ökonomischen Ungleichheiten, die sich unterschiedlichen Entscheidungen und unterschiedlichem Arbeitseifer verdanken, sondern auch die, die auf unterschiedliche Begabungen zurückzuführen sind. Die ‚starting-gate theory‘ etabliert also eine ausstattungsempfindliche Verteilung und widerspricht damit der gerechtigkeitstheoretischen Überzeugung der Ressourcengleichheitstheorie des egalitären Liberalismus, die nur durch individuelle Entscheidungen und Eigenaktivitäten erzeugte sozio-ökonomische Ungleichheiten akzeptieren will. Da aber nun die Talente und Begabungen unterschiedlich sind, die Individuen nicht nur Unterschiedliches können, sondern auch Gleiches unterschiedlich gut können, sind begünstigungsgenerierte sozio-ökonomische Ungleichheiten, die das Prinzip der Ressourcengleichheit verletzen, unvermeidlich. Eine egalisierende Kompensation kann hier keinen sinnvollen Ausgleich schaffen, zumal zu beachten ist, daß es keinen objektiven Wertmaßstab für die Talente der einzelnen Menschen gibt, sondern deren Wert von dem gewählten Lebensplan abhängt.

---

55 Dworkin 1981 b, 311.

Eine radikale Lösung dieses Problems könnte vorschlagen, die Talente der Individuen dem zu versteigernden Ressourcenpool zuzuschlagen und sie auf eine, der besonderen Materie angepaßten Weise unter die Interessierten in gleicher Weise aufzuteilen. Das würde dann bedeuten, daß bei n Gesellschaftsmitgliedern jede Person einen n-ten Anteil an den Talenten eines jeden erhält. Die Natur eines jeden gehört also allen. Jeder ist der Sklave aller, und alle haben ein Recht, ein *property right* an der Talentressource eines jeden. Freilich entdeckt sich bei diesem Arrangement die Ressourcengleichheit selbst als Ursprung eklatanter Benachteiligung. Denn es ist evident, da der Ressourceneinsatz durchaus den individuellen Interessen der Ressourcenbesitzer folgen darf, daß die Talente, die die größte Dividende bringen, zur längsten Arbeit gezwungen werden, während die unproduktiven Talente Freiheit genießen. Die Wahrheit der *Alle-besitzen-alle-Lösung* ist, daß sich aufgrund der Personengebundenheit des Talenteinsatzes die faktische Ungleichheit des Talents mit umgekehrtem Vorzeichen durch die Ressourcengleichheit hindurch reproduziert: die Talentierten sind die Benachteiligten, die Untalentierten sind die Bevorzugten; das Mindertalent wird zum Herrn über das Hochtalent. Man stelle sich nur vor, welche Summen der Hochtalentierte aufbringen müßte, um sich aus der Kollektivversklavung auszulösen. Während der Mindertalentierte seine Freiheit geschenkt bekäme, mußte der Hochtalentierte von morgens bis abends arbeiten, um sich die Möglichkeit zu verschaffen, ein selbstbestimmtes Leben zu führen, für das er dann freilich keine Zeit mehr hätte. Die Überführung der Naturausstattung in Gemeinbesitz führt zur Versklavung der Talentierten.

> „But the result would be that each would have to spend his life in close to the commercially most profitable manner he could, or, at least if he is talented, suffer from very serious deprivation if he did not. For since Adrian, for example, is able to produce prodigious income from farming, others would be willing to bid a large amount to have the right to his labor and the vegetables thereof, and if he outbids them, but chooses to write indifferent poetry instead of farming full time, he will have spent a large part of his initial endowment on a right that will bring him little financial benefit. This is indeed the slavery of the talented."[56]

Niemand darf wegen seiner Begabung ökonomisch bestraft werden; daher ist jedes Verteilungsschema abzulehnen, das einer ökonomischen Bestrafung der Talentierten gleichkommt. Freilich ist Dworkins Versicherungsschema nicht im mindesten in der Lage, die von ihm verworfene Versklavung des Talents abzuwehren. Die Talentierteren werden durch seine Ressourcengleichheits- und Versicherungskonzeption notwendigerweise immer benachteiligt werden.[57] Man denke nur an ein Versicherungsmodell, in dem man sich gegen eine untergleiche Talentausstattung versichern kann, somit im Versicherungsfall eine Minderausstattung an nicht-transferierbaren Talentressourcen mittels einer Mehrzuteilung

---

56 Ebd., 312; vgl. Arneson 1994, 331f.
57 Vgl. Roemer 1985, 164; Arneson 1994, 344.

von transferierbaren Ressourcen ausgleichen kann. Hier werden die Talentierteren immer draufzahlen, da sie evidentermaßen immer mehr arbeiten müssen, um einen gleichen Anteil an transferierbaren Ressourcen zu bekommen als die Nicht-Talentierten.[58] Diese Überlegung macht deutlich, daß es ungemein wichtig ist, die beiden Versicherungsarten, mit denen Dworkin in seinem Gedankenexperimenten arbeitet, sorgfältiger als er es tut auseinanderzuhalten. Wir haben zum einen Risikoversicherungen; wir haben aber auch Nutzenmaximierungsversicherungen. Die ökonomische Logik einer Risikoversicherung ist anders als die einer Nutzenmaximierungsversicherung. Nie würde etwa der private Markt Nutzenmaximierungsversicherungen in dem Sinne zulassen, wie sie das Dworkinsche Gedankenexperiment vorsieht. Dieser Hinweis ist wichtig, weil ja durch das Versicherungsmodell das kollektive Versicherungssystem des Sozialstaats antizipiert wird. Wenn nun Nutzenmaximierungsversicherungen – etwa Mindertalentiertheitsversicherungen oder ‚expensive-taste‘-Versicherungen – Bestandteil des hypothetischen Versicherungssystems auf der Dworkinschen Insel sind, dann besagt das, daß der in Ressourcengleichheit wurzelnde Sozialstaat eben die Leistungen dieser Versicherungen durch seine zentralen Haushalte imitieren muß. Wenn nun Nutzenmaximierungsversicherungen zu sowohl ökonomisch abstrusen wie gerechtigkeitstheoretisch uneinsichtigen, letztlich in garantierte Wohlfahrtsgleichheit einmündenden Ergebnissen führen, dann hat das für die Begründung, den Leistungsumfang und die Unterhaltung des Sozialstaats überaus bedenkliche Auswirkungen.

Aus der Perspektive des Prinzips der Ressourcengleichheit ist aber auch jede ökonomische Begünstigung der Talentierten abzulehnen. Das Belohnungsverbot bildet nur die Kehrseite des Bestrafungsverbots. Grund des Verbots ist in beiden Fällen der Neid-Test. Sobald die Produktivkraft des Talents zu dem Ressourcenbündel hinzutritt, wird der Neid entstehen, der beim nackten Vergleich der Ressourcenbündel ausblieb. Für das Leben, das A sich vorstellte, ist ihm das Ressourcenbündel von B nicht wichtig. Als er aber erfahren muß, was A aufgrund seiner besonderen Begabung und Geschicklichkeit mit diesem Ressourcenbündel alles anfangen kann, kommt Neid in ihm auf. Und Neid kann auch den Talentierten anfallen, wenn er feststellen muß, wie viel er aufbieten muß, um sich von der Gesellschaft freizukaufen, und wie wenig die Untalentierten für ihre Freiheit aufbieten müssen. Ist der erste Neid der gewöhnliche Neid von unten nach oben, so ist der zweite Neid ein eher ungewöhnlicher, von oben nach unten gerichteter Neid. Wenn aber das *Invidiometer* ausschlägt, dann ist das Prinzip der Ressourcengleichheit verletzt. Das Prinzip der Ressourcengleichheit verlangt also nicht nur den Ausgleich von Benachteiligungen; es verlangt auch die Neutralisierung des Talents. Die natürliche Ausstattung der Individuen darf aus gerechtigkeitstheore-

---

58 „Utility-maximizing insurance will require the talented to work harder than the less talented for the same amount of transferable resources" (Alexander/Schwarzschild 1987, 104).

tischer Sicht auf die Lebensprojekte der Individuen weder benachteiligende noch bevorzugende Auswirkungen haben. Mit einem Wort: das Prinzip der Ressourcengleichheit fordert die Neutralisierung der Natur.

Wie aber läßt sich diese Neutralisierung des Begabungseinflusses auf den Erfolg der Lebensprojekte verteilungspolitisch operationalisieren? Der Gedanke an eine hypothetische Talentmängelkompensationsversicherung liegt nahe, deren Prämien dann jenseits des hypothetischen Versicherungsmarktes als Begabungssteuer von den Erfolgreichen eingetrieben und zur periodischen Umverteilung von den Talentierten zu den Nicht-Talentierten verwendet werden können. Unter dem Schutz dieser Begabungssteuer könnte sich dann das Prinzip der Ressourcengleichheit periodisch regenerieren und der Kritik des Neid-Kriteriums standhalten. Wie aber sind hier die Steuerraten festzulegen? Und wie bestimmen wir, wer steuerpflichtig ist? Wo verläuft die Grenze zwischen den Talentierten und den Nicht-Talentierten? Wir können nicht auf das gegebene Verteilungsbild das Verteilungsbild einer Welt mit gleicher Talentverteilung projizieren, um durch den Vergleich zwischen Faktischem und Kontrafaktischem die Differenzen zu bestimmen, denn wir wissen schlicht nicht, wie eine solche Welt aussehen würde. Wir wissen letztlich auch nicht, wie wir den Parameter Talentgleichheit sinnvoll bestimmen sollten. An welchem Talentlevel soll sich die Egalisierung orientieren? Sollen alle in der Vergleichswelt jeweils soviel Talent besitzen wie hier die Besten ihres Faches? Was kann man vernünftigerweise damit meinen, wenn man Besitzern unterschiedlicher Talente gleiche oder ungleiche Talentiertheit zuspricht? Schwierigkeiten zuhauf, das gibt Dworkin immerhin zu: „this crude counterfactual exercise must fail."[59]

Scheitern muß aber auch die von ihm ins Auge gefaßte differentialanalytische Bestimmung der Talentanteile am Lebens- und Berufserfolg. „The appeal of a tax depends on our ability to fix rates of taxation […] It might be helpful, in that aim, if we were able to find some way of identifying, in any person's wealth at any particular time, the component traceable to differential talents as distinguished from differential ambitions."[60] Freilich ist dieses Unterscheidungsprogramm nicht durchführbar. Wir verfügen nicht über eine Ätiologie, die die einzelnen Bestandteile von Talent und Ehrgeiz zu jedem Zeitpunkt ihres sich wechselseitig beeinflussenden Entwicklungsprozesses ausmachen und somit die beiden Erfolgsursachen in gerechtigkeitstheoretisch relevanter Weise von einander trennen könnte. Bestimmt nicht das Talent auch Projektwahl, Ehrgeizprofil und Engagementtiefe? Führen nicht umgekehrt auch Ehrgeiz und Arbeitseifer zur Weiterentwicklung des Talents? Begabungen dürfen zudem nicht als technische Mittel zur erfolgreichen Realisierung von Lebensprojekten, gleichermaßen diesen und den Personen äußerlich, verstanden werden. Begabungen prägen die Identität der Per-

---

59 Dworkin 1981b, 314.
60 Ebd., 313.

son und deren Überzeugungen von einem sinnvollen, gelingenden Leben. Das gerechtigkeitspolitische Modell der Anti-Begünstigungssteuer kann also noch nicht einmal theorieintern zu kriterieller Schärfe entwickelt werden, geschweige denn die Qualität einer politischen Handlungsanweisung erhalten.

7.4 Marktrisikoversicherung

Aber das Prinzip der Ressourcengleichheit muß grundsätzlich an der Unterscheidung zwischen Erfolgsursachen vom ,endowment'-Typ und Erfolgsursachen vom ,ambition'-Typ festhalten. Daß diese Unterscheidung differentialätiologisch nicht eingelöst werden kann, bringt das gerechtigkeitstheoretische Problem der unterschiedlichen Talente keinesfalls zum Verschwinden. Es muß also ein anderer Zugang gewählt werden. Dworkin findet ihn in dem Versicherungsmodell, das bereits bei der gerechtigkeitstheoretischen Behandlung des Benachteiligungsproblems verwandt worden ist. Er interpretiert den Nicht-Besitz von Talenten als Benachteiligung, denkt sich eine Versicherung hinzu, bei der man sich gegen Talentmangel versichern kann und schickt die Menschen dorthin, wo sie in der Rechtfertigungstheorie des hermeneutischen Konstruktivismus immer hingeschickt werden, wenn die Realität der reibungslosen Verwirklichung unserer normativen Vorstellungen Schwierigkeiten bereitet, unter den Schleier der Unwissenheit. „We may capitalize on the similarities between handicaps and relative lack of skill to propose that the level of compensation for the latter be fixed, in principle, by asking how much insurance someone would have bought, in an insurance sub-auction with intially equal resources, against the possibility of not having a particular level of some skill."[61]

Während jedoch die Anti-Benachteiligungs-Versicherung des Gedankenexperiments durchaus ein Pendant in der Wirklichkeit hat, finden wir auf unserem Versicherungsmarkt jedoch keinen Versicherungstyp, der auf die Versicherung von Talentmängeln spezialisiert ist. Hier besteht zum einen ein Problem des Zeitpunktes: wenn Personen sich mit dieser Versicherung versehen wollten, gibt es keine kontingente Zukunft mehr, in der die Begabungen willkürlich von der Natur verteilt würden; die Natur hat ihr Distributionswerk bereits abgeschlossen. Zum anderen scheint es unmöglich zu sein, diese Versicherung zu bezahlen: wer würde denn sein Kind nicht gegen die Möglichkeit, kein Tennistalent wie Boris Becker oder kein Basketballtalent wie Michael Jordan zu besitzen, versichern wollen. Doch wer könnte die Kosten für eine solche Police aufbringen ? Vermutlich noch nicht einmal Boris Becker oder Michael Jordan.

Wir könnten jedoch, so gibt Dworkin zu bedenken, die Textur des Schleiers der Unwissenheit so gestalten, daß die Individuen zwar ihre Talentausstattung nicht kennen, jedoch die Bevölkerungsdichte, die Talentstruktur und Talentverteilung

---

61 Ebd., 315.

in ihrer wirklichen Gesellschaft und daher wissen, wieviel Menschen mit welchen Fähigkeiten ausgestattet sind. Vor diesem Hintergrund ließen sich dann einschlägige Wahrscheinlichkeitsüberlegungen anstellen, die dann für die Bestimmung der Höhe der Versicherungsprämie herangezogen werden könnten.

> „Suppose an imaginary world in which, though the distribution of skills over the community were in the aggregate what it actually is, people for some reason all had the same antecedent chance of suffering the consequences of lacking any particular set of these skills, and were all in a position to buy insurance against these consequences at the same premium structure. How much insurance would each buy at what cost? If we can make sense of that question, and answer it even by fixing rough lower limits on average, then we shall have a device for fixing at least the lower bounds of a tax-and-redistribution program satisfying the demands of equality of resources."[62]

Aber die Individuen werden die hier deduzierten kontrafaktischen Spekulationen nicht anstellen können. Im tiefen Schatten des Irrealis lassen sich die erforderlichen Vergleiche und Abwägungen sinnvoll nicht durchführen. Identitäten sind keine Kleider, die wir anziehen und ablegen können. Wenn niemand weiß, welche Talentausstattung er besitzt, kann er aufgrund der engen Verbindung zwischen Talent, Ehrgeiz und Lebensplan überhaupt keine rationalen Erwägungen über seine Ambitionen anstellen, somit auch keine vernünftige Entscheidung über die Ausgestaltung der Versicherungspolice und die Höhe der Versicherungsprämie treffen. Der Schleier der Unwissenheit muß also ein wenig gelüftet werden: die Individuen dürfen der Kenntnis ihrer Persönlichkeit nicht gänzlich beraubt werden, sie müssen ihre Talentausstattung kennen. Was sie jedoch nicht kennen, was ihnen der Unwissenheitsschleier vorenthält, ist der Marktwert ihres Talents. Und damit hätten wir dann folgende Situation:

> „Suppose that, before the initial auction has begun, information about the tastes, ambitions, talents and attitudes toward risk of each of the immigrants, as well as information about the raw materials and technology available, is delivered to a computer. It then predicts not only the results of the auction but also the projected income structure – the number of people earning each level of income – that will follow the auction once production and trade begin, on the assumption that there will no income tax."[63]

Hier wird der Umriß einer Art Marktrisikoversicherung sichtbar. „The hypothetical insurance market approach aims to put such people in the position they would have been in had the risk of their fate been subjectively equally shared."[64] Die Mindertalentierten erhalten aufgrund dieses Modells Transferzahlungen, die ihr Einkom-

---

62 Ebd.
63 Ebd., 317.
64 Ebd., 329.

men aufstocken und es auf genau die Höhe bringen, unter die der durchschnittliche Prämienzahler sein Einkommen nicht sinken lassen möchte, gegen deren Unterschreitung er sich also versichern würde. Die Marktrisikoversicherung ist konzipiert als privatwirtschaftliches Angebot, das die um rationale Interessenverfolgung bemühten Individuen wegen ihrer Unsicherheit über den Markterfolg ihrer Talentausstattung annehmen werden, und das aus einer Police besteht, die sie gegen das Risiko, irgendein von ihnen gewähltes Einkommensniveau innerhalb der ausgeworfenen gesellschaftlichen Einkommensstruktur nicht zu erzielen, versichert. Tritt der Versicherungsfall ein, dann bezahlt die Versicherung die Differenz zwischen dem erreichten Einkommen und der von dem Kunden gewählten Versicherungshöhe. Die Prämien variieren mit dem gewählten Deckungsniveau und werden nicht aus dem anfänglichen Ressourcenset, sondern von dem späteren Arbeitseinkommen bezahlt. Im Rahmen weiterer komplizierter Überlegungen über Versicherungsprobleme und Lotterieprobleme, die hier nicht mehr nachgezeichnet werden sollen, versucht Dworkin dann zu zeigen, daß sich aus dieser intuitiven Anfangsskizze einer Marktrisikoversicherung ein von Anomalien und Extravaganzen weitgehend freies, also praktikables, bezahlbares und stark nachgefragtes Versicherungsmodell entwickeln läßt.

Damit ist das Argument der Ressourcengleichheit abgeschlossen. Das in ihm entwickelte Schema einer gerechten, dem moralischen Egalitarismus verpflichteten und darum sowohl den Forderungen des Ausgleichs natürlicher Benachteiligungen und Bevorzugungen als auch der Unterstützung selbstbestimmter Lebensführung nachkommenden Ressourcenverteilung besteht aus drei Teilen:

(1) aus der ursprünglichen Ressourcenversteigerung der Ressourcen;

(2) aus einer hypothetischen Anti-Handicap-Versicherung, die im Sinne der Sicherung der Ressourcengleichheit durch positive Ausgleichsleistungen auf das Gerechtigkeitsproblem der natürlichen Benachteiligung reagiert;

(3) aus einer hypothetischen Marktrisikoversicherung, die im Sinne der Sicherung der Ressourcengleichheit durch negative Ausgleichsleistungen auf das Gerechtigkeitsproblem der natürlichen Begünstigung reagiert. Beide Versicherungszweige zusammen bilden das institutionelle Werkzeug der Gerechtigkeit zur moralischen Neutralisierung der Natur.

Der nächste Gedankenschritt besteht nun darin, nach geeigneten Wegen einer institutionellen Umsetzung des Modells der hypothetischen Doppelversicherung zu suchen. Wohin er Dworkin führt, läßt sich schnell sagen: das realistische Gegenstück des hypothetischen Versicherungsmarkts ist das Steuer- und Umverteilungssystem des Wohlfahrtsstaats. Hinter dem Prinzip der Ressourcengleichheit taucht das bekannte Modell eines progressiven Steuersystems auf, das durch Einkommensminderung der Bessergestellten eine Einkommensmehrung der Schlechtergestellten ermöglicht. Merkwürdigerweise geht Dworkin jedoch mit keinem Wort darauf ein, daß mit dem Übergang vom Versicherungsmarkt zum Steuerstaat ein weitreichender Systemwechsel verbunden ist. Wurden auf dem Versicherungsmarkt die von dem Prinzip der Ressourcengleichheit geforderten

Ausgleichsleistungen im Rahmen freiwilliger Beitrittsentscheidungen bereitgestellt, so betreten wir mit dem Übergang zum Steuer- und Umverteilungsstaat den Bereich der Zwangssolidarität und des kollektiven Handelns. Haben wir im Auktionsszenario das Modell dezentraler, marktgesteuerter gesellschaftlicher Selbstorganisation, so verlangt das Steuersystem den zentralen staatlichen Herrschaftsverband, die Einbettung in ein Rechtssystem und eine umfassende Administration. Daß mit diesem Dimensionswechsel zum Politischen legitimationstheoretische Folgekosten verbunden sind, die mit der Formulierung des Ressourcengleichheitsprinzips selbst noch nicht abgedeckt sind, zumal die von diesem Prinzip entwickelten Arrangements ja allesamt vorpolitischer, privatwirtschaftlicher Natur sind, wird von Dworkin noch nicht einmal als Problem ausgemacht.

7.5 Ressourcengleichheit in der wirklichen Welt

So detailverliebt Dworkin sich bei der Rekonstruktion der Überlegungen der Insulaner über angemessene Wege der Neutralisierung natürlicher Benachteiligung und Bevorzugung gezeigt hat, so allgemein und unverbindlich sind seine Auskünfte, wenn die Frage gestellt wird, welche institutionellen Arrangements das Ressourcengleichheitsprinzip in der wirklichen Welt erfordert. Es geht darum, dem „ideal of mimicking the insurance market" so nah wie nur möglich zu kommen, es geht um ein „tax scheme constructed as a practical translation of a hypothetical insurance market",[65] um „taxation mimicking hypothetical insurance markets".[66] Dabei ist der Grundgedanke klar. Er besteht aus zwei Schritten. Zuerst ist das Versicherungsprofil zu bestimmen: wenn die Menschen alle über dieselben finanziellen Mittel verfügen und Versicherungen zu gleichen Bedingungen erwerben und dabei Policen kaufen könnten, in denen sich die tatsächlichen Risiken in einem normalen gewerblichen Versicherungsmarkt niederschlagen – wieviele Versicherungen gegen Unfälle, Krankheit, Invalidität, Arbeitslosigkeit und niedriges Einkommen würde dann der durchschnittliche Kunde kaufen und zu welchen Prämien. Der zweite Schritt beinhaltet die Umsetzung des Versicherungsprofils in ein Besteuerungs- und Umverteilungsprofil; dabei hat sich der Steuersatz an der Prämienhöhe zu orientieren und die Höhe der umverteilten Mittel an der Gesamtversicherungssumme. Da die Versicherungen natürlich unterschiedliche Prämien anbieten, wird das Steuersystem auch ein gestaffeltes Veranlagungsprofil aufweisen. Nach dieser Umverteilung kommt die Gesamtressourcenmenge der Umverteilungsnutznießer wie der Umverteilungsopfer dem näher, wenn auch nicht nahe, was beiden bei einer größeren ursprünglichen Gleichheit zur Verfügung gestanden hätte.

Natürlich läßt sich mit dieser Geschichte von einer fiktiven Auktion und einem fiktiven Versicherungsmarkt keine Auskunft über die Höhe der finanziellen Aus-

---

65 Ebd., 326.
66 Ebd., 335.

stattung der wohlfahrtsstaatlichen Versorgungssysteme erhalten, aber wir gewinnen immerhin ein Argument, mit dem wir die Einrichtung eines umverteilenden Wohlfahrtssystems auf der Grundlage eines egalitären Liberalismus überhaupt rechtfertigen können. Es ist gleichsam eine Versicherung, in die alle freiwillig und aufgrund rationaler Überlegungen eingezahlt haben würden, um sich gegen mögliche natürliche Benachteiligungen bei der Realisierung der gewünschten Lebensprojekte zu versichern. Und diese Selbstversicherung einer Gesellschaft gegen natürliche Benachteiligungen bei der Realisierung der gewünschten Lebensprojekte ist das Ergebnis eines fairen, niemanden durch Wissensvorsprünge bevorzugenden Verfahrens. Diese Geburt des Wohlfahrtsstaats hinter dem Schleier der Unwissenheit ist eine phantasievolle Rawls-Variation. Dworkin benutzt die prozeduralistische ‚justice-as-fairness'-Methode: in einem fairen, weil alle als Gleiche behandelnden und jede Privilegierungsmöglichkeit ausscheidenden Verfahren wird ein Versicherungskonzept entwickelt, das wohlfahrtsstaatlich umgemünzt werden kann und als Gerechtigkeitsmodell für die wirkliche Welt zu verwenden ist.

Dieses Gedankenexperiment des Versicherungsmarktes nimmt es an argumentativer Flexibilität durchaus mit dem Vertrag auf: wie dieser als Instrument einer kollektiven Lösung mit beliebigen Problemsituationen kombiniert werden mag, so kann sich auch der hypothetische Versicherungsmarkt mit jedem Versorgungszweig verbinden lassen, in dem zum einen auf benachteiligungsrelevante Ungleichheit reagiert und zum anderen, setzt man eine umfassend informierte und hinreichend rationale Lebensplanung voraus, eine private Versicherung denkbar ist. So läßt sich die ganze Leistungspalette von der Gesundheitsversorgung bis zur Sozialversicherung und Arbeitslosigkeitskasse mit Hilfe dieses Arguments von der hypothetischen Selbstversicherung in die Begründungsargumentation integrieren. Während die Politik der Libertären darauf zielt, die öffentlichen Leistungssysteme durch Privatisierung zu verschlanken, geht die philosophische Wohlfahrtsstaatsbegründung des Dworkinschen Egalitarismus genau den umgekehrten Weg: sie legitimiert das öffentliche Leistungssystem, die kollektive Zwangssolidarität, indem sie es auf hypothetische Selbstversicherungen von Individuen zurückführt. Der Sozialversicherungsbeitrag, über den der Libertäre lamentiert, ist die durch gesetzlichen Zwang bewirkte Ressourcenminderung, zu der sich in der hypothetischen Ausgangssituation der individuellen Lebenskarrieren jedes rationale Individuum selbst und freiwillig zum Zwecke der Absicherung gegen natürlich vorgegebene oder kontingent widerfahrene Beeinträchtigungen bereitfinden würde, ja müßte.

Auch methodologisch steht Dworkin Rawls näher als seine überzogene Kritik am Kontraktualismus vermuten läßt.[67] Wie Rawls verankert er Gerechtigkeitsstrukturen in individualistischer Rationalität, in nutzenmaximierender Lebenspla-

---

67 Vgl. Dworkin 1977, 150–183.

nung; wie bei Rawls findet diese *Geburt der Gerechtigkeit aus dem privaten Interesse* in einem vorausgesetzten Gleichheitsrahmen statt. Freilich ist bei Rawls der Egalitarismus in eine politische Aufgabenstellung eingebettet, geht es doch den Verfassungswählern darum, allgemein anerkennungsfähige Grundregeln einer sich selbst organisierenden Kooperationsgemeinschaft zu finden. Diese politische Einbindung der Gerechtigkeitsargumentation fehlt bei Dworkin völlig. Innerhalb des Vertrages ist die politische Welt immerhin in Gestalt des rechtfertigungsmethodologischen Gemeinsamkeits- und Einmütigkeitskriteriums symbolisch präsent. Bei Dworkin hingegen gibt es theorieimmanent keinen Hinweis, wie aus den privaten und durch und durch marktförmigen Instrumenten der Auktion und des Versicherungssystems eine politische Organisation zur Verwirklichung von Gerechtigkeit werden könnte. Gerechtigkeit wird nicht als herausragende soziale Tugend, als Vorzugswürdigkeitskriterium rechtlich-politischer Strukturen entwickelt, sondern als individuenadressierte allokative Ausschüttung. Weil jede politisch-organisatorische Anbindung seiner Argumentation fehlt, kann man seine Theorie der Ressourcengleichheit auch als Variante der Nozickschen Aufgabenstellung lesen. Nur geht es jetzt nicht darum, einen Rechtsstaat als unbeabsichtigtes Ergebnis von rechtlichen und ökonomisch vernünftigen individuellen Interaktionen zu rekonstruieren, sondern nun lautet die Aufgabe, einen Sozialstaat mit einem kollektiven Versicherungssystem als unbeabsichtigtes Ergebnis von rechtlichen und ökonomisch vernünftigen individuellen Interaktionen zu rekonstruieren. Das Dworkinsche Versicherungsnetz gibt es genausowenig wie die Nozicksche Rechtsschutzvereinigung, beide sind theorieintern gewonnene private und marktförmige Äquivalente entsprechender politischer Organisationsformen in der Wirklichkeit. *Aber weil eben beide ihr Legitimationsargument im Rahmen rein privater rationaler Lebensplanung entwickeln, wird bei beiden das Politische privatistisch reduziert, finden wir bei Nozick das politische Unding eines privaten Rechtsstaats und bei Dworkin das politische Unding eines privaten Sozialstaats.*

7.6 Nur eine drittbeste Lösung

Wir müssen uns freilich mit dem Übergang vom Auktionsmodell in die Wirklichkeit darüber klar sein, daß in der Realität die von dem Ressourcengleichheitsprinzip verlangten Unterscheidungsleistungen nicht mehr erbracht werden können, mehr noch: die Wirklichkeit wird noch weiter hinter das Egalisierungsniveau zurückfallen als die mit allerlei mäßigender Kontrafaktizität ausgestattete Modellsituation. Bereits das Versicherungsmodell konnte die Ungleichheitsauswirkungen der Natur nicht kompensatorisch ausgleichen und bot darum nur eine zweitbeste Lösung, deren Verwirklichung wiederum ebenfalls nur einen zweitbesten Weg einschlagen kann. Ein Steuersystem, das sich ernsthaft der Aufgabe widmen will, einen realen negativen und positiven Ausgleich von Begünstigungen und Benachteiligungen zu schaffen, muß angesichts der kriteriellen Vagheit und Unmeßbarkeit von Bevorzugung und Benachteiligung jenseits der randständigen, jedermann in die Augen springenden Extremfälle scheitern. Bevorzugungen und Benachteiligungen können sich ändern; zum einen entwickeln sich die Menschen; zum anderen wechseln gesellschaftliche Wertauffassungen. Und da die individuellen Lebensplanungen und Glücksvorstellungen sich keinesfalls unabhängig von den umgebenden gesellschaftlichen Wertauffassungen entwickeln, ändert sich eben auch das, was die Menschen für wertvoll erachten, damit der Maßstab, mit dem Begünstigung und Benachteiligung festgestellt werden kann.

Gerechtigkeitsrelevante epistemologische Grenzen machen sich aber auch bei der individuellen Lebensplanung bemerkbar: oft hören wir, daß jemand nach langen Jahren erfolgreicher und befriedigender Tätigkeit seinen Beruf aufgeben muß, weil eine plötzlich aufgetretene Allergie ihm die weitere Ausübung seiner Tätigkeit unmöglich macht oder weil er feststellen muß, daß er durch sein anstrengendes Berufsleben vorzeitig physisch und psychisch zerrüttet wurde. Hätte er das alles gewußt, hätte er sich sicherlich für eine Tätigkeit entschieden, die diese negativen Auswirkungen voraussichtlich nicht gehabt hätte. Hier schlägt der Neidmesser dann sicherlich heftig aus. Selbst wenn die komplexe egalitaristische Politik aus Besteuerung und Umverteilung bei der Ausgleichung der Einkommensunterschiede, die auf natürliche Begabungsdifferenzen zurückzuführen sind, einigen Erfolg erzielen kann, sie wird bestimmt immer auch Einkommensunterschiede mit ausgleichen, die sich unterschiedlichen Entscheidungen verdanken: *der einkommensschwache Müßiggänger aus eigenem Entschluß wird genauso – und aus der Perspektive der Ressourcengleichheit: unberechtigterweise – ein Nutznießer des wohlfahrtsstaatlichen Verteilungssystems sein, wie der durch Anstrengungen bis zur Erschöpfungsgrenze zu einem großen Einkommen gekommene Arbeitswütige – aus der Perspektive der Ressourcengleichheit: ebenfalls unberechtigterweise – sein Opfer wird.* Die wohlfahrtsstaatliche Naturkorrektur wird also selbst gegenüber dem gerechtigkeitstheoretisch so wichtigen Unterschied zwischen begabungsbegründeten und entscheidungsbegründeten Ungleichheiten der sozio-ökonomischen Position gleichgültig sein müssen und damit die Fundamentalforderung der Dworkinschen Gerechtigkeit beträchtlich verfehlen. Wie ein Blick auf die wohlfahrtsstaatliche Realität unserer westlichen Welt zeigt, ist der Graben zwischen dem Ressourcengleichheitsideal und den wirklichen Umverteilungseffekten so tief, daß man bezweifeln muß, daß der Wohlfahrtsstaat mit seinem progressivem Einkommenssteuersystem überhaupt eine Lösung für das Dworkinsche Problem bereitstellen kann. Schaut man sich die vielfältigen Prinzipien an, mit denen in unseren unüberschaubaren Steuersystemen Begünstigungen und Benachteiligungen begradigt werden, dann gehören die Dworkinschen Egalisierungsimperative nicht dazu. Der Wohlfahrtsstaat mag vielen Zielen dienen, die Herstellung der Ressourcengleichheit gehört erklärtermaßen nicht dazu.[68]

---

68 Vgl. Moon 1988, 40.

7.7 Strukturpolitische Zurückhaltung

Dworkins komplexe Argumentation enthält keine Anhaltspunkte für die institutionelle Umsetzung seiner sowohl begabungsunempfindlichen wie ehrgeizempfindlichen Verteilungskonzeption. Das philosophische Verdienst der Ressourcengleichheitskonzeption, die Verfeinerung unserer Begrifflichkeit, die akribische Selbstüberprüfung bei den einzelnen Argumentationsschritten, führt nicht zu einer Verbesserung unseres institutionellen Instrumentariums und zur Öffnung neuer strukturpolitischer Horizonte. Schon Rawls' Differenzprinzip erweist sich als überaus spröde, befragte man es nach seiner praxisleitenden Qualität. Nicht minder sperrt sich der Reigen der Dworkinschen Konstruktionen gegen alle institutionalistische Operationalisierung. Der philosophischen Radikalität entspricht keinerlei gesellschaftsreformatorischer Elan. Letztlich betreibt der egalitäre Liberalismus Politikverweigerung; er begnügt sich mit der philosophischen Verwaltung des wohlfahrtskapitalistischen status quo und unterdrückt die politischen Implikationen seiner eigenen philosophischen Überzeugungen. Sicherlich, die Theorie ökonomischer Gerechtigkeit, die der Gleichheitsliberale entwirft, muß äußerst komplex sein,

> „because he accepts two principles which are difficult to hold in the administration of a dynamic economy. The first requires that people have, at any point in their lives, different amounts of wealth insofar as the genuine choices they have made have been more or less expensive or beneficial to the community, measured by what their people want for their lives. The market seems indispensable to this principle. The second requires that people not have different amounts of wealth just because they have different inherent capacities to produce what others want, or are differently favored by chance. This means that market allocations must be corrected in order to bring some people closer to the share or resources they would have had but for these various differences of initial advantage, luck, and inherent capacity. Obviously any practical program claiming to respect both these principles will work imperfectly and will inevitably involve speculation, compromise, and arbitrary lines in the face of ignorance. [...] We must be content to choose whatever programs we believe bring us closer to the complex and unattainable ideal of equality, all things considered, than the available alternatives, and be ready constantly to reexamine that conclusion when new evidence or new programs are proposed."[69]

Aber selbst bei dieser Aufgabe hilft uns Dworkin nicht. Seine Konzeption ist nicht konkret genug, der Übergang vom Modell zu möglichen wirklichkeitstauglichen Umsetzungen zu flüchtig, um eine Vergleichsanalyse von Redistributionsprogrammen zu unterstützen und mit realitätsgeeigneten Kriterien mittlerer Reichweite zu versorgen. Vor allem fehlt aber jeder Hinweis auf alternative Verteilungsmuster. Dworkin bindet sich an den wohlfahrtsstaatlichen Kapitalismus und geht über die gerechtigkeitspolitische Einfallslosigkeit der Aufstockung der Transferzahlungen nicht hinaus. Die Einsicht, die die Theorie äußerst beredt entfaltet, daß autonome und selbstverant-

---

69 Dworkin 1985, 207f.

wortete Lebensführung von fairen Umständen und entgegenkommenden Strukturen abhängt, entbindet keinerlei strukturpolitische Überlegungen. Was nutzt der ganze gerechtigkeitsphilosophische Präzisionsgewinn der Ressourcengleichheitskonzeption, wenn der gesellschaftskritische und strukturpolitische Ertrag sich darin erschöpft, die Umverteilung zu intensivieren und ansonsten die Verhältnisse unangetastet zu lassen. Es ist trivial, daß sich begriffsreine, von Idealisierungen und kontrafaktischen Bestimmungen umringte Konstruktionen nicht ohne Abstriche in die Wirklichkeit übersetzen lassen. Aber man sollte diesen Abstand nicht so dramatisieren, daß es der Philosophie angesichts der Wirklichkeit völlig die Sprache verschlägt. Man kann allerdings auch anders argumentieren und behaupten, daß der egalitäre Liberalismus getreulich die Wirklichkeit spiegelt. Seine strukturpolitische Phantasielosigkeit entspricht genau der steigenden Handlungsohnmacht des durch das Verteilungsgezerre der Interessengruppen gelähmten Wohlfahrtsstaats. Politische Alternativen erscheinen nur noch als Zahlenunterschiede, als Prozentzahldifferenzen innerhalb der einschlägigen Sektoren des Sozialversicherungssystems. Liberaler Egalitarismus, Ökonomie und Wohlfahrtsstaat sprechen die gleiche monetaristische Sprache. Wenn der Vorhang der Begründungskonstruktionen zur Seite geschlagen und der Blick auf die Verwirklichungsmöglichkeiten freigegeben wird, schrumpft das ganze Argumentationsgebäude zur Aufforderung zusammen, die Umverteilungssumme aufzustocken und die Umverteilungsgeschwindigkeit zu erhöhen.

Wenn die Philosophie auf der einen Seite ein „scheme of redistribution" entwickelt, „that will neutralize the effects of differential talents, yet preserve the consequences of one person choosing an occupation, in response to his sense of what he wants do do with his life", dieses jedoch auf der anderen Seite in seiner institutionellen Ausgestaltung über das bestehende Instrument der progressiven Einkommensteuer, über eine „periodic redistribution of resources through some form of income tax",[70] nicht hinauszugehen vermag, dann erweist sich die egalitaristische Gerechtigkeitsphilosophie Dworkins als sowohl in normativer wie in begründungstheoretischer Hinsicht grotesk überbestimmt. Zwischen den Steuersammlungsaktivitäten des realen Wohlfahrtsstaats zum einen und dem Argumentationsfiligran des gerechtigkeitsphilosophischen Begründungsgangs sowie dem Pathos der philosophischen Ausdeutung der Gleichheit zum anderen besteht keinerlei nachvollziehbare Beziehung. Weder läßt sich angeben, welches institutionell-politisches Profil das privatrechtlich modellierte Versicherungsmodell besitzen kann und welche Politikprogramme einen approximativen, der besonderen Doppelausrichtung des Ressourcengleichheitsgrundsatzes verpflichteten Fortschritt in Egalisierung wie Selbstverantwortung erreichen würden. Noch ist plausibel zu machen, daß die wohlfahrtsstaatliche Umverteilung des Ressourcengleichheitsprinzips bedarf, um sich die erforderliche Legitimität zu verschaffen. *Die Wahrheit ist, daß weder eine legitimatorische Beziehung der wohlfahrtsstaatlichen Realität zum Ressourcengleich-*

---

70 Dworkin 1981b, 312f.

heitsprinzip besteht, noch eine normative Beziehung zwischen dem Ressourcengleichheitsprinzip und der wohlfahrtsstaatlichen Realität existiert.

Wir werden weiter unten sehen, daß der Dworkinschen Theorie der Verteilungsgerechtigkeit aber nicht nur vorzuwerfen ist, daß sie weder eine kenntnismehrende Analyse der wohlfahrtsstaatlichen Wirklichkeit im Lichte ihres Doppelkriteriums liefert noch politisch-institutionelle Vorstellungskraft entwickelt und Wege zur annäherungsweisen Durchsetzung ihres Gleichheitsideals unter den vorliegenden Bedingungen aufzeigt. Man könnte ja argumentieren, daß eine Theorie der Verteilungsgerechtigkeit nicht nur sozialpolitisch verwertbares praktisches Orientierungswissen zu vermitteln habe, sondern auch wichtige explikatorische Aufgaben wahrnehmen müsse und zur Klärung des gesellschaftlichen Selbstverständigungsdiskurses beizutragen habe, und – im Gegensatz zu der von mir vertretenen Sichtweise – weiterhin meinen, daß eine derartige Explikationsleistung, solch ein sokratischer Aufklärungsdienst an den Begriffen des Gemeinwesens, durchaus auch eigenen Wert besäße, so daß die Bemühungen der Theorie auch dann von Bedeutung seien, wenn ihre praktischen Empfehlungen über den Horizont des ohnehin Üblichen nicht hinausgingen. Diese Betrachtungsweise würde erlauben, die komplexe, alles Menschenmögliche übersteigende Epistemologie des Dworkinschen Doppelkriteriums von dem praktischen Problemkontext einer angemessenen gerechtigkeitspolitischen Programmatik zu entkoppeln und ausschließlich in Hinblick auf ihre explikatorische Leistungsfähigkeit zu beurteilen. Denn, so könnte man als Begründung vorbringen, auch dann, wenn die Gravitationskraft der gegebenen Machtverteilung es verhindert, die Verhältnisse zum Tanzen zu bringen, ist doch schon viel gewonnen, wenn unser Verständnis klar und unsere Begriffe genau geworden sind. Daher muß dann Dworkins Eingeständnis, daß die von dem Doppelkriterium verlangte Differentialätiologie uns nicht zur Verfügung steht, nicht gegen seine Philosophie gekehrt werden, wenn dieses Doppelkriterium samt der ihm anhängenden Epistemologie hermeneutisch erfolgreich ist und unseren Gleichheits- und Gerechtigkeitsintuitionen eine genauere begriffliche Fassung zu geben vermag. Gewinnen wir mit Dworkins Philosophie nun ein besseres Verständnis von Gleichheit, Gerechtigkeit und Sozialstaat? Entspricht die dem Doppelkriterium unterliegende hypoleptisch-kreative Grundspannung unserem Selbstverständnis, zugleich frei und den Umständen ausgeliefert zu sein? Stützt sich Dworkin auf eine personentheoretisch angemessenere Konzeption als Rawls? Ich werde weiter unten zeigen,[71] daß der Vorzug des Dworkinschen Doppelkriteriums vor dem Rawlsschen Lehrstück von der Unhaltbarkeit allen prä-institutionellen Verdienstanrechts nur scheinbar ist, daß Dworkin die Fehler wiederholt, der personentheoretischen Kontingenzkritik Rawls' zugrundeliegen, daß unsere lebensweltlich-verantwortungsethische Handhabung des Dualismus von Freiheit und Umständen beträchtlich von der Dworkinschen Erläuterung dieses Unterschiedes zwischen dem 'ambition'-Sektor und dem 'endowment'-Sektor abweicht

---

71 S. u. 240–253

und Dworkin nicht im mindesten den Anspruch erheben kann, daß seine Sichtweise kohärentistische Stützung durch unser lebensweltliches Selbstverständnis erfährt. Daher vermag auch sein Gleichheitsideal nicht als Explikationsangebot für unserer Gerechtigkeitsverständnis akzeptiert zu werden.

7.8 Das Ressourcengleichheitsprinzip ist unbegründet

Aber es steht noch viel schlechter um die Theorie der Ressourcengleichheit. Dworkin gelingt es nämlich nicht, die für seine gesamte Argumentation wichtige Verbindung zwischen der Ausgangsprämisse der menschenrechtlichen Gleichheit und ihrer materialrechtlichen Ausdeutung durch das Prinzip der Ressourcengleichheit plausibel zu machen. Liberale Gleichheit bedeutet, daß jedermann einen unbedingten moralisch-menschenrechtlichen Anspruch „to equal respect and concern in the design of political institutions" besitzt, denn eine fundamentale Legitimationsbedingung politischen Handelns ist die Gleichberücksichtigung aller individuellen Interessen. Jeder Libertäre würde diesen Grundsatz unterschreiben; genau deswegen, so würde Nozick argumentieren, ist jede staatliche Organisation, die über den Aufgabenhorizont minimalstaatlicher Rechtssicherung hinausgeht, illegitim; genau deswegen, so würde die institutionelle Ökonomie argumentieren, muß die Einrichtung eines „productive state" an einmütige Entscheidungen der Bürger gebunden werden, die so sicherstellen können, daß die Produktion und Verteilung öffentlicher Güter nicht gegen ihren Willen geschieht.[72] Eben das ist die politische Konsequenz des normativen Individualismus: Einschränkung der Wirksamkeit des Staates auf ein Handeln, das die Interessen der Bürger in gleicher Weise berücksichtigt. Es ist aber nicht einzusehen, wie das Ressourcengleichheitsprinzip mit seinen eminent redistributiven Implikationen aus diesem Grundsatz liberaler Gleichheit, aus dem Grundsatz des menschenrechtlichen Egalitarismus oder aus den Voraussetzungen des normativen Individualismus abgeleitet werden kann. Gerade angesichts der Unterschiedlichkeit der individuellen Interessen, die Dworkin ja auch mit großem Nachdruck betont und zur Grundlage der These von der Vorzugswürdigkeit des Marktes macht, kann Gleichberücksichtigung doch nur heißen: Durchsetzung der Verträglichkeitsbedingungen individueller Lebensführungen, also Rechtsstaatlichkeit und Chancengleichheit.

Will man das egalitaristische Engagement des Staates erweitern, dann kann man auch an die Einrichtung eines allgemein zugänglichen Ausbildungssystems denken, das den Individuen gestattet, unabhängig von ihren sozialen Herkunftsverhältnissen ihre Talente und Begabungen zu entwickeln, das also eine die unterschiedlichen Sozialschicksale neutralisierende Lebenschancengleichheit einräumt. Begründet werden könnte diese Ausweitung der Staatätigkeit durch das normative Ideal

---

72 Vgl. Buchanan 1975; Buchanan/Congleton 1998.

selbstverantwortlicher Lebensführung oder selbständiger bürgerlicher Existenz. Wenn wir den menschenrechtlichen Egalitarismus politikphilosophisch so auslegen, daß die Übernahme bürgerlicher Pflichten nicht nur durch das Rechtssicherheitsangebot des Staates motiviert ist, sondern auch durch die Bereitstellung eines Ausbildungssystem, in dem sich jeder seinen Fähigkeiten und Begabungen entsprechend entwickeln kann, um sich autonom einen Lebensplan entwerfen und seine Durchführung gut gerüstet angehen zu können, dann hätten wir ein Legitimationsargument für einen Staat der Rechtssicherheit und autonomen Bürgerlichkeit umrissen.

Aber nur durch willkürliche Festlegungen können wir in diesem Szenario menschenrechtlicher und bürgerethischer Gleichheit das Prinzip der Ressourcengleichheit unterbringen. Diese argumentative Unverbundenheit mit den normativen Basisvoraussetzungen aller liberalen Philosophie zeigt sich auch darin, daß Dworkin es dekretiert, aber nicht begründet. Die aufwendige Explikation der Ressourcengleichheit durch komplizierte Modelle und sich verschachtelnde Schemata suggeriert solide Fundierung, aber lenkt in Wirklichkeit nur von dem Umstand ab, daß das Gleichheitsprinzip ohne jedes Argument eingeführt worden ist. *Genau dort, wo innerhalb der Geschichte von der abundant ausgestatteten Insel, den umherirrenden Immigranten und der Auktion eine einsichtige einmütige Entscheidung für das Ressourcengleichheitsprinzip hätte herbeigeführt werden müssen, klafft bei Dworkin eine argumentative Lücke.* Statt einer Begründung des Ressourcengleichheitsprinzip gibt uns die Geschichte ein narratives Faktum: alle haben gleich viel Muschelgeld. Es ist evident, daß die prä-auktionale Ausstattung mit einer gleichen Geldsumme der Prototyp, die Urgestalt der Ressourcengleichheit ist, die nur darum nach verschiedenen Reformulierungen verlangt, weil durch Ausweitung der Beurteilungskontexte einschneidende, die Ausgangsgleichheit verändernde Ungleichheiten sichtbar wurden, die nach einer entsprechenden, sich dann an den Forderungen der Begabungsgleichgültigkeit und der Leistungsempfindlichkeit orientierenden – und nur durch Redistribution möglichen – Kompensation verlangen.

Alle neuzeitlichen Rechtfertigungsarrangements sind unterschiedliche Ausgestaltungen eines methodologischen Egalitarismus. Der Kontraktualismus benötigt die Gleichheit als extrakontraktuelle, nicht durch den Vertrag selbst zu begründende Gültigkeitsbedingung seiner Ergebnisse,[73] ebenso die Diskursethik oder die unmittelbar menschenrechtliche Argumentation. Mit gutem Grund hat Hobbes daher auf der natürlichen (Opfer-)Gleichheit der Kontrahenten bestanden; aus demselben Grund hat Rawls die Paciszenten unter den Schleier der Unwissenheit gesteckt. Und ähnliche Überlegungen führen zum Diskursprinzip der gleichberechtigten Teilnahme aller Betroffenen an den geltungsüberprüfenden Normenberatungen oder zu den einmütigen Entscheidungsregeln der konstitutionellen Ökonomie. Wichtig ist nur, in welchem Stadium der Legitimationsargumentation und der Errichtung der Institutionen diese Gleichheit wirksam wird, wie tief die initiale Egalisierung reicht, ohne ihrerseits nach einer neuen, durch das basale Egalitäts-

---

73 Vgl. Kersting 1994, 19–58; 342–348.

prinzip geprägten Beratung und Entscheidung zu verlangen. Daß aus der fundamentalen menschenrechtlichen Gleichheit eine gleichberechtigte Teilnahme an den diversen legitimatorischen Verfahren folgt, die die Theorie skizziert, um auf der Grundlage von normativem Individualismus und methodologischem Egalitarismus Herrschaft, Verfassung und staatliches Handeln zu rechtfertigen, ist nicht sonderlich begründungsbedürftig, da nur auf solche Weise sichergestellt werden kann, daß die politischen Institutionen das Recht und die Interessen aller in gleicher Weise berücksichtigen können. Daß aber aus der fundamentalen rechtlichen Gleichheit Ressourcengleichheit folgt, ist in hohem Maße begründungsbedürftig. Es versteht sich keinesfalls von selbst, daß die Immigranten mit einer gleichen Kapitalausstattung zur Auktion gehen. *Es gibt kein Argument, daß zeigen könnte, daß die basale Rechtsgleichheit aus analytischen Gründen Ressourcengleichheit verlangt, daß das gleiche Recht eines jeden, sein Leben selbstverantwortlich und nach eigenen Begriffen zu führen, das Recht eines jeden auf eine gleiche Ressourcenausstattung logisch oder semantisch beinhalten würde.*

Daher hätten von Dworkin Gründe vorgebracht werden müssen. Daher hätten sich die Immigranten vor der Auktion Gedanken darüber machen müssen, welche Verteilungsprinzipien ihnen zur Verfügung stehen, um sie dann differenziert zu würdigen und sich für eins einmütig zu entscheiden. Dworkin meint zwar, daß sich die Rawlsschen Verfassungswähler eher für das Ressourcengleichheitsprinzip als für das Differenzprinzip entschieden hätten, aber er entwickelt kein Argument, um diese These glaubhaft zu machen. Warum sollten die Immigranten vor der Auktion ihre Taschen leeren und das Muschelgeld dann unter sich gleich aufteilen? Warum sollten sich die Talentierteren und Fähigeren dazu bereitfinden, zum Zwecke der umwegig-nachträglichen Herstellung von Ressourcengleichheit einer intensiven staatlichen Umverteilung zuzustimmen? Die von Dworkin umstandslos vorgenommene materialrechtliche Ausdeutung der rechtlichen Basisgleichheit ist nicht überzeugend – und dabei sehe ich hier von all den Einwänden ab, die ich weiter unten vorbringen werde und die die personentheoretische Unhaltbarkeit des Ressourcengleichheitsprinzips und seine Unverträglichkeit mit dem Autonomiegedanken des menschenrechtlichen Egalitarismus herausstellen. Dworkins Egalitarismus basiert auf einem *non sequitur.* Es führt kein einsichtiger Weg von der rechtlichen Gleichheit der Individuen zu der moralischen Forderung der Ressourcengleichheit und der politischen Forderung der Etablierung eines wohlfahrtsstaatlichen, den Lebenserfolg monetarisierenden Umverteilungssystems, das durch die Abwärtsegalisierung einer progressiven Einkommensteuer umwegig-nachträglich Ressourcengleichheit herzustellen trachtet.

8 Wohlfahrtsstaat, individuelle Autonomie und bürgerliche Selbständigkeit

Mit dem Übergang von der spontanen, lebensweltlichen Solidarität zu einem verrechtlichten, ökonomisierten und staatlich verfaßten Wohlfahrtssystem sind nicht nur die ökonomischen Kosten sprunghaft angestiegen, sondern auch die moralischen. Der Steuerzahler ist an der Minimierung der einen wie der anderen interessiert. Die moralischen Kosten des Sozialstaats sind doppelter Natur. Da ist zum einen ein struktureller Entmündigungseffekt: immer mehr Bürger werden zu Klienten und der Selbständigkeit entwöhnt. Der Wohlfahrtsstaat wird Opfer eines von ihm selbst erzeugten Automatismus der Erwartungssteigerung. Immer mehr und immer besser organisierte Gruppen von Klienten und Anspruchserheber entstehen, immer neue Wohlfahrtsangebote tauchen auf der Verteilungsagenda der Sozialversicherungen auf. Bekräftigt wird dies alles noch durch die interne Logik unserer Schumpeter-Demokratie: der um Wiederwahlstimmen werbende Politiker lockt mit Angeboten aus dem scheinbar nie versiegenden Füllhorn des kapitalistischen Wohlfahrtsstaats. Die sich in jeder Haushaltsdebatte wiederholenden Selbstverpflichtungen zur Kürzung der Ausgaben, zum Abbau der Subventionen und zur Strukturreform der Sozialversicherungen sind folgenlose Rituale; die Bedingungen demokratischer Machtgewinnung sind für eine Politik der Leistungsminderung, Anspruchsernüchterung und der energischen Ermutigung zur Selbstverantwortung und Selbständigkeit nicht günstig.

Der wachsende Wohlfahrtsstaat erzeugt sein eigenes kulturelles Binnenklima. Die Welt der Sozialklientel wird zu einer Art beheiztem Glashaus der reinen Wertkonsumtion innerhalb der gesamtgesellschaftlichen Lebens- und Arbeitswelt. Das führt zu einer *ethischen Marginalisierung der Persönlichkeit*, die sich wesentlich als autonom, handlungsfähig und selbstverantwortlich erfahren möchte. Das führt auch zu einer wachsenden Unfähigkeit, Verantwortung für sein Leben zu übernehmen und Kontingenzen zu ertragen; die Neigung breitet sich aus, den Staat für alle Lebensrisiken haftbar zu machen. Die Menschen werden schicksalsunfähig; sie werden aus eigener Kraft nicht mehr mit Pech, Unglück und anderen negativen Widerfahrnissen fertig; vor widrigen Umständen weichen sie zurück und suchen die Trutzburg des Staates auf, wo der bürokratische „Generalagent für Lebenszufriedenheit" (Klages) mit einem immer dichter gestrickten Sozialversicherungsnetz sein erklärtes Defatalisierungswerk vorantreibt. Der ursprüngliche Zweck gerät in Vergessenheit. Die Diversifikation der Versicherungsangebote geht zulasten der Zielgenauigkeit der Fürsorge. Schon längst ist der ursprüngliche Adressatenkreis der Solidarität hinter die sich unaufhörlich vermehrende Klientel zurückgetreten. Schon lange sind es nicht mehr nur die wirklich Bedürftigen, die nach der wohlfahrtsstaatlichen *alma mater* rufen. Mehr noch, für die wirklich Bedürftigen wird der Wohlfahrtsstaat zusehends unerreichbar, so daß wir Zeuge der zutiefst paradoxen Entwicklung werden, daß mit unaufhörlich steigendem Sozialhaushalt die Zahl der sozialstaatlich unterversorgten Bedürftigen zunimmt.

Denn das Kriterium der realen Bedürftigkeit ist längst von der Strategie der ziellos wohlmeinenden Prävention, der risikoeifrigen Problemdeckung verdrängt und überlagert worden. Erst diese programmatische Veränderung von der reaktiven, bedürftigkeitsorientierten Fürsorge zur präventiven, risikomindernden Lebenshilfe erzeugt die Kostenexplosion, diversifiziert die Angebote des Sozialversicherungssystems, generiert die Helferbürokratie und ihr eigentümliches soziokulturelles Unterfutter eines wachsenden Beratungs- und Betreuungswesens. Mit einem Wort: vor dem Hintergrund des autonomieethischen Legitimationsarguments des aller egalitären und libertären Abweichung widerstehenden Liberalismus *sans phrase* ist dem expansiven Wohlfahrtsstaat der Gegenwart entschieden der Vorwurf der moralischen Kontraproduktivität zu machen: er betreibt zügig die Abschaffung der Selbständigkeit. *Während der Markt ein System der wechselseitigen Verstärkung ökonomischer und selbstverantwortungsethischer Anreizstrukturen bietet, eigenverantwortliche Lebensführung und ökonomische Erfolgssuche strukturell harmonisiert, treten verantwortungsethisches und ökonomisches Anreizsystem im Wohlfahrtsstaat in ein polemisches Verhältnis.* In demselben Maße, in dem im solidaritätsbegründeten Wohlfahrtsstaat die Berechtigten zu Klienten werden und ökonomisch orientiertes Verhalten an den Tag legen, möglichst große private Ausnutzungsmargen suchen und sich politisch organisieren, um ihre gruppenbezogene Gesamtzuteilung zu erhöhen, verkümmern die verantwortungsethischen Anreize, die Selbstbeanspruchungsbereitschaft und das pure, nach Unabhängigkeit von fremden Erhaltungsleistungen trachtende Selbständigkeitsbedürfnis.

Die zweite Klasse der moralischen Kosten bezieht sich auf das Parasitismusphänomen. So wie Diskriminierung der Feind der politischen Gerechtigkeit ist, so ist Parasitismus der Feind der sozialen Gerechtigkeit. Der wohlfahrtsstaatliche Zentralismus zerstört die Subsidiaritätshierarchie der kleinen Lebenskreise mit den tradierten Obligationsprofilen. Die Verrechtlichung und Bürokratisierung der sozialstaatlichen Versorgung macht den Empfang von Wohlfahrtsleistungen unabhängig von der Existenz sozialmoralischer Einstellungen und von der Anerkennung von Gemeinschaftsverpflichtungen. In der Unübersichtlichkeit der komplizierten, verrechtlichten, bürokratisch kaum mehr kontrollierbaren und aller spontanen sozialen Kontrolle baren Sozialversicherungssysteme steigt der Mißbrauch, greifen die marktwirtschaftlich bewährten Verhaltensstandards der Nutzenmaximierung immer weiter um sich. Diese sind hier jedoch deplaziert, weil hier nicht Individuen eigenverantwortlich auf den größten Nutzen ihres Ressourceneinsatzes aus sind, also die Verwendung ihrer Mittel für die Realisierung ihrer Interessen in eine eigenverantwortliche Kalkulation einbeziehen, sondern weil es hier darum geht, eine möglichst große Ausnützungsmarge zu erzielen und einen möglichst großen Anteil von fremd finanzierten Ressourcen zu erhalten: es ist das aus den spieltheoretischen Modellanalysen bekannte *free-rider-* und *moral hazard-*Verhalten, das immer bei *common-pool-*Problemen besteht und bei schwacher moralischer Disziplin und mangelnder sozialer Kontrolle sich immer weiter ausbreitet. *Der Sozialstaat ist ein Gelände voller Rationalitätsfallen und Defektionsanreize.* Er kann nicht verhindern, daß sich Menschen bei der Beschaffung ihrer Versorgungsleistungen, ihrer wohlfahrtsstaatlichen Anteile marktgerechter Strategien der Maximierung des Eigennutzes bedienen; da aber das Gesamtsystem selbst nicht marktförmig organisiert ist, wird seine ökonomische und moralische Leistungsfähigkeit überbeansprucht. Diese Mißbrauchsphänomene sind nicht lediglich ökonomische Belastungen, beweisen nicht nur Funktionsschwächen eines schwerfällig gewordenen Systems, das seine eigenen

Zielsetzungen nicht mehr kontrollieren kann und sich gegen eine Fehlverwendung seiner Ressourcen nicht grundsätzlich zu wehren vermag. Sie sind moralisch brisant und haben einen unverkennbar delegitimierenden Effekt. Die Bürger haben ein Recht auf ein zielgenaues Versorgungssystem; die effektive Verwendung ihrer Zwangsbeiträge für die Aufgaben der Fürsorge und Solidarität ist eine unerläßliche Gerechtigkeitsbedingung des Umverteilungssystems der verstaatlichten Nächstenliebe. Bei einer signifikanten Mißbrauchsquote wird die Legitimität eines Zwangssystems der Solidarität beträchtlich strapaziert. Daher gehört Mißbrauchserschwerung zur wohlfahrtsstaatlichen Selbsterhaltung.

9 Liberaler Egalitarismus und Arbeitslosigkeit

Muß nicht der egalitäre Liberalismus durch diese Kritik alarmiert werden, wirft sie doch dem umverteilenden Wohlfahrtsstaat autonomieethische Kontraproduktivität und Bürgerverhinderung vor? Der egalitäre Liberalismus ist kein falsch etikettierter Sozialismus. Er ist an Ausgangsgleichheit, nicht an Entzustandsgleichheit orientiert. Der Sozialismus stützt sich notwendigerweise auf das Konzept der Wohlfahrtsgleichheit. Das Gleichheitsverständnis des Konzepts der Ressourcengleichheit ist jedoch mit größter individueller Vielfalt und größten sozio-ökonomischen Unterschieden vereinbar, vorausgesetzt, die Differenzen des Lebens und Erfolgs sind Konsequenzen individueller, autonomer Entscheidungen und verdanken sich nicht natürlichen Benachteiligungen und Begünstigungen. Die Egalisierungspolitik der Kompensationsinstrumente, des hypothetischen Versicherungsmarktes wie dann auch seines realgesellschaftlichen Pendants, des Steuer- und Umverteilungsstaats, steht im Dienst gleicher Freiheit. Nur die aus *gleicher* Freiheit erwachsende Differenz kann gerechtigkeitstheoretisch gebilligt werden.

Gleiche Freiheit ist aber für den Egalitaristen gleiche materiale Freiheit. Gleiche materiale Freiheit aber verlangt, den Einfluß des Schicksals, dessen metaphysischer Name Kontingenz lautet, auf das menschliche Leben zurückzudrängen. Am Horizont dieses Defatalisierungsprogramms steht die Utopie reiner Selbstbestimmung; jedes Leben ist ungebrochene Selbstschöpfung, zwar keine *creatio ex nihilo*, aber eine Schöpfung auf der Grundlage gleicher Ressourcen. Angesichts der Unerreichbarkeit dieses Zieles einerseits und der Spannung zwischen dem „ethischen Individualismus"[74] des egalitären Liberalismus und der Entmündigungswirkung der Wohlfahrtsbürokratie andererseits muß der seinen Idealen treue egalitäre Liberalismus die vorhandene Verteilungsmentalität und Verteilungspolitik des Wohlfahrtsstaats zumindest daraufhin betrachten, in welcher Weise sie seinen Idealen überhaupt noch

---

74 Dworkin 1993, 75: „Ethischer Individualismus gründet sich auf das Postulat, daß es absolut [...] wesentlich ist, was individuelle Menschenwesen jeweils für sich aus ihrem Leben machen können und tatsächlich machen".

entspricht. Dabei muß er die einzelnen Dimensionen des Wohlfahrtsstaats gewichten und sich beispielsweise fragen, welche Strukturen und Verteilungsinstrumente dem egalitär-liberalen Profil entsprechen, welche Tendenzen autonomieethisch verhängnisvoll sind, auf welchen Feldern der welfaristische Leviathan durch Verstärkung von Privatisierung und Dezentralisierung zurückzudrängen ist. Davon findet sich jedoch nichts bei Dworkin, auch nichts, und das ist besonders enttäuschend, zum Problem der Massenarbeitslosigkeit.

In den Argumentationsschächten der Theorie mag man ja filigran-manieristisch über Talentunterschiede, ihre Auswirkungen auf den ökonomischen Erfolg und ihre umwegige Kompensierung durch eine Marktrisikoversicherung, die dem Handicap-Modell nachgebildet wird und Talentminderausstattung und nicht-nachgefragte Fähigkeiten als natur-bedingte Benachteiligung behandelt, und so weiter spekulieren. Sobald man aber ans Tageslicht der Wirklichkeit tritt, stößt man auf Arbeitslosigkeit, strukturelle Arbeitslosigkeit, Langzeitarbeitslosigkeit, Massenarbeitslosigkeit, die ihren Opfern nicht nur Einkommenseinbußen bringt, sondern auch Selbständigkeit und Selbstwert nimmt, die also gerade aus der Perspektive des ethischen Individualismus ein Gerechtigkeitsskandal ist, da sie immer mehr Menschen der Möglichkeit einer selbstbestimmten und eigenverantworteten Lebensführung beraubt. Müßte hier nicht der egalitäre Liberale höchst alarmiert sein?

Arbeitslosigkeit ist ein vielfältiges Übel. Trivialerweise ist mit dem Verlust der Arbeit auch der Verlust an persönlichem Einkommen verbunden. Aber Einkommenslosigkeit ist nur eine Arbeitslosigkeitsfolge unter anderen, etwa dem Makel der Unselbständigkeit und Abhängigkeit; oder der sozialen Depravierung; der zeitdehnenden Unbeschäftigtheit, dem Verlust des Korsetts aus Pflichten und Routinen und der damit verknüpften Entstrukturierung des Lebens, dem Mangel an zeit- und alltagspolitisch heilsamen Zäsuren beispielsweise, Zäsuren zwischen Arbeit und Pause, Arbeitszeit und Freizeit, Arbeitstag und Feiertag, Arbeit und Urlaub. Weiterhin bedeutet Arbeitslosigkeit wachsenden Selbstzweifel, überdies den Verlust des vertrauten sozialen Milieus, das Zerreißen bewährter Kommunikationsbeziehungen und den Schwund sozialen Urvertrauens. Das Gut Arbeit muß daher gepflegt und durch phantasievolle Strukturpolitik betreut werden. Es muß vor dem verhängnisvollen paradoxen Effekt geschützt werden, daß es auf der einen Seite durch fortschreitende Ausgleichung des Markteinkommens und des Transfereinkommens moralisch und ökonomisch entwertet wird, aber genau darum auch auf der anderen Seite immer teurer wird. Eine liberale Organisation des Sozialstaats muß sich daher gegen eine Politik der Besitzstandswahrung richten, muß sich weigern, die tarifpolitische Verantwortungslosigkeit durch Lohnsubventionierungsprogramme abzufedern, muß eine Minderung der Lohnzusatzkosten erwirken, muß gegen den Flächentarifvertrag Stellung nehmen und dringlich verlangen, das gesamte Instrumentarium zur Aufbrechung arbeitsmarktpolitischer Verkrustungen auszuprobieren, damit die interessenpolitischen Barrieren zwischen der vorhandenen Arbeit und den Arbeitsuchenden abgebaut und die brachliegenden produktiven Kräfte gesellschaftlich genutzt werden können.

Auch muß der Liberale industriepolitische Vernunft fordern, verlangen, daß man der Weitsicht des Marktes folgt und nicht unrentable Industriezweige aufgrund kurzfristiger politischer Interessen an den Subventionstropf hängt und künstlich ernährt. Die Aufrechterhaltung oder gar Steigerung des Versorgungsniveaus des Wohlfahrtsstaats kann nicht mehr akzeptiert werden, wenn die Kosten dieser Aufrechterhaltung eine Verbesserung der strukturellen Bedingungen auf dem Arbeitsmarkt verhindern und damit den Rückweg der abhängig gewordenen Bürger in die Unabhängigkeit erschweren. Aber das wären natürlich nur Remeduren innerhalb des wohlfahrtsstaatlichen Paradigmas, aber immerhin Remeduren, die über die phantasielose Politik der Erhöhung der wohlfahrtsstaatlichen Transferzahlungen hinausgingen und strukturelle Transformationen anpeilten und auf Mentalitätsveränderungen zielten, *die die Menschen wieder für die ethischen Reize eines selbständigen und eigenverantwortlichen Lebens empfänglich machen würden.*

Dem Ressourcengleichheitsprinzip fällt jedoch nichts anderes ein, als die Distributionsmaschinerie auf höheren Touren laufen zu lassen. Sein autonomieethisches Anspruchsniveau wird aber eklatant unterboten, wenn die einzige Veränderung der gesellschaftlichen Verteilungsverhältnisse, die der egalitäre Liberalismus fordert, darin besteht, die Abschmelzung der Umverteilungsleistungen der Reagan- und Thatcherära rückgängig zu machen und die umzuverteilende Summe durch Steuererhöhung zu vergrößern. Ist der Sinn der Ressourcengleichheit nicht, allen Menschen ein selbstbestimmtes Leben unter fairen Bedingungen zu ermöglichen und Abhängigkeitsverhältnisse zu verhindern? Dieses anspruchsvolle egalitaristische Autonomieprogramm kann man doch nicht mit der Erhöhung der Transferzahlungen verwirklichen, dieses Programm verlangt nach einer radikalen Strukturpolitik, die die Chancen selbstverantwortlicher Lebensführung, die Chancen eines Lebens in bürgerlicher Selbständigkeit merklich erhöhen.

10 Institutionalistische und individualistische Theorien der Verteilungsgerechtigkeit

Aber nun wieder zurück von den politischen Außenverhältnissen des egalitären Liberalismus zu seinen philosophischen Innenverhältnissen. – Überblicken wir das gesamte Theorieangebot des egalitären Liberalismus, dann stoßen wir auf eine interessante methodologische Merkwürdigkeit. Während Rawls' Theorie der sozialen Gerechtigkeit einen institutionalistischen Zuschnitt besitzt, sind die Theorien von Dworkin, Nagel, Arneson und anderen individualistischer Natur. Ich möchte im folgenden diesen methodologischen Dualismus erörtern und zeigen, daß individualistische Theoriekonzeptionen beträchtliche systematische Nachteile besitzen und daher institutionalistische Theorien grundsätzlich den Vorzug verdienen.

Im letzten Kapitel seines Essays über Ressourcengleichheit hat Dworkin sein Konzept dem Rawlsschen Differenzprinzip gegenübergestellt und die Vermutung geäußert, daß die Rawlsschen Verfassungswähler nicht das Differenzprinzip, sondern das Prinzip der Ressourcengleichheit wählen würden, weil das Ressourcengleichheitsprinzip eine weitaus überzeugendere Interpretation der distributiven Auswirkungen des Grundsatzes der moralischen Gleichheit als das Differenzprinzip liefern würde. Näherhin hat er folgende Einwände erhoben:

(1) Das Differenzprinzip tauge nicht als wohlfahrtsstaatliches Begründungsprinzip, da es die Gruppe der Schlechtestgestellten ökonomisch, durch ihre Position innerhalb der Kooperationsgemeinschaft, definiere und nicht im Rahmen eines allumfassenden, jedes Individuum einbeziehenden Positionsvergleichs.

(2) Das Differenzprinzip „seems insufficiently sensitive to the position of those with natural handicaps, physical or mental".

(3) Entsprechend zähle das Differenzprinzip auch nicht die natürlichen Talente und Befähigungen unter die sozialen Güter, deren Verteilung gerechtigkeitstheoretisch relevant sei. Der Grund für dieses gerechtigkeitsethische Versagen liege darin, daß Rawls nur eine *flache Konzeption der Gleichheit* vertrete, während sich in dem Prinzip der Ressourcengleichheit eine *tiefe Konzeption der Gleichheit* zum Ausdruck bringe. Flach ist das Rawlssche Gleichheitsverständnis in Dworkins Augen, weil es eine ungebührliche Toleranz gegenüber gerechtigkeitsprekärer Ungleichheit besitzt, wohingegen die tiefe Gleichheit des Ressourcengleichheitsprinzips eine weiter reichende, recht betrachtet sogar: *unüberbietbare Ungleichheitsempfindlichkeit* besitzt.

Diese ungleiche Ungleichheitsempfindlichkeit bei Dworkin und Rawls hat methodologische Ursachen. Während das Differenzprinzip Gerechtigkeit in „class terms"[75] buchstabiert und seine Adressaten als „some mythical average or representative"[76] Personen bestimmt und eben darum sich als „not sufficiently fine-tuned in a variety of ways"[77] erweist, orientiert sich das Prinzip der Ressourcengleichheit nicht an Klassenprofilen und Schichtenmitgliedschaften:

> „It aims to provide a description [...] of equality of resources person by person, and the considerations of each person's history that affect what he should have, in the name of equality, do not include his membership in any economic or social class...Equality defines a relation among citizens that is individualized for each, and therefore can be seen to set entitlements as much from the point to view of each person as that of anyone else in the community."[78]

Und daher bezieht sich das Ressourcengleichheitsprinzip auch nicht auf „primary goods, without regard to differences in ambition, taste, and occupation, or to differences in consumption, let alone differences in physical condition or handicap"; sondern es bezieht vielmehr all diese Unterschiede bei der Bestimmung der Ressourcengleichheit im Rahmen einer Vergleichsanalyse „person by person"[79] ein.

---

75 Dworkin 1981b, 341.
76 Ebd., 339.
77 Ebd.
78 Ebd., 340f.
79 Ebd., 343.

Während Dworkin die Vorzüge des Prinzips der Ressourcengleichheit in seinem individualistischen Zuschnitt erblickt, verbindet er die Nachteile des Rawlsschen Differenzprinzips deutlich mit dessen institutionalistischer Natur. Institutionalistische Gerechtigkeitstheorien erblicken den Ort der Gerechtigkeit im institutionellen Geflecht der Gesellschaft; sie generalisieren und besitzen darum ein flaches Gleichheitsverständnis. Individualistische Gerechtigkeitstheorien hingegen erblicken den Ort der Gerechtigkeit im interindividuellen Beziehungszusammenhang; sie individualisieren und besitzen deswegen ein tiefes Gleichheitsverständnis, das entweder im Sinne der Ressourcengleichheit oder im Sinne der Wohlfahrtsgleichheit oder in einem irgendwie zwischen diesen beiden Polen liegenden Sinne ausgelegt werden kann. Allgemein läßt sich das Grundprinzip individualistischer Theorien der Verteilungsgerechtigkeit folgendermaßen bestimmen: Will eine Gesellschaft ‚gerecht‘ heißen, dann muß sie (1) im Rahmen des rechtsstaatlichen Egalitarismus ein Verteilungsmuster etablieren, das jedermann einen gleichen Wohlfahrtsanteil oder ein gleiches Ressourcenbündel beschert, jedem Individuum also ein Leben mit gleichem Glücksertrag beschert oder die Lebenskarriere jedes Individuums mit einer gleich großen und gleich wertvollen Ressourcenausstattung beginnen läßt und ihren Fortgang dann durch entsprechende gleichheitsstabilisierende Ausgleichsleistungen begleitet. Bei der Bestimmung des gleichen Wohlfahrtsanteils oder des gleichen Ressourcenbündels muß sie jedoch (2) Gleichheit unter Anerkennung der Unterschiedlichkeit der Individuen suchen, kompensatorische Egalisierungsleistungen vornehmen, in deren positivem wie negativem Ausschlag sich die Besonderheit und Individualität der Verteilungsadressaten zum Ausdruck bringt: ihre besonderen Fähigkeiten und Talentprofile, Funktionsbeeinträchtigungen wie Kapazitätsschwächen ebenso wie ihre unterschiedliche soziale Herkunft und ihre besonderen Neigungen, Leistungen und Lebenspläne.

Es genügt also nicht, daß jedes Individuum Nutznießer einer distributiven Leistung ist, um die für individualistische Verteilungstheorien charakteristische Bedingung zu erfüllen. Alle Verteilungsleistungen, die dem Gießkannenprinzip folgen, die jeden ohne Ausnahme erreichen und einem Sockelegalitarismus verpflichtet sind, sind nicht individualistischer, sondern institutionalistischer Natur, da hier, wie etwa beim Kindergeld, oder bei Ackermans einmaligem kommunitären Bürgerdarlehen für Heranwachsende[80] oder bei der negativen Einkommensteuer oder wie bei Van Parijs' „unconditional basic income for all full members of the society",[81] nicht die individuelle Differenz von verteilungstechnischer Relevanz ist, sondern die Zugehörigkeit zu einer bestimmten rechtlich und politisch definierten Gruppe. Bei allen Schwierigkeiten, die angesichts der Unterschiedlichkeit der inhaltlichen Präferenzen die Bestimmung gleicher Wohlfahrtsausschüttungen und gleicher Ressourcenausstattungen bereiten mag, *für den individualistischen Verteilungs-*

---

80 Vgl. Ackerman/Alstott 1999.
81 Van Parijs 1995, 34.

theoretiker steht fest, daß die Ermittlung einer gerechten Verteilung der wirtschaftlichen Güter in der Gesellschaft auf der Grundlage eines umfassenden Positionsvergleichs eines jeden mit einem jeden erfolgen muß und einen entsprechend aufwendigen, für alle individuellen Differenzen gleichermaßen empfindlichen Ausgleichsmechanismus verlangt.

Diese individualistische Feinabstimmung besitzt das Rawlssche Differenzprinzip nicht: es operiert nicht mit individuellen Präferenzen, individuellen Ausstattungen und individuellen Lebensplänen, sondern mit *social primary goods*, die den Charakter transzendentaler oder konditionaler Güter besitzen und daher universell begehrenswert sind. Es orientiert sich folglich nicht an dem individuellen Präferenzprofil, sondern an einem Konzept *universeller Präferenzen,* damit an dem Grundriß allgemeiner menschlicher Bedürftigkeit und Begehrlichkeit, gleichsam der *appetitiven Tiefengrammatik aller rationalen Lebenspläne.* Außerdem sorgt sich das Differenzprinzip nicht um konkrete Individuen, sondern um *repräsentative Individuen.* Die Ermittlung gerechter Verteilungen erfolgt nicht in Hinblick auf die Individualität der Gesellschaftsmitglieder, sondern allein in Hinblick auf ihre Gruppenzugehörigkeit. Weiterhin ist das Differenzprinzip ein Prinzip für die Gestaltung der gesellschaftlichen Grundstruktur; es ist ein Verfassungsprinzip, das die Verteilungsansprüche der Individuen durch öffentliche Regeln definiert; Individuen erhalten Leistungsansprüche zugesprochen, insofern sie gesetzlich definierte allgemeine Merkmale erfüllen; und die Gesetze wiederum orientieren sich mit ihren allgemeinen Bedürftigkeitsdefinitionen an *repräsentativen Sozialschicksalen und Benachteilungsmustern.* Die für den Individualisten charakteristische prä-institutionelle Bestimmung individueller Ansprüche ist durch eine institutionalistische Theorie der Verteilungsgerechtigkeit gerade ausgeschlossen. Denn es ist das entscheidende Kennzeichen der institutionalistischen Konzeption der sozialen Gerechtigkeit, daß es kein von der Verfassungsstruktur unabhängiges Kriterium für die Bestimmung der gerechten Anteile der einzelnen Individuen gibt. Der Adressat der Gerechtigkeitstheorie ist nicht das Individuum, sondern die Institution; die Normierungsreichweite der Gerechtigkeitsregeln geht über den Bereich der gesellschaftlichen Strukturen und Institutionen nicht hinaus, endet bereits mit dem allgemeinen, dem repräsentativen Verteilungsresultat der Grundstruktur und läßt die besonderen Auswirkungen der Verteilung auf die einzelnen Individuen gänzlich außer Betracht. Das hat den Vorzug,

> „daß man nicht mehr den unendlich verschiedenen Einzelumständen und den sich verändernden Stellungen einzelner Menschen nachgehen muß. Man braucht keine Grundsätze aufzustellen, um mit diesen ungeheuer vielfältigen Einzelheiten fertig zu werden. Es wäre falsch, sich auf die wechselnden Stellungen der einzelnen Menschen zu konzentrieren und zu verlangen, daß jede solche Veränderung für sich genommen gerecht sein soll. Vielmehr ist die Grundstruktur zu beurteilen, und zwar unter allgemeinen Gesichtspunkten. Sie ist nur vom Standpunkt einer für eine bestimmte Position repräsentativen Person aus kritisierbar."[82]

---

82 Rawls 1975, 108f.

Die individualistische Theorie der Verteilungsgerechtigkeit räumt dem einzelnen Individuum hingegen eine Veto-Position ein; wie bei Theorien direkter Demokratie kann hier der Einspruch eines Einzigen alles zu Fall bringen.

Die institutionalistische Verteilungsgerechtigkeit bietet keine individualistische Gleichverteilung privater Güter, sondern einen in generellen Präferenzen gründenden, die Produktion und Verteilung öffentlicher Güter bestimmenden institutionellen Rahmen, der seinerseits das System privater Transaktionen einfaßt und somit dessen Spielraum definiert. Eine gerechtigkeitsbedeutsame sozio-ökonomische Ungleichheit kann nur eine Ungleichheit sein, die sich als institutionelle Auswirkung definieren läßt, die im Bereich des Einflusses institutioneller Umstände auf individuelle Lebensführungen liegt. Und solche Einflüsse sind politisch wie moralisch nur insofern bedeutsam, wie sie die Lebenschancen derjenigen bestimmen, die in ihrem Schatten leben, wie sie also nicht individuell-biographisch, sondern standard-biographisch wirksam sind. *Mehr als die Umstände des Lebens darf und kann die Gesellschaft nichts angehen*; auch ihre Sorge um die Gerechtigkeit kann sich nur als Sorge um gerechte Umstände, gerechte Gesetze, Institutionen, Programme, Systeme niederschlagen. *Auch für die Gerechtigkeitstheorie gilt: individuum est ineffabile.*

In Rawls' Augen haben die Individualisten die methodologische Lektion des Aristoteles nicht begriffen; sie haben sich einem sachunangemessenen Genauigkeitsideal unterworfen und damit der Sache der sozialen Gerechtigkeit eher geschadet als genützt. Gerechtigkeitsprinzipien sind „praktische und öffentliche Direktiven und keine mathematischen Funktionen, die so kompliziert sein mögen, wie man es sich nur vorstellen kann. Also wird jede vernünftige Zusammenstellung von Regeln, die Fähigkeit der Individuen, sie zu verstehen und ihnen ohne große Schwierigkeiten zu folgen, nicht übersteigen und ebensowenig wird sie die Bürger mit normalerweise nicht zu erfüllenden Anforderungen an ihr Wissen und ihre Voraussicht belasten."[83] Obwohl Rawls wie kein politischer Philosoph vor ihm die methodologischen Elemente der politischen Ökonomie in seine Darstellung einbezogen und etwa die Besonderheit der ‚justice-as-fairness'-Konzeption vor dem Hintergrund der unbefriedigenden gerechtigkeitstheoretischen Implikationen des Prinzips der Pareto-Optimalität expliziert hat, ist er sich doch immer, im Unterschied zu seinen Nachfolgern und auch zu seinen Interpreten, der geringen argumentativen Reichweite dieser Instrumente bewußt gewesen und hat sich keinesfalls von ihnen verführen lassen, die politische Philosophie der Gerechtigkeit mit sachunangemessenen Präzisionsforderungen zu belasten – daher habe ich auch oben den politikphilosophischen Sinn seines Differenzprinzips vor den formalsprachlichen Präzisionsetüden seiner Ausleger in Schutz genommen. Alle konzeptuellen Innovationen Rawls' von den sozialen Grundgütern bis zur Grundstruktur als Gerechtigkeitsverfahren sind institutionalistischer Natur und geradezu als Präventionen gegen eine Übermathematisierung der politischen Philosophie interpretierbar. Alle

---

83   Rawls 1992, 56.

definieren einen Zuständigkeitsbereich politikphilosophischer Argumentation diesseits aller Formeln und Funktionsgleichungen. *Die Gefahr einer Übermathematisierung der politischen Philosophie ist in einem radikalen, also gegenständlichen Egalitarismus verankert, der den normativen Individualismus als direkten Normhintergrund seiner Verteilungsmatrix betrachtet und die Forderungen der Theorie nur dann erfüllt sieht, wenn eine individualistische Gleichheitsmetrik und eine egalitaristische Vergleichswährung entwickelt worden ist, die die methodische Handhabe bietet für den gleichsam trigonometrischen Aufbau einer verteilungsgerechten Gesellschaft, der die Gerechtigkeit im Verfahren eines unaufhörlichen interpersonellen Besitzvergleichs ermittelt.*

Die tiefste Schwäche der individualistischen Konzeption der Verteilungsgerechtigkeit liegt in ihrer Abhängigkeit von einer theoretisch kontrollierten Ausgangsverteilung. Sie benötigt eine derartige, aus allen geschichtlichen und gesellschaftlichen Zusammenhängen herausgerissene Konstruktion, um einen Ausgangspunkt für ihre Vergleichsmessungen zu erhalten, mit denen sie die Gleichheitsabstände feststellen und die Kompensationstiefe ausloten kann. Sie vermag aber dieses fiktionengesättigte Verfahren nie in politische Praxis umzuwandeln; und das verurteilt letztlich ihre gesamte Komparatistik zur Sinnlosigkeit. Die hypertrophe Gerechtigkeitstaxonomie der präzisen Bestimmung des jeweils individuell Zukommenden ist nicht operationalisierbar. Wir können die Idee der sozialen Gerechtigkeit nicht dadurch explizieren, daß wir den gegenwärtigen Verteilungszustand auf ein ideales Verteilungsmuster projizieren, das in einer gerechteren oder ideal-gerechten Welt existieren würde, und der Wirklichkeit die Auflage machen, die Differenz abzuarbeiten. „Indeed, no sense can be made of the notion of that part of an individual's holdings that exceed what would have been their situation in another society or in a state of nature"[84]. Der Institutionalismus hat es da einfacher: er benötigt keinen Vergleich der Wirklichkeit mit irgendwelchen Konstruktionen: er stützt sich auf einen einfachen, am Fuß der gesellschaftlichen Pyramide ansetzenden Maximierungsimperativ, der zu jedem Zeitpunkt, an jedem Ort angewandt werden kann.

Daß man freilich alle philosophische Überlegenheit des gerechtigkeitstheoretischen Institutionalismus auch mit einem einzigen Gedanken verspielen kann, beweist Horst Bedau, wenn er die Solidität der „institutional thesis" von der Fähigkeit der Theorie abhängig machen will, „to identify and measure the effects of the basic institutions upon persons and to construct the appropriate counterfactual generalizations of what personal character, aspiration, and conduct would be like in the absence of actual basic social institutions and in the presence of a different set. Unless these matters can be handled relatively reliably, we will have reason to doubt whether a theory of justice ought to be primarily about the basic institutional structure of society."[85] *Es ist grundsätzlich unsinnig, die Rationalität bestimmter Konzeptionen in der praktischen Philosophie von der zukünftigen Mehrung unserer Erkenntnisfähigkeit und In-*

---

84   Rawls 1978, 65.
85   Bedau 1980, 167.

formationsverarbeitungskapazität abhängig zu machen. In dem vorliegenden Diskussionskontext ist dieser Vorschlag jedoch unüberbietbar absurd, führt er doch den Gerechtigkeitsphilosophen von dem Regen in die Traufe. Die alle menschlichen Kräfte übersteigenden – und nicht von ungefähr an die utilitaristischen Probleme der „interpersonal comparisons of well-being"[86] erinnernden – epistemologischen Schwierigkeiten des Individualismus, denen der Institutionalist glaubte entronnen zu sein, werden ihm mit dieser postulierten Differentialätiologie der faktischen und möglichen alternativen institutionellen Einflußfaktoren des Denkens, Handelns und Lebens der Individuen wieder aufgetischt. Aber während die Erkenntniskonstruktionen innerhalb der individualistischen Theoriekonzeption immerhin Sinn machen, ist nicht einsehbar, warum die Verteidigung der „institutional thesis" von der Einlösung dieser erkenntnistheoretischen Versprechen abhängen soll. Ein größeres Mißverständnis der zutreffenden Rawlsschen Beobachtung des tiefreichenden Einflusses der Institutionen auf die Lebenspläne der Individuen ist kaum denkbar. Damit wir die Grundstruktur und die in ihr vernetzten Basisinstitutionen zum Gegenstand der Gerechtigkeitstheorie machen können, müssen wir nicht wissen, wie das empirische Einflußprofil der Institutionen im einzelnen aussieht, wie haarrißfein und prägungstief sie die Denk- und Lebensverhältnisse der Menschen bestimmen, und vor allem nicht, wie anders alles aussehen würde, wenn die Institutionen anders aussehen würden. Wie so oft, ja, wie fast immer in der praktischen Philosophie reichen gesunder Menschenverstand, allgemeine Lebenserfahrung und wissenschaftlicher *common sense* vollständig aus, um den Argumenten die erforderliche empirische Unterstützung zu verschaffen, die sie brauchen.

Wer wäre je auf die Idee gekommen, zur Untermauerung seiner moralischen Kritik am Steuersystem oder am Bildungssystem empirische Effizienzanalysen dieser von Bedau postulierten Art durchzuführen? Wäre solches notwendig, würde der Institutionalismus der Verteilungsgerechtigkeit seinen größten Vorzug verlieren, nämlich mit den Gerechtigkeitsintuitionen des natürlichen Bewußtseins übereinzustimmen. Die *common sense*-Sprache der sozialen Gerechtigkeit ist seit je institutionalistisch und bezieht sich auf die sozio-ökonomische Position von Gruppen. *Die soziale Frage hat als Armenfrage ihren weltgeschichtlichen Anfang genommen, nicht als Frage nach der Bestimmung gleicher und zugleich individuengerechter Güteranteile.* Wenn wir eine Gesellschaft für ungerecht erachten, dann verweisen wir immer auf sozio-ökonomische Positionen repräsentativer Art, auf die Stellung von Gruppen, nicht auf den Anteil von Individuen. Niemand würde die Gerechtigkeit einer Gesellschaft bezweifeln, weil ein Individuum nicht einen ihm nach der Verteilungsmathematik individualistischer Gerechtigkeitskonstruktionen zukommenden, auf seine Präferenzen zugeschnittenen gleichen Ressourcen-, Wohlfahrtschancen- oder Wohlfahrtsanteil zugewiesen bekommen hat. *Auch die – heimliche – Gerechtig-*

---

86 Vgl. Griffin 1986, 75–126.

keitstheorie des Marxismus ist institutionalistisch; ihr praktisches Ziel ist auf eine (Produktions- und) Distributionsrevolution der sozio-ökonomischen Strukturen gerichtet, nicht jedoch auf eine Allokationsrevolution der individuellen Zuteilung.

Wir können uns durchaus Allokationssituationen vorstellen, in denen es nicht nur als moralisch unsensibel, sondern auch als geradezu ungerecht angesehen würde, wenn die Güter an den individuellen Präferenzen vorbei verteilt würden. Aber die Verteilungssituation der Gesellschaft hat nicht die Allokationssituationen eignende Übersichtlichkeit; das Distributionsprofil der Gesellschaft zeigt sich in ihrer institutionellen Struktur, nicht in der Summe von präferenzempfindlichen Einzelzuteilungen nach Maßgabe irgendeiner Gleichheitsmetrik. Die Individualisten jedoch legen das Gerechtigkeitsproblem *allokationslogisch* aus; und die Schwierigkeit der sich stetig verändernden Verteilungshorizonte lösen sie gleichsam durch eine Dynamisierung der Allokation auf: *die staatliche Kompensationspolitik nimmt die Gestalt einer stets den strukturellen Veränderungen hinterherziehenden, besonderheitsempfindlichen Dauerallokation an.* Die Vorstellung, die Gesellschaft zur Zuteilung präferenzempfindlicher individueller Anteile zu verpflichten, ist jedoch absurd. Das Konzept eines Wohlfahrtsrechts nicht minder, das nicht allgemeine Zuschreibungsbedingungen benennt, sondern für jede Person etwas je anderes beinhaltet, da es mit der Zuteilung besonderer, präferenzempfindlicher Anteile zusammenfällt.

Gesellschaftliche Strukturen sind Verteilungsstrukturen und bestimmen die Besitzanteile der Individuen. Strukturen können daher als selbständige Verteilungsregeln bestimmt werden. Und eine Theorie der Gerechtigkeit hat sich auf die Bedingungen zu konzentrieren, die die Strukturen als Verteilungsregeln erfüllen müssen. Die in der Theorie entwickelten Prinzipien sind demnach unabhängige Kriterien, um die Verteilungsstrukturen vergleichbar zu machen und ihre Gerechtigkeitsqualität zu bestimmen. Um eine Theorie der Gerechtigkeit zu entwickeln, ist manches zu beachten und vorher festzulegen, nicht jedoch ist dazu erforderlich, die Anteile zu bestimmen, die Individuen als die je besonderen Individuen, die sie sind, im Rahmen einer gleichen Verteilung beanspruchen dürfen. Das Programm der institutionalistischen Gerechtigkeit verlangt eine *Theorie über die Verteilungseigenschaften von Strukturen.* Das Programm der individualistischen Gerechtigkeit erfordert hingegen eine *Theorie über die Eigenschaften von individuellen Anteilen.* Die Individualisten halten die These für selbstevident, daß die allgemeine menschenrechtliche Gleichheit Gleichheit hinsichtlich dessen impliziere, was dann näherhin als individuenbezogene Grundeinheit der Verteilungsgerechtigkeit eingeführt wird, dies mögen Ressourcen, Wohlergehensquanten oder Wohlfahrtschancen sein. Die Pointe dieser Konzeption ist also die Überzeugung, daß es sowohl möglich als auch notwendig sei, das, was die Gerechtigkeit erfordere, das, was von den Individuen gerechterweise erwartet und verlangt werden kann, unabhängig von den gesellschaftlichen Verteilungsstrukturen festzulegen. Die individualistische Konzeption der sozialen Gerechtigkeit ist also prä-institutionell und prä-strukturell. Institutionen und Strukturen sind für sie daher nicht der Ort der Gerechtigkeit, stehen nicht unter der Gerechtigkeitsdifferenz. Institutionen und Strukturen sind für sie nur das Instrumentarium für die Implementierung der individualistischen Gerechtigkeit, der Gerechtigkeit gegenüber äußerlich und nur hinsichtlich ihrer technischen Leistungsfähigkeit von Bedeutung. Hier besteht durchaus eine Parallele zu dem klassischen liberalen Politikverständnis: die staatliche Ordnung ist nichts anderes als eine unerläßliche technische Bedingung für die Verwirklichung individueller vorstaatlicher Grundrechte.

Ein weiterer Vorzug der institutionalistischen Verteilungsgerechtigkeitskonzeption ist ihr politischer Charakter. Denn die institutionelle Ausgestaltung der institutionalistischen Verteilungsgerechtigkeit besitzt immer einen Spielraum, den auszumessen und auszulegen Aufgabe deliberativer Politik ist. Die institutionalistische Konzeption der Verteilungsgerechtigkeit ermöglicht und verlangt politisches Handeln. Sie trägt einen Begriff von Sozialstaatlichkeit, der im Horizont der politischen Selbstorganisation der kooperationsgemeinschaftlichen und solidargemeinschaftlichen Gesellschaft verbleibt. Wohingegen die Allokationsmathematik der individualistischen Verteilungsgerechtigkeit kein politisches Handeln gestattet, sondern lediglich effizienten technischen Vollzug verlangt. Der Sozialstaat der individualistischen Verteilungsgerechtigkeit ist eine leviathanische Bürokratie, deren kompensatorische Distributionstechnik der politischen Selbstbestimmung der Gesellschaft entzogen ist. Es ist evident, daß zwischen der gerechtigkeitsethischen Enteignung der Bürger und der bürokratischen Verteilungstechnokratie ein enger Zusammenhang besteht: wie aus dem Leben der einzelnen Freiheit und Selbstbestimmung weicht, so weicht aus dem Leben der Allgemeinheit Politik und Selbstmächtigkeit.

Die individualistische Distributionsalgebra der Wohlfahrtsbürokratie ist die aberwitzige Vollendung jenes rationalistischen Maschinenwesens des modernen Staates, gegen das sich bereits die romantischen Modernitätskritiker gerichtet hatten, die ein feines Gespür für die Nivellierungs- und Entmündigungswirkungen des Planungsrationalismus egalitärer Glücks- und Gerechtigkeitstechniker besaßen und sich darin durchaus mit dem Antikonstruktivismus der *libertarians* treffen, mit diesem jedoch nicht den normativen Individualismus teilen, sondern aufgrund ihrer anti-modernistischen Affekte den organischen Gemeinschaftsgebilden immer den Vorzug vor künstlich-assoziativen Vergesellschaftungen geben. Was Görres von den rationalistischen Politikern, den Verfassungskonstrukteuren und Gesellschaftsmachern schreibt, trifft sicherlich auch auf die Wohlfahrtsbürokraten einer egalitären Gerechtigkeitskonzeption zu:

> „Rastlos, wie vom bösen Geist besessen, hetzen und jagen sie Dinge und Menschen durcheinander, daß nichts in Ruhe sich bewurzeln vermag. Da keine Ahnung in ihnen zurückgeblieben ist von dem stillen, leisen, gelassenen Gange, in dem die Natur ihre Bildungen entfaltet, so ist's der Mechanismus, dem sich ihre Ungeduld verschreibt, und der Staat wird unter ihren Händen zu einer Dampfmaschine [...] In diesem Mechanismus, dem alles gerade Linie und Ziel geworden, müssen alle Linien zu einem Mittelpunkt, alle Zahlen zu einer Mitte gehen, damit die Willkür von

der Mitte aus nach Gefallen rechnen und richten mag und kein menschliches oder bürgerliches Verhältnis eine störende Selbständigkeit zu behaupten sich getraue. Gewalttätig wird alles der jedesmal herrschenden Idee aufgeopfert; nichts mag so fest gegründet stehen, daß der Wirbel ihrer Organisationswut es zuletzt nicht niederreißt [...] indem ein klarer, wasserheller Verstand alles wohl beschickt, dürfen sie schonungslos durch alle menschlichen Verhältnisse fahren und auf ihrem Schachbrett Bauern, Läufer, Türme, Ritter ziehen nach Gutbefinden von dem einen Ende zu dem anderen. Ihre Verfassungen sind nicht gesellige Vereine von selbständigen Menschen, zu gegenseitiger Bindung und Befreiung eingegangen, es sind Bücher.“[87]

Mit diesem antimathematischen, antitechnizistischen Charakter, mit dieser Offenheit für politische Gestaltung ist eine weitere Stärke der institutionalistischen Konzeption der Verteilungsgerechtigkeit eng verbunden. Sie wird sichtbar, wenn wir der Frage des Wertbereichs nachgehen und die Anspruchsberechtigten ins Auge fassen. Wohlfahrtsrechte sind Bürgerrechte, keine Menschenrechte. Die innere moralische Stabilität eines wohlfahrtsstaatlichen Zwangssystems der Solidarität kann durch einen starken Zustrom von außen belastet werden. Zwar ist die Inklusionskapazität des modernen Wohlfahrtsstaats beträchtlich; in der kurzen Geschichte seiner Entwicklung hat er immer weitere Teile der Gesamtbevölkerung in seine Leistungen eingeschlossen. *Aber diese wohlfahrtsstaatliche Inklusionskapazität kann grundsätzlich nicht die Fassungskraft der rechtsstaatlichen Inklusionskapazität erreichen.* Die wohlfahrtsstaatliche Inklusionskapazität kann nicht globalisiert werden; der gerechtigkeitsprekäre Charakter der Wohlfahrtsstaatsfinanzierung durch Zwangsabgaben verlangt, daß die politischen Grenzen der Kooperationsgemeinschaft und der Solidargemeinschaft weitgehend konvergieren, daß die zwangsfinanzierten Leistungen den Mitgliedern der Solidargemeinschaft vorbehalten bleiben. Wohlfahrtsrechte sind partikulare Rechte und begründen eine rechtliche und ethische Asymmetrie zwischen Bürgern und Nicht-Bürgern. Nicht-Bürger besitzen keinen Anspruch auf Wohlfahrtsleistungen. Der Wohlfahrtsstaat ist das Versorgungssystem einer besonderen Solidargemeinschaft, die ihren hilfebedürftigen Mitgliedern einen Anspruch auf bestimmte staatliche Versorgungsleistungen einräumt, die durch die Steuern und Zwangsbeiträge der erwerbstätigen Bürger finanziert werden. Daher muß eine vermehrte Zuwanderung von Nicht-Bürgern immer zu einer Gerechtigkeitszumutung führen, da diese Solidarleistungen konsumieren, obwohl sie nicht zur Solidargemeinschaft gehören. Die institutionalistische Gerechtigkeitskonzeption kann dieser Situation gerecht werden. Ihr Anwendungsraum ist von vornherein der Bereich der politischen Selbstorganisation der Gesellschaft im traditionellen nationalstaatlichen Rahmen. Sie wendet sich an Bürger, die ihr Gemeinwesen nach rechtlichen und ethischen Prinzipien ordnen wollen.[88]

---

87 Stenzel 1986, 275/76.

88 Hier dienen mir die Begriffe der politischen Solidarität, des Bürgerstatus und der wohlfahrtsrechtlichen Asymmetrie dazu, die Überlegenheit der institutionalistischen Konzeption der Ver-

Die individualistische Gerechtigkeitskonzeption vermag hingegen den grundlegenden Unterschied zwischen der menschenrechtlichen und der bürgerrechtlichen Dimension nicht festzuhalten. Die individualistische Gerechtigkeitskonzeption tendiert zur Globalisierung. Denn es ist nicht ersichtlich, wie das Prinzip der Ressourcengleichheit die Einschränkung der in ihm begründeten Anwartschaften auf gleiche Ressourcen auf die Mitglieder einer kontingenten politischen Gemeinschaft begründen kann. *Warum sollten zufällige Grenzziehungen den Dworkinschen Neid aufhalten?* Warum sollen die Begabungsausstattungen und Lebenskarrieren jenseits der Grenze aus dem komparatistischen Verfahren der Kompensationshöhenbestimmung ausgeschlossen werden? Warum erstreckt sich der hypothetische Versicherungsmarkt nicht auf die Leute jenseits der Landesgrenzen?

11 „A Bureaucratic Nightmare"

Das individualistische Konzept der Verteilungsgerechtigkeit ist auf die Unterstützung eines allwissenden Staates angewiesen. Es impliziert einen Informationsbeschaffungstotalitarismus. Manche Individualisten sehen diese Schwierigkeiten. Bei Arneson, der sich für ein Prinzip der gleichen Wohlfahrtschancen ausspricht[89], lesen wir etwa:

> „Im konkreten politischen Leben unter modernen Bedingungen werden die Verteilungsinstanzen erstaunlich wenige Fakten kennen, die eigentlich bekannt sein müßten, wenn man genau bestimmen wollte, welche Chancen zur Erlangung von Wohlergehen verschiedene Menschen gehabt haben. Bis zu einem gewissen Grad ist es

---

teilungsgerechtigkeit gegenüber der individualistischen Konzeption der Verteilungsgerechtigkeit zu zeigen. Überlegen ist der distributive Institutionalismus, weil er eben mit der politischen Solidarität vereinbar ist, sein begrifflicher Rahmen für politische Solidarität, Bürgerstatus und wohlfahrtsrechtliche Asymmetrie Platz läßt. Im Abschlußkapitel werde ich freilich der politischen Solidarität die Rolle einer paradigmatischen Alternative zur Verteilungsgerechtigkeit geben und sie als alternatives normatives Fundament der Wohlfahrtsstaatsbegründung betrachten, denn so überlegen die institutionalistische Konzeption der Verteilungsgerechtigkeit der individualistischen Konzeption der Verteilungsgerechtigkeit gegenüber immer sein mag, auch sie ist mit fundamentalen Schwächen behaftet, die im Konzept der Verteilungsgerechtigkeit selbst begründet sind. Daher ist ein Paradigmenwechsel von der Verteilungsgerechtigkeit zur politischen Solidarität, von dem Rechtsinhaber und Anspruchserheber zum solidaritätgebenden und solidaritätnehmenden Bürger notwendig. Von politischer Solidarität rede ich, um herauszustellen, daß die kollektiv organisierte Solidarität allein durch die Idee des Bürgerstatus getragen wird und nicht an vor-politische Gemeinsamkeits- und Zugehörigkeitsbestimmungen gebunden ist und keiner ethnischen, kulturellen oder religiösen Homogenität bedarf. Politische Solidarität ist also ein anti-kommunitaristisches Konzept.

89 Er distanziert sich damit vom Wohlfahrtsegalitarismus, da dieser den individuellen Entscheidungen keinerlei Bedeutung bei der Bestimmung der Equalisanda einräumt, ohne jedoch Anhänger einer Ressourcengleichheitskonzeption zu werden; zur Kritik der Arnesonschen Konzeption vgl. die triftige Analyse in Rakowski 1991, 44–52.

technisch nicht machbar oder sogar völlig unmöglich, die benötigten Informationen zu sammeln, und bis zu einem gewissen Grad geben wir den Regierungen nicht die Ermächtigung, die benötigten Informationen zu sammeln, weil wir die Sorge haben, daß eine solche Ermächtigung mißbraucht wird."[90]

Und an anderer Stelle schreibt Arneson gleich zu Beginn einer längeren Abhandlung über die Vorzüge seines „distributive subjectivism":

> „Doubtless it would be extremely costly and difficult, perhaps impossible, to set up institutions that could effectively gather and deploy the information that would be needed to taylor distributive shares to preferences. Hoping to bring about an increase in their distributive shares, individuals would have an incentive to present false information about their preferences to these share-setting institutions. One pictures a bureaucratic nightmare."[91]

Unterstellt, ein System würde dieses ozeanische Wissen sich verschaffen und in einen zuverlässigen Verteilungsmechanismus investieren können, würde dieses System sich die für uns wertvollen Elemente der Rechtsstaatlichkeit und Verfassungsstaatlichkeit leisten können? Das Differenzprinzip etwa, Rawls legt großen Wert darauf, das mit aller Klarheit herauszustellen, durchkreuzt keinesfalls die durch ein stabiles System genereller Rechtsregeln erzeugte Erwartungssicherheit und Verhaltensstabilisierung.

> „Das Differenzprinzip gilt z. B. für die Besteuerung von Einkommen und Vermögen, für die Steuer- und Wirtschaftspolitik. Es gilt für das verkündete System öffentlicher Rechte und Gesetze, aber nicht für einzelne Transaktionen oder Verteilungen, ebensowenig für die Entscheidungen von Individuen und Vereinigungen, sondern vielmehr für den institutionellen Hintergrund, vor dem diese Transaktionen und Entscheidungen stattfinden. Es gibt keine unangekündigten und unvorhersehbaren Eingriffe in die Erwartungen und Erwerbungen der Bürger. Ansprüche werden erworben und geachtet, wie es das System öffentlicher Regeln verkündet. Der Einwand, das Differenzprinzip schreibe ständige Korrekturen einzelner Verteilungen und komplizierte Eingriffe in private Transaktionen vor, beruht auf einem Mißverständnis."[92]

Die Systeme der individualistischen Verteilungsgerechtigkeit jedoch, insbesondere die, die sich an der Gleichheit des Wohlergehens und der Chancen zum Wohlergehen orientieren, können sich eine derartige konstitutionelle und institutionelle Selbstbindung nicht erlauben. Sie benötigen die Beweglichkeit eines Maßnahmestaats; durch Verfassung und Gesetze würde ihr Reaktionsvermögen und ihr Hand-

---

90 Arneson 1994, 342.
91 Arneson 1990, 158. Diese Einsicht hindert Arneson jedoch nicht daran, folgendermaßen fortzufahren: „I ignore these practical feasibility issues in this article". „Feasibility issues" sollten aber in der politischen Philosophie nicht ignoriert werden, wenn diese mehr sein will als normative Gebärde und begriffliches Glasperlenspiel.
92 Rawls 1975, 73.

lungsspielraum derart weitreichend eingeschränkt, daß ihr Gerechtigkeitsdienst an den Präferenzen der Individuen zusammenbrechen würde. Sie müssen flexibel sein, immer eingriffsbereit und grenzenlos redistributionswillig. Wenn wir der Frage also nachgehen, welches Maß an planungs- und lebenssicherheitsförderlicher Institutionalisierung das System der individualistischen Verteilungsgerechtigkeit erlaubt, müssen wir zu dem bemerkenswerten Schluß kommen, daß die menschenrechtliche Modernisierung der sozialen Gerechtigkeit und die politische Modernisierung menschlichen Zusammenlebens auseinandertreten. Die Verteilungsgerechtigkeit der tiefen, der menschenrechtlichen Gleichheit verlangt nach einer politischen Einfassung, die hinter das Organisationsniveau des Rechts- und Verfassungsstaates weit zurückfällt und in die Richtung eines Maßnahmestaates der Verteilungsgerechtigkeit ausschlägt. Gerade das, was Willkür brechen und Unberechenbarkeit der Macht abwehren soll, die Bindungswirkung änderungserschwerter Verfassungsgrundsätze und genereller Rechtsregeln, würde eine Politik der tiefen Gleichheit unmöglich machen. Der *distributive Maßnahmestaat* muß seiner Klientel die Segnungen aller Institutionalisierung versagen; Gerechtigkeit und Gnade werden so in ihm ununterscheidbar. Wegen dieser prekären, auf alles institutionelle Regelwerk verzichtenden Verwirklichungssituation benötigen die gerechtigkeitstheoretischen Individualisten die Mathematik, müssen sie die Distribution auf der Grundlage vollständiger präferentieller Durchsichtigkeit mathematisieren. Die szientistische Illusion ist dieser Theoriefamilie als interne Konsistenzbedingung geradezu eingeschrieben. Damit die gerechtigkeitsethische Korrektur der Willkür der natürlichen und sozialen Ausgangsverteilungen nicht in eine Willkür der gerechtigkeitsethischen Korrektur umschlägt, muß unterstellt werden, daß die individualistische Gerechtigkeitsregie mit mathematischer Genauigkeit arbeitet. Die spröde Mathematik bekommt den Auftrag, die Gerechtigkeit davor zu bewahren, zu bürokratischen Willkür- und Gnadenakten zu verkommen.

Kant hat den eudämonistischen Paternalismus des Wohlfahrtsstaats seines Jahrhunderts als ärgste Despotie gebrandmarkt, weil er den individuellen Konzeptionen eines glücklichen Lebens eine allgemein verbindliche Glücksdefinition gewaltsam überstülpt. Eine derartige zentralistische Verordnung einer sittlich-materialen Lebensform durch den Staat ist bei den individualistischen Theoretikern der Verteilungsgerechtigkeit nicht vorgesehen; die individualistische Basis soll derartigen sittlich-obrigkeitlichen Bevormundungen ja gerade den Weg verlegen, indem sie den Individuen das Recht beläßt, selbst den Glückskurs ihres Lebens zu bestimmen. Gleichwohl kann man von einer *Despotie der Verteilungsgerechtigkeit* sprechen. Diese Distributionsdespotie ist sogar noch ärger als der polizeistaatliche Paternalismus zu Kants Zeiten, weil sie nämlich das Individuum in seiner Besonderheit betrifft. Staatliche Aufgaben sollten so definiert werden, daß der Staat nie die Individualität seiner Individuen zum Gegenstand seiner Neugier und seiner Reglementierung machen darf. Und jede Form von Verteilungsgerechtigkeit ist abzulehnen, die von den staatlichen Strukturen Aufgaben verlangt, die sich nicht an diese Begrenzung halten. Ohne Ansehen der Person soll in einem Rechtsstaat Recht gesprochen werden; dieses Desinteresse an der Individualität der Person verschafft Schutz und Sicherheit und Würde. Die Institutionen, geronnene Normenkonstellationen und Handlungsregeln, sind individualitätsunfähig, sie verstehen nicht, sondern sie klassifizieren. Dieser institutionalistische Takt, der die normativ-gesetzlichen Zuschreibungsgrenzen nicht überschreitet und das Individuum in seiner Individualität unberührt läßt, wird in der individualistischen Verteilungsgerechtigkeit und dem von ihr verlangten staatlichen Informationsbeschaffungstotalitarismus verletzt. Durch einen Blick in die Geschichte der Gerechtigkeitsphilosophie hätten sich die Individualisten mit einer angemessenen Vorstellung von dem ungeheuren Wissen, das ein individuenempfindliches Verteilungssystem benötigt, versehen können. Dann würde von dem koketten Arnesonschen „perhaps impossible" nichts übrig bleiben. Nach Kant vermag nur Gott den Individuen einen ihren je individuellen Moralitätsanstrengungen genau proportionierlichen Glückseligkeitsanteil zuzuteilen. Denn diese Evaluierungstätigkeit ist äußerst kompliziert, verlangt sie doch, immerhin bei jedem einzelnen Menschen alle wahrgenommenen und nicht-wahrgenommenen Chancen moralischer Bewährung zu berücksichtigen, dann den erwirtschafteten Moralitätsteil festzustellen und ihm schließlich einen angemessenen Glückseligkeitsanteil zuzuordnen, was nicht ohne die Aufstellung einer Gewichtungen ermöglichenden Moralitätsskala und Glückseligkeitsskala geht, wobei bei der Handhabung der letzteren überdies noch die je individuelle Empfindungswelt eingerechnet werden muß, denn das Glück des einen ist nicht das Glück des anderen, und die Steigerung des Glücks des einen ist nicht die Steigerung des Glücks des anderen. Verglichen mit dem jedoch, was eine angemessene distributionspolitische Operationalisierung des Prinzips der Ressourcengleichheit oder des Vergleichs der Arnesonschen lebensgeschichtlichen Entscheidungs-Bäume an kognitivem Aufwand verlangt, hat es der Gott des Kantischen Systems der gerechten, weil moralitätsangemessenen Belohnung noch gut.

Wir wissen aus der wirklichen Geschichte wie aus der Geschichte der Ideen, daß im Individuellen wie im Kollektiven nur wissenschaftsverschontes Leben ein freies Leben ist, daß individuelle Freiheit, vor allem aber kollektive, politische Freiheit nur in praktischen Kontexten gedeiht, praktische Kontexte aber durch die Diktatur wissenschaftlich-technischer Genauigkeit verkümmern. *Freiheit hat einen nicht unerheblichen Ungenauigkeitsbedarf.* Der Egalitarismus bestätigt das wider Willen. Obwohl dem Liberalismus selbst entwachsen, macht er mit seinen distributionalen Arrangements politische Freiheit zunichte. Wenn wir einen ungeteilten Freiheitsbegriff zugrundelegen, politische Mitwirkung und Privatheit als zwei Seiten einer liberal-demokratischen Medaille betrachten, dann ist dem Egalitarismus vorzuwerfen, daß er Freiheit zugunsten seiner Gleichheitsvorstellungen zerstört. Daß eine Politik der Gleichheit, die nicht – prospektiv und zuversichtlich – auf Steigerung des Ausbildungsniveau, Chancenmehrung, produktivitätsbedingte Wohlstandssteigerung und umfassende Eigentumsbildung setzt, sondern – retrospektiv und kompensatorisch – Umverteilungsprogramme entwickelt, den Freiheits- und Legitimitätsgewinn rechtsstaatlicher und demokratischer Ordnung verspielen kann, hat uns der Sozialismus gezeigt. Daß jedoch auch der dem Liberalismus selbst entstammende Egalitarismus Freiheit und Gleichheit heftig gegeneinander aufbringen kann, zeigen die

Entwürfe des zeitgenössischen egalitären Liberalismus, zeigt insbesondere auch die Konzeption Dworkins. Wie sich im Fortgang der egalitaristisch-distributionalen Ausdeutung des liberalen Gleichheitsfundaments zeigt, überwuchert der aus dem individuellen Freiheitsrecht abgeleitete Anspruch auf eine gesellschaftlich garantierte gleiche Ressourcenausstattung den gesamten politischen Entscheidungs- und Handlungsraum und erstickt jede Möglichkeit kollektiver demokratischer Selbstbestimmung. Um jedem das zuteilen zu können, was ihm nach der Ressourcengleichheit zusteht, muß das *paradoxe Regiment eines individualistischen Totalitarismus* errichtet werden, muß eine allwissende Verteilungsbürokratie eingerichtet werden, die der Politik keinen Raum mehr läßt. Dworkins Idee, den Sozialstaat in vorpolitischer Gleichheit zu gründen, ihn nicht als Organisationsform politischer Solidarität, sondern als Zuteilungsbürokratie zu entwerfen, führt zu einer merkwürdigen Kooperation von hypertropher Moral und hypertropher Technik, die wie ein Schraubstock politische Freiheit erdrücken und demokratischer Selbstbestimmung jeden Entfaltungsraum nehmen muß. Sein Egalitarismus hält das Individuum in politischer Unmündigkeit. Das Individuum, das ein gleiches Recht auf individuelle Selbstbestimmung und ethisch autonome Lebensführung hat, wird zusätzlich mit einem gleichen Anspruch auf eine dieser individuellen Lebenskonzeption zugeordneten Ressourcenmenge ausgestattet. Dessen Einlösung verlangt jedoch, politische Selbstbestimmung durch Anteilsbestimmung und Zuteilungstechnik zu ersetzen. So ist das Beste, was das Individuum erreichen kann, ein authentisches, herausforderungsvolles, mit passenden Ressourcen hinreichend versehenes Leben, das freilich immer im Horizont der Privatheit verbleibt und seine lebensethische Parzelle nicht verlassen kann. Nie vermag sich der ressourcenegalitaristisch Versorgte zum Bürger zu erheben.

12 Cartesianismus der Verteilungsgerechtigkeit

Dworkins Auktionsmodell leidet an einer großen methodologischen Schwäche. Es ist narrativ zu gehaltvoll, daher in seiner Plausibilität von vielen Variablen abhängig, die in einer anderen Geschichte ganz anders aussehen könnten, dann aber auch ein anderes Auktionsverfahren nahelegen würden. Anders muß zum Beispiel das Verteilungsverfahren aussehen, wenn nicht Abundanz, sondern wirkliche Knappheit herrscht, oder wenn die Immigranten wenige sind und die Insel riesige Ausmaße hat. Auch ist es sicherlich unwahrscheinlich, daß Immigranten, also eine durch irgend eine Not vertriebene und durch ein gemeinsames hartes Schicksal zusammengeschweißte Gruppe von Menschen die ersten Phasen ihres gemeinsamen Lebens in der neuen Heimat, die ersten Schritte der Besiedelung und Kultivierung ihrer Insel nach dem Vorbild einer kompetitiven Marktwirtschaft organisieren.[93] Aber ich bin

---

93   Vgl. Narveson 1983a, 14f.

an der internen Problematik des Dworkinschen Auktionsmodells[94] und Versicherungsschemas genausowenig interessiert wie an den internen Verständnisschwierigkeiten des Differenzprinzips. Mich interessiert das philosophische Profil der Dworkinschen Konzeption der Ressourcengleichheit, das Verhältnis zwischen Gleichheit und Gerechtigkeit und die Spannung zwischen Begabung und Leistung.

Jedem das Seine: dieses ehrwürdige Motto der distributiven Gerechtigkeit gilt auch für das Prinzip der Ressourcengleichheit; durch ein Verfahren der „overall comparisons of each person's overall situation"[95] soll für jedes Individuum gesondert bestimmt werden, was ihm zukommt und das Seinige ist. Rawls hingegen ist davon überzeugt, daß es begrifflich wie politisch unmöglich ist, zu bestimmen, was jedem Individuum gerechterweise zukommt. Sein Differenzprinzip führt nicht das Ulpiansche *suum cuique* im Wappen. Den besonderen Vorzug des Ressourcengleichheitsprinzips sieht Dworkin darin, daß auf seiner Grundlage die gerechtigkeitsethisch notwendige Unterscheidung zwischen verdienten und kompensationsunbedürftigen Ungleichheiten und unverdienten und kompensationspflichtigen Ungleichheiten klar gezogen werden kann; nur ein System der tiefen Gleichheit vermag ein Verteilungssystem zu begründen, das zugleich „ambition-sensitive" und „endowment-insensitive" ist. Diese Unterscheidung ist natürlich nur dann sinnvoll, wenn das Prinzip der Ressourcengleichheit mit einem Kompensations- oder Ausgleichsprinzip gekoppelt wird. Rawls hat sich entschieden dagegen ausgesprochen, ein Verteilungssystem auf das Fundament eines Ausgleichsprinzips, eines „principle of redress"[96] zu stellen, gar in einem solchen Ausgleich das ganze Ziel einer gerechten Ordnung zu erblicken. Für Dworkin ist in der Tat das einzige Ziel der Gerechtigkeitspolitik Gleichheitsherstellung durch Ausgleichsleistung. Die Gesellschaft des egalitären Liberalismus ist bei ihm eine Kompensationsmaschinerie, die durch einen individuell zugeschnittenen Ausgleich von Benachteiligungen und Begünstigungen den Individuen faire Lebensbedingungen garantiert. Der Gedanke der Kooperativität, des wechselseitigen Vorteils fehlt bei Dworkin völlig; seine Gesellschaft ist kein Unternehmen der Zusammenarbeit. Daher ist die leitende gerechtigkeitstheoretische Frage auch nicht, wie innerhalb dieses kooperativen Systems Lasten und Gewinne der gemeinsamen Arbeit zu verteilen sind. Das leitende Interesse seiner gerechtigkeitstheoretischen Fragestellung gilt dem, was jedem Individuum in einem System tiefer Gleichheit zukommt. Um dieser Fragestellung nachzugehen, muß theorieintern ein Ausgleichszustand vollständiger

---

94 Dazu Alexander/Schwarzschild 1987. Zu Recht bemängeln die Autoren, daß Dworkin weder der Aggregationsfrage – der Kombination von Bietungsstrategien bei der Auktion – noch der Teilungsfrage, der angemessenen Individuation der Ressourcen, noch auch der wichtigen Frage des Unterschiedes zwischen privaten und öffentlichen Gütern nachgeht, damit aber das Ressourcengleichheitsproblem unterbestimmt, denn die Qualität der sozialen wie der natürlichen Umwelt des Wohn- und Arbeitsortes ist sicherlich von beträchtlicher Bedeutung für Lebenserfolg und Wohlbefinden.

95 Dworkin 1983c, 4.

96 Rawls 1971, 101.

Gleichheit modelliert werden, der die Abweichungsgrade der Wirklichkeit, die Höhe der Gerechtigkeitsschulden der vorfindlichen Realität kenntlich macht und die Ausgleichspolitik dirigiert. Das Differenzprinzip hat es da leichter:

> „Es besteht kein Zweifel, daß dieser Anfangszustand überhaupt nicht angegeben zu werden braucht, denn wie gut es den Menschen in ihm geht, spielt für die Anwendung des Differenzprinzips keine Rolle. Man maximiert einfach die Aussichten der ungünstigsten Position unter den geforderten Einschränkungen. Solange das jedem etwas bringt [...], sind die Veränderung gegenüber der theoretischen Situation der Gleichheit ohne Bedeutung und wahrscheinlich kaum angebbar."[97]

Ohne Frage hat das Differenzprinzip den nicht zu unterschätzenden Vorteil, seine spezielle Maximierungsstrategie zu jedem Zeitpunkt und ohne alle Rücksicht auf hypothetische Verträge, Gleichheitsmodelle, komplizierte Ausgleichsmechanismen und abstruse Vergleiche zwischen Ist-Zuständen und Soll-Modellen anwenden zu können, während das individualistische Ausgleichsprinzip aufgrund seiner diversen epistemologischen Fiktivitäten seine eigene Implementierung verhindert. Niemand kann zuverlässige Erkenntnis über radikale strukturpolitische Veränderungen der Realität oder über nur sanfte redistributive Umschichtungen mittels der Science-fiction-Epistemologie der Individualisten erreichen. Es ist schlechthin unmöglich, das, was einem gegebenen Individuum aufgrund des Ressourcengleichheitsprinzips etwa zusteht, dadurch zu bestimmen, daß man das, was es hat, weil es ist, was es ist, und in einer Gesellschaft lebt, die ist, wie sie ist, mit dem vergleicht, was es hätte, wenn es in einer anderen Gesellschaft lebte, seine Talente unter anderen Bedingungen entwickelte, sich anders entschieden hätte usf. Wie soll man eine bestehende Ressourcenverteilung mit dem Ergebnis einer gedachten und hinsichtlich ihrer internen Bestimmungen völlig kontingenten Auktion vergleichen können? Welche Überzeugungskraft wohnt einem Argument inne, das etwa zur Begründung einer möglicherweise benachteiligenden Ressourcenausstattung in der Wirklichkeit hier und jetzt eine Geschichte erzählt, in der der Nachweis erbracht werden soll, daß man sich nach einer hypothetischen Ersteigerung eines Ressourcenbündels und einem verschachtelten System nachgereichter Kompensationen von anfänglich vorliegenden und im weiteren Lebensverlauf eintretenden Benachteiligungen besser gestanden hätte, als man sich jetzt steht? Eine Theorie, die ihren eigenen Erfolg an die Bedingung einer derartig abenteuerlichen Komparatistik bindet, ist wenig geeignet, unsere Gerechtigkeitsüberlegungen zur Vernunft zu bringen.

Welchen großen epistemologischen Wall die Dworkinsche Konzeption der differentialanalytischen Ermittlung dessen, was man durch Leistung verdient, aufgrund benachteiligender oder bevorzugender Talentausstattung hingegen nicht verdient, zwischen sich und der Wirklichkeit aufwirft, zeigt folgendes Beispiel. Man nehme folgenden Fall: A hat großes Talent und leistet viel; B hat großes Talent und

---

97 Rawls 1975, 100f.

leistet wenig; C hat geringes Talent und leistet wenig. In dieser Situation verdienen B und C dasselbe relativ zu einander, aber A verdient sicherlich mehr relativ zu B als zu C, denn es muß ein Unterschied bestehen zwischen der Verwahrlosung von Talenten durch Faulheit einerseits und natürlicher Untalentiertheit andererseits, zwischen natürlicher Benachteiligung zum einen und aus Bequemlichkeit nicht genutzter natürlicher Bevorzugung zum anderen. Das aber heißt, daß A, wenn er genau das bekommt, was ihm relativ zu B zusteht, nicht das bekommt, was er relativ zu C verdient; und wenn er genau das bekommt, was ihm relativ zu C zukommt, er dann nicht mehr genau das bekommt, was ihm in Bezug auf B zukommt. Ein komparatistischer Verdienstalgorithmus, der das Verdienst eines jeden relativ zu dem jedes anderen bestimmt, ist also unmöglich. Richtige Zuteilungen sind bei Wechsel des Vergleichspartners immer zugleich auch falsche, zu hohe oder zu niedrige Zuteilungen.

Gemessen an den anspruchsvollen Vorstellungen des Ressourcengleichheitsprinzips wird das Differenzprinzip der gerechtigkeitsethischen Doppelforderung nach einem zugleich ‚begabungs-unempfindlichen‘ und ‚leistungs-empfindlichen‘ Verteilungsmuster nur unvollkommen gerecht. Eine gerechtigkeitsethische Neutralisierung natürlicher Benachteiligungen und Bevorzugungen betreibt das Verteilungsmodell des Differenzprinzips nur insofern, als eben das Verteilungssystem des Marktes durch gesellschaftliche Rahmenbedingungen korrigiert wird, die die Produktivität des Talents für eine Verbesserung der Nutzenposition der Schlechtestgestellten verwenden. Dworkins individualistische Konzeption der Ressourcengleichheit verlangt jedoch eine weit größere Kompensationstiefe, erreicht diese aber nur, wenn die Aufgabe einer verläßlichen Bestimmung des je individuellen gerechten Ressourcenanteils lösbar ist.

Die Doppelforderung nach einem zugleich ‚begabungs-unempfindlichen‘ und ‚leistungs-empfindlichen‘ Verteilungsmuster ist offenkundig der gerechtigkeitstheoretische Ausdruck des menschlichen Schicksals, selbstbestimmt handeln zu können, aber dabei immer unter vorgegebenen Bedingungen handeln zu müssen. Das Prinzip der Ressourcengleichheit gründet also in einem *Cartesianismus der Verteilungsgerechtigkeit*, dessen Verwirklichung eine diffizile diskriminatorische Ätiologie voraussetzt, mit der wir das komplexe Kausalitätsgeflecht unseres Lebens entwirren und die einzelnen Ursachenstränge identifizieren können, um zuverlässig herauszufinden, „which aspects of any person's economic position flow from his choices and which from advantages und disadvantages that were not matters of choice".[98] Die Ähnlichkeit zwischen diesem gerechtigkeitstheoretischen Doppelkriterium und den subjektivitäts- und verantwortungstheoretischen Grundlagen unseres moralischen Selbstverständnisses sind auffällig. Wir können unsere gesamte kulturelle, moralisch und juristisch ausdifferenzierte Beurteilungspraxis nicht aufrechterhalten, wenn wir nicht an der prinzipiellen Möglichkeit festhalten, einen

---

98 Dworkin 1985, 208.

Bereich verantwortungszugänglicher Entscheidungen von einem anderen Bereich verantwortungsunzugänglicher externer Einflußfaktoren unterscheiden zu können. Es muß jedoch bezweifelt werden, ob sich ein praktikables Gerechtigkeitskonzept auf dieser Grundlage errichten läßt. Denn wir verfügen nicht im entferntesten über die ätiologische Differentialanalyse, die wir benötigten, um eine gerechte Verteilungspraxis im Sinne des individualistischen Ressourcengleichheitsprinzip zu begründen.[99]

---

99   Diese Kritik an der mangelnden kriteriellen Brauchbarkeit der Unterscheidung zwischen Talenten und Umständen einerseits und Präferenzen und Leistungen andererseits für die Bestimmung einer nachträglichen Sicherstellung der Ressourcengleichheit durch abwärtsegalisierende Umverteilung wird durch einen Blick in die einschlägige Literatur bestätigt. Während die einen zwar an der grundsätzlichen Unterscheidung festhalten, den Schnitt nur anderswo machen wollen („the right cut is between responsibility and bad luck, not between preferences and resources" (Cohen 1989, 921)), versuchen die anderen die Dworkinsche Demarkation genauer zu bestimmen, um die das Equalisanda und damit das Ausmaß der wohlfahrtsstaatlichen Egalisierung zu bestimmen. Was gehört nun zu den Umständen und was nicht? Welch grotekes Ausmaß dieses Unternehmen annehmen kann, zeigt eine von Roemer (1998, 21 f.) berichtete Unterhaltung zwischen ihm und Brian Barry, ob bei einem „ type of child whom we shall call „Asian"", der sich durch großen schulischen Fleiß und großen karrierepolitischen Erfolg auszeichnet, der aber auch aufgrund des Ehrgeizes der Eltern unter starkem Leistungsdruck gestellt worden ist und infolge der autoritätsfixierten asiatischen Lebensweise die ihm auferlegten Leistungspflichten sich zu eigen macht, das „Asian" zu den redistributiv zu bewirtschaftenden Umständen gehört oder nicht. „The issue, then, is whether to include „Asian" as an element of circumstance. If we do not, then the fact that Asian children work harder in school will be attributed to their autonomous effort rather than to a cultural circumstance, and they will be more rewarded than they would be if we factor out the effect of familial pressure on their behaviour" (22). Während Barry den asiatischen Kindern den Lohn für ihre Mühe belassen möchte, unterwirft sie der Advokat der *equal-opportunity-policy* Roemer einer entsprechenden Besteuerung, da die nicht-asiatischen Kinder nicht die Chance hatten, in einem derart leistungsfreundlichen und karrierepolitisch ertragreichen Milieu aufzuwachsen und arbeiten zu lernen, und dafür zu entschädigen sind. Denn es geht darum, „to level the playing field among individuals who compete for positions", um die Ungleichheitsfolgen auf zurechenbare Ursachen zu reduzieren und die Ungleichheitsauswirkungen der Umstände auszugleichen (1). Aber die wenigen Modifikationen, die Roemer an Dworkins Programm vornimmt, reichen nicht aus, um es zu retten. Wie ich oben ausführlich zeigen werde, ist die Grenze zwischen Umständen und dem Bereich der individuellen freiwilligen Leistung, der wirklichen ‚accountability', natürlich fließend. Wie in der Einspruchsmechanik des Pyrrhonismus steht jedem Beispiel ein Gegenbeispiel gleichberechtigt gegenüber; angesichts einer solchen Situation sollte man das tun, was die alten Skeptiker in solcher Situation empfohlen haben: *epoché*, Urteilsenthaltung üben. Und das heißt: von der Überzeugung abrücken, daß die in begrenzten lebensweltlichen Kontexten durchaus sinnvoll zu handhabende Unterscheidung zwischen der Gunst und Ungunst der Umstände und der eigenen, zurechenbaren Leistung zu einem allgemeinen gerechtigkeitstheoretischen Kriterium ausgebaut werden könnte. Daß die Egalitaristen überhaupt nicht mehr bemerken, daß eine Verteilungsgerechtigkeit, die sich auf eine durchgehende und jeden Einzelfall individuell erfassende Anwendung dieses kausalen Dualismus von Selbstmächtigkeit und Gegebenheiten stützt, ein ganz erschreckender Gedanke ist, rührt daher, daß sie im Gipsbett ihres Modelldenkens schon längst alle Beweglichkeit verloren haben, die notwendig ist, um mit der Wirklichkeit Kontakt aufnehmen zu

12.1 Philosophische Scheidekünste: Rousseau und Dworkin

In seinem zweiten Discours von 1755 sucht Rousseau den *Ursprung und die Grundlagen der Ungleichheit unter den Menschen.* Die Suche nimmt ihren Anfang mit einer Bestimmung der Natur des Menschen, denn „wie soll man die Quelle der Ungleichheit unter den Menschen kennen, wenn man nicht zuvor die Menschen selbst kennt?"[100] Die Natur des Menschen ist aber schwer erkennbar, da der Mensch im Laufe seiner geschichtlichen und gesellschaftlichen Entwicklung seine ursprüngliche Beschaffenheit erheblich verändert hat, diese von kulturell erworbenen Eigenschaften und Verhaltensmustern immer stärker überlagert worden ist. Der gesellschaftliche Mensch ist daher nach Rousseau der Gestalt des Meergottes Glaukos vergleichbar, die, durch die Wucht der Wogen entstellt und mit einer dichten Kruste aus „Muscheln, Meertang und Steinen" überzogen,[101] unerkennbar geworden ist. Rousseau bezieht sich mit diesem Gleichnis auf eine berühmte Stelle in der *Politeia*, in der Platon seinerseits die Entstellungsgeschichte des Meergottes benutzt, um die Schwierigkeiten zu illustrieren, mit denen die empirische menschliche Selbstbeobachtung bei ihrem Bemühen, die wahre, durch die körperliche Umwelt nicht verdorbene Seelennatur zu erfassen, konfrontiert ist. Rousseau benötigt die wahre Menschennatur als normativen Maßstab, um die verderblichen Auswirkungen der Vergesellschaftung bestimmen zu können, um das Ausmaß der zivilisationsverursachten Verderbnis sichtbar machen zu können, um auch die sittlich unbedenkliche empirische Ungleichheit der Menschen von der sittlich bedenklichen gesellschaftlich produzierten Ungleichheit an ökonomischer, sozialer und politischer Macht, an Ansehen, Ruhm und Erfolg unterscheiden zu können. Die Verwirklichung dieses gesellschaftskritischen Programms wirft aber ein großes Problem auf, da die Wahrheit der Kritik ihre eigene Unmöglichkeit impliziert: die normative Vergleichsgröße steht aufgrund der erfolgreichen Vergesellschaftung nicht mehr zur Verfügung. Wie kann in einer Zeit der totalen Vergesellschaftung ein gesellschaftsexterner, ein vorgeschichtlicher Standort eingenommen werden? Wie kann die archäologische Suche nach den Umrissen der authentisch-lauteren Anfangsgestalt je erfolgreich sein? Woher soll diese Scheidekunst stammen, die den Naturmenschen aus den gesellschaftlichen Verwucherungen herauszutrennen weiß, die zu „entwirren" vermag, „was an der jetzigen Natur des Menschen ursprünglich und was künstlich ist"?[102]

---

können. Sie sind traurige Gefangene eines analytisch-szientistischen Paradigmas, die, von aller Welt abgeschnitten, sich mit Begriffsspielen die Zeit vertreiben. Wer kann denn ernsthaft glauben, daß die dringende wohlfahrtsstaatliche Strukturreform mit der Frage nach dem ressourcistischen Status von Sucht, teurem Geschmack oder dem kulturell begünstigten Lernverhalten asiatischer Schüler und Studenten begriffliche Klarheit und/oder praktische Orientierung gewinnt?

100 Rousseau 1971, 63.
101 Platon: *Politeia* 611d.
102 Rousseau 1971, 67.

Es ist evident, daß Dworkins Schema einer zugleich leistungsaufmerksamen wie begabungskritischen Verteilung nach einer ähnlichen Scheidekunst verlangt. Wie Platon muß er verlangen, die Tätigkeitssegmente der reinen Leistungssubjektivität von der genetisch-körperlichen wie sozialen Umgebung zu isolieren und beide in abgesonderter Gestalt zum Gegenstand gerechtigkeitsethischer Beurteilung und Behandlung zu machen. Wie Rousseau muß er die Handlungsresultate, ja das Leben der Individuen entwirren und die Auswirkungen der Zurechnung und meritorische Anspruchserhebung erlaubenden Leistungsfaktoren von den Auswirkungen der zu enteignenden und kollektiven Ausgleichsverfahren zu unterstellenden Begabungsfaktoren scharf trennen. Aber während Rousseau sich über die methodologischen Schwierigkeiten seines radikalen gesellschaftskritischen Unternehmens voll im klaren war, läßt Dworkin nicht durchblicken, daß er sich der epistemologischen Undurchführbarkeit seines gerechtigkeitskritischen Programms bewußt war.

So sehr die normative Groborientierung an den divergierenden Kriterien der Freiheit und Gleichheit uns auch einleuchtet, so stark ein gesellschaftliches Verteilungssystem sich auch immer auf eine gleichzeitige Verwirklichung der konfligierenden Ansprüche einer entscheidungsempfindlichen und begabungsunempfindlichen Distribution verpflichten mag, die empirische Wirklichkeit hält für dieses normative Programm beträchtliche Hindernisse bereit. In der Theorie läßt sich der energetisch-produktive Kern der Subjektivität mühelos von den Einflüssen der natürlichen Umstände trennen, in der Wirklichkeit jedoch kommt man mit diesem simplen subjektivitätsmetaphysischen Dualismus nicht weit. Als wenn nicht die Tätigkeiten der Subjektivität selbst ein natürliches Widerlager hätten, als ob nicht die Entscheidungstemperamente und Willensmuster, das Leistungsverhalten und die rational-kognitiven Kompetenzen durch genetische Vorgaben bestimmt wären? Bei der Ermittlung der für den individuellen Lebensverlauf verantwortlichen Faktoren stoßen wir auf eine zwar typologisch zu ordnende, empirisch jedoch unentwirrbare Gemengelage von Ursachen. *Eine gerechtigkeitsethische Operationalisierung des Dualismus von Umständen und persönlichen Entscheidungen ist illusionär.* Die Gesellschaft wird die Bürden der Gerechtigkeit nicht tragen können, wenn der gesellschaftliche Anspruch, ein autonomes Verteilungssystem zu etablieren, sich an der je individuellen Kombination von natürlich-sozialer Vorgegebenheit und eigener Zutat bewähren muß und sich nicht mit der Einrichtung genereller, auf repräsentative Benachteiligungskonstellationen zugeschnittener Verteilungsregeln begnügen kann. Das heißt, wohlgemerkt, nicht, daß es sinnlos ist, zwischen Umständen und persönlichen Entscheidungen zu unterscheiden. In der Tat sind wir ja ein Gemisch aus Umständen und persönlichen Entscheidungen, daher widersprechen wir empört der Rawlsschen kontingenzphilosophischen Dekonstruktion der Person, daher weisen wir realistisch aber auch alle anthropologisch enthusiastischen Selbsterschaffungsträume nach der Art Pico della Mirandolas zurück. Aber es ist nicht möglich, hier eine genaue Demarkation zwischen Eigenem und Fremden, Selbstmächtigem und Gegebenem zu ziehen

Daher ist die Dworkinsche allokationsgeometrische Operationalisierung der Ressourcengleichheit ebenso eine Illusion wie eine Zuschreibungschemie es wäre, die als verantwortungsethische Scheidekunst das, was uns wirklich zuzuschreiben ist, von dem zu trennen erlaubte, was auf Schicksal, Laune der Natur und Umstände zurückzuführen ist. Falsche kausalitätsorientierte Modelle sind für diese algorithmischen Illusionen verantwortlich.

Es ist ein szientistisches Vorurteil, daß es genauer Kriterien bedarf, um mit diesem Unterschied, mit diesem verantwortungs- und verdienstethischen Dualismus vernünftig umzugehen. Der *common sense* besitzt diese basale Urteilskompetenz; und im Einzelfall muß ausdiskutiert werden, ob die Umstände entlasten oder nicht; das gilt für gesellschaftliche Verantwortungszuschreibungen genauso wie für die private Verantwortungs- und Schuldprüfung. Es ist der größte methodologische Fehler der sich in den diversen Theoriekonzeptionen des egalitären Liberalismus zum Ausdruck bringenden analytischen Mentalität, kein *Gespür für die Grenzen der Genauigkeit* zu haben, nicht zu wissen, wann man ungenau bleiben muß, wann der Schritt zu größerer, wissenschaftsmethodologisch gesicherter Genauigkeit der sichere Schritt zur philosophischen Belanglosigkeit und zur moralisch-politischen Bedeutungslosigkeit ist.

Dworkins Cartesianismus der Verteilungsgerechtigkeit ist nicht aufrechtzuerhalten: es gibt nicht den reinen Subjektivitätskern. Kein individuelles Entscheidungsprogramm, keine subjektive Präferenzordnung, keine persönliche Ethik des guten Lebens, die nicht auch in den vorgegebenen Mustern der natürlichen Umstände wurzeln, die jeder Mensch in Gestalt seiner genetischen und körperlichen Verfassung an und in sich selbst vorfindet. Selbst Stimmungsprofile, optimistische Einstellungen, Durchsetzungsvermögen und das Ausmaß an Risikobereitschaft sind auf natürliche Verteilungen zurückzuführen: die Auswirkungen der Lotterie der Natur bestimmen das gesamte Entscheidungsarsenal und Verhaltensrepertoire der Individuen. In dem Maße, in dem sich die Entscheidungsprogramme der Individuen selbst als naturbegründet entdecken, müßten auch die Redistributionsprogramme in die Erfolgs- und Mißerfolgsbilanzen der individuellen Lebensprojekte eingreifen. Der Anspruch, natürliche Benachteiligungen und Begünstigungen kompensatorisch auszugleichen, verlangt angesichts der osmotischen Verbindung zwischen der Begabungs- und Fähigkeitenstruktur und den Entscheidungsmustern und individuellen Lebensplänen einen expansiven Umverteilungsstaat.

Andererseits „können wir die Talente und Fähigkeiten von Individuen nicht als festgelegte natürliche Gaben betrachten. Gewiß, selbst was ihre Verwirklichung betrifft, gibt es vermutlich eine bedeutende genetische Komponente. Diese Fähigkeiten und Talente können jedoch nicht losgelöst von sozialen Bedingungen fruchtbar werden, und sie verwirklichen sich immer nur in einer von vielen möglichen Formen. Entwickelte natürliche Anlagen stellen immer nur eine und zwar kleine Auswahl der Möglichkeiten dar, die hätten verwirklicht werden können. Auch ist eine Fähigkeit nicht einem Computer im Kopf mit einer bestimmten, meßbaren Kapazität vergleichbar, die von sozialen Umständen unberührt bliebe".[103] Was also macht das Subjekt aus? Wo – im Geflecht natürlicher Kontingenzen und sozialer Zufälligkeiten – ist es zu finden? Was an seinen Entscheidungen, Verhaltensprofilen, Vorlieben gehört ihm? Wo verläuft die Grenze zwischen dem frei entscheidenden Ich und den vielen kontingenten natürlichen und sozialen Faktoren, die sich benachteiligend oder begünstigend auf Entscheidungsfindung, Lebensplanung und Lebenserfolg auswirken können? Wenn die Konzeption der Ressourcengleichheit das selbstbestimmte Leben des autonomen Subjekts in den Mittelpunkt ihrer Überlegungen stellt, gerade darum auch eine tiefe Gleichheitskonzeption mit einer bis in die Besonderheit des Individuums hineinreichenden Kompensationstiefe vertritt, wird sie am Cartesianismus der Verteilungsgerechtigkeit nicht festhalten können. Wenn wir ‚Autonomie' in seiner allgemeinen, Fremdbestimmung abweisenden Bedeutung nehmen und nicht etwa mit Kantischer Extravaganz darunter die Selbstgesetzgebung reiner Vernunft und die Existenzform des *homo noumenon* verstehen, dann gehören Talente und Fähigkeiten zur persönlichen Identität und müssen jedem gerechtigkeitstheoretischen Egalisierungskalkül entzogen werden. *Niemand kann vernünftigerweise einen Anspruch darauf haben, dafür, daß er er ist und nicht ein anderer, Erfolgreicherer, entschädigt zu werden.* Und wir können die Gesellschaft nicht mit der Aufgabe betrauen, „Nachteile auszugleichen, als ob alle auf fairer Grundlage innerhalb desselben Rennens in Konkurrenz treten sollten".[104] Aber genau diese Vorstellung unterliegt der Konzeption der starken Gleichheit: der Gerechtigkeitspolitiker mißt Benachteiligung und Bevorzugung und übernimmt die Rolle eines Handicappers, der den leichteren Jockeys Bleigewichte in die Taschen schiebt. Letztlich läuft Dworkins ‚endowment-insensitivity' auf einen Prokrusteanismus hinaus. Man darf sich nicht von dem differenzfreudigen Gesicht der Dworkinschen Gleichheitsgesellschaft täuschen lassen; hier ist kein Totalitarismus am Werk, der nichts duldet, was ihm nicht gleich ist; hier haben wir keinen Ameisensozialismus, der gleiche Kleidung und gleiches Denken verordnet. Aber gleichwohl ist der Folterer und Gliederdehner Prokrustes, der die vorüberkommenden Reisenden auf ein Bett zwang und ihnen die überragenden Körperpartien abschnitt, wenn sie zu lang waren, und sie streckte und zog, wenn sie zu kurz waren, auch in der Dworkinschen Konzeption am Werk. Werden denn die Individuen hier nicht auf ein Gleichheitsbett gelegt, werden hier nicht die Erfolgseffekte der je individuellen Begabungsausstattung für die gewählten Lebens- und Berufskarrieren miteinander verglichen, soll hier denn nicht durch geeignete Umverteilung die Ressourcengleichheit sichergestellt, muß nicht darum die Ungleichheit der Begabungsausstattung gerechtigkeitsethisch bewirtschaftet werden, und ist nicht die so begründete Umverteilung eine Kürzung der (Auswirkungen der) überdurchschnittlichen Talente und eine Mehrung der (Auswirkungen der) unterdurchschnittlichen Talente?[105]

---

103   Rawls 1992, 58.
104   Rawls 1975, 122.
105   Vgl. Flew 1989, 142f.

Die Konzeption der tiefen Gleichheit beruht auf einer übertriebenen Interpretation der vertrauten moralischen Intuition, daß Gerechtigkeit etwas mit Verdienst zu tun haben muß. Das, was man sich durch eigene Leistung erarbeit hat, gehört einem, und niemand darf es einem nehmen. Das jedoch, was einem zufällt, weil man aufgrund eines natürlich und sozial günstigen Geburtsschicksals im Wettbewerb begünstigt ist, der genetische *windfall profit* also, steht einem nicht zu und muß aus Gründen der Gerechtigkeit zugunsten der durch natürliches und soziales Geburtsschicksal Benachteiligten umverteilt werden. Dieser Egalitarismus duldet keine genetischen und sozialen *windfall profits*. Er impliziert einen Verteilungsmaximalismus, der prinzipiell immer zu spät kommt, der durch kompensatorische Umverteilung die nicht-vorhandene natürliche und soziale Ausgangsgleichheit der individuellen Lebensprojekte nachträglich fingieren möchte. Doch wir verfügen nicht über die kausale Feinanalyse, die eine trennscharfe Sortierung der illegitimen und legitimen Ungleichheitsursachen gestattete. *Daher sind Grenzstreitigkeiten zwischen der ambitions-sensitiven Freiheitspolitik und der begabungs-insensitiven Gleichheitspolitik unvermeidlich.* Daher läßt sich der egalitaristische Ausschlag der redistributiven Marktkorrektur auch nie genau bestimmen. Aber das ist nicht der entscheidende Einwand gegen diese Konzeption. Abzulehnen ist diese Konzeption, weil sie sich auf eine anthropologische oder subjektivitätstheoretische Konstruktion stützt, die unserem Selbstverständnis beträchtlich widerspricht. Die Dworkinschen Egalitaristen wollen, daß die Leistung ihren Lohn empfängt – darin zeigt sich ihr liberales Erbe. Sie wollen aber auch die gerechtigkeitstheoretische Neutralisierung aller vorgegebenen Ungleichheiten, die die Subjekte in ihrer unterschiedlichen Natur, in ihren unterschiedlichen sozialen Startpositionen und auch noch während des Verlaufs der Lebenskarrieren vorfinden. *Daher müssen sie auf die illusionäre Idee verfallen, einen selbstverantwortlichen abstrakten Persönlichkeitskern aus der Hülle seiner natürlichen und sozialen Vorgegebenheiten herauszuschälen.* Alles das, was in dem starken Sinne kontingent ist, daß es auch in anderer Form um uns und in uns vorgefunden werden könnte, wird damit der politisch-egalitären Bewirtschaftung unterstellt, wird zum Gegenstand steuerpolitischer Abschöpfung oder kompensatorischer Zuwendung. *Aber wir sperren uns dagegen, daß unsere Begabungen und Fertigkeiten uns nicht zugesprochen werden, und betrachten es als eine Form von Enteignung, wenn sie lediglich als von uns nur treuhänderisch verwaltete Gemeinschaftsressourcen angesehen werden, deren Ertrag gänzlich zur wohlfahrtsstaatlichen Verteilungsdisposition steht. All das, was die Theorie der Ressourcengleichheit als natürlich und sozial Zufälliges, Willkürliches und Kontingentes der gerechtigkeitsethischen Egalisierungsrektifikation überantwortet, das macht uns aus, das prägt unseren Charakter, unsere Persönlichkeit, unsere Identität, all das sind wir.*

Betrachtet man die lebensethische Konzeption, die Dworkin in seiner *Tanner Lecture* umrissen hat, dann mutet der das Ressourcengleichheitsprinzip explizierende Cartesianismus der Verteilungsgerechtigkeit umso sonderbarer an. Dworkin unterscheidet in den *Foundations of Liberal Equality* zwei lebensethische Modelle, das „model of impact" und das „model of challenge". Das Einflußmodell ist instrumentalistisch und teleologisch: es betrachtet den Wert des Lebens in Abhängigkeit von den Spuren, die es in der Welt hinterläßt. Das Leben ist ein Instrument, das Wirkungen zu erzeugen, die Mitwelt und die Nachwelt zu beeindrucken hat. Und in dem Maße, in dem ihm dieses gelingt, ist es von Wert. Der ethische Wert des Lebens ist also eine Funktion seiner moralischen Produktivität oder auch nur seiner Nützlichkeit für andere. „A life can have more or less value, the model claims, not because it is intrinsically more valuable to live one's life in one way rather than another, but because living in one way can have better consequences."[106] Wird in diesem Modell der Wert des Lebens extern bestimmt, so verlegt das „modell of challenge" den Wert des Lebens nach innen. Das Herausforderungsmodell ist aristotelisch und hat große Ähnlichkeit mit Rawls' starker Theorie des Guten.[107] Leben ist keine Technik, sondern eine Praxis und kann wie jede Praxis gelingen oder mißlingen. Leben gelingt, wenn wir uns herausfordern lassen, wenn wir unsere Fähigkeiten entwickeln und Fertigkeiten ausbilden, wenn wir durch Entfaltung unserer Begabungen und Talente unsere Lebensführungskompetenz vergrößern, uns selbst erweitern. „The model of challenge holds that living a life is itself a performance that demands skill, that it is the most comprehensive and important challenge we face".[108] Dworkin spricht sich vernünftigerweise für das Herausforderungsmodell aus; es ist fraglos lebensethisch angemessener und auf der Höhe unseres Selbstverständnisses. Aber es ist evident, daß dieses lebensethische Konzept nicht mit der ethischen und personentheoretischen Perspektive vereinbar ist, unter der das Ressourcengleichheitsprinzip den Menschen betrachtet. Während die sich im Herausforderungsmodell abzeichnende lebensethische und personentheoretische Konzeption die Einheit von menschlicher Natur, Selbstbestimmung und Lebensführung herausstellt, sprengt das Ressourcengleichheitsprinzip diese Einheit auf. Es dividiert das Individuum, trennt das Subjekt von seinem Leben und unterwirft es einer externen Evaluation. Die sich in der Lebensführung ausdrückenden Fähigkeiten und Entscheidungen werden aus der lebensethischen Einheit herausgebrochen und einer objektivierenden Beurteilung unterzogen, die die einzelnen konstitutiven Elemente hinsichtlich ihrer Lebenserfolgskausalität vergleichbar macht, um die negativen und positiven Ungleichheitsausschläge, die Begünstigungen und Benachteiligungen messen zu können.

12.2 Person und Kontingenz bei Dworkin und Rawls

Offenkundig besteht ein beträchtliches Spannungsverhältnis zwischen dem Rawlsschen Argument von der moralischen Willkür und der Dworkinschen Forderung nach einer zugleich ambitionsaufmerksamen und begabungsneutralisierenden Verteilung. Während Rawls wie ein *Midas der Kontingenz* agiert und nahezu alle empiri-

---

106   Dworkin 1990/1995, 242.
107   Zum Aristotelismus der starken Theorie des Guten bei Rawls vgl. Kersting 1998a.
108   Dworkin 1990/1995, 244.

schen Eigenschaften des Menschen von den natürlichen über die durch Sozialisation angeeigneten und durch soziale Ausgangslage bestimmten bis zum Charakter und damit zur Einsatzbereitschaft und zum Leistungsprofil dem Bereich der moralischen Willkür zuschlägt und damit als legitime Grundlage eines Verdienstanrechts durchstreicht, muß Dworkin an der Illusion festhalten, einen reinen Anstrengungs-, Leistungs- und Ambitionskern und damit einen Quell legitimen Verdienstes freilegen zu können. Aber das ist natürlich unmöglich. Die Empirie steht zweifellos auf Seiten Rawls'. Natürlich ist unsere Naturausstattung kontingent; natürlich ist die Ausbildung unserer Talente, Begabungen und Fähigkeiten von zufälligen Bedingungen abhängig; natürlich ist unser Leistungsprofil, unser Arbeitsverhalten, unsere Einsatzbereitschaft, unser Ehrgeiz, unsere Durchsetzungsfähigkeit, unsere soziale Kompetenz, unsere erfolgspragmatische Versatilität in vielfältiger Weise sowohl von genetischen Dispositionen als auch von einem gedeihlichen sozialen Entwicklungsklima abhängig. Selbst unser Charakter, auch das ist Rawls zu konzedieren, verdankt sich einem Gewebe kontingenter Einflüsse und Gegebenheiten. Jede Handlung des Dworkinschen *ambition*-Sektors beruht auf Voraussetzungen, die ihrerseits nicht durch Ambitions-Handlungen erzeugt worden sind. Insofern gibt es keine sozio-ökonomischen Ungleichheiten, die gerechtigkeitsneutral, da allein durch Ambitions-Handlungen erzeugt sind. Es ist für Dworkin unmöglich, im Dickicht der Kontingenzen eine Lichtung der Selbstbestimmung zu finden, auf der legitime und der kompensatorischen Umverteilung entzogene Ansprüche auf den alleinigen und ungeschmälerten Genuß der Früchte der eigenen Arbeit wachsen. Und das ist für seine Konzeption der Ressourcengleichheit fatal, da diese von der Möglichkeit einer hinreichend klaren Trennung zwischen Naturausstattung und Selbsttätigkeit abhängig ist.

Aber diese Spannung zwischen Rawls und Dworkin findet sich nur auf der Oberfläche und überdeckt eine fundamentale Gemeinsamkeit. Beide gehen von der These aus, daß nur Selbsttätigkeit alles staatliche Verteilungshandeln ausschließende Verdienstanrechte begründen könnte. Weiterhin erblicken beide einen Gegensatz zwischen Selbsttätigkeit und kontingenter natürlicher und sozialer Vorgegebenheit. Wo Kontingenz herrscht, gibt es keine Selbsttätigkeit; wo es Selbsttätigkeit gibt, hört die Herrschaft der Kontingenz auf. Der Unterschied besteht nur darin, daß Rawls die ganze menschliche Natur einschließlich der Verhaltensprofile, des Leistungsverhaltens und des Charakters dem Einflußbereich der Kontingenz zuschlägt, daher in der Subjektivität und im menschlichen Handeln keinerlei Grundlage für verdienstanrechtsbegründende Selbsttätigkeit erblickt, wohingegen Dworkin glaubt, ein derartiges kontingenzfreies Autonomiereservat im menschlichen Handlungsleben ausmachen zu können. Dworkins Unterscheidung folgt genau der Kantischen Lehre von den beiden Kausalitäten. Wie Kant definiert er Selbsttätigkeit als Kausalität aus Freiheit, als reines, voraussetzungsloses und daher uneingeschränkt dem Autor als Ursache zuschreibbares Selbsttun. Kant aber war so vorsichtig, diese voraussetzungslose Selbsttätigkeit auf moralisches Handeln, genauer: auf den Bereich der Willensbildung einzuschränken. Autonomie, voraussetzungslose, dem

Vorbild der Schöpfung folgende Selbsttätigkeit gibt es nur dort, wo wir guten Grund haben, uns ausschließlich als Autor unserer Tätigkeit betrachten zu können, gibt es nur auf dem Feld der praktischen Einsichtsbildung. Dann handeln wir autonom, wenn wir uns allein durch die Anerkennung der Verbindlichkeit des Sittengesetzes zum Handeln bewegen lassen, wenn unsere Handlungen allein unsere Vernunft als Ursache haben, die ihrerseits über die wundersame Fähigkeit verfügt, nur sich selbst bei ihrer Tätigkeit der Einsichtsbildung und des Gründelieferns vorauszusetzen zu können. Kant wäre es nie eingefallen, die Auswirkungen unseres Fleißes, unserer Leistungsbereitschaft, unserer kreativen Phantasie als autonom bewirkt, der Herrschaft der Kontingenz entrückt und der Kausalität der Natur entzogen zu betrachten. Kant wäre es aber auch nie eingefallen, den in Raum und Zeit existierenden Individuen das Recht abzusprechen, das, was sie unter Einsatz ihrer Talente, unter dem Einfluß ihrer sozialen Herkunft und durch eigene Anstrengungen sich im Rahmen der geltenden Gesetze erarbeitet haben, als verdientermaßen erworben anzusehen. Es wäre völlig falsch, in der Radikalität der Kantischen Autonomiekonzeption einen Rückhalt für die Rawlsche *kontingenzphilosophische Dekonstruktion der Person* zu erblicken. Daher unterstützt Kant auch nicht im mindesten das Argument der Rawlsschen Gerechtigkeitstheorie, daß Individuen keinen prä-institutionellen Anspruch auf das unter Anwendung ihrer empirischen körperlichen, geistigen und psychischen Kapazitäten Erarbeitete geltend machen dürfen, daß ihre Tätigkeit und die Resultate ihrer Tätigkeit also wie Naturvorgänge und natürliche Ereignisse zu behandeln seien, die erst im Lichte der intersubjektiv etablierten gesellschaftlichen Grundverfassung eine normative Lesart erlauben und sich als sei es berechtigte, sei es unberechtigte Erwartungen entpuppen.

In personentheoretischer Hinsicht führt Rawls' Kontingenzargument zur Zerstörung personaler Identität; in gerechtigkeitsethischer Hinsicht führt es zu einer Enteignung der Person. Dworkins Cartesianismus der Verteilungsgerechtigkeit hingegen hebt aus der kontingenzphilosophischen Dekonstruktion eine Insel der Selbsttätigkeit heraus, vermag jedoch von ihr aus kein vernünftiges Konzept personaler Identität zu gewinnen. Obwohl bei ihm die Person nur eine Teilenteignung erleidet, ist der der Person verbleibende Teil leer, da es unmöglich ist, aus der Totalität eines Lebens empirisch gehaltvolle Bereiche reiner, kontingenzfreier Selbsttätigkeit auszugrenzen. Gerade weil Rawls in strikt empirischer Hinsicht recht hat und selbst der Charakter ein natürlich-soziales Kontingenzgemisch darstellt, fallen dem Ergebnis nach Dworkinsche Teilenteignung und Rawlssche Totalenteignung zusammen. Letztlich steht auch Dworkins Leistungssubjekt mit leeren Händen da. Andererseits hat der Cartesianismus der Verteilungsgerechtigkeit den systematischen Vorzug, der Rawlsschen ,*rejection of desert*', der kontingenzphilosophisch untermauerten Zurückweisung des Gedankens prä-konstitutioneller meritorischer Ansprüche zu widersprechen. Das gerechtigkeitsethisch von allen Umverteilungsforderungen verschonte reine Leistungs-, Ehrgeiz- und Fleißsubjekt ist ein legitimer Anspruchserheber: nicht die Strukturen definieren das, was es legitimerweise erwarten darf, sondern die Strukturen sind ihrerseits nur legitim, wenn sie empfindlich auf seine natürlichen Ansprüche reagieren und ihm ungeschmälert das zukommen lassen, was ihm natürlicherweise gebührt. Nur steht das reine Leistungssubjekt eben mit leeren Händen da, darum vermag es auch seine Chance nicht zu nutzen und die systematisch freigesperrte Stelle einer natürlichen, prä-konstitutionellen Grundlage eines redistributionsverschonten Anspruchserwerbs inhaltlich auszufüllen.

Aus dieser Verlegenheit gibt es nur einen Ausweg: die Theorie der sozialen Gerechtigkeit bedarf eines angemessenen personentheoretischen Fundaments, das jede kontingenzphilosophische Dekonstruktion abweist und jeder Gerechtigkeitskonzeption die Unterstützung entzieht, die den Sinn der Gerechtigkeit in einem moralisch-egalitären Ausgleich ungleicher natürlich-sozialer Lebenserfolgsvoraussetzungen erblickt. Es ist notwendig, den normativen Individualismus nicht durch eine falsche Personentheorie zu unterhöhlen, sondern ihn personentheoretisch abzustützen, so daß es als moralisch unzulässig erkannt wird, daß die integrierte Person als Lebenserfolgsressource einer egalisierenden Gerechtigkeitskorrektur ausgesetzt wird. Wie ein solcher Ausweg aussieht, habe ich oben (III.11.6) bereits skizziert.

13 Autonomie, Natur und Egalisierungstechnologie

Der egalitäre Liberalismus unterschätzt die systematische Reichweite seiner einschlägigen Argumente. Die Rede von der moralischen Willkür natürlicher und sozialer Ausgangsverteilungen, von der Unhaltbarkeit aller prä-konstitutionellen Anspruchsgrundlagen, von der Ausgleichsbedürftigkeit ungleicher Begabungsausstattungen ist alles andere als harmlos. In unmäßigem Moralismus verläßt sie den Binnenraum individuellen und gesellschaftlichen Handelns und dehnt moralische Beurteilungs- und Behandlungsweisen auf die Natur aus. Letztlich rückt der egalitäre Liberalismus damit den Wohlfahrtsstaat in religiöse Dimensionen. Er entwirft den Verteilungsegalitarismus als gerechtigkeitstheoretische Schöpfungskorrektur. Der seinem Design folgende Wohlfahrtsstaat wird zu einer Art Zweitschöpfung, in der die moralischen Versäumnisse der Begabungsverteilung der Erstschöpfung dadurch korrigiert werden, daß die Begünstigten von den Benachteiligten in Kompensationshaft genommen werden. Es ist nicht so, daß die menschliche Natur die Politik im allgemeinen und die Gerechtigkeit im besonderen nichts anginge. Natürlich bilden die fundamentalen menschlichen Bedürfnisse den Bezugspunkt allen politischen Handelns. Aber es ist eines, politische Ordnungen zur maximalen Befriedigung allgemeiner menschlicher Grundbedürfnisse zu etablieren und eine kollektive Versorgung einzurichten, um diejenigen, die ihre Grundbedürfnisse nicht durch eigene Leistung befriedigen können, mit dem Nötigsten zu versehen, jedoch ein anderes, Gerechtigkeit als egalitaristisches Revisionsunternehmen für naturgegebene ungleiche Begabungs- und Fähigkeitenausstattungen zu organisieren und wohlfahrtsstaatliche Steuererhebung und Steuerverteilung als umwegige

Korrektur einer moralisch inakzeptablen genetischen Ausstattung zu verstehen. Indem der egalitäre Liberalismus seine moralische Aufmerksamkeit auf die Effizienz, Qualität und Lebenserfolgsproduktivität der unterschiedlichen menschlichen Fähigkeiten- und Begabungsausstattungen richtet, hat er einen großen Fehler begangen. Nicht nur geht die Gerechtigkeit das Individuum nichts an; die Gerechtigkeit geht auch die Natur nichts an. So wie sich rechtsstaatlicher Takt darin zeigt, die zwangsbewehrte Wirksamkeit staatlichen Handelns an der Haut des Menschen enden und alles, was im Inneren vor sich geht, außer Acht zu lassen, so zeigt sich sozialstaatlicher Takt darin, die Natur außer Acht zu lassen und Umverteilungsprogramme nicht zur moralisch-egalitären Kompensation unterschiedlicher kontingenter genetischer Ausstattungen zu verwenden.

Wie weit mag wohl dieser metaphysisch-hybride Defatalisierungsauftrag der egalitären Gerechtigkeit reichen? Zuständig für Defatalisierung ist die Technik. Technik ist autonomiekompetent, erhöht die Spielräume der Freiheit und der Selbstbestimmung. Wo gestern noch das Fatum herrschte, haben wir heute bereits Optionen. Wenn der Freund der tiefen Gleichheit ein hinreichend tiefes Verständnis seiner eigenen Überzeugungen besitzt, die Modellbastelei und das analytische Argumentationsspiel an der Oberfläche einmal beiseite schiebt und seine Konzeption einmal von ihren heimlichen subjektivitätstheoretischen, freiheitsphilosophischen und erlösungsmetaphysischen Voraussetzungen und Implikationen her bedenkt und seinen Kreuzzug gegen die Kontingenz ernstnimmt, dann muß er zu einem leidenschaftlichen Befürworter der Technik werden. *Denn erst die Technik eröffnet wirkliche Egalisierungschancen, ersetzt die Ungleichheitskosmetik der Transferzahlungen durch eine Behandlung der Ungleichheitswurzeln selbst.*

Ich denke also weniger an die allgemein egalisierende Wirkung des technischen Fortschritts im sozialen Bereich, sondern vor allem an die womöglich schon bald von Reproduktionsmedizin und Gentechnik bereitgestellte genetische Egalisierungstechnologie. In dem Maße, in dem die Kapazitätslandkarte unserer Gene unter die Kontrolle einer manipulativen Technik gerät, in dem Maße mindert sich die Herrschaft des genetischen Zufalls. *Dann wird endlich genetische Gerechtigkeit erreichbar.* Und *Gengerechtigkeit* bedeutet eben, Minderung aller genetisch bedingten und lebenserfolgsrelevanten Differenzen in der menschlichen Fähigkeitenausstattung durch egalisierende Genmanipulation; mit dem Neidmeter in der Hand wird Ackermans *Master Geneticist* dann Ressourcengleichheit auf unverfälschte Weise Wirklichkeit werden lassen. Damit haben wir übrigens ein entscheidendes Merkmal der Dworkinschen Theorie der Ressourcengleichheit zu fassen gekriegt: nur im Rahmen der Theorie tiefer Gleichheit und der mit ihr verbundenen Kompensationskonzeption läßt sich dem Begriff der *Gengerechtigkeit* Sinn geben. Der Theoretiker der Ressourcengleichheit muß die Entwicklung und Anwendung dieser gentechnologischen Egalisierung verlangen; ihm muß jedes technische Mittel recht sein, um die *Zivilisation der Gleichheit* voranzutreiben. Überdies ist es ein weitaus verläßlicheres Mittel als die Kompensationsmaschinerie des Systems der progressiven Einkommensteuer, kommt zudem nicht zu spät, sondern verrichtet ihr

Distributionswerk gleichsam im biologischen Urzustand eines jeden. Ist es nicht denkbar, daß in der Zukunft Kinder ihre Eltern verklagen, weil sie ihnen die technologische Melioration der erfolgspragmatisch wichtigen genetischen Faktoren vorenthalten haben, obwohl eine zuverlässige Technik vorhanden war und die Eltern über hinreichende finanzielle Mittel verfügten? Ist es denn dann gerechtigkeitsethisch abwegig, zur Minderung der naturbedingten Ungleichheiten und damit des Kompensationsvolumens Egalisierungstechniken aus dem Bereich der Gentechnologie zu fordern und anzuwenden? Wenn man ein solch ausschweifendes Verständnis von Benachteiligung hat, daß jede Differenz in der natürlichen Ausstattung mit erfolgspragmatischen Fähigkeiten und Eigenschaften einen kompensationswürdigen Benachteiligungsfall darstellt, dann sind egalisierungstechnologische Initiativen unausweichlich und fester Bestandteil des politischen Programms der Ressourcengleichheit.

Wie weit also mag die tiefe Theorie der Gleichheit den Egalitarismus der Lebenserfolgsressource, die wir selbst sind, vorantreiben? Schönheit, zumal in einer so äußerlichkeitskultischen Gesellschaft wie der unsrigen, ist eine soziale Macht. Muß nicht angesichts der überaus kläglichen Ergebnisse der natürlichen Ästhetiklotterie einerseits und der unleugbaren Startvorteile der Schönen andererseits der Egalitarist revoltieren? Eine Schönheitssteuer einführen oder freie Kosmetik oder freies Hanteltraining für alle einschlägig Bedürftigen? 1960 hat L. P. Hartley in London bei Hamilton ein Buch mit dem schönen Titel *Facial Justice* veröffentlicht. Es gehört in die Gattung der Utopien, die bekanntlich allesamt sozialtechnologische Großversuche mit dem Ziel der vollständigen Ausrottung aller Kontingenzen darstellen; es berichtet von dem Gerechtigkeitsskandal der Schönheit, von dem unverdienten Aussehen, dem angeborenen schönen Gesicht, den Vorzügen der großen Augen und den Wettbewerbsvorteilen der klar geschnittenen Zügen, es berichtet von der benachteiligenden Häßlichkeit und der marginalisierenden Unansehnlichkeit. Und es berichtet von dem politischen Programm der egalisierenden Gerechtigkeit, das durch die Entwicklung einer risikolosen und unaufwendigen Gesichtschirurgie ermöglicht wurde und somit die blinde natürliche Verteilung ästhetischer Eigenschaften durch Gesichtsplastiken der ausgleichenden Gerechtigkeit überformen kann, so daß nur noch ästhetische Durchschnittlichkeitsvarianten existieren und die körperliche Individualität sich auf eine karrierepolitisch neutrale Mediokritätsvariation beschränkt. Damit hätte das „Antlitzgleichmachungs-Zentrum" dann die Ungerechtigkeit der Natur überwunden und die soziale Macht der Schönheit gebrochen.

Ein anderes schönes Beispiel grotesker Egalisierungspolitik stammt von John Kekes. Es ist weitaus weniger spektakulär, daher aber umso entlarvender. Es ist fest in der Wirklichkeit verankert, die uns belehrt, daß die Lebenserwartung der statistischen Frau die des statistischen Mannes um rund sieben Jahre übersteigt. Obwohl manche Gerechtigkeitstheoretiker meinen, daß Frauen aufgrund ihrer strukturellen Benachteiligung in Vergangenheit und Gegenwart einen karrierepolitischen Nachholbedarf haben, ihnen daher eine Sonderbehandlung gebühre und sie durch Quotierung und geeignete *affirmative-action*-Programme unterstützt werden sollen, wird doch niemand behaupten wollen, daß sie ihre lebensbiologische Besserstellung verdient haben. Sie ist, hier findet wieder Rawls' Formel Anwendung, ebensowenig verdient wie die komplementäre lebensbiologische Benachteiligung der Männer verdient ist. Da aber gilt: „underserved inequalities call for redress",[109] muß der gerechtigkeitspolitische Handicapper tätig werden. Wie aber soll dieses intersexuelle lebensbiologische Ausgleichsprogramm aussehen? „What policies would bring about the appropriate redistribution? The most obvious one affects health care: man ought to have more and better health care than women. How much more and how much better are difficult questions of fine-tuning. The general answer, however, is that redistribution ought to aim to equalize the life expectancy of men and women by making men have longer and women shorter lives. But life expectancy is also affected by stressful, demeaning, soul-destroying, and hazardous jobs. So what obviously ought to be done is to employ fewer men and more women in these undesirable jobs. Another factor affecting life expectancy is leisure. Men therefore ought to have shorter working days and longer vacations than women. This will not lead to diminished productivity if loss in man-hours is counterbalanced by gain in women-hours. Yet a further policy follows from the realization that because men have shorter lives than women, they are less likely to benefit after retirement from social security payments and medicare treatments. As things are, in their present inegalitarian state, men and women are required to contribute an equal percentage of their earnings to the social security and medicare funds. This is clearly unjust from the egalitarian point of view: why should men be required to subsidize the health and wealth of women in their declining years? The policy this suggests is to decrease the levy on men, or to increase it on women, or possibly do both at once. There is thus much that egalitarians could do by way of redistribution to reduce the unjustified inequality in the life expectancy of men and women."[110]

---

109 Rawls 1971, 101.
110 Kekes 1997, 103. Während ich der Egalitarismus-Kritik, die in diesem Beispiel zum Ausdruck kommt, zustimmen kann, vermag ich mich dem antiegalitaristischen Haupteinwand Kekes' nicht anzuschließen. Kekes wirft dem Egalitarismus Moralblindheit vor: „The assumption of equal human worth, and the resulting entitlement to equal concern, respect, and resources for autonomy, rests on the liberal faith, which is vitiated by the wickedness of many people. It is absurd to make it a basic value of political morality that scarce resources should be used to further morally good and evil activities alike" (118). Vielmehr soll gelten: „that in prevailing circumstances people with lifelong patterns of wickedness should be discriminated against in respect to the distribution of scarce resources. How could it be other than right that mafiosi should not get the same police protection as do the district attorneys who prosecute them, that school lunches should be more nutritious than prison lunches, or that the welfare of criminals matters less than the welfare of their victims" (117). In der Tat ist das Recht moralblind, daher kümmert es sich nicht um den moralischen Wert der Menschen und schützt gute und schlechte Menschen gleichermaßen. Aber auch die Verteilungen knapper Güter sollten moralblind sein und nicht die Verteilung moralischer Qualitäten spiegeln: der in Not geratene Böse darf innerhalb einer solidarischen Gemeinschaft ebenso

Es ist offensichtlich, daß uns der Egalitarismus unverdienter lebensbedeutsamer Unterschiede nur moralisch groteske Programme und politische Absurditäten bescheren kann.

Es ist verständlich, daß Helmut Schoeck in seinem Buch *Der Neid und die Gesellschaft* aus Hartleys utopischem Roman ausgiebig zitiert, bietet dieser doch reiches Belegmaterial für gerade die Gestalt von verabscheuungswürdigem Gleichheitswahn, die die Gerechtigkeit instrumentalisiert und als Kampfmittel der Neider gegen die Neid erregende Ungleichheit einsetzt, gegen das Neid erregende Mehr der anderen an Reichtum, Schönheit, Intelligenz, Lebenserwartung oder was sonst immer zur Neiderregung taugen mag. *Natürlich ist das Ressentiment nicht die Wiege der Moral und der Neid nicht der Vater der Verteilungsgerechtigkeit; gleichwohl vermag sich der Neid mit der egalisierenden Gerechtigkeit moralpolitisch gut zu verbünden und seine niedrigen Beweggründe hinter dem Vorwand der gerechtigkeitsethischen Optimierung der Verhältnisse trefflich zu verbergen.* Gerade weil die Gerechtigkeit aufgrund der ihr eingeschriebenen Gleichheitsorientierung offenkundig leicht vom Neid mißbraucht werden kann, diesem hilft, von seiner eigenen Nichtswürdigkeit abzulenken und die ganze moralisch-politische Aufmerksamkeit auf die Ungleichheit zu richten, muß sie vor dem Neid gerettet werden. Und die beste Weise, die Verteilungsgerechtigkeit vor dem Neid zu retten, ist, ihre begriffliche Bedeutung genau zu umreißen, ihren normativen Geltungsbereich sorgfältig abzustecken und sie vor moralischem Utopismus und metaphysischer Überheblichkeit zu schützen. Gerade einer politisch verantwortungsvollen, die Bedingungen ihrer politischen Verwirklichung in einer komplexen, unterschiedliche Wertdimensionen ausbalancierenden Gesellschaft mitbedenkenden Gerechtigkeitskonzeption darf nicht verborgen bleiben, daß eine auffällige Korrelation zwischen moralischer Hypertrophie und desaströser, wertvernichtender Politik besteht.

Man hat dem Sozialismus nachgesagt, daß er eine Sozialreligion der Zukurzgekommenen sei und sich von dem Neid der kleinen Leute ernähre. Bedient die Theorie der Ressourcengleichheit nicht ähnliche Affekte? Dabei denke ich nicht daran, daß Dworkin ja selbst den Neid in die Theorie eingeführt hat, aus der er dann in die gesellschaftliche Wirklichkeit einwandert, da die Realität nie den gerechtigkeitsethischen Vollkommenheitslimes der Neidfreiheit erreichen kann. Ich denke eher an die psychologischen Implikationen. Dworkins Entscheidung, die Kompensation der Mindertalentierten nach dem Modell der Anti-Handicap-Versicherung auszulegen, dehnt den Bereich der Benachteiligung nahezu über die ganze Gesellschaft aus. Wie fühlt sich eine Gesellschaft, die nur aus Benachteiligten besteht? Dieser inflationär-

---

eine Versorgung nach dem Suffizienzprinzip beanspruchen wie der in Not geratene Gute (zum Suffizienzprinzip siehe unten Kap. VIII.5). Die wohlfahrtsstaatliche Versorgung ist ebensowenig wie das Strafrecht ein gesellschaftliches Instrument zur Belohnung der moralisch Guten und zur Bestrafung der moralisch Bösen. Hier wie dort sind moralteleologische Orientierungen unangebracht. Bedürftigkeiten müssen ebenso wie Straftatbestände moralneutral bestimmt werden. Sollten wir Kekes' Vorstellung von der versorgungspolitischen Parteilichkeit der Moral folgen, dann hätten wir den egalitaristischen Teufel mit dem moralterroristischen Beelzebub ausgetrieben.

flächendeckende Gebrauch des Benachteiligungsbegriffs kann nur ungute Folgen haben. Zu erwarten ist, daß die vergleichssüchtige Mißgunst zu einer gesamtgesellschaftlichen Grundhaltung wird; es kann aber auch dazu führen, daß die Unernsthaftigkeit der Benachteiligungsart der vergleichsweise Mindertalentierten auf die Gruppe der von Natur aus wirklich und fundamental Benachteiligten, der körperlich und geistig Behinderten zurückschlägt und damit einen verhängnisvollen Desensibilisierungseffekt erzeugt.

Die Theorie der tiefen Gleichheit ist eine sich selbst verkennende metaphysische Theorie. Überzeugt, im Schutz ihrer Modellkonstruktionen und nüchternen Argumentation eine wissenschaftliche Explikation sozialer Gerechtigkeit zu liefern, entgeht ihr, daß sie die Schöpfung in die Schranken fordert. Zu keinerlei Rechtfertigung Gottes kann sie sich mehr bereitfinden. Die Kontingenz ist ihr ein Ärgernis, jedoch mit dem altbewährten Interpretationstrick der Theodizeestrategie kann sie nichts mehr ausrichten. Sie schlägt einen anderen Weg ein: statt Überführung der Kontingenz in Rationalität, Aufhebung der Kontingenz durch Gleichheitsherstellung. So zieht sich das Verteilungssystem der Gesellschaft selbst aus seinem geschichtlichen und natürlichen Sumpf und kontrolliert autark die Bedingungen seiner Gerechtigkeit. Aber dieses metaphysische Gerechtigkeitskonzept der freien Entfaltung des Individuums innerhalb gleicher natürlicher und gesellschaftlicher Lebensumstände wird den Test des *reflective equilibrium* nicht bestehen. Sie ist Opfer einer falschen Radikalisierung geworden. Der *common sense*, für metaphysische Zerdehnung und Verderbung ansonsten recht vernünftiger Gedanken überaus sachverständig, wird das ihm von Dworkin offerierte Explikationsangebot nicht akzeptieren. Er hat einen anderen Personalitätsbegriff, auch ein anderes Lebensverständnis. Die Aufsplittung der Person in gerechtigkeitspolitisch uneinschränkbare Entscheidungs- und Leistungsfreiheit einerseits und gerechtigkeitspolitisch zu gewichtende Naturausstattung andererseits lehnt er ebenso ab wie die Vorstellung, unter gerechten Bedingungen zu leben, würde bedeuten, mit qualitativ gleicher, also allgemein unbeneideter Naturausstattung zu leben.

Weiterhin würde sich der *common sense* auch darum gegen den Dworkinschen Explikationsvorschlag wehren, weil er auf einer Verabsolutierung von Markt- und Konkurrenzbedingungen beruht. Damit werden all die lebensethisch diskriminiert, die ein Leben jenseits von Markt- und Konkurrenzbedingungen führen wollen, die Hausfrauen und die Hausmänner beispielsweise. Denn es ist offenkundig, daß Personen, die in diesem Sinne in partnerschaftlichen Verhältnissen leben, nicht von dem gerechtigkeitstheoretischen Raster Dworkins erfaßt werden; ihr Lebensverständnis läßt sich nicht in der Währung der ersteigerbaren Ressourcenbündel ausdrücken. Hier wiederholt sich der emanzipationsethische Fehlschluß als gerechtigkeitsethischer Fehlschluß: wie die Emanzipationstheoretikerin nur den Selbstbehauptungskampf auf dem Markt als Medium wertvoller Selbstverwirklichung akzeptiert und daher die Familie als Emanzipationshindernis brandmarken muß, so vermag der individualistische Gerechtigkeitstheoretiker der tiefen Gleichheit nur das vereinzelte Individuum, das am Markt in Konkurrenz mit anderen sein Lebens- und Glücksprojekt verwirklicht, in den Blick zu nehmen.

In diesem Zusammenhang wird auch deutlich, daß das Auktionsmodell von einem historisch überlebten Arbeitsbegriff ausgeht, wie er sich bei Karl Marx und Hannah Arendt findet, aber in der nachindustriellen Gesellschaft zunehmend an Bedeutung verliert. Auktionsmodell und ressourcistische Gerechtigkeitskonzeption orientieren sich an den Vorstellungen von Stoffwechsel und Produktion. Sie reduzieren damit das erfolgreiche Leben auf ein Arbeitsleben; weiterhin reduzieren sie das Arbeitsleben auf materiale Produktion, auf die Verwendung natürlicher Ressourcen zum Zwecke der Produktion von Gütern, die auf dem Markt verkauft werden können. Damit fügen sich all die Tätigkeiten und Beschäftigungen nicht mehr ins Auktionsmodell, die sich nicht auf die Verwendung materieller Ressourcen stützen, sei es, um materielle Güter zu produzieren, sei es, um ihre Benutzung zu verkaufen. Man kann zu keiner angemessenen gerechtigkeitsethischen Vermessung der heutigen gesellschaftlichen Wirklichkeit gelangen, wenn man diese auf ein Modell reduziert, das die Auktion als Verteilungsalternative zur ursprünglichen Erwerbung einführt. Die entwickelte moderne Arbeitsgesellschaft ist nämlich längst der Alternative von *aquisitio originaria* und Auktion entwachsen. Sie weist ein Tätigkeitsspektrum auf, das sich auf Bodenerwerb und Ressourcenersteigerung nicht reduzieren läßt. Damit besitzt auch eine ihrer Komplexität angemessene Gerechtigkeitstheorie nicht mehr die Allokationsnähe, die alle Modelle der Verteilung begrenzter Güter aufweisen. Gerade weil keine Inseln mehr parzelliert und versteigert werden können, weil die Erde längst aufgeteilt ist und die Menschen darum hauptsächlich auf sich selbst als ausschließliches Produktionsmittel für Markt- und Lebenserfolg setzen müssen, verlangt eine gerechtigkeitstheoretische Ausmünzung menschenrechtlicher Gleichheit vor allem Chancengleichheit bei der Entwicklung der Lebenserfolgsressource, die man selbst ist, also die Einrichtung eines allgemein zugänglichen, horizontal wie vertikal hinreichend ausdifferenzierten Ausbildungssystems, in dem jeder seine Anlagen entwickeln, seine Talente entfalten und seiner Begabung entsprechende Berufsqualifikationen erwerben kann.[111]

Es ist an der Zeit, auf ein mögliches Mißverständnis einzugehen. Ich habe in diesem Kapitel hinter der Theorie der tiefen Gleichheit die Metaphysik der tiefen Gleichheit sichtbar gemacht und den Egalitaristen als theologischen Rebell und Schöpfungskritiker entlarvt. Ich habe die Brüchigkeit seiner subjektivitätstheoretischen Grundlagen aufgezeigt und auf die verhängnisvolle Faszination aufmerksam gemacht, die alle bis in Gentiefe reichende Egalisierungstechnologie auf ihn ausüben muß: diese Allianz zwischen der großen schöpfungskritischen Gebärde und dem rabiaten technischen Korrektureingriff, zwischen Heilsideologie und Technokratie ist ja nicht neu. Was kann bei diesen Befunden erwünschter sein als eine sich bei jeder Annäherung der Theorie brüsk abwendende Wirklichkeit? Zugleich habe ich aber heftig die politische Zurückhaltung und Unverbindlichkeit der gleichheits-

---

111   Es bedarf keiner besonderen Erwähnung, daß das entdifferenzierende Gesamtschulwesen mit seiner Mediokritätsverherrlichung nicht das Vorbild dieses Ausbildungssystems ist.

ethischen Konstruktionen des egalitären Liberalismus kritisiert. Geht denn das zusammen? Zweifelsohne. Von politischer Philosophie muß man erwarten, daß sie ihre normativen Vorstellungen in ein Verhältnis zur politischen Wirklichkeit setzt, daß sie im Fall einer bedeutenden Divergenz von Theorie und Realität ihre Argumentation durch eine kritische Wirklichkeitsanalyse und durch zumindest programmatische Entwürfe praktischer Politik ergänzt. Anderenfalls nimmt die Theorie moralischen Schaden, entdeckt sich der Kampf der Argumente um die Grundzüge gesellschaftlicher Wohlordnung als Milieuritual und Sprachspiel, ohne jede Bedeutung jenseits der Zunftgrenzen. Daher ist der Interpret berechtigt, die politische Ernsthaftigkeit der hochfahrenden normativen Spekulationen zu prüfen und die ihnen angemessene Politikkonzeption mit den Äußerungen des Theoretikers zu diesem Thema zu vergleichen. Und da zeigte sich eben, daß der egalitäre Liberalismus davor zurückscheut, die angemessenen strukturpolitischen Konsequenzen aus seinen Überlegungen zu ziehen, und sich mit einer Drehzahlsteigerung der Umverteilungsmaschine des wohlfahrtsstaatlichen status quo politisch zufriedenstellen läßt: unriskante moralische Radikalität im politischen Leerlauf. Aber es gehört auch zu den Aufgaben des Interpreten, die Voraussetzungen und Implikationen der untersuchten Theorie freizulegen und sie dabei aus Blickwinkeln zu betrachten, die nicht zu den üblichen Interpretationsperspektiven des analytischen Theoriemilieus gehören. Dabei gab die Theorie ihre heimlichen theologischen Motive und technologischen Obsessionen frei, beides durchaus dazu angetan, ihre politische Zurückhaltung zu begrüßen. Denn von zivilisatorischer Liberalität bliebe wenig, wenn sich dieser schöpfungskritische Egalitarismus daran machte, seine Technokratie der Gleichheit zu etablieren.

14 Sockelegalitaristische Ressourcengleichheit

Ich möchte meine Diskussion des Dworkinschen Prinzips der Ressourcengleichheit mit einem kurzen Blick auf zwei Ressourcengleichheitskonzeptionen abschließen, die auf jeden komplizierten Kompensationsalgorithmus verzichten und dem Prinzip der Sockelgleichheit verpflichtet sind. Das sind zum einen Ackermans und Alstotts Vorschlag eines lebenslangen Bürgerdarlehens und zum anderen Van Parijs' Plan eines bedingungsfreien Grundeinkommens. Abschließend werfe ich noch einen kurzen Blick auf neue Vorstellungen von Bürgerarbeit und Bürgergeld.

14.1 Gerechtigkeitsdialoge in Ackermans Raumschiff

Im Zentrum der Ackermanschen Philosophie steht das rechtfertigungstheoretische Instrument des „neutral dialogue".[112] Wie die Diskursethiker hält Ackerman wenig von den Unparteilichkeitskonstruktionen des Kontraktualismus und des Utilitaris-

---

112 Ackerman 1980; Ackerman 1989. Zu Ackermans Gerechtigkeitskonzeption vgl. das Symposium über *Social Justice and the Liberal State* in *Ethics* 93/1983, 328–390. Ackermans politische Philoso-

mus. Um die mit der Knappheit der Güter verbundenen Verteilungsprobleme und die mit der Pluralität der unterschiedlichen Lebensentwürfe und Wertauffassungen verbundenen Ordnungsprobleme zu lösen, vertraut er weder dem *impartial observer* noch den artifiziellen Einmütigkeitsarrangements der Vertragstheorie. Der hohe legitimationstheoretische Anspruch des Liberalismus kann seines Erachtens nur durch dialogisch zustandegekommene, von wirklichen Menschen in Diskursen und Gesprächen selbst erarbeitete Übereinkünfte erfüllt werden. Wird jedoch allein der kommunikativen Wirklichkeit legitimierende Kraft zugesprochen, droht sich die Philosophie überflüssig zu machen. Entweder – und davon legt ja das langweilige Schrifttum der Diskursethik beredt Zeugnis ab – zieht sie sich in die Unendlichkeitsschleife metaethischer Repetition zurück oder sie gestattet sich – selbstindulgent – ein wenig Paternalismus und greift, gleichsam als Advokat und Stellvertreter der Bürger, den faktischen Diskursen vor. Ackerman nimmt den Konflikt von Medium und Botschaft in Kauf,[113] wählt die zweite Alternative und entwirft in *Social Justice and the Liberal State* eine ganze Reihe von phantasievollen Stellvertreterdialogen, die dieses Buch zweifellos zu einem der kurzweiligsten Werke der politischen Philosophie der Gegenwart machen. Freilich müssen diese Dialoge unter idealen Bedingungen stattfinden, um überhaupt argumentative Überzeugungskraft besitzen zu können. Ackerman findet diese idealen Bedingungen jedoch nicht im Rahmen der Konstruktion einer Kommunikationsgemeinschaft a priori oder einer idealen Sprechgemeinschaft, sondern er entwickelt sie im Rahmen eines SF-Szenarios.

Ein Raumschiff, mit Kolonisten unterwegs im All, nähert sich einem Planeten, der nach gründlicher Inspektion seiner Ressourcen als besiedlungstauglich eingeschätzt wird. Vor der Landung trifft sich die ganze Besatzung in der „Assembly Hall", um die Grundregeln für ihr zukünftiges Zusammenleben auf dem neuen Planeten festzulegen. In dieser Geschichte finden wir alle Elemente moderner Rechtfertigungsargumentation versammelt. Da ist, erstens, die grundlegende *genealogische Fiktion*, die es erlaubt, eine Begründungstheorie als rationale Entstehungsgeschichte zu entwickeln; da ist, zweitens, die *idealisierte Eingangssituation*, die fundamentale Verteilungs- und Ordnungsprobleme aufwirft; und da ist schließlich drittens die als allgemeines legitimatorisches Muster dienende einvernehmliche Lösung dieser Probleme durch ein faires, alle in gleicher Weise einbindendes und berücksichtigendes *demokratisches Verfahren*. Es ist eine Geschichte, wie wir sie aus der Vertragstheorie kennen; aber Ackerman entwirft kein Vertragsargument, sondern eine Sequenz typisierter Dialoge, in denen problemeinschlägige Positionen gegeneinander auftreten und die neutrale Ebene suchen, auf der sie sich einigen können. So reiht die Geschichte der Dialoge ein Neutralisierungskapitel an das

---

phie ist hierzulande nicht rezipiert worden, dabei hätte gerade ihre inhaltliche Nähe zur Diskursethik bei gleichzeitigem methodologischen Abstand zu transzendentalpragmatischen Begründungsfiguren einen aufmerksamen Vergleich nahegelegt. Rühmliche Ausnahme bildet Rieger 1998, 101–138.

113   „Medium conflicts with message" (Ackerman 1980, 359).

andere und läßt so die Umrisse der legitimen liberalen Ordnung allmählich aus der Konversation im Raumschiff herauswachsen.

> „Imagine that you and I (and the rest of us) embark upon a voyage of discovery, for-saking our previous wealth and position to enter upon the quest. Coming unexpec-tantly upon a new world, we scan it from afar and learn that it contains only a single resource, manna, which has some remarkable properties. Most important, manna is infinitely divisible and malleable, capable of transformation into any physical object a person may desire. Further scanning reveals, however, that manna retains one basic familiarity to familiar earthly elements – it is impossible to squeeze an infinite quan-tity of a desired good from a single grain of the miracle substance. Indeed, there won't be enough manna to satisfy the total demands of all the members of our party. A struggle for power is inevitable. Nonetheless, things could be worse, and so we de-cide to make this new world our home. As we approach the planet, the spaceship is alive with talk. Since manna is in short supply and universally desired, the question of its initial distribution is on everybody's mind. We instruct the automatic pilot to circle the planet for the time it takes to resolve the question of initial distribution and pro-ceed the Assembly Hall to discuss the matter further."[114]

Die Dialog- und Diskursethik steckt in der Verlegenheit, nur dem unendlichen Gespräch rechtfertigungstheoretisch trauen zu können. Daher ist dialogische Le-gitimität unter Normalbedingungen sicherlich schwer zu erreichen. Aber einmal unterstellt, die fingierten Raumschiffdialoge hätte Begründungskraft, dann wür-den die Kolonisten die Ressource nach dem Prinzip der „initial equality"[115] ver-teilen, da weder das utilitaristische Kriterium noch das „equal-fulfillment"-Prin-zip[116] sich durchsetzen konnte. Ein jeder erhält also einen gleich großen Anteil von dem Allzweckmanna, um es in eigener Verantwortung und ausschließlich auf eigene Kosten für die Gestaltung seines Lebens zu verwenden: „While no one can be guaranteed success in life, everybody is guaranteed an equal right to the mate-rial endowments he thinks his success requires."[117] Freilich, wenn die Ideal-Welt verlassen wird und die Real-Welt die Lebensbedingungen diktiert, muß die Ge-rechtigkeitstheorie mit zusätzlichen Vorschlägen aufwarten, wie die Idealgleich-heit der Ressourcenverteilung mit den unterschiedlichen Ausgangsbedingungen, die die einzelnen Individuen vorfinden, harmonisiert werden kann. Es bedarf entsprechender Ausgleichsprogramme, die sich freilich auf die Verhinderung von Diskriminierung beschränken und zu kompensatorischen Handlungen nur im Falle offenkundiger natürlicher Benachteiligung bereit sind, etwa, so Ackermans Beispiel, im Falle angeborener Blindheit. Keinesfalls aber geht Ackerman so weit wie Dworkins expansiver Redistributionismus. Er denkt nicht daran, mit dem Doppelkriterium von Zurechenbarkeit und Wünschbarkeit eine Grenze zwischen

---

114 Ackerman 1980, 31.
115 Ebd., 53.
116 Ebd., 49.
117 Ebd., 63.

dem endowment-Sektor und dem ambition-Sektor zu ziehen und alle Elemente des ersteren samt der nicht gewünschten Präferenzen den Ressourcen zuzuschlagen, die dann auszugleichen sind. Während der Dworkinismus aufgrund dieser extravaganten Konzeption eine letztlich nicht entscheidbare und in Willkürlichkeit mündende Debatte darüber, was denn nun den egalisierbaren Umständen und was der selbstverantwortlichen und frei sich entscheidenden Subjektivität zuzuschlagen sei, auslösen muß, verbleibt Ackermans Kompensationsvorstellung innerhalb des Horizonts des *common sense* und orientiert sich an evidenten und unstrittigen Fällen von Benachteiligungen. Sein affirmatives Programm ist ein *benachteiligungsresponsives Standardprogramm*, das neben Markt und diskriminierungsfreies liberales Erziehungswesen tritt und wohlfahrtsstaatliche Leistungen begründet, die in hohem Maße bedürfnisbezogen ausgeteilt werden und sich nicht im mindesten einem moralischen Auftrag zur Maximierung von Verteilungsgerechtigkeit verdanken.

14.2 *Genuine equality of opportunity* und *stakeholder society:*[118] Ackermans und Alstotts Vorschlag zur Ressourcengleichheit

In dem zusammen mit Anne Alstott verfaßten Buch „The Stakeholder Society" hat Ackerman sein Ressourcen- und Chancengleichheitsprinzip in die politische Realität übersetzt. Auf welche Weise kann eine an Freiheit, Gleichheit und Gerechtigkeit interessierte liberale Gesellschaft mehr Freiheit, mehr Gleichheit und mehr Gerechtigkeit verwirklichen? Wie können den Menschen faire Ausgangsbedingungen für ihre Lebenskarriere verschafft werden, die zum einen über die Angebote der Ausbildungssysteme hinausgehen und zum anderen eine gewisse Unabhängigkeit von den vorgefundenen natürlichen und gesellschaftlichen Ungleichheiten gestatten, eine Unabhängigkeit, die trivialerweise besonders denen zugute kommt, die zu Beginn ihres Lebens weniger günstige natürliche und soziale Voraussetzungen vorfanden? Die originelle Antwort der Autoren: durch ein lebenslanges und mit dem Tod zurückzuzahlendes attraktiv ausgestattetes Darlehen. Das liberaler lebensethischer Pluralität dienliche Allzweckmanna der Raumschiffdialoge wird jetzt zur selbstbestimmungsermöglichenden Allzweckressource Geld.

> „As a citizen of the United States, each American is entitled to a stake in his country: a one-time grant of eighty thousand dollars as he reaches early adulthood. This stake will be financed by an annual 2 percent tax levied on all the nation's wealth. The tie between wealthholding and stakeholding expresses a fundamental social responsibility. Every American has an obligation to contribute to a fair starting point for all. Stakeholders are free. They may use their money for any purpose they choose: to start a business or pay for more education, to buy a house or raise a family or save for the future. But they must take responsibility for their choices. Their triumphs and blun-

---

118   Ackerman/Alstott 1999, 4.

ders are their own. At the end of their lives, stakeholders have a special responsibility. Because the eighty thousand dollars was central in starting them off in life, it is only fair that they repay it at death if this is financially possible. The stakeholding fund, in short, is enriched each year by the ongoing contributions of all wealth-holders and by a final payback at death."[119]

Mit dieser Anteilsidee geht die Gerechtigkeit in die Offensive. Die welfaristische Gerechtigkeit ist in der Defensive, kümmert sich um die Alten und Schwachen, die Kranken und Arbeitslosen; versucht Grundversorgung zu sichern und soziale Minima anzuheben. Die Anteilskonzeption hat nichts mit der Wohlfahrt zu tun, sie entschädigt nicht die Opfer des Marktes, sondern sie gibt den Jungen und Tatkräftigen die Möglichkeit, ein eigenverantwortliches Leben zu leben und Eigentum zu bilden. Dabei orientiert sie sich an dem Grundgedanken der bedingungslosen, daher durch keinerlei kompensatorische Überlegung oder affirmative Politik verfälschten Sockelgleichheit. Der öffentliche Darlehensgeber fungiert wie eine Gießkanne: jeder Bürger bekommt mit seiner Volljährigkeit dieses Darlehen, auch der Sohn des Präsidenten, auch die Tochter des Filmstars. Das Ideal dieser Darlehenskonzeption zielt auf „economic citizenship",[120] „property-owning citizenry".[121] Diese Konzeption ist fraglos attraktiv und durch und durch liberal, ohne jede libertäre oder egalitäre Verzeichnung.[122] Sie „(a) takes individualism seriously, (b) recognizes that each individual's starting point in life is shaped by a confrontation with his economic and educational opportunities, and therefore (c) grants the state a potentially constructive role in the just distribution of these opportunities".[123] Sie ist ein interessanter Schritt, um den hehren Ideen des Liberalismus spürbare, unmittelbar erlebbare Realität zu geben und auratische Worte in handfeste Chancen zu verwandeln. *Stakeholding* dieser Art erhöht genuine Chancengleichheit und gestattet vielen mehr wirkliche Freiheit. Sie ist ein großer Schritt vorwärts zur Verwirklichung des Jeffersonschen Traums von Amerika „as a property-owning democracy full of freedom-loving individualists".[124] Die *stakeholding*-Idee ist vor allem aber auch ein eindrucksvoller Versuch der politischen Philosophie, prinzipienfest zu bleiben und gleichzeitig politische Phantasie zu entwickeln. Natürlich muß der gesellschaftliche Darlehensgeber mit unvernünftiger Verwendung rechnen; auch wird die Existenz des Darlehens nicht lebensethisches Scheitern verhindern. Aber wenn, so die Autoren, Unglück und Scheitern,

---

119 Ackerman/Alstott 1999, 4f.
120 Ebd., 8.
121 Ebd., 12.
122 Die damit verbundenen ökonomischen Probleme will ich hier nicht diskutieren. Die Autoren haben sich jedenfalls bemüht, die Kosten ihres Vorschlags zu berechnen und Wege aufzuzeigen, wie diese Kosten aufgebracht werden können.
123 Ebd., 24.
124 Ebd., 76.

soziale Depravation und all die damit verbundenen negativen und für die Gesellschaft überdies kostspieligen Konsequenzen in hohem Maße durch ein Leben ohne Zukunft, ohne Erfolgsaussicht, ohne Chance, sich zu beweisen und zu behaupten, verursacht worden sind, und wenn all dies wiederum in hohem Maße auf Armut und schlechte Ausbildung zurückgeführt werden kann, dann hat die *stakeholding society* die Chance, die gesellschaftliche Gesamtrechnung zumindest mittelfristig sowohl moralisch als auch ökonomisch zu verbessern.

Die politische Bedeutung des Ackermanschen-Alstottschen Vorschlags wird sofort deutlich, wenn man ihn mit den Vorstellungen von einem Bürgergeld, der negativen Einkommensteuer oder mit dem sicherlich in dieser Kategorie des staatlich garantierten Grundeinkommens am weitesten gehenden Konzept des „unconditional basic income" von Philippe Van Parijs[125] vergleicht. Auch Bürgergeld und bedingungsfreies Grundeinkommen sind Beispiele einer Sockelgleichheit, belasten die Verteilung weder mit den Problemen einer individuenadressierten Ausdifferenzierung noch mit der Aufgabe egalitätszieliger Kompensation. Wie bei Ackerman und Alstott wird Geld, also eine unüberbietbare Multifunktionsressource, verteilt und zwar an jeden gleich viel. Hier fallen all die lästigen – und Politik und politische Philosophie gleichermaßen lähmenden – Schwierigkeiten vom Typ des Problems des teuren Geschmacks weg. Die Sockelegalitaristen weigern sich, sowohl die unterschiedlichen Kosten der Herbeiführung gleicher Wohlfahrtschancen für mit unterschiedlichen Bedürfnissen, Präferenzen und Wertorientierungen ausgestattete Individuen in ihrer Verteilungsstruktur abzubilden als auch die unterschiedlichen genetischen Ausstattungen und sozialen Herkunftsschicksale zu berücksichtigen. Angesichts der Tatsache, daß dieses individuengerechte Gleichheits-Ungleichheits-Arrangement die Theorie aufgrund der damit verbundenen Präzisionsauflagen in eine sowohl methodologische als auch politische Sackgasse führt, in der die Theorie nur noch selbstverliebt, ohne jeden Kontakt mit der politischen Außenwelt und ohne ernsthafte Rückbindung an existentiell-moralische Dringlichkeitslagen, mit ihrem eigenen allokationsgeometrischen Konstruktionen herumspielt, verspricht der Sockelegalitarismus einen sowohl philosophischen, als auch politischen und moralischen Fortschritt in der Debatte um die Verteilungsgerechtigkeit. Er ist von erfreulicher epistemologischer Robustheit; man weiß, was zu tun ist, um ein einmaliges Bürgerdarlehen und ein monatliches Staatseinkommen an jedermann zu zahlen, während, wie bereits gezeigt wurde, gerade der distributive Subjektivismus, selbst wenn er sich denn darüber geeinigt haben sollte, welches genau das Equalisandum ist und was zu den Umständen zu zählen und was dem Individuum auf dessen Kosten zuzuschreiben ist, unüberwindbare epistemologische Implementierungsprobleme aufwirft, von den politischen – nämlich die offene Gesellschaft zerstörenden – Kosten, die solches individuenorientiertes Verteilungsprogramm mit

---

125 Vgl. Van Parijs 1991; Van Parijs 1992b; Van Parijs 1995.

sich führt, ganz zu schweigen. Freilich hat auch diese Konzeption ihre Schatten-
seiten. Intern eher einfach gestrickt ruft der Sockelegalitarismus vor allem ökonomische und moralische Einwände hervor, Einwände, die die ökonomische Vernünftigkeit und moralische Konsistenz sockelegalitaristischer Projekte bezweifeln.

14.3 Van Parijs' „Unconditional Basic Income"

> „The introduction of such an unconditional income is to be viewed not as the dis-
> mantling but as the culmination of the welfare state, prepared by welfare state achie-
> vements in the same way as the abolition of slavery or the introduction of universal
> suffrage had been prepared, and made possible, by earlier conquests. Awareness of
> the limitations of the protection afforded by associations for mutual aid, next by
> compulsory social insurance for all waged workers, and finally by a conditional form
> of guaranteed minimum income has gradually prepared our minds for this radical
> step and has helped build the forces required to bring it about."[126]

Zur Begründung dieses Vorschlags greift Van Parijs nicht auf den normativen Fundus des Egalitarismus zurück, sondern auf den Freiheitsbegriff. Eine gerechte Gesellschaft ist für ihn eine freie Gesellschaft, deren Mitglieder „are all really free as
possible".[127] Freilich darf Freiheit hier nicht in liberal-libertärem Sinn verstanden
werden, als Selbstbestimmungs- und Selbstverfügungsrecht, als Recht auf sich
selbst, auf die eigene Zeit, auf die Erträge der eigenen Arbeit zum einen und als
Chancengleichheit, als Abwesenheit von rechtlicher und politischer Diskriminierung zum anderen. Dieses Freiheitsverständnis leidet nach Van Parijs daran, das es
Freiheit nur als rechtliche Ermöglichung auslegt, jedoch nicht als materiale Ermöglichung. Dieser Einwand ist nicht neu; er ist der Lieblingsgemeinplatz des Antiliberalismus seit Rousseau. Er macht geltend, daß das gleiche Freiheitsrecht un-
wirksam bleibt, wenn den Menschen die Mittel fehlen, um ihr Recht auf
Selbstbestimmung und Wahl ausüben zu können, daß die ‚negative Freiheit' der Ergänzung durch ‚positive Freiheit' bedarf.[128] Die *libertarians* hingegen bringen vor,
daß diese Verknüpfung der rechtlichen Ermöglichung mit der materialen Ermöglichung zu semantischer Konfusion führen muß, die „inevitably leads to the identi-

---

126   Van Parijs 1992, 465f. Van Parijs betrachtet die Idee des gegenleistungsfreien Grundeinkommens
      als kapitalistische Alternative zum sozialistischen Instrument der Vergesellschaftung der Pro-
      duktionsmittel. Das Ziel des Sozialismus ist für ihn gleiche substantielle, also Rechte mit mate-
      rialer Verfügungsmacht kombinierende Freiheit. Aber der Sozialismus ist ein ungeeignetes Mit-
      tel gewesen, es zu erreichen, daher ist es „high time to concentrate on shaping, first mentally, next
      institutionally, the best instrument we have: basic income capitalism" (466).
127   Ebd., 467.
128   Der klassische Text zu diesem Doppelfreiheitsbegriff ist Berlin 1969, 118-172. Aus der Perspek-
      tive des politischen Altliberalismus Berlins liegt die Gefahr der ‚positiven Freiheit' freilich weni-
      ger in einer Umverteilungslawine, die das System der libertären ‚property rights' verwüstet, son-
      dern in dem ideologisch-moralischen Paternalismus, der sich des heimlichen Perfektionismus der
      positiven Freiheit bedient und in ihn seine Programmatik einschreibt.

fication of liberty with wealth".[129] Diesem ‚formal-libertarianism' stellt Van Parijs einen „real-libertarianism"[130] gegenüber, der Rechtsinhaber auch mit den erforderlichen Mitteln versehen will, damit sie ihre Freiheit ihren Vorstellungen entsprechend nutzen können.

Drei Bedingungen müssen erfüllt sein, damit eine Gesellschaft wirkliche Freiheit für alle möglich machen kann: da ist zuerst die „self-ownership condition", die Respektierung des Selbstverfügungsrechts und der lebensethischen, jeden Paternalismus abweisenden Souveränität; da ist sodann die „security condition", die nach einer „well enforced structure of rights" verlangt; und dann ist schließlich drittens die für die Gewährung positiver Freiheit einstehende „leximin [or lexicographic maximin] opportunity condition", derzufolge „each person has the greatest possible opportunity to do whatever she might want to do".[131] Die Formulierung der letzten Bedingung macht deutlich, daß Van Parijs sich mit einer schlichten Bürgergeldkonzeption nicht zufriedengibt, sondern hinter den üblichen Präzisionsstandards der egalitaristischen Diskussion nicht zurückfallen will. Diese ‚leximin condition' erinnert gleich zweifach an das Differenzprinzip von Rawls. Zum einen ist es ein komparatives Maximierungsprinzip, das sich am Schlechtestgestellten orientiert und die Gerechtigkeit veranlaßt, die Position des Schlechtestgestellten – hier freilich nicht hinsichtlich der Grundgüterausstattung, sondern hinsichtlich der Größe des ‚opportunity sets', der zur Verfügung stehenden Möglichkeiten – so zu verbessern, daß sie die beste Ausstattung aller vergleichbaren, unter alternativen Systembedingungen lebenden Schlechtestgestellten bietet; zum anderen beinhaltet es den Verkettungseffekt: nach der Besserstellung der schlechtesten Opportunitätsposition muß die nächstschlechte Nutznießerin der Maximierung werden.[132] Es ist evident, daß diese Opportunitätskomparatistik sicherlich nicht geringere metrische Probleme aufwirft als all die anderen Versuche, der egalitaristischen Gerechtigkeit einen präzisen Zuschnitt zu geben. Aber es ist nicht erforderlich, sich mit dieser Freiheitsmetrik näher zu beschäftigen, da – im Gegensatz zu den anderen Equalisanda, die in der egalitaristischen Theoriefamilie ausprobiert worden sind, den Ressourcen, Fähigkeiten, Wohlfahrtsmöglichkeiten, Vorteilszugängen, Begabungen, Präferenzbefriedigungen usf. – die Idee des *unconditional basic income* unabhängig von aller quantitativen Bestimmung hinreichend qualitatives Profil besitzt, so daß es auch ohne Betrachtung der meßmethodischen Schwierigkeiten philosophisch gewürdigt werden kann.[133]

Der *real-libertarianism* führt zwar nicht zur Identifikation von „liberty" und „wealth", wie Hayek befürchtete, aber immerhin zur Gleichsetzung von „real freedom for all" mit „unconditional basic income". „A basic income [...] is an income

---

129   Hayek 1960, 17.
130   Van Parijs 1995, 25.
131   Van Parijs 1992, 467.
132   Vgl. Van Parijs 1995, 25; Van Parijs 1991, 103f.
133   Zur Diskussion um das Grundeinkommen vgl. Walter 1989; Van Parijs 1992a.

paid by the government to each full member of society (1) even if she is not willing to work, (2) irrespective of her being rich or poor, (3) whoever she lives with, and (4) no matter which part of the country she lives in". Bedingungslos wird dieses Einkommen gezahlt, weil es weder in ein Beitrags- und Sozialversicherungssystem eingebunden ist und entsprechend erworbene Anwartschaften verlangt, noch an das Vorliegen einer besonderen Bedürftigkeit gebunden ist. Es verlangt auch nicht, etwa im Fall der Arbeitslosigkeit, den Nachweis, daß man sich ernsthaft und kontinuierlich um Arbeit und Wiederbeschäftigung bemüht hat; auch setzt es nicht Mittellosigkeit voraus, besteht also nicht auf einer sorgfältigen Überprüfung der sozio-ökonomischen Position vor der Zahlung.[134]

Der beste Auszahlungsmodus dieses garantierten arbeits- und leistungsfreien Staatseinkommens ist nicht das „intitial endowment", sondern das „regular instalment". Zwei Argumente führt Van Parijs dafür an, das arbeitsfreie Einkommen in genauer Parallele zum Arbeitseinkommen zu behandeln. Einmal wird so verhindert, daß die Person, die jemand in seiner Jugend ist, die Person, die er im Alter ist, durch Verschwendung oder Dummheit benachteiligt – daß dann natürlich langlebige Bürger insgesamt mehr erhalten als kurzlebige Bürger muß in Kauf genommen werden; kann auch in Kauf genommen werden, da ja niemand mehr da ist, der sich über die Benachteiligung durch frühen Tod beklagen könnte, und selbst wenn, feststellen müßte, daß angesichts der existentiellen Benachteiligung durch den Tod überhaupt die zusätzliche ökonomische Schlechterstellung wegen der fortfallenden Einkommenszahlungen nicht ernsthaft ins Gewicht fällt. Natürlich nimmt dieses Argument dem Basiseinkommen genau die ethisch-politische Bedeutung, die Ackerman und Alstott mit ihrem Bürgerdarlehen verbinden. Sicherlich müssen auch die Anhänger des Bürgerdarlehens damit rechnen, daß es in kürzester Zeit leichthändig ausgegeben wird und daher nicht den von ihnen erhofften autonomieethischen Nutzen bringen kann. Aber in der Gesamtbilanz, so die zuversichtlichen Autoren, wird die sinnvolle Nutzung des Bürgerdarlehens, der Autonomiezuwachs und Selbständigkeitsgewinn überwiegen, wird der kurzschlüssige Konsumismus, wird die törichte Fehlverwendung nicht ins Gewicht fallen.

Van Parijs ist sich darüber klar, daß seine Argumentation auf einer überaus extravaganten und zutiefst kontraintuitiven Personentheorie Parfitschen Zuschnitts basiert, die die personentheoretische Verschränkung von Identitätssinn und Kontinuitätssinn aufbricht und die Person in separate Episoden-Personen auseinanderfallen läßt, die durch keinerlei biographische Einheit und kohärente Lebensplanung miteinander verbunden sind.

---

134 Durch diese Bedingungslosigkeit unterscheidet sich das Basiseinkommen auch von der Konzeption der negativen Einkommensteuer, bei der ja der auszuzahlende Betrag in dem Besteuerungsmechanismus verborgen und die Einkommensteuer – rein semantisch – nach unten, über die Grenze des steuerfreien Mindesteinkommens und damit über die Transfergrenze hinaus verlängert wird, um dann als staatliche Transferleistung ausgezahlt zu werden; vgl. Sesselmeier 1998.

„If one is willing to assume that, as they grow up and then age, people become ‚different persons' one can no longer justify the destitution of an old person by pointing to ‚her' frivolous youth. From a real-libertarian standpoint, each of the successive persons the same organism becomes must then be given as high a basic income as one can give to all. The resources of the person I shall be at 50 must be protected against the risk of being given away by that other person I was at 20. No reason either, in this light, to give less per year to an individual who lives longer. For what has been given to ‚her' earlier selves has not been given to her. Even apart from practical considerations, solidarity between temporarily contiguos selves may well be sufficient for exempting us from making payments second by second. But spacing them out by more than, say, a month, and *a fortiori* lumping them all together into a single payment, would give (some selves of) people less than is maximally feasible for all."[135]

Zu Van Parijs' Ehrenrettung muß gesagt werden, daß ihm selbst der Verdacht der Inkonsistenz gekommen ist, daß offenkundig dieser Zerfall der Person in eine Vielzahl von Zeitscheiben-Personen in starkem Widerspruch zu der *common-sense*-verträglichen personentheoretischen Annahme steht, die sein normatives Basisprogramm machen muß. Denn offensichtlich setzt eine Theorie, die Freiheit ‚leximinieren' möchte und sich dabei nicht an der Vorstellung des Zeitvertreibs, sondern an der weitaus anspruchsvolleren Idee von Würde, Ausbeutungsfreiheit und eigenverantwortlicher, den eigenen Konzeptionen von Sinn, Wert und Wichtigkeit folgender Lebensplanung orientiert, eine Person voraus, die gerade über die Zeit hinweg mit sich identisch bleibt und die unterschiedlichen Entwicklungsphasen ihres Lebens sich als einem identischen Verantwortungssubjekt zuschreiben und so zu seinem Leben zusammenfügen kann. Nimmt man diesen Einwand ernst, dann müssen wir den monatlichen Auszahlungsmodus des Basiseinkommens durch einen ‚milder Paternalismus' rechtfertigen,[136] der, auf Menschenkenntnis und Lebenserfahrung gestützt, sich einfach das Recht nimmt, die langfristigen, die späteren Jahre mitbedenkenden Interessen vor den kurzfristigen, vom konstitutionellen Präsentismus der Jugend geprägten Präferenzen zu schützen.

Daß die Idee des Basiseinkommens nicht der Künstlichkeiten des egalitaristisch-analytischen Diskussionsmilieus der politischen amerikanischen Gegenwartsphilosophie bedarf, um sozialpolitisches Profil zu gewinnen und als moralisch gewichtiger Vorschlag anerkannt zu werden, zeigt folgende eindrucksvolle Schilderung der mit dem Basiseinkommen verknüpften politischen, ökonomischen und moralischen Erwartungen von Kurt Rothschild:

„So wird ein Basiseinkommen befürwortet als ein Mittel, um jeden Bürger ohne Vorbedingungen vor einem Rückfall in Armut zu bewahren; um Arbeitslosen in einer Welt, ‚der die Arbeit ausgeht' (Hannah Arendt), ein zeitlich unbegrenztes Einkommen zu sichern; um Bürgern die Wahl eines – wenn auch bescheidenen – Standards für

---

135   Van Parijs 1995, 46.
136   Ebd., 47f.

Selbstverwirklichung in außermarktlichen, freiwilligen Tätigkeiten zu ermöglichen (zeitweise und auf Dauer); um die Verhandlungsposition vermögensloser Arbeitnehmer zu stärken; um Frauen, die im Haushalt und in Kindererziehung tätig sind, ein Mindesteinkommen für diese Arbeitsleistungen zu gewähren und ihnen eine gewisse Unabhängigkeit (als Alleinerzieher oder in einer Lebensgemeinschaft) zu verschaffen; um (soweit das Basiseinkommen bisherige Sozialtransfers ersetzt) die oft als erniedrigend empfundenen Antragsformalitäten und Mittellosigkeitsüberprüfungen zu beseitigen; um die Sozialtransfers von bürokratischen Lasten und Mißbrauchskontrollen zu befreien und so zu verbilligen; oder – ganz allgemein – um jeden Bürger durch eine ‚gesellschaftliche Dividende' an dem gemeinsam geschaffenen Produktivitätsfortschritt teilhaben zu lassen."[137]

Die Konzeption des Bürgergeldes oder des Grundeinkommens hat gegenüber dem Vorschlag von Ackerman und Alstott sicherlich einen großen Rationalisierungsvorteil: da Bürgergeld und Grundeinkommen monatlich gezahlt werden, also ein von allen Fährnissen des Arbeitsmarktes unabhängiges regelmäßiges Einkommen garantiert wird, kann das bestehende wohlfahrtsstaatliche System beträchtlich vereinfacht und verschlankt werden. Zum Beispiel kann Bürgergeldzahlung zur arbeitskostensenkenden Umstellung der Altersversorgung von dem unzuverlässigen kollektiven Umlageverfahren der Rentenversicherung zur kapitalgedeckten Privatversicherung oder zu anderen Formen privater Altersvorsorge führen. Damit würde ein Stück Selbstverantwortung zurückgewonnen werden können. Das wohlfahrtsstaatliche System benötigt dringend Initiativen, die zu seiner Vereinfachung und Verschlankung führen. Kaum jemand ist noch in der Lage, das Gewirr der vom Wohlfahrtsstaat erhobenen Steuern – in der Bundesrepublik sind es 80 verschiedene Steuern – zu übersehen, das wohlfahrtsstaatliche Leistungsdickicht zu durchschauen und die unterschiedlichen Leistungen – in der Bundesrepublik rund 150 – und die unterschiedlichen Leistungsstellen – hierzulande rund 40 – einer fortwährenden sowohl ökonomischen wie moralischen Würdigung zu unterziehen.

Während wir hinsichtlich der umweltethischen und menschenethischen Folgen unserer Technologie unsere Wachsamkeit längst wissenschaftlich diszipliniert und politisch institutionalisiert haben, ist es um die Wohlfahrtsstaatsfolgenabschätzung schlecht bestellt. Obwohl nicht selbst erarbeitet, vermag das Bürgergeld doch einen positiven antipaternalistischen Effekt auslösen, da es den Bürgern hinreichend Mittel in die Hand gibt, um im Rahmen einer langfristigen Lebensplanung eigenverantwortliche Vorsorge treffen zu können. Durch das Bürgergeld können zumindest die Vorsorgekomponenten aus dem wohlfahrtsstaatlichen Leistungssystem herausgeschnitten werden.

Aber diese Entlassung aus dem Formulardickicht und den deprimierenden Korridoren der wohlfahrtsstaatlichen Betreuungsbürokratie hat auch einen begrüßenswerten bürgerethischen Effekt. Im Gegensatz zu dem Klientelwesen, das die un-

---

137   Rothschild 1997, 362f.

übersichtliche wohlfahrtsstaatliche Wirklichkeit erzeugt hat, eröffnet das Basiseinkommen die Möglichkeit einer Wiedergewinnung und Aufrechterhaltung von Bürgerlichkeit. Es hält den äußeren Rahmen selbständiger und eigenverantwortlicher Lebensführung aufrecht; es gestattet eine demütigungsfreie und erniedrigungsfreie Existenz. *Die Finanzierung eines Bürgergeldes aus dem Steueraufkommen ist freilich aber nur dann legitimierbar, wenn diese bürgerethische Zweckbestimmung im Auge behalten wird, wenn es Ausdruck mitbürgerlicher Solidarität ist.* Das besagt, daß die Gewährung des Bürgergeldes mit den Grundbestimmungen bürgerlicher Existenz in Übereinstimmung stehen muß, daß das Idealbild des eigenverantwortlich sein Leben führenden und selbständig sich die Mittel für sein Leben erarbeitenden Bürgers den normativen Horizont der Bürgergeldzahlung bildet. Das durch Bürgergeld finanzierte Leben muß sich um Wiedergewinnung ökonomischer Selbständigkeit bemühen. Die durch Bürgergeld finanzierte Existenz muß die Ausnahme vom selbständigen Erwerbsleben sein, und darf nicht seine Alternative werden. Das Bürgergeld ist ein Ausdruck responsiver politischer Solidarität, es ist kein marktunabhängiges Staatsgehalt; es darf nicht jedem als jedem zukommen, sondern nur denjenigen, die aufgrund besonderer Notlagen davor bewahrt werden müssen, aus dem bürgerlichen Leben herauszufallen; und es ist selbstverständlich an die Auflage gebunden, sich ernsthaft um einen neuen Arbeitsplatz zu bemühen. Bürgergeld ist also nur eine bessere, rationalere Form sozialstaatlicher Transferzahlungen; es bündelt die unterschiedlichen Leistungen in einem einzigen Betrag.

Mit dieser solidaritäts- und bürgerethischen Einbindung des Bürgergeldes und seiner unübersehbaren Rückbindung an die Eigenverantwortlichkeits- und Selbständigkeitsschule des Wettbewerbsmarktes weiche ich beträchtlich von der Konzeption ab, die Van Parijs vertritt. Die ihr zugrundegelegte Gerechtigkeit der realen Freiheit für alle hat unhaltbare moralische Konsequenzen. Es gibt hier keinen allgemeinen bürgerethischen Hintergrund, der die individuellen Lebensentwürfe mit der fundamentalen liberalen Forderung konfrontiert, sie – soweit möglich und von den Umständen zugelassen – aus eigener Kraft zu finanzieren. Van Parijs' Konzeption erlaubt fremdfinanzierte Selbstverwirklichung ohne jede Gegenleistung; verlangt somit, daß andere sowohl für sich als auch für andere arbeiten; hat also auch die merkwürdige Konsequenz, daß alle verhungern müßten, wenn alle es den Surfern gleichtun würden, die seiner Meinung nach von der arbeitenden Bevölkerung auszuhalten sind und nur dann „their bit of productive work" zu tun hätten, „if they want to buy fancy surfboards".[138] *Durch die Herauslösung des Bürgergeldes aus dem bürgerethischen und solidaritätsethischen Legitimationskontext wird den Menschen im Namen einer realen Freiheit für alle gestattet, gegenleistungsfrei auf Kosten anderer zu leben.* Würden die Steuerzahler von heute auf morgen das Land verlassen, um der sowohl ökonomischen als auch moralischen Zumutung des *unconditional basic income* zu entkommen, würde die verbleibende Gesellschaft autonomer unproduktiver Selbst-

---

138 Van Parijs 1991, 130.

verwirklichung zusammenbrechen. Es hängt von den eigenen Wertmaßstäben und dem Ausmaß moralischer Selbstbeanspruchung ab, ob man fremdfinanzierte Selbstverwirklichung als entwürdigend ansehen wird. Ein sich gegen alle ethische Beurteilung immunisierender Rationalegoismus mag ohne Bedenken den Mantel der „realen Freiheit für alle" um seine Maximierungsstrategie schlagen. Daß aber ein sich von aller Leistungs-Gegenleistungs-Balance freimachender Gerechtigkeitsbegriff nicht überzeugen kann, ist gewiß. Elster kann nur zugestimmt werden, wenn er von Van Parijs' Konzeption meint, daß sie „completely lacks the potential for being [...] wedded to a conception of justice [...] It goes against a widely accepted notion of justice: it is unfair for able-bodied people to live off the labour of others".[139]

Was ist von einer Konzeption zu halten, die infolge ihrer sozialistischen Empfindlichkeit gegenüber ökonomischer Ausbeutung und ihrer Intoleranz gegenüber diskriminierender Armut ein Instrument entwirft, dessen Konsequenzen notwendigerweise Ausbeutung und Diskriminierung sein müssen, nämlich Ausbeutung der Arbeitenden durch die arbeitsfreien Selbstverwirklicher und Diskriminierung der Erwerbsbürger durch die Bürgergeldverzehrer. „People who chose to work for an income rather than to live in a commune on the universal grant would have to pay higher taxes in order to support those who took the other option. They would think, correctly in my opinion, that they were being exploited by the other group."[140]

Das allgemeine Bürgergeld, sei es in Form einer negativen Einkommenssteuer, sei es in Form eines garantierten Basiseinkommens, ist weder eine moralisch noch ökonomisch überzeugende Konzeption. Ein garantiertes Basiseinkommen schafft auf künstlichem Wege die Wirkung von Vollbeschäftigung. Nehmen wir an, der Markt enthält Arbeit für alle, nehmen wir weiter an, daß die am schlechtesten bezahlte Arbeit in der Höhe des garantierten Basiseinkommens vergütet wird, dann erlaubt diese Konstruktion, die Arbeit zu meiden und an den Strand zu gehen, um zu surfen. Es mag gerechtigkeitsethisch vertretbar sein, jemanden, der sich nicht selbst versorgen kann, durch die Allgemeinheit zu versorgen. Aber es kann nicht gerechtigkeitsethisch vertretbar sein, zwischen Arbeitsfreiheit und Arbeitsaufnahme wählen zu können, ohne daß damit für einen selbst irgendwelche unterschiedlichen Konsequenzen verbunden wären, während alle anderen im Fall der Entscheidung für den Strand für den Surfer mitarbeiten müssen. Der Vorwurf, den der *libertarian* Nozick gegen sozialstaatliche Steuerprogramme gerichtet hat, trifft

---

139   Elster 1986, 709; 719. Dieser normativen Insuffizienz korrespondiert eine methodologische. Zu Recht zählt Elster Van Parijs' *basic income*-Konzept zur Klasse der „engineering blueprints of utopias – technocratic dreams and nightmares without a potential for animating a social movement. Attempts to implement them would meet with massive resistance because people would feel, correctly, that they were being asked to participate in a large-scale experiment of no intrinsic value and highly uncertain extrinsic value" (Elster 1989, 214).

140   Elster 1989, 215.

das *unconditional basic income* des *real-libertarian* Van Parijs nun wirklich: das von ökonomischer Gegenleistung unabhängige Basiseinkommen ist nur durch Zwangsarbeit finanzierbar.

Darüber hinaus führt das Basiseinkommen zu einer radikalen Entliberalisierung der Gesellschaft. Obwohl Van Parijs im Unterschied von den liberalen Egalitaristen die Freiheit zu seiner normativen Leitwährung macht und großen Wert darauf legt, daß der negative Freiheitsbegriff insuffizient sei und durch das Konzept der realen Freiheit ersetzt werden müsse, ist sein Freiheitskonzept nicht minder reduktionistisch als das des orthodoxen *libertarianism*. Freiheit ist doch mehr als ein Bündel von Optionen und Mittel. Freiheitswahrnehmung ist gebunden an ethische Kontexte, die die normativen Rahmenbedingungen angemessener Lebensführung enthalten. *Van Parijs reduziert Freiheit auf die Sicherstellung von Freizeit und Konsum; er bereitet seinen Basiseinkommensbeziehern ein hedonistisches Linsengericht, das sie alle liberalen Tugenden der Unabhängigkeit, der Selbstverantwortung, der Selbstbeanspruchung vergessen läßt.* Aus Bürgern macht das Basiseinkommen Drohnenexistenzen, Empfänger ohne Würde und lebensethischen Stolz. Im Namen der größeren, der realen Freiheit werden sie unfrei; Leistungsbereitschaft wird von Anspruchsmentalität überwuchert. Alle sind sie abhängig vom Staat, der als *alma mater* fungiert und ohne Gegenleistung gibt, als moderne Mutter dabei sogar auf Dankbarkeit verzichtet. Diese Abhängigkeit vom Staat, diese Verwandlung des Bürgers, der durch Einsatz seines Talents und seiner Leistungskraft sich selbst ein Leben aufbaut und nichts geschenkt haben möchte, in einen, der von der Allgemeinheit ausgehalten wird und andere für sich arbeiten läßt, ist mit liberalem Denken nicht vereinbar. Was sich hier als *real-libertarianism* tarnt, ist etatistischer Basiseinkommenssozialismus, ist als „Überliberalismus" verkleideter „Antiliberalismus".[141] Es ist eine charakteristische etatistische Überzeugung, daß Abhängigkeit und Fremderhaltung ihre Unerträglichkeit verlieren würden, wenn nicht mehr Menschen, sondern anonyme Behördenstrukturen und Staatsapparate herrschen würden.

Diesem sowohl gerechtigkeitsethischen wie freiheitsethischen Versagen des Basiseinkommens entspricht seine verhängnisvolle strukturpolitische Auswirkung auf die Beschäftigungssituation. Es ist evident, daß nicht alle das Basiseinkommen für die Finanzierung eines Surferlebens am Strand benutzen werden, viele werden durchaus bereit sein, Arbeit anzunehmen. Aber wenn die Höhe des Basiseinkommens in der Nähe der unteren auf dem Markt erzielbaren Einkommen liegt, verliert die Arbeitsaufnahme allen Reiz. Das Basiseinkommen führt zur sowohl ethischen wie ökonomischen Entwertung der Arbeit. Der Arbeitsmarkt wird veröden und Schattenwirtschaft und Schwarzarbeit werden blühen. Außerdem, auch an solche wirtschaftspolitisch überaus wichtigen, gleichwohl von dem Reißbrettdikaiologen Van Parijs noch nicht einmal im Ansatz beachteten Auswirkungen muß man denken, wird bei allen arbeitsmarktpolitisch relevanten Entscheidungen die Dringlichkeit, auf die Beschäftigungssituation Rücksicht zu nehmen, angesichts des Instituts

---

141 Vgl. von Mises 1979, 106.

des Bürgergeldes, der negativen Einkommensteuer oder des Basiseinkommens sowohl bei den Politikern als auch bei den Tarifpartnern beträchtlich schwinden. Die Parteipolitiker können sich den Gesetzen der politischen Ökonomie nicht entziehen und daher der Versuchung nicht widerstehen, mit Bürgergelderhöhungsversprechungen Wahlen zu gewinnen. Und die Tarifpartner handeln nicht besser. Wenn es eine marktunabhängige Absicherung aller durch Bürgergeld und Basiseinkommen gibt, dann sind alle Tarifvertragsparteien von arbeitsmarktpolitischer Verantwortung entlastet, dann kann die Wirtschaft rationalisieren, entlassen, fusionieren, ohne sich um Sozialpläne sonderliche Gedanken machen zu müssen, dann kann die Gewerkschaft an der Einkommensmehrung ihrer Klientel arbeiten, ohne sich durch die negativen Auswirkungen der Lohnerhöhungen auf den Arbeitsmarkt verschrecken lassen zu müssen.

14.4 Basiseinkommen, Bürgergeld und Bürgerarbeit

Van Parijs' „unconditional basic income" ist ein ethisch zumutungsreiches und politisch phantasiearmes Konzept. Diese doppelte Schwäche teilt es mit den Konstruktionen des Egalitarismus; auch diese sind ethisch zumutungsreich und politisch phantasiearm. Daß sie allesamt nicht bezahlbar sind, soll hier großzügig ausgeklammert werden. Der einzige Vorzug, den die Idee des Basiseinkommens besitzt, ist ihre epistemologische Klarheit und implementierungstechnische Einfachheit. Zwar wird die Einführung des Basiseinkommens die vorhandenen Strukturen der wohlfahrtsstaatlichen Sicherungssysteme gehörig durcheinanderbringen, aber intern ist mit der Vorstellung eines gegenleistungsfreien Staatseinkommens nach Kassenlage keine Schwierigkeit verbunden; das genau ist der Vorteil sockelegalitaristischer Programme. Dagegen verlangen die Konzepte der individualitätsgerechten Kompensationsegalitaristen übermenschliche Erkenntnisanstrengungen, um die anvisierten Differenz- und Ausgleichsmessungen vornehmen zu können. Und welchen institutionellen Instrumenten diese Verteilungsgerechtigkeit anzuvertrauen wäre, welchen strukturpolitischen Veränderungen der Wohlfahrtsstaat unterworfen werden müßte, wenn die Verteilungsgerechtigkeit nicht mehr nur der rhetorischen Moralisierung der interessenpolitischen Positionen im Verteilungskampf diente, sondern zur effektiven normativen Orientierung herangezogen werden würde, darüber schweigen sich die Egalitaristen aus.

Die ethischen Zumutungen des Van Parijsschen Konzepts treten dann besonders deutlich hervor, wenn man das Institut des Basiseinkommens mit einem Arrangement vergleicht, das Bürgergeld mit Bürgerarbeit verbindet. Denkt man an Bürgergeld lediglich im Sinne eines garantierten staatlichen Einkommens, dann ist der Einwand verständlich, daß das Bürgergeld den Ehrentitel des Bürgers nicht verdiene und die liberale Tradition auf den Kopf stelle.[142] Der Bürger vertritt ein Frei-

---

142 Vgl. Siebert 1998, 210.

heits- und Leistungsethos, schätzt Selbständigkeit und Selbstbestimmung; verlangt eine selbstverantwortliche, die Konsequenzen eigener Entscheidungen nicht abwälzende Lebensführung. Der Bürgergeldbezieher paßt nicht in dieses Werteschema. Mit dem Verschwinden der Vollbeschäftigung und der Zunahme struktureller Arbeitslosigkeit schrumpft der Lebensraum des Bürgers; immer mehr Menschen werden vom Erwerbsleben ausgeschlossen, immer weniger Menschen ist es möglich, sich ein Markteinkommen zu verschaffen. Im Gegenzug steigen die Transferleistungen des Sozialstaats. Diese zu bündeln und damit die Sozialzahlung zu vereinfachen, ist eines der Motive des Bürgergeldes. Durch die Bündelung erhält es auch in äußerlicher Hinsicht, als kompakte Zahlung, Einkommenscharakter, vermag dadurch die Erinnerung an das Erwerbsleben wachzuhalten. Insofern mag man doch an der Bezeichnung „Bürgergeld" festhalten.

Freilich ist die Arbeitsgesellschaft die materiale Grundlage dieses liberalen Bürgerbegriffs; und in dem Maße, in dem diese materiale Grundlage wegbricht, wird der Bürger zu einer in ihrer Existenz gefährdeten Gattung. Es gibt jedoch noch einen anderen Bürgerbegriff, einen zivilgesellschaftlichen Bürgerbegriff: das ist jedenfalls die Überzeugung der Anhänger des Dritten Weges. Im zivilgesellschaftlichen Bürgerbegriff spiegeln sich die strukturellen gesellschaftlichen Veränderungen der modernen Arbeitsgesellschaft, das Zurücktreten der Marktgesellschaft und das Auftauchen einer sich von dem Marktparadigma unabhängig machenden Zivilgesellschaft. In der Zivilgesellschaft tauchen alternative ethische Wertschöpfungsmechanismen auf, Lebenssinn und Selbstwerterfahrung machen sich von der Orientierung an der Erwerbsarbeit unabhängig. Der Markt ist nur ein Segment selbstbewußter Lebensführung, er ist von anderen Zonen selbstorganisierter Arbeit umgeben. Durch diese Erweiterung des laboristischen Paradigmas wird auch der traditionelle Sozialstaat verändert. Die das Marktgeschehen umspannende Zivilgesellschaft drängt das arbeitsgesellschaftliche Zwillingsgespann aus Erwerbstätigkeit und Sozialhilfeempfang zurück und ersetzt es zunehmend durch ein Nebeneinander von Privatarbeit und Bürgerarbeit.[143] Bürgerarbeit ist ein kommunitaristisches und politisches Konzept. Bürgerarbeit ist sinnvolle, selbstorganisierte Arbeit für das Gemeinwesen; Bürgerarbeiter sind „Gemeinwohlunternehmer",[144] die in den Überforderungs- und Inkompetenzdefiziten von Politik und Verwaltung Tätigkeitsnischen, Eingriffschancen, Anknüpfungsmöglichkeiten für Projekte sehen. Bürgerarbeit wird in enger Zusammenarbeit mit den Kommunen vorgenommen, dann bald, so ihre optimistischen Verfechter, einen eigenen Markt für Phantasie und Organisationstalent ausbilden und „gemeinwohlunternehmerische" Kompetenzen entwickeln.[145] Und das Bürgergeld gilt als Belohnung, die sich an den entsprechenden Niveaus der sozial-

---

143 Zu diesem Verständnis von Bürgerarbeit vgl. Beck 1999, 7–189.

144 Beck 1999, 132f.

145 Möglicherweise schwebt Anthony Giddens Ähnliches vor, wenn er von „positiver Wohlfahrt" spricht und den Sozialstaat von einem „Sozialinvestitionsstaat" ablösen lassen möchte; vgl. Giddens 1997, 243ff.; Giddens 1998, 130ff.

staatlichen Leistungen orientiert, und sorgt zusammen mit anderen, den Bürger-
arbeitern und Bürgerunternehmen einzuräumenden Vorteilen für eine marktunabhängige soziale Sicherheit.[146]

Natürlich liegt hier der Verdacht zivilpolitischer Romantik nahe; andererseits, so
könnte man einwenden, ist angesichts der Entwicklung von Arbeitsmarkt, Staatsverschuldung und Wohlfahrtsstaat gesellschaftspolitische Phantasie gefragt. Weder
ist der Leistungsumfang der sozialen Sicherungssysteme weiter zu steigern noch ist
zu erwarten, daß sich die Beschäftigungssituation merklich bessern wird und ein
aufblühender Arbeitsmarkt zur Entlastung des Sozialetats führt. Natürlich gibt es
noch beträchtliche arbeitsmarktpolitische Verbesserungsmargen, die zu nutzen jedoch verlangen würde, Politik und Tarifparteien in ein Programm der Änderung
der Lohnstruktur und des arbeitsrechtlichen und sozialrechtlichen Regelwerks ein-
zubinden. Aber auch bei der Ausschöpfung aller Möglichkeiten zur Senkung der
Arbeitskosten, zur produktivitätsmehrenden Deregulierung und zur arbeitsrechtlichen und sozialrechtlichen Liberalisierung wird der Arbeitsmarkt nie mehr leer sein
und der Zustand der Vollbeschäftigung erreicht werden können. Daher scheint der
Gedanke der Bürgerarbeit durchaus erwägenswert, da er an der personenethischen
und lebensethischen Bedeutung der Arbeit festhält und, anders als das Arbeit
ethisch marginalisierende Konzept Van Parijs', von der Vorzugswürdigkeit einer
Arbeitsexistenz überzeugt ist.

Wenn die Erwerbsarbeit knapp bleiben wird, muß für eine Alternativarbeit gesorgt werden, müssen die politischen und rechtlichen Voraussetzungen für alternative Beschäftigungsverhältnisse geschaffen werden, in denen die Menschen einer
ähnlich sinnvollen, sie erfüllenden, ihre Leistungskraft und Problemlösungsphan-
tasie beanspruchenden Arbeit nachgehen können, so daß sie vor sozialer Depravation und Selbstwerterosion geschützt sind, die mit dem Schicksal der Arbeitslosigkeit verbunden sein können. Hier versucht die marktentkoppelte, zivilpolitische
Bürgerarbeit eine Antwort zu geben, die darüber hinaus auch positive Auswirkungen auf das Gemeinwesen und den politischen Zusammenhalt verspricht.

Hier ist nun nicht der Ort, die Bürgerarbeitkonzeption ausführlich zu diskutieren.
Mir dient diese knappe Schilderung nur als Kontrastmittel, um die bedrückende

---

146 „Bürgerarbeit wird nicht entlohnt, aber belohnt und zwar materiell und immateriell durch Bürgergeld, Qualifikationen, Anerkennung von Rentenansprüchen und Sozialzeiten, Favor Credits
(gemeint sind Vorteile, die ein in Bürgerarbeit Beschäftigter aus seiner freiwilligen Arbeit zieht,
z. B. sein Kind gebührenfrei in einen Kindergarten schicken zu können). Bürgergeld sichert materiell die Autonomie der Bürgerarbeit. Sein Minimum leitet sich aus den Maßstäben von Ar-
beitslosengeld, Arbeitslosen- und Sozialhilfe ab. Es wird aufgestockt durch kommunale Mittel
und Mittel, die in der Bürgerarbeit selbst erwirtschaftet werden. Jedoch sind die Bezieher von
Bürgergeld – bei sonst gleichen Voraussetzungen – keine Empfänger von Sozial- und Arbeitslo-
senhilfe, da sie in Freiwilligeninitiativen gemeinnützig tätig sind. Auch stehen sie dem Arbeitsmarkt nicht zur Verfügung, wenn sie das nicht wünschen. Sie sind keine Arbeitslosen" (Beck
1999, 133).

ethische Armut und politische Phantasielosigkeit des Van Parijsschen Basiseinkommens noch einmal kenntlich zu machen. Das Basiseinkommen ist weder Erwerbsarbeitseinkommen noch Bürgerarbeitseinkommen. Es ist ein gegenleistungsfreies Einkommen. Es ist sowenig an Arbeit gebunden, daß noch nicht einmal Arbeitslosigkeit, also der selbst unverschuldete Wegfall eines Arbeitsplatzes zur Voraussetzung seiner Zahlung wird. Auch der, der allen Arbeitsverhältnissen zeitlebens aus dem Weg geht und ohne die geringste Selbstachtungseinbuße sich seine hedonistischen Programme von der arbeitenden Hälfte seiner Mitbürger finanzieren lassen möchte, bekommt regelmäßig seinen monatlichen Scheck. In der Gerechtigkeitstheorie von Van Parijs ist kein Platz für den Bürger, weder für den liberalen Bürger noch für den zivilgesellschaftlichen Bürger. Sie ist weder von dem Leistungsethos des liberalen Bürgers noch von dem Gemeinwohlethos des zivilgesellschaftlichen Bürgers geprägt. Sie gründet in einem strikt privatistischen Individualismus, der die Arbeit, obwohl sie das gesamte Basiseinkommen erwirtschaften muß, zu einer kontingenten und ethisch neutralen Präferenz erklärt, die in keinem internen Zusammenhang mit dem Basiseinkommen steht und aus der Perspektive des *real-libertarianism* so unwichtig ist wie jede andere. Das ist die Konsequenz der Entscheidung, das Basiseinkommen als gerechtigkeitstheoretischen Ausdruck des Freiheitsegalitarismus zu behandeln. Dadurch wird die verdienstethische Ordnung umgekehrt: der Lohn wird vorweg und unabhängig von Arbeit und Leistung bezahlt. Die Währung der Freiheit ist Freizeit; Freiheit besteht darin, sich seinen Lebensunterhalt nicht verdienen zu müssen.

Aber eine abschließende Bemerkung möchte ich doch noch zur Bürgerarbeit machen. Der oben geäußerte Verdacht der zivilpolitischen Romantik ist natürlich abwegig. Mag die Bürgerarbeit ökonomisch schwer zu kalkulieren sein, so ist das Konzept der Bürgerarbeit doch ideenpolitisch gut durchgerechnet. Es folgt dem Rezept des unwiderstehlichen Erfolgs: man nehme nicht weniger als das Beste aller Welten. Die Bürgerarbeit ist sozialethisch ausgezeichnet, dient dem Gemeinwohl und reagiert souverän auf die zunehmende Leistungsschwäche einer überforderten, der von ihr selbst geschaffenen Komplexität nicht mehr gewachsenen kommunalen und staatlichen Bürokratie. Das Bürgerarbeitkonzept zehrt daher von der zunehmenden Attraktivität des Kommunitarismus für eine moderne, unter den Strapazen des Individualismus ächzenden Gesellschaft, kann aber gleichzeitig auch den Kommunitarismusskeptiker beschwichtigen, der hinter der kulturalistischen Wolkigkeit der Rhetorik des Werteverlusts und der Wiederbelebung des Gemeinsinns nur altbackenen Traditionalismus und immobiles Unbehagen mit eher verhängnisvollen politischen Auswirkungen vermutet: Bürgerarbeit bringt den Kommunitarismus ja auf den harten sozialpolitischen Boden der Tatsachen zurück, gibt dem Gemeinsinn eine solide und ideologisch gänzlich unverfängliche Basis. Bürgerarbeit verwandelt den Kommunitarismus des kulturkritischen Lamentos in einen Kommunitarismus der phantasievollen Praxis. Aber auch der Liberalismus wird durch das Becksche Arrangement von Bürgerarbeit und Bürgergeld befriedigt. Der Bürgerarbeiter ist ein freiwilliger Arbeiter; hier wird kein Arbeitsdienst geleistet, zu den unwillige Steuerzahler den Sozialhilfeempfänger heranziehen wollen, damit sie eine allgemeinnützliche Gegenleistung empfangen. Der Bürgerarbeiter ist ein belohnter, seiner Leistung entsprechend belohnter Arbeiter. Bürgerarbeit ist keine laboristisch getarnte Beschäftigungstherapie, um den arbeitslosigkeitsgenerierten Zeitüberschuß zu verringern und die durch soziale Depravation erzeugten Depressionen abzufedern. Aber die Bürgerarbeit erfüllt nicht nur die Grundbestimmungen des bürgerlichen Leistungs- und Gegenseitigkeitsethos, sie gibt selbst der Idealform bürgerlicher Lebensweise Entfaltungsraum; sie vermag Kreativität und Eigenverantwortung zu entfesseln; sie ermöglicht Karrieren, die dem Muster marktwirtschaftlichen Aufstiegs folgen; sie wird zur Schule neuer Selbständigkeit: *aus dem Bürgerarbeiter wird der Bürgerunternehmer.*

In der Tat, hier ist ein versierter, den Markt genau beobachtender Theorieunternehmer am Werk. Diese schon für sich geschickte Mischung aus kommunitaristischen und liberalen Zielvorstellungen wird nun weiterhin eingebunden in ein modernisierungstheoretisches Szenario, das, ein einziges postistisches Festival, postmoderne, postnationale, poststaatliche Stränge in einer Globalisierungskonzeption bündelt, die der strukturpolitischen Rat- und Mutlosigkeit der Politik der Gegenwart, die weiß, daß das in den Jahren ökonomischer Prosperität und sozialdemokratischer Verteilungsfreundlichkeit aufgebaute wohlfahrtsstaatliche Leistungsniveau nicht mehr gehalten werden kann, Handlungsentlastung anbietet. Ist die Entwicklung eigentlich schon über die Problembestände und Handlungsstrukturen unserer politischen Herkunftswelt hinweggerollt, lösen sich alle Koordinatensysteme auf, zeichnet sich überall Neues und Anderes ab, dann muß man sich mit der ökonomischen Evaluation des Wohlfahrtsstaats und der strukturellen Reform seiner Sicherungssysteme nicht mehr befassen.

Mir scheint es freilich ökonomisch, politisch und auch moralisch viel vernünftiger, anstelle eines globalisierungstheoretischen Abgesangs auf den traditionellen Arbeitsmarkt und eines strukturpolitisch so vage wie ideenpolitisch bunten Arrangements aus Bürgergeld und Bürgerarbeit die allseits bekannten Fehlentwicklungen des Wohlfahrtsstaats mit Hilfe geeigneter Instrumente zu korrigieren und eine langfristige Strukturreform des Wohlfahrtsstaats in Angriff zu nehmen, die die systemischen Verselbständigungen und sozialpolitischen Wucherungen zurückschneidet und unserer politischen Solidarität wieder die solide institutionelle Grundlage zurückgibt, die sie im Rahmen der sozialen Marktwirtschaft besessen hat.

Grundsätzlich ist nichts gegen konzeptuelle Phantasie einzuwenden. Aber die Misere des gegenwärtigen sozialstaatlichen Systems ist weder durch einen Mangel an diagnostischer Erkenntnis noch durch therapeutisches Unwissen verursacht. Weder müssen wir Analyseergebnisse abwarten noch auf die Erfindung neuer Instrumente hoffen. Die Rat- und Mutlosigkeit der Reformpolitik, die Zaghaftigkeit der sogenannten ‚Modernisierung' des Wohlfahrtsstaats hat keine epistemologischen, sondern ausschließlich psychologische Gründe. Es ist für eine demokratische Politik äußerst schwierig, gleichzeitig die notwendigen strukturpolitischen sozialstaatlichen Reformen in Angriff zu nehmen und ihr verständliches Machtinteresse nicht zu vernachlässigen. Ein Sozialstaat, der schon längst den Rahmen der sozialen Marktwirtschaft verlassen hat, der sich schon seit langem nicht mehr damit begnügt, in politischer Solidarität für die Grundversorgung derjenigen aufzukommen, die sich aus welchen Gründen auch immer nicht selbst ein hinreichendes Arbeitseinkommen verschaffen können, der zum Wohltäter der ganzen Gesellschaft geworden ist und das Verteilungsinstrument des Marktes nicht nur mit einer Fülle von politischen Zusatzverteilungen umgibt, sondern durch Subventionen von Wirtschaft, überlebter Lokalindustrie und Löhnen die Verteilungsmechanismen des Marktes selbst einschränkt und die damit verbundenen Lektionen verhindert, ist für einen rationalen demokratischen Politiker nahezu unantastbar geworden. Jede Veränderungsabsicht, die nicht den Charakter einer pareto-superioren Verteilung besitzt, stößt auf laute Kritik, sowohl seitens der Betroffenen als auch seitens der Opposition, die sich diese Gelegenheit zur Verbesserung ihrer Machtchancen nicht entgehen lassen darf. Die das Wirtschaftsgeschehen wie die Sozialstaatsentwicklung gleichermaßen prägenden Interaktionen vorteilsmaximierender individualistischer Klugheit haben in Gestalt des Wohlfahrtsstaats eine gigantische Rationalitätsfalle geschaffen, aus der es kein Entrinnen zu geben scheint.

V Gerechtigkeitsphilosophie und Gesellschaftskritik: Thomas Nagels moralischer Kathedersozialismus

Der Liberalismus ist seit einiger Zeit heftiger Kritik ausgesetzt, nicht nur der Kommunitarismus rüttelt mit seinen modernitätsskeptischen Attacken heftig am liberalen Paradigma, auch Postmodernismus und Feminismus sehen in ihm den herrischen Universalismus eines überlebten Kantianismus am Werk, der endlich einem differenzfreundlichen, aller Wahrheitssorgen ledigen Pluralismus den Weg frei machen soll. Manche bangen bereits um die Standfestigkeit dieser bewährten philosophischen Reflexionsform der politischen Moderne; sie zeigen sich verhandlungsbereit und unterbreiten Kompromißangebote, entwerfen auch schon Pläne für einen geordneten Rückzug, etwa von einer metaphysischen Gerechtigkeitskonzeption zu einer politischen Gerechtigkeitskonzeption. Thomas Nagel gehört nicht zu ihnen.

Nagel wählt einen systematischen Ausgangspunkt für sein Denken, der weitaus stärker an Kant erinnert als die konstruktivistischen Konzeptionen Rawls' und Dworkins. Das Leitmotiv der Nagelschen Philosophie ist die uns aus eigener Erfahrung wohlvertraute spannungsvolle subjektiv-objektive Doppelperspektive menschlicher Selbst- und Weltverhältnisse. Jede dieser Perspektiven findet in der je anderen ihre Grenze; beide öffnen unterschiedliche, aufeinander irreduzible Wirklichkeitsdimensionen, die in einer umfassenden Wirklichkeitskonzeption gleichermaßen berücksichtigt werden müssen. Wir vermögen uns einerseits von unseren Interessen, Meinungen und Sichtweisen zu distanzieren, in sowohl theoretischer als auch praktischer Hinsicht selbstvergessen einen Allgemeinheits-, Objektivitäts- und Unparteilichkeitsstandpunkt zu beziehen, von dem aus wir nur noch Ding unter Dingen, Mensch unter Menschen, Person unter Personen sind; darum sind wir ebenso zur wissenschaftlichen Weltbetrachtung wie zur moralischen Weltgestaltung fähig. Wir sind andererseits aber auch unauflöslich an eine egozentrische Einstellung gebunden, da menschliches Leben nur in subjektiver Perspektive lebbar ist; allein aus der Perspektive wissenschaftlicher Objektivität und moralischer Unparteilichkeit betrachtet schwinden alle für menschliches Leben konstitutiven Asymmetrien und Eigenheiten, schwindet auch die Bedeutsamkeit, die unser Leben für uns besitzt. Das Mein des eigenen Körpers, des lebensweltlichen Umfelds, des eigenen Gemüts und Bewußtseins ist mit den auf einen Egalitarismus der Dinge und der Personen ausgerichteten Mitteln wissenschaftlicher und moralischer Allgemeinheit semantisch nicht aufklärbar.[1]

In den theoretischen Einstellungen unseres gewöhnlichen Lebens bereitet uns der Perspektivendualismus unseres Selbst- und Weltverhältnisses nicht allzu große Schwierigkeiten. Nur gelegentlich, wenn die eigene Bedeutsamkeitsüberzeugung mit der Gleichgültigkeit der physikalischen Welt kollidiert, wenn einen angesichts

---

1 Zur Nagelschen Theorie der Doppelperspektivität vgl. Nagel 1986; Nagel 1991b.

der „zahllosen Weltenmenge"[2] das Gefühl der eigenen Nichtigkeit überkommt, steigt ein lähmender Absurditätsverdacht auf. In der Regel jedoch bringen wir die subjektive und die objektive Perspektive routiniert zum Ausgleich; durch die schwierigen Fragen nach dem Verhältnis von Gehirn und Bewußtsein, Determinismus und Freiheit, Handlung und Körperbewegung lassen wir unseren robusten Alltagscartesianismus nicht irritieren.

In unserem Handlungsleben freilich gewinnt dieser Perspektivendualismus häufig störende Auffälligkeit. Unsere universalistischen Moralüberzeugungen harmonieren nicht immer mit unseren Lebensprojekten. Und daß individuelle und kollektive Vorteilssuche der Gerechtigkeit widersprechen kann, gehört zur leidvollen Dauererfahrung in der Politik. Immer stehen wir bei der Beurteilung und Durchführung unserer Handlungen unter den divergierenden Ansprüchen der Gebote der Unparteilichkeit und der Sorge um unsere eigenen Angelegenheiten, und oft genug verhalten wir uns im Privatleben wie in der Politik ungenügend, vermögen wir diese Ansprüche nicht zufriedenstellend miteinander zu versöhnen. Gelingt uns aber die Balance, dann sind wir „simultaneously partial to ourselves, impartial among everyone, and respectful to everyone else's partiality".[3]

Mit dieser Doppelperspektivität der menschlichen Natur hält Nagel auch ein Legitimationskriterium für gesellschaftliche und politische Einrichtungen in den Händen. Immer wird die Verfassung der Vernunftgesellschaft eine grundlegende Bereichsteilung aufweisen müssen: auf der einen Seite das institutionelle Gefüge des zwangsbewehrten staatlichen Systems, dessen Prinzipien und Institutionen durch objektive Gründe und aus unparteilicher Perspektive gerechtfertigt sind, und auf der anderen Seite die private Welt der divergierenden Interessen, die in ihrer Selbstverwirklichungsdynamik durch die Einrichtungen der politischen und gesellschaftlichen Welt eine unparteiliche, und das heißt: egalitaristische Unterstützung erfährt.

> „A legitimate system is one which reconciles the two universal principles of impartiality and reasonable partiality so that no one can object that his interests are not being accorded sufficient weight or that the demands made on him are excessive. What makes it reasonable for someone to reject a system, and therefore makes it illegitimate, is either that it leaves him too badly off by comparison with others (which corresponds to a failure with respect of impartiality), or that it demands too much of him by way of sacrifice of his interests or commitments by comparison with some feasible alternative (which corresponds to a failure with respect to reasonable partiality)."[4]

Das gesamte gesellschaftliche System ist legitimationsbedürftig, weil es als staatlich-rechtliches System Zwang anwendet und weil es als sozio-ökonomisches System die Lebensaussichten der Menschen von Geburt an prägt. Nicht nur die traditionellen staatlichen Institutionen müssen sich um vernünftige einhellige Zustimmung bemü-

---

2 Kant: *Kritik der praktischen Vernunft*, AA Bd.V, 162.
3 Nagel 1991a, 38.
4 Ebd.

hen; auch das sozio-ökonomische System muß Rechtfertigungsgründe vorweisen. Die Legitimität des ökonomischen, sozialen und politischen Systemverbunds ist abhängig von dem Ausmaß der in ihm objektivierten Unparteilichkeit. Sind Institutionen Instrumente der Parteilichkeit, manifestieren sich in ihnen parteiliche Interessen, dann sind sie illegitim und verlieren den Anspruch auf die Loyalität *aller* Bürger. Entsprechend muß ein System auf berechtigte Ablehnung stoßen, wenn es totalitär die individuellen Differenzen verfolgt und nichts duldet, was ihm nicht gleicht.

Gesellschaftliche Integration steht in der Moderne unter der spannungsvollen Doppelbelastung, sich zugleich konsentisch legitimieren und der individuellen Autonomie Raum geben zu müssen. Dabei gerät der konsensermöglichende Gemeinsamkeitsvorrat zunehmend unter den Druck der individualisierungsbedingten Dissensrisiken. Die Strategien, mit denen sich die Moderne von dieser legitimatorischen Doppelbelastung befreit hat, sind bekannt: Neutralisierung, Ausgrenzung bestimmter normativer Sinnbezirke und Wertbereiche aus dem legitimatorisch relevanten Überzeugungsfundus, Trennung von Recht und Moral, von Öffentlichkeit und privater Welt, von Religion und Staat. Die politische Philosophie dieser „art of separation"[5] ist der Liberalismus. Seine Kernthese lautet, daß man unter den Bedingungen der individualisierungs- und pluralisierungsfreundlichen kulturellen und sozialen Moderne den konsentischen Rechtfertigungsstandards nur durch minimalistische Strategien genügen kann, durch die die dissensriskanten Überzeugungsbestände in den Bereich privater Entscheidungen abgedrängt und somit legitimationstheoretisch neutralisiert werden. Auch die politische Philosophie Nagels ist ein Beispiel dieser liberalen ‚Trennungskunst'. Jedoch ist das von ihr entwickelte Konzept einer Vernunftgesellschaft legitimatorisch ungemein anspruchsvoll und geht weit über das gewöhnliche libertär-liberale Arrangement der freiheitsrechtlichen Rahmenbedingungen individueller Interessenverfolgung hinaus. Nagel traut der unparteilichen Vernunft weitaus mehr zu, als nur ein allgemein zustimmungsfähiges System der Koexistenzsicherung und Handlungskoordination zu begründen. Für ihn ist die Rationalität der gesellschaftlichen Ordnung auch noch nicht mit der Rawlsschen Verfassung ausgeschöpft. Nagel ist der Überzeugung, daß die moralische Vernunft eine Radikalisierung der egalitaristischen Komponente der Rawlsschen Gerechtigkeitstheorie verlangt, daß die Unparteilichkeitsperspektive ein Quell vorgegebener, objektiv gültiger moralischer Gründe ist, eine Welt maximaler Gleichheit zu wollen.

1 Gleichheit und Unparteilichkeit

> „We are so accustomed to great social and economic inequalities that it is easy to become dulled to them. But if everyone matters just as much as everyone else, it is appalling that the most effective social systems we have been able to devise permit so many people to be born into conditions of harsh deprivation which crush their pros-

---

5 Vgl. Walzer 1984.

pects for leading a decent life, while many others are well provided for from birth, come to control substantial resources, and are free to enjoy advantages vastly beyond the conditions of mere decency. The mutual perception of these material inequalities is part of a broader inequality of social status, personal freedom, and self-respect. Those with high income, extensive education, inherited wealth, family connections, and genteel employment are served and in many cultures treated deferentially by those who have none of these things. One cannot ignore the difficulties of escaping from this situations, but that is no reason not to dislike it."[6]

Die egalitaristische Komponente der Rawlsschen Konzeption der wirtschaftlich-sozialen Gerechtigkeit drückt sich in dem Differenzprinzip aus, das als Prinzip erlaubter Ungleichheit die Ungleichverteilung wirtschaftlicher Ressourcen und sozialer Macht unter der Bedingung zuläßt, daß sie zu einer Besserstellung der Schlechtestgestellten führt. Zur Begründung dieses Prinzips entwickelt Rawls ein ungewöhnlich komplexes kontraktualistisches Argument. Nicht-kontraktualistisch, doch noch ausladender und in sich differenzierter ist das Argument, das Dworkin für sein Konkurrenzprinzip der Ressourcengleichheit präsentiert. Sollte man angesichts dieser Konzeptionen des egalitären Liberalismus meinen, daß die Sache der sozialen Gerechtigkeit offenkundig einigen begründungstheoretischen Aufwand verlangt, wird man von Nagel eines anderen belehrt: Nagels Egalitarismus kommt gänzlich ohne diesen komplexen argumentationstechnischen Apparat aus. Es ist ein *moralisch deduzierter Egalitarismus*, der unmittelbar aus der unparteilichen Beurteilungsperspektive abgeleitet wird und nicht zögert, moralische Gleichheit und Rechtsgleichheit unmittelbar in sozio-ökonomische Gleichheit umzumünzen. Der Deduktionsschritt, der von dem moralischen Impartialismus zum politischen Egalitarismus führt, ist durchaus nachvollziehbar:

> „The impartial attitude is [...] strongly egalitarian both in itself and in its implications. [...] It comes from our capacity to take up a point of view which abstracts from who we are, but which appreciates fully and takes to heart the value of every person's life and welfare. We put ourselves in each person's shoes and take as our preliminary guide to the value we assign to what happens to him the value which it has from his point of view. This gives to each person's well-being very great importance, and from the impersonal standpoint everyone's primary importance, leaving aside his effect on the welfare of others, is the same."[7]

Weniger nachvollziehbar ist jedoch, wie im Rahmen dieses abstrakten Arguments Kriterien gewonnen werden können, die festlegen, was denn genau die gesellschaftliche Verpflichtung einer unparteilich-egalitaristischen Ausstattung der Individuen beinhaltet.

In der gesellschaftlichen Verteilung der immateriellen und materiellen Güter, der Rechte, der Zugangschancen zu politischen Ämtern, gesellschaftlicher Funktions-

---

6 Nagel 1991a, 64.
7 Ebd., 64f.

macht und wirtschaftlichen Ressourcen muß sich die Unparteilichkeitsperspektive reflektieren. Die Gleichwertigkeit der Individuen, die Gleichbedeutsamkeit ihrer Lebensprojekte für sie selbst und ihre Gleichberechtigung von einem überpersönlichen Standpunkt aus verlangen eine egalitäre Verteilung aller gesellschaftlichen Güter, die für den Wert, die Selbstachtung und die Lebensqualität der Individuen relevant sind. Die gesellschaftlichen Bedingungen unseres Lebens dürfen nicht achselzuckend als Sozialschicksal hingenommen werden. Wir sind als Vernunftwesen verpflichtet, an der Defatalisierung der gesellschaftlichen Verteilungsverhältnisse zu arbeiten. Wir haben die Pflicht, die Verteilungsleistungen der Gesellschaft nach unparteilichen Gesichtspunkten einzurichten, um alle strukturellen Begünstigungen und Benachteiligungen individueller Lebensprojekte zu verhindern.

Die Grundlage der Gleichheits- und Ungleichheitsbeurteilungen bilden bei Nagel nicht distinkte Güterklassen; keine ausgezeichneten sozialen Basisgüter, von denen jeder lieber mehr als weniger haben will. Nagels egalitaristische Maßeinheit entzieht sich jeder Operationalisierung; es ist die Qualität eines vollständigen Lebens. Und eine Gesellschaft kann dann als eine gerechte bezeichnet werden, wenn ihre institutionellen Rahmenbedingungen die individuellen Lebensprojekte der Personen von Beginn an und während ihrer ganzen Dauer mit gleichem Wohlwollen behandeln und nicht durch die Zuteilung ungleicher Start- und Entwicklungsbedingungen die Lebensprojekte der einen begünstigen und die der anderen entwerten.

Das in der Unparteilichkeitsperspektive verankerte egalitaristische Engagement für das Wohl aller als gleichberechtigte Personen mit gleichbedeutsamen Lebensprojekten muß sich in der realen Welt der sozio-ökonomischen Ungleichheit als abgestufte Sorge um die Benachteiligten auswirken. Dabei begnügt sich Nagel nicht mit einer sozialstaatlichen Sicherung einer Minimalexistenz. Der moralische Skandal der Ungleichheit ist mit den Mitteln einer garantierten Grundversorgung für ihn nicht aus der Welt geschafft.

> „Contemplating the differences in life prospects at birth which are built into any system of social stratification, I do not think that our sense of priority for improvements in the position of those lower down on the scale is exhausted by the case of the absolutely needy. Of course they have first priority. But the distinction between the unskilled and the skilled working class, or between the lower middle class and the upper middle class, or between the middle class and the upper class, presents the same intuitive ranking of relative importance."[8]

Offenkundig hat sich Nagel hier die Leximin-Lesart des Rawlsschen Differenzprinzips und seiner Verkettungswirkung ausgeborgt: schrittweise sozio-ökonomische Egalisierung der Gesellschaft nach Dringlichkeitsgrad, durch sukzessive Verbesserung des jeweils relativ Schlechtestgestellten.

---

8 Ebd., 70.

2 Imaginative Identifikation

Nagels Egalitarismus kritisiert nicht nur soziale Verelendung und ökonomische Deprivation; sie duldet auch in den gesellschaftlichen Bereichen oberhalb der Armutszone keinerlei sozio-ökonomische Benachteiligung; jeder, der relativ schlechter gestellt ist als ein anderer, stellt die Legitimität des Systems in Frage. Die gesellschaftliche Institutionalisierung dieses *unparteilichkeitsmoralischen Egalitarismus* verlangt nach Nagel eine „method of pairwise comparison",[9] aus der ein Verfahren der abgestuften Ent-Deprivilegierung resultiert, das die gesamte gesellschaftliche Ungleichheitspyramide nach signifikanten, die Qualität der jeweiligen individuellen Lebenspläne berührenden Ungleichheiten durchmustert und jede relative Bevorzugung des Lebens des einen vor dem Leben eines anderen kompensatorisch-redistributiv ausgleicht. Dieses Verfahren, dessen Kern „the proper form of imaginative identification"[10] bildet, gehört zum Fundus unserer prozeduralistischen moralischen Erkenntnismethoden; wir sollen uns in die Lage jedes anderen versetzen, uns vorstellen, sein Leben wäre unseres, und wir müßten es führen. Es ist evident, daß aus der Perspektive der durch diesen Rollentausch generierten Unparteilichkeit alle strukturellen Begünstigungen und Benachteiligungen individueller Lebensprojekte durch geeignete institutionelle Vorkehrungen korrigiert werden müssen.

Freilich zeigt sich hier eine gewaltige moralische Überlastung des Nagelschen Arguments. Gerechtigkeitsverbesserungen einer Gesellschaft beziehen sich auf die Veränderung der Grundstruktur, bedürfen folglich nicht gedankenexperimenteller Identitätswechsel. Erkenntnisverfahren, die im Bereich der Individualmoral sinnvoll und fruchtbar sind, können nicht auf den Bereich der Gesellschaft übertragen werden, können nicht gerechtigkeitspolitisch zur Optimierung der sozialen Verteilungsmuster benutzt werden. Um Strukturverbesserungen gerechtigkeitsethisch zu begründen, genügt uns ein menschenrechtlicher Egalitarismus, der ganz ohne experimentelle Übernahme fremder Armutsidentitäten auskommt. Es geht hier nicht darum, in Individuen einen moralischen Lern- oder gar Schockeffekt zu erzeugen; es geht nicht um eine moralische Empfindsamkeitsschulung, nicht darum zu erfahren, wie es ist, nicht in den gesellschaftlichen Höhenlagen zu leben, sondern in den gesellschaftlichen Niederungen sein Dasein zu fristen. Nagels moralpsychologischen Sensibilisierungsexerzitien haben nichts mit einem rationalen gerechtigkeitstheoretischen Erkenntnisverfahren zu tun, ganz abgesehen davon, daß sie empirisch unmöglich sind, aber auch nicht durch einfache logische Grundoperationen simuliert werden können. Was ist von solch einer Handlungsanweisung zu halten: „We must try to think about it as if we were each of them separately – as if each of their lives were our only life"?[11]

---

9 Ebd.
10 Ebd., 68.
11 Ebd.

Offenkundig haben wir es hier mit einer Umkehrung des Rawlsschen Verfahrens zu tun. Während Rawls zur Gewinnung eines unparteilichen Standpunktes alle Gesellschaftsmitglieder unter den Schleier der Unwissenheit stellt, fordert Nagel sie auf, durch flächendeckende imaginative Identifikation sich das ganze Leid der Welt auf die Seele zu laden. Welch gerechtigkeitstheoretisch relevanter und gerechtigkeitspolitisch umsetzbarer Erkenntnisgewinn soll aber durch solch ein Identifikationsunternehmen erreicht werden? Wie weit reicht die Identifikation? Wäre ich wirklich der Kaiser von China, dann würde mir das keinerlei Aufschlüsse geben, da ich dann ja nicht mehr ich, sondern der Kaiser von China wäre. Natürlich möchte ich ich bleiben und gar nicht der Kaiser von China sein, sondern nur Reichtum, Macht und Ansehen des Kaisers von China haben. Der Nagelsche Einfühlungspsychologismus führt offensichtlich in die Irre. Es kann nur darum gehen, sich vorzustellen, wie man leben würde, wenn man nicht die günstigen Lebensbedingungen hätte, die einem selbstverständlich geworden sind, sondern unter weitaus schwierigeren Umständen sein Dasein fristen müßte, wenn man keine Ausbildung genossen hätte, keinen Abschluß mit Universitätszugang hätte machen können, kein Stipendium erhalten hätte usf. Es kann also nur darum gehen, das Grundgüterversorgungsniveau von Standardbiographien miteinander zu vergleichen. Und da zeigt sich eben, daß die Unterschiede in der gesellschaftlichen Grundgüterversorgung nicht zu rechtfertigen sind, daß aus unparteilicher Perspektive eine egalitaristische oder zumindest weitgehend egalitaristische Versorgung sichergestellt werden muß. Aber zu dieser Ansicht kann man müheloser gelangen, ohne diesen Psychologismus, ohne diesen sozialkitschigen Umweg des erschütternden Armuts- und Elendserlebnisses. Man muß die Benachteiligungswirkungen ungleicher gesellschaftlicher Grundgüterversorgung nicht – imaginativ – am eigenen Leib spüren, um das Argument der egalitären Gerechtigkeit zu verstehen und Benachteiligungen gerade im Grundgüterbereich als eklatant ungerecht anzusehen. Ich muß nicht in die Haut eines jeden schlüpfen und die verschiedenen Lebensschicksale miteinander vergleichen, um die Bedeutung von Unparteilichkeit und Gleichheit für gerechtigkeitsethische Rechtfertigungsargumente zu verstehen. Mit diesem Einfühlungspsychologismus wird man auf evangelischen Kirchentagen großen Erfolg haben, wo man wenig Sinn für die Institutionen hat und die Rettung der Welt vordringlich von individualmoralischen Anstrengungen erwartet. Jedoch wird man mit dieser Psychologisierung der konstruktiven Rechtfertigungsverfahren des Kontraktualismus weder ein philosophisches noch ein politisches Argument entwickeln können. Es ist auch nicht sichtbar, welcher epistemologische Gewinn mit diesem Verfahren erzielt werden kann, wie der Identifikationsaufwand für die Bestimmung der Art und des Maßes der staatlichen, am Markt vorbeigehenden gleichheitszieligen Zuteilungen genutzt werden könnte. Daß hier freilich eine exaltierte Moralisierung am Werk ist, zeigt sich sofort, bestätigt auch ein vergleichender Blick auf die ursprünglichen Gestalten dieses dem moralischen Bewußtsein ja seit den ersten Formeln der Goldenen Regel bekannten Verfahrens des Sich-in-die-Position-des-Anderen-Versetzens.

Dieses Verfahren, das bereits durch die Wendung der Subjektivitätstranszendierung überbestimmt wäre, verlangt lediglich, bei der Grobbeurteilung moralischer Handlungen das Handlungssubjekt und den Handlungsbetroffenen in der Vorstellung zu vertauschen und sich an die Stelle des von der eigenen geplanten Handlung Betroffenen zu setzen. Was macht Nagel nun aus dieser einfachen, in der Überzeugung von der Existenz allgemeinmenschlicher Glücks- und Leidbedingungen fest begründeten und strikt handlungsbezogenen moralepistemologischen Handreichung des *common sense*? Aus der Aufforderung, sich zu fragen, ob man wohl gern die Auswirkungen seiner Handlungen auf andere am eigenen Leibe und im eigenen Gemüt verspüren möchte – hinter der bei Licht betrachtet auch nur die Ermahnung steckt, sich selbst von den für allgemein gültig erachteten Regeln der Menschenbehandlung nicht auszunehmen –, wird der nicht durch die stärkste Vorstellungskraft einzulösende Auftrag, in die Lebenshaut anderer zu schlüpfen und herauszufinden, ob man wohl gern sie sein möchte, mit ihren kontingenten natürlichen Eigenschaften, ihren zufälligen sozialen Herkunftsbedingungen und ihrer ganzen, aus dem Zusammenspiel dieser Ausgangsgrößen und der gegebenen gesellschaftlichen Fassung erwachsenden Lebenssituation. Aber was soll das nur? Alle, die sich einem transjuridischen Egalisierungsziel verschrieben haben, sehen sich auf die unterschiedlichste Weise mit dem Problem konfrontiert, relevante von irrelevanten Vergleichshinsichten zu unterscheiden und die entsprechenden, für kompensatorische Maßnahmen erforderlichen interpersonellen Nutzenvergleiche vorzunehmen. Der durch diesen pseudo-mathematischen Ansatz versprochene Objektivismus kann nie erreicht werden, da die subjektiven Erlebniswelten sich als ebenso uneliminierbare wie mathematisch unvermeßbare Kontexte erweisen. Nagel scheint sich dieser Schwierigkeiten mit einem Schlag entledigen zu wollen: statt in die Kleinarbeit der Kriteriensuche und die Entwicklung einer angemessenen komparatistischen Metrik zu investieren, überantwortet er die ganze kriteriell ungefilterte Lebenstotale einer alles umfassenden Empathie. Der interpersonelle Nutzenvergleich weicht dem Lebensvergleich. Das mit dieser epistemologischen Grille dem Gerechtigkeitspolitiker nicht die kleinste Hilfe bei seinem Versuch, die gesellschaftlichen Verhältnisse zu verbessern, an die Hand gegeben wird, ist offensichtlich.

Nagel betreibt einen umgekehrten Platonismus: während Platon in der *Politeia* die Grundstruktur gesellschaftlicher Wohlordnung untersucht, um Aufschluß über die Seelenverfassung eines gerechten Menschen und ihre Bedeutung für ein glückliches Leben zu erhalten, analogisiert Nagel in entgegengesetzter Richtung und keltert aus den individualmoralischen Trauben gerechtigkeitstheoretischen Wein. Dieser ist jedoch weder nahrhaft noch sonderlich wohlschmeckend. Es macht durchaus Sinn und hat daher auch eine lange moralpraktische und moralphilosophische Tradition, moralische Überzeugungs- und Willensbildung auf das Verfahren des Rollentauschs, der Übernahme der Betroffenenperspektive zu stützen. Aber diese binäre Logik der goldenen Regel in ein Verfahren eines gesellschaftsweiten interindividuellen Schicksalsvergleichs, einer Lebenskarrierenkomparatistik zu übertragen, ist schlicht unsinnig. Bei einer Gesellschaft von n Mitgliedern hätten wir, da ja alle imaginativen Identifikationen auch gegenläufig durchgeführt werden müssen, damit eben ein jeder den gesamten Verteilungs- und Ungleichheitskosmos moralpsychologisch durchspüren kann, n(n-1) Lebenstotalvergleiche durchzuführen – und das überdies fortlaufend, denn die Wirtschaft ist ein dynamisches Gefüge mit einer höchst wandelbaren Verteilungslandschaft.

3 Moralismus, Sozialismus, Gesellschaftskritik

Der in unserer westlichen Welt realisierte Liberalismus bietet für den Moralisten Nagel keine zufriedenstellende Lösung des anspruchsvollen Legitimationsproblems, das jedes gesellschaftliche Institutionensystem aufwirft, weil es Zwang anwendet und die Erfolgsaussichten der Lebensprojekte seiner Mitglieder bestimmt. Er ist lediglich ein „workable arrangement",[12] das die fundamentalsten rechtlichen Erfordernisse auf dem Gebiet der politischen Organisation befriedigt, jedoch nicht im mindesten dazu berechtigt, auf alle weiteren Anstrengungen seiner moralischen Verbesserung zu verzichten. Nagel stimmt nicht in das Lob des Liberalismus ein und verdirbt dem Fukuyamaschen Sieger im Weltbürgerkrieg der Ideologien und Systeme gründlich die Laune. *Der Liberalismus ist in seinen Augen zutiefst reformbedürftig und kann erst dann den Rechtfertigungsstandards der Unparteilichkeitsmoral und damit seiner eigenen menschenrechtlichen Basistheorie gerecht werden, wenn er den in seine normative Grammatik eingravierten Egalitarismus über den rechtlich-politischen Bereich hinaus ausdehnt und auf die gesamte sozio-ökonomische Struktur erstreckt.* Damit zeichnet sich ein Programm ab, das in mancher Hinsicht als eine Art sozialistisches Gegenstück zu Bruce Ackermans liberaler, freiheitlich-demokratischer Revolution nach dem utopischen Zeitalter charakterisiert werden kann.[13] Denkt Ackerman an eine politische Kultivierung des zivilpolitischen Brachlandes in den Ländern des kollabierten Staatssozialismus, an die Einführung von Demokratie und Verfassung, so denkt Nagel an eine Transformation des Kapitalismus in eine Art rationalmoralischen Sozialismus. Aber Ackermans Konzept hat immerhin den Vorzug, einen Normativismus zu vertreten, der sowohl in der praktischen Welt der Politik Orientierungskraft entfalten kann als auch den Begründungsrahmen der politischen Philosophie nicht überschreitet. Nagel hingegen spitzt die ohnehin den egalitären Liberalismus belastende Tendenz zur Verwischung der Grenzen zwischen Recht und Ethik, zwischen Psyche und Institution zu und läßt auch die letzten Reste argumentativer Klarheit und politischer Machbarkeit im Nebel eines diffusen Moralismus verschwinden.

Von der Erschöpfung des utopischen Denkens will Nagel also nichts wissen; er bietet dem allgemeinen Defätismus die Stirn und besteht darauf, daß die utopische

---

12 Ebd., 58.
13 Vgl. Ackerman 1993; zu Fukuyamas und Ackermans weltgeschichtlichen Deutungen vgl. Kersting 1998b.

Transzendierung des Bestehenden zu unseren intellektuellen Pflichten gehört. Moralische Kritik darf sich nicht von der Beharrungskraft der gesellschaftlichen Realitäten einschüchtern lassen. Nagel hält dem alten linken Projekt der Gesellschaftskritik rührende Treue. Sein Versuch, den Sozialismus aus der Konkursmasse des Kommunismus zu retten und als Egalitarismus der sozio-ökonomischen Ressourcen individueller Lebensführung moralphilosophisch zu rekonstruieren, weckt Erinnerungen. „Der Sozialismus ist im Recht, sofern er im Idealismus der Ethik begründet ist. Und der Idealismus der Ethik hat ihn begründet", hat Hermann Cohen 1896 im Vorwort zu F. A. Langes berühmter „Geschichte des Materialismus" geschrieben.[14] Kant statt Marx: es bedarf nicht der geschichtsphilosophischen Prothesen des Marxismus, nicht der kommunistischen Gesellschafts- und Wirtschaftstheorie; das Sozialismusprinzip ist in seiner Dignität unmittelbar moralisch ausweisbar; und jeder weiß, daß sich die Forderung nach umfassender, den menschenrechtlichen Egalitarismus ins Soziale und Ökonomische verlängernder Gleichheit nicht dem Neid der Habenichtse, nicht dem Ressentiment der Zukurzgekommenen verdankt, sondern in einem unparteilich-moralischen Standpunkt der Betrachtung begründet ist, den jeder einnehmen soll und kann und dessen moralische Wahrheit sich keinem verbirgt. Nagels politische Philosophie will uns den heute einzig gangbaren Weg einer Sozialismusbegründung zeigen. Mehr als hundert Jahre lang hat sich der Marxismus parasitär vom Kredit wissenschaftlicher Objektivität ernährt; heute jedoch vermögen seine szientistischen Masken niemanden mehr zu beeindrucken. Heute ist für jedermann offenkundig, was bereits die ethischen Sozialisten aus den Kreisen der Neukantianer erkannten: daß der Sozialismus im marxistischen Theoriekomplex aus Geschichtstheorie, Gesellschaftstheorie und politischer Ökonomie paradigmatisch deplaziert ist und einer Begründung in Handlungstheorie und universalistischer Moralphilosophie bedarf.

Moralische Sozialismusrettungen hat es seit Hermann Cohens Zeiten immer wieder gegeben, in der Regel ohne allzu großen theoretischen Anspruch, ohne das Niveau allgemeiner Bekundungen zu übersteigen: die Rede vom Sozialismus mit menschlichem Antlitz, vom humanistischen Kern des Sozialismus gehört zum ewigen Parolenbestand des begriffslos-undeutlichen kapitalismuskritischen Engagements. Nagel setzt diese Bemühungen aus der Mitte der Kantisch-liberalen Tradition fort, ohne jede emotionale Bindung an die kopflose marxistische Erbengemeinschaft. Freilich, verglichen mit den großen Begründungstableaus des Rawlsschen und Dworkinschen Konstruktivismus schaut die Nagelsche Theorie eher ärmlich aus. Die Rawlssche und Dworkinsche Argumentationslandschaft ist oft unübersichtlich, uneben und voller Sackgassen, jedoch ist eine Expedition in diese zerklüftete Gedankenlandschaft immer lehrreich, und der Nachvollzug der philosophischen Ausdeutungen unserer Gerechtigkeitsintuitionen für den Bereich der

---

14 Sandkühler/de la Vega 1970, 70.

ökonomischen Gerechtigkeit auch für ihren Kritiker immer systematisch interessant. Nagel hingegen bietet wenig mehr als einen Gedanken, dessen gerechtigkeitstheoretische Ausarbeitung an vielen Stellen in einem moralischen Postulatismus versandet.

4 Deduzierter Egalitarismus, *common sense* und Solidarität

Der *common sense* ist ein routinierter Anwender der Goldenen Regel, aber zu den aufwendigen Unparteilichkeitsexerzitien, die die Nagelsche Vernunftmoral von uns verlangt, ist er nicht bereit. Das spricht aber nicht gegen den *common sense*, sondern gegen eine wirklichkeitsvergessene politische Philosophie. Zweierlei vermag der *common sense* anzuführen, wenn er begründen sollte, warum er sich den egalitaristischen Zumutungen des Nagelschen Programms entzieht. Zum einen wird er einwenden, daß es unvernünftig ist, ein sozialpolitisches Reformprogramm auf egalitaristische Konstruktionen zu stützen, die sich zum einen jeder empirisch soliden Behandlung entziehen und zum anderen der Art und Weise, wie wir uns verstehen, eklatant widersprechen. Wir legen unserem Selbstverständnis einen integrierten Personenbegriff zugrunde, der die kontingente Naturausstattung als Bestandteil der Person auffaßt und nicht als Resultat einer – natürlichen – Erstverteilung äußerer Güter, die dann, in einer gerechten Gesellschaft durch eine – gesellschaftliche – Zweitverteilung korrigiert werden muß. Daher ist es unsinnig, den Naturteil aus dem, was Individuen gerechterweise aufgrund ihrer unter Einsatz ihrer Natureigenschaften erbrachten Leistungen verdient haben und erwarten dürfen, herauszurechnen. *Bürger kommen nicht als Versicherungsfälle auf die Welt, und die Gesellschaft ist keine Versicherungsanstalt, um naturverursachte Begabungsschäden zu regulieren.*

Da es unvernünftig ist, ein kompensationsneutrales Leistungssubjekt von einer kompensations- und egalisierungsbedürftigen Begabungsausstattung zu trennen, wird sich der *common sense* auch nicht zu der These versteigen, daß es zur Gerechtigkeit gehören könnte, naturbegründete Ungleichheiten auszugleichen. Er wird erst dann von der Gerechtigkeit ein Einschreiten verlangen, wenn die gesellschaftlichen Verhältnisse die Entwicklungschancen ungleich verteilen, wenn nicht jeder die Möglichkeit bekommt, sich zu entwickeln und ein seinen Fähigkeiten entsprechendes Erwerbsleben zu führen. Der *common sense* ist anders als die Egalitaristen Rawls, Dworkin und Nagel entschieden der Meinung, daß Menschen so wie sie sind und unabhängig von jeder institutionellen Ordnung legitime Ansprüche an diese Ordnung haben, und daß nur dann eine Politik sich das Prädikat ‚gerecht‘ verdient, wenn es diese legitimen Ansprüche berücksichtigt. Und diese prä-konstitutionellen Ansprüche besagen nicht, daß jedes energetisch-abstrakte Leistungssubjekt einen Anspruch auf eine egalitär justierte Begabungsausstattung hat, der dann durch entsprechende kompensatorische Ausgleichsmaßnahmen umwegig einzulösen ist, sondern sie besagen, daß jede Person als solche, also jeder besondere mit Handlungsmächtigkeit, providentieller Vernunft, Bedürfnissen, Hoffnungen und einer bestimmten Naturausstattung versehene Mensch das Recht hat, seine Fähigkeiten und Begabungen zu entwickeln und in einer Gesellschaft zu leben, deren politische Grundstruktur ihm bei seinem Versuch, sein Leben zu leben und er selbst zu sein, entgegenkommt. Diese institutionelle Abstützung individueller Entwicklung und eigenverantwortlicher Daseinsgestaltung hat jedoch nichts mit der absonderlichen Aufgabe zu tun, ungleiche natürliche Talent- und Fähigkeitenausstattungen auszugleichen.

Daher hält der *common sense* auch an einer Unterscheidung fest, die für den Egalitaristen bedeutungslos ist; ja mehr noch, die für den Egalitaristen ärgerlich ist. Denn in seinem Feldzug gegen die Kontingenz und für ein Reich der moralischen Notwendigkeit auf Erden sind ihm Hilfe, Solidarität, Caritativität ein Ärgernis. Dort, wo Hilferufe laut werden, wo Solidarität sich organisiert, um Not zu lindern, dort herrscht Kontingenz, dort ist die Natur nicht, wie sie sein soll, ist menschliches Leben nicht, wie es sein soll, ist die Gesellschaft nicht, wie sie sein soll. Egalitaristische Gerechtigkeit, die selbst die moralische Willkür der Natur ausgleicht, träumt von einer Gesellschaft, in der durch geeignete Institutionen und geeignete Politik dafür gesorgt wird, daß niemand der Hilfe anderer bedarf und somit auch niemand, auch die Gemeinschaft selbst nicht, sich in Solidarität üben muß. *Aufgrund ihres entschiedenen Dekontingentisierungsprogramms ist die egalitaristische Gerechtigkeit notwendig ein Feind der Solidarität.* Der *common sense* hingegen spricht sich dafür aus, einerseits die gleichheitsselige Gerechtigkeit zu begrenzen und den Egalitarismus über Diskriminierungsbekämpfung, Chancengleichheitssicherung und die Etablierung eines allseits zugänglichen optimalen und hinreichend ausdifferenzierten Erziehungs- und Ausbildungssystems nicht hinausreichen zu lassen, und andererseits Solidarität zu kultivieren, im Falle von Not und Elend Hilfe zu leisten und in allgemeiner Hinsicht gesellschaftliche Solidarität zu organisieren und eine einkommensunabhängige Basisversorgung zu sichern.

5 Das Problem der Motivation

Der liberale Egalitarismus, zumal der übersteigerte Nagelscher Provenienz, hat ein ernstes Motivationsproblem, das gelöst werden müßte, um den Vorwurf eines moralischen Utopismus, eines egalitaristischen Radikalismus im Irrealis abzuwehren, den alle Theorien zu Recht verdienen, die den Hiat zwischen moralischem Überlegenheitsanspruch und politischer Unwirksamkeit nicht zu schließen vermögen. Im opportunistisch gelichteten Meinungswirrwarr der mediokratisch organisierten Öffentlichkeit mag der überzeugt gebliebene Marxist, der in unbeweglicher Treue verharrende Kommunist Wohlwollen, gar Hochachtung hervorrufen – als ob eine feste Gesinnung für sich selbst spräche und von ihren ihr ja keinesfalls äußerlichen geschichtlichen Realisationskatastrophen abgelöst werden könnte –, aber was man den offenkundig weder moralisch noch intellektuell Lernfähigen und ihren gedankenlosen Bewunderern durchgehen läßt, kann einer philosophischen Theorie und ihren Kritikern nicht erlassen werden: die Reflexion auf die Verwirklichungsmöglichkeiten und die Würdigung der Gesamttheorie im Lichte der Reflexionsergebnisse. Kant hat in seiner *Friedensschrift* gemeint, daß das „Problem der Staatserrichtung [...] selbst für ein Volk von Teufeln [...] auflösbar" sei, „wenn sie nur Verstand haben",[15] und mit diesem drastischen Bild der grundlegenden Überzeugung des libertären Liberalismus einprägsamen Ausdruck gegeben, daß alle erforderlichen sozialen Integrationsaufwendungen aus dem motivationalen Fond des aufgeklärten Eigeninteresses bestritten werden könnten, daß die rechtlichen Ordnungsnormen des Liberalismus zur Sicherung ihrer Wirklichkeit, Stabilität und Kontinuität nicht mehr als Klugheit und reflektiertes Selbstinteresse verlangten. Das Integrationsprogramm des libertären Liberalismus basiert auf einem motivationalen Externalismus, der alle Disziplinierungskosten dem rationalen Zusammenspiel von zwangsbewehrter Rahmenordnung, Anreizsystem und strategischer Anpassung überträgt. Mehr als kluge Interessenverwaltung, rationale Parteilichkeit muß von den Individuen nicht verlangt werden. Ihr Held ist der sich selbst bindende, seine eigene Schwäche einkalkulierende und vorab neutralisierende, sich selbst überlistende Odysseus.

Die Verwirklichung des Egalitarismus kann jedoch weder von einem Volk von Teufeln noch von der virtuosen, ihre eigenen Erhaltungsbedingungen mitbedenkenden Rationalität des Odysseus erwartet werden. Sie verlangt Moral. Aber Nagel weiß natürlich, daß wir die egalitaristische Grundeinstellung noch nicht besitzen, die der Gleichheit einen intrinsischen Wert beimißt und sich nicht mit wohlfahrtsstaatlichen Korrekturen der Ungleichheit begnügt, die zu einer handlungsverhindernden Aversion gegenüber Ungleichheit, Pleonexie, Privilegien, Besserstellung und Bereicherung führt. Und dieses Wissen ist umso bedrückender als keine geschichtsphilosophische Konstruktion Entlastung bringt, die eine von den motivationalen Kontingenzen der Menschen völlig unabhängige egalitaristische Revolution mit gesetzmäßiger Notwendigkeit prognostizierte. Mit der Befreiung des Menschen vom geschichtlichen Determinismus, mit der Einbettung aller soziostrukturellen Veränderungen in sein Handlungsrepertoire macht der Egalitarismus sein Schicksal allein von den entgegenkommenden Einstellungen der Menschen abhängig. Aber es ist sicher nicht zu erwarten, daß die Menschen gegenwärtig die moralische Selbstdisziplinierung aufbringen können, die einer gleichheitsfreundlicheren Politik eine Chance geben würde.

> „The political and economic choices which affect a society's socioeconomic character have to be made constantly, by individuals who, whether acting as voters or as economic agents, bring to those choices a strong element of personal motivation, even if an impersonal element is also present. This mixture of motives would have to change for a strongly egalitarian society to command the support of a diverse popu-

---

15   Kant: *Zum ewigen Frieden*, Akad.-Ausg. VIII, 366.

lation under conditions of individual freedom. And the changes in political motivation would have to coexist with motives in the economic sphere which were compatible with continued productivity. As things are, democracy is the enemy of comprehensive equality, once the poor cease to be a majority. The interests of the majority do not usually coincide with the interests of all, impartially weighed together, and they certainly do not coincide with the ideal of equality."[16]

Es bedarf also beträchtlicher Veränderungen im menschlichen Motivationshaushalt, damit der egalitaristische Traum Wirklichkeit werden kann; und es wäre nicht verwunderlich gewesen, hätte Nagel wie Rousseau nach einem Législateur gerufen, der als übermenschlicher Herzenskundiger und Seelenformer die Menschen für diese große Aufgabe bereit gemacht hätte.

Grundsätzlich jedoch hält Nagel das Motivationsproblem für lösbar. Nach seinen Vorstellungen besteht die Lösung „neither in a complete invasion of the self by social values, nor in the situation of unreconstructed individuals in an institutional context that will make the pursuit of their private aims combine to generate socially desirable results, but in the design of institutions which penetrate and in part reconstruct their individual members, by producing differentiation within the self between public and private roles, and further differentiation subordinate to these".[17] Weder Hobbes, der den Naturzustandsegoisten unverändert in den Staat übernimmt, noch Smith, der die gesellschaftliche Integration einer unsichtbaren Hand überträgt, die im Rücken des ungehemmten Selbstinteresses die Belange der Allgemeinheit wahrnimmt, betrachtet Nagel als integrationstheoretisches Vorbild. Aber er folgt auch nicht dem in die entgegengesetzte Richtung weisenden Weg, auf dem die aller Parteilichkeit entblößten, unerbittlich selbstlosen Allgemeinheitsfunktionäre des Totalitarismus wandeln. Beide Positionen bieten Extremlösungen, die den polaren Rationalitäts- und Motivationsdualismus der menschlichen Natur zerteilen und jeweils eine der Komponenten verabsolutieren und somit einerseits zu einem reinen System der Parteilichkeit, andererseits zu einem reinen System der Unparteilichkeit kommen. Den Ausweg bieten geeignete Institutionen. Nagel erblickt in den Institutionen nicht die Entlastungsleistungen der konservativen Anthropologie, sondern ihre erzieherische, charakterbildende, rationalitätsformende Auswirkung auf die Individuen: die externalisierte, sich in ihnen manifestierende Unparteilichkeit wird internalisiert und führt zu einer Ausdifferenzierung der inneren Motivationspolarität. Nimmt man solches zur Kenntnis, kann man freilich kaum seinen Unwillen unterdrücken. Denn offenkundig müssen diese Institutionen ihrerseits genau die dem Egalitarismus entgegenkommenden Motivationslagen in den Bürgern voraussetzen, die sie in den Bürgern erst erzeugen sollen.

Nagels Lösung macht offensichtlich Anleihen bei den republikanischen Konzepten der klassischen Politik. Freilich ist da ein großer Unterschied, der auch seine

---

16 Nagel 1991a, 89f.
17 Ebd., 53.

Differenz zum zeitgenössischen Kommunitarismus begründet. Bei der Domestizierung der Parteilichkeit greifen Republikanismus und Kommunitarismus auf die Integrationskräfte des lebensweltlichen Partikularismus zurück. Gegen Eigennutz, gegen die zerdehnenden Kräfte des Prinzips der Besonderheit möchten sie die partikularen Loyalitäten der lebensweltlichen Gemeinschaften stärken. Ihr Ziel ist es, den Individuen die im Modernisierungssturm verwehte Solidarität zurückzubringen. Doch Nagel ist konsequenter Modernist; er schlägt derartige Rehabilitierungsstrategien der Sittlichkeit aus und setzt auf die serologische Dialektik: die Moderne muß die moralische Mäßigung des Eigensinns aus sich selbst heraus und auf höchstem Niveau entwickeln – durch moralische Einsichtsbildung, durch Stärkung der Unparteilichkeitsperspektive.

6 Das Beste von allem

Welch weitreichende Wende würde es bedeuten, wenn Menschen ihre Institutionen allein unter dem Gesichtspunkt unparteilicher Legitimation gestalten und als Wähler und Politiker, als Konsumenten von Institutionen und als Wirtschaftssubjekte aus dem von ihnen im demokratischen und wirtschaftlichen Wettstreit gestalteten öffentlichen Raum die parteiischen Interessen gänzlich ausblenden und ihre Parteilichkeitsration allein im Privatleben aufzehren würden! Aber was wird aus der Wirtschaft, wenn Nagels motivationsgewandelte ‚reconstructed individuals' den Markt bevölkern? Würde dann nicht der Markt verkümmern? Wäre damit nicht die materiale Grundlage für eine so hochentwickelte egalitaristische Kultur gefährdet? Muß der Markt nicht ungebrochene Parteilichkeit, also allein selbstinteressiertes Handeln verlangen? Genau besehen darf Nagel sich keinesfalls wünschen, daß unparteiliches Handeln Wirtschaft und Gesellschaft durchdringt, weil dann die Produktivität, die Lernfähigkeit und Qualitätssteigerung des Wirtschaftssystems schnell verschwinden würden, da diese nun einmal objektiv an einen Konkurrenzmechanismus, an Wettbewerbszwänge gebunden sind, diese hinwiederum ein parteilich belohnendes System der Anreize voraussetzen. Nagel möchte auch auf das innovatorische Potential des Wettbewerbs nicht verzichten, er möchte eine lernfähige Wirtschaft, die ihre Produktivität vergrößert und die Qualität ihrer Produkte steigert. Er will also die Leistungsstärke des Kapitalismus ohne Gerechtigkeitseinbußen; Kapitalisten ohne Egoismus und Gewinnerwartung. Er will ein hölzernes Eisen, eine sozialistische Konkurrenzwirtschaft, in der die Individuen genauso funktionieren wie in einem System profitorientierter Konkurrenz, aber den Lohn ihres Handelns, ihres Einsatzes und ihrer Fähigkeiten nicht in der Währung des privaten Gewinns, sondern in der ethischen Währung der gesellschaftlichen Anerkennung erhalten. Hier liegt der Wert der Handlung dann nicht mehr in ihrem marktwirtschaftlichen Preis, sondern in ihrer intrinsischen Qualität, jede Handlung ist ihr eigener Lohn. Die Fremdbestimmtheit weicht einem System durchgängiger Autonomie, und alle Arbeit verwandelt sich in Praxis.

Offenbar bleiben selbst egalitaristische Verteilungstheoretiker von der Versuchung der Parteilichkeit nicht verschont: für alle will Nagel das gleiche, für seine Theorie aber das Beste von allem. Denn mit der Doppelforderung von egalitaristischer Gerechtigkeit und effektivem Kapitalismus ist es noch nicht genug. Freiheit und Selbstverwirklichung, zudem in hohem Maße und auf höchstem Niveau, will Nagel auch noch. Die Gleichheitsdimension korrespondiert der Unparteilichkeitsperspektive; und die Freiheitsdimension kommuniziert mit der Parteilichkeitsperspektive. Die Freiheit muß durchaus auch darin bestehen, ungleich sein zu dürfen. Nagel legt die Parteilichkeit individualistisch aus; das trennt ihn vom Programm kommunitaristischer und auch feministischer Unparteilichkeitskritik, die mit der Parteilichkeit keine Parteinahme für das Individuum als Individuum, sondern für die partikularen lebensweltlichen Identitätsmilieus oder für die weibliche Natur verbinden. Eine angemessene Berücksichtigung der Ansprüche der Parteilichkeit gehört zu den Angemessenheitsbedingungen jeder politischen Theorie; und nur dann kann eine Gesellschaft Legitimität beanspruchen, wenn sie die Individualität um ihrer selbst willen schützt. Nagels Gleichheitsengagement führt nicht zu einer ideologischen Einebnung individueller Eigenart; es gibt nicht nur eine ungerechtigkeitsrelevante Ungleichheit, es gibt auch eine ungerechtigkeitsrelevante Gleichheit. Es ist die Aufgabe der politischen Philosophie, diesen Unterschied nicht zu verwischen; und es ist gleichfalls Aufgabe der gesellschaftlichen Verhältnisse, sowohl der Unparteilichkeit als auch der Parteilichkeit gerecht zu werden. Denn schließlich muß Gleiches auch von den Individuen gefordert werden: sie müssen ihre Motivationsstruktur ausdifferenzieren und die legitimen Handlungen parteilicher Selbstentfaltung von den aus unparteilicher Perspektive notwendigen Handlungen trennen.

Dabei geht es keinesfalls nur um gesellschaftliche Duldung der Entwicklung von Differenz im gerechtigkeitsneutralen Bereich des Privaten. Die Gesellschaft hat durchaus die Aufgabe, durch geeignete pädagogische und kulturelle Förderungsprogramme die Entwicklung der individuellen Talente und Begabungen voranzutreiben. Jede nivellierende Behandlung individueller Eigentümlichkeit bedeutet eine Verschwendung vorhandener Befähigungen, bedeutet überdies eine Verletzung des Grundrechts auf Entfaltung individueller Anlagungen und Begabungen. Eine Vernunftgesellschaft ist nach Nagel notwendig optimalistisch ausgerichtet, orientiert sich an der Exzellenz. Damit erweist sich Nagel hinsichtlich der Frage der angemessenen gesellschaftlichen Behandlung der unterschiedlichen individuellen Begabungslagen als antiegalitärer Perfektionist, der die Ausbildungssysteme der liberalen Gesellschaften der Gegenwart tadelt, weil sie sich einem falschen, Differenz und Außergewöhnlichkeit verpönenden Gleichheitsideal verschrieben haben. Es ist schon merkwürdig: der Versuch, auf der Grundlage der polaren Doppelnatur des Menschen eine ihm angemessene Gesellschaftsordnung zu entwerfen, begründet zwei entgegengesetzte gesellschaftskritische Argumente: neben den moralischen Vorwurf, zuviel Ungleichheit im sozio-ökonomischen Bereich zuzulassen, tritt der andere, zuwenig Ungleichheit im pädagogisch-kulturellen Bereich zu ertragen.

„In this respect I believe a good society should be antiegalitarian, and committed to developing the maximum levels of excellence possible [...] It is also essential to maximise access, but that will not promote equality, only mobility. In particular the tendency toward equality and distrust of the exceptional found in the public educational systems of some modern liberal societies is a great mistake. Equality of opportunity is fine, but if a school system also tries to iron out distinctions, the waste from failure to exploit talent to the fullest is inexcusable. It also undermines equality of opportunity, so long as there are private schools to which children of the upper classes can escape to get a high-powered education if they have the ability, while the lower classes are mired in mediocrity whatever their talent. The position I favor is maximalist. A society should try to foster the creation and preservation of what is best, or as good as it possibly can be, and this is just as important as the widespread dissemination of what is merely good enough. Such an aim can be pursued only by recognizing and exploiting the natural inequalities between persons, encouraging specialization and distinction of levels in education, and accepting the variation in accomplishment which results."[18]

Allerdings müßte die gesellschaftliche Kultivierung individueller Vielfalt von jedem ökonomischen Verteilungssystem entkoppelt werden; die qualitative Vielfalt, die Maximierung individueller Begabungen darf sich nicht in einer proportionierlichen Ungleichheit manifestieren: das ausgebildete Talent muß seine eigene Belohnung sein und darf sich seinen Wert nicht durch den erzielten Marktpreis bestimmen lassen.

7 Schematische Darstellung des Nagelschen Arguments

Es folgt ein schematischer Überblick über die einzelnen Schritte des Nagelschen Arguments:

I.   Subjektivitätstheoretische Voraussetzungen: Menschliche Selbst- und Weltverhältnisse sind in theoretischer wie in praktischer Hinsicht durch eine Spannung zwischen einer Perspektive der Subjektivität, Besonderheit und Parteilichkeit und einer Perspektive der Objektivität, Allgemeinheit und Unparteilichkeit charakterisiert.

II.   Erste allgemeine Folgerung: In allen menschlichen Selbst- und Weltverhältnissen theoretischer wie praktischer Natur muß diese spannungsvolle Doppelperspektivität zum Ausdruck kommen.

III. Zweite allgemeine Folgerung: Alle reduktionistischen Theorie- und Praxiskonzeptionen, die die Spannung allein zugunsten der Objektivitäts-, Allgemeinheits- und Unparteilichkeitsdimension oder allein zugunsten der Subjektivitäts-, Besonderheits- und Parteilichkeitsdimension auflösen, sind zu verwerfen.

IV. Allgemeine normative Forderung: Für alle rechtfertigungsbedürftigen praktischen Prinzipien- und Institutionenkontexte gilt folgender Grundsatz: Menschen sind gleich und dürfen nur durch unparteilich rechtfertigbare Prinzipien und Insti-

---

18   Ebd., 135.

tutionen eingeschränkt werden; Menschen sind Individuen und müssen ein gleiches Recht auf allgemeinverträgliche Entfaltung ihrer Individualität besitzen.

V. Erste gerechtigkeitstheoretische Forderung: Da jedes Individuum soviel zählt wie jedes andere, müssen die über die Lebenschancen und Entwicklungsmöglichkeiten der Individuen entscheidenden gesellschaftlichen Institutionen, insbesondere die mit der Verteilung von Grundgütern betrauten Agenturen egalitaristisch gestaltet werden.

V.1. Diese Forderung impliziert die Grundüberzeugung des egalitären Liberalismus, daß alle Menschen für die moralische Qualität der gesellschaftlichen Institutionen verantwortlich sind und sie nach allgemein rechtfertigbaren Prinzipien, also nach Prinzipien der Unparteilichkeit, zu gestalten haben.

V.2. Diese Forderung impliziert die weitere Grundüberzeugung des egalitären Liberalismus, daß eine egalitaristische Gerechtigkeit kompensatorisch-redistributiv agieren muß und vorfindliche wie auch im Gesellschaftsverlauf auftretende ungerechtigkeitsrelevante Ungleichheiten zu korrigieren hat.

VI. Zweite gerechtigkeitstheoretische Forderung: Da jedes Individuum ein Recht auf gesellschaftsverträgliche Entfaltung seiner Anlagen hat, muß die Gesellschaft eine geeignete institutionelle Unterstützung zur Selbstvervollkommnung geben.

VII. Dritte gerechtigkeitstheoretische Forderung: Die Individuen müssen einen Moral- und Gerechtigkeitssinn entwickeln, der sie zu einem Verhalten befähigt, das die Institutionen der egalitaristischen Gerechtigkeit unterstützt und verbessert.

8 Politisch bedeutungslose philosophische Radikalität

Während die Tradition der Modernitätskritik und Zivilisationskritik bis heute ungebrochen fortwirkt und in den diversen Aristoteles-, Hegel-, Nietzsche-, Strauss- und Arendt-Renaissancen der politischen Philosophie der Gegenwart sogar eine neue Blüte erlebt, ist die Tradition der Gesellschaftskritik nahezu verschüttet. Die großen linken Konzeptionen haben ihre wissenschaftliche und moralische Glaubwürdigkeit verloren; ihre Verfechter wurden längst des Verrats überführt. Auf die Geschichtsphilosophie und politische Ökonomie des Marxismus setzt niemand mehr ein Argument. Und die diversen Auffangpositionen des Westlichen Marxismus beschäftigen mittlerweile nur noch die Archivare unverständlich gewordener Hoffnungen. Die Kritische Theorie der Gesellschaft ist als modernitätsflüchtige Metaphysik und versöhnungstheologischer Kitsch enttarnt; und selbst die Rekonstruktion des historischen Materialismus hat mittlerweile abgeschworen, ihren Frieden mit den Verhältnissen gemacht und sich in eine diskursethische Weichzeichnung des real existierenden Liberalismus verwandelt. In dieser trüben Situation mag man die Nagelsche Gesellschaftskritik als Lichtblick empfinden. Freilich geht Nagel nirgends ins argumentative Detail. Den Gedanken fehlt oft die innere Struktur und Festigkeit. Nagel legt auch keinen institutionellen Entwurf dieser egalitaristischen Gesellschaft vor. Weder werden die traditionellen Vorschläge diskutiert noch werden neue gemacht. Er diskutiert überraschenderweise noch nicht einmal die Legitimität des Privateigentums; äußert sich nicht zu einer Bodenreform, zum Erbrecht, fordert keine Gleichheitsrevolution, die zu einer neuen Eigentumsordnung und zu einem Abbau gesellschaftlicher Privilegien und Machtasymmetrien führen würde. Sicherlich, der Philosoph ist kein Gesellschaftsingenieur. Aber es ist ärgerlich, wenn die Philosophie sich mit unverbindlichen Postulaten und kritischen Allgemeinheiten begnügt und, von der moralischen Thermik nach oben getragen, wie ein Fesselballon weit über der Realität dahintreibt, Flugblätter abwirft und Spruchbänder im Wind flattern läßt.

Noch weniger kann seine Konzeption als Gerechtigkeitsphilosophie überzeugen. Ihr überbordender Moralismus verärgert, und ihr Egalitarismus besitzt bei weitem nicht die philosophische Elaboriertheit, die Rawls und Dworkin in ihren Arbeiten erreichen. Aber in anderer Hinsicht besteht eine große Übereinstimmung zwischen Nagel, Rawls und insbesondere Dworkin. Der egalitäre Liberalismus vermeidet radikale Politik ebenso wie Gesellschaftsanalyse. Er glaubt, daß die Entfesselung der moralischen Vernunft des Wohlfahrtsstaatskapitalismus ausreicht, um dem Prinzip der moralischen Gleichheit der Bürger mehr Wirksamkeit zu verschaffen. Aber benötigte der liberale Egalitarismus nicht eine Art egalitaristischer Währungsreform? Müßte er nicht einen Schlußstrich unter die Vergangenheit der wohlfahrtsstaatlichen Kosmetik wachsender Ungleichheit ziehen und den Ungleichheitsursachen mit einer radikalen, die Besitz- und Produktionsverhältnisse umkrempelnden Strukturpolitik auf den Leib rücken? Ist nicht seine Verteilungsorientierung von vornherein nur halbherzig, ja politisch irreführend? Es ist, so gab Karl Marx den „Vulgärsozialisten" in seiner *Kritik des Gothaer Programms* zu bedenken,

> „überhaupt fehlerhaft, von der sog. *Verteilung* Wesens zu machen und den Hauptakzent auf sie zu legen. Die jedesmalige Verteilung der Konsumtionsmittel ist nur Folge der Verteilung der Produktionsbedingungen selbst; letztere Verteilung aber ist ein Charakter der Produktionsweise selbst. Die kapitalistische Produktionsweise z. B. beruht darauf, daß die sachlichen Produktionsbedingungen Nichtarbeitern zugeteilt sind unter der Form von Kapitaleigentum und Grundeigentum, während die Masse nur Eigentümer der persönlichen Produktionsbedingung, der Arbeitskraft, ist. Sind die Elemente der Produktion derart verteilt, so ergibt sich von selbst die heutige Verteilung der Konsumtionsmittel. Sind die sachlichen Produktionsbedingungen genossenschaftliches Eigentum der Arbeiter selbst, so ergibt sich ebenso eine von der heutigen verschiedne Verteilung der Konsumtionsmittel. Der Vulgärsozialismus [...] hat es von den bürgerlichen Ökonomen übernommen, die Distribution als von der Produktionsweise unabhängig zu betrachten."[19]

---

19 Marx 1971, 18.

9 Distributionsfixierung

Betrachtet man die Politikferne des distributiven Egalitarismus, den Abstand zwischen dem normativen Forderungsplateau der Theorie und den gesellschaftlichen Verhältnissen, dann kann man kaum der Versuchung widerstehen, in Anlehnung an Marx' verächtliche Prägung vom „Vulgärsozialismus", von *Vulgärmoralismus* zu sprechen. Dieser in allen Theoriekonstruktionen des liberalen Egalitarismus anzutreffenden vulgärmoralischen, analytisch stumpfen und politisch phantasielosen Distributionsfixierung entspricht genau die monetaristische Ausrichtung gegenwärtiger Sozialstaatspolitik, die alle produktivitätssteigernde und arbeitsmarktverbessernde Strukturpolitik vernachlässigt und sich damit begnügt, das Einkommen der Bürger abgaben- und steuerpolitisch abzuschöpfen, um die Summe des durch die Bürokratien des Sozialstaats zu verteilenden Geldes zu erhöhen, um das sich dann die durch das Wohlfahrtswesen selbst erzeugten Klientengruppen balgen. Und der Lärm dieses Verteilungsgezänks, die gewiefte Inszenierung dieser Gruppenkonkurrenz ist das, was in den Zeiten des expandierenden Sozialstaats von Politik übrig geblieben ist. Als soziale Marktwirtschaft angetreten, um die am und im Markt Scheiternden solidarisch zu versorgen, ist der Wohlfahrtsstaat mittlerweile zu einem sich verselbständigenden Verteilungsforum geworden, das neben den Markt getreten ist, aber dessen Mechanismen genau wiederholt. Während auf dem Markt die Individuen sich kompetitiv zu behaupten versuchen und jeder einen möglichst großen Anteil des kooperativ erwirtschafteten Vermögens gewinnen möchte, treten im wohlfahrtsstaatlichen Nebenmarkt die Gruppen miteinander in Konkurrenz, um einen möglichst großen Anteil am Sozialetat zu bekommen. Nur Gegenleistungen werden auf diesem wohlfahrtsstaatlichen Verteilungsgelände nicht erbracht; sie werden ersetzt durch normative Argumentationsszenarien, die Rechte stützen und Ansprüche begründen sollen. Diese wohlfahrtsstaatseigentümliche Moralproduktion ist aber selbst nur strategischer Natur, dient sie doch nur zur moralischen Drapierung des Gruppenkampfes, der der gleichen egozentrischen Maximierungslogik folgt wie das Marktverhalten des *homo oeconomicus*. Aufgrund dieser Strukturverwandtheit von Markt und Wohlfahrtsstaat, von institutionell verfaßter Individualkonkurrenz und institutionell verfaßter Gruppenkonkurrenz richtet sich die Kritik gegen das kulturelle Phänomen des Ökonomismus, gegen die zunehmende kategoriale Dominanz ökonomischer Kategorien in allen Bereichen menschlichen Denkens und Handelns nicht nur gegen den Markt, sondern mit großem Recht auch und vor allem gegen den politikzerstörenden Wohlfahrtsstaat, der ökonomische Denk- und Handlungsschemata aus dem Markt importiert und für ihre Verbreitung gerade auch dort gesorgt hat, wo die Politik zuhause sein sollte.

Diese Politikzerstörung sozialstaatlicher Verteilungsmechanik hat ihren Grund nicht zuletzt in einer grundlegenden Mißachtung der normativen Grundorientierungen unserer liberalen, individualistischen Ordnung und des ihnen eingeschriebenen personentheoretischen Ideals eigenverantwortlicher Lebensführung. *Dem demokratischen Wohlfahrtsstaat sind die liberalen Ideale fremd geworden.* Und die besondere autonomieethische Orientierung des liberalen Egalitarismus bringt das genau auf den Begriff. Die Intoleranz gegenüber Ungleichheit, die kompensatorische Politik des Benachteiligungsausgleichs und des Bevorzugungsabzugs, die Idee eines vernunftförmigen Institutionengefüges, das die willkürlichen und kontingenten Verteilungsentscheidungen von Natur und Geschichte korrigiert – all diese Ingredienzien des liberalen Egalitarismus führen zu einer Stärkung der Autonomie der Allgemeinheit, die unweigerlich zu Lasten der Autonomie der Einzelnen geht. *Der egalitäre Liberalismus plaziert sein autonomieethisches Engagement an der falschen Stelle.* An den Fähigkeiten und Bedingungen eigenverantwortlicher Lebensgestaltung uninteressiert betrachtet er den Bürger nur noch als Klienten, als Adressaten egalitärer Einzelausschüttung.

VI Selbstbesitz, Freiheit und Gerechtigkeit. Robert Nozicks Gerechtigkeitstheorie des absoluten Eigentums

Gleichheitsliberale haben wenig Interesse an dem traditionellen staatsphilosophischen Programm der Herrschaftsrechtfertigung. Für Freiheitsliberale hingegen ist die Staatsbegründung eine wichtige Aufgabe der politischen Philosophie. Gleichheitsliberale setzen den Staat bedenkenlos voraus und sehen nur danach, wie sie ihn für ihre Zwecke nutzen und als Instrument der egalitären Gerechtigkeit verwenden können. Freiheitsliberale hingegen sind voller Mißtrauen dem Staat gegenüber und wollen seiner ausufernden Wirksamkeit enge Grenzen ziehen. Nozicks politische Philosophie wählt daher einen weitaus radikaleren Einstieg als Rawls' Gerechtigkeitstheorie.[1] Denn grundlegender als die Frage nach den Prinzipien einer gerechten sozialen und politischen Struktur ist zweifellos die Frage nach der Notwendigkeit des Staates überhaupt. Warum keine Anarchie? Warum kein staatsfreier und herrschaftsfreier Zustand? Der Anarchismus bezweifelt die Legitimität jeder Form von Staatlichkeit. Der systematische Eröffnungszug jeder politischen Philosophie muß folglich die Anarchismuswiderlegung sein. Wenn der Staatsbeweis mißlingt, gibt es keine politische Philosophie.

Nozicks Anarchismuswiderlegung erzählt ein Kapitel aus der Wirkungsgeschichte der *Unsichtbaren Hand*. Was könnte unverfänglicher sein, als ein Staat, der ohne jede Absicht entsteht und auf einmal da ist! Im einzelnen verknüpft das Argument die folgenden Gedankenschritte: (1) Ausgangspunkt ist eine dem anthropologischen Optimismus des Anarchisten entgegenkommende Naturzustandskonzeption, eine Naturzustandskonzeption also ohne Mißtrauen, Todesangst und hemmungslose Aufrüstung. (2) Sodann wird gezeigt, wie sich aus diesem Naturzustand ein Staatsgebilde entwickelt, das (a) auch aus anarchistischer Perspektive dem wohlwollend gezeichneten Naturzustand vorzuziehen ist und bei dessen Zustandekommen (b) keines der absoluten Freiheitsrechte der Individuen verletzt worden ist, die die normative Basis für die anarchistische Ablehnung des Staates darstellen. Denn der Anarchist vertritt die Auffassung, daß jeder Staat ein Übel sei, weil er sich ja keinen Staat vorstellen kann, der in seiner Einrichtung und Machtentfaltung nicht die Rechte auf Freiheit und Selbstbestimmung verletzt, die jedem Menschen von Natur aus zukommen. Nimmt man diese Position ernst, dann muß eine Anarchismuswiderlegung den Weg einer Staatsableitung beschreiten, deren einzelne Schritte durchweg mit den normativen Voraussetzungen der anarchistischen Überzeugung übereinstimmen.

---

1 Zur politischen Philosophie Nozicks vgl. Kersting 1979; Paul 1982; Corlett 1991; Wolff 1991; Kymlicka 1990, 160–198.

Es folgt aus der Anlage des Nozickschen Widerlegungsarguments, daß der *Staatslegitimierungsthese* eine *Staatslimitierungsthese* korrespondiert. Die erste besagt, daß sich ein Staat als Minimalstaat, als Freiheitssicherungs- und Rechtsschutzunternehmen rechtfertigen läßt. Die zweite besagt, daß sich kein weitergehender Staat rechtfertigen läßt. Ein weitergehender Staat ist ein Staat, der seine Wirksamkeit nicht auf Rechts- und Marktschutz beschränkt, sondern auch Aufgaben der Daseinsfürsorge, sozialen Sicherung und gleichheitsmehrenden Gerechtigkeit übernimmt. *Argumentiert Nozick mit seiner Staatslegitimierungsthese gegen den anarchistischen Feind aller Staatlichkeit, so argumentiert er mit seiner Staatslimitierungsthese gegen den egalitaristischen Freund der Sozialstaatlichkeit.*

1 Soziale Gerechtigkeit und absolutes Eigentumsrecht

Theorien, die für eine Ausweitung der Staatstätigkeit über Freiheitssicherung und Eigentumsschutz hinaus plädieren, begründen das mit Vorstellungen sozialer Gerechtigkeit. Ihrer Überzeugung nach muß sich der Staat, zumal der moderne Staat des Industriezeitalters, in den Dienst zweier Ziele stellen, in den Dienst der individuellen Grundrechte und in den Dienst der sozialen Gerechtigkeit. Um Gerechtigkeit zu verwirklichen, muß der Staat umverteilen. Die Legitimation dieser staatlichen Umverteilung erfordert zweierlei: eine normative Zurückweisung des absoluten Eigentums und eine gerechtigkeitstheoretische oder solidaritätsethische Begründung eines Anspruchs auf staatliche Leistungen, diese können, je nach Begründungskonzept, als Ressourcengleichheit, Wohlfahrtsgleichheit, marktunabhängige Grundgüterversorgung, Bürgergeld oder als Maximierungsprogramm für die Schlechtestgestellten ausgelegt werden. Beide Legitimationsaufgaben hängen natürlich zusammen: Wäre das Privateigentum absolut, könnte es keine Steuerpflicht geben, die über den Rahmen der Nozickschen Rechtsschutzpolice hinausginge und neben dem Innenminister, Justiz- und Verteidigungsminister auch den Verkehrs-, Bildungs-, Gesundheits-, Arbeits- und Sozialminister mit einem Etat versorgte. *Wäre das Privateigentum absolut, würde es sich nur zur Finanzierung der Sicherung seiner eigenen Erhaltungs- und Verwertungsbedingungen bereitfinden.*

Jede Theorie der sozialen Gerechtigkeit, die die Verteilungsentscheidungen des Marktes korrigiert, dem Marktsystem gar ein autonomes moralisches Verteilungssystem überstülpt, ist daher immer auch eine Theorie, die die Geltung des Privateigentums relativiert und die Kompetenz der ausschließlichen Verfügung über das Eigene durch die Erfordernisse der Verteilungsgerechtigkeit einschränkt. Diese Zurückweisung der Konzeption des absoluten Eigentums kann auf zwei Wegen erfolgen: zum einen durch Aufhebung seines prä-konstitutionellen Charakters, zum anderen durch seine Integration in ein umfassenderes prä-konstitutionelles normatives Konzept. Im ersten Fall wird – wie etwa bei Rawls – das natürliche und aller Gesellschaft und staatlichen Organisation vorgängige Individualrecht durch die Vertragsgemeinschaft absorbiert und den Individuen erst im Rahmen unterschiedlicher, die institutionelle Grundstruktur der Gesellschaft definierender Gerechtigkeitsregeln zugesprochen. Da das System der Individualrechte abhängig von den Gerechtigkeitsregeln ist, die ihrerseits sich einem umfassenden Gerechtigkeitsverständnis verdanken und ein umfangreiches Verteilungsprogramm verfolgen, sind die individuellen Verfügungsrechte über Privateigentum von vornherein nur ein Moment innerhalb eines ganzen Bündels auszubalancierender normativer Bestimmungen, ist das Eigentum von vornherein normativ und funktional von der umfassenderen Konzeption sozialer Gerechtigkeit abhängig. Im zweiten Fall zeigt die Argumentation, daß der Eigentumsabsolutismus nur eine einseitige und reduktionistische Interpretation der normativen Grundlagen des Menschenrechtsgedankens ist, daß die ihn tragende Vorstellung von moralischer Gleichheit, Würde und selbstbestimmter Lebensführung nach einer rechtlichen Auslegung und institutionellen Unterstützung verlangt, die den Eigentumsabsolutismus und die ihn verwaltende politische Ordnung an Differenziertheit und Komplexität bei weitem übertrifft und um ihrer inneren Konsistenz willen eigentumsrechtliche Befugnisse mit anderen Ansprüchen ausbalancieren muß. Je nachdem nun, ob das Freiheitsrecht oder das Gleichheitsrecht den Horizont der eigentumsrechtlichen Relativierung bildet, lassen sich auf diesem zweiten Weg Theorien freiheitsethischer Eigentumseinschränkung von Konzeptionen einer egalitaristischen Eigentumseinschränkung unterscheiden. Während also einmal eine vorgängige, vornehmlich kontraktualistisch begründete soziale Gerechtigkeit ein eingeschränktes Eigentumsrecht konstituiert, führt auf dem zweiten Weg entweder eine emphatisch ausgelegte moralische Gleichheit oder das freiheitsethische Ideal selbstbestimmter Lebensführung den eigentumsabsoluten Liberalismus dazu, um seiner normativen Konsistenz willen das absolute Eigentumsrecht auf ein sei es freiheitsverträgliches, sei es gleichheitsverträgliches Maß zu reduzieren.

Der freiheitsliberale Theoretiker des Minimalstaates muß also die Widerlegung des Anarchismus durch eine Widerlegung der Theorie der sozialen Gerechtigkeit vervollständigen. Er muß die Begründungstheorie des Sozialstaats als falsch aufweisen; und dies gelingt ihm nur dann, wenn er ein Rechtskonzept entwickeln kann, das den sozialstaatsbegründenden Gerechtigkeitsbegriff delegitimiert und jede Menschenrechtsinterpretation abweist, die eine Geltungsrelativierung des Eigentumsabsolutismus zur Konsequenz hätte. Diese Delegitimierung sozialstaatlicher Gerechtigkeit kann nur dann gelingen, wenn Individuen ein Recht auf eine ausschließliche Verfügung über die von ihnen erworbenen Güter zugesprochen werden kann. Denn wenn Individuen ein ausschließliches Verfügungsrecht über die von ihnen erworbenen Güter und die bei der Gütererwerbung eingesetzten Talente und Fähigkeiten haben, dann ist jedes staatliche Steuer- und Abgabensystem, jede wohlfahrtsstaatliche Umverteilungspolitik eine Verletzung individuellen Rechts. Im Kern radikal wohlfahrtskritischer Positionen muß daher eine Begründung absoluter eigentumsrechtlicher Befugnisse stehen.

Während die philosophischen Freunde des Sozialstaats eine umverteilungsinklusive Theorie der sozialen Gerechtigkeit entwerfen müssen, sind die philosophischen Gegner des Sozialstaats gehalten, eine umverteilungsexklusive Theorie absoluter eigentumsrechtlicher Befugnisse zu entwickeln. Sie knüpfen daher immer an die Diskurse der neuzeitlichen politischen Philosophie an, für die die Eigentumsbegründung zum Pflichtpensum gehörte und die konkurrierende naturrechtliche, menschenrechtlich-subjektivitätstheoretische und transzendentalphilosophische Begründungsskizzen präsentiert hat.[2] Während jedoch die neuzeitliche Eigentumsphilosophie mit der Aufgabe konfrontiert war, das Privateigentum vor dem Hintergrund der altehrwürdigen Gemeinbesitzvorstellung zu legitimieren und den Weg vom alle rechtlich einschließenden Gemeinbesitz zum alle rechtlich ausschließenden Privatbesitz als einen mit rechtlichen Prinzipien übereinstimmenden Prozeß zu rekonstruieren, ist der Eigentumsabsolutismus des zeitgenössischen *libertarianism* mit dem genau entgegengesetzten Problem beschäftigt, nämlich den Weg vom Privatbesitz in den Allgemeinbesitz mit rechtlichen Gründen zu blockieren und das Eigentum den staatlichen Umverteilungsinteressen zu entziehen. In der Gestalt des Wohlfahrtsstaats ist die Gemeinbesitzidee wieder zurückgekehrt, die private Verfügung nur unter der Bedingung ihrer Verträglichkeit mit wichtigen vorausgesetzten normativen Zielvorstellungen zuläßt.

Es ist evident, daß Eigentumsabsolutismus Privatisierung der Caritas impliziert. Die einzige rechtskonforme Möglichkeit, wirtschaftlich Unselbständige mit den notwendigen Gütern auszustatten, ist im Rahmen der wohlfahrtsstaatspolemischen Konzeption des *libertarianism* allein der moralische Appell an die Hilfsbereitschaft der Besitzenden. Die libertäre Wohlfahrtskritik dringt auf eine entschiedene Reprivatisierung des Samariters, und die Behauptung, daß insbesondere der intensiv umverteilende Wohlfahrtsstaat die moralische Hilfsbereitschaft der Bürger systematisch zerstört und darum – nach der Logik der *self-fulfilling prophecy* – den Solidaritätsmangel erst erzeugt, den durch kollektive Versorgungsinitiativen auszugleichen er eingerichtet worden ist, daß der Wohlfahrtsstaat also in hohem Maße selbst die Ursache der Krankheit ist, die zu kurieren er gedacht ist, gehört zur Standardverteidigung des *libertarianism* gegen den moralischen Standardvorwurf, er würde „Scroogism" begünstigen.[3]

---

2   Vgl. „Transzendentalphilosophische Eigentumsbegründung", in: Kersting 1997, 41–73.

3   Der Freiheitsliberalismus muß daher hoffen, daß die Menschen in einem Minimalstaat ihren Altruismus entdecken und weniger „Scroogelike" agieren. „In a world of strong property rights, there will no doubt be lots of Scrooges. But which sort – Befores or Afters (being exposed to the Ghost of Christmas, W. K.) – will they be, and why? Perhaps there are as many preconversion Scrooges as there are in the world in part *because* of the State, not *despite* it; and perhaps there would be far more postconversion Scrooges were it not for the State. When the State helps itself to 50 percent of your income, after all, it provides you with two very good reasons for being less than terrifically charitable: (1) you no longer have all that much left to be charitable with, and (2) the government has been braying in your ears ever since you were born how much good *it* is doing with your money – so why should you do any more?" (Narveson 1988, 234).

2 Die Grundsätze der *entitlement theory*

Nozick nennt seine Gerechtigkeitstheorie „entitlement theory".[4] Sie beschäftigt sich mit der Frage der „justice in holdings".[5] Es ist eine unkomplizierte Theorie, die im Kern wenig mehr als eine Rekonstruktion der naturrechtlichen Begründung des absoluten Eigentums bei John Locke liefert. Gerechtigkeitsüberlegungen hinsichtlich der Verteilung von Besitztümern entzünden sich an drei Fragen: (1) an der Frage der Erstaneignung von Besitz, der *ursprünglichen Appropriation,* die man in der Schulsprache *acquisitio originaria* oder *prima occupatio* nannte; (2) an der Frage der Eigentumsübertragung und (3) an der Frage der Berichtigung ungerechter Besitzverhältnisse. Nozicks „entitlement theory" muß folglich drei Grundsätze enthalten: einen Grundsatz der gerechten Aneignung von Besitz; einen Grundsatz der gerechten Übertragung von Besitz; einen Grundsatz der Berichtigung ungerechter Besitzverhältnisse.

Die Theorie der gerechten Aneignung hat zu klären, wie es zur Besitzergreifung herrenlosen Gutes kommen kann, durch welche Vorgänge und Handlungen appropriiert werden kann, welche Dinge angeeignet werden können und welche nicht und, was systematisch am wichtigsten ist, wie überhaupt empirische Handlungen normative, rechtskonstitutive Folgen haben können. Demgegenüber hat die logisch spätere Theorie der Eigentumsübertragung zu klären, was ein gerechter und ein ungerechter Eigentumstransfer ist. Sie hat eine Beschreibung der einzelnen gerechten Übertragungsakte: der Schenkung, des vertraglichen Austausches, der vertraglichen Übereignung usw. zu liefern und eine Typologie ungerechter Übertragungsakte zu erstellen.

Damit sind die wesentlichen Elemente der Nozickschen „entitlement theory" beisammen:

> „If the world were wholly just, the following inductive definition would exhaustively cover the subject of justice in holdings. 1. A person who acquires a holding in accordance with the principle of justice in acquisition is entitled to that holding. 2. A person who acquires a holding in accordance with the principle of justice in transfer, from someone else entitled to the holding, is entitled to the holding. 3. No one is entitled to a holding except by (repeated) applications of 1 and 2. The complete principle of distributive justice would say simply that a distribution is just if everyone is entitled to the holdings they possess under the distribution."[6]

Freilich sind nicht alle Verteilungen durch die Anwendung dieser Grundsätze entstanden. Es gibt eine Fülle von kleinformatigen Handlungen und großformatigen Ereignissen, die zu Eigentumsübertragungen und Verteilungsveränderungen führen, die mit dem einschlägigen Grundsatz der Anspruchstheorie nicht in Übereinstimmung stehen: Diebstahl, Veruntreuung, Betrug, Raub, aber auch die markt-

---

4 Nozick 1974, 150ff.
5 Ebd., 151.
6 Ebd.

wirtschaftlichen Sünden der Konkurrenzeinschränkung, Wettbewerbsverzerrung, Erpressung und politischen Subventionierung, von Okkupation und Usurpation, Völkermord und Vertreibung, verlorenen und gewonnenen Kriegen ganz zu schweigen. *All diese marktexternen Übertragungsverzerrungen müssen durch einschlägige Korrekturen wieder aus den jeweiligen Verteilungszuständen herausgerechnet werden.* Es gibt also noch ein drittes Gerechtigkeitsproblem. Und daher muß die Anspruchstheorie noch einen dritten gerechtigkeitstheoretischen Grundsatz aufnehmen, den Grundsatz der Berichtigung ungerechter Besitzverhältnisse oder den Grundsatz der Korrektur der Verletzungen der ersten beiden Grundsätze.

Damit ist der Grundriß der Anspruchstheorie deutlich. (1) Ein gerechter Besitz ist entweder ein mit dem Grundsatz der gerechten Aneignung übereinstimmend angeeigneter oder nach dem Grundsatz der gerechten Übertragung erworbener Besitz; d. h. ein Besitz ist dann gerecht, wenn er auf gerechte Weise zustande gekommen ist. (2) Ist der Besitz jedes einzelnen gerecht, so ist die Verteilung der Besitztümer gerecht. (3) Eine Verteilung ist dann gerecht, wenn sie aus einer gerechten Verteilung auf gerechtem Wege entstanden ist. (4) Ungerechte Erwerbungen müssen nach Maßgabe unseres Wissens über das, was wirklich geschehen ist, korrigiert werden. (5) Ungerechte Verteilungen werden korrigiert, indem die ungerechten Erwerbungen nach Maßgabe unseres Wissens über ihr Zustandekommen korrigiert werden. Diese Berichtigung geht nicht ohne Zuhilfenahme von Verlaufshypothesen und Plausibilitätsabwägungen zwischen unterschiedlichen Verlaufshypothesen ab: wie groß ist die Abweichung des zum Zeitpunkt t gegebenen Verteilungszustandes von dem Verteilungszustand, der entstanden wäre, wenn die widerrechtlichen Transferaktionen und Verteilungsänderungen zum Zeitpunkt t-1 nicht stattgefunden hätten?

Nozicks Berechtigungstheorie ist eine Theorie anspruchserwerbender Handlungen. Ihr zufolge gibt es drei Arten der Anspruchserwerbung. Erstens die Handlung der ursprünglichen Erwerbung; zweitens die Handlung der Übereignung und Übertragung; drittens die Handlung der Berichtigung und Ungerechtigkeitskorrektur. Es gibt folglich drei Formen gerechten Güterbesitzes: zuerst den ursprünglich erworbenen, d. h. gemäß den Regeln der gerechten Appropriation erworbenen Besitz; sodann den durch Übereignung und Übertragung gemäß den Regeln gerechter Übereignung und Übertragung erworbenen Besitz; und schließlich den im Zuge einer Berichtigung von Ungerechtigkeiten im Sinne einer Verletzung der Regeln der gerechten Erstaneignung oder einer Verletzung der Regeln gerechter Übereignung und Übertragung zugeteilten, also gemäß den Regeln der Ungerechtigkeitsberichtigung zugeteilten Besitz.

3 Gerechtigkeit und Geschichtskorrektur

Wie eine einfache Überlegung zeigt, können sich hinter der Dimension der Berichtigung historischer Ungerechtigkeit überaus zumutungsreiche Konsequenzen verbergen. Ist irgendwann in der Geschichte eines Besitzes dieser illegitim angeeignet worden, dann ist die ganze Folgegeschichte des Besitzes eine Geschichte illegitimer Veräußerungen, auch dann, wenn diese Veräußerungen in sich korrekte Transaktionen darstellen würden. Denn genauso wie falsche Prämissen bei korrekter Anwendung der Deduktionsregeln falsche Konklusionen erzeugen, erzeugen korrekte Transferaktionen einen ungerechten Verteilungszustand, wenn sie auf unrechtmäßig erworbene Güter angewandt werden. Die Transfermechanismen der deduktiven Logik sind da genauso unschuldig wie die Transfermechanismen des Marktes. Die Deduktivität der Nozickschen *entitlement theory* verlangt den Preis einer vollständigen Delegitimierung der ganzen Eigentumsgeschichte, falls irgendwann einmal widerrechtliche, also gewaltsame Aneignungen stattgefunden haben. Die Illegitimität der Ursprungsgewalt zieht sich durch die ganze Eigentumsgeschichte, wird wie in einem wahrheitskonservierenden Syllogismus auf jede der späteren Phasen übertragen, macht alle sich anschließenden Verteilungsmuster so lange illegitim, bis irgendwann durch einen umfassenden Redistributionsakt die Verteilungsergebnisse der illegitimen Ursprungsgewalt korrigiert werden. Der rechtliche Status der Prämisse ist allein entscheidend: auch wenn die ganze sich anschließende Eigentumsgeschichte eine Geschichte korrekter marktförmiger Transaktionen gewesen ist, ist das gegenwärtige Ergebnis doch illegitim.

Warum die Wallstreet bei dem Erscheinen von *Anarchy, State, and Utopia* so vernehmlich gejubelt hat, ist also nicht recht klar. Denn das von der *entitlement theory* verlangte Ausmaß an Redistribution übertrifft die Umverteilungsanstrengungen selbst des redistributiv am radikalsten ausgelegten, also im Sinne des Kollerschen Umverteilungsprinzips verstandenen Differenzprinzips bei weitem. Während Rawls' Theorie den Besitzenden nur einen gerechtigkeitsnotwendigen Teil nimmt, nimmt ihnen Nozicks Eigentümertheorie der Gerechtigkeit alles. Amerika den Indianern: das ist das Ergebnis der Anwendung der *entitlement theory* auf die gegenwärtigen Eigentumsverhältnisse in den USA. Der Gewinn der Attacke auf den Egalitarismus ist so recht nicht zu sehen; eine Verschonung der bestehenden Eigentumsordnung vor gerechtigkeitstheoretisch begründeten Umverteilungen kann die *entitlement theory* keinesfalls versprechen. Im Gegenteil, ihre Prinzipien verlangen nichts geringeres, als die gesamte Geschichte der Eigentumsverteilung noch einmal aufzurollen und alle gewaltsamen Aneignungen, allen Diebstahl, allen Raub, allen Betrug zu korrigieren.

Wir müssen also zu unserer nicht gelinden Überraschung feststellen, daß auch im Sein-Sollens-Hiatus des libertären Liberalismus Nozicks eine Metaphysik nistet. Sie ist das genaue Gegenstück zur Gerechtigkeitsmetaphysik des egalitären Liberalismus. Dieser sammelt seine Idealvorstellungen in einer Metaphysik der strukturellen Gerechtigkeit; jener sammelt seine Idealvorstellungen hingegen in einer Metaphysik der historischen Gerechtigkeit. *Ist die durch eine Metaphysik der strukturellen Gerechtigkeit motivierte Politik eine Politik der gerechtigkeitstheoretischen Naturverbesserung, einer Zweitschöpfung, die die gerechtigkeitstheoretischen Insuffizienzen der ersten korrigiert, so ist die durch eine Metaphysik der historischen Gerechtigkeit motivierte Politik eine Politik der gerechtigkeitstheoretischen Geschichtsverbesserung, einer Zweitgeschichte, die die Mängel der ersten aus der Welt schafft und noch einmal ganz von vorne beginnen möchte.* Dient die Naturkorrektur der gerechtigkeitspolitischen Rektifizierung der strukturellen Rahmenbedingungen individuellen Handelns, dient sie also dazu, die strukturellen Voraussetzungen dafür zu schaffen, daß sich eine moralisch freie und gerechtigkeitstheoretisch unbelangbare Freiheitsgeschichte autonom entwickeln kann, so dient die Geschichtskorrektur der Abwehr marktexterner Übertragungsverzerrungen, damit ein ungehemmter Gerechtigkeitsfluß entstehen kann, der die natürlichen und sozialen Rahmenbedingungen als moralisch freie und gerechtigkeitstheoretisch unbelangbare Einflußfaktoren außer aller Kritik rückt. Der Markt ist der metaphysische Ort des *libertarianism.* Die ideale Geschichte der historischen Gerechtigkeitskonzeption ist Marktgeschichte; immer dann, wenn nicht der Markt Verteilungsänderungen generiert, sondern diese durch marktfremde Gewalt, von der individuellen Rechtswidrigkeit bis zur strukturverändernden Politik des Krieges, der Ideologie oder des Wohlfahrtsstaats, erzeugt wird, entsteht moralischer Korrekturbedarf. *Ist die egalitäre Gerechtigkeitskonzeption also zwischen den beiden Polen Natur und Vernunft aufgespannt, will sie Natur in Freiheit, Kontingenz in Vernunft überführen, so ist die libertäre Gerechtigkeitskonzeption zwischen den beiden Polen Markt und Gewalt aufgespannt und will Gewaltgeschichte in Marktgeschichte überführen.*

Von einer Theorie der Gerechtigkeit ist zu verlangen, daß sie sowohl kognitiv als auch praktisch auf die soziale Wirklichkeit anwendbar ist, daß sie erlaubt, Gerechtigkeitsurteile zu fällen, indem sie eindeutige und trennscharfe Kriterien an die Hand gibt, um den Gerechtigkeitsgehalt vorfindlicher sozio-ökonomischer Verhältnisse festzustellen, und daß sie die politische Praxis zu belehren vermag, indem sie aufzeigt, wie die Besitzverhältnisse, wie das Zusammenspiel sozialer, ökonomischer und politischer Strukturmomente in einer gerechten Gesellschaft beschaffen sein sollten. Nozicks Anspruchstheorie der Gesellschaft entspricht dieser Erwartung nicht. Die historische Gerechtigkeitstheorie, zur Beurteilung der gegenwärtigen Besitzverhältnisse aufgefordert, kann nur ein pauschales ‚Alles ist ungerecht' äußern; und hätte man sie vor 50 oder 100 oder 200 Jahren befragt, wäre ihr Urteil nicht anders ausgefallen. *Die geschichtliche Erfahrung zeigt, daß es keinen Zeitpunkt in der Geschichte der Besitzverhältnisse gibt, der die Billigung der historischen Gerechtigkeitstheorie finden kann.* Ein kurzer Blick in die Geschichte jedes Landes zeigt, daß keine Gesellschaft gemäß der von Nozick formulierten Grundsätze der gerechten Aneignung und Übertragung zustande gekommen ist, daß nicht nur gelegentlich und in einem zu vernachlässigendem Maße die Übertragungsgerechtigkeit verletzt worden ist, sondern daß die Besitzverhältnisse in eminentem Ausmaß und häufig durch Schändlichkeiten großen Stils, durch Raub, Vertreibung, Unterdrückung und Völkermord verändert wurden. Statt eine gerechtere Zukunft zu bekommen, werden wir in die Archive geschickt, ohne dabei jedoch hoffen zu können, das dort gewonnene Wissen über vergangene und vorvergangene Ungerechtigkeiten kompensationspraktisch umsetzen zu können. Selbst der, der Nozicks Gerechtigkeitstheorie akzeptieren würde, steht angesichts ihres leeren Anwendungsbereichs mit leeren Händen da.

Nozick gibt auf dieses Problem eine erstaunliche Antwort: man müsse halt nach dikaiologischen Faustformeln und praktikablen Berichtigungsregeln suchen. Und so etwas findet er ausgerechnet in dem Rawlsschen Differenzprinzip. Wenn die Prinzipien der gerechten Aneignung und der gerechten Übertragung verletzt werden,

> „the principle of rectification comes into play. Perhaps it is best to view some patterned principles of distributive justice as rough rules of thumb meant to approximate the general results of applying the principle of rectification of injustice. For example, lacking much historical information, and assuming (1) that victims of injustice generally do worse than they otherwise would and (2) that those from the least well-off group in the society have the highest probabilities of being the (descendants of) victims of the most serious injustice who are owed compensation by those who benefited from the injustices [...] then a rough rule of thumb for rectifying injustices might seem to be the following: organize society so as to maximize the position of whatever group ends up least well-off in the society."[7]

Das verlangt aber, in Ermangelung der Praktikabilität historischer Gerechtigkeitsgrundsätze auf einen strukturellen Gerechtigkeitsgrundsatz zurückzugreifen.

4 Historische Grundsätze und strukturelle Grundsätze

Nozick versteht seine Anspruchstheorie der Verteilungsgerechtigkeit als historische Gerechtigkeitstheorie, weil sie die Beantwortung der Frage, ob eine Verteilung gerecht oder ungerecht ist, allein davon abhängig macht, wie diese Verteilung zustande gekommen ist. Diesem historischen Gerechtigkeitsgrundsatz stellt er strukturelle Grundsätze gegenüber, die die Gerechtigkeit einer Verteilung davon abhängig machen, wie die Güter im gegenwärtigen Zeitquerschnitt verteilt sind. Strukturelle Grundsätze messen Zeitquerschnittsverteilungen mit Hilfe allgemeiner gerechtigkeitstheoretischer Normen und kümmern sich nicht um die Geschichte dieser Verteilung. Strukturelle Grundsätze stehen quer zur Geschichte der Gütererzeugung und der Anspruchserwerbung. Sie entkoppeln Gütererzeugung und Güterverteilung und setzen den mit der Erzeugung verknüpften Besitzanspruch außer Kraft. Sie betrachten die erzeugten Güter und Besitztümer zu jedem Zeitpunkt als eine zur gerechtigkeitspolitischen Disposition der Gesellschaft stehende Verteilungsmasse. So ist es grundsätzlich denkbar, daß strukturelle Grundsätze bei zwei Zeitquerschnitten gleiche Verteilungsprofile konstatieren und somit beiden Verteilungszuständen das gleiche gerechtigkeitstheoretische Prädikat zusprechen, obwohl die erste Verteilung nach unserer intuitiven Überzeugung auf gerechte Weise zustande gekommen ist, die zweite sich hingegen aus der ersten nur durch ungerechte Eigentumsübertragungen entwickelt hat. Diese strukturorientierten Zeitquerschnittsmessungen sind unempfindlich hinsichtlich der je individuellen Bezie-

---

7 Nozick 1974, 231.

hung zwischen einer Person und ihren Gütern, unempfindlich insbesondere hinsichtlich der Frage, ob das jeweils Besessene verdientermaßen besessen wird. Es ist ersichtlich, daß diese ohne Zweifel triftige Kritik an gerechtigkeitstheoretischen Zeitquerschnittsorientierungen ein Anwendungsfall der generellen Kritik am Utilitarismus und seiner das Individuum mit seinen unverletzlichen Rechtsansprüchen negierenden Implikationen ist. Zählt für den Utilitarismus allein die Maximierung des Gesamtnutzens, nicht jedoch der individuelle Rechtsanspruch, so zählt für den Anwender des strukturellen Grundsatzes allein, ob und inwieweit eine vorliegende Verteilung dem normativen Profil entspricht, nicht jedoch, inwieweit hinter dem Besitzmosaik der vorliegenden Verteilung berechtigte oder unberechtigte Ansprüche stehen. Insbesondere dann wird jemand ausschließlich zu strukturellen Regeln gerechtigkeitsethisch Zuflucht nehmen müssen, wenn er alle gütermehrenden und damit das Verteilungsbild verändernden Handlungen der Individuen auf Auswirkungen moralisch willkürlicher natürlicher oder sozialisationsbedingter Faktoren zurückführen muß. Je stärker der Verdacht gegenüber verteilungsändernden Handlungen ist, durch moralisch willkürliche Determinanten natürlicher oder sozialer Art geprägt zu sein, umso stärker muß die Bereitschaft sein, zum Zwecke der Überprüfung und Korrektur der solcherart zustande gekommenen Verteilungsbilder strukturelle Grundsätze wiederholt und in immer kürzeren Abständen anzuwenden.

Genau genommen müssen wir drei Arten von Verteilungsgrundsätzen unterscheiden: rein historische Verteilungsgrundsätze; rein strukturelle Verteilungsgrundsätze, und solche Verteilungsgrundsätze, die historische und strukturelle Kriterien kombinieren. Strukturelle Verteilungsgrundsätze finden sich in teleologischen Theorien. Teleologische Theorien formulieren ein Ziel, einen Endzustand und verlangen zielorientierte, endzustandsorientierte Korrekturen vorfindlicher Verteilungsprofile. Dabei lassen sie keine individuellen Besitzansprüche oder historisch erworbene Verdienste von Individuen oder Gruppen gelten; aller Besitz ist immer nur ein Segment eines Verteilungszustandes, der nach Maßgabe des strukturellen Grundsatzes der teleologischen Theorie zu korrigieren ist. Strukturelle Grundsätze sind also entwicklungsexterne Maßstäbe, die den Abstand der vorfindlichen Verteilungsprofile vom End-, Ziel- oder Idealzustand messen. Sie sprechen der Entstehungsgeschichte der zu beurteilenden Verteilung jede normative und bewertungsrelevante Bedeutung ab. Ein gutes Beispiel einer Verteilungsbeurteilung nach strukturellen Grundsätzen liefert der Utilitarismus; ein anderes Beispiel ist das Konzept der Wohlfahrtsgleichheit. Auch das Rawlssche Differenzprinzip gehört zum Typus der strukturellen Verteilungsgrundsätze.

Ein gemischter, historische mit strukturellen Elementen verbindender Verteilungsgrundsatz liegt der Kantischen Konzeption der göttlichen Verteilungsgerechtigkeit zugrunde, die dem aristotelischen Gedanken der proportionalen Gleichheit verpflichtet ist und Glückseligkeit im Verhältnis zum moralischen Verdienst ausschüttet. Glück dem, der sich durch moralisches Handeln des Glückes würdig erwiesen hat; dabei dann jedem so viel Glück, wie er es sich, durch den Er-

werb moralischer Anrechte, verdient hat. Historisch strukturelle Verteilungsgrundsätze begründen die Ansprüche zwar in früheren Handlungen, führen also
Anspruchserwerbshandlungen ein, binden den Anspruchserwerb aber an Kriterien, so daß eine strukturelle Entsprechung entsteht zwischen dem Verteilungsbild
des kriterienabhängigen Anspruchs und dem Verteilungsbild der beanspruchten
Güter. Auch im Mittelpunkt der Dworkinschen Gerechtigkeitskonzeption der starken Gleichheit steht ein historisch-struktureller Verteilungsgrundsatz. Soll eine
Verteilung einerseits die unterschiedlichen kontingenten natürlichen und sozialen
Umstände des Lebenserfolgs nach Maßgabe des Ressourcengleichheitsprinzips
ausgleichen, andererseits hingegen alle sozio-ökonomischen Ungleichheitseffekte,
die durch individuelle Entscheidungen, Arbeitseinsatz und Leistungsbereitschaft
erzeugt werden, akzeptieren, dann haben wir ein Musterbeispiel eines strukturelle
und historische Kriterien kombinierenden Verteilungsgrundsatzes vor uns.

Nozicks historische Gerechtigkeitstheorie wendet sich gegen jede Form struktureller Verteilungsgrundsätze, auch gegen historisch-strukturelle Verteilungsgrundsätze. Sein gerechtigkeitstheoretischer Anti-Strukturalismus entspricht genau
dem gesellschaftstheoretischen Anti-Konstruktivismus von Friedrich August von
Hayek.[8] Wie Hayek jede gesellschaftstheoretische Konzeption ablehnt, die die
Ebene sozial-evolutionärer Naturwüchsigkeit verläßt und Gesellschaft als ein rational gestaltbares Gebilde begreift, so lehnt Nozick eine Gerechtigkeitstheorie ab, die
nicht dem Strom sich verflechtender markt- und rechtsförmiger Einzelhandlungen
folgt, sondern die Errichtung institutioneller Strukturen und Verteilungsmuster an-
strebt, um den Strom einzuufern, das Leben der Individuen in eine gerechte Rahmenordnung einzubetten. Strukturelle Grundsätze interpretieren die Variable K in
der allgemeinen Distributionsformel ,*einem jeden das, was ihm aufgrund des Kriteriums K
zukommt'*. Reine historische Verteilungsgrundsätze hingegen machen sich von derartigen strukturbildenden Kriterien unabhängig, stellen die absoluten Erwerbs-
handlungen der Erstaneignung, der Übertragung und der berichtigenden Neuzu-
teilung in den Mittelpunkt.

Interessanterweise behauptet Nozick nun, daß dieser kriterienfreie absolute
Übertragungsakt zu jedem Zeitpunkt absolute Eigentumsrechte begründen kann,
denen der gesunde Menschenverstand die Anerkennung nicht versagen kann, so
daß die durch ihn ermöglichten Zustandsveränderungen auch dann zu gerechten
Verteilungszuständen führen, wenn diese Verteilungszustände von den bislang
nach strukturellen Gesichtspunkten als gerecht bewerteten Verteilungszuständen
abweichen. Während eine Theorie der strukturellen Verteilungsgrundsätze trivialerweise mit absoluten Verfügungsrechten nicht vereinbar ist, würden diese ja
jeder strukturverändernden Verteilungspolitik die Legitimation entziehen, ist eine
historische Gerechtigkeitstheorie mit absoluten Eigentumsrechten zu vereinbaren. Gerade um die absoluten Eigentumsrechte vor aller strukturverändernden

---

8 Vgl. Hayek 1975.

Gerechtigkeitspolitik zu verschonen, hat Nozick ja eine ihnen auf den Leib geschnittene historische Gerechtigkeitskonzeption entworfen. Diese stößt aber aufgrund ihres eigentumsrechtlichen Absolutismus seitens des *common sense* auf beträchtliche gerechtigkeitstheoretische Skepsis. Nozick möchte nun diese Skepsis zerstreuen und den *common sense* auf die Seite des Libertarismus ziehen. Er behauptet, daß die *entitlement theory* grundsätzlich nicht verworfen werden könnte und jeder sie anerkennen müßte, auch der, der einer ganz anderen, nämlich einer strukturellen Gerechtigkeitstheorie anhängen würde. Um diese Behauptung zu beweisen, geht er so vor wie bei seiner Anarchismuswiderlegung. Er übernimmt die Voraussetzungen seines Gegners und will dann zeigen, wie auf der Grundlage dieser Voraussetzungen durch Handlungen, die in Übereinstimmung mit diesen Voraussetzungen stehen, ein Zustand erzeugt wird, von dem der Gegner ursprünglich gemeint hat, daß er moralisch unzulässig sei, den er aber jetzt, da in Übereinstimmung mit seinen eigenen Voraussetzungen entstanden, akzeptieren muß.

Nozicks Strukturalismuswiderlegung findet sich in der berühmten Geschichte von Wilt Chamberlain, dem Superbasketballer.[9]

> „It is not clear how those holding alternative conceptions of distributive justice can reject the entitlement conception of justice in holdings. For suppose a distribution favored by one of these non-entitlement conceptions is realized. Let us suppose it is your favorite one and let us call this distribution D_1. ... Now suppose that Wilt Chamberlain is greatly in demand by basketball teams, being a great gate attraction [...] He signs the following sort of contract with a team: In each home game, twenty-five cents from the price of each ticket of admission goes to him [...] The season starts, and people cheerfully attend this team's games; they buy their tickets, each time dropping a separate twenty-five cents of their admission price into a special box with Chamberlain's name on it. They are excited about seeing him play; it is worth the total admission price to them. Let us suppose that in one season one million persons attend his home games, and Wilt Chamberlain winds up with $250,000, a much larger sum than the average income and larger even than anyone else has. Is he entitled to this income? Is this new distribution D_2 unjust? If so, why? There is *no* question about whether each of the people was entitled to the control over the resources they held in D_1; because that was the distribution [...] that (for the purposes of argument) we assumed was acceptable. Each of these persons chose to give twenty-five cents of their money to Chamberlain [...] If D_1 was a just distribution, and people voluntarily moved from it to D_2, transferring parts of their shares they were given under D_1 [...], isn't D_2 also just? If the people were entitled to dispose of the resources to which they were entitled (under D_1), didn't this include their being entitled to give it to, or exchange it with, Wilt Chamberlain? Can anyone else complain on grounds of justice? Each other person already has his legitimate share under D_1. Under D_1, there is nothing that anyone else has a claim of justice against. After someone transfers something to Wilt Chamberlain, third

---

9   Vgl. Cohen 1977, 5–23; Kymlicka 1990, 98ff.

parties *still* have their legitimate shares; *their* shares are not changed. By what process could such a transfer among two persons give rise to a legitimate claim of distributive justice on a portion of what was transferred, by a third party who had no claim of justice on any holding of the others *before* the transfer?"[10]

Die Lektion, die Nozick uns mit diesem Beispiel erteilen will, ist offensichtlich. Da die Transformation des gerechten Verteilungszustandes D_1 in den ungerechten Verteilungszustand D_2 nur dadurch hätte vermieden werden können, daß man den Kartenkäufern verboten hätte, den Quarter zu zahlen, dieses aber offenkundig eine widerrechtliche Aktion darstellen würde, ist der Schluß unausweichlich, daß die Anwendung und Aufrechterhaltung struktureller Gerechtigkeitsgrundsätze mit den Rechten der Individuen nicht vereinbar und nur um den Preis unaufhörlicher Rechtsverletzungen möglich ist.

„The general point illustrated by the Wilt Chamberlain example [...] is that no end-state principle or distributional patterned principle of justice can be continously realized without continuous interference with people's lives. Any favored pattern would be transformed into one unfavored by the principle, by people exchanging goods and services with other people, or giving things to other people, things the transferrers are entitled to under the favored distributional patterns. To maintain a pattern one must either continually interfere to stop people from transferring resources as they wish to, or continually (or periodically) interfere to take from some persons resources that others for some reason chose to transfer to them."[11]

Im Hintergrund steht natürlich die von Nozick perhorreszierte Umverteilung; sie soll mit der Abwehr struktureller Gerechtigkeitsgrundsätze vor allem getroffen werden, denn „patterned principles of distributive justice necessitate redistributive activities"[12]. Selbstverständlich können wir kein Verfahren akzeptieren, daß die Gerechtigkeit einer Verteilung allein nach strukturellen Grundsätzen beurteilt und dabei in keiner Weise die Art des Zustandekommens dieser Verteilungssituation berücksichtigt. Der *verdienstethische Naturalismus* ist allemal eine plausiblere Position als Rawls' „rejection of desert", die, von dem Kontingenzargument geleitet, jede strukturverändernde Handlung auf letztlich verdienstethisch hinfällige, daher strukturell korrekturbedürftige Faktoren zurückführt. Diese Gerechtigkeit des geschichtslosen Lineals widerstreitet unserer Überzeugung, daß es erworbene Ansprüche gibt, daß wir ein Recht haben, durch Tausch, Schenkungen oder Spenden jemanden allein nach unserem Willen mit Besitzansprüchen zu versehen. Man stelle sich nur eine Gerechtigkeitstheorie vor, die verlangte, daß die durch die Weihnachtsgeschenke hervorgerufenen Veränderungen der Güterverteilungsstruktur nach Maßgabe eines strukturellen Grundsatzes G korrigiert werden, daß also unsere Schenkungen einer korrigierenden Neuverteilung unterzogen wür-

---

10 Nozick 1974, 160.
11 Ebd., 163.
12 Ebd., 168.

den. Wir würden nicht zögern, das als unzumutbaren Angriff auf unsere Rechte und Freiheiten anzusehen.

Aber aus der Unhaltbarkeit und moralischen Unzulässigkeit einer Verteilung allein nach strukturellen Grundsätzen folgt nicht die Haltbarkeit und moralische Zulässigkeit einer Verteilung allein nach historischen Grundsätzen. Dieser Schluß würde sich nur dann ergeben, wenn eine vollständige Disjunktion zwischen strukturellen und historischen Gerechtigkeitsgrundsätzen bestände, wenn eine Gerechtigkeitstheorie entweder eine strukturelle oder eine historische sein müßte und keine dritte Gestalt besitzen könnte. Aber der Fall des ,*tertium non datur*' ist nicht gegeben; daher ist der Nozickschen These von der alleinigen Zulässigkeit der historischen Gerechtigkeitstheorie Unschlüssigkeit vorzuwerfen: sie ist aus der einleuchtenden Kritik einer durch und durch strukturellen Gerechtigkeitstheorie logisch nicht ableitbar.

Wenn wir annehmen, daß ein angemessenes Konzept menschlicher Rechte neben dem negativen Anspruch auf Unterlassung von Handlungen, die Leib, Leben, Freiheit und Eigentum beeinträchtigen, auch einen positiven Anspruch auf die Bedingungen von Leben und Freiheit und Selbstbestimmung und Selbstverwirklichung in der Gesellschaft enthält, dann müssen wir eine Gesellschaftsformation als ungerecht betrachten, die einer Menge von Personen die zum Leben, zur Gesundheit, zur Ausbildung und Erziehung, zur Selbstachtung und Selbstbestimmung notwendigen Mittel trotz hinreichend verfügbarer Ressourcen vorenthält, und zwar unabhängig davon, wie diese gesellschaftliche Formation zustande gekommen ist. Daraus folgt, daß das vollständige Rechtskonzept nach einer vollständigen Gerechtigkeitstheorie verlangt, in der historische und strukturelle Grundsätze zusammengebunden werden, um zu einer sich wechselseitig korrigierenden Wirksamkeit zu gelangen. Es ist offensichtlich, daß eine Gerechtigkeitstheorie beide Grundsatzarten braucht, daß es kein Argument dafür gibt, daß Gerechtigkeit nur dann vorliegt, wenn absolute Freizügigkeit des Gütergebrauchs gewährleistet ist. Man sollte sich nicht durch Nozick einreden lassen, daß eine derartige vollständige Gerechtigkeitstheorie in sich widersprüchlich wäre. Im Gegenteil ist die Anwendung dieser beiden Grundsätze völlig unproblematisch, weil ja die strukturellen Grundsätze keinesfalls die historischen Grundsätze annullieren, sondern sich immer nur einschränkend – aber eben nicht aufhebend – bemerkbar machen. Nozick unterstellt, daß eine strukturelle Gerechtigkeitstheorie eine ständige Strukturüberwachung impliziert und daher ständig korrigierende Eingriffe in freiwillige Transaktionen notwendig macht. Diese Unterstellung ist jedoch unsinnig, da aus der Realisierung struktureller Gerechtigkeitsgrundsätze keinesfalls die Verplanung jedes gesellschaftlichen Details folgt, sondern nur die Einrichtung einer geeigneten institutionellen Verfassung mit den gewünschten Verteilungseigenschaften. Die Strukturen schaffende und Strukturen überwachende Politik der strukturellen Gerechtigkeitsgrundsätze betrifft die Grundstruktur der Gesellschaft und nicht die Einzelhandlungen der Individuen, formt die gesellschaftliche Verfassung, beaufsichtigt aber nicht jeden Gütertransfer.

5 Das *Wilt-Chamberlain*-Beispiel

Aber vielleicht belehrt uns das Beispiel von Wilt Chamberlain doch eines Besseren. Müssen wir ins Lager der historischen Gerechtigkeitskonzeption überwechseln und uns nolens volens als Anhänger des absoluten Eigentums zu erkennen geben und Wilt Chamberlain von der Steuer befreien? Verstummen alle gerechtigkeitstheoretischen Einwände gegen den neuen Verteilungszustand D_2? Mitnichten. Nozicks Beispielsgeschichte ist psychologisch eine ziemlich läppische Manipulation und logisch eine dreiste *petitio principii*. Warum haben wir den Verteilungszustand D_1 als gerecht bewertet? Weil D_1 das Beispiel einer Güterverteilung bot, die einem von uns akzeptierten Verteilungsgrundsatz entsprach, der seinerseits eine überzeugende prinzipienlogische Explikation einer grundlegenden und von uns geteilten Gerechtigkeitsauffassung war. Eine solche grundlegende Gerechtigkeitsauffassung mag die Rawlssche sein oder die von Dworkin. Die prinzipienlogische Ausdifferenzierung der Rawlsschen gerechtigkeitsethischen Basistheorie führt einerseits zu einem freiheitsrechtlichen Egalitarismus und andererseits zu dem Differenzprinzip, das verlangt, die gesellschaftlichen Verhältnisse so zu gestalten, daß sozio-ökonomische Ungleichheit insbesondere auch den Schlechtestgestellten immer zum Vorteil gereicht. Die Dworkinsche Entsprechung zum Differenzprinzip ist ein verteilungstheoretischer Dualismus, der zum einen die natürlichen und sozialen Benachteiligungen und Begünstigungen individuell ausgleicht, zum anderen aber alle wirtschaftliche Ungleichheit unangetastet läßt, die sich individueller Anstrengung und Leistung verdankt. Die gesellschaftspolitische Operationalisierung dieser beiden Konzeptionen des egalitären Liberalismus wird jedoch in beiden Fällen auf dasselbe Instrumentarium einer umverteilenden Besteuerung zur Finanzierung entsprechender sozialer Sicherungs- und Ausgleichssysteme zurückgreifen. Ist die Verteilungssituation D_1 Rawls-gerecht, dann wird die redistributive Steuer zur Verbesserung der Position der Angehörigen der Gruppe der Schlechtestgestellten führen, mit dem Ziel, das Ausmaß an gesellschaftlicher Gleichheit durch am Fuß der Gesellschaft ansetzende Egalisierungsmaßnahmen zu vergrößern, ohne die für die Fütterung der Umverteilungsmaschine unerläßliche wirtschaftliche Produktivität zu mindern und das anreizpsychologisch notwendige Maß an Ungleichheit zu unterschreiten. Ist die Verteilungssituation D_1 hingegen Dworkin-gerecht, dann wird die redistributive Steuer dem egalitären Ideal der Ressourcengleichheit verpflichtet sein und durch eine kompensatorische Benachteiligung der natürlich und sozial Bevorzugten und eine komplementäre kompensatorische Bevorzugung der natürlich und sozial Benachteiligten faire Lebensumstände für alle zu sichern versuchen.

Die Ausgangsverteilung D_1 ist sowohl in ihrer Rawlsschen Fassung als auch in ihrer Dworkinschen Fassung durch die Existenz eines wirksamen, auf die unterschiedlichen sozio-ökonomischen Positionen der Bürger empfindlich reagierenden kompensatorischen Egalisierungsinstrumentariums charakterisiert. Dieses egalisierende Instrumentarium, eben das umverteilende Steuer-, Abgaben- und Sozialversicherungssystem des Wohlfahrtsstaates, findet in den einschlägigen gesetzlichen Regelungen, die die Steuerpflichtigkeit zum einen und die entsprechenden wohlfahrtsrechtlichen Ansprüche zum anderen definieren, seinen rechtlichen Rückhalt. Es ist evident, daß es in diesem System der wohlfahrtsstaatlichen Operationalisierung der Konzeption der egalitären Gerechtigkeit keine absoluten Verfügungsrechte geben kann. Absolute Verfügungsrechte sind hier ein gerechtigkeitstheoretischer und daher auch verfassungsrechtlicher Fremdkörper. Das libertäre Standardargument, daß alles, was auf rechtlich und gerechtigkeitstheoretisch einwandfreie Weise erworben worden ist, der umverteilenden Besteuerung entzogen sei und jede steuerliche Minderung des so Erworbenen darum einer Verletzung von Freiheit und Menschenwürde gleichkäme, wäre im Rahmen der in diesem Verteilungszustand und Verfassungszustand in Geltung stehenden Gerechtigkeitskonzeption schlicht unverständlich.

Wenn jemand den Anfangszustand der Nozickschen Chamberlain-Geschichte als gerecht beurteilt, hat er sich hinsichtlich der dabei verwendeten Kriterien festgelegt und wird folglich auch den Endzustand der Nozickschen Chamberlain-Geschichte nicht unabhängig davon beurteilen. Und weil er den Anfangszustand der Nozickschen Chamberlain-Geschichte als gerecht bewertet hat, hat er sich damit auch immer schon gegen den Grundsatz ausgesprochen, daß die korrekte Erwerbung von Eigentum ein Recht auf absolute Verfügung über dieses korrekt erworbene Eigentum impliziert. Wie kann ihn dann das Nozicksche Argument erschüttern? Wie kann Nozick dann meinen, daß ihm mit seiner Geschichte eine Strukturalismuswiderlegung gelungen sei? Nozick setzt offenkundig heimlich das voraus, was er beweisen möchte: das Recht auf absolute Verfügung über das rechtmäßig Erworbene. Nun ist es sicherlich Bestandteil unserer intuitiven Gerechtigkeitsüberzeugung, daß man rechtmäßig erwerben kann und daß es sicherlich rechtmäßig Erworbenes gibt, über das man uneingeschränkt verfügen kann. Jedoch ist die Verabsolutierung dieses Grundsatzes gerade nicht Bestandteil unserer Gerechtigkeitsüberzeugung. Wenn Nozick glaubt, unsere Intuitionen auf seiner libertären Seite zu haben, dann hat er ein *non sequitur* übersehen: Aus Satz (I) *Man kann etwas rechtmäßig erwerben und uneingeschränkt darüber verfügen* folgt eben nicht Satz (II): *Alles, was jemand rechtmäßig erworben hat, steht ihm darum zu uneingeschränkter Verfügung.* Und weil II nicht aus I folgt, hängt das Verfügungsrecht über X nicht von der rechtmäßigen Erwerbung von X ab, sondern von den Regeln einer gerechten Verteilung der erarbeiteten und erworbenen Güter.

Als die Besucher an der Kasse des Stadions ihre 25 Cent für Wilt Chamberlain in die Dose geworfen haben, haben sie fraglos Wilt Chamberlain damit auch das Recht gegeben, über diese 25 Cent zu verfügen. Sie haben ihr Recht, über diese 25 Cents zu verfügen, an Wilt Chamberlain abgetreten. Wie kann es aber dann möglich sein, so fragt Nozick triumphierend, daß Wilt Chamberlain kein absolutes Verfügungsrecht über die 250 000 Dollar zugesprochen wird? Man könnte hier von einem *Sophismus der Harmlosigkeit* sprechen, da Nozick die Belanglosigkeit der Summe von 25 Cent für sich arbeiten läßt. Mit dem Abtreten des Rechts, über die eigenen 25 Cent zu verfügen, haben die Stadionbesucher keinesfalls die These von dem absoluten Verfügungsrecht unterschrieben. Denn es gibt in der Verteilungssituation D_1 keine absoluten Verfügungsrechte, da hier zum Beispiel das Verfassungsprinzip der marktunabhängigen Grundgüterversorgung zur Sicherung fairer Lebenschancen für alle gilt und es daher nur Verfügungsrechte über rechtmäßig erworbenes Eigentum in nachsteuerlichem Umfang geben kann. Die Sicherung des allgemeinen Rechts auf faire Lebenschancen bildet in der Gerechtigkeitsordnung von D_1 eine unübersteigbare Verfügungsschranke bei rechtmäßig erworbenem Eigentum. 25 Cent sind wenig Geld; 25 Cent liegen diesseits der durch die Kosten der Verteilungsgerechtigkeit festgelegten Verfügungsschranke; 25 Cent sind eine gerechtigkeitspolitisch unauffällige Summe und stehen darum ihrem Besitzer zur uneingeschränkten Verfügung, gleichwohl hat auch in D_1 keiner ein absolutes Verfügungsrecht über 25 Cent, und dies schlicht darum nicht, weil in D_1 der Grundsatz gilt, daß das Recht auf freie Verfügung über rechtmäßig erworbenes Eigentum auf gerechte, Vermögende darum stärker als weniger Vermögende belastende Weise mit dem Recht auf Ressourcengleichheit oder marktunabhängige Grundgüterversorgung oder dem Recht auf faire Lebensumstände zu vereinbaren ist. Und das besagt, daß der Besucher des Basketballspiels über die 25 Cent uneingeschränkt verfügen kann, weil 25 Cent ein so geringer Betrag ist, hingegen nicht weil in D_1 ein gerechtigkeitsethisch nicht mediatisierbares Recht auf absolute Verfügung über erworbene Güter existiert. Ein solches Recht existiert gerade nicht in D_1; und daß ein solches Recht nicht existieren darf, ist das Rückgrat aller strukturellen oder partiellstrukturellen Gerechtigkeitskonzeptionen. Keinesfalls also habe ich, und das ist die Antwort auf die obige Frage, als ich die 25 Cent in die Dose geworfen habe, Wilt Chamberlain ein absolutes Verfügungsrecht über diese 25 Cent übertragen; ich konnte das nicht, weil ich es selbst nicht besaß; und schon gar nicht habe ich meine Gerechtigkeitsauffassung aufgegeben und mit der Zahlung des Quarter einer Aufhebung der steuerlichen Finanzierung eines gleichen Rechts aller auf faire Lebensumstände zur Ermöglichung der absoluten Verfügung Wilt Chamberlains über 250 000 Dollar zugestimmt.

Bei einer anderen Überlegung fällt die Nozicksche Geschichte noch schneller in sich zusammen: D_1 sei ein gerechter Zustand, weil in ihm durch eine angemessene Besteuerung der Arbeitseinkommen beispielsweise eine marktunabhängige Grundgüterversorgung für alle wirtschaftlich Unselbständigen ermöglicht wird. Die Besucher, die ins Stadion kommen wollen, um Wilt Chamberlain spielen zu sehen, versteuern ihr Einkommen. Die 25 Cent sind genauso wie der Restpreis für die Eintrittskarte Teil des versteuerten Einkommens. Warum sollte jemand dann auf die Idee kommen, daß Wilt Chamberlain sein Einkommen nicht versteuern müßte? Diese beiden Argumente spiegeln sich: die Einbettung des individuellen Verfügungsrechts über rechtmäßig Erworbenes in eine gesellschaftliche Grundstruktur, die eine gerechte Verteilung der gesellschaftlichen Grundgüter beabsichtigt, ist die makrostrukturelle Entsprechung der Anwesenheit der Versteuertheit resp. der Steuerpflichtigkeit in den rechtmäßig erworbenen und rechtmäßig transferierten 25 Cent. Und beide Argumente machen gleichermaßen die Eigentümlichkeit der Nozickschen Position deutlich. Diese Position läßt sich durch die These vom *Verfügungsabsolutismus* kennzeichnen: *Ob X auf rechtmäßige Weise ursprünglich appropriiert oder durch rechtmäßige Transaktionen erworben worden ist, immer gilt, daß ein Recht auf absolute Verfügung von X erworben worden ist.* Das Charakteristische dieser Position ist die vollständige Dekontextualisierung und Vergegenständlichung der Rechtswahrnehmung. Es entsteht das Bild einer atomistischen, gänzlich unstrukturierten und unverfaßten Gesellschaft: Rechte sind unauflösliche und geradezu gegenständlich distinkte Subjekt-Objekt-Einheiten. Nur wenn wir diesen Verfügungsabsolutismus als beherrschendes Prinzip des Verteilungszustandes D_1 akzeptieren, werden wir den Verteilungszustand D_2 als gerecht bewerten. Aber dieser Verfügungsabsolutismus ist gerade nicht das beherrschende Prinzip des Verteilungszustandes D_1. Die Gerechtigkeitsüberzeugung, die sich in dem Verteilungszustand D_1 verwirklicht sieht, ist mit dem Verfügungsabsolutismus nicht vereinbar. Nozicks Strukturalismuswiderlegung erreicht ihr Ziel nur, wenn das Konzept des absoluten Eigentums in die Prämisse D_1 heimlich eingeschmuggelt wird. Damit aber hat er sich einer *petitio principii* schuldig gemacht: der Verfügungsabsolutismus des Zustandes D_2 kann nur dann als Grund für die Gerechtigkeit der D_2-Verteilung gelten, wenn er immer schon als gerechtigkeitstheoretisch einwandfrei anerkannt worden ist. Keinesfalls ist es so, daß die Übertragungsgeschichte irgendein Argument für die Annahme des Verfügungsabsolutismus enthalten würde. Der ganze Argumentationsaufwand ist also vergeblich: Nozick wollte den Leser von der Legitimität absoluter Eigentumsrechte überzeugen; da der Beweis jedoch eben diese absoluten Eigentumsrechte immer schon vorausgesetzt hat, ist er wertlos. Für denjenigen, der gerechtigkeitstheoretisch noch unentschieden ist, stehen sie weiterhin in Frage; für denjenigen jedoch, der einer egalitären Gerechtigkeitskonzeption anhängt und Verteilungsmuster nach dem Differenzprinzip, nach dem Prinzip der Ressourcengleichheit oder nach dem Grundsatz einer Sicherung marktunabhängiger Grundgüterversorgung befürwortet, steht ihre Illegitimität außer Frage.

„How liberty upsets patterns", so hat Nozick das Kapitel überschrieben, das die Wilt-Chamberlain-Geschichte erzählt. Doch das Kapitel zeigt keinesfalls wie die Freiheit Strukturen sprengt, denn die Summe der vielen freiwilligen Übertragungshandlungen setzt die Gerechtigkeitsstruktur des Ausgangszustandes keinesfalls außer Kraft. Die Struktur bleibt nach wie vor in Geltung und wird sich im Fall Wilt Chamberlains in Gestalt einer Steuerforderung zu Wort melden. Da die Freiheit gerade nicht in der rechtlichen Form der absoluten Verfügungsrechte auftritt, wird sie keine Strukturen sprengen; und wenn sie in der rechtlichen Form der absoluten Verfügungsrechte auftreten kann, gibt es per definitionem keine Strukturen mehr, die gesprengt werden könnten.

Die Analyse des Wilt-Chamberlain-Beispiels hat deutlich gemacht, daß Nozick dem Bündel harmloser Übertragungshandlungen nur darum die strukturensprengende Wirkung zusprechen konnte, weil er die Übertragungsfreiheit von Anfang an und wider alle argumentationslogisch guten Sitten im Licht einer radikalen rechtstheoretischen These ausgelegt hat. Diese These besagt: *Der grundlegende menschen-*

rechtliche Egalitarismus artikuliert sich als absolute eigentumsrechtliche Verfügung. Es gibt neben den absoluten Eigentumsrechten keine anderen, im menschenrechtlichen Egalitarismus begründeten Rechte, die die Geltung der absoluten Eigentumsrechte einschränken könnten. Der Kosmos der Rechte wird durch die absoluten Eigentumsrechte vollständig ausgefüllt. Nozick hat das an anderer Stelle klar zum Ausdruck gebracht:

> „The major objection to speaking of everyone's having a right *to* various things such as equality of opportunity, life, and so on, and enforcing this right, is that these ‚rights' require a substructure of things and materials and actions; and *other* people may have rights and entitlements over these. No one has a right to something whose realization requires certain uses of things and activities that other people have rights and entitlements over. Other people's rights and entitlements to *particular things* (*that* pencil, *their* body, and so on) and how they choose to exercise these rights and entitlements fix the external environment of any given individual and the means that will be available to him [...] No rights exist in conflict with this substructure of particular rights [...] The particular rights over things fill the space of rights, leaving no room for general rights to be in a certain material condition."[13]

Diese rechtstheoretische These ist deutlich: es kann keine Wohlfahrtsrechte geben, keine Leistungsrechte, keine Ansprüche auf staatliche Grundversorgung. Wenn die besonderen Verfügungsrechte über Dinge den gesamten Bereich der Rechte ausfüllen, dann gibt es keine Rechte auf einen fairen Anteil des kooperativ erwirtschafteten Gewinns, keine Rechte auf eine gerechte Verteilung, keinen Anspruch auf kompensatorische Behandlung von Ungleichheit und Benachteiligung. Nozicks Theorie ist das rechtstheoretische Gegenstück zur Spencerschen Sozialtheorie. So wie Herbert Spencer meinte, daß die Gesellschaft sich horizontal als Geflecht von Einzelverträgen ausbreiten würde, der soziale Zusammenhalt allein im individuellen Interesse verankert sei, so versteht auch Nozick die gesellschaftlichen Rechtsverhältnisse als System individueller Verfügungsrechte, die nach Marktgesetzen den Besitzer wechseln. In beiden Fällen haben wir fluktuierende, sich unaufhörlich verändernde, allein den Gezeiten des Selbstinteresses folgende gesellschaftliche Verbände, ohne jede umfassende und stabilisierende Struktur, ohne normative Rahmenordnung, ohne bindende Verfassung. In beiden Fällen wird der Individualismus so weit getrieben, daß ihm unmittelbar systemkonstituierende Kraft zugesprochen wird: der Markt wird zum Vorbild aller gesellschaftlichen Formation. Herbert Spencer mußte sich freilich von Durkheim darüber belehren lassen, daß eine Gesellschaft sich nicht auf ein Netz von Privatverträgen stützen und sich auf das unbeständige Interesse nicht verlassen kann. In seiner berühmten Lehre von den extrakontraktuellen Voraussetzungen des Vertrages hat Durkheim dem Autor der *Principien der Sociologie* gezeigt, daß Verträge Gültigkeits- und Geltungsvoraussetzungen haben, die durch sie selbst nicht gesichert werden können, daß die privatrechtlichen Verträge ihre Bindewirkung nur in einem Rahmen gesi-

---

13 Nozick 1974, 238.

cherter normativer Grundüberzeugungen und vor dem Hintergrund effektiver Sanktionsmechanismen entfalten und folglich nur auf der Grundlage stabiler normativer und politischer Strukturen als flexible Instrumente zur verläßlichen Gestaltung individueller Lebensverhältnisse verwandt werden können.[14]

Das normative Analogon zur Durkheimschen Strukturierungstheorie ist die Gerechtigkeitstheorie, die in ihren Verteilungsgrundsätzen immer auch den Geltungsgrund und die Ausübungsbedingungen individueller Verfügungsrechte angibt. Derartige Gerechtigkeitstheorien, die unter Berufung auf moralische Gleichheit, auf ein gleiches Recht auf selbstbestimmte Lebensführung, auf das Recht auf eine rationale und allgemein zustimmungsfähige, daher von natürlichen und sozialen Kontingenzen unabhängige Güterverteilung die Individuen einerseits mit entsprechenden Wohlfahrtsrechten und Leistungsansprüchen ausstatten und die politische Gemeinschaft andererseits mit komplementären Wohlfahrts- und Leistungspflichten belasten, sind in Nozicks Augen freilich von Grund auf verfehlt. Aber das ist erst einmal nur eine – und vor dem Hintergrund unseres Menschenrechtsverständnisses und unserer politisch-kulturellen Wertüberzeugungen zudem höchst unplausible – These. Denn eine Begründung hat Nozick bislang weder für diese These des Eigentumsabsolutismus noch für die sich auf sie stützende *entitlement theory of justice* geliefert. Daß uneingeschränkte Verfügung über Eigentum die einzig angemessene Rechtsform der Freiheit sein soll und die normative Welt der Rechte nur von individuellen *property rights* bevölkert wird, will uns erst einmal gar nicht einleuchten. Nozick hat jedoch auch ein Argument für seine Gerechtigkeitstheorie des absoluten Eigentums vorgetragen. Er behauptet, daß die *entitlement theory* konsequenter philosophischer Ausdruck eines fundamentalen normativen Grundsatzes unseres Kantisch imprägnierten Selbstverständnisses sei, nämlich des Grundsatzes der *Self-ownership*, der nichts anderes meint, als daß alle Menschen gleichermaßen Zweck an sich selbst sind, ein Recht auf ein selbstbestimmtes Leben haben, niemandem unterworfen sind und von niemandem als bloße Mittel gebraucht werden dürfen. Wie wir sehen werden, wird es Nozick jedoch nicht gelingen, den autonomieethischen Kantianismus als Kronzeugen für die Theorie des absoluten Eigentumsrechts zu gewinnen. Das anspruchsvollere Argument scheitert genauso wie die kleine Wilt-Chamberlain-Geschichte.

6 Der Grundsatz der gerechten Appropriation

Der historische Charakter der Nozickschen Theorie konzentriert alle geltungstheoretische Aufmerksamkeit auf den Anfangszustand. Daß der Anfangszustand zum wichtigsten Teil einer Begründungsargumentation wird, ist nichts Ungewöhnliches. Die Naturzustandstheorie ist der bei weitem wichtigste Teil der gesamten

---

14   Vgl. Durkheim 1988.

kontraktualistischen Argumentation; und grundsätzlich gilt, daß der Überzeugungsgehalt von Argumentationen davon abhängig ist, inwieweit die Prämissen akzeptiert werden können. Die Prämissen, denen Nozick das ganze Geltungsgewicht seiner Theorie aufbürdet, werden in seiner Konzeption der ursprünglichen Erwerbung entwickelt. Erweist sich diese Konzeption als unsolide, als nicht standfest und tragfähig, dann fällt die gesamte *entitlement theory* wie ein Kartenhaus in sich zusammen. Zeigen muß diese Konzeption, wie ursprüngliche Erwerbung möglich sein kann, wie Menschen herrenlose Güter rechtmäßig als Eigentum beanspruchen können. Da eben die Transaktionen des Marktes selbst nicht für die Rechtmäßigkeit des erworbenen Besitzes bürgen können, es somit korrekt zustande gekommene ungerechte Eigentumsverteilungen geben kann, verlangt eine vollständige Bestimmung des Begriffs des rechtmäßigen Besitzes neben der Angabe der Erwerbung durch Transaktionen eine Klarstellung rechtmäßiger Ersterwerbung. Seine historische Gerechtigkeitstheorie nötigt Nozick also dazu, den traditionellen eigentumsphilosophischen Diskurs des neuzeitlichen Natur- und Vernunftrechts aufzunehmen und sich den rechtsphilosophischen und gerechtigkeitsphilosophischen Standardproblemen der Eigentumstheorie erneut zu stellen: Wie kann herrenloses Gut in exklusives Eigentum verwandelt werden? Welchen Status hat die Appropriationsbefugnis? Ist sie ein generelles oder ein spezielles Recht? Wie verhält sich das natürliche Eigentumsrecht zu den menschenrechtlichen Bestimmungen der Freiheit und Gleichheit? Welche normative Tiefenstruktur kann für eine Begründung eigentumsrechtlicher Ausschlußbefugnis herangezogen werden? Welche Legitimitätsbedingungen muß die Appropriation herrenlosen Guts beachten? Wo liegt die Gerechtigkeitsschwelle?

In der Geschichte der politischen Philosophie lassen sich zwei rivalisierende Theorien der Eigentumsbegründung unterscheiden: *Konsenstheorien des Eigentums* und *Theorien der ursprünglichen Erwerbung*. Die Konsenstheoretiker – alle Naturrechtsjuristen in der Nachfolge von Grotius und Pufendorf, in bestimmter Hinsicht auch Kant und die Kantianer – gehen davon aus, daß privates Eigentum an Grund und Boden nur kontraktualistisch, auf der Basis einer bewilligenden Zustimmung seitens aller anderen von dem Aneignungsakt Betroffenen konstituiert werden könnte. Die Theoretiker der ursprünglichen Erwerbung – angeführt von Locke, unter ihnen auch Schopenhauer, Trendelenburg und die deutschen Idealisten[15] – sind hingegen der Überzeugung, daß man auf eigene Faust und zustimmungsunbedürftig ein Eigentum erwerben könnte, nämlich durch Okkupation oder – und diese These Lockes fand schnell weite Verbreitung – durch die in ein herrenloses Stück Land investierte Arbeit.[16]

---

15 Belege in Kersting 1993b, 272–292.

16 Vgl. dazu Pufendorfs Kommentar: „Wir können nicht verstehen, wie eine lediglich körperliche
    Handlung, wie es eine Bemächtigung und Besitzergreifung ist, in der Lage sein könnte, Rechtswirkung zu entfalten und das Recht und die Verfügungsmacht anderer einzuschränken, wenn
    nicht deren bestätigende und sanktionierende Zustimmung hinzu käme, wenn nicht ein Vertrag
    geschlossen würde" (Pufendorf 1672, IV, IV, 5).

6.1 Lockes Konzeption des Arbeitseigentums

Theorien der ursprünglichen Erwerbung sind in der Regel Interpretationen des folgenden Schemas: *Für alle x und für alle g: wenn x hinsichtlich g A tut, dann wird x der Eigentümer von g und erhält gegenüber allen anderen Personen y das Recht, y vom Gebrauch von g auszuschließen, und aufgrund der mit dem Recht analytisch verbundenen Zwangsbefugnis auch die Berechtigung, dabei Zwang anzuwenden.*[17] Die bekannteste Interpretation dieses Schemas ist Lockes Konzeption des Arbeitseigentums: Für alle Menschen und für alle natürlichen Güter von den Früchten bis zum Boden gilt: wenn jemand in ein natürliches Gut Arbeit investiert und dabei seine natürliche Gestalt verändert, dann erhält diese Person ein Eigentumsrecht an diesem Gegenstand und darf alle anderen rechtmäßig von seinem Gebrauch ausschließen. Durch die Arbeit „vermischt" sich die Person mit der Natur, fügt dieser Eigenes hinzu und verändert so einen Teil des ursprünglichen Gemeinbesitzes, so daß dieser nicht mehr unter das „gemeinsame Recht der anderen Menschen" fällt.[18] Locke hat nicht der empirischen Arbeitshandlung als solcher eigentumskonstitutive Funktion zugesprochen. Ihm ist kein naturalistischer Fehlschluß vorzuwerfen. Erst dann werden die normativen Konsequenzen sichtbar, wenn die Arbeitshandlung ihrerseits in einen normativen Kontext integriert wird, den Locke als Eigentum an der eigenen Person bezeichnet. Mit der in einen Gegenstand investierten Arbeit wird die Rechtsqualität der Person auf den Gegenstand übertragen. Der Gegenstand wird somit in die menschenrechtlich geschützte ursprüngliche Eigensphäre integriert und zu einem Teil der Person. Diese Vorstellung von der Übertragung der rechtspersonalen Qualität auf Gegenstände durch Arbeit, dieses *Subjektivierungsmodell,* ist der Kerngedanke der Lockeschen Eigentumsbegründung. Sie ist unabhängig von dem allgemeinen und traditionellen selbsterhaltungsteleologischen Rahmen seiner Naturrechtskonzeption. Erst in der berühmten Lehre von den Aneignungsschranken kommt der Gesichtspunkt des Selbsterhaltungszwecks der Menschengattung wieder zur Geltung. In Bezug auf die Begründung des Eigentums selbst aber sind diese teleologischen Bestimmungen externer Natur; sie sind nicht immanent aus dem die gesamte rechtsphilosophische Begründungslast tragenden Subjektivierungsmodell zu entwickeln.

Das als Subjektivierungsmodell bezeichnete eigentumsbegründende Argument kombiniert drei Thesen:

I.   Der Mensch ist Eigentümer seiner Persönlichkeit und seiner Handlungen.[19]
II. Durch die Bearbeitung eines Gegenstandes vermischt sich die Persönlichkeit mit dem Gegenstand.
III. Damit wird das Eigentum des arbeitenden Menschen um den rechtlichen Besitz des mit seiner Persönlichkeit Vermischten erweitert.

---

17 Vgl. Waldron 1988, 263–266.
18 Locke 1977, II: § 26, 216f.
19 Vgl. „Obwohl die Dinge der Natur allen zur gemeinsamen Nutzung gegeben werden, lag dennoch die große Grundlage des Eigentums tief im Wesen des Menschen (weil er der Herr seiner

Die Rede von der Vermischung von Persönlichkeit und Gegenstand erweckt den Verdacht eines Kategorienfehlers; schließlich besteht ein gravierender Unterschied zwischen der Nozickschen Tomatensaftdose[20] und menschlicher Subjektivität. Gleichwohl muß Lockes Rede von der Vermischung möglichst wörtlich genommen werden;[21] und wenn Nozick meint, daß Locke den Rechtsgrund eigentlich nicht in dieser mystischen Vermischung, sondern in dem Wertsteigerungseffekt der Bearbeitung gesehen hätte, dann hat er das Lockesche Argument nicht begriffen. Der Arbeitsakt darf nicht den Charakter eines quasi-gegenständlichen Transfers von Subjektivität in das bearbeitete Objekt verlieren; anderenfalls wäre die eigentumsrechtliche Ausschlußkonsequenz der Erstbearbeitung nicht begründbar. Die Vermischungsthese gewährleistet die Anwesenheit des Erstbearbeiters im bearbeiteten Gegenstand und damit auch die rechtliche Ausschlußwirkung, die auch den Zweitbearbeiter trifft, der nicht eigentumsrechtlich ausgeschlossen werden könnte, wenn das Eigentumsrecht in einer allgemeinen Beschreibung der Arbeit verankert wäre, die die Eigenschaften und möglichen Effekte der Arbeitshandlung aufzählte.

6.2 Das Lockesche und das Nozicksche Proviso

Die Theorie der ursprünglichen Aneignung muß zwei Probleme lösen: ein rechtstheoretisches Problem und ein gerechtigkeitstheoretisches Problem. Die Lösung des rechtstheoretischen Problems muß zeigen, wie eine empirische Handlung in einem natürlichen, rechtlich unstrukturierten Kontext rechtliche, also normative Konsequenzen zeitigen kann. Lockes Lösung ist das Vermischungsargument; Nozick hingegen bietet keine Lösung dieses rechtstheoretischen Fundamentalproblems. Er nimmt es als gesondertes Problem gar nicht wahr und wendet sich gleich dem zweiten, dem gerechtigkeitstheoretischen Problem zu: „The crucial point is whether appropriation of an unowned object worsens the situation of others."[22] Wenn sichergestellt werden kann, daß die Aneignung niemanden schlechter stellt, dann darf man behaupten, daß die Aneignung gerecht war. Aber damit überspringt Nozick ein wichtiges rechtsphilosophisches Problem: wie kann ein Brückenschlag von dem Recht, andere vom Gebrauch meines Körpers auszuschließen, auf ein

---

selbst ist und Eigentümer seiner eigenen Person und ihrer Handlungen oder Arbeit)" (Locke 1977; II § 44, 227).

20 Vgl. „Why does mixing one's labor with something make one the owner of it? Perhaps because one owns one's labor, and so one comes to own a previously unowned thing that becomes permeated with what one owns. Ownership seeps over into the rest. [...] If I own a can of tomato juice and spill it in the sea to that its molecules [...] mingle evenly throughout the sea, do I thereby come to own the sea, or have I foolishly dissipated my tomato juice? Perhaps the idea, instead, is that laboring on something improves it and makes it more valuable; and anyone is entitled to own a thing whose value he has created" (Nozick 1974, 174/5).

21 „The idea that labour is literally mixed with an object is crucial to this argument" (Waldron 1988, 184).

22 Nozick 1974, 175.

Recht, andere vom Gebrauch einer von mir als mein gekennzeichneten und beanspruchten Sache auch im Falle meiner Abwesenheit auszuschließen, erfolgen? Um eben diesen Brückenschlag zu ermöglichen, haben manche Naturrechtler die Vertragsprämisse eingeführt, hat Kant auf die Ideen von Gemeinbesitz und vereinigtem Willen zurückgegriffen. Für Anhänger einer ursprünglichen, vollgültiges Eigentumsrecht schaffenden Appropriation ist dieser Brückenschlag letztlich nicht zu leisten.

Da die Erde eine Kugel ist, stellen ursprüngliche Inbesitznahmen ein tiefgreifendes Gerechtigkeitsproblem dar. Sie verringern die Fläche des herrenlosen Landes und verschlechtern damit nicht nur die Situation der Zeitgenossen, sondern auch die der zukünftigen Generationen. Wie sollen da ursprüngliche Aneignungen je mit der Gerechtigkeit in Übereinstimmung gebracht werden können? Da die Gerechtigkeit sicherlich eine Gleichberücksichtigung der grundlegenden Interessen aller verlangt, scheint eine gerechte ursprüngliche Aneignung eine *contradictio in adiecto* zu sein, denn die Erstinbesitznahme geht notwendigerweise immer auf Kosten der Möglichkeit der Zeitgenossen und Zukünftigen, sich ein gleiches Recht auf ausschließliche Benutzung eines Landstücks zu erwerben. Um die ursprüngliche Aneignung in Übereinstimmung mit den Forderungen der Gerechtigkeit zu halten, hat Locke der Appropriation Schranken auferlegt. Zum einen darf das Eigentum nur der Eigenbedarfsdeckung dienen. Derjenige, der auf seinen Feldern mehr Früchte anbaut als er und seine Familie verbrauchen können, nimmt anderen, was diese für ihr Leben benötigen, und verletzt den fundamentalen naturrechtlichen Zweck der Erhaltung der Menschheit. Wenn diese Verderblichkeitsschranke, dieses „spoilation proviso"[23] mißachtet wird, wird die Erde – nach naturrechtlicher Überzeugung ein Gottesgeschenk für das Menschengeschlecht, damit es sich erhalte und vermehre – durch das Institut des Privateigentums zweckwidrig behandelt – wie es in der EWG, in den USA und sonst auf der Welt laufend geschieht, wenn Brachlegungsprämien gezahlt werden oder Obst und Gemüse unter Aufsicht vernichtet werden, um den Marktpreis zu halten. Eine weitere Appropriationsschranke liegt in der Auflage, daß den anderen „genug und ebenso gutes gemeinsam" verbleiben muß.[24] Locke ist zuversichtlich, daß diese „sufficiency limitation"[25] sein Eigentumskonzept nicht bedrohen kann.

> „Das Maß des Eigentums hat die Natur durch die Ausdehnung der menschlichen Arbeit und durch die Annehmlichkeiten des Lebens festgesetzt. Keines Menschen Arbeit konnte sich alles unterwerfen oder aneignen, und sein Genuß konnte nicht mehr als nur einen kleinen Teil verbrauchen. Es war daher also für einen Menschen unmöglich, auf diesem Wege in die Rechte eines anderen einzugreifen oder sich selbst ein Eigentum zum Schaden seines Nachbarn zu erwerben. Diesem blieb (nachdem

---

23 Waldron 1988, 207f.
24 Locke 1977, II § 27, 217.
25 Macpherson 1962, 211.

der andere sich einen Teil genommen hatte) immer noch Raum genug für einen ebenso guten und ebenso großen Besitz wie vorher, ehe sich jener seinen Besitz angeeignet hatte. Dieses Maß beschränkte den Besitz jedes Menschen auf einen sehr bescheidenen Anteil, nämlich auf das, was er sich aneignen konnte, ohne irgend jemandem einen Schaden zuzufügen. So war es in jenen ersten Zeiten der Welt [...] Und dasselbe Maß kann man, so bevölkert die Welt auch erscheinen mag, noch heute erkennen [...] (D)ieselbe Regel für das Eigentum, nämlich daß jeder Mensch so viel haben sollte, wie er nutzen kann, würde auch noch heute, ohne jemanden in Verlegenheit zu bringen, auf der Welt gültig sein, denn es gibt genug Land, das auch für die doppelte Anzahl von Bewohnern noch ausreicht."[26]

Jedoch muß er zugeben, daß diese Verteilungsidylle durch die Erfindung des Geldes bedroht ist, da das Geld, ein Komplice der *pleonexia*, der schieren Besitzgier in die Hände arbeitet und Akkumulationsmöglichkeiten jenseits der Grenzen der Eigenbearbeitung und des Eigengebrauchs eröffnet.

Aber natürlich ist die Lösung des Gerechtigkeitsproblems der ursprünglichen Appropriation von der Existenz oder Nichtexistenz eines etablierten Geldverkehrs gänzlich unabhängig. Auch in prämonetären Zeiten wäre die Erde innerhalb weniger Generationen restlos aufgeteilt gewesen, so daß sich jede nachfolgende Generation durch die Aneignungshandlungen ihrer Vorfahren um ihr Appropriationsrecht gebracht sehen würde. Es gibt nur eine Möglichkeit, das Lockesche Konzept des Eigentums mit den Forderungen der Gerechtigkeit, und das meint: mit dem naturrechtlichen Subsistenzprinzip in Übereinstimmung zu bringen: das Recht auf Erstaneignung eines Landstücks und das Recht auf Subsistenz müssen entkoppelt werden, so daß zwar das Privateigentum generell seine naturrechtlich-teleologische Legitimation aus seiner produktiven Bedeutung für den Erhalt der menschlichen Gattung gewinnt, die Respektierung des Rechtes eines jeden auf Selbsterhaltung und angemessene Güterversorgung jedoch nicht die generelle Zuschreibung und Wahrnehmung eines Appropriationsrechtes impliziert. Es kommt also darauf an, wie wir die „sufficiency limitation", die ‚genug und ebenso Gutes übriglassen'-Kautele interpretieren: ist damit gemeint, daß jeder ein Recht hat, daß genug und ebenso gute Ressourcen übrig bleiben, damit er sich so viel und so Gutes wie jeder andere auch durch Appropriation aneignen kann; oder ist damit gemeint, daß die Wahrnehmung des Appropriationsrechts grundsätzlich nicht den Anspruch der anderen auf Selbsterhaltung und angemessene Güterversorgung verletzen darf?

Im ersten Fall müßten wir das Recht auf Appropriation als generell-notwendiges Recht verstehen: die Wahrnehmung dieses Rechts durch A darf nicht die Wahrnehmung des gleichen Rechts durch B unmöglich machen. Im zweiten Fall würden wir das Recht auf Appropriation als singulär-kontingentes Recht interpretieren: die Wahrnehmung des Rechts auf Appropriation steht nicht unter der Bedingung der Wahrnehmung des gleichen Rechts durch alle anderen. Da aber das

---

26 Locke 1977, II § 36, 221f.

Recht auf Selbsterhaltung und angemessene Güterversorgung ein generell-notwendiges Recht ist, steht die Wahrnehmung des Rechts auf Appropriation unter der Bedingung der Respektierung des Rechtes aller auf Selbsterhaltung und angemessene Güterversorgung. Diese Bedingung ist jedoch angesichts der bedeutenden Wertschöpfung der privatrechtlich organisierten Güterproduktion mühelos zu erfüllen, wie sich Locke am Beispiel der „verschiedenen Völker Amerikas" klar macht, die „reich an Land und doch arm an allen Bequemlichkeiten des Lebens sind", da sie den Boden nicht bebauen: „der König eines großen und fruchtbaren Gebietes wohnt, nährt und kleidet sich dort schlechter als ein Tagelöhner in England."[27] Allgemeine Subsistenzsicherung und angemessene Güterversorgung verlangen nach der rechtlichen Möglichkeit, durch Arbeit Eigentum zu gewinnen; sie verlangen jedoch nicht, daß jeder von Natur aus ein Recht auf Appropriation eines gleich großen und gleich wertvollen Landstückes hat. Denn man muß nicht selbst im Besitz der agrarischen Produktionsmittel sein, um von der privatrechtlichen Organisation der Güterproduktion zu profitieren. Arbeit veredelt den Boden und steigert den Ertrag. Private Appropriation mindert zwar den Anteil an appropriierbarem Grund und Boden, vermindert aber nicht die Menge der Güter, sondern erhöht sie. Private Appropriation ist daher mit dem Grundsatz der naturrechtlichen Gerechtigkeit vereinbar: der Naturrechtszweck, das Menschengeschlecht zu erhalten und zu mehren, wird durch das Arbeitseigentum aufgrund der Produktivität privaten Grundbesitzes energisch vorangebracht.

Diese Interpretation legt die Verschlechterung der Situation der anderen, die eine legitime Wahrnehmung des Appropriationsrechtes vermeiden muß, in einem schwachen Sinn, nicht in einem starken Sinn aus: teleologisch-naturrechtlich, als Subsistenzbedrohung und Versorgungsgefährdung, nicht eigentumsrechtlich, als Vereitelung der Wahrnehmung eines gleichen Appropriationsrechtes.[28] Sie schlägt

---

27 Locke 1977, II § 41, 225.

28 Freilich erschöpft diese Alternative einer ‚schwachen' und einer ‚starken' Lesart des Lockeschen Provisos nicht die Bandbreite möglicher Interpretationen; vgl. die folgende interessante Vermittlungsposition von A. John Simmons: „What must be protected from encroachment by the appropriations of others [...] is my rights of self-preservation and self-government. This is not identical to claiming that I must be left free to appropriate land or other natural resources. If my rights can be secured without my freedom to appropriate, I may still have my fair share of God's bounty. What must be guaranteed to each person is the opportunity of a living – a condition of nondependence, in which one is free to better oneself, govern one's own existence, and enjoy the goods God provided for all. This requirement is weaker than the stringent proviso, since it is consistent with one's being unable to appropriate. But it is stronger than the weak proviso, for it requires not only an unreduced level of material well-being, but independence and opportunity" (1992, 293f). Gehen wir von dieser Interpretation der Appropriationsbedingung aus, dann wird Locke dem zeitgenössischen *libertarianism* nicht mehr als Stammvater zur Verfügung stehen können. Lockes Appropriationstheorie bindet die *prima occupatio* an materiale Auflagen, die Nozicks Theorie außer Geltung setzt: Nozicks Proviso erlaubt Erstaneignungen in Fällen, in denen Lockes Proviso Appropriation verbietet und nur gemeinsame Nutzung zuläßt; vgl. Roemer 1996, 207f.

damit einen Bogen von der Lockeschen Theorie zur Nozickschen Formulierung des „Lockean Proviso",[29] das in seiner Anspruchstheorie in den Rang einer Legitimationsbedingung jeder ursprünglichen Aneignung rückt und den Kern seines „principle of justice in acquisition" bildet.[30] Dieses Nozicksche Proviso knüpft an die naturrechtsimmanente Unterscheidung zwischen generellem Subsistenzrecht und singulärem Appropriationsrecht an und vereinfacht sie zur Unterscheidung zwischen Eigentum und Nutzung. Es gibt eine appropriationsbedingte Verschlechterung der Situation anderer hinsichtlich der Möglichkeit, auf ähnliche Weise sich Grund und Boden anzueignen: jede Appropriation kann das Appropriationsinteresse der anderen beeinträchtigen. Es gibt aber auch eine appropriationsbedingte Verschlechterung der Situation anderer hinsichtlich der Möglichkeit, den angeeigneten Grund und Boden zu nutzen und die darauf geernteten Früchte zu genießen: jede Appropriation kann das Nutzungsinteresse der anderen beeinträchtigen. Die erste Verschlechterung muß aber nicht die zweite Verschlechterung nach sich ziehen. Wenn die zweite Verschlechterung vermieden werden kann, kann die erste Verschlechterung in Kauf genommen und die Möglichkeit ursprünglicher Eigentumserwerbshandlungen aufrechterhalten werden. Das Nozicksche Proviso lautet also folgendermaßen: *ein Appropriationsakt ist zulässig und somit auch Grund für ein dauerndes und vererbbares Eigentumsrecht an einer ursprünglich herrenlosen Sache, wenn er die Lage anderer nicht durch Nutzungsausschluß verschlechtert, ist also zulässig, wenn die vom Eigentum Ausgeschlossenen nicht auch von der Nutzung ausgeschlossen werden.*

6.3 Nozicks Proviso und minimale Sozialstaatlichkeit

Wie aber können die glücklichen Appropriateure und Eigentümer dazu gebracht werden, diese Bedingung zu erfüllen? Nozicks Antwort ist: sie werden durch ihr rationales Selbstinteresse dazu gebracht, sie werden nämlich die Nutzung verkaufen. Anders und allgemeiner gesagt, „the free operation of a market system"[31] wird die Erfüllung der Lockeschen Bedingung gewährleisten, da es die freie Nutzung aller erwünschten Güter verbürgt: wir brauchen keine Ölquellen zu besitzen, wir können Heizöl und Benzin kaufen, und daher können die, die die Ölquellen besitzen, diese legitim besitzen, und wir, die wir keine besitzen, weil schon alle in Besitz genommen worden sind, dürfen uns nicht darüber beklagen. Wir können allerdings nur dann in den Genuß der Nutzung fremdbesessener Güter kommen, wenn, das ist das eiserne Gesetz des Marktes, wir etwas zu tauschen haben, wenn wir also bezahlen und die Nutzungskosten entrichten können. Sollten wir unbemittelt sein, keine Gegenleistung erbringen können, arbeitslos sein, sind wir von der Nutzung

---

29 Nozick 1974, 178f.
30 Ebd., 151.
31 Ebd., 182.

ausgeschlossen. Dann fehlen die Voraussetzungen, um an den Transaktionen des Marktsystems teilzuhaben und sich in das Verteilungssystem des Marktes einzuklinken, dann werden die Warenströme an uns vorbeigeleitet.

Wenn der Lackmustest legitimer Aneignung darin besteht, „that it does not worsen anyone's overall condition", dann muß das Institut des Privateigentums in all den Fällen Entschädigung leisten, in denen jemand sich auf dem Markt – aus welchen Gründen auch immer – nicht mit den gewünschten Nutzungsrechten versorgen kann. *Da die legitimierende Wirkung des Nozickschen Proviso an die Existenz einer flächendeckenden marktwirtschaftlichen Versorgung gebunden ist, muß das Privateigentum zur Sicherung seiner moralischen Grundlage im Fall eines marktwirtschaftlich bedingten Nutzungsausschlusses Kompensation leisten.* Entgegen der Erwartung seines Erfinders birgt das Nozicksche Proviso also ein Begründungsargument für eine zumindest minimale Sozialstaatlichkeit, denn Nozick muß konsequenterweise die Vollbeschäftigung zur Legitimationsbedingung eines Minimalstaats erheben und den inklusiven, niemanden also ausgrenzenden Arbeitsmarkt zum legitimierenden Komplementärinstitut des Systems absoluter property rights erklären. In dem Maße, in dem keine Vollbeschäftigung möglich ist, in dem etwa strukturelle Arbeitslosigkeit um sich greift, in dem Maße müßte der Minimalstaat selbst als Legitimationsbeschaffungsmaßnahme sozialstaatliche Versorgungsstrukturen für Beschäftigungslose aufbauen.

Nozick, so Cohen, würde auf ein solches Argument folgendermaßen reagieren: Nichteigentümer,

> „and there will be many of them in libertarian capitalist society, are, because of their propertylessness, dependent for their survival on someone wanting to buy their labour power. Their predicament might be thought dire, but Nozick denies that they have a grievance. For a propertyless person, or proletarian, has a grievance, in Nozick's view, only if his propertylessness renders him worse off than he would have been had the world remained in Lockean common ownership, without private property, and Nozick believes that proletarians are unlikely to be, in that way, worse off. He would say, of those proletarians who do manage to sell their labour power, that they will get at least as much, and probably more, in exchange for it than they could have hoped to get by applying it in a rude state of nature; and, of those proletarians whose labour power is not worth buying, that, although they will therefore, in Nozick's non-welfare state, die (in the absence of charity), they would have died in the state of nature anyway."[32]

So wird man jedoch nicht argumentieren können. Das Nozicksche Proviso ist eindeutig. Während Locke noch meinte, eine Appropriation dürfe keine Appropriation unmöglich machen, verlangt Nozick nur noch, daß eine Appropriation keine Benutzung ausschließen dürfe. Cohens rekonstruiertes Argument, daß ein eigentumsloser und auf dem Arbeitsmarkt nicht nachgefragter Proletarier hier von Staatswegen durchaus sterben dürfe, weil er im Naturzustand sowieso auch gestor-

---

32 Cohen 1995, 85f.

ben wäre, ist durch Nozicks Konzeption nicht gedeckt. Denn ein Eigentumsloser, der im Naturzustand sterben würde, weil er das schon verteilte Land nicht nutzen kann, um zu überleben, wäre auch bereits im Naturzustand eine Verletzung des Nozickschen Provisos und damit ein Grund, die Appropriation für naturrechtswidrig zu erklären. Gerade diese Gedankenwendung macht verständlich, daß die wie im Rousseauschen *Discours über die Ungleichheit* staatlichen Schutz suchenden Appropriateure konsequenterweise den Staat auch mit der Aufgabe betrauen müssen, um der Legitimität ihres Eigentums willen all diejenigen kollektiv zu versorgen, die nicht selbständig Nutzungsrechte erwerben können. Und zwar müssen sie die kollektive, aus Steuermitteln finanzierte Basisversorgung der Unselbständigen und Nicht-Marktfähigen notwendigerweise wollen, weil sie sich nicht auf die private Caritas verlassen können; da es um die Sicherung einer Legitimitätsbedingung geht, benötigen sie dringend eine zuverlässige, also institutionelle Lösung. Wie man es auch dreht und wendet: selbst die schwache Lockesche Bedingung des allgemeinen Nutzungszugangs, die Nozick für ausreichend erachtet, verlangt bereits nach einem Sozialminimalstaat.

7 Kritik der Nozickschen Aneignungstheorie

Fassen wir Nozicks Konzeption einer legitimen Appropriation zusammen:
1. Die Menschen gehören sich selbst.
2. Die Welt gehört ursprünglich niemandem.
Diese These hört sich in unseren rechtspositivistischen Ohren plausibel an. Wenn wir davon ausgehen, daß es jenseits gesellschaftlicher Institutionen kein Recht gibt, dann können wir auch nicht sagen, daß die Welt ursprünglich irgendjemandes Eigentum gewesen ist. Aber hier ist Vorsicht geboten. Denn es geht hier um eine naturrechtliche Argumentation und nicht um eine historische Erklärung faktischer Eigentumsordnungen. Nozick selbst argumentiert ja naturrechtlich, d.h. prä-konstitutionell. Und da ist die These, daß die Welt ursprünglich niemandem gehört, nicht nur nicht plausibler als die gegenteilige, daß die Welt allen gehört, sondern umgekehrt: die These, daß die Welt ursprünglich allen gehört, ist weitaus plausibler als die, daß die Welt niemandem gehört. Gemeinbesitz als Ausgangsthese macht die Privatisierung zu einer sekundären rechtstheoretischen Aktion vor einem bereits normativ ausgeleuchteten Hintergrund. Hier haben wir die bekannte Lockesche „enclosure"-Situation; hier geht es dann darum, etwas, was allen gehörte, in etwas zu überführen, das nur noch einem ausschließlich gehört. Auf Nozick hingegen wartet ein weitaus schwierigeres Stück rechtstheoretischer Arbeit: nämlich eine normative Beziehung hinsichtlich des rechtlichen Besitzes äußerer Weltdinge aus dem Nichts heraus zu erzeugen, die für alle Ausgeschlossenen verbindlich sein soll. Es leuchtet ein, daß aus der Annahme, daß wir gemeinsam Besitzer der Welt sind, kein absolutes *property right* destilliert werden kann; sondern nur ein bedingtes, das die Verteilung der Weltgüter zur privaten Verfügung unter Auflagen stellt, die insgesamt dafür sorgen, daß die von

der naheliegenden Gleichverteilung abweichende Strategie ungleichen Privatbesitzes für *jedermann* vorteilhafter ist als die aus der Gemeinbesitzprämisse mühelos ableitbare Gleichverteilung. Nozick denkt nicht daran, seine These zu begründen und ihre Vorzugswürdigkeit gegenüber der gegenteiligen Gemeinbesitzthese zu rechtfertigen. Dabei hätte er nicht nur die Gemeinbesitzthese, die ja auch Locke noch als normativen Hintergrund seiner Privatisierungsargumentation verwendet hat, widerlegen müssen, sondern auch das Verhältnis seiner These zu einer dritten, nämlich egalitaristischen Verteilungsthese bedenken müssen, die durchaus ebenfalls Sinn macht und jedem Menschen einen gleichen Anteil an dem Menschenplanet einräumt.[33]

3. Jeder kann ein absolutes Verfügungsrecht über einen beliebigen (und ungleichen) Teil der Erde erwerben, wenn er dadurch die Lebenssituation der anderen nicht verschlechtert.

4. Dann werden durch den Ersterwerb eines beliebigen (und ungleichen) Land-, See-, Wald- und Bergstücks die Lebensbedingungen der anderen nicht verschlechtert, wenn ein Markt, insbesondere ein Kapital- und Arbeitsmarkt entsteht, auf dem sich die Besitzlosen mittels Verkauf ihrer Talente, Fähigkeiten und Arbeitskraft den Zugang zur Nutzung fremden Eigentums erwerben können.

Bei Theorien, die mit Zustandsvergleichen, Verschlechterungs- und Verbesserungsszenarien operieren, hängt alles von der Taxonomie ab, von den Vergleichszuständen, dem Vergleichsmaß, den berücksichtigten und den ausgeblendeten Kriterien. Womit verglichen muß die Eigentumsordnung, das System kapitalistischer Verfügungsrechte, einen Besitzlosen besser stellen oder zumindest nicht schlechter stellen, um als moralisch zulässig gelten zu können? Offensichtlich mit einem natürlichen Zustand der gemeinsamen Nutzung dessen, was jetzt restlos unter die besitzenden Mitbürger aufgeteilt ist.[34] Man kann sich in vielerlei Hin-

---

33 Eine vollständige Auseinandersetzung hätte also die folgenden drei Thesen diskutieren und bewerten müssen: 1. Die Erde gehört ursprünglich niemandem. 2. Die Erde befindet sich im gemeinsamen Besitz aller Menschen (communio fundi-These). 3. Jeder Mensch hat das Recht auf einen gleichen Anteil am Planet der Menschen. Es ist interessant, daß gerade die zweite These, die in der Tradition sowohl die naturrechtlichen Kontraktualisten als auch – mutatis mutandis – Kant ihrer eigentumsrechtlichen Begründung zugrundegelegt haben, in der Kritik des libertären *property right*-Konzepts Wiederauferstehung feiert; vgl. Cohens Argument von der „joint ownership" in: Cohen 1995, 93–106; vgl. Grünebaum 1987. Geht die Eigentumsbegründung von der Gemeinbesitzvoraussetzung aus, dann ist die vertragliche Einigung notwendig. Diese wird aber immer nur konditionaler Natur sein. Mit der vertraglichen Einigung kommen folglich die Bedingungen ins Spiel, unter die der Gebrauch der ausschließlichen Verfügungsrechte seitens der Allgemeinheit gestellt wird. Diese Bedingungen sind Legitimationsbedingungen des Eigentumsgebrauchs, deren Implementierung notwendigerweise die Einrichtung eines marktkorrektiven, also sozialstaatlichen Versicherungssystems verlangt.

34 „Apparently, Nozick thinks the relevant comparison is to a state of nature situation in which there is no private property system [...] the No Net Harm Criterion is properly applied to the comparison between one's situation under the private property system and one's counterfactual situation in some state of nature with no prior history of private property" (Kavka 1991, 300).

sicht verschlechtern. Welches ist die für Nozick wichtige Hinsicht? Wie versteht er das Verschlechterungskriterium? Während Nozick zum einen ein überaus emphatisches Konzept des Selbstbesitzes vertritt und nicht zögert, es ungeniert mit Hilfe der Kantischen Großbegriffe der Autonomie, Selbstbestimmung und Selbstzweckhaftigkeit zu explizieren, macht er auf der anderen Seite bei der Verschlechterungsprüfung von den libertären Selbständigkeitswerten nicht den mindesten Gebrauch. *Das Verschlechterungskriterium legt er lediglich materialistisch und konsumistisch aus.* Eigentumslosigkeitsbedingte Schlechterstellungen sind für ihn nur insoweit relevant wie sie sich versorgungsökonomisch bemerkbar machen, als Minderung materialer Gebrauchs-, Nutzungs- und Konsumtionschancen. Daß mit dem Eigentum Selbständigkeit, Freiheit und soziale Macht verbunden ist, fällt bei ihm nicht ins Gewicht. Daß der Eigentumslose sich in Abhängigkeit begeben muß, übersieht er mit großer eigentümerfreundlichen Toleranz. Daß zwischen dem, der das Feld besitzt, und denen, die dessen Früchte sich durch den Verkauf ihrer Arbeit erwerben müssen, ein großer Graben klafft, daß ungleiche Besitzverteilung zu einem Freiheits- und Selbständigkeitsgefälle, zu Selbsteinschätzungsasymmetrien und Selbstmächtigkeitseinbußen führen, wird von dem dreisten Kantianer Nozick völlig ausgeklammert. Daß der, der besitzt, dem, der nicht besitzt und daher seine Arbeitskraft, seine Talente und Fähigkeiten verkaufen muß, die Bedingungen des Erwerbs von Nutzungsrechten diktieren kann, spielt keine Rolle.

8 Die Geschichte von Adam und Bedam

Veranschaulichen wir die Nozicksche These mit einer Geschichte.[35] Bislang haben Adam und Bedam gemeinsam ein Stück Land benutzt, um ihre Bedürfnisse zu befriedigen. Nun appropriiert Adam eines Tages einen großen Teil des bislang gemeinsam genutzten und herrenlosen Landstücks. Nicht daß er dazu Bedams Zustimmung eingeholt hätte, denn das muß er keinesfalls. Bedam hätte möglicherweise Bedingungen an seine Zustimmung geknüpft oder, was viel wahrscheinlicher ist, entschieden abgelehnt oder auf einer gerechten Aufteilung des Grundstücks bestanden. Im Rahmen einer konsentischen Legitimationstheorie läßt sich kein absolutes Verfügungsrecht plausibel rekonstruieren. Daher müssen die libertären Freunde des absoluten Eigentums das Kunststück vollbringen, uneingeschränkte Verfügungsbefugnisse in eigenmächtiger Willkür, spontanen Entscheidungen und einseitigen Appropriationshandlungen zu verankern. Das gilt für Locke wie für Nozick. Adams plötzlicher appropriierender Zugriff ist so weitreichend, daß der Bedam verbleibende Teil keinesfalls ausreicht, um sein Leben zu fristen. Das bedeutet aber nicht, daß die Appropriation moralisch unzulässig war,

---

35 Eine andere und weit kompliziertere Version einer solchen Zwei-Personen-Geschichte erzählt Cohen 1986a, 126ff.; Cohen 1995, 79ff.

denn Adam bietet nun Bedam Arbeit auf seinem Land an und gibt ihm so viel Lohn, daß er sich jetzt als Lohnarbeiter besser steht als zur Zeit der gemeinsamen Nutzung des herrenlosen Grundstücks. Adam kann sich diese Besserstellung von Bedam leisten, weil die neue, arbeitsteilige Bewirtschaftung ihm als Eigentümer einen großen Vorteil verschafft, den er anteilig an Bedam weiterreicht; den größeren Teil behält er aber selbst. So daß wir jetzt folgende Situation haben: Bedam besitzt kein Land, hat aber jetzt als Lohnarbeiter ein besseres Auskommen als vorher. Adam besitzt Land und behält zudem den weitaus größeren Teil des kooperativ erwirtschafteten Mehrertrags für sich.

Wenn wir bei dem Zustandsvergleich nur auf die versorgungsökonomische Situation achten, dann erfüllt Adams Appropriation Nozicks Legitimationsbedingung, jedenfalls solange wie Bedam sich ein Markteinkommen erarbeiten kann. Aber aus welchem Grund soll sich eine vergleichende Abwägung der Lage vor und nach der Appropriation auf das versorgungsökonomische Kriterium beschränken und alle anderen Betrachtungsperspektiven außer Acht lassen? Man beachte nur die vielen Schlechterstellungen, die in den Nozickschen Kalkül nicht mit eingerechnet werden: Man beachte nur die mit der Entstehung der Besitzungleichheit verbundene Entstehung von Fremdbestimmung und Abhängigkeit. Bedam verliert seine Freiheit, die Nutzungsart des Landstücks mitzubestimmen; er verliert die Freiheit, über seine Zeit und seinen Arbeitseinsatz selbst zu bestimmen. Sein ganzes Arbeitsleben ist seiner Selbstverfügung entglitten. *Bedam muß feststellen, daß Adam nicht nur ein Stück Land appropriiert hat, sondern sich große Teile seiner Freiheit und seines Lebens gleich mit angeeignet hat.* Adam diktiert jetzt die Arbeitsbedingungen, bestimmt die Nutzungsweise, legt die Arbeitszeit und den Arbeitslohn fest, kann eines Tages die Hälfte des Besitzes an eine Baugenossenschaft oder den ganzen Besitz an eine Firma, die Vergnügungsparks baut, verkaufen, und Bedam muß ohnmächtig zusehen, erhält keinen Heller und wird zudem arbeitslos. Möglicherweise bietet ihm der neue Eigentümer eine Stelle als Kartenabreißer oder als Karussellarbeiter an, aber eine derartige Arbeit hat nun wirklich überhaupt nichts mehr mit der selbstbestimmten Tätigkeit zu tun, die ihn früher mit Zufriedenheit erfüllte.

Welch selektives Autonomiepathos! Auf der einen Seite sollen Selbstbesitz und Selbstverfügungsrecht ein absolutes Verfügungsrecht über Sachen begründen, das jede sozialstaatliche Umverteilungsbesteuerung als zugleich Bevormundung und Raub erscheinen läßt. Wenn aber dieses absolute Verfügungsrecht über Sachen impliziert, daß andere, im Appropriationswettlauf Unterlegene, gar um Generationen zu spät Gekommene, in sozio-ökonomische Abhängigkeit geraten, sich verdingen müssen, sich die Bedingungen ihres Lebens und Arbeitens diktieren lassen müssen, dann soll das keinesfalls als gerechtigkeitsprekäre Beeinträchtigung des Selbstbesitzes und des Selbstverfügungsrechtes gelten! Wiegt der Autonomieanspruch Bedams nichts? Wie kann Adams im Selbstbesitz rechtlich verankerte Appropriation legitim sein, wenn ihre Auswirkung zur Unterminierung des Selbstbesitzes von Bedam führt und seine ethisch-moralische Enteignung bewirkt? Wenn wir nicht nur an Trog, Futterkrippe und Linsengericht denken, wenn wir auch Freiheit, Selbstbestimmung, Würde und Unabhängigkeit, Selbstverfügung und Herrschaftsfreiheit zu den lebens- und selbsteinschätzungsrelevanten Gütern zählen, wenn wir also ein *unverstümmeltes Autonomiekonzept* der Vergleichsprüfung zugrundelegen, dann werden wir Adams Appropriation als Ursache einer weitreichenden und tiefgreifenden Verschlechterung von Bedams Lebenssituation betrachten und ihr alle Legitimität absprechen müssen. Aber wenn wir natürlich nur die Währung der materialen Wohlfahrt zulassen, um die Verschlechterung zu messen, wenn wir nur eine auf materiale Bedürfnisse zugeschnittene Gütertheorie vertreten, dann ist der ganze Bereich der nicht-materialen Bedürftigkeit, dann ist das ganze ethische Selbsteinschätzungsterrain legitimationstheoretisch neutralisiert. Dieses aber ist gerade der Ort des starken Freiheitsverständnisses des libertären Liberalismus, das jede Wohlfahrtsstaatlichkeit als Raub, Ausbeutung, Arbeitsdienst abwehrt und im Bestreben, ein von aller Beeinträchtigung freies Freiheitsrecht zu begründen, zur Konzeption eines absoluten Verfügungsrechts über sich selbst, den eigenen Körper und die damit erworbenen Güter geführt wird.[36] Offensichtlich hat dieses Argument seine Schuldigkeit getan, wenn es zur Entstehung von *property rights* führt; wenn diese Entstehung ihrerseits den Zuspätgekommenen, Eigentumslosen und vom Markt Verstoßenen Autonomieeinbußen, Abhängigkeit und Fremdverfügung beschert, dann vergißt Nozick schnell seine eigenen Begriffe.[37]

9 Selbstbesitz, Dingbesitz und Eigentumsrecht

Man hat sich Lockes merkwürdige Rede, daß jeder Mensch ein Eigentum an seiner eigenen Person habe, vor dem Hintergrund seiner subjektivitätstheoretischen Innovationen verständlich gemacht.[38] Lockes Neuerung in der Subjektivitätstheorie besteht darin, Personalität nicht länger substanzbegrifflich, sondern funktionsbegrifflich zu buchstabieren, nicht in einer immateriellen Seelensubstanz zu lokalisieren, sondern als Resultat einer Synthesis von gegenwärtigen Empfindungen und Zuständen, zukünftigen Plänen und vergangenen Handlungen zu einer kohärenten Lebensgeschichte eines sich im zeitlichen Fluß als identisch festhaltenden Selbstbewußtseins zu explizieren. Und so wie die Arbeit durch eine Subjekt-Objekt-Synthese Eigentum schafft, so schafft das Bewußtsein durch die Synthese von mentalen Zuständen eine personale Identität. Freilich dürfte eine angenommene Begründungsleistung dieser synthetischen Personalitätskonzeption für die These vom rechtli-

---

36 Vgl. Nozick 1974, 169: „Taxation of earnings from labor is on a par with forced labor [...] taking the earnings of *n* hours labor is like taking *n* hours from the person; it is like forcing the person to work *n* hours for another's purpose".

37 Cohens Kritik ist zuzustimmen: „Nozick-style libertarians play fast and loose with the language of freedom" (Cohen 1995, 38).

38 Vgl. Brandt 1972; Thiel 1983, 116f.

chen Besitz der eigenen Persönlichkeit auf einer schlichten Äquivokation beruhen. Die Selbstzuschreibungssynthesen, die Personalität als kontinuierliche Biographie eines identischen Selbstzuschreibungssubjekts konstituieren, haben nichts mit einem rechtstheoretisch konturierten Eigentumsverhältnis zu tun, generieren nicht die Normativität, die unlösbarer Bedeutungsbestandteil der Rede vom Selbstbesitz und Eigentum an sich selbst ist. Von der persönlichkeitstheoretischen Selbstzuschreibungsmeinigkeit führt kein Weg zur rechtstheoretisch gehaltvollen und für ein eigentumstheoretisches Begründungsargument verwendbaren Meinigkeit und Mirzugehörigkeit, da sie keinerlei normative Konnotationen besitzt.

Die Rede von dem Eigentum an der eigenen Person ist eine umwegige Beschreibung des angeborenen Freiheitsrechts, aus dem sich zwar das Recht auf Aneignung und Bearbeitung eines Gegenstandes ableiten läßt, aber nicht das Recht, das Angeeignete und Bearbeitete als Eigentum zu behandeln und die Welt von seinem Gebrauch auszuschließen. In diesem Sinne hat die Naturrechtstradition das innere und äußere Suum unterschieden; in diesem Sinne trennt auch Kant das innere und das äußere Mein. Der primäre Sinn des angeborenen Freiheitsrechts ist die Abwehr natürlicher Herrschaftsverhältnisse. Es hat eine antikallikleische Spitze, da es das Recht des Stärkeren negiert; und es ist dezidiert antiaristotelisch, da es einen menschenrechtlichen Egalitarismus begründet. Ein angeborenes Freiheitsrecht besitzen heißt, ein von fremder Willkür unabhängiges Leben führen und über sich, seine Körperkräfte, Talente und Fähigkeiten selbst und eigenmächtig verfügen zu können. Frei sein heißt: sein eigener Herr sein und niemand anderem unterstehen, heißt: über sich selbst bestimmen zu können, sich selbst zu gehören und niemandem zu eigen zu sein. In diesem starken freiheitsrechtlichen Sinn ist die naturrechtliche Redeweise vom Selbstbesitz, vom Eigentum an der eigenen Person, vom inneren Mein zu verstehen. Es führt also in die Irre, der Rede vom Selbstbesitz eine genuin eigentumsrechtliche Bedeutung zuzuschreiben und die vielen aporieverdächtigen Selbstverhältnisse menschlicher Subjektivität um die Dimension eigentumsrechtlicher Selbstbezüglichkeit zu erweitern.

Gleichwohl hat man in der naturrechtlichen Tradition von den eigentumsrechtlichen Assoziationen der Selbstbesitz-Metapher Gebrauch gemacht; insbesondere die Anhänger einer ursprünglichen Appropriation und eigenmächtigen Konstitution von rechtlichem Sachenbesitz haben ihre Argumentation auf ein rechtlich ausgelegtes Selbstbesitzverhältnis gestützt. Für alle Anhänger einer ursprünglichen Appropriation besteht das Problem, den Überschritt vom Selbstbesitz zum Dingbesitz, vom inneren Mein zum äußeren Mein zu erklären, insbesondere zu rechtfertigen, wie der offenkundig egalitäre Selbstbesitz mit einem ungleichen Dingbesitz vereinbar ist. Lockes Eigentumstheorie ist so ein, wenn auch nicht zufriedenstellender, Versuch, die rechtliche Möglichkeit eines *äußeren* Mein zu begründen. Ihre systematische Pointe liegt darin, daß das äußere Mein als Bestandteil des inneren Mein rekonstruiert wird. Lockes Konzeption des Arbeitseigentums sucht einen Übergang von dem inneren Mein zum Eigentum

ohne irgendeine Vermittlung durch die Allgemeinheit zu finden, die bei den Naturrechtsjuristen als stillschweigender oder ausdrücklicher Vertrag fungiert, die
bei dem kritischen Kant in Gestalt der Vernunftidee vom ideellen Gesamtbesitzer aus der empirischen Bemächtigungshandlung überhaupt erst eine rechtsbedeutsame Erwerbung macht. Indem dieser Übergang durch die kontingenten Bearbeitungshandlungen vollzogen wird, generiert gleicher Selbstbesitz ungleichen
Dingbesitz. Diese Ungleichheit des Dingbesitzes kann so weit gehen, daß sich in
gleicher Weise selbst besitzende Personen einmal ein Eigentum an äußeren Gegenständen haben, das andere Mal aber nicht.

Einen anderen Weg vom Selbstbesitz zum Dingbesitz hat Kant in seinen hinterlassenen Notizen skizziert. Es geht hier um den Versuch einer naheliegenden eigentumstheoretische Ausmünzung der Beweisidee der Idealismuswiderlegung. Er
stellt die Eigentumsbedürftigkeit des angeborenen Freiheitsrechts heraus, zeigt,
daß das innere Mein um seiner selbst willen die Möglichkeit eines äußeren Mein
und Dein verlangen muß. Der Kern des Außenweltbeweises der Erkenntnistheorie ist, „daß selbst unsere innere, dem Cartesius unbezweifelte, Erfahrung nur
unter Voraussetzung äußerer Erfahrung möglich sei".[39] Die vom Idealisten betriebene epistemologische Privilegierung des Vorstellungsbewußtseins verkennt die
Bedingtheit aller Erfahrung innerer Zuständlichkeit durch Außenwelterfahrung.
Kein Bewußtsein der eigenen mentalen Aktivitäten und Ereignisse ohne ein Bewußtsein des Daseins äußerer Dinge. In genauer Entsprechung zu dieser Entkräftung des Außenweltskeptizismus versucht Kant nun eigentumsrechtliche Befugnisse zu begründen. Er hält dem Kommunisten vor, daß der Freiheitsgebrauch der
Menschen an die Befugnis zur ausschließlichen Verfügung über Sachen geknüpft
ist, eine Ablehnung des Privateigentums also die Freiheit bis in ihre Grundfeste
zerstören würde. Kein Selbstbesitz ohne Dingbesitz[40]. Eine idealistisch zugespitzte Version dieses eigentumstheoretischen Begründungsarguments hat Th. H.
Green entwickelt: Eigentum ist notwendig, um einen geschützten Bereich authentischer Selbstkonstitution und Selbstdarstellung zu erhalten. Aneignung, so lautet
dieses „personhood-constituting argument"[41] "implies the conception of himself
on the part of the appropriator as a permanent subject for whose use, as instruments of satisfaction and expression, he takes and fashions certain external things,
certain things external to his bodily members. These things, so taken and fashioned, cease to be external as they were before. They become a sort of extension of
a man's organs, the constant apparatus through which he gives reality to his ideas
and wishes."[42]

Wie der dogmatische Idealismus sich sagen lassen muß, daß die von ihm einzig
akzeptierte innere Erfahrung ihren Realgrund in den bewußtseinsunabhängigen

---

39   Kant: *Kritik der reinen Vernunft*, B 275.
40   Vgl. Kant: *Gesammelte Schriften*, Akademie-Ausgabe, Bd. XXIII, 309f.
41   Harris 1996, 221.
42   Green 1931, 213f.

Dingen hat, so muß sich auch der Kommunist darüber belehren lassen, daß das von ihm allein eingeräumte innere und angeborene, den physischen Besitz rechtlich umfassende Mein abhängig ist von dem geleugneten, inhabungsunabhängigen äußeren Mein und Dein. Die Freiheit ist unteilbar; wenn sie nicht als dingliche Verfügungsfreiheit rechtlich gesichert werden kann, dann geht sie auch als Handlungsfreiheit, Unabhängigkeit und Freiheit zur Entwicklung der inneren Bestimmungen zugrunde. Akzeptieren wir dieses Argument, dann müssen wir das von ihm exponierte Eigentumsrecht als generell-notwendiges Recht verstehen und handhaben; dasselbe gilt auch für die Greensche Version dieses Gedankens. Allein mit der Etablierung einer Ordnung des Privateigentums wäre dem Argument noch nicht Genüge getan, denn die Existenz einer Privateigentumsordnung schließt die Existenz von Nichteigentümern nicht aus. Nichteigentümer darf es aber nicht geben, wenn jedermann ein angeborenes Freiheitsrecht besitzt. Denn hat das ursprüngliche Freiheitsrecht im Eigentum Außenhalt, Bestandsgarantie und Entwicklungsmöglichkeit, dann folgt daraus, daß jeder Mensch aufgrund der ihm kraft seiner Menschheit zustehenden rechtlichen Freiheit und Unabhängigkeit auch ein Eigentumsrecht haben muß, ja mehr noch, Eigentum mindestens in dem Maße haben muß, das erforderlich ist, um die externe Stabilisierung der individuellen rechtlichen Freiheit gewährleisten zu können. Die Verankerung des Eigentumsprinzips im angeborenen Menschenrecht hat offenkundig weitreichende verteilungspolitische Implikationen: sie verlangt eine Politik forcierter Eigentumsbildung, zumindest führt sie zur Ermächtigung eines sozialstaatlichen Systems umverteilender Gerechtigkeit.

10 Libertäre *Self-ownership*-These, unverkürztes Autonomieverständnis und Minimalsozialstaat

Diese Kantische Argumentationsskizze steckt den Weg ab, den jede konsequente eigentumstheoretische Verwendung der *Self-ownership*-These einschlagen muß, auf dem auch Nozick einen Brückenschlag von dem persönlichen Freiheitsrecht zur rechtlichen Notwendigkeit von Eigentum hätte versuchen müssen.[43] Nozick suggeriert jedoch, daß die eigentumstheoretische Ausdehnung der *Self-ownership*-These

---

43 Es ist erstaunlich, in welch großem Maße die zeitgenössischen Libertären hinter das Problemniveau der naturrechtlichen und transzendentalphilosophischen Eigentumstheorien zurückfallen; so vertritt Jan Narveson die These, daß eigentumsrechtliche Befugnisse keinerlei besonderes rechtstheoretisches Profil hätten: „rights to things are rights to act"; daher genüge es auch, um „rights to things" zu beanspruchen, nachzuweisen, daß sie nicht mit der Handlungsfreiheit anderer kollidieren (Narveson 1988, 80). Man schaue sich nur die Argumente an, mit denen etwa der kritische Kant deutlich zu machen versuchte, daß sich aus der rechtlichen Handlungsfreiheit eben nicht analytisch ein Recht auf Eigentum ableiten läßt, ein Recht also, jemanden auch dann von dem Gebrauch einer Sache auszuschließen, wenn man sie nicht im empirischen Besitz hat; vgl. Kersting 1993b, 225–292.

sich von selbst verstehe und keinerlei gesonderter argumentativen Unterstützung
bedürfe. Dies ist umso unverständlicher als die Kantisch profilierte *Self-ownership*-
These bei Nozick eine normativ sehr anspruchsvolle Konzeption ist, die freiheitsrechtliche und autonomieethische Bestimmung miteinander verbindet und daher
Appropriationen schnell an die Gerechtigkeitsschwelle führt. Jeder Mensch hat das
Recht, über seine Kräfte und Fähigkeiten selbstbestimmt verfügen zu können, ein
Leben nach seinen Vorstellungen führen zu können, von der Gesellschaft und seinen Mitmenschen als selbstverantwortliches Wesen, als Zweck an sich selbst respektiert zu werden und von niemandem nur als Mittel, als Ding behandelt zu werden. Dieses ungeschmälerte Verständnis bildet auch konsequenterweise den
Rechtmäßigkeitsmaßstab für moralisch zulässige Appropriationen. *Ob eine Appropriation moralisch zulässig ist, hängt davon ab, ob sie für alle von ihr Betroffenen self-ownership-
riskant ist, ob ihre Folgen das Selbstverfügungsrecht der Appropriationsbetroffenen verletzen.*

Spätestens dann werden Appropriationen notwendig bei den von ihnen negativ
Betroffenen selbstbestimmungsprekäre Folgen zeitigen, wenn die Erde aufgeteilt
ist und sich ein Erbrecht etabliert. Ein unverkürztes Autonomieverständnis zeigt
also, daß das libertäre Prinzip des Selbstbesitzes selbst nach einem zumindest mi-
nimalen sozialstaatlichen Egalisierungsprogramm verlangt, daß das Nozicksche
Proviso selbst eine egalitaristische Komponente enthalten muß. Da dem Menschen
als Menschen das Recht auf Selbstbesitz zukommt, ist dieses Recht ein gleiches
Recht. Da die Ausübung dieses Rechts an die Verfügungsgewalt über äußere Ressourcen gebunden ist, niemand sein eigener Herr ist und ein selbstbestimmtes
Leben führen kann, wenn er nicht äußere Ressourcen sein eigen nennen kann, muß
das Recht auf Selbstbesitz den Anspruch auf einen hinreichenden Anteil an äußeren Ressourcen beinhalten. Anderenfalls würde das Recht auf Selbstbesitz seinen
Wert verlieren, würde Selbstbesitz nicht die ihm zugeschriebene moralische Bedeutung entfalten können. Daher muß die Wahrnehmung des Rechts auf Selbstbesitz notwendigerweise unter die Bedingung gestellt werden, eine hinreichende
Versorgung aller mit einem gleichen Bündel an äußeren Ressourcen nicht unmöglich zu machen. Eine konsistente Wahrnehmung des Rechts auf Selbstbesitz steht
also unter der Bedingung der Beachtung eines gleichen Anspruchs aller auf die
äußeren Ressourcen, die für den Genuß von Selbstbesitz und die Ermöglichung
von Selbstbestimmung unerläßlich sind.[44] Um seiner inneren Stimmigkeit willen

---

44 Daher ist Cohen nicht zuzustimmen, der zwischen *Self-ownership* und Gleichheit einen unüber-
brückbaren Gegensatz erblickt: „There is a tendency of *self-ownership* to produce inequality, and the
only way to nullify that tendency (without expressly abridging *self-ownership*) is through a regime
over external resources which is so rigid that it excludes exercise of independent rights over oneself" (Cohen 1995, 105). Das *Self-ownership*-Prinzip enthält keinerlei Implikationen hinsichtlich der
Rahmenbedingung der Ausübung der in ihm enthaltenen Rechte. Erst recht vermag kein Rahmenwerk praktizierte *Self-ownership* zu zerstören, das dem Zweck dient, in Respekt vor der Gleichheit des *Self-ownership*-Prinzips für eine gleiche Verteilung der äußeren Ressourcen zu sorgen, die
für die je individuelle Wahrnehmung der *Self-ownership* unerläßlich sind, über die jemand verfügen

muß sich das Prinzip des Selbstbesitzes selbst unter einen egalitaristischen Vorbehalt stellen, dessen politisch-institutionelle Durchsetzung zur Etablierung eines autonomiefunktionalen Minimalsozialstaats führt.[45] Wird die Lockesche Illusion *self-ownership*-unriskanter Appropriation aufgegeben, dann wird die Strategie einer Begründung des Eigentumsrechts in einseitigen Willkürhandlungen, dann wird die Konzeption des Arbeitseigentums zurückgewiesen werden. Die Begründung des Eigentumsrechts muß dann selbst die negativen freiheitsrechtlichen und subsistenzrechtlichen Auswirkungen von Appropriationen von Weltteilen in einer endlichen Welt mitbedenken und wird daher nur kontraktualistisch durchgeführt werden können. Es bedarf der Zustimmung aller „Eigentumsbetroffenen";[46] und es ist sicher vernünftig, zu unterstellen, daß die Eigentumsbetroffenen ihre Zustimmung nur unter der Bedingung geben, daß ihnen im Falle einer wie immer verursachten Eigentumslosigkeit einerseits und einer wie immer verursachten Arbeitsunfähigkeit andererseits eine durch Steuern finanzierte Grundversorgung seitens der Allgemeinheit gesichert wird.[47]

Nozicks Theorie der gerechten Aneignung ist eine Theorie, die mit den schwächsten Voraussetzungen die stärksten Konsequenzen erzeugen möchte. Schwächer als bei anderen eigentumstheoretischen Konzeptionen sind seine Voraussetzungen, weil er keinen rechtstheoretischen Weg nennen kann, wie das Subjekt durch eine Aneignungshandlung einen Rechtstitel an einem äußeren Gegenstand erwerben kann. Als Anhänger eigenmächtiger Erwerbung macht er sich von Konsens, Verwilligung und legitimierender Allgemeinheit unabhängig, bietet aber auch kein Äquivalent zu der Arbeitshandlung, das erklären könnte, warum andere überhaupt das beanspruchte Recht auf ausschließliche Verfügung respektieren sollten, liefert aber auch keine freiheits- oder subjektivitätstheoretischen Überlegungen, die eine ausschließliche Verfügung über Dinge der Außenwelt nahelegen. Nozick ist ohne jedes rechtstheoretische Problembewußtsein und behandelt Appropriationen wie dem allgemeinen Freiheitsgesetz unterworfene Handlungen. Da – wie er einfach unterstellt – die Erde niemandem gehört, darf ich vier Pflöcke in den Boden treiben, mit einem Strick verbinden und das so abgegrenzte und entsprechend kenntlich gemachte Landstück als mein erklären und notfalls mit Gewalt behaupten, wenn niemand anders durch diesen Appropriationsakt schlechter gestellt wird. Unter der Voraussetzung, daß diese Legitimationsbedingung erfüllt ist, besitze ich ein absolutes Recht an diesem Landstück. Und dieses absolute Recht interpretiert er ohne jede weitere argumentative Unterstützung im Sinne einer recht-

---

können muß, damit dem Selbstbesitzgedanken überhaupt Sinn und praktischer Wert zuwächst. Ich werde diese egalitäre sozialstaatliche Sicherung eines autonomiefunktionalen Bündels an äußeren Ressourcen weiter unten als liberales Prinzip einer einkommensneutralen Grundversorgung explizieren. Zum Verhältnis von *Self-ownership* und Gleichheit vgl. auch Otsuka 1998.

45 Vgl. Kersting 1994, 320.
46 Vgl. Brandt 1983, 31.
47 Vgl. Gibbard 1976.

lichen Identität von Selbstbesitz, Körperbesitz und Dingbesitz. Wie in der Lockeschen Konzeption von der Vermischung von Subjekt und Objekt im Medium der Arbeit ist auch bei Nozick der Eigentümer im Eigentum anwesend, so daß jede Verletzung des Eigentums einer Verletzung der grundlegenden Persönlichkeitsrechte des Eigentümers gleichkommt, jede Minderung des Eigentums, etwa durch Besteuerung, als Diebstahl, Raub, Zwangsarbeit oder Teilzeitversklavung zu werten ist: „Taxation of earnings from labour is on a par with forced labor."[48]

Im einzelnen legt sich Nozick diese These so zurecht: Wenn mein Einkommen besteuert wird, dann teilenteignet der Staat die Früchte meiner Arbeit und leugnet somit meinen moralisch-rechtlichen Anspruch auf das, was ich mir erarbeitet habe. Wenn er sich über meinen moralisch-rechtlichen Anspruch auf die Früchte meiner Arbeit hinwegsetzt, dann setzt er sich auch über meinen Anspruch auf meine Talente, Fähigkeiten und körperlichen Kräfte hinweg, dann teilenteignet er meine Begabungen. Wenn er aber mein Eigentum an meinen Begabungen verletzt, dann verletzt er auch mein Eigentum an mir selbst, dann verletzt er meine *Self-ownership*, mein Recht, mein eigener Herr zu sein und über mich selbst verfügen zu können, dann behandelt er mich als Sklaven, als eine Sache. Mit anderen Worten: der umverteilende Wohlfahrtsstaat verwandelt seine Bürger in Teilzeitsklaven mit schwindendem Eigenzeitanteil: „Seizing the results of someone's labor is equivalent to seizing hours from him and directing him to carry on various activities [...] This process whereby they take the decision from you makes them a part-owner of you; it gives them a property right in you."[49] Wie der Eigentümer jedoch in das Eigentum gekommen ist, so daß das wohlfahrtsstaatliche Steuerwesen diese bizarre Interpretation zuläßt, wie er auch in physischer Abwesenheit alle anderen von seinem ungenehmigten Gebrauch auszuschließen befugt sein kann, so daß jede ungenehmigte Behandlung des Eigentums einer widerrechtlichen Fremdbestimmung gleichkommen kann, das klärt Nozick nicht auf. Er beutet naturrechtliche Lehrstücke aus, ohne sich jedoch um die damit verknüpften Rechtfertigungspflichten und um ihre historischen Zusammenhänge zu kümmern.[50]

Uns mag der Begriff „*Self-ownership*" merkwürdig, die Idee einer Selbstinnehabung absurd erscheinen. In der naturrechtlichen Literatur des 17. und 18. Jahrhunderts jedoch hatte die Rede vom Selbstbesitz einen durchaus vernünftigen Sinn, denn die Frage der Rechtmäßigkeit und Unrechtmäßigkeit von Sklaverei und Selbstversklavung war ein etablierter Diskussionstopos.[51] Die eigentumsrechtliche

---

48   Nozick 1974, 169.
49   Ebd., 172.
50   „We are left with the fact that Nozick has no defence of the claim that legitimate rights to property can be formed. Given the weight of these rights in his theory, this omission is near incredible" (Wolff 1991, 117).
51   G. A. Cohen hat den Ausdruck „*Self-ownership*" zur Kennzeichnung des libertären Selbstverfügungsrechts in die Diskussion eingeführt. Wie der obige Blick auf die Naturrechtstradition gezeigt hat, ist die Selbstbesitz-Konzeption, die jedem von Natur aus das Recht zuspricht, *sui juris* und sein

Konnotation im Begriff des Selbstbesitzes, des inneren *Meum*, der *sui-iuris*-Formel wurde durch den Zusammenhang nahegelegt, daß ja das Sklavereiinstitut ebenfalls eigentumsrechtlich und herrschaftsrechtlich ausgelegt wurde: in der Rede vom Selbstbesitz spiegelt sich negativ der Fremdbesitz, die Fremdherrschaft des Sklavereiinstituts. Selbstbesitz heißt also vor allen Dingen: Nicht-Fremdbesitz, nicht einem anderen Willen unterworfen sein, nicht fremder Verfügung unterstehen. Selbstbesitz ist also ein logisch sekundärer, ein *sklavereipolemischer* Ausdruck. Keinesfalls wird mit ihm ein genuines besitzrechtliches Verhältnis zum Ausdruck gebracht. Wenn man diesen sklavereikritischen Kontext wegnimmt, verwandelt sich der Begriff sofort in eine freiheitsrechtliche Metapher ohne jede eigene eigentumsrechtliche Bedeutung. Aus meinem natürlichen Freiheitsrecht folgt, daß ich rechtmäßig nicht irgendjemandes Sklave sein kann. Aus meinem natürlichen Freiheitsrecht folgt jedoch nicht, daß ich mich selbst besitze, daß ich mein Eigentum bin. *Ich gehöre niemandem, noch nicht einmal mir selbst.* Das angeborene Freiheitsrecht hat keinerlei positive eigentumsrechtliche Implikationen, die durch den Begriff des Selbsteigentums bezeichnet werden könnten. Die traditionell-naturrechtliche Deutung, die das freiheitsrechtliche Grundverhältnis als eigentumsrechtliches Selbstverhältnis auslegt, basiert auf einem „spectacular non sequitur".[52] Entweder ist der Begriff des Selbsteigentums eine mißgestaltete freiheitsrechtliche Metapher und mit dem Begriff des angeborenen Freiheitsrechts bedeutungsgleich, oder er ist eine eigentumsrechtliche Chimäre, ein Unbegriff ohne jede gegenständliche Bedeutung.

Mit der Entwicklung der eigentumsrechtlichen Diskussion in der frühen Neuzeit ist die freiheitsrechtliche Komponente im Begriff des Selbstbesitzes zunehmend von der eigentumsrechtlichen Bedeutungsschicht überlagert worden. Das Selbstbesitzkonzept wurde zu einem begründungstheoretischen Mythos der neuzeitlichen Eigentumstheorie. Auch Nozick macht in diesem Sinne von dem Begriff der *Self-ownership* Gebrauch und legt ihm ohne Zögern eine genuin eigentumsrechtliche Interpretation zugrunde. Diese eigentumsrechtliche Unsinnigkeit hat jedoch Methode. Denn dann ist es nicht schwierig, das libertär-kapitalistische Beweisziel zu erreichen. Dann kommen wir durch einfache Ausdehnung des Anwendungsbereiches des eigentumsrechtlichen Grundprädikators zu dinglichen Verfügungsrechten und können diese mit der der eigentumsrechtlichen Basiseinheit, dem Selbst,

---

eigener Herr zu sein, jedoch eine alte und vertraute Vorstellung, die vor allem vor dem Hintergrund rechtsförmiger Sklaverei Kontur gewinnt und positives Sklavenrecht aus natur- und menschenrechtlicher Perspektive kritisiert. Cohen evoziert daher intuitiv den richtigen geschichtlichen Zusammenhang, wenn er libertäre Selbstverfügung à la Nozick wie folgt expliziert: „"Nozick's [...] thought is that each person is the morally rightful owner of himself. He possesses over himself, as a matter of moral right, all those rights that a slaveholder has over a complete chattel slave as a matter of legal right, and he is entitled, morally speaking, to dispose over himself in the way such a slaveholder is entitled, legally speaking, to dispose over his slave" (Cohen 1986a, 109).

52 Harris 1996, 196.

eignenden freiheitsrechtlichen Unverletzlichkeit ausstatten, so daß diese aller redistributiven Besteuerung rechtlich entzogen sind und faktischer Steuerzwang als Angriff auf das subjektive Freiheitsrecht, ja auf die Person selbst gedeutet werden kann.

Fallen Selbstbesitz, Körperbesitz und Dingbesitz, inneres Mein und äußeres Mein zusammen, dann können die normativen Wertprädikate, die die Einmaligkeit und Unverletzlichkeit der Person anzeigen, umstandslos auf das Sacheigentum übertragen werden, dann wird das Sacheigentum unter den Schutz des natürlichen und unveräußerlichen Freiheitsrechts gestellt, so daß eine Verletzung des Eigentums einer Verletzung des Freiheitsrechts des Eigentümers gleichkommt. Diese libertäre Gleichsetzung von Eigentum und Freiheit enthält den Eigentumslosen alle materialen Voraussetzungen eines selbstbestimmten Lebens vor und legt das Leben der vom Markt Ausgestoßenen in die Hände der privaten Mildtätigkeit. Sie verhöhnt überdies auch alle, die an Unfreiheit, Unterdrückung und Despotie leiden und verspottet den Kampf um eine weltweite Geltung der Menschenrechte. *Wenn der wohlfahrtliche Steuerstaat, wenn das System der sozialstaatlichen Umverteilung als System der Fremdbestimmung, Freiheitsberaubung und Zwangsarbeit denunziert wird, stellt sich der libertäre Steuerbürger mit den Opfern totalitärer Fremdbestimmung, politischer Verfolgung und sozialdiktatorischer Ausbeutung auf eine Stufe.* Das ist eine infame Verharmlosung der Politik menschenrechtsverletzender Regime. Aber sie folgt mit Notwendigkeit aus der von der *Self-ownership*-These getragenen Gleichsetzung von Mensch und Sache. In einem System des absoluten Eigentums, der absoluten kapitalistischen Verfügungsrechte ist das Eigentum dem Eigentümer nicht mehr äußerlich; der Eigentümer hat es sich einverleibt, es ist sein Körper, es ist er selbst. Kehrseite dieser Vermenschlichung des Eigentums ist die Verdinglichung der Eigentumslosen; Kehrseite dieser Vermenschlichung des Eigentums ist aber auch, daß die Unterschiede zwischen menschenrechtswidriger Freiheitsverletzung und Unterdrückung, Eigentumsdelikten und redistributiver Besteuerung nicht mehr weiter ins Gewicht fallen.

Nozicks Kantische Nobilitierung des unrestringierten Kapitalismus beruht auf folgender Transitivitätsformel: *die normative Gleichheit der Individuen impliziert eine alle Instrumentalisierung abwehrende Selbstzweckhaftigkeit der Individuen; die Selbstzweckhaftigkeit der Individuen impliziert das Selbstbesitzprinzip; das Selbstbesitzprinzip impliziert das absolute Verfügungsrecht der Individuen über sich, über ihren Körper, die Ergebnisse ihrer legitimen Appropriationen und die Früchte ihrer Arbeit.* Lesen wir diese Transitivitätsformel gegen ihre begründungslogische Laufrichtung, dann kommen wir zu der oben skizzierten moralischen Denunziation des Sozialstaats als eines Systems partialer Zwangsarbeit. Freilich ist diese Argumentationskette brüchig. Mit der Nozickschen Fassung der *Self-ownership*-These gelangen wir nicht zur Begründung eigentumsrechtlicher Befugnisse, geschweige denn eines Systems absoluter kapitalistischer Verfügungsrechte. Aber absolutes Eigentum einmal unterstellt, mit seiner Fassung der *Self-ownership*-These können wir auch nicht bei absolutem Eigentum stehen bleiben. *Self-ownership* führt mit Sicherheit nicht zum absoluten Eigentum; *Self-ownership* führt aber mit Sicherheit wieder aus dem absoluten Eigentum heraus. Um überhaupt auf die Ebene eines Systems von Eigentumsrechten zu gelangen, müssen wir Nozicks Fassung der *Self-ownership*-These mit dem oben skizzierten Kantischen Argument von der Notwendigkeit von Privateigentum aufgrund der Angewiesenheit eines freien und selbstbestimmten Lebens auf ausschließlich verfügbare Gegenstände oder einer Variation davon anreichern. Damit hätten wir die Voraussetzung geschaffen, um der Frage nachgehen zu können, welches eigentumsrechtliche Ordnungsmodell mit der *Self-ownership*-These verträglich ist. Wenn wir ein unreduziertes Verständnis des Selbstbestimmungs- und Selbstverfügungsrechts bei der Ermittlung der moralischen Zulässigkeit von Appropriationen zugrundelegen, zeigt sich schnell, man erinnere sich nur an die Modellgeschichte von Adam und Bedam, daß spätestens nach Aufteilung der Erdoberfläche moralisch zulässige Appropriationen nicht mehr möglich sind.

Die weitreichenden Konsequenzen, die Nozick aus der *Self-ownership*-These zieht, sind gänzlich unberechtigt: *Self-ownership* kontaminiert nicht den Sachenbesitz mit der Personen eigenen rechtlichen Unverletzlichkeit und treibt keinesfalls mit unerbittlicher gerechtigkeitstheoretischer Konsequenz den unrestringierten Kapitalismus der absoluten Verfügungsrechte aus sich hervor. Ebensowenig verlangt der Kantische Grundsatz von der Selbstzweckhaftigkeit den Rechtsabsolutismus. Sicherlich kann die Selbständigkeit des Individuums nur durch eine Ausstattung mit starken Rechten vor der utilitaristischen Mediatisierung geschützt werden. Aber starke Rechte sind nicht absolute Rechte, verlangen nicht die Verschmelzung von Rechtsperson und Sachenbesitz, verwerfen nicht das umverteilende Steuersystem des Sozialstaats als staatlich organisierte Freiheitsverletzung.

Aufgrund der Gleichheit des Selbstbestimmungs- und Selbstverfügungsrechts taugt das Prinzip des Selbstbesitzes nicht zur Legitimationsgrundlage einer Eigentumsordnung, deren praktische Auswirkung die Vernichtung der Selbstbestimmung und Selbstverfügung der Eigentumslosen ist. *Eine mit der Self-ownership-These verträgliche Eigentumsordnung muß entweder eine Eigentumsordnung einer Gesellschaft von Eigentümern sein oder den Eigentumsgebrauch in einer Gesellschaft von Eigentümern und Nichteigentümern durch ein System von Schutzgesetzen, Sozialversicherungssystemen und redistributivkompensatorischen Steuermodellen so einschränken, daß auch jeder Nichteigentümer und wirtschaftlich Unselbständige ein ausbeutungs- und erniedrigungsfreies Leben führen kann.* Das erste Gesellschaftsmodell wäre gerechtigkeitstheoretisch notwendig, wenn das in *Self-ownership* begründete Appropriationsrecht genereller Natur wäre. Ist es hingegen nur spezieller Natur, würde das angeborene Freiheitsrecht kein gleiches Recht auf Eigentum implizieren, dann könnte sich die Gerechtigkeit mit einem anti-exploitativen sozialstaatlichen System begnügen. *Es ist ersichtlich, daß die Ungleichheitstoleranz eines freiheitsrechtlich begründeten generellen Eigentumsrechts weitaus geringer ist als die eines freiheitsrechtlich begründeten speziellen Eigentumsrechts.* Aber welche Begründungsargumentation auch immer angeborenes Selbstverfügungsrecht, Appropriation und eigentumsrechtliche Befugnis miteinander verflechten kann, es steht unverrückbar fest, daß das libertäre, wohlfahrtsstaatspolemische System der absoluten kapitalistischen Verfügungsrechte in dem freiheitsrechtlich und selbstbestimmungsethisch grundierten Konzept der autonomen Selbstverfügung keinerlei Rückhalt finden kann.

Ein kapitalistisches System der absoluten Verfügungsrechte zerstört die Selbstbestimmungs- und Autonomiefähigkeit der Eigentumslosen und wirtschaftlich Unselbständigen. Denn Autonomie ist nicht erst dann zerstört, wenn physische Gewalt droht; Autonomie wird auch durch ökonomische Not, soziale Abhängigkeit, Zukunftslosigkeit bedroht. Der Verfügungsabsolutismus der Eigentümer degradiert die Nicht-Eigentümer zu Ressourcen, zu Werkzeugen und Mitteln. Auch wenn zwischen Adam und Bedam förmliche und juristisch korrekte Vertragsvereinbarungen vorliegen, auch wenn das Freiwilligkeitskriterium nicht förmlich verletzt ist, angesichts des Mangels an substantieller Selbstbestimmungsmöglichkeit, angesichts des Fehlens aller Optionen und Entscheidungsräume, angesichts der vollständigen Mittellosigkeit bleibt Bedam, bleibt dem Eigentumslosen nichts anderes übrig, als sich selbst als Mittel anzudienen und sich ganz in die Abhängigkeit zu schicken.

Wie sich ebenfalls an der Geschichte von Adam und Bedam zeigt, ist es für Nozicks Position charakteristisch, daß sie sich über eine Unterscheidung hinwegsetzt, die wir als gerechtigkeitstheoretisch unerläßlich ansehen. Wir unterscheiden zwischen einem gerechten Behandeltwerden und einem eingewilligten Behandeltwerden. Und wir treffen darum diese Unterscheidung, weil ein eingewilligtes Behandeltwerden nicht schon automatisch ein gerechtes Behandeltwerden ist. Und darum impliziert Bedams Einwilligung nicht Gerechtigkeit, weil die Bedingungen, unter denen Einwilligungen erfolgen können, nicht immer sittlich und moralisch zulässig sind. Substantielle Selbstbestimmung ist etwas anderes als förmliche Zustimmung. Erstere ist dort möglich, wo Optionen existieren, ein Spielraum für die Entwicklung der eigenen Interessen, Anlagen und Talente besteht, wo ein hinreichend großer Ressourcenbesitz vorliegt, der die Gestaltung des eigenen Lebens von den Interessen und Bedürfnissen weitgehend freihält; letztere verlangt nur die Abwesenheit der Pistole am Hinterkopf, die Abwesenheit manifesten Zwangs. Es ist deutlich, daß ein äußerlich abgenötigtes Handeln kein freiwilliges Handeln ist. Es ist klar, daß Nötigungen widerrechtlich sind. Doch darum steht nicht fest, daß in jedem Fall von abwesender äußerer Nötigung faire Lebensumstände vorliegen. Die Freiwilligkeit der Einverständniserklärung ist allenfalls eine notwendige Bedingung für rechtmäßige Transaktionen, keinesfalls zugleich auch eine hinreichende. Die moralische Zulässigkeit sozialer und psychologischer Umstände läßt sich nicht daran festmachen, daß in ihnen eine freiwillige Einverständnisäußerung erfolgt ist. Alles kommt darauf an, ob die sozialen und psychologischen Randbedingungen, unter denen die Übertragung, die Rechts- und Anspruchsveräußerung erfolgt, ihrerseits moralisch zulässig sind. Die moralische Zulässigkeit der Verhandlungs- und Übertragungssituation entscheidet darüber, ob die in der Verhandlungs- und Übertragungssituation erfolgte freiwillige Rechtsübertragung ein moralisch legitimes Recht erzeugt, nicht das Ereignis einer Freiwilligkeitsäußerung.[53] Nozick tut so, als ob die Rede von psychischen, sozialen oder ökonomischen Zwangslagen kein *fundamentum in re* hätte, als ob das Einverständnis in ausweglosen Situationen ohne Verhandlungsspielraum und Alternative mit Recht, Moral und Gerechtigkeit in Übereinstimmung stände. Eine Theorie, die nicht erlaubt, im Namen der Gerechtigkeit gegen das rechtsförmliche Ausbeuten von Zwangslagen zu protestieren, und statt dessen Gerechtigkeit überall schon dort sieht, wo manifester, von Menschen direkt ausgeübter Zwang nicht mehr sichtbar ist, unterbietet eklatant das Niveau begrifflicher Differenzierung und moralischer Sensibilität, an dem sich verantwortungsvolle moraltheoretische Arbeit zu orientieren hat.

Eifrig um das Wohlwollen der *beati possidentes* bemüht verrät Nozick also seine eigenen autonomieethischen Voraussetzungen. Ein durch institutionelle Rahmenbedingungen ungeschütztes, der Naturwüchsigkeit der Not überantwortetes, vom Elend abgenötigtes Einverständnis spricht jedem Konzept von Menschenwürde Hohn. Der rechtsabsolutistische Liberalismus Nozicks offenbart sich als Marktdarwinismus, der den Schwachen die Möglichkeit einräumt, sich freiwillig an die Verelendungsbedingungen des ungeregelten Marktgeschehens anzupassen. *Selbstbestimmung verlangt Freiheitsrechte und materiale Ressourcen, verlangt sowohl Schutz vor Eingriffen in die Privatsphäre als auch eine hinreichende Grundgüterausstattung, die zumindest ein minimalautonomes, vor Ausbeutung und Erniedrigung durch fremde Willkür geschütztes Leben ermöglicht.* Wenn wir nicht mehr zwischen Bedingungen unserer Interessenbefriedigung wählen können, müssen wir jede Bedingung akzeptieren. Wenn wir nicht mehr zwischen Angeboten wählen können und es uns nicht mehr leisten können, Angebote auszuschlagen, müssen wir jedes Angebot akzeptieren. Wenn wir nicht mehr wählen können, haben wir keine Wahl; und wenn man keine Wahl hat, dann führt man kein selbstbestimmtes, autonomes Leben. Mittellosigkeit verdammt zur Verdinglichung, die darum nicht weniger demütigend und erniedrigend ist, weil sie freiwillig erfolgt. Nozick verrät seine rechtsethischen Kantischen Grundlagen. *Das absolute Verfügungsrecht teilt die Menschen und legt sie teleologisch auseinander: die einen sind Zwecke, die anderen sind ausschließlich Mittel.*

Fraglos besteht eine Spannung zwischen Würde und Wohlfahrtsstaat; die entwürdigenden Wirkungen des Wohlfahrtsstaats betreffen jedoch nicht die Steuerbürger, sondern die Klienten. Eine selbstbestimmungsmotivierte, autonomieethische Kritik des Wohlfahrtsstaats ist keine Kritik an steuergesetzlichen Einschränkungen der Selbstbestimmung der Erwerbsbürger, sondern eine Kritik an dem paternalistischen Betreuungsmilieu, das die Klienten der Selbständigkeit und Autonomie entwöhnt. Es gilt hier die Balance zu halten zwischen der bedürftigkeitsorientierten Versorgung, die die Mittellosen davor bewahrt, in entwürdigende Abhängigkeit von der Willkür anderer Menschen zu geraten, und der Daseinswattierung durch Beratung, Betreuung und Versorgung, die eine zur Selbständigkeit unfähige Klientel

---

53 Vgl. Kersting 1994, 342ff.

erzeugt und lebenslange Abhängigkeit von der wohlfahrtsstaatlichen *alma mater* bewirkt. Der Wohlfahrtsstaat verlangt durchaus eine kritische Beobachtung auch unter autonomieethischem Aspekt, da seine Sicherung vor Ausbeutung und Erniedrigung leicht in eine Züchtung neuer Abhängigkeit umschlägt.

Nozick hat seine gerechtigkeitstheoretischen Überlegungen auf den konventionellen menschenrechtlichen Sockel der Grundsätze der Gleichheit und Freiheit und Selbstbestimmung gestellt. Eine Gerechtigkeitstheorie, die auf diesen Prinzipien basiert, muß eine institutionelle Struktur entwerfen, die durch eine ausreichende und marktunabhängige Ressourcenversorgung verhindert, daß ökonomische Unselbständigkeit und Mittellosigkeit zu erniedrigender Ausbeutung und demütigender Fremdbestimmung führen. Wenn das absolute Eigentumsrecht mit der normativen Grundlage der Gerechtigkeitstheorie kollidiert, muß das absolute Eigentumsrecht aufgegeben werden, müssen die Verfügungsrechte einen gerechtigkeitstheoretisch annehmbaren neuen Zuschnitt erhalten. Nozick jedoch geht über diese normative Diskrepanz zwischen den autonomieethischen Fundamenten seiner Theorie und der Konzeption des absoluten Verfügungsrechts hinweg und läßt Gerechtigkeitstheorie und Eigentumsabsolutismus zusammenfallen. Die Gerechtigkeitstheorie wird zur Legitimationstheorie des absoluten Eigentums, und die absolute Verfügungsfreiheit über Eigentum rückt rückblickend in den Rang einer autoritativen Interpretin der autonomieethischen Semantik von Selbstbestimmung, Selbstbesitz und Würde. Aber in diesen begründungslogischen Zirkel muß man sich nicht locken lassen. Die Hermeneutik unseres moralischen Normalbewußtseins kann sich zu dieser libertären Bedeutungseinengung der Zentralbegriffe unserer autonomieethischen Überzeugungen nicht bereitfinden. Das absolute Verfügungsrecht läßt sich mit Hilfe der Begriffe des Selbstbesitzes, der Würde und der Selbstbestimmung nicht begründen. Es ist umgekehrt vielmehr so, daß diese Begriffe nach einem institutionellen gesellschaftlichen Arrangement rufen, das innerhalb der Theoriekonzeption des libertären Liberalismus jedoch nicht gerechtigkeitsphilosophisch ausbuchstabiert werden kann.

Seit den Tagen Rousseaus und Marx' ist der formale Freiheitsbegriff des Liberalismus als ideologisch denunziert worden, da er zwar jedem Individuum ein gleiches Recht auf freie, dem Zwang fremder Willkür entzogene Lebensführung einräumt, jedoch die Frage der materialen Voraussetzung der Freiheit ausblendet. Der Egalitarismus des Freiheitsrechts ist wenig wert, wenn er in ein System großer sozio-ökonomischer Ungleichheit eingebettet ist. Zwar ist hier der Sklaverei die Rechtsgrundlage entzogen, doch die Zwangslagen, die dieses System für die Besitzlosen und Mittellosen bereithält, führen durchaus zu analogen Abhängigkeiten. Wenn die Unterschrift unter die Aussichtslosigkeit der eigenen Lage als Freiheitsbeweis und Autonomiebeleg gilt, dann ist dieser Freiheits- und Autonomiebegriff unbrauchbar, da er eine täuschende Ähnlichkeit mit seinem Gegenteil, der Sklaverei und Unfreiheit, besitzt. Selbstbestimmung verlangt mehr als negative Freiheit und die Abwesenheit von Fremdherrschaft. Selbstbestimmung verlangt den Besitz materialer Ressourcen, verlangt Optionen und Alternativen, verlangt einen Entscheidungsspielraum. Ein Leben, das nur den Geleisen der Not und Mittellosigkeit folgt, findet ohne Eigenbeteiligung statt. Wenn wir der Nozickschen Naturrechtsbasis einen angemessenen Sinn geben und die sozialen Bedingungen der Wahrnehmung des Rechts auf selbstbestimmte Lebensführung mit in den begrifflichen Kranz aus Würde, Selbstbesitz und Autonomie hineinnehmen, wenn wir also die halbierte Autonomie des negativen Freiheitsrechts durch einen moralischen Anspruch auf die Bedingungen einer positiven Wahrnehmung der Autonomie ergänzen, dann werden wir die wohlfahrtsstaatsfeindliche Position aufgeben müssen. Allein der Verbund von Rechtsstaatlichkeit und Sozialstaatlichkeit bietet eine effektive institutionelle Grundlage für die gesellschaftliche Verwirklichung gleicher individueller Autonomie; dabei muß die Sozialstaatlichkeitsdimension genau zwei Komponenten umfassen: zum einen die Einrichtung eines Ausbildungssystems, das es jedem gestattet, unabhängig von seinem sozialen Hintergrund, seine Anlagen zu entfalten, seine Fähigkeiten zu entwickeln und sich mit Qualifikationen zu versehen, die seinen Talenten entsprechen; zum anderen eine einkommensneutrale Grundversorgung, also ein System von Wohlfahrtsrechten, die den Bedürftigen einen Anspruch auf ein hinreichend bemessenes, zur Befriedigung der basalen Bedürfnisse ausreichendes Ersatzeinkommen einräumen.[54]

11 Rechte ohne Gründe

Wenn man Nozicks rechtstheoretische Prämisse teilt, wenn alle Rechte nur absolute Verfügungsrechte über Eigentum sind, sei es Selbsteigentum, sei es Dingeigentum, dann ist der Wohlfahrtsstaat organisierte Rechtsverletzung; und nicht erst der opulente, leviathanische Ausmaße annehmende und mit einem umfangreichen Leistungskatalog aufwartende, sondern auch schon der zurückhaltende, sich auf Grundversorgung beschränkende Minimalsozialstaat, und nicht erst nach Erreichen einer die Hälfte des gesellschaftlichen Einkommens verschlingenden Staatsquote, sondern bereits von Anfang an, mit dem Beginn umverteilender Besteuerung. Damit wird die ganze Aufmerksamkeit des kritischen Lesers auf die Prämissen gelenkt. Was hat Nozick für die Gültigkeit seiner Prämissen vorzubringen? Wie begründet er seine *Self-ownership*-Lesart? Wie begründet er die These, daß jedes Individuum einen Anspruch auf sich, seine Talente und Fähigkeiten und alle Dinge hat, die es sich unter Einsatz seiner Talente und Fähigkeiten erarbeitet hat, und daß dieser Anspruch absolut und durch keine strukturellen Grundsätze einzuschränken ist? Wie begründet er das absolute, alle umverteilende Besteuerung ausschließende Eigentumsrecht?

---

54 Dieses Wohlfahrtsrecht wird jedoch nicht bedingungslos gewährt werden können: es ist ein Wohlfahrtsrecht, „that is conditional principally upon the poor doing all that they legitimately can to meet their own basic needs" (Sterba 1998, 66).

Die Antwort ist bedrückend. Nozick begründet seine rechtstheoretische Ausgangsthese überhaupt nicht. Entsprechend bleibt natürlich auch die wohlfahrtsstaatskritische Konsequenz ohne argumentative Unterstützung. Philosophie ist kein axiomatisches System, daher ist der Vorwurf der Grundlosigkeit keinesfalls in jedem Fall für die These und ihre weitere Verwendung in der Theorie verheerend. Wenn sich die Philosophie in Übereinstimmung mit den grundlegenden Überzeugungen der Gesellschaft weiß, besteht nicht die geringste Veranlassung, die Reflexionsrichtung zu wechseln und sich der Aufgabe der Grundlagensicherung zu widmen. Dann aber wird die mangelnde argumentative Unterstützung einer These auffällig, wenn diese die Theorie in ein erhebliches Überlegungsungleichgewicht hinein manövriert, das meint: wenn zum einen diese These aufgrund der monistisch-syllogistischen Anlage der Gesamtargumentation allein das gedankliche Gesamtergebnis der Theorie bestimmt und zum anderen These wie Konklusion in einem irritierenden Ausmaß von unseren Intuitionen und Überzeugungen abweichen. Und wenn wir es nicht mit Weltdeutungsproblemen, sondern mit der Bewertung und Gestaltung unserer gesellschaftlichen Lebenspraxis zu tun haben, dann ist die Divergenz zwischen Philosophie und kulturellem Meinungssystem besonders bedenklich und verlangt seitens der Philosophie erhöhte Rechtfertigungsanstrengungen. Nozicks Philosophie steht in einem diametralen Widerspruch zu unseren normativen Überzeugungen; würden wir mit ihrer Hilfe unsere gesellschaftlich-politische Wirklichkeit verändern, dann hätte das so weitgehende revolutionäre Auswirkungen, daß wir unsere gesellschaftliche Wirklichkeit nicht mehr wiedererkennen würden. Aber er bleibt uns jede Rechtfertigung seiner Thesen schuldig. Nozick überschreibt unser normatives Überzeugungssystem einfach mit seiner idiosynkratischen Menschenrechtsinterpretation, ohne auch nur ein Argument zur Erklärung seiner drastischen Abweichung von dem geradezu lebensweltlich kompakten sozialstaatlichen Konsens der politischen Kultur der westlichen Industrienationen anzubieten. Er gleicht einem Bußprediger, der uns mit seinen Visionen aufrütteln und die Gesellschaft zur radikalen Umkehr bewegen möchte, der uns die Notwendigkeit einer Umwertung unserer Werte vor Augen hält; aber ein libertäres zweites Gesicht ersetzt kein Argument.   -

11.1 Menschenrechte sind grammatische Sätze

Nozicks rechtstheoretische Ausgangsthese ist naturrechtlicher oder menschenrechtlicher Natur. Die Begründung von Menschenrechten stellt aber ein großes Problem dar. Zum einen ist das Begründen eine kulturell codierte gesellschaftliche Praxis, die auf normativen Voraussetzungen basiert und mit normativen Standards operiert, die trivialerweise innerhalb dieser Begründungspraxis selbst geltungslogisch nicht eingeholt werden können. Zum anderen bilden die Menschenrechte eine Art Tiefengrammatik unseres politisch-kulturellen Selbstverständnisses. Wir begründen in unserer westlichen Kultur, indem wir den Begründungsregreß bis auf die menschenrechtliche Prinzipienebene vorantreiben; wir legitimieren politische

Forderungen, indem wir sie in den Horizont menschenrechtlicher Optimierungs-programme stellen. Menschenrechte selbst freilich können nicht begründet wer-den. Wir begründen mit Menschenrechten, wir können aber nicht Menschenrechte begründen. Menschenrechte begründen zu wollen gleicht dem Unternehmen, nach Paris zu fahren und das Urmeter nachzumessen. Menschenrechte bilden das Fun-dament unserer politisch-moralischen Kultur, wenn wir hier weiter graben, wird sich der Spaten zurückbiegen.[55] Menschenrechtsprinzipien haben also eine, um mit Wittgenstein zu reden, grammatische Bedeutung: sie sind „das Lebenselement"[56] unserer praktischen Argumente; sie konstituieren unser praktisches Begründungs-sprachspiel, können ihrerseits aber nicht in einem umfassenderen Sprachspiel be-gründet werden. Selbst wenn derartiges möglich wäre, wären wir systematisch kei-nen Schritt weiter gekommen, weil sich hinsichtlich der grammatischen Prinzipien dieses umfassenderen Sprachspiels das Problem erneut einstellen würde. Man sollte also auf das Begründungsproblem so antworten, wie Heidegger auf das berühmte Kantische Wort vom Skandal des immer noch ausstehenden Außenweltbeweises geantwortet hat: der Skandal besteht nicht darin, daß die Menschenrechte immer noch nicht eine angemessene Begründung erfahren haben, der Skandal besteht darin, für sie überhaupt eine Begründung zu verlangen.[57]

11.2 Kohärentistische Begründung

Man könnte nun vorbringen, daß es unsinnig wäre, angesichts der Unbegründbar-keit der menschenrechtlichen Prinzipien Nozick die Grundlosigkeit seiner rechts-theoretischen Ausgangsthese vorzuwerfen. Doch das wäre ein voreiliger Schluß. Denn wenn es keine vertikal-deduktive Begründung gibt, so gibt es doch eine ho-rizontal-kohärentistische Erklärung und Plausibilisierung der Menschenrechtsdok-trin und ihrer wesentlichen Lehrstücke im Rahmen einer theoretischen Interpreta-tion. Nozicks Ausgangsthese, daß die Individuen von Natur aus, kraft ihres Menschseins berechtigt seien, uneingeschränkt über sich, ihre Talente, Fähigkeiten und Kräfte und über alles, was durch diese Talente, Fähigkeiten und Kräfte erwor-ben worden ist oder durch einen rechtmäßigen Übertragungsakt in ihren Besitz ge-

---

55 „Instead of looking for a basis for human rights, we need to see more clearly and in its rich and complex detail just what it is for persons to have the rights they have as human beings. It is here that all explanations come to an end" (Melden 1977, 166).

56 Wittgenstein 1970, 105.

57 Vgl. Heidegger 1967, 205. Ich will nicht behaupten, daß die Menschenrechte etwa mit der Außen-weltthese auf der gleichen weltbildkonstitutiven Stufe stehen würden. Ich leugne nicht, daß die Außenweltthese historische wie kulturelle Invarianz beanspruchen kann, die Menschenrechtsthese hingegen nicht. Ich behaupte aber, daß innerhalb einer durch die Überzeugung von der Gültigkeit des Menschenrechts geprägten Kultur die Menschenrechtsthese strukturell die gleiche konstitutiv-grammatische Funktion hinsichtlich der moralischen Wahrnehmungs- und Argumentationsge-wohnheiten hat wie die Außenweltthese hinsichtlich des menschlichen Weltbildes.

kommen ist, zu verfügen, stellt eine Interpretation des natürlichen Freiheitsrechts dar, die wie alle Menschenrechtsinterpretationen auf ihre Angemessenheit zu überprüfen ist. Eine angemessene Menschenrechtstheorie oder Menschenrechtsinterpretation verknüpft unterschiedliche Untersuchungen und Analysen in verschiedenen Kontexten und auf mehreren Ebenen.[58] Sie wird zuerst eine ethische Basistheorie entwickeln müssen, die den Menschenrechtsgedanken vor dem Hintergrund allgemeiner anthropologischer und ethischer Überlegungen expliziert und rationalisiert. Sie wird sodann den Menschenrechtsbegriff rechtstheoretisch konturieren müssen; dazu gehört erstens, das Menschenrecht von anderen Rechtsarten zu unterscheiden, zweitens, einen Menschenrechtskatalog zu erstellen und menschenrechtliche Kriterien zu entwickeln, mit deren Hilfe der für den Menschenrechtsgedanken verhängnisvollen Neigung zur inflationären Vermehrung von Menschenrechten begegnet werden kann; drittens, Menschenrechtstypen zu unterscheiden und Kriterien ihrer Hierarchisierung zu entwickeln, um durch Dringlichkeitsabschattung und Vorrangigkeitsabstufung menschenrechtliche Anspruchskollisionen einer rationalen Entscheidung zuzuführen; viertens, sich den Fragen der Institutionalisierung und politischen Implementierung der Menschenrechte zu widmen und dabei besonders dem intrikaten Problem der Durchsetzung der internationalen Geltung von Menschenrechten in einem politischen Kosmos souveräner Nationalstaaten nachzugehen. Schlußstein dieser komplexen Menschenrechtstheorie wäre eine Untersuchung, die den geklärten Menschenrechtsbegriff zu den anderen normativen Orientierungsprinzipien unserer moralisch-sozialen Welt in Beziehung setzt und die unterschiedlichen Verhältnisse klärt.

Vor dem Hintergrund dieser allgemeinen Programmbeschreibung lassen sich die Umrisse menschenrechtlicher Einzeluntersuchungen leicht bestimmen. Nozick hätte seine freiheitsrechtliche Grundthese im Horizont des allgemeinen Menschenrechtsbegriffs und der typologischen Vielfalt der Menschenrechtsformen konturieren müssen; er hätte das Verhältnis des Freiheitsrechts zu den anderen menschenrechtlichen Bestimmungen bestimmen müssen, auch der internen Differenz des Freiheitsrechts und der Bandbreite der durch das freiheitsrechtliche Dach geschützten Güter nachgehen müssen, sich dann der Frage der internen und externen Geltungskollisionen widmen und konfliktmindernde Strategien der Dringlichkeitsgraduierung und Verbindlichkeitsskalierung diskutieren müssen. Und um einen zuverlässigen normativen Rückhalt für seine Interpretation zu erhalten, hätte er sie durch eine verzerrungsfreie philosophische Explikation unserer grundlegenden, für unser politisch-kulturelles Selbstverständnis konstitutiven Wertüberzeugungen stützen müssen. In welche Richtung man sich auch bei der Angemessenheitsprüfung der Nozickschen Rechtskonzeption bewegen mag, man wird immer schnell auf ihre Unangemessenheit stoßen. All diese Unangemessenheiten sind gleichermaßen das Resultat unzulässiger Vereinfachung, Ent-

---

58 Vgl. Bedau 1982, 290f.

differenzierung und Verabsolutierung. Nozicks Theorie basiert auf einer Kahlschlagargumentation. Wie ein Bulldozer arbeitet sich sein Rechtsabsolutismus
durch eine komplexe, kulturell ausdifferenzierte Wertlandschaft einer Vielfalt von
Beurteilungsperspektiven und macht alles dem eigentumsrechtlichen Erdboden
gleich. Nach dieser rechtsabsolutistischen Rohdung gibt es keine Kollision von
gleichermaßen berechtigten Ansprüchen mehr, kein weltkluges Güter- und Übelabwägen, kein menschenfreundliches Relativieren; bei Nozick herrscht die Eindeutigkeit des Reduktionismus. Statt einer Trias von negativer, positiver und politischer Freiheit, von Rechten der Lebens- und Freiheitssicherung, Rechten der
Lebens- und Freiheitsermöglichung und Rechten der Partizipation an der kollektiven Selbstbestimmung herrscht hier ein Monismus der negativen Freiheit, der
nur absolute Verfügungsrechte zuläßt und die Differenz zwischen dem Privaten
und Öffentlichen durch Privatisierung des Staates[59] und Entpolitisierung der Gemeinschaft aufhebt. Statt einer Verfassung, die die menschenrechtlichen Grundforderungen der Freiheit und Gleichheit und Würde ausbalanciert, ein unstrukturiertes, beliebig und ungehemmt Ungleichheit produzierendes System absoluter
Eigentumsrechte. Statt der autonomieethischen Konkretisierung dieser Freiheits- und Gleichheitsorientierung zum Ideal des autonomen, selbstverantwortlichen Bürgers eine rechtliche Apotheose der absoluten und rücksichtslosen,
durch keine höherrangigen Rechtsgüter einschränkbaren Verfügungsgewalt über
Eigentum. Statt einer sich politisch selbst organisierenden Gesellschaft von sich
wechselseitig respektierenden Freien und Gleichen ein Aggregat von Eigentümern, ein besitzrechtliches geistiges Tierreich. Statt einer Binnendifferenzierung
und Wertigkeitsstufung freiheitsrechtlicher Rechtsgüter eine homogenisierende
eigentumsrechtliche Auslegung freiheitlicher Selbstverfügung, die den Angriff
auf Leben, Gesundheit, körperliche Unversehrtheit, Würde, Ehre und Selbstachtung mit Eigentumsverletzung und redistributiver Besteuerung auf die gleiche Stufe stellt.[60]

11.3 Monismus der negativen Freiheit

Ohne die Unterstellung eines absoluten Freiheitsrechts, das gleichermaßen absolute Eigentumsrechte generieren kann, bricht Nozicks Argumentation in sich zusammen. Die Theorie würde nicht die erwünschten wohlfahrtsfeindlichen Konsequenzen zeitigen, wenn Nozick nicht an dem absoluten Charakter seines
Menschenrechts festhalten würde. Diese These ist aber überaus fragwürdig. Wenn
wir einen undogmatischen Blick auf die menschlichen Angelegenheiten werfen,
werden wir feststellen müssen, *daß es schlechthin keine absoluten Rechte gibt*. Wenn wir
nicht die Position von Kant und anderen teilen, daß es nur ein Menschenrecht gibt,

---

59 Vgl. Kersting 1994, 314–316.
60 Vgl. Nagel 1975.

und von einer Pluralität von Menschenrechten ausgehen, versteht es sich von selbst, daß keines dieser Rechte absolut sein kann, daß Anspruchskonkurrenzen unvermeidbar sind. Aber selbst wenn wir die These von nur einem einzigen Menschenrecht teilen, lassen sich Anspruchskonkurrenzen nicht ausschließen, nur bestehen diese nicht zwischen unterschiedlichen Rechten, sondern zwischen dem gleichen Recht unterschiedlicher Individuen. Man denke nur an das viele Varianten erlaubende Argument von der „doomsday machine": wer wäre im Fall, daß Terroristen eine Großstadt mit einer irgendwo verborgenen Massenvernichtungswaffe bedrohten, denn nicht bereit, jede Verletzung des Rechtes auf Freiheit und körperliche Unversehrtheit und rechtsstaatlich korrekte Behandlung in Kauf zu nehmen, wenn sie denn nur eine – und sei es nur minimale – Chance bietet, das Versteck der Waffe zu erfahren und die Bombe rechtzeitig zu entschärfen.[61] Weniger dramatisch: grundsätzlich sind Situationen denkbar, wo die Wahrnehmung fundamentaler Rechte der einen eine Einschränkung fundamentaler Rechte anderer erforderlich macht, wo eine Güterabwägung erfolgen muß. Und wer würde ernstlich zögern, das Verfügungsrecht über erarbeitetes, ererbtes oder anderweitig erworbenes Eigentum einzuschränken, wenn dies ein geeignetes Mittel wäre, um von vielen Menschen Armut, Not und Elend abzuwenden und sie vor schwerer Krankheit zu schützen und vor dem Verhungern und Erfrieren zu bewahren? Wenn jedoch die freiheitsrechtliche Selbstverfügung mit absoluter Geltung ausgestattet wird und diese wiederum – wie König Midas – alles, was sie anfaßt, in absoluten Besitz verwandelt, dann wird das Eigentum von der Theorie mit einem undurchdringlichen Panzer umgeben, der durch keine güterabwägende Vernunft aufgebrochen werden kann. Alle Anspruchskonflikte zwischen Rechten, Rechtswahrnehmungsbedingungen und anderen normativen Prinzipien sind immer schon zugunsten des absoluten Eigentumsrechts vorentschieden – das ist der komplexitätsreduzierende Effekt des Geltungsabsolutismus.

Der grammatische Charakter der Menschenrechtsprinzipien und der anderen begründungslogisch nicht hintergehbaren normativen Grundsätze unserer moralisch-kulturellen Selbstverständigung konstituiert eine gesellschaftliche Rechtfertigungspraxis, deren artikulierteste und begriffssicherste Form das philosophische Argument ist. Gesellschaftlich-philosophische Rechtfertigungsdiskurse entwickeln anläßlich auftauchender Normierungsprobleme und etablierter philosophischer Fragestellungen konkurrierende Interpretationen und Explikationen der grundlegenden Wertperspektiven. Diese Interpretationen und Explikationen mögen überzeugen, wenn sie eine sachangemessene, das Problemverständnis vertiefende und zugleich mit unseren intuitiven Wertüberzeugungen harmonierende Lösung entwickeln, wenn sie also zeigen, wie im Lichte unserer moralischen Intuitionen das anfallende Problem zu betrachten und anzugehen ist, und dabei möglicherweise auch deutlich machen, daß im Lichte der anfallenden Probleme und unserer bishe-

---

61 Vgl. Bedau 1982, 301.

rigen Geschichte der praktischen Wahrheitssuche unsere moralischen Intuitionen neu zu bedenken und zu revidieren sind. *Diese Interpretationen und Explikationen, die in den gesellschaftlichen und philosophischen Diskursen entwickelt und der Überprüfung ausgesetzt werden, weben an der unabgeschlossenen Bedeutungsgeschichte der grundlegenden Wertperspektiven.* Denn was die auratischen Großworte unserer moralischen Kultur bedeuten, was die Menschenrechtsprinzipien und Forderungen der Solidarität beinhalten, das ist nicht unabhängig von ihrer Auslegungsgeschichte zu ermitteln. Die grundlegenden Prinzipien sind nicht zwischen den Sternen aufgehängt und in ihrer Bedeutung der gemeinen Vernunft unmittelbar zugänglich, sie stehen nicht am Platonischen Ideenhimmel, nur für den epistemologisch privilegierten Philosophen sichtbar. Ihre Bedeutung kann nur in den Diskursen der Höhle ermittelt werden; ihre Bedeutung ist ihre noch nicht abgeschlossene, den gesellschaftlichen Regulationsproblemen und den Gezeiten der kulturellen Selbstverständigung gleichermaßen folgende Deutungsgeschichte. Wer vermöchte denn etwa mit festem Blick auf eine ewige Semantik des Freiheitsrechts das Recht auf informationelle Selbstbestimmung aus ihm zu deduzieren?

Angesichts des grammatischen Charakters unserer grundlegenden moralischen Prinzipien sind alle normativen Begründungen hermeneutischer Natur. Sie stellen ein Überlegungsgleichgewicht her zwischen unseren intuitiven Ausdeutungen dieser Wertperspektiven und den von ihnen entwickelten philosophischen Interpretationen. Sie versuchen, ihre Ausdeutung der grundlegenden Prinzipien in den kulturellen Überzeugungshintergrund einzufügen und so kohärenztheoretisch zu stabilisieren. Wenden wir diese allgemeinen rechtfertigungstheoretischen Überlegungen auf Nozicks Rechts- und Gerechtigkeitstheorie an, dann stellen wir fest, daß es sich um eine idiosynkratische Position handelt, die quer zu unseren intuitiven Überzeugungen steht und keinerlei Rückhalt in der komplexen und ausdifferenzierten Welt unserer Rechte, Pflichten und Güter besitzt. Natürlich können Abweichungen vom Gewohnten, überraschende Umstellungen und Konjunktionen heilsam und lehrreich sein, da sie Denkroutinen aufbrechen, Intuitionen erschüttern und zur Neuformierung unserer Überzeugungen führen. Das von Nozick inszenierte Zerstörungswerk führt jedoch zu einem Rechtsartensterben, eröffnet keine neuen Horizonte und provoziert keine Revisionen. Strukturell läuft es auf eine drastische Entvölkerung unseres normativen gesellschaftlichen Kosmos und auf eine Entzivilisierung unserer politischen Welt hinaus; historisch kommt es einem Atavismus gleich, da es alle rechtlichen Ausdifferenzierungsprozesse rückgängig macht und das marktförmig organisierte System subjektiver natürlicher negativer Freiheitsrechte zum einzig legitimen Sozialmodell erklärt.

Die Nozicksche *entitlement theory* beruht auf einer autonomieethisch halbierten Konzeption freiheitsrechtlich begründeter Ansprüche. Da sie die freiheitsrechtliche Basis im Lichte der *Self-ownership*-These betrachtet und daher von vornherein eigentumsrechtlich auslegt, läßt die Theorie nur den Bereich negativer Ansprüche gelten. Sie stattet die Individuen mit natürlichen, negativen Freiheitsrechten aus, die die Natur von Abwehr- und Ausgrenzungsrechten haben und negative Forderungen auf Unterlassungshandlungen begründen. Sie verleihen jedem einen Anspruch darauf, von gewaltsamen Übergriffen auf sein Leben, auf seine Gesundheit und körperliche Unversehrtheit, auf seine Freiheit und auf sein Eigentum verschont zu bleiben. Ihnen korrespondieren Rechtspflichten, deren Einhaltung legitim erzwingbar ist. Diese Rechte verleihen jedoch niemandem auch nur den geringsten positiven Anspruch auf das Handeln anderer Menschen, beispielsweise auf Hilfe und Unterstützung, auf eine lebenssichernde Grundausstattung mit materialen Gütern oder auf die materialen Voraussetzungen einer selbstbestimmten Lebensführung. Nozick hat das Freiheitsrecht eigentumsrechtlich kurzgeschlossen und die autonomieethische Ausgangsthese uneinschränkbarer Selbstverfügung halbiert. Nimmt man diese Voreingenommenheiten zurück und gibt dem Liberalismus ein unverkürztes autonomieethisches Fundament, dann ergibt sich ein ganz anderer Argumenta-	tionsverlauf, dann gelangen wir zu einer genuin liberalen Wohlfahrtsstaatsbegründung.[62]

---

62 Dann zeigt sich auch, daß die Unterschiede zwischen *libertarianism* und Wohlfahrtsliberalismus schwinden und sich beide auf eine Position einigen können, die rechtstheoretisch über den Monismus der negativen Freiheit hinausgeht und gerechtigkeitstheoretisch nach diskriminierungsabwehrender Chancengleichheit verlangt; vgl. Sterba 1995. Freilich darf der Liberalismus der Wohlfahrtsrechte, in den sich ein konsistent und vorurteilsfrei argumentierender *libertarianism* verwandeln muß, nicht mit den Konzeptionen der liberalen Gleichheit, nicht mit dem liberalen Egalitarismus verwechselt werden, dessen Gerechtigkeitsordnungen, gleichgültig ob sie Rawlsianisch, Dworkinianisch oder nur Nagelianisch verstanden werden oder etwa den Vorstellungen der Wohlfahrtsegalitaristen oder der Unparteilichkeitskonzeption Brian Barrys folgen, allesamt nach einem egalisierenden Ausgleichs- und Verteilungsmodus verlangen. Es ist ein Unterschied, ob auf der Grundlage eines verdienstethischen Naturalismus, einer die kontingente Beschaffenheit der empirischen Person umfassenden Autonomiekonzeption Entwicklungschancengleichheit und einkommensneutrale Grundversorgung gewährleistet werden soll, oder ob der Wohlfahrtsstaat mit der Aufgabe einer ausgangszustands- oder endzustandsbezogenen Egalisierung betraut wird, die im ersten Fall moralisch willkürliche Verteilungen gerechtigkeitsethisch korrigieren oder im zweiten Fall strikte Wohlbefindensgleichheit herstellen soll.

VII Liberalismus *sans phrase* I: Verdienstethischer Naturalismus und Entwicklungschancengleichheit

1 Rousseau und Rawls

1755 hat Rousseau in seinem *Discours sur l'Origine de l'Inégalité parmi les Hommes* im Rahmen einer hypothetischen Geschichte der Vergesellschaftung des Menschen die Entstehung einer staatlich gefestigten bürgerlichen Konkurrenzgesellschaft als Resultat eines raffinierten Betrugsvertrags dargestellt, in den die im Naturzustand besonders verletzlichen Reichen die Armen, die nichts zu verlieren haben, unter Vorspiegelung einer gleichen Interessenlage und folglich gleicher Gewinnaussichten hineingelockt haben. Rousseau stellt in dieser Schrift das kontraktualistische Argument in den Zusammenhang einer geschichtsphilosophischen Rekonstruktion der Entstehung der Gesellschaft; dadurch bekommt es den Charakter einer sozial-evolutionären These, die die begriffliche Trias von Naturzustand, Vertrag und staatlich gefestigter Gesellschaft in eine zeitliche Abfolge markanter Vergesellschaftungsetappen auf einem Weg zunehmender gesellschaftlicher Komplexität verwandelt. Kontingente, naturverursachte Überlebensrisiken haben die Autarkie der isoliert lebenden Menschen im vorgeschichtlich-idyllischen Urzustand zerstört. Sie konnten nicht als Solitäre weiterexistieren und mußten zueinander finden, ihre Kräfte vereinigen, kooperieren.

Damit begann die Vergesellschaftung, die im Zuge der faktischen Einrichtung des Eigentums und der Entwicklung der darauf basierenden Fertigkeiten des Ackerbaus, der Viehzucht, des Bergbaus und der Metallurgie die Menschen immer weiter von der heilen und naturharmonischen Welt der Vorgeschichtlichkeit entfernte. Im Kontext des gesellschaftlichen Zusammenlebens wurde die Knappheitserfahrung auffällig und verhaltensbestimmend. Dem friktionslosen Nebeneinander in der Urzustandsidylle folgte ein Zustand des polemischen Gegeneinanders, der Konkurrenz, des Verteilungskampfes. Ein sich unaufhörlich steigerndes Konfliktpotential entstand; die ursprüngliche Gleichheit wich einer sich stetig vertiefenden Ungleichheit; der gute *homme de la nature* mutierte zu einem bösen Gesellschaftswesen; die unschuldigen Selbsterhaltungsinteressen der *amour de soi* wurden durch die skrupellosen Selbstermächtigungsstrategien der *amour-propre* überlagert. Offenkundig buchstabiert Rousseau den Prozeß der Vergesellschaftung nach dem Alphabet des Hobbesschen Naturzustands; nicht der natürliche, sondern der gesellschaftliche Mensch weist die asozial-kompetitive Physiognomie auf, die die szientistisch angeleitete Anthropologie Hobbes' dem Menschen als Menschen zuschreibt.

In einer wichtigen Hinsicht freilich weicht der gesellschaftliche Kriegszustand Rousseaus von dem Hobbesschen *status naturalis* ab: es ist kein Zustand der Gleichheit, sondern ein Zustand der Ungleichheit, und zwar einer sozio-ökonomisch definierten Ungleichheit; folglich wird auch der Konfliktcharakter dieses Zustandes von Rousseau nicht als ein *bellum uniuscuiusque contra unumquemque* beschrieben, sondern sozio-ökonomisch interpretiert und auf einen fundamentalen Antagonismus zwischen Armen und Reichen zurückgeführt. Entsprechend ändert sich auch das Motiv, den Naturzustand zu verlassen, und die ins Auge gefaßte Therapie: will bei Hobbes sich der Mensch vor den Menschen schützen, so wird bei Rousseau die staatliche Festigung der Gesellschaft mit dem Klasseninteresse der Reichen in Verbindung gebracht. Und ist bei Hobbes der Staat als Naturzustandsprävention für jedermann gleichermaßen von Vorteil; so gerät bei Rousseau der Staat vornehmlich als Selbstschutzvereinigung der Reichen in den Blick. Denn für sie bedeutet die Unsicherheit des Naturzustandes die größte Gefahr, zumal ihnen ja nicht nur die Kräfte für eine ausreichende und dauerhafte Verteidigung ihrer Besitzungen fehlen, sondern ihre Besitztitel selbst sich ja auch nur auf den schwankenden Boden der Gewalt gründen.

In dieser Situation der Gefahr nun

> „ersann der Reiche, von der Notwendigkeit gedrängt, [...] den ausgeklügeltsten Plan, der dem menschlichen Geist jemals eingefallen ist. Er bestand darin, die Kräfte selbst jener, die ihn angriffen, zu seinen Gunsten einzuspannen, aus seinen Widersachern seine Verteidiger zu machen, ihnen andere Maximen einzuflößen und ihnen andere Institutionen zu geben, die für ihn ebenso günstig wären, wie das Naturrecht ihm widrig war. In dieser Absicht erfand er – nachdem er seinen Nachbarn die Entsetzlichkeit einer Situation dargestellt hatte, die sie alle die Waffen gegeneinander ergreifen ließ, die ihnen ihre Besitztümer ebenso zu einer Last machte wie ihre Bedürfnisse und in der keiner, weder in der Armut noch im Reichtum, seine Sicherheit fand – leicht Scheingründe, um sie zu diesem Ziel hinzuführen. „Vereinigen wir uns", sagt er zu ihnen, „um die Schwachen vor der Unterdrückung zu schützen, die Ehrgeizigen in Schranken zu halten und einem jeden den Besitz dessen zu sichern,   was ihm gehört: Laßt uns Vorschriften der Gerechtigkeit und des Friedens aufstellen, denen nachzukommen alle verpflichtet sind, die kein Ansehen der Person gelten lassen und die in gewisser Weise die Launen des Glücks wiedergutmachen, indem sie den Mächtigen und den Schwachen gleichermaßen wechselseitigen Pflichten unterwerfen. Mit einem Wort: laßt uns unsere Kräfte, statt sie gegen uns selbst zu richten, zu einer höchsten Gewalt zusammenfassen, die uns nach weisen Gesetzen regiert, alle Mitglieder der Assoziation beschützt und verteidigt, die gemeinsamen Feinde abwehrt und uns in einer ewigen Eintracht erhält" [...] Dies war, oder muß der Ursprung der Gesellschaft und der Gesetze gewesen sein, die dem Schwachen neue Fesseln und dem Reichen neue Kräfte gaben, die natürli- che Freiheit unwiderbringlich zerstörten, das Gesetz des Eigentums und der Ungleichheit für immer fixierten, aus einer geschickten Usurpation ein unwiderruf- liches Recht machten und um des Profites einiger Ehrgeiziger willen fortan das ganze Menschengeschlecht der Arbeit, der Knechtschaft und dem Elend unterwarfen."[1]

---

1 Rousseau 1984, 215–219.

Der Vertrag zwischen den Reichen und Armen vertieft die Ungleichheits- und Ungerechtigkeitsordnung des gesellschaftlichen Naturzustandes durch formale Verrechtlichung. Es ist ein Täuschungs- und Betrugsvertrag, den die Reichen als raffiniertes Instrument ihrer Interessen handhaben, der die Armen, die objektiv nicht das geringste Interesse an der Institutionalisierung der sozio-ökonomischen Ungleichheit und damit an ihrer sozialen Deprivilegierung haben können, mit einer bewußt falschen Darstellung der Interessenlagen einwickelt und so zu einer Stabilisierung einer ihrem Interesse diametral entgegengesetzten sozio-ökonomischen Macht- und Güterverteilung gelangt. Die von den Reichen fingierte Allgemeinheit bemäntelt ihre partikulare Interessenlage, bemäntelt den tiefgreifenden Interessenkonflikt zwischen Arm und Reich.

Der Vertrag der Reichen hat die fundamentale metakontraktualistische und vertragsmoralische Bedingung der Gleichheit verletzt: nicht nur müssen sich die Vertragspartner als gleiche und freie Personen wechselseitig anerkennen, auch ihre Ausgangslage muß hinreichend gleich sein, damit der Vertrag sittlich unbeanstandet bleibt. Wenn die Lebensumstände und die Interessen nicht in die gleiche Richtung weisen, kann der Vertrag keine Ordnung entwickeln, die vernünftigerweise von allen Beteiligten als Verbesserung des vorvertraglichen Zustandes angesehen und folglich gewollt werden kann. Dabei ist es offensichtlich wichtig, den für die legitimationsverschaffende Gleichheitsbedingung relevanten Referenzbereich vollständig und einvernehmlich zu bestimmen. Natürlich haben die Rousseauschen Reichen ein Argument vorzubringen: nämlich das Sicherheitsargument. Ohne Zweifel gilt, daß auch für den Ärmsten ein Zustand des Rechts und der Gewaltlosigkeit einem Zustand der Gewalttätigkeit und der Rechtlosigkeit vorzuziehen ist. Aber um einen Zustand der rechtlichen Sicherheit zu erreichen, ist es keinesfalls notwendig, die kontingente Besitzverteilung des vorvertraglichen Zustandes unkorrigiert zu übernehmen und rechtlich fest- und fortzuschreiben. Insofern der Kontraktualismus der Reichen gerechtigkeitsrelevante Ungleichheitsbestände einer Korrektur durch die neue vertragliche Ordnung entzieht und damit den Vertrag zur Zementierung eines ungerechten status-quo einsetzt, ist der Vertrag in den Augen Rousseaus ein Instrument der Ungerechtigkeit.

Es ist instruktiv, einen Seitenblick auf Rawls zu werfen. Rawls läßt die Naturzustandsbewohner hinter einem Schleier des Nichtwissens agieren, der den Individuen alles Wissen über sich selbst nimmt und so garantiert, daß die gewählten Prinzipien auch allgemein anerkennungsfähig sind. *Gerechtigkeit durch Verschleierung allen ungerechtigkeitsrelevanten Differenzwissens, das ist das Rawlssche Rezept; Ungerechtigkeit durch Verschleierung allen gerechtigkeitsrelevanten Ungleichheitswissens, das ist das Rezept der Reichen.* Bei Rawls dient der Schleier der Unwissenheit dazu, alle Beurteilungsperspektiven abzublenden, die nicht von allen anderen rationalen Individuen geteilt werden können. Bei den Reichen dient der Vertrag dazu, den Referenzbereich der gerechtigkeitsrelevanten Gleichheitsbedingung einzuschränken, die faktischen Ungleichheitsbestände zu verhüllen und damit die ihnen korrespondierende Interessenungleichheit zu verdecken. Sie tun so, als ob der Vertrag zwischen Menschen, und nicht zwischen Reichen und Armen geschlossen würde. Jedoch, das ist die gerechtigkeitstheoretische Lehre des Betrugsvertrags, vermag der Gerechtigkeitsskandal der Machination der Reichen nicht dadurch aus der Welt geschafft zu werden, daß Reiche und Arme unter den Schleier der Unwissenheit treten und sich Vergessen über ihren sozio-ökonomischen Status verordnen. Denn gerade diese Vergeßlichkeit herzustellen war die perfide Pointe des Verschleierungsvertrags. Indem der Reiche den Armen eine sozio-ökonomisch neutrale, rein menschliche Interessenperspektive aufschwatzte, hat er die Neutralisierungsstrategie des Schleiers der Unwissenheit selbst bereits angewandt. Gerade darum war ja der Verschleierungsvertrag ein Verschleierungsvertrag, weil er über ungerechtigkeitsrelevante und daher eben auch gerechtigkeitsrelevante Ungleichheiten den Schleier der Unwissenheit breitete und damit sowohl ihrer Existenz als auch ihren Auswirkungen gerechtigkeitsethische Unbedenklichkeit bescheinigte.

Um den Gerechtigkeitsskandal des Verschleierungsvertrags zu beseitigen, muß daher eine Strategie eingeschlagen werden, die dem Verfahren der Fairneßgewinnung mittels des Schleiers der Unwissenheit diametral entgegengesetzt ist. Der Schleier der Unwissenheit ist der bildhafte Ausdruck eines *Verfahrens des Wegsehens*; durch das Wegsehen von Differenzen wird *formale Fairneß* gewonnen, werden Regeln gewonnen, deren Anerkennungsfähigkeit mit ihrer Unabhängigkeit von den differierenden Merkmalen der Menschen verbunden ist. Genau dieses Vorgehen ist aber grundfalsch, wenn das Wegsehen Differenzen betrifft, deren Existenz wie auch Auswirkungen gerechtigkeitsethisch von Belang sind. Wenn solche Differenzen vorliegen, dann verlangt die Gerechtigkeit ein *Verfahren des Hinsehens*; denn nur wenn die Differenzen genau betrachtet und ihre Auswirkungen sorgfältig gewürdigt werden, kann *materiale Fairneß* gewonnen werden, können Regeln gewonnen werden, deren moralische Vorzugswürdigkeit gerade darin besteht, daß sie genau auf das vorliegende Ungleichheitsprofil bezogen sind und die Differenzen durch kompensatorische Maßnahmen gerechtigkeitsethisch ausgleichen. Formale oder prozedurale Fairneß ist *differenz-insensitiv* und verlangt, auf die Unterscheidungsmerkmale der Menschen nicht zu achten; materiale oder Hintergrundfairneß ist hingegen *differenz-sensitiv* und verlangt, auf die Unterscheidungsmerkmale der Menschen genau zu achten.

2 Kritik der Rechtsform

Rousseaus Kritik der politischen Ökonomie steht in der Tradition der Kritik der Rechtsform. Gegenstand dieser Kritik ist der abstrahierende, generalisierende und daher der Besonderheit des Einzelfalls ebensowenig wie der Pluralität sozialer Formen gerecht werdende Charakter der Rechtsregel. Bereits Platon hat diese Kritik in den *Nomoi* geäußert; und Aristoteles hat die Insuffizienz des Rechts, das, was man in der marxistischen Terminologie später als „Realabstraktion" der Rechtsform bezeichnete, zur *epieikeia*-Lehre geführt, zur Notwendigkeit, die Rechtsentscheidungen in bestimmten, von der *phronesis* erkannten Fällen durch Billigkeitserwägungen zu mildern. Recht, so Adorno mit gewohnter Verve, „ist das Urphänomen irrationaler Rationalität. In ihm wird das formale Äquivalenzprinzip zur Norm, alles schlägt es über denselben Leisten. Solche Gleichheit, in der die Differenzen untergehen, leistet geheim der Ungleichheit Vorschub".[2] Und nicht erst *summum ius*, nicht erst das „callida, sed malitiosa iuris interpretatione" auf die Spitze getriebene Recht, sondern das Recht überhaupt, aufgrund seiner bloßen Form, ist *summa iniuria*.[3] Recht unterdrückt das Besondere, das Nicht-Identische; es vermag nicht dem Nicht-Identischen als Nicht-Identischem Gerechtigkeit widerfahren zu lassen, sondern das Ungleiche benutzt die Gleichheits- und Neutralitätsform, um seine Herrschaft über anderes Ungleiches zu befestigen.

Das „*gleiche Recht*", so Karl Marx in seiner *Kritik des Gothaer Programms*, ist

> „stets noch mit einer bürgerlichen Schranke behaftet. Das Recht der Produzenten ist ihren Arbeitslieferungen *proportionell*; die Gleichheit besteht darin, daß an *gleichem Maßstab*, der Arbeit, gemessen wird. Der eine ist aber physisch oder geistig dem anderen überlegen, liefert also in derselben Zeit mehr Arbeit oder kann während mehr Zeit arbeiten; und die Arbeit, um als Maß zu dienen, muß der Ausdehnung oder der Intensität nach bestimmt werden, sonst hörte sie auf, Maßstab zu sein. Dies *gleiche* Recht ist ungleiches Recht für ungleiche Arbeit. Es erkennt keine Klassenunterschiede an, weil jeder nur Arbeiter ist wie jeder andre; aber es erkennt stillschweigend die ungleiche individuelle Begabung und daher Leistungsfähigkeit der Arbeit als natürliche Privilegien an. *Es ist daher ein Recht der Ungleichheit, seinem Inhalt nach, wie alles Recht.* Das Recht kann seiner Natur nach nur in Anwendung von gleichem Maßstab bestehn; aber die ungleichen Individuen [...] sind nur an gleichem Maßstabe meßbar, soweit man sie unter einen gleichen Gesichtspunkt bringt, sie nur von einer bestimmten Seite faßt, z. B. im gegebnen Fall sie nur als Arbeiter betrachtet und weiter nichts in ihnen sieht, von allem andern absieht. Ferner: Ein Arbeiter ist verheiratet, der andre nicht; einer hat mehr Kinder als der andre etc. etc. Bei gleicher Arbeitsleistung und daher gleichem Anteil an dem gesellschaftlichen Konsumtionsfonds erhält also der eine faktisch mehr als der andere, ist der eine reicher als der andre etc. Um alle diese Mißstände zu vermeiden, müßte das Recht, statt gleich, vielmehr ungleich sein. Aber diese Mißstände sind unvermeidbar in der ersten Phase der kommunistischen Gesellschaft, wie sie eben aus der kapitalistischen Gesellschaft nach langen Geburtswehen hervorgegangen ist. Das Recht kann nie höher sein als die ökonomische Gestaltung und dadurch bedingte Kulturentwicklung der Gesellschaft. In einer höheren Phase der kommunistischen Gesellschaft, nachdem die knechtende Unterordnung der Individuen unter die Teilung der Arbeit, damit auch der Gegensatz geistiger und körperlicher Arbeit verschwunden ist; nachdem die Arbeit nicht nur Mittel zum Leben, sondern selbst das erste Lebensbedürfnis geworden; nachdem mit der allseitigen Entwicklung der Individuen auch ihre Produktivkräfte gewachsen und alle Springquellen des genossenschaftlichen

---

2 Adorno 1966, 301.
3 Cicero: *De officiis* I,33.

Reichtums voller fließen – erst dann kann der enge bürgerliche Rechtshorizont ganz überschritten werden und die Gesellschaft auf ihre Fahne schreiben: Jeder nach seinen Fähigkeiten, jedem nach seinen Bedürfnissen!"[4]

Karl Marx glaubte, auf die Geschichte vertrauen zu können, um einen Zustand zu erreichen, in dem die Auswirkungen der natürlichen und gesellschaftlichen Ungleichheit auf die Lebenserfolgsaussichten der Individuen gerechtigkeitsethisch neutralisiert sind, in dem diese Hintergrundungleichheiten nicht mehr das formale gleiche Recht in ein Recht der Ungleichheit verwandeln. Und er war davon überzeugt, daß die gerechtigkeitsverzerrende Macht der Hintergrundungleichheiten dann gebrochen werden kann, wenn die Quelle aller gerechtigkeitsbeschämenden Ungleichheit versiegt, wenn der Gegensatz von Kapital und Arbeit, von privatem Produktionsmittelbesitz und Arbeitskraft in einer Revolution der Produktionsverhältnisse aufgehoben wird. Die politische Philosophie setzt heute nicht mehr auf die Revolution, um die gerechtigkeitsprekären Auswirkungen der natürlichen und sozialen Hintergrundungleichheiten auf die individuellen Lebenskarrieren innerhalb der rechtlich geordneten Marktgesellschaft zu beenden. Sie hat eine Fülle reformerischer Rezepte entwickelt, um den Einfluß dieser Hintergrundungleichheiten einzudämmen. Sie reichen von einer Politik der Herstellung von Chancengleichheit über Quotierungsstrategien und *affirmative action*-Programme zu einer Politik der Differenz. Alle diese Instrumente zielen auf die Gewährleistung eines fairen, durch keinerlei rechtlich sanktionierte, politisch manifeste oder kulturell kodierte Diskriminierung gestörten Wettbewerbs. Sie entfalten ihre neutralisierende Wirksamkeit ausschließlich innerhalb des gesellschaftlichen, politischen und kulturellen Bereichs und denken nicht im mindesten daran, ihre Diskriminierungssensitivität auf die unterschiedlichen natürlichen Begabungsausstattungen zu erstrecken.

Der egalitäre Liberalismus freilich, der die kontingente Bestimmtheit der Personen als moralisch willkürlich betrachtet und ein Verteilungsmuster verlangt, das unterschiedliche Talente und Fähigkeitenpotentiale unberücksichtigt läßt, hat seine Fahndung nach gerechtigkeitsprekären Ungleichheiten auch auf den Bereich der menschlichen Natur ausgedehnt. Es ist bemerkenswert, daß der Liberalismus eines Rawls, Dworkin oder Nagel durch seinen egalitaristischen Furor damit weit über die Gerechtigkeitsvorstellungen des konventionellen Sozialismus hinausgetrieben wird. Für Marx waren ausschließlich sozio-ökonomische Hintergrundungleichheiten gerechtigkeitsethisch auffällig, wohingegen die heutigen Egalitaristen sich auch zu Programmen moralischer Naturkorrektur versteigen. Und während der Marxismus auf die Geschichte hoffen muß, um die sozio-ökonomische Ungleichheit aus der Welt zu schaffen, bleibt dem Egalitaristen nur die Hoffnung auf die Technik; denn allein durch technologische Manipulation läßt sich der Einfluß natürlicher

---

4 Marx 1971, 17; zu den Problemen einer normativen Interpretation der Marxschen Theorie vgl. Peffer 1990.

Ungleichheit auf die individuellen Lebenskarrieren korrigieren, lassen sich die übertriebenen Vorstellungen der Egalitaristen von einem fairen Wettbewerb verwirklichen.

3 Fairer Wettbewerb und Gleichheit

In den *Elements of Law Natural and Politic* von 1640 hat Thomas Hobbes in einer geradezu gedichtförmigen Definitionenreihung das Leben der Menschen als Wettrennen[5] beschrieben. In einer Situation der Knappheit ist Machtakkumulation, ist providentielle Maximierung von Mitteln, um seine gegenwärtigen und künftigen Interessen befriedigen und seine gegenwärtigen und künftigen Wünsche erfüllen zu können, eine überaus rationale Strategie. Macht existiert in einer Welt der Konkurrenz, in einer Welt, in der Menschen kaum vermeiden können, einander in ihrem Streben nach knappen Gütern zu beeinträchtigen, nur im Komparativ. Daher ist das rationale Bestreben von jedermann pleonektisch: jeder möchte mehr Macht haben als sein Konkurrent; und sein Konkurrent ist jeder.

Offenkundig hat der Egalitarismus dieses Bild vom Wettrennen zum gesellschaftstheoretischen Paradigma erhoben. Gesellschaftliches Zusammenleben ist für ihn ausschließlich Konkurrenz um knappe Güter. Und seine gerechtigkeitstheoretische Mission sieht er darin, einen fairen Wettbewerb zu garantieren. Auch hier steht der Egalitarist ganz im Bann seines Antipoden, des Libertären oder Marktradikalen. Für beide ist der Wettbewerbsmarkt das verbindliche gesellschaftliche Modell; für beide ist Marktrationalität die vorherrschende Rationalitätsform; für beide erschöpft sich die Anthropologie mit dem Verhaltens- und Einstellungsrepertoire des *homo oeconomicus*. Das führt bei dem Marktradikalen zu einem ökonomischen Imperialismus, der selbst marktfremde Lebensformen, Institutionen und Verhaltensweisen nach dem Muster ökonomischen Handelns auslegt; das führt bei dem Egalitaristen zur Vernachlässigung all der Glücksstrategien und Lebenspläne, deren Gelingensbedingung nicht in der Währung der Grundgüter und materialen Ressourcen bestimmt werden kann. So ist etwa der Ressourcenegalitarist überhaupt nicht in der Lage, ein Ressourcenbündel für ein Leben zu bestimmen, das sich anderen widmet, das seine Erfüllung innerhalb der Familie sucht oder einer sozialen Tätigkeit nachgeht oder im Dienstleistungssektor sein Geld verdient. Entsprechend vermag auch der Wohlfahrtsegalitarist nicht plausibel zu machen, wie eine zentrale Verteilungsbürokratie in ihre eudämonistischen Einzelausschüttungen auch die immateriellen und nicht materialisierbaren Glücksbeiträge aufnehmen kann, die durch Zufriedenheit, gelingende Mitmenschlichkeit, bestandene Herausforderung und benötigte und dankbar entgegengenommene Fürsorglichkeit hervorgerufen werden.

---

5 Hobbes 1928, I, 10, 21; zu Hobbes' Machtbegriff vgl. Kersting 1992, 59–97.

Da sowohl der Marktradikale als auch der Egalitarist eine kompetitive, wettbewerbsorientierte Lebensauffassung haben, laufen auch die Ordnungsvorstellungen beider auf die Gewährleistung eines fairen Wettbewerbs hinaus. Nur hinsichtlich dessen, was die Fairneß verlangt, unterscheiden sie sich. Während der Marktradikale bei fairem Wettbewerb allein an die besonderen Regeln der Wirtschaftsverfassung und die allgemeinen Koordinationsgarantien der rechtsstaatlichen Rahmenordnung denkt, verlangt der Egalitarist nach einer viel weiterreichenden Regulation. Denn für den Marktradikalen zeigt sich fairer Wettbewerb in der Abwesenheit aller wettbewerbsverletzenden, wettbewerbsverfälschenden Handlungen. Für den Egalitaristen hingegen zeigt sich fairer Wettbewerb in der Ermöglichung von Chancengleichheit, von gleichen Lebenschancen. Um im Hobbesschen Bild zu bleiben: für den Marktradikalen ist das Wettrennen bereits gestartet. Sein ordnungspolitisches Augenmerk richtet sich allein auf den Verlauf des Rennens; ein faires Wettrennen ist für ihn dann gewährleistet, wenn während des Rennens keiner sich durch widerrechtliche Schädigung seiner Konkurrenten einen unfairen Vorteil verschafft. Jeder darf schneller laufen als jeder andere, aber keiner darf einen anderen anrempeln, ins Stolpern oder gar zu Fall bringen. Da dieses Wettrennen immer stattfindet, der einzelne, wenn er geboren wird, sich in ein schon laufendes Rennen einfädelt, und da dieses Wettrennen auch nicht beendet wird, wenn einer seine Ziellinie überquert, ist für den Marktradikalen die einzige sinnvoll erreichbare Form von Fairneß das für alle gleichermaßen geltende Regelwerk für das Wettrennen.

Der Vorteil, den die Fairneß hier jedem gewährt, ist die Garantie, in seinem Wettrennen durch direkt an ihn adressierte oder ihn indirekt erreichende Schädigungshandlungen anderer nicht beeinträchtigt zu werden. Der Marktradikale legt also Wettbewerbsfairneß als negative Freiheit und formale Gleichheit aus; sein Gerechtigkeitsideal ist die Verfahrensgerechtigkeit. Das rechtlich-politische Kernstück der Verfahrensgerechtigkeit, der prozeduralen Fairneß ist natürlich die Aufhebung aller ungleichen rechtlichen Einschränkungen, also die Durchsetzung des Prinzips der Rechtsgleichheit aller Rennteilnehmer. Aber die Etablierung der Rechtsgleichheit, die Etablierung allgemeiner Gewerbe-, Vertrags- und Testierfreiheit genügt noch nicht, um Chancengleichheit zu erreichen.

In seiner Schrift *The Subjection of Women* von 1864 zeigt John Stuart Mill, wie durch die rechtliche Besiegelung einer durch vielfältige physische Ungleichheit der Geschlechter begünstigten faktischen Unterwerfung der Frau die Gesellschaft Frauen um ihren menschenrechtlichen Anspruch auf gleiche Chancen betrogen hat. Er verlangt, durch Aufhebung der einschlägigen rechtlichen Einschränkungen den Frauen die ihnen zustehenden gleichen Chancen zu gewähren. Heutige Feministinnen sind freilich mit diesem Schritt noch nicht zufrieden; ihre Diskriminierungsätiologie ist komplexer, entsprechend komplexer ist auch ihr Gerechtigkeitsprogramm. Es genügt nicht, die rechtlichen Entwicklungseinschränkungen aufzuheben, es bedarf einer großen Anzahl zusätzlicher politischer Anstrengungen von großer institutioneller Phantasie, um die Gleichstellung der Frau zu erreichen, Anstrengungen, die verhindern, daß Frauen durch die Wahrnehmung ihrer reproduktionsspezifischen

Funktionen ins Hintertreffen geraten, aber auch Maßnahmen, die die Frau als Angehörige einer beträchtlich diskriminierungsgeschädigten Gruppe durch Quotierung und andere Begünstigungen entschädigen. Erst dann werden diese Anstrengungen und Maßnahmen erfolgreich sein, wenn in den distributionsempfindlichen Zonen der Gesellschaft ausschließlich „genderless institutions and customs"[6] wirksam sind.

Es gibt freilich auch Feministinnen, die den durch die Vorstellung des fairen Wettbewerbs verlangten geschlechtsneutralen Verteilungsmustern der Gesellschaft vorwerfen, die Besonderheit der weiblichen Natur aufzuheben und durch kompetitiv-egalitaristischen Furor die traditionelle Familie und damit einen Ort legitimer Entfaltung weiblicher Bedürfnisse und Fähigkeiten zu zerstören. Sie wollen fairen Wettbewerb in der Arbeitswelt, lehnen aber den strukturellen Zwang des Kompetitionismus ab, Erfüllung und Selbstwerterlebnis ausschließlich außerhalb der Familientätigkeit, in der Arbeitskarriere, als Sohn oder Tochter der bürgerlichen Erwerbsgesellschaft zu finden, und befürchten, daß das alle Tätigkeitsbereiche gleichermaßen durchdringende Wettbewerbsmodell nicht zur Bereicherung, sondern zur Verarmung weiblicher Tätigkeiten führt.[7] In dem Maße freilich, in dem die Familie in die der Herstellung fairer Wettbewerbsbedingungen dienenden Egalisierungs- und Neutralisierungsbestrebungen einbezogen wird, in dem Maße ist es unmöglich, die Familie als ein Praxisfeld traditioneller geschlechtsspezifischer Tätigkeiten, als Enklave konventioneller weiblicher Selbstentfaltung aufrechtzuerhalten. Der faire Wettbewerb verlangt eine Änderung der Familie, verlangt, daß jenseits der biologisch prädisponierten Reproduktionsfunktion geschlechtsumgreifende Arbeitsteilung herrscht, die dem „assimilationist or androgynous ideal"[8] verpflichtet ist. Die Chancengleichheit der Geschlechter in der Arbeitswelt verlangt weitestgehende Arbeitsteilung in der Familie.

4 Prozedurale Fairneß und Hintergrundfairneß

Der Egalitarist ist nicht ausschließlich an der Freiheitsbeeinträchtigung interessiert, die durch Verletzung der Gesetze des Rechtsstaates hervorgerufen wird; für ihn ist auch nicht allein die Ungleichheit ein Ärgernis, die durch Mißachtung des Prinzips der Rechtsgleichheit entsteht. Er legt Wettbewerbsfairneß im Lichte der Begriffe der positiven Freiheit und der substantiellen Gleichheit aus; sein Gerechtigkeitsanspruch geht daher über die prozedurale Gerechtigkeit hinaus und faßt auch den Hintergrund

---

6 Okin 1989, 107. Mancher ist mit diesem „ideal of a gender-free society" noch nicht zufrieden und möchte es zu einem – pace Aristophanes – „ideal of androgyny" ausbauen; vgl. Sterba 1998a, 211; Sterba 1998b, 77f.

7 „By denigrating conventional feminine roles and holding to an assimilationist ideal of social policy, the feminist movement has lost its natural constituency. The actual concerns, beliefs, and aspirations of the majority of women are not taken seriously except as illustrations of bad faith, false consciousness, and successful brainwashing" (Sommers 1989, 94; vgl. Sommers 1990).

8 Sterba 1998a, 212.

des Wettrennens ins Auge.[9] Sein regulatorisches Interesse gilt darum auch nicht der strukturellen Einhegung des immer schon laufenden Wettrennens, sondern den Ausgangsbedingungen des Wettrennens, dem Zustand der einzelnen Rennteilnehmer vor dem Start. Das Wettrennen als fairen Wettbewerb durchzuführen bedeutet für den Egalitaristen, vom Start weg weder bevorzugt noch benachteiligt zu sein. Zufrieden ist der Egalitarist, wenn jeder Rennteilnehmer eine Lebenserfolgsressource mit gleichen Chancen ist. Eine Lebenserfolgsressource mit gleichen Chancen ist aber jeder nur dann, wenn all die für den Verlauf seiner Lebenskarriere in der Startsituation vorhandenen, ihn als Lebenserfolgsressource definierenden Eigenschaften ihn im Vergleich zu anderen weder benachteiligen noch bevorzugen, so daß also bei Betrachtung der Startaufstellung niemand den Verlauf und Erfolg des Rennens eines der Beteiligten vorhersagen könnte. „According to this notion, I should not be able to enter a hospital ward of healthy newborn babies and, on the basis of class, race, sex, or other arbitrary native characteristics, predict the eventual positions in society of those children."[10] Dieses Kriterium der Vorhersagbarkeit ist hilfreich: sollte jemand, der die Verteilungsmuster der Gesellschaft kennt, vorhersagen können, daß ein Kind allein aufgrund seiner Klassen-, Geschlechts- oder Rassenzugehörigkeit mit größerer Wahrscheinlichkeit irgendeine ökonomische, soziale oder politische Position erreichen wird als ein anderes Kind mit anderen Klassen-, Geschlechts- oder Rassenmerkmalen, dann wird sicherlich keine Lebenschancengleichheit in der Gesellschaft bestehen.

Diese These ist sicherlich in hohem Maße konsensfähig. Denn die willkürlichen Eigenschaften, deren Neutralisierung Fishkin von einem fairen Wettbewerb verlangt, sind allesamt diskriminierungseinschlägige Eigenschaften. Gleichheit der Lebenschancen herrscht dann, wenn allein das Leistungsprinzip über die Zuteilung der ökonomischen, sozialen und politischen Positionen bestimmt; wenn bei dem Wettbewerb um gegebene – und natürlich immer ungleiche – ökonomische, soziale und politische Positionen allein das Maß der aufgaben-, tätigkeits-, postenrelevanten Qualifizierung zählt. Damit aber das Leistungsprinzip allein zum ausschlaggebenden Verteilungskriterium wird, der Zugang zu den erwünschten und umworbenen Positionen ausschließlich qualifikationskausal geregelt wird, müssen zwei weitere Bedingungen erfüllt sein: zum einen bedarf es objektiver Verfahren zur Ermittlung der Fähigkeiten, Fertigkeiten und Qualitäten, die von einer sachgerechten Wahrnehmung der mit der ökonomischen, sozialen und politischen Position verbundenen Aufgaben, Motivationen und Funktionen verlangt werden; zum anderen bedarf es der Etablierung eines allgemein zugänglichen und vertikal wie horizontal hinreichend ausdifferenzierten Erziehungs- und Ausbildungssystems, das einem jeden eine seiner Talentausstattung, Interessenausrichtung und Lebensplanung entsprechende Entwicklung seiner Begabungen und Anlagen gestattet.

---

9 Zum Unterschied zwischen ‚procedural fairness' und ‚background fairness' vgl. Barry 1965, 97–99; Fishkin 1983, 22f.

10 Fishkin 1983, 4.

Die Vorzüge eines solchen Systems, das allen Talenten gleiche Entwicklungschancen einräumt, sind natürlich nicht nur moralischer Art. Ein solches System bietet sicherlich eine überaus attraktive Einlösung des menschenrechtlichen Anspruchs auf gleiche Berücksichtigung des fundamentalen Bedürfnisses nach einem selbstbestimmten, glücklichen und sinnvollen Leben. Es veranlaßt die Individuen, ihre Begabungen zu entfalten und gestattet ihnen die befriedigende Aussicht auf einen selbst erreichten, dem eigenen Leistungseinsatz angemessenen Lebenserfolg. Aber es sprechen natürlich auch ökonomische Gründe für ein solches System, erlaubt es doch, die ohnehin effizienzverbürgende Arbeitsteilung auf höchstem Qualifikationsniveau zu organisieren. Ein solches System der Entwicklungschancengleichheit bildet gleichsam die fällige bürgerlich-demokratische Ergänzung des Gerechtigkeitsstaats Platons,[11] da es der breiten Masse der Bürger, denen Platon weder sonderliche politische noch philosophische Aufmerksamkeit schenkt, Entwicklungsmöglichkeiten bietet, die jeder zur Ausbildung und Entfaltung seiner speziellen Natur nutzen kann, was nicht nur ihm, sondern auch der Allgemeinheit zugute kommt. Mit dieser Vorstellung von fairem Wettbewerb, von Lebenschancengleichheit, von allein qualifikationskausaler Zuteilung ökonomischer, sozialer und politischer Positionen ist also eine unterschiedliche natürliche Begabungsausstattung durchaus vereinbar. Der Bereich der Lebenschancen, die egalisiert werden müssen, um einen fairen Wettbewerb zu ermöglichen, ist allein das familienexterne soziale Umfeld.[12] Der Anhänger der Lebenschancengleichheit sieht es als erforderlich, aber auch als ausreichend an, die prozedurale Fairneß um eine Hintergrundfairneß zu ergänzen, nicht nur für Fairneß während des Wettbewerbs zu sorgen, sondern auch für Fairneß hinsichtlich der Bedingungen, unter denen die Kandidaten gegeneinander antreten. Freilich wird er in seinem Egalisierungsengagement durch die unvermeidbaren „spill-over effects from background inequalities",[13] etwa in

---

11 Vgl. Kersting 1999c.

12 Denn nur das familienexterne soziale Umfeld steht der politischen Gestaltung zur Verfügung. Damit erweist sich die Autonomie der Familie als großes Hindernis der Verwirklichung von Chancengleichheit. Denn so sehr auch immer sich die Politik um ein Schul- und Ausbildungssystem bemühen mag, das allen eine gleiche Entwicklungschance gibt, die Verstärkungen und Abschwächungen dieser gesellschaftlichen Bemühungen durch die unterschiedlich günstigen Entwicklungsbedingungen der familiären Milieus wird keine liberale Politik je neutralisieren können. Die Familie ist das Grundproblem aller politischen Versuche, durch die institutionelle Ermöglichung gleicher Entwicklung Lebenschancengleichheit zu gewährleisten; daher ist sie allen Egalitaristen ein Ärgernis; daher ist alle totalitäre Politik, die ja immer auch ein stark egalitaristisches Programm verfolgt, familienfeindlich, bestrebt, den Entwicklungseinfluß der Familie zu brechen und die Kinder direkt der Aufsicht des Allgemeinen zu unterstellen. Zum Spannungsverhältnis zwischen den beiden liberalen Prinzipien der Chancengleichheit und der Autonomie der Familie vgl. Fishkin 1983; Rawls 1971, 74: „The principle of fair opportunity can be only imperfectly carried out, at least so long as the institutions of family exists. The extent to which natural capacities develop and reach fruition is affected by all kinds of social conditions and class attitudes. Even the willingness to make an effort, to try and so to be deserving in the ordinary sense is itself dependent upon happy family and social circumstances".

13 Fishkin 1983, 167.

Gestalt des sich der Gleichheitsregie entziehenden Entwicklungseinflusses der Familie, gestört.[14] Aber derartiges ist genauso wie die unterschwelligen gesellschaftlichen Vorurteile und die subkutanen Diskriminierungsneigungen des herrschenden kulturellen Milieus hinzunehmen, erst recht, wenn es seinerseits durch das Freiheitsprinzip geschützt wird. Denn in einer nicht-idealen Welt haben wir konkurrierende Orientierungsperspektiven, aber keinen bethlehemitischen Leitstern, kein Ideal, sondern nur „ideals without an ideal"; daher müssen wir lernen, mit Offenheit, Unschlüssigkeit und Ungewißheit zu leben und die widerstreitenden Ansprüche unserer normativen Prinzipien auszubalancieren.[15]

Der liberale Egalitarismus hingegen gibt sich mit diesem moderaten Ziel approximativer Lebenschancengleichheitssicherung nicht zufrieden, da er eine weitaus radikalere Vorstellung von fairem Wettbewerb verfolgt. Nicht nur gilt es, einen von Rassen-, Geschlechts- und Klassenzugehörigkeit unabhängigen Zugang zu allen wirtschaftlichen, gesellschaftlichen und politischen Positionen zu sichern und durch ein hinreichend differenziertes Ausbildungssystem jedem gleiche Entwicklungschancen zu bieten, sondern es gilt auch, die mit der Naturausstattung selbst verbundene Ungleichheit zu neutralisieren. Für den liberalen Egalitaristen gehören auch die Auswirkungen ungleicher Begabungsausstattungen zu den „spill-over effects from background inequalities", die einen fairen Wettbewerb verzerren und daher nach geeigneter Rektifikation verlangen. Natürliche Begabungsausstattungen sind nicht minder willkürlich als Rassen-, Geschlechts- und Klassenmerkmale, müssen wie diese durch geeignete Verfahren egalisiert werden. Freilich sind mit dieser Einbeziehung der natürlichen Begabungsausstattung in den Bereich egalisierungsbedürftiger Eigenschaften beträchtliche Schwierigkeiten verbunden. Die institutionelle Phantasie des Egalitarismus gerät hier ersichtlich an eine Grenze. Durch ein differenziertes Ausbildungssystem zum einen und die rechtliche Absicherung eines diskriminierungsfreien, allein dem Kriterium der Qualifikationskausalität sich öffnenden Zugangs zu den begehrten Positionen zum anderen entsteht ein fairer Wettbewerb, der sicherstellt, daß jeder die Position, die er erhalten hat, auch verdient. Die Verwirklichung einer Lebenschancengleichheit erlaubt es, allein durch Fähigkeitenentwicklung, Begabungseinsatz und Leistungsbereitschaft legitime Anwartschaften zu erwerben, verschafft dem Verdienstprinzip eine faire

---

14 Diese „spill-over effects" der nicht nur im familiären, sondern auch im kulturell-gesellschaftlichen Hintergrund wirkenden Ungleichheiten, Vorurteile und Diskriminierungen sind so stark, daß die Idee der Anhänger des Prinzips der Chancengleichheit, durch entsprechende Sicherung gleicher Entwicklungschancen die Verteilung der begehrten Positionen auf dem Arbeitsmarkt allein dem Prinzip des begabungsbegründeten Verdienstes zu überlassen, sich als illusionär erweist. Iris Marion Young schließt sich daher Rawls völlig an und spricht von einem „myth of merit" und verlangt, die Vorstellung einer dem Verdienstprinzip den Weg bahnenden Egalisierung der Hintergrundungleichheiten aufzugeben und statt dessen auf eine kompensationspolitische Lösung zu setzen, auf „affirmative action programs" and „politics of difference" (Young 1990, 200).

15 Fishkin 1983, 193.

Grundlage. Niemand, der in diesem fairen Wettbewerb unterlegen ist, kann sich beklagen; der, der ihm vorgezogen worden ist, ist legitimerweise vorgezogen worden, hat den Erfolg auch verdient.

Wird jedoch nun auch die natürliche Begabungsungleichheit zu den Hintergrundungleichheiten gezählt, die einen fairen Wettbewerb verhindern, dann kann sich jeder Unterlegene mit Grund darüber beklagen, daß er er ist und kein anderer. Dann ist die Begabungsausstattung selbst, die er von Natur aus hat, gleichgültig ob sie im Vergleich mit anderen reichhaltig oder ärmlich ausgefallen ist, ein fairneßverzerrendes Merkmal. Daher ist der Egalitarismus bestrebt, alle natürlichen individuellen Merkmale, die für die Ausbildung von Karriereerwartungen und den Verlauf der Lebenskarriere bedeutsam sein könnten, zu neutralisieren und alle – nach seiner Meinung – unverdienten, weil nicht durch eigenes Handeln hervorgebrachten Verdienstansprüche zu annullieren. Wie aber soll diese Egalisierung der natürlichen Begabungs- und Fähigkeitenausstattungen vonstatten gehen? Durch die Radikalisierung des Prinzips des fairen Wettbewerbs wird die fairneßsichernde Egalisierungsstrategie auf ein Feld gelockt, auf dem keinerlei sinnvolle Gleichheitsherstellung politisch möglich ist. *Aber genau auf diesem Feld der Unmöglichkeit siedelt der radikale Egalitarist, hier errichtet er seine kontrafaktischen Konstruktionen, seine irrealen Gleichheitsszenarien, die mit einer moralischen Diskreditierung genetischer Faktizität beginnen und mit imaginären Ausgleichsverfahren ohne jede Bodenhaftung enden.* Hier werden die semantischen Chimären des egalitären Liberalismus erzeugt: die ‚moralisch willkürliche Begabungsverteilung‘, die ‚im Negativen wie im Positiven unverdienten Talentausstattungen‘, die rektifikationspflichtigen ‚natürlichen Benachteiligungen oder Privilegierungen‘, die Idee eines ‚gemeinschaftlichen Talentpools‘, die den Wohlfahrtsstaat in eine Art Treuhandgesellschaft der Verteilungsgerechtigkeit verwandelt.

Diese Konzepte sind allesamt Ausgeburten einer Metaphysik, die mit der Natur moralisch hadert und die autonomieethische Orientierung unseres neuzeitlichen moralisch-politischen Selbstverständnisses über den binnengesellschaftlichen Anwendungsbereich hinaus auf die natürlichen Vorgegebenheiten menschlichen Lebens ausdehnt und in eine naturumfassende Dekontingentisierungsstrategie ummünzt. Deren theoretische Operationalisierung führt dann zu den absonderlichen Verfahren einer neidfreien Ressourcenersteigerung oder eines imaginativen Lebenstausches. Deren praktische Realisierung hingegen würde das Gesicht unserer liberalen Ordnung unkenntlich machen. Zu welcher Egalitarismusvariante sich dann die Gerechtigkeitspolitik auch immer bekennen würde, immer würde ihre Realisierung das Ungewißheitsmanagement von Politik und Praxis durch gewißheitsuchende Technologie ersetzen, die sich entweder im Rahmen eines Informationsbeschaffungstotalitarismus um einen Huxley-Egalitarismus gleichverteilter Lebenszufriedenheit bemühen wird oder durch geeignete gentechnische Manipulation direkt gegen die fairneßhinderlichen natürlichen Hintergrundungleichheiten vorgeht. Natürliche Ungleichheit wird nur noch in dem Rahmen belassen, wie sie als Ressource, als ‚human capital‘ funktional unentbehrlich ist; und sozio-ökonomische Ungleichheit gibt es dann nur noch als Auswirkung von Sonderleistungsprämien. Freilich schrecken die Egalitaristen vor diesen politischen Konsequenzen ihrer subkutanen technizistischen Moralmetaphysik zurück. Ihre politischen Vorstellungen sind überhaupt sehr zurückhaltend und im Stimmengemurmel der Kritiker einer antiredistributiven Politik kaum vernehmbar. Das versöhnt zwar einerseits, da die politischen und moralischen Kosten einer derartigen egalitaristischen Gerechtigkeitsregie untragbar sind; andererseits aber verärgert es, da es politische Philosophie zu unverbindlicher moralsophistischer Rhetorik verkommen läßt.

5 Verdienstethische Entdramatisierung der Differenz von Natur und Freiheit

Die Unannehmbarkeit der egalitaristischen Position verlangt nach einer Revision der gerechtigkeitsethischen Würdigung der lebenserfolgsbestimmenden individuellen Eigenschaften. Es ist eine *verdienstethische Entdramatisierung der Differenz von Natur und Freiheit, von Natur und Gesellschaft* vonnöten. Bislang sind uns folgende Thesen begegnet:

1. Die pessimistische egalitaristische These:
Der Begriff des Verdienstanspruches ist sinnlos, da man sich nur durch selbstbestimmte Handlungen und eigene Leistungen Verdienstansprüche erwerben kann, natürliche Eigenschaften aber trivialerweise vorgefunden und daher immer unverdient sind, somit auch nicht als Grundlage von Verdienstansprüchen gelten können. Da aber auch Entwicklungsbereitschaft, Handlungswillen und Entschlossenheit auf kontingente und unverdiente natürliche Vorgegebenheiten und soziale Herkunfts- und Erziehungsbedingungen zurückzuführen sind, ja selbst der Charakter nicht selbst erarbeitet, sondern ein kontingentes Produkt gegebener Kräfte ist, ist auch durch individuelles Handeln kein Verdienstanspruch zu erwerben. Der Begriff des selbstmächtig erwerbbaren Verdienstanspruchs muß gänzlich fallengelassen werden, da er keine Grundlage im Charakter, im Handlungs- und Entscheidungsprogramm der Individuen vorweisen kann, die nicht kontingent und daher unverdient ist. Wenn es aber kein verdienstethisch makelloses Fundament gibt, gibt es auch keine Möglichkeit für das Individuum, sich autonom Verdienstansprüche zu erarbeiten. Damit scheidet der Verdienstbegriff als moralisch zulässiges Distributionskriterium aus. Daher muß er vollständig ersetzt werden durch den Begriff der berechtigten Erwartung, der durch die normativen Binnenverhältnisse der Gesellschaft definiert wird. A hat keinen Verdienstanspruch auf X, welche Eigenschaften er auch haben mag, welche Leistungen er auch immer erbracht haben mag. A ist aber aufgrund der Verfassung und der geltenden Gesetze berechtigt (wenn er die in den normativen Bestimmungen festgelegten Bedingungen erfüllt), X zu erwarten.

2. Die optimistische egalitaristische These:
Die optimistischen Egalitaristen sind wie die pessimistischen Egalitaristen der Überzeugung, daß die Naturausstattung der Individuen, ihre Begabungen, Talente und Fähigkeiten, keine Grundlage für den Erwerb legitimer Verdienstan-

sprüche ist. Aber anders als ihre pessimistischen Kollegen glauben sie, daß eigenverantwortliches Handeln verdienstethisch relevant ist, daß man sich durch Einsatz und Arbeitswillen Verdienstansprüche erwerben kann. Diese Position verpflichtet sie offensichtlich zu der These, daß es möglich sein muß, dort, wo die Pessimisten nur Folgen kontingenter natürlicher und sozialer Einflüsse sehen, einen Bereich reiner und verdienstethisch risikoloser Eigenverantwortlichkeit ausmachen zu können. Die optimistischen Egalitaristen vertreten einen, wie ich es nenne, Cartesianismus der Verteilungsgerechtigkeit; sie glauben, die illegitimen Ungleichheitsfolgen unverdienter Natureigenschaften klar von legitimen leistungs- und arbeitsbegründeten Verdienstansprüchen trennen zu können. Daher glauben sie auch, ein Verteilungssystem etablieren zu können, das die unverdienten, weil naturbegründeten Ungleichheitsfolgen durch Redistribution korrigiert, hingegen die verdienten, weil leistungsbegründeten Ungleichheitswirkungen von aller gesellschaftlichen Egalisierungsregie verschont und sich ungehindert entfalten läßt.

3. Die libertäre These:

Die libertäre These von der absoluten Geltung natürlicher Individualrechte impliziert, daß gesellschaftliche Strukturen nur dann Legitimität beanspruchen dürfen, wenn sie zur unverkürzten Implementierung der natürlichen Individualrechte führen. Da das Recht auf Freiheit *Self-ownership* und einen ungeschmälerten Selbstverfügungsanspruch beinhaltet, hat das Individuum einen unrelativierbaren Anspruch auf sich, seine Fähigkeiten und Talente und alles, was unter Einsatz dieser Fähigkeiten und Talente unter den gegebenen Bedingungen erwirtschaftet worden ist. Dem natürlichen Individualrechtsabsolutismus korrespondiert also ein verdienstethischer Absolutismus, der die natürliche Ausstattung der Individuen und die durch ihre Entfaltung ermöglichte Leistungskraft zur legitimen Grundlage uneinschränkbarer Verdienstansprüche erklärt.

Zweifellos ist die pessimistische egalitaristische These ihrer optimistischen Variante vorzuziehen, denn die für den Cartesianismus der Verteilungsgerechtigkeit konstitutive Unterstellung reiner, kontingenzfreier Selbstmächtigkeit ist empirisch unplausibel. Vernünftiger scheint es allemal, natürlichen wie sozialen Vorgegebenheiten einen beträchtlichen kausalen Einfluß auf Charakterbildung, Handlungsprogramm und Entscheidungsverhalten einzuräumen. Aber daraus ist nicht abzuleiten, daß der verdienstethische Pessimismus aufrechterhalten werden muß, daß das kontingente Individuum nicht Grundlage legitimer Verdienstansprüche sein kann. Wenn sich die Selbstmächtigkeit als verdienstethisches Ausgrenzungskriterium nicht halten läßt, die Selbstmächtigkeit aber aufgrund einer personentheoretischen Illusion zum Kriterium erhoben worden ist, muß der personentheoretische Illusionismus des Cartesianismus aufgehoben werden und das verdienstethische Problem in Übereinstimmung mit einer vernünftigen personentheoretischen Position abgehandelt werden. Und da bleibt nur, wie ich oben in einer Kritik der Rawlsschen kontingenzphilosophischen Dekonstruktion der Person gezeigt habe, die verdienstethische Diskreditierung der natürlichen und sozialen Bestimmungsfaktoren des Selbst rückgängig zu machen und die kontingente Person selbst zum Ausgangspunkt verdienstethischer Zurechenbarkeit zu machen. Freilich nicht auf die Weise, die die *libertarians* favorisieren, freilich nicht im Sinne einer absoluten verdienstethischen Anspruchserhebung. Der *libertarianism* wiederholt den metaethischen Fehler aller neuzeitlichen moralischen Standardtheorien;[16] er entwirft ein monistisches und absolutistisches Programm, kennt nur ein gesellschaftliches Koordinationsprinzip und nur ein Kriterium der Verteilung. Normative Theorien sollten vernünftigerweise pluralistischer Natur sein. Sie unterbieten den *common sense* an Wissen wie an Klugheit, wenn sie bei der ihnen obliegenden philosophischen Aufgabe der Ausdeutung unserer gerechtigkeitsethischen Intuitionen die Vielfalt der normativen Orientierungen und Beurteilungsgesichtspunkte monochrom reduzieren und die Schwierigkeiten der Ausbalancierung divergierender normativer Ansprüche in einer nicht-idealen Welt hinter der Fiktion eines monistischen Deduktionsprogramms verstecken.

Der von mir hier vorgestellte *Liberalismus sans phrase* vertritt eine solche pluralistisch aufgeklärte verdienstethische These. Er versucht, zwischen der libertären Scylla des verdienstethischen Absolutismus und der egalitaristischen Charybdis des institutionalistischen Absolutismus hindurchzusteuern und die moralische Berechtigung der Individuen, ihre kontingente Bestimmtheit, also ihre natürlichen Fähigkeiten und Begabungen sowie den kontingenten Verlauf ihrer Sozialisierung als legitime Grundlage für den Erwerb von Verdienstansprüchen zu betrachten und von anderen betrachtet zu sehen, mit dem Prinzip der Entwicklungschancengleichheit zum einen und der solidarischen Gewährleistung einer einkommensunabhängigen Grundversorgung zum anderen auszubalancieren. Damit komme ich also zur vierten verdienstethischen These, die einen *verdienst-ethischen Naturalismus* mit moralisch-institutionellen Rahmenbedingungen verknüpft.

4. Die liberale These:
Der verdienstethische Naturalismus besagt: Personen dürfen ihre kontingente Bestimmtheit als Grundlage für den Erwerb legitimer Verdienstansprüche betrachten. Jedoch begründen diese Verdienstansprüche kein absolutes Verteilungskriterium. Nur dann kann die kontingente Bestimmtheit der Person als Grundlage für den Erwerb legitimer Verdienstansprüche betrachtet werden, wenn zum einen ein vertikal wie horizontal hinreichend ausdifferenziertes Ausbildungssystem existiert, das allen gleiche Entwicklungschancen einräumt, und zum anderen ein System politischer Solidarität etabliert ist, das eine kollektiv finanzierte einkommensneutrale Sicherung der Grundbedürfnisse garantiert. Der Anspruch eines jeden auf den Lohn seiner Fähigkeiten und Talente, seiner Arbeit

---

16 Zu dieser metatheoretischen Insuffizienz der neuzeitlichen moralischen Standardtheorien, der deontologisch-Kantischen wie der teleologisch-utilitaristischen, vgl. „Moralphilosophie, Dezisionismus und pragmatische Rationalität", in: Kersting 1997, 353–396.

und seiner Leistung ist mit dem Recht eines jeden auf Entwicklungschancengleichheit und auf eine einkommensunabhängige Grundversorgung abzugleichen. Diesem dreifachen Anspruch kann am besten ein gesellschaftliches System gerecht werden, das eine marktförmige Belohnungsstruktur[17] mit einem allgemein zugänglichen und differenzierten Ausbildungssystem und einer bedürftigkeitsorientierten kollektiven Grundversorgung kombiniert.

Egalitaristen glauben an die Notwendigkeit einer gerechtigkeitsethischen Fortsetzung der Entwicklung von patriarchalischen, hereditären, feudalen und ständegesellschaftlichen Verteilungsmustern zur bürgerlichen Meritokratie. Sie glauben, daß ein weiterer Gerechtigkeitsfortschritt erzielt werden könnte, wenn auch die natürlichen Determinanten des bürgerlichen Leistungsverhaltens einer ausgleichenden Gerechtigkeitsregie unterworfen werden würden. Sie übersehen, daß dieser in die Natur eingreifende Hyperegalitarismus den normativen Individualismus absorbiert und sowohl die freiheitsrechtlichen wie die personentheoretischen Grundlagen des modernen Selbstverständnisses zerstört. *Die bürgerliche Meritokratie bedarf keiner egalitaristischen Optimierung.* Sie verlangt lediglich nach einer moralisch-institutionellen Stabilisierung durch ein Ausbildungssystem, das jedem gleiche Chancen auf Entwicklung seiner Fähigkeiten und Talente einräumt, und durch kollektive Sicherungssysteme, die die einschlägig Bedürftigen mit einer einkommensneutralen Grundversorgung versehen.

Interessanterweise befinde ich mich mit meinem anti-egalitaristischen verdienstethischen Naturalismus nicht nur in völliger Übereinstimmung mit den klassischen Menschenrechtskatalogen,[18] sondern auch mit zumindest dem ersten Teil der Marxschen Gerechtigkeitsformel aus der *Kritik des Gothaer Programms*. Marx hat nie daran gedacht, in der unterschiedlichen Begabungsstruktur der Menschen ein Gerechtigkeitshindernis zu sehen, das durch geeignete Kompensations- und Neutralisierungsmaßnahmen aus der Welt zu schaffen ist. Gerade die monetaristische Reduktion menschlichen Lebenserfolgs, die sich in der egalitaristischen Vorstellung einer umverteilenden Besteuerung der Begabung ausdrückt, hätte er aufgrund sei-

---

17   Natürlich besteht keine eindeutige Beziehung zwischen dem freien, durch keinerlei Diskriminierung eingeschränkten Wettbewerb voll entwickelter Talente und dem Marktsystem der materiellen Belohnung. Durch die belohnungsprägenden Auswirkungen insbesondere der Konsumenten- oder Endabnehmernachfrage kommt es in vielen Marktsegmenten, insbesondere auf dem Gebiet der Unterhaltung der Massen mit Sport und Musik zu beträchtlichen Verzerrungen. Aber das ist kein Argument gegen den meritokratischen Wettbewerb vollentwickelter Talente. Das ist aber auch kein grundsätzliches Argument gegen die These, daß kein Belohnungssystem dem meritokratischen Wettbewerb angemessener ist als das Lohnermittlungsverfahren des freien Spiels der Marktkräfte.

18   Vgl. Art.6 der Erklärung der Rechte des Menschen und Bürgers von 1798: „Das Gesetz ... soll für alle das gleiche sein, es mag beschützen oder bestrafen. Da alle Bürger vor seinen Augen gleich sind, so können sie gleichmäßig zu allen Würden, Stellen und öffentlichen Ämtern zugelassen werden auf Grund ihrer Fähigkeit und ohne anderen Unterschied als den ihrer Tugenden und Talente".

nes normativen Humanismus, der dem Perfektionismusgedanken, sei es in aristotelischer, sei es in Humboldtscher Gestalt, große Bedeutung eingeräumt hat, nie geteilt. Der Mensch hat das Recht, seine Fähigkeiten voll zu entwickeln; und die sich dadurch ergebenden Ungleichheiten der Interessen, Lebenspläne und Erfolgsaussichten sind in keiner Weise gerechtigkeitsethisch ausgleichspflichtig. In einer Gesellschaft von Menschen mit voll entwickelten und sich in alle Richtungen entfaltenden Talenten zu leben, führt zu vertieften Erfahrungen und bereichert das Leben von jedermann. Es war Marx' Überzeugung, daß mit der Etablierung der sozialistischen Gesellschaft die allgemeine menschliche Selbstentfaltung voranschreiten und die individualistische Binnendifferenzierung der Gesellschaft, die talentbegründete Ausdifferenzierung der individuellen Lebensstile und Lebenspläne zunehmen würde. Die Klassengesellschaft hat die menschliche Natur unterdrückt, ihre Entwicklung verhindert und die freie Selbsterweiterung der Personen blockiert.

6 Eine mißglückte Metapher

Daß Thomas Hobbes gesellschaftliche Interaktionen als Wettrennen gelesen hat, läßt sich angesichts seiner systematischen Voraussetzungen verständlich machen. Ist Anthropologie nur eine Spezialregion im Reich einer ,matter-in-motion'-Ontologie, die traditionelle Tugendlehre der unwissenschaftlichen Alten durch einen Wissenschaftlichkeit verbürgenden dynamischen Materialismus zu ersetzen, dann bietet menschliches Leben bei rational gesteuerter Bedürfnisdynamik zum einen und Güterknappheit zum anderen mit Notwendigkeit das Bild eines pleonektisch motivierten Wettrennens. Aber nichts kann uns zwingen, an dieser Deutung festzuhalten, denn die Befürchtung ist nur zu begründet, daß insbesondere die Konzeption des liberalen Egalitarismus in den Bann dieser Metapher geraten und bei der Explikation ihrer Gerechtigkeitsvorstellungen von der suggestiven Logik des Bildes genarrt worden ist. Unter dem Einfluß des Kompetitionsparadigmas wird die Gerechtigkeitstheorie in die Rolle eines Starters gedrängt, dessen Aufgabe darin besteht, keinen Fehlstart zuzulassen und jeden Versuch, sich auf Kosten anderer einen Vorteil zu verschaffen, zu unterbinden.

Das Leben ist sicher kein Wettrennen; und die Gerechtigkeit hat nicht die Aufgabe, die prozedurale Fairneß durch eine Neutralisierung der begünstigenden und benachteiligenden Auswirkungen im Hintergrund tätiger Ungleichheiten so weit abzustützen, daß nur noch qualifikationskausale Preisverleihungen über Berufserfolg und Lebenszufriedenheit bestimmen. Schon darum kann Gerechtigkeit nicht als sowohl prozedurale wie auch tiefenstrukturelle Wettbewerbsfairneß ausgelegt werden, weil dann weder verletzt ausscheidende Läufer noch solche, die überhaupt nicht zum Start haben antreten können, ihren Schutz genießen werden. Die durch die Wettbewerbsmetapher der Gerechtigkeitstheorie aufgezwungene Optik ist komparatistisch; würdigt die Ansprüche des einen immer nur in Beziehung zu den

Ansprüchen aller anderen und wird darum zu einer Fülle struktureller Ausgleichsmaßnahmen veranlaßt. Die Gerechtigkeit wird zum Handicapper: so wie dieser den leichteren Jockeys Bleigewichte in die Taschen schiebt, um die schweren Jockeys nicht zu benachteiligen, so muß auch die Gerechtigkeit rennerfolgsrelevante Ungleichheiten ausbügeln. Natürlich hat jeder Rennteilnehmer ein Recht auf ein faires Rennen; aber da unser Leben kein Wettbewerb ist, ist es unsinnig, soziale Gerechtigkeit als fairen Wettbewerb auszulegen.

Aber genauso wie jeder Rennteilnehmer ein Recht auf ein faires Rennen hat, weil er ein Recht hat, seine durch Natur und Training erworbenen Rennfähigkeiten frei und ungehindert zu zeigen, so hat auch jeder Mensch ein Recht, seine natürlichen Begabungen und Fähigkeiten zu entfalten. Das Menschenrecht auf Entwicklung, das autokratische Regime des Fernen Ostens erfunden haben, um dem Westen Sand in die Augen zu streuen und im Namen des Menschenrechts den Bürgern alle Individualrechte, Kommunikationsfreiheiten und politischen Partizipationsmöglichkeiten vorzuenthalten, ist ersichtlich eine rechtlich haltlose und moralisch zynische, politisch hingegen recht raffinierte Konstruktion. Aber das, was Gesellschaften aufgrund des strikt individualistischen Charakters des Menschenrechts nicht haben können, kann Individuen mit Sinn und Berechtigung zugeschrieben werden. Das grundlegende Freiheitsrecht der Individuen umfaßt nicht nur das durch rechtsstaatliche Garantien gesicherte Recht, innerhalb der Grenzen allgemeiner Gesetze in seinem Willkürgebrauch durch fremde Willkür nicht gehindert werden zu dürfen; es umfaßt auch das Recht, innerhalb dieser Grenzen auch seine Talente und Fähigkeiten entwickeln, sich vervollkommnen zu dürfen. Lebensplanung erschöpft sich nicht in einer geordneten Sequenz von Präferenzen und Handlungen. Neben diesem maximalisierungsrational rekonstruierbaren Strang gibt es auch den reflexethischen Strang: menschliches Leben birgt in sich die Möglichkeit der Selbstentwicklung, der Selbstentfaltung und der Selbsterfüllung. Ob diese dem menschlichen Leben eingeschriebene Möglichkeit Wirklichkeit wird, ob Menschen die reale Chance bekommen, ihre Potentiale auszureizen, ihre Kapazitäten zu entfalten, sich auszuprobieren, hängt von entgegenkommenden Verhältnissen ab. Ob eine Gesellschaft den Bürgern derart lebensethisch entgegenkommende Verhältnisse bieten kann, hängt von ihrer politischen Verfassung zum einen und ihrer Wirtschaftskraft zum anderen ab. Dann bestehen lebensethisch entgegenkommende Verhältnisse, wenn ein allgemein zugängliches und vertikal wie horizontal hinreichend ausdifferenziertes Erziehungs- und Ausbildungssystem besteht, in dem jedem Individuum die Chance gegeben wird, sich seiner Begabung und seinen Fähigkeiten entsprechend zu entwickeln und selbstwertsteigernde Kompetenzen zu erwerben.

Im Vergleich mit der metaphernlastigen Rede von dem Leben als Wettrennen und fairem Wettbewerb bietet diese perfektionistische Auslegung des individuellen Freiheitsrechts zum einen und die daraus ableitbare politische Verpflichtung zur institutionellen Gewährleistung allgemein-distributiver Entwicklungschancengleichheit zum anderen eine vorzugswürdige philosophische Ausdeutung der gerechtigkeitsethischen Intuition, daß die gesellschaftlichen Umstände niemanden daran hindern dürfen, sich zu entwickeln. Sie macht auch deutlich, daß Nozicks libertäre Hoffnung, sich mit dem Bild vom Wettrennen auch von den eigentumsrechtlichen Zumutungen der gesellschaftlichen Gewährleistung der Chancengleichheit befreien zu können,[19] vergeblich ist. Natürlich verlangt eine rechtsdurchsetzende Gerechtigkeit eine progressiv organisierte Besteuerung, um sich die Mittel für die Etablierung eines solchen Ausbildungssystems zu verschaffen.

7 Eine perfektionistische Deutung des Prinzips der Chancengleichheit

Wenn zwei einander diametral entgegengesetzte Positionen sich in der Ablehnung eines Prinzips einig sind, scheint dieses Prinzip kaum zu retten zu sein. Das Prinzip der Chancengleichheit hat sowohl libertären als auch kommunitaristischen Widerspruch erfahren. Den *libertarians* scheint Chancengleichheit unannehmbar, weil ihre politische Realisierung ohne Rechtsverletzungen nicht möglich ist: diese beginnen für den *libertarian* nicht erst mit den heiklen, sich über den normativen Individualismus hinwegsetzenden Maßnahmen der *affirmative action*-Programme und Quotierungspolitik, sondern bereits dann, wenn Steuern für die Finanzierung eines allseits zugänglichen Erziehungs- und Ausbildungssystems erhoben werden. Immer dann, das ist die Konsequenz des libertären Absolutismus der *property rights*, wenn eine institutionelle Substruktur eingerichtet werden muß, die das spontane Geflecht absoluter Eigentumsrechte schon allein darum verletzt, weil seine Finanzierung ein über rechtsstaatliche Selbsterhaltung hinausgehendes Steueraufkommen verlangt, ist die Legitimitätsgrenze überschritten: „no one has a right to something whose realization requires certain uses of things and activities that other people have rights and entitlements over".[20] Und zweifellos verlangt die Gewährleistung von Chancengleichheit eine solche, die bestehende Ordnung von *property rights* relativierende institutionelle Substruktur.

Die *libertarians* lehnen die Metapher vom Wettrennen nur darum ab, weil sie befürchten, daß die Bemühungen um Fairneß die spontanen Austauschhandlungen

---

19 Sie zeigt auch, daß der ganze von böswilligem Mißverstehen genährte Ridikülisierungsaufwand, den Nozick betreibt, um den Fairneß/Unfairneß-Diskurs der Freunde der „equality of opportunity" unglaubhaft zu machen, überflüssig und deplaciert ist. Natürlich haben die Anhänger der Chancengleichheit und des fairen Wettbewerbs nie gemeint, daß ich einen unfairen Vorteil erhalten habe, als meine spätere Frau mich meinem Konkurrenten vorgezogen hat, und ich zusammen mit der steuerzahlenden Allgemeinheit ihn wegen meines Besitzes und seines Nicht-Besitzes der die Wahl meiner Frau bestimmenden Eigenschaften entschädigen müßte — etwa, da müßte man dann meine Frau fragen, durch kosmetische Operationen und Intelligenzschulung und ethische Unterweisung. Vgl. Nozick 1974, 235ff.

20 Nozick 1974, 238.

des Systems der *property rights* stören. Sie sind nicht grundsätzlich gegen eine Interpretation eingestellt, die gesellschaftliche Interaktionen nach dem Vorbild von Konkurrenz und Wettbewerb auslegt. Das gilt aber für die Kommunitaristen. Diese lehnen das Prinzip der Chancengleichheit ab, weil Chancengleichheit mit der Vorstellung eines fairen Wettbewerbs eng verbunden ist und die Lebensgestaltung der Individuen ausschließlich unter der egozentrischen Perspektive der Nutzenmaximierung betrachtet. Das Prinzip der Chancengleichheit ist von der „marketplace mentality" durchdrungen; es beschreitet den falschen Weg der Bekämpfung der Ungleichheit, weil es das liberale System bestärkt, anstatt es zu überwinden. Ungleichheit entschärfende Gerechtigkeit verdankt sich im Rahmen des Chancengleichheitsprinzips allein egoistischen Interessenlagen, nicht jedoch bürgerlicher Solidarität. „The rules of the game remain the same: The fundamental character of the social-economic system is unaltered. All that happens is that individuals are given the chance to struggle up the social ladder, change their position on it, and step on the fingers of those beneath them."[21]

Aber weder die libertäre noch die kommunitaristische Kritik treffen die perfektionistische Version der Chancengleichheit, die ich oben skizziert habe. Der Absolutismus der *property rights* ist eine überaus idiosynkratische und mitnichten allgemein anerkennungsfähige Interpretation der individualistischen Rechtsgrammatik unserer liberalen ordnungspolitischen Grundvorstellungen. Daher vermag auch der Einwand der Rechtsverletzung nicht das perfektionistische Chancengleichheitsprinzip zu treffen, da es keinesfalls ausgemacht ist, daß seine institutionelle Gewährleistung rechtsverletzende Auswirkung hat. Ich habe in meiner Nozick-Kritik Argumente dafür vorgebracht, daß die kollektive Gewährleistung eines Systems gleicher Entwicklungschancen freiheitsermöglichende Bedeutung besitzt und mit dem liberalen Ideal selbstverantwortlicher Lebensführung in Übereinstimmung steht, somit das wechselseitige menschenrechtliche Anerkennungsverhältnis durchaus die moralische Verpflichtung in sich birgt, eine Gesellschaft zu errichten, die jedem eine gleiche Entwicklungschance nicht nur rechtlich einräumt, sondern auch institutionell befördert. Dieses Argument unterminiert auch die kommunitaristische Kritik des Prinzips der Chancengleichheit. Ohne jeden Zweifel ist das perfektionistische Prinzip der Chancengleichheit individualistischer Natur. Und wenn der Kommunitarismus den Individualismus als solchen ablehnt, wird man auch nicht mit einer perfektionistischen Ausdeutung des Chancengleichheitsprinzips gegen ihn argumentieren können.

Jedoch kann man mit einem perfektionistischen Chancengleichheitsprinzip gegen seine kurzschlüssige Verbindung von Chancengleichheit, Egoismus und Kompetitionismus argumentieren, denn nicht darum ist Chancengleichheit notwendig, um die Position der Individuen im Wettrennen um knappe und begehrte Güter gegenüber anderen zu verbessern, sondern weil jeder Mensch ein Recht hat,

---

21   Schaar 1997, 141f.

ein selbstbestimmtes, eigenverantwortliches und gelingendes Leben zu führen, und für jedermann ein Leben rational und moralisch vorzugswürdig ist, in dem sich die angeborenen Fähigkeiten entwickeln und bewähren und die natürlichen Begabungen entfalten und beweisen können.[22] Nicht darum geht es, die eigene Position gegenüber anderen zu verbessern, sondern seine Anlagen, Kapazitäten und Potentiale zu optimieren und sich so selbst zu erweitern und in einer Gesellschaft zu leben, von der erwartet werden kann, daß zwischen dem Lebenserfolg der Bürger zum einen und ihrer Selbstentwicklungsbereitschaft und den von ihnen erbrachten Leistungen zum anderen eine signifikante Beziehung besteht. Daß sich angesichts einer begrenzten Anzahl von begehrten und gesellschaftlich angesehenen Positionen Fähigkeitenentwicklung und Begabungsentfaltung als vorteilhaft erweisen können, somit der von Natur aus Talentiertere nach Wegräumung aller Entwicklungshindernisse und diskriminierungsbedingten Benachteiligungen bessere gesellschaftliche Karrierebedingungen vorfindet, ist eine Folge, jedoch nicht das Ziel des perfektionistischen Prinzips der Chancengleichheit.

---

22 Selbst Rawls ist trotz all seiner kompetitiven Rhetorik der Privilegierung und Benachteiligung der Überzeugung, daß ein Ausbildungssystem nicht nur ein Erfolgschancenmehrungsprogramm zu verfolgen hat, sondern auch und vor allem dem Anspruch eines jeden auf Begabungsentwicklung und perfektionistische Selbststeigerung gerecht werden muß. Daß sich ein solches System auch wirtschaftlich als nützlich erweist, ist evident, steht aber auf einem anderen Blatt. „Resources for education are not to be allotted solely or necessarily mainly according to their return as estimated in productive trained abilities, but also according to their worth in enriching the personal and social life of citizens, including here the less favored. As a society progresses the latter consideration becomes increasingly more important" (Rawls 1971, 107).

VIII Liberalismus *sans phrase* II:
Politische Solidarität und Eigenverantwortung

1 Ein Paradigmenwechsel

„Beyond equality of democratic citizenship, the political ideal of egalitarianism encompasses something further. Every nation of the world is divided into haves and have-nots. In industrially advanced market economies, some persons live spectacularly well, some moderately well, some stagnate in poverty. The gap between the life prospects of the best-off and the worst-off individuals, in terms of wealth, income, education, access to medical care, employment and leisure-time options, and any other index of well-being one might care to name, is enormous. If one makes comparisons across rich and poor nations, the gap between best off and worst off is vastly increased. Confronting these disparities, the egalitarian holds that it would be a morally better state of affairs if everyone enjoyed the same level of social and economic benefits."[1]

Der Egalitarismus ist die moralisch falsche Antwort auf eine moralisch richtige Diagnose. Sicherlich ist ein Zustand, in dem Armut, Elend, Not, Analphabetismus, medizinische Unterversorgung herrschen, ein moralisch unhaltbarer Zustand. Aber aus der moralischen Unzulässigkeit eines Zustandes eklatanter Unterversorgung ist nicht die moralische Vorzugswürdigkeit eines Zustandes gleicher Versorgung mit sozialen und ökonomischen Gütern ableitbar. Vorzugswürdig ist ein Zustand der Gleichversorgung allenfalls, weil er Unterversorgung verhindert, nicht aber weil er Gleichheit verwirklicht. Keinesfalls ist die Egalisierung der Versorgungssituation die moralisch vorzugswürdige Antwort auf Unterversorgung. Der Egalitarist mißdeutet den Grund unserer moralischen Kritik drastischer unterversorgungsbedingter Lebensqualitätseinbußen; er meint, daß unsere moralische Empörung durch Ungleichheit ausgelöst wird, daß sie von der Überzeugung geleitet wird, daß jeder einen gleichen Anspruch auf einen gleichen Anteil an den sozialen und ökonomischen Gütern habe. Das ist jedoch ein Irrtum. Die egalitäre Verteilungsgerechtigkeit, die der Egalitarismus aus der basalen menschenrechtlichen Gleichheit ableiten möchte, ist nicht aufrechtzuerhalten. Und eine Politik, die sich der Verwirklichung dieses Anspruchs widmet, besitzt keine Legitimität.

Der philosophische Versuch, den Sozialstaat als Verwirklichung egalitärer Verteilungsgerechtigkeit auszulegen, ist gescheitert. Unser ebenso ausführlicher wie kritischer Durchgang durch die Bemühungen des liberalen Egalitarismus hat gezeigt, daß von Hayeks Skepsis ohne jede Einschränkung berechtigt ist. *Der Begriff der Verteilungsgerechtigkeit ist weder ein notwendiger Legitimationsbegriff noch ein sinnvoller Orientierungsbegriff politischen Handelns und gesellschaftlicher Gestaltung.* Aus der normativen Grammatik unserer politisch-kulturellen Selbstverständigung läßt sich kein Ge-

---

1 Arneson 1993, 489.

rechtigkeitsauftrag zum Ausgleich von Ressourcenabständen, zur redistributiven Maximierung des sozialen Minimums oder gar zur Sicherung gleicher Wohlfahrt gewinnen. Keine argumentative Brücke führt vom normativen Individualismus des Natur- und Menschenrechts zum individuellen Recht auf einen gleichen, arbeits- und leistungsunabhängigen Ressourcen- oder Wohlfahrtsanteil. Der Egalitarismus des *common sense* ist ausschließlich ein Egalitarismus des Rechts und der institutionellen Bereitstellung von Ausbildungs- und Entwicklungschancen; die weit umfangreichere egalitaristische Liste der Equalisanda hingegen unterschreibt er nicht. Die ihm von der Philosophie unterbreiteten Explikationsangebote weist er zurück, die vorgeschlagenen Egalisierungsprogramme lehnt er entschieden ab.

Aber aus der makrosoziologischen Unanwendbarkeit und institutionen- und politikethischen Unbrauchbarkeit des Begriffs der Verteilungsgerechtigkeit ist nicht die Unbegründbarkeit des Sozialstaats ableitbar. Das Scheitern konstitutioneller Verteilungsgerechtigkeit impliziert nicht, staatliches Handeln auf Einrichtung und Pflege von Markt- und Rechtsordnung einzuschränken. *Es gibt kein legitimatorisches Junktim zwischen Verteilungsgerechtigkeit und Sozialstaat.* Daher muß die politische Philosophie des Sozialstaats darauf verzichten, ihre begründungstheoretischen Überlegungen auf den Begriff der Verteilungsgerechtigkeit zu stützen. *Auch jenseits der Verteilungsgerechtigkeit gibt es gute normative Gründe für Sozialstaat und soziale Marktwirtschaft.* Um sie zu finden, bedarf es freilich eines Paradigmenwechsels, eines Wechsels vom Paradigma der Verteilungsgerechtigkeit zum Paradigma der Solidarität.

Der Sozialstaat ist keine Maschine der Verteilungsgerechtigkeit, er ist Ausdruck der kollektiven Solidarität einer politischen Gemeinschaft. Er ist in der menschlichen Bedürftigkeit zum einen und in den Erfordernissen einer materialen Minimalausstattung bürgerlicher Lebensführung zum anderen begründet, nicht in einem menschenrechtlich-egalitären Anspruch auf einen fairen Anteil an dem von Individuen unter Einsatz ihrer kontingenten natürlichen und sozialen Ressourcen erwirtschafteten Kooperationsmehrwert. Er etabliert einen Verteilungsmodus, der von keinerlei Gleichheitsmetrik regiert wird. Was in der politischen Rhetorik der Parteien und Interessenverbände semantisch verschliffen wird, ist in der philosophischen Begründungsargumentation klar zu trennen. Es ist ein beträchtlicher Unterschied, ob die staatlichen Transferleistungen bedürftigkeitsorientierte Reaktionen sind oder der programmatischen Aufgabe der Gerechtigkeitsherstellung dienen, ob sie auf okkasionelle Versorgungsdefizite reagieren oder auf die Herbeiführung einer egalitären Versorgungsstruktur gerichtet sind, ob sie sich mitbürgerlicher Anteilnahme verdanken oder Individuen zuteil werden lassen, was ihnen aufgrund moralischer, vorpolitischer Gleichheit zukommen soll. Im Solidaritätsfall ist der Sozialstaat die effektive kollektive Organisation mitbürgerlicher Hilfsbereitschaft. Der solidaritätsethisch begründete Sozialstaat reagiert im Rahmen verrechtlichter Anspruchsgrundlagen und Auszahlungsverpflichtungen auf definierte Bedürfnisse. Im Gerechtigkeitsfall ist der Sozialstaat hingegen das Mittel, jedem das zukommen zu lassen, was ihm von Gerechtigkeits wegen zustehen würde.

Auch der solidaritätsethisch begründete Sozialstaat stützt sich auf ein System der Wohlfahrtsrechte. Er ist rechtsförmig verfaßt, aber nicht weil er vor-positives Recht konkretisiert, Verteilungsgerechtigkeit positiviert, sondern weil er Solidarität operationalisiert: er standardisiert die Bedürftigkeit und das bürgerethische Versorgungsminimum und gibt dem in ihnen begründeten *moralischen* Anspruch auf Hilfe und Solidarität eine sowohl rechtliche wie politische Form. Da diese Wohlfahrtsrechte nichts mit naturrechtlichen Ansprüchen auf Ressourcengleichheit oder einem gerechten Anteil an den kooperativ erwirtschafteten Gütern zu tun haben, bedarf es folglich auch nicht des für die an Rechtsformen und Gerechtigkeitsmustern interessierte Legitimationsepistemologie des egalitären Liberalismus so charakteristischen Einsatzes von imaginären Verträgen, Auktionen und Versicherungsmodellen. Denn es bedarf nicht der Konstruktion einer egalitären Startlinie, einer kontingenzfreien Ausgangsposition, die den kontrafaktischen Maßstab für die gerechtigkeitsethische Vermessung der an Gleichheitsabweichungen so reichen Wirklichkeit liefert. Gelingende Wohlfahrtsstaatsbegründung stützt sich auf politische Solidarität, stellt damit den Wohlfahrtsstaat in die Tradition der Solidarität und Hilfeleistung. *Während das vom egalitären Liberalismus entwickelte Konzept der Wohlfahrtsstaatsbegründung den Staat als Instrument egalitärer Gerechtigkeit ansieht und die egalitäre Gerechtigkeit in der Verteilung zudem als konsequente Ausdehnung menschenrechtlicher Gleichheit auf den Bereich der Güterversorgung versteht, führt der sich politischer Solidarität verdankende Wohlfahrtsstaat seine Leistung auf einen politischen Entschluß zu kollektiver Unterstützung bedürftiger Bürger zurück.* Gerade durch den Übergang von der Solidaritätsfundierung zur Gerechtigkeitsbegründung entstehen die Schwierigkeiten mit dem Gleichheitsbegriff, die die egalitären Liberalen geradezu zu Gleichheitsmathematikern machen, die sich in ihre metrischen Basteleien immer dichter einspinnen und jeden Kontakt zu den moralischen Intuitionen des *common sense* bereits verloren haben.

2 Sozialstaatsinterne Gerechtigkeitsprobleme: Ausbildungsfinanzierung und Rentensicherung

Um einem naheliegenden Mißverständnis entgegenzutreten, möchte ich noch einmal darauf aufmerksam machen, daß ich hier von der Verteilungsgerechtigkeit ausschließlich im Sinne eines sozialstaatlichen Legitimationsbegriffs rede. Ich wende mich nicht gegen den Begriff der Verteilungsgerechtigkeit als solchen. Ich behaupte nur, daß er auf das Gesellschaftsganze, auf die gesellschaftliche Grundverfassung als ganze sinnvoll nicht angewandt werden kann und daß das vom liberalen Egalitarismus zu seiner Explikation entworfene sozialstaatliche Programm der Dekontingentisierung lebenskarriererelevanter sozialer und natürlicher Zufälligkeiten theoretisch inkonsistent und politisch desaströs ist. Der Sozialstaat muß anders, er muß politisch begründet, als organisierte politische Solidarität ausgelegt und von der Hypothek gerechtigkeitsethischer Kontingenzkorrekturen entlastet werden. Das heißt aber nicht, daß der Begriff der Verteilungsgerechtigkeit oder sozialen

Gerechtigkeit grundsätzlich ausgemustert werden sollte, daß es innerhalb der politischen Welt keine Zuständigkeitszonen für ihn gibt. Er muß nur aus dem Kontext herausgenommen werden, in den ihn die Konstruktionen des egalitären Liberalismus gestellt haben, und auf die einzelnen Verteilungsregionen *innerhalb* des leistungsvielfältigen Sozialstaats angewandt werden. Hier finden sich viele sozialstaatsinterne, regionale Gerechtigkeitsprobleme. Denn überall da, wo Kosten und Nutzen, Lasten und Vorteile in ein prekäres Verhältnis treten, ist es sinnvoll und moralisch geboten, nach einer gerechten Verteilung zu fragen. Und es bereitet nicht allzu große Schwierigkeiten, beispielsweise sowohl unser Alterssicherungssystem als etwa auch die staatliche Bildungsfinanzierung hierzulande als eklatant ungerecht, und zwar ungerecht im Sinne einer fundamentalen, die Balance von Beitragszahler und Nutznießer bewachenden Verteilungsgerechtigkeit zu entlarven.

In beiden Fällen haben wir gerechtigkeitsethisch kontraintuitive, ja geradezu ausbeutungsverdächtige Umverteilungen vor uns, einmal von den Jungen zu den Alten, das andere Mal von unten nach oben. Einmal müssen immer weniger Beitragszahler für immer größere Rentenzahlungen aufkommen, gerät der Generationenvertrag in eine ethisch bedenkliche Schieflage. Zum anderen lassen sich Akademiker den Erwerb höherer Bildung, höherer Lebenseinkommen und größerer Arbeitsplatzsicherheit durch die Steuerzahlungen von Nicht-Akademikern und ungelernten Arbeitskräften subventionieren, ohne daß auch nur im geringsten daran zu denken wäre, daß durch die spätere höhere Steuerbelastung die Akademiker auf indirektem Wege das in ihre Bildung und Lebenskarrieren investierte Steuergeld an die Allgemeinheit zurückzahlen würden, wie immer wieder behauptet wird und längst empirisch widerlegt ist. Hier gibt keine Allgemeinheit einen Kredit, der später an sie zurückgezahlt wird und der distributiv vorteilhaft ist, da alle aufgrund der allgemeinökonomischen Nützlichkeit hinreichender Humankapitalinvestitionen von ihm profitieren. Hier wird schlicht ein staatliches Bildungsfinanzierungssystem zur ungerechten Umverteilung von unten nach oben benutzt. In beiden Fällen ist der ungerechtigkeitsverursachende Faktor schnell erkannt und das Mittel zur Behebung des Gerechtigkeitsmangels ebenso schnell gefunden: sowohl die Finanzierung der Altersversorgung als auch die Ausbildungsfinanzierung müssen umgestellt werden und in weiten Teilen der Eigenverantwortung des Nutznießers übertragen und auf geeignete marktförmige Instrumente gestützt werden.

Von den diversen Faktoren, die den Altersüberhang, der das Rentensystem unter sich zu begraben droht, verursachen, zieht insbesondere die kinderunwilligkeitsbedingte Veränderung der Gültigkeitsvoraussetzung des Generationenvertrages die gerechtigkeitsethische Aufmerksamkeit auf sich. Die Gültigkeitsvoraussetzung des rentenpolitischen Generationenvertrags ist die Identität von Beitragsgeber und Leistungsnehmer. Nur unter dieser Voraussetzung wird der gerechtigkeitsheuristische Vertrag der Rationalegoisten geschlossen. Eine Abweichung von dieser demographischen Generationenbalance, die zur Verringerung der Leistungsnehmergruppe führen würde, hätte eine Beitragssenkung zur Folge. Würde hingegen die Abweichung zu einer Verringerung der Beitragszahlergruppe führen, dann würden

diese den Vertrag vernünftigerweise aufkündigen und eine Umstellung des Rentensystems auf private und kapitalgedeckte Alterssicherung verlangen. Genau dann wird die Generationenbalance beschädigt, wenn Kinderunwilligkeit sich in signifikantem Maße breit macht. Denn im Lichte eines generationenvertraglich finanzierten kollektiven Rentensystems ist Kinderunwilligkeit einseitig-verdeckte Vertragskündigung. Das kinderunwillige Ehepaar durchbricht das Prinzip der generationenverschobenen Identität von Beitragszahler und Leistungsnehmer, läßt den generationenvertraglichen Staffelstab fallen. Die Ausbeutungsmarge, die durch Kinderunwilligkeit erzielt werden kann, ist beträchtlich. Das kinderunwillige Ehepaar ist ein rentenpolitischer *free rider*: es befreit sich nicht nur selbst von den Kosten, Beitragszahler heranzuziehen, die mit Erreichen des rentenfähigen Alters seine Beitragszahlung fortsetzen und so seine Rentenzahlung sichern. Es läßt sich zudem seine inzwischen gestiegene, da als Lohnersatz betrachtete und somit der Wachstumsdynamik angepaßte Rente von fremden Beitragszahlern finanzieren, zumindest den nicht unerheblichen Teil, der über die von ihm selbst eingezahlte Beitragssumme hinausgeht. Auf der anderen Seite haben wir die schrumpfende Zahl der Beitragszahler, die für die Renten aller, einschließlich der kinderunwilligen Ehepaare aufkommen müssen, und sicher sein können, daß durch die demographischen Tendenzen ihre eigenen Renten nicht mehr gesichert sein können und alle Politiker, die Gegenteiliges behaupten, die Unwahrheit sagen.

Aber nicht nur die kommenden Beitragszahler werden durch Kinderunwilligkeit geschädigt, auch die zeitgenössischen Kinderwilligen. Denn nicht nur geraten sie durch die Kosten der Aufzucht in schweren ökonomischen Nachteil, auch mag die kindererziehende Mutter sich um eine Karriere gebracht sehen, die der kinderunwilligen Freundin, Schwester oder Nachbarin ökonomischen Erfolg, ethische Befriedigung und überdies eine Rentenanwartschaft einbringt. Man schlage sich hier nicht auf die Seite Hegels, der Kants kontraktualistische Deutung der Ehe als unsittliche Barbarei beschimpft hat; man wende also nicht ein, daß eine solche Überlegung kruden Ökonomismus und ethische Taktlosigkeit beweise und die Mühen der Kinderaufzucht ihren eigenen Lohn und Gewinn in sich tragen würden, der nicht mit Gold und Geld aufzuwiegen wäre. So vermögen sich die der rentenpolitisch wie generationenvertraglich höchst problematischen Gruppe der „Dinks" Zugehörigen zu Opfern zu machen, die ihre strukturelle ökonomische Besserstellung gegenüber den demographischen Erfüllern des Generationenvertrags noch als gerechtigkeitsethisch verdiente Kompensation für entgangene Kinderaufzuchtfreuden ausgeben. Die Einführung der elternethischen Währung dient hier nur der Irreführung. Gerade die nüchterne ökonomische Betrachtungsweise schärft hier den gerechtigkeitsethischen Blick und legt die Ausbeutungsverhältnisse offen. *Das bestehende Rentensystem ist aufgrund der seit langem wirksamen und niemandem verborgen gebliebenen demographischen Entwicklung eine organisierte Ausbeutung der Jungen durch die Alten.* Und irgendwann werden die Vernebelungsversuche der aus allen Parteien stammenden Konstrukteure dieses eklatant ungerechten Systems nichts mehr fruchten und die Jungen den Generationenvertrag kündigen.

In der Tat ist es unverständlich, wie eine Politik, die unablässig ihre Sorge um soziale Gerechtigkeit bekundet, mit dem gerechtigkeitssensitiven Kriterium der Kinderlosigkeit umgeht. Denn um den Generationenvertrag sowohl ökonomisch wie gerechtigkeitsethisch zu retten, muß Kinderlosigkeit notwendigerweise mit beitragsökonomischen Zusatzzahlungen belastet werden. Der ökonomische Gewinn, den das kinderlose Ehepaar im Vergleich zu dem kinderwilligen Ehepaar erzielt, muß, da das kinderlose Ehepaar ja selbstverständlicher Rentenleistungsnehmer sein wird und daher auch Solidaritätspflichten als Mitglied des Generationenvertrags hat, durch entsprechende Ausgleichszahlungen kompensiert werden. Diese Doppelforderung der Sozialstaatsökonomie und Gerechtigkeit ist jedoch von der Politik mißachtet worden. Das kinderlose Ehepaar kann sich bis heute des ökonomischen Kinderlosigkeitsgewinns erfreuen und zusätzlich eine doppelte Rentenanwartschaft erwerben. Es liegt auf der Hand, daß diese Unsolidarität zu einer beträchtlichen Ungleichverteilung der Lasten führt und damit die Generationenvertragsgerechtigkeit als Illusion und sozialstaatsideologisches Konstrukt entlarvt.

3 Drei Klassen sozialer Normen

Es ist sinnvoll, drei Klassen sozialer Normen in der Moral zu unterscheiden: die Normen der Gerechtigkeit; die Normen der Hilfeleistung; und die Normen der Solidarität. Normen der Gerechtigkeit sind der objektive Ausdruck individueller Rechtspflichten, die ihren Grund in komplementären individuellen Rechten besitzen. Sehen wir von einem positiven Rechtssystem komplementärer Berechtigungen und Verpflichtungen ab, setzen wir ein egalitaristisches menschenrechtliches Fundament als Legitimationsgrundlage aller positiven Gesetzgebung voraus, dann formulieren Gerechtigkeitsnormen eben die Recht- und Pflicht-Komplementaritäten, die Menschen als Menschen zugeschrieben werden. Es genügt, daß jemand von menschlicher Art im biologischen Sinn ist, damit wir ihm Rechte und Pflichten im Sinn menschenrechtlich-egalitaristischer Gerechtigkeitsnormen zuschreiben. Jede Strategie, unter Berufung auf irgendwelche empirische Distinktionsmerkmale ungleiche Rechtszuschreibungen vorzunehmen und den Kranz der zugeschriebenen Rechte zu vermindern und von seinen politischen Implikationen loszukoppeln, ist als eklatante Menschenrechtsverletzung zu verwerfen. Derart menschenrechtliche Gerechtigkeitsnormen sind also unüberbietbar inklusiv; sie verpflichten jedermann gegenüber jedermann und würden, gäbe es ihn denn, auch im Naturzustand die sozial ungebundenen Individuen rechtlich verpflichten. Regeln der Gerechtigkeit gelten bedingungslos: ihre verpflichtende Wirkung ist allein von der trivialen Voraussetzung des biologischen Menschseins abhängig. Darüber hinaus eignet ihnen epistemologische Transparenz: jedermann weiß zu jedem Zeitpunkt und an jedem Ort, wem gegenüber er was zu tun hat, wenn er die Gerechtigkeitsnormen erfüllen will. Diese epistemologische Transparenz ist die Konsequenz ihrer vollständigen

Bestimmtheit; und diese hinwiederum hat ihren Grund in der Negativität der Gerechtigkeitsnormen. Gerechtigkeitsnormen sind Normen negativer Zwischenmenschlichkeit: sie werden durch Vermeidungshandlungen erfüllt. Wir wissen, was wir zu tun haben, wenn wir das Tötungsverbot erfüllen wollen; und vorausgesetzt, wir wollen es, dann bedarf es keiner gesonderten ausführungsgünstigen Voraussetzungen subjektiver und objektiver Art, um es wirksam zu erfüllen; insbesondere ist keinerlei praktisches Durchführungswissen vonnöten, auch benötigen wir keinerlei Information über denjenigen, dessen fundamentales Recht wir respektieren, indem wir ihn nicht töten oder verletzen oder einsperren.

Normen der Hilfeleistung hingegen verlangen Begehungshandlungen. Während Normen der Gerechtigkeit situationsunabhängige Handlungsregeln sind, sind Normen der Hilfeleistung situationsgebundene Handlungsregeln. Not und Elend anderer bilden ihre Anwendungsbedingung. Ihr Adressat ist nicht der handlungsfähige, durch seine Handlungen die Handlungen anderer beeinträchtigende Mensch, sondern der bedürftige Mensch. Sie verpflichten aber ebenfalls jeden Menschen gegenüber jedem Menschen: jeder Mensch hat die Pflicht, jeden in Not geratenen Mitmenschen zu helfen, insbesondere ihn vor dem Tod zu retten und am Leben zu erhalten; und jeder Mensch hat den moralischen Anspruch auf die Hilfe derjenigen Mitmenschen, die zur Hilfe fähig und in der Lage sind. Auch die Norm der Hilfeleistung ist unüberbietbar inklusiv; ihre Verpflichtungsreichweite kann sogar über die Gattungsgrenze des Humanen ausgedehnt werden und die empfindungsfähige Tierwelt mit umfassen. Es gibt keinen Grund, Vernunftbesitz zum Kriterium eines moralischen Anspruchs auf menschliche Hilfeleistungen zu machen. Normen der Hilfeleistung erreichen als situationsbedingte Normen nicht den Bestimmtheitsgrad der Gerechtigkeitsnormen; sie besitzen folglich nicht deren epistemologische Transparenz. In gleichen Situationen kann die Erfüllung dieser Normen durch Verschiedene sich in verschiedenen Handlungen ausdrücken; das hängt von den Fähigkeiten und Mitteln ab, die die Individuen für Hilfeleistungen einzusetzen vermögen. Das hängt aber auch von der semantischen Offenheit des Begriffs der Not, des Elends, der Hilfebedürftigkeit ab; neben einem unstrittigen Kernbereich der Ersten Hilfe, der Todesabwehr, Wundenversorgung, Lebenserhaltung und Gesundheitswiederherstellung gibt es strittige Zonen der Zweiten Hilfe und der Dritten Hilfe.

Der Begriff der Not hat viele Facetten, ist kulturimprägniert, sozial codiert und abhängig von dem materiellen Anspruchsniveau einer Gesellschaft. Wird der Bereich der natürlichen, die Erhaltungsbedingungen des menschlichen Organismus verletzenden Not verlassen, verliert die Situation die Eindeutigkeit, die existentiellen Grenzsituationen eigen ist. In erhaltungsriskanten Grenzsituationen gibt es keinen Interpretationsspielraum; hier herrscht der schlichte Imperativ der wahrgenommenen Not. Mit dem Erreichen der sozialen Not beginnt jedoch das interpretierende Ermessen, kommen die diversen sozialen Codes ins Spiel; beginnt die Mechanik elendsdefinierender Komparatistik. Da kann eine Schlechterstellung zum Zeitpunkt t_2 durchaus eine Besserstellung im Vergleich mit den Zuständen zum Zeitpunkt t_1 sein, aber in dem synchronen Vergleich erzeugt der Befund der Schlechterstellung

eine neue Elendssituation, auf die eine zeitgemäße Hilfeleistung sich einzustellen hat. Verschlechtert sich die Ressourcensituation, dann werden die Not- und Elendsdefinitionen wieder strenger; dann gerät das Niveau kulturrelativer, wohlstandsindizierter Unterstützungsbereitschaft unter den Druck des Kriteriums realer Bedürftigkeit. Aber im Kern dieses gegen seinen Rand vielfältig sozial abgeschatteten Feldes der Hilfeverpflichtung liegt der interpretationsentzogene Bereich fundamentaler natürlicher Bedürftigkeit. Wenn nun überdies die Hilfe nicht von Individuen freiwillig geleistet wird, sondern staatlicher Natur ist, vom Steueraufkommen finanziert, dann spitzen sich die durch die semantische Unklarheit des Hilfebegriffs bedingten Bestimmungsprobleme noch zu. Im Schutz der epistemologischen Undurchsichtigkeit der Erfüllungsbedingungen der Hilfe- und Solidaritätsnorm finden dann die interessen- und machtpolitischen Auseinandersetzungen der gesellschaftlichen Gruppen, Parteien und Großverbände um die Festlegung des sozialen Minimums und die Basisausstattung eines einigermaßen anständigen und erniedrigungsfreien bürgerlichen Lebens statt.

Gerechtigkeitsnormen sind ebenso wie die Normen der Hilfeleistung universalistischer Natur. Sie verpflichten menschliche Individuen als menschliche Individuen und konstituieren eine universell-inklusive Verpflichtungssymmetrie zwischen Menschen als Menschen. Solidaritätsnormen sind hingegen partikularistischer Natur. Sie verpflichten nicht menschliche Individuen als menschliche Individuen, sondern als Mitglieder einer bestimmten sozialen Gemeinschaft; sie konstituieren somit auch keine inklusive Verpflichtungssymmetrie zwischen Menschen als Menschen, sondern nur eine partikular-exklusive Verpflichtungssymmetrie zwischen den Mitgliedern einer bestimmten Gemeinschaft; zwischen diesen und den anderen, den Nicht-Gemeinschaftsmitgliedern, besteht hingegen ein Verhältnis der ethischen Asymmetrie. Das, was man den Normen der Solidaritätsmoral gemäß als Gemeinschaftsmitglied den Mitgliedern seiner Gemeinschaft schuldet, schuldet man gerade nicht Fremden. Wir gehören vielen Gemeinschaften an, vorgefundenen, sich ereignenden, gewählten. Jede dieser Gemeinschaften hat ihr eigenes Obligationsprofil; jede dieser Gemeinschaften zieht eine andere Grenze zwischen dem Eigenen und dem Fremden. Die Solidaritätsmoral ist also in sich mehrfach gestuft; sie kennt folglich nicht nur den externen Konflikt mit den Regeln der universalistischen Gerechtigkeitsmoral, sie kennt auch den internen Konflikt, den Streit im eigenen Haus, wenn die einzelnen Gruppenloyalitäten kollidieren.

4 Verteilungsgerechtigkeit und Gleichheit

Das Paradigma der politischen Solidarität ist von mir eingeführt worden, weil ich einen normativen Kurs steuern will, der zwischen der Scylla egalitär-distributiver Gerechtigkeitsillusionen und der Charybdis libertärer Sozialstaatsablehnung hindurchführt. Die untersuchten Konzeptionen des egalitären Liberalismus haben viele philosophische, methodologische und politische Schwächen offenbart. Vor allem aber haben sie gezeigt, daß ein gerechtigkeitskonsequenter und rechtsimmanenter Übergang von den grundlegenden individuellen egalitären Rechtspositionen der Individuen und den in ihnen begründeten reziproken Anerkennungsverhältnissen zu einer in individuellen Ansprüchen auf gleiche Ressourcen oder Wohlfahrtschancen begründeten Ordnung der Verteilungsgerechtigkeit nicht gelungen ist. Damit fällt alles Verteilungshandeln, das sich der Einlösung dieser egalitären Ansprüche widmet, unter das Verdikt der Illegitimität. Ein redistributiver Sozialstaat ist nicht als Implementierung von Verteilungsgerechtigkeit begründbar. Der Übergang von der Egalität immaterieller Güter zur Egalität materieller Güter ist prekär. Während sich das menschenrechtliche Grundverhältnis der wechselseitigen Anerkennung der Freien und Gleichen individualrechtlich als Rechtsgleichheit und Mitwirkungsgleichheit ausdrückt und ordnungspolitisch als Rechtsstaat und Demokratie institutionalisiert, vermag eine materiale Anspruchsgleichheit, die über die durch Rechtsgleichheit und Mitwirkungsgleichheit bestimmten gleichen Befugnisse und Chancen hinausginge und eine egalitäre Güterversorgung einschlösse, nicht im menschenrechtlichen Egalitarismus verankert zu werden. Nur kontraintuitive personentheoretische Annahmen konnten den liberalen Egalitarismus zu der Überzeugung bringen, daß es gelingen könnte, durch normative Ausdifferenzierung des menschenrechtlichen Egalitarismus eine egalitäre Verteilungsgerechtigkeit als notwendigen Bestandteil der natürlichen Rechtsposition der Individuen zu gewinnen. *Proton pseudos des liberalen Egalitarismus war die Entkopplung von normativem und personentheoretischem Individualismus.* Nur weil das rechtsstaatliche und demokratische Referenzideal des moralisch autonomen und eigenverantwortlich handelnden und zum reflektierten Lebensplanentwurf fähigen Individuums mit dem Übergang zum Diskurs der Verteilungsgerechtigkeit aufgegeben wurde; nur weil die im Prinzip selbstbewußter Individualität zusammengeführten Dimensionen des normativen Individualismus und der personalen, Kontingenz und Kontinuität in selbstbezügliche Lebensführungskompetenz integrierenden Existenzweise auseinanderklafften, konnte ein redistributives Gerechtigkeitsregime eingerichtet werden, das das Individuum zugleich normativ und personentheoretisch enteignet und es in seiner Anlagenstruktur, seiner Herkunftssituation und seiner Lebensführungsverantwortung einer zentralen Evaluation und gerechtigkeitsethischen Neuvermessung unterwirft.

Nur eine Freiheitsordnung gibt dem normativen und personentheoretischen Individualismus konsistente institutionelle Gestalt. Jedes über Rechtsgleichheit und Entwicklungs- und Zugangschancengleichheit hinausgehende Gleichheitsregiment, jedes Gleichheitsregiment also, das sich mit formaler Gleichheit nicht begnügt, wird die Grundprinzipien des normativen und personentheoretischen Individualismus verletzen. Denn materiale Gleichheitssicherung verlangt Kompensation, verlangt eine gerechtigkeitsethische Bewirtschaftung der material-kontingenten Beschaffenheit des Individuums, verstößt somit gegen das Prinzip menschenrechtlicher Unverletzlichkeit. Die strukturpolitische Harmlosigkeit des egalitären Liberalismus darf nicht über die Ungeheuerlichkeit der Gründe hinwegtäuschen, die für die alltägliche Redistributionstätigkeit des wohlfahrtsstaatlichen Steuerwesens durch die Theoretiker vorgebracht werden. Ungeheuerlich sind diese Gründe, weil sie sich im Gerechtigkeitswahn über allen rechtsstaatlichen Takt hinwegsetzen. Liberale Ordnungen sind Ordnungen zwischen den Menschen, die in ihrer natürlichen Beschaffenheit, in ihrer Herkunftsprägung, in ihrer Gefühls- und Gedankenwelt durch rechtlichen Zwang und politische Macht unangetastet bleiben.

Menschen gehen liberale Ordnungen nur insoweit an, wie sie durch Handlungen, also durch Wahrnehmung ihrer Handlungsmächtigkeit den Freiheitsraum anderer auf eine nicht allgemein rechtfertigbare Weise beeinträchtigen. Daher haben Recht und Staat den Menschen in seinem Sosein und seiner privaten Verschlossenheit hinzunehmen und bei ihren Normierungs-, Regulierungs- und Implementierungsanstrengungen die Grenze der Haut zu respektieren. Alles Innere, die natürliche Beschaffenheit, die Welt der Gedanken und Gefühle, die gesellschaftsentzogene Privatheit und die häuslich-familiäre Sphäre, ist dem ordnenden Zugriff entzogen. Denn Freiheit und Selbstbestimmung kann sich nur in einem Regime vielfältiger Grenzziehung entfalten. Dieser liberale Grundgedanke der staatlich-rechtlichen Unverfügbarkeit des Inneren wird durch die egalitäre Politik der materialen und starken Gleichheit mißachtet. Orthodoxe liberale Gleichheitspolitik orientiert sich an der Vorstellung der Bewegungsfreiheit im äußeren gesellschaftlichen Raum, will durch angemessene Hindernisbeseitigung und Zugangssicherung gleiche Bewegungschancen für alle schaffen. Die Gleichheitspolitik der Verteilungsgerechtigkeit hingegen beruht auf einer systematischen Verletzung der dem Liberalismus heiligen Grenze zwischen dem Inneren und dem Äußeren, dem Privaten und dem Gesellschaftlichen. Sie sprengt die personale Einheit auf, beraubt den Menschen seiner Individualität und reduziert ihn auf eine Maschinerie erfolgsproduktiver Eigenschaften, die zuerst einer ökonomischen Evaluation und dann einer kompensatorischen Egalisierung unterzogen werden.

5 Solidarität und Suffizienz

Um diesen Illiberalismus der Verteilungsgerechtigkeit zu vermeiden, ist es jedoch nicht erforderlich, die libertäre Position radikaler Sozialstaatsfeindlichkeit zu beziehen. Denn es besteht kein notwendiger Zusammenhang zwischen Verteilungsgerechtigkeit und Sozialstaat; es besteht jedoch ein enger begrifflicher Zusammenhang zwischen Verteilungsgerechtigkeit und Gleichheit. Daher wird ein sich nicht als Maschinenwesen der Verteilungsgerechtigkeit verstehender Sozialstaat auch auf alle Egalisierungspolitik verzichten. Der Sozialstaat der Solidarität verfolgt keine Egalisierungspolitik, weder eine differenzinsensitive noch eine differenzsensitive; seine Redistributionsleistungen zielen nicht auf größere Gleichheit; er ist nicht dazu da, daß jeder das Seine oder das ihm Zustehende oder das Gleiche bekommt. Denn der Solidarität ist keinesfalls die normative Zielvorstellung der Gleichheit eingeschrieben. *Der Sozialstaat ist dazu da, daß jeder Bürger genug bekommt.* Zu Recht hat

Harry G. Frankfurt daher in dem Konzept der Suffizienz den normativen Orientierungsbegriff der Solidarität erblickt und es als überlegene Alternative zum Gleichheitsideal des Egalitarismus betrachtet.[2] Daher wäre die Aufgabe des Sozialstaats nicht erst dann beendet, wenn die größtmögliche sozio-ökonomische Gleichheit erreicht ist, die mit den Kontinuitätsbedingungen des kompetitiven Marktsystems eben noch verträglich ist. Sondern bereits dann, wenn eine ausreichende Versorgung aller gewährleistet ist, würde sich der Sozialstaat als überflüssig erweisen. Auch der solidaritätsbegründete Sozialstaat reagiert auf Ungleichheit; aber weder erregt ihn die Ungleichheit als solche noch die, die durch die moralisch willkürlichen Begabungsdifferenzen und Unterschiede des Herkommens erzeugt wird. Der Solidaritätstheoretiker weigert sich, Gleichheit und Ungleichheit zu moralisieren; daher verlangt in seinen Augen auch sozio-ökonomische Ungleichheit keine programmatische gerechtigkeitsethische Antwort. Er hat ein rein deskriptives und unemphatisches Ungleichheitsverständnis: für ihn wird Ungleichheit nur insofern auffällig, wie sie Unterversorgung produziert. *Nicht Ungleichheit ist für ihn ein moralischer Skandal, sondern Not, Unterversorgung.*

„How could it not be an evil that some people's prospects at birth are radically inferior to others?"[3] Auf diese rhetorische Frage Nagels wird der Solidaritätstheoretiker nur mit der Bitte um Klarstellung reagieren: handelt es sich bei der radikalen Schlechterstellung um eine lediglich ungleichheitsbedingte oder um eine unterversorgungsbedingte Schlechterstellung? Inferior, weil ungleich: das ist keine einleuchtende moralische Diagnose; inferior, weil unterversorgt: das ist hingegen eine einleuchtende moralische Bewertung. Unterversorgung ist ein Anwendungsfall des Suffizienzprinzips. Jede Ungleichheit aber jenseits einer verbürgten gleichen Grundversorgung ist moralisch ohne Belang und daher kein Anlaß zu moralischem Handeln. Der solidaritätsbegründete Sozialstaat ist lediglich auf einen Ausgleich bedacht, der eine Grundversorgung nach Maßgabe des Suffizienzprinzips sichert; ihm ist keinerlei normative Egalitätsorientierung eingeschrieben. Daher ist der Sozialstaat auch kein politisches Instrument zur Verwirklichung einer dikaiologischen Prinzipienethik, die eine Moralisierungsprogrammatik des ewigen Sollens, des unnachlaßlichen Bemühens verlangt. Der solidaritätsbegründete Sozialstaat verfolgt lediglich ein Programm okkasionalistischen und situativen Handelns. Er

---

2 „Economic egalitarianism is [...] the doctrine that it is desirable for everyone to have the same amounts of income and of wealth [...] Many people believe that economic equality has considerable moral value in itself. For this reason they often urge that efforts to approach the egalitarian ideal should be accorded [...] a significant priority [...] Economic equality is not as such of particular moral importance. With respect to the distribution of economic assets, what is important from the point of morality is not that everyone should have the same, but that each should have enough. If everyone had enough it would be of no moral consequence whether some had more than others. I shall refer to this alternative to egalitarianism [...] as ‚the doctrine of sufficiency‘ " (Frankfurt 1988, 134f.); vgl. Kekes 1997, chap. 5.

3 Nagel 1991, 28.

reagiert klug und nach Maßgabe seiner ökonomischen Leistungskraft und seiner vorherrschenden Suffizienzauffassungen, die den lebensethischen Hintergrund der geläufigen sozialpolitischen Metaphern vom Existenzminimum, vom Armutsniveau, von den Einkaufskörben bilden und die je geltenden gesellschaftlichen Standards der Bedürftigkeitsinterpretation und Bedürfnisbefriedigung spiegeln und in Hinblick auf die Versorgungserfordernisse eines anständigen, bürgerlichen und gesellschaftlich integrierten Lebens auslegen.[4] *Diesem Okkasionalismus der Solidarität ist der Konstruktivismus der Verteilungsgerechtigkeit genau entgegengesetzt.* Die gleichheitsorientierte Verteilungsgerechtigkeit verlangt nach einer teleokratischen Politik; sie entwirft einen normativ ausgezeichneten Endzustand und ist bestrebt, durch einschlägige Maximierungs- und Optimierungsmaßnahmen die gesellschaftlichen Verteilungsverhältnisse ihm approximativ anzunähern. Anders als das rechtliche Regelsystem der Handlungskoordination verlangt eine gleichheitsorientierte Redistributionspolitik fortwährende Entwicklungsbeobachtung und Eingriffsbereitschaft. Die Endzustandsorientierung der egalitären Verteilungsgerechtigkeit erzeugt mit Notwendigkeit einen hypertrophen und omnipräsenten Konstruktivismus.

Das *Suffizienzprinzip* bietet ein von der Verteilungsfrage und damit von Gleichheits- und Ungleichheitszuständen unabhängiges Beurteilungskriterium. Es orientiert sich allein am Versorgungsniveau, und wird nur dann sich zu strukturpolitischen Egalisierungsmaßnahmen bereitfinden, wenn ein signifikanter kausaler Zusammenhang besteht zwischen Ungleichheit und Unterversorgung. Indem es sich am Versorgungsniveau orientiert, muß es Vorstellungen von Lebensqualität zugrundelegen, in denen ein moralisches Recht auf ein anständiges, bürgerliches, integriertes Leben mit einem entsprechenden Versorgungsniveau in Beziehung gesetzt wird, in denen das Versorgungsausmaß bestimmt werden muß, das erforderlich ist, um die Gefahr eines würdelosen Lebens abzuwehren, das aus der bürgerlichen Lebensform herausfällt und von der Gesellschaft ausgestoßen wird. Dabei wird es aber nicht von der Zielvorstellung geleitet, größere Gleichheit herzustellen, denn Gleichheit ist für den sich an hinreichender Versorgung orientierenden Wohlfahrtsstaat kein moralisch an sich erstrebenswerter Zustand; entsprechend betrachtet er Ungleichheit auch nicht als einen moralisch an sich kritikwürdigen Zustand. Daher hat er zur sozio-ökonomischen Ungleichheit ein gelassenes Verhältnis. Der Egalitaris-

---

4 Frankfurts Aufsatz ist für die Egalitarismuskritik mit Gewinn heranzuziehen, für eine Alternativkonzeption der Sozialstaatsbegründung jedoch nicht sonderlich aufschlußreich. Frankfurt entwickelt keine solidaritätsbegründete Sozialstaatskonzeption; deutet auch noch nicht einmal an, wie sich ein sozialstaatliches Verteilungsprogramm an dem Suffizienzprinzip orientieren könnte, welche Standards zu wählen und wie diese zu finden wären. Sein Vorschlag, sich an der Zufriedenheit resp. an der Zufriedenheit mit der bereits erlangten Zufriedenheit auszurichten, ist für eine politische Philosophie des Sozialstaats nicht brauchbar. Intrinsische Zufriedenheit wehrt zwar das törichte Vergleichsprogramm des Egalitarismus ab, aber für die Formulierung von Suffizienzstandards, den materialen Korrelaten der Wohlfahrtsrechte, die ein Sozialstaat seinen Bürgern einräumt, reicht dieses Kriterium nicht aus.

mus hingegen verfügt über kein unabhängiges Beurteilungskriterium. Er begründet keinen versorgungsorientierten Wohlfahrtsstaat, sondern einen verteilungsorientierten Wohlfahrtsstaat. Für ihn ist Gleichheit ein an sich moralisch vorzugswürdiger und Ungleichheit ein an sich moralisch unzulässiger Zustand. Daher verfügt der Egalitarist auch nicht über ein qualitatives Kriterium, sondern nur über eine quantitative, den Gleichheitsabweichungsgrad ins Auge fassende Perspektive.

Die *quantitative Verteilungsorientierung* beschert dem Egalitarismus jedoch zwei überaus unattraktive Eigenschaften. Zum einen verurteilt sie den Egalitarismus aus internen Gründen zu einer verhängnisvollen Dramatisierung von Ungleichheit. Zum anderen verleitet sie ihn zu einem hypertrophen Komparationismus. Der interne Zwang zur Dramatisierung von Ungleichheit ist darum so verhängnisvoll, weil er differenzierungsunfähig macht und die internen Ungleichheitsunterschiede einebnet. Daher ist der Dramatisierung von Ungleichheit immer die Gefahr der Verharmlosung von Armut, Not und Elend eingeschrieben. Denn entweder wird der Egalitarist den moralpolitischen Gewinn realisieren wollen, der mit der Verschleifung der internen Ungleichheitsstufen verbunden ist, und jede Gleichheitsabweichung, jede vergleichsweise geringere Ressourcenausstattung mit den moralischen Schreckensfarben der Not und des Elends anmalen, oder er wird Armut, Not und Elend als Fall von Gleichheitsabweichung und geringerer Ressourcenausstattung verharmlosen. In beiden Fällen droht das egalitaristische Programm moralisch unglaubwürdig zu werden. Und diese Gefahr hat ihren Grund in der mangelhaften Beachtung des fundamentalen Unterschiedes zwischen der quantitativen Egalitäts- und Verteilungsorientierung einerseits und der qualitativen Suffizienz- und Versorgungsorientierung andererseits[5]. Wenn der quantitative Gesichtspunkt den qualitativen Gesichtspunkt ersetzt, ist alles nur noch relativ, gibt es keine Grenzen mehr, sondern nur noch Übergänge. Unter dem Regiment des Mehr oder Weniger verlieren die moralischen Orientierungsbegriffe der qualitativen Semantik ihre Konturen.

---

5   Wohl zu Recht erblickt Frankfurt in Dworkins Argumentation ein Beispiel einer solchen „confusion"; vgl. Frankfurt 1988, 147f. Wenn Dworkin schreibt, daß der gegenwärtige Zustand der Vereinigten Staaten der Beweis einer mangelhaften Realisierung liberaler Gleichheit sei, und als Beleg anführt, daß „a substantial minority of Americans are chronically unemployed or earn wages below any realistic „poverty line" or are handicapped in various ways or burdened with special needs" (Dworkin 1985, 208), dann ist in der Tat das Mißverhältnis zwischen dem normativen Rahmen des Egalitarismus und der moralischen Unhaltbarkeit eines Lebens in Not und Elend mit Händen zu greifen. Der moralische Vorwurf muß lauten, daß die Gesellschaft solche Lebensverhältnisse, in denen es an allem Notwendigen fehlt, erlaubt, und nicht, daß die in solchen Verhältnissen Lebenden weniger als andere, eine geringere Ressourcenausstattung haben. Die egalitaristische Sprache taugt für einen moralischen Konstruktivismus mit makrosoziologischer, makroökonomischer Perspektive, sie ist jedoch phänomenologisch blind, daher weder menschenfreundlich noch lebensnah. Nicht die quantitative Verteilungsorientierung, nur die qualitative Versorgungsorientierung gestattet eine phänomengerechte moralische Sensitivität. Bestenfalls kann man Dworkin zugute halten, daß er seine moralische Empörung mißversteht und daher in eine falsche – nämlich egalitaristische, verteilungsorientierte – Sprache gießt.

Damit verlieren auch Dringlichkeits- und Wichtigkeitsorientierungen ihren Halt. Der Egalitarismus entpuppt sich in diesem Zusammenhang als subtile Form eines ethischen Reduktionismus, der in der normativen Welt der Gerechtigkeit das genaue Gegenstück zum Ökonomismus in der Handlungs- und Gesellschaftswelt ist.[6] Die andere unattraktive Eigenschaft des Egalitarismus ist sein *hypertropher Komparationismus*. Auch dieser ist eine Konsequenz der quantitativen Verteilungsorientierung. Als hypertrophen Komparationismus bezeichne ich die Entscheidung des Egalitarismus, das kompetitive Vergleichsverfahren des Marktes in den moralischen Rahmen des Egalitarismus aufzunehmen. Verhängnisvoll ist dieser Komparationismus, weil er – diese Strukturschwäche der egalitaristischen Position ist uns in anderer Gestalt schon früher begegnet – die moralischen und personentheoretischen Implikationen der normativen Basistheorie des Egalitarismus verrät und ihn lebensethisch pervertiert. Hauptursache dieser *lebensethischen Pervertierung* ist die Ersetzung der Binnenperspektive personalen Lebens durch die Außenperspektive des Vergleichs. Natürlich ist jedes glücksuchende, gelingende Leben von entgegenkommenden äußeren Voraussetzungen abhängig, von individualitätsfreundlichen

---

6   Aus diesem Grund ist der Egalitarismus auch ein methodologischer Zwillingsbruder des Utilitarismus: abgesehen von der unterschiedlichen Referenzbasis, beim Egalitarismus der individuelle Ressourcenbesitz oder Wohlfahrtseffekt, beim Utilitarismus die größtmögliche Nutzenmenge für möglichst viele, ist das Erkenntnisverfahren identisch. In beiden Fällen ein quantifizierendes und homogenisierendes Verfahren. All das reichhaltige moralische Vokabular, mit dem wir uns lebensethisch orientieren und Lebensqualitäten moralisch vermessen, verschwindet angesichts der quantitativen Semantik von Positionsvergleich und Ressourcenmessung. Die methodologische Unangemessenheit des Egalitarismus zeigt sich in mangelnder moralischer Sensibilität; und diese hinwiederum drückt sich in den falschen Gründen aus, die er selbst für richtige Entscheidungen vorbringt. In seinem Aufsatz „Equality" diskutiert Thomas Nagel folgenden Fall: „Suppose I have two children, one of which is normal and quite happy, and the other of which suffers from a painful handicap. [...] Suppose I must decide between moving to an expensive city where the second child can receive special medical treatment and schooling, but where the family' standards of living will be lower and the neighborhood will be unpleasant and dangerous for the first child – or else moving to a pleasant semi-rural suburb where the first child, who has a special interest in sports and nature, can have a free and agreeable life. This is a difficult choice on any view. To make it a test for the value of equality, I want to suppose that the case has the following feature: the gain to the first child of moving to the suburb is substantially greater than the gain to the second child of moving to the city [...] If one chose to move to the city, it would be an egalitarian decision. It is more urgent do benefit the second child, even though the benefit we can give him is less than the benefit we can give the first child. This urgency is not necessarily decisive. It may be outweighed by other considerations, for equality is not the only value. But it is a factor, and it depends on the worse off position of the second child. An improvement in his situation is more important than an equal or somewhat greater improvement in the situation of the first child" (Nagel 1979, 123f.). Diese Entscheidung ist sicherlich richtig; aber Nagels egalitaristisches Argument ist es nicht, da es in einer Situation einen Zustandsvergleich, eine Positionsabwägung vornimmt, wo die Dringlichkeit der Bedürfnisse des zweiten Kindes und die moralische Vorzugswürdigkeit einer sich dieser Bedürfnisse annehmenden Strategie auf der Hand liegen. „The handicapped child's claim is important because his condition is bad – significantly undesirable – and not merely because he is less well off than his sibling" (Frankfurt 1988, 151).

gesellschaftlichen Institutionen und hinreichenden ökonomischen Ressourcen. Aber es ist eines, ob die Ressourcenfrage als Versorgungsfrage aus lebensethischer Binnenperspektive angegangen wird, ob gefragt wird, welches Versorgungsniveau zur Aufrechterhaltung lebensethischer Minimalstandards, also zur Grundversorgung eines anständigen, bürgerlichen und integrierten Lebens erforderlich ist; jedoch ist es etwas ganz anderes, wenn die Ressourcenfrage aus der Verteilungsperspektive angegangen wird und nur noch die Gleichheitsabweichungsgrade bei der Verteilung ökonomischer Ressourcen interessieren.

Dieses als Gegenposition zur gleichheitsorientierten Verteilungsgerechtigkeit entworfene suffizienzorientierte Solidaritätskonzept unterscheidet sich aufgrund seines Okkasionalismus, seiner Verwurzelung in der Hilfeleistungsmoral und des von ihm verlangten, gesetzesvorbereitenden suffizienzethischen Diskurses beträchtlich von den ebenso emphatischen wie schwammigen Solidaritätskonzepten, die etwa im Umkreis der Diskursethik als Komplement der Gerechtigkeit präsentiert werden. Das Gerechtigkeitsprinzip bringt nach Habermas die „Unantastbarkeit der Individuen" zur Geltung, die Solidarität hingegen schützt „die intersubjektiven Bedingungen reziproker Anerkennung".[7] Während jedoch nachvollziehbar ist, wie die Gerechtigkeit über Menschenrecht, liberale Verfassung und demokratischen Rechtsstaat die Unantastbarkeit der Individuen sichert, ist nicht im mindesten zu sehen, welcher epistemologische und institutionelle Zusammenhang zwischen Solidarität und Anerkennungsintersubjektivität besteht. An anderer Stelle heißt es, daß das Solidaritätsprinzip in der „Erfahrung" wurzelt, „daß einer für den anderen einstehen muß, weil alle als Genossen an der Integrität ihres gemeinsamen Lebenszusammenhangs in derselben Weise interessiert sein müssen", daß Solidarität sich „auf das Wohl der in einer intersubjektiv geteilten Lebensform verschwisterten Genossen bezieht – damit auch auf die Erhaltung der Integrität dieser Lebensform selbst".[8]

Dieser Solidaritätsbegriff entspringt nicht dem Interesse der politischen Philosophie an einer Sozialstaatsbegründung, er ist das Resultat einer Anbiederung der Diskurstheorie an den Kommunitarismus. Nicht darum geht es, durch politische, also institutionalisierte und in Gesetzesform gegossene, mit den Mitteln staatlichen Zwanges durchgesetzte Solidarität denjenigen Bürgern eine hinreichende Versorgung zu ermöglichen, die sich nicht allein auf dem Markt mit den Mitteln für ein anständiges, bürgerliches und integriertes Leben versehen können, sondern um die gemeinsame Sorge um Erhalt und Kontinuität einer Lebensform; nicht auf effektive Hilfeleistung ist Solidarität hier bedacht, sondern auf motivationale Stärkung und Vergewisserung des Zugehörigkeits- und Zusammengehörigkeitsgefühls. Solidarität wird darum von Habermas merkwürdigerweise als „solidarische Einfühlung eines jeden in die Lage aller anderen" expliziert.[9] Der Universalismus fällt wahrlich

---

7 Habermas 1986, 21.
8 Habermas 1991, 70.
9 Habermas 1991, 73.

nicht durch soziale Phantasie auf. Es ist evident, daß das Solidaritätsgeflecht eine genaue strukturelle Wiederholung der rechtlichen Wechselseitigkeit sein soll, daß die Einfühlungssolidarität als genaue emotionale Spiegelung der reziproken Rechtsverhältnisse der Anerkennungsrationalität vorgestellt wird. Genauso überspannt wie nichtssagend war auch Nagels Formel der die ganze Gesellschaft Leben für Leben durchkämmenden Empathie. In der diskursethischen Solidarität wird offenkundig das dem Menschen motivationspsychologisch Mögliche und Angemessene genauso emphatisch überstiegen wie im Egalitarismus das dem Menschen epistemologisch Mögliche und Angemessene. Habermas' idiosynkratischer Solidaritätsbegriff enthält keinerlei Erinnerung an die menschliche Bedürftigkeit, das nur selektive Entgegenkommen von Natur, Gesellschaft und Wirtschaft und an die darauf reagierende moralische Pflicht zur Hilfeleistung und aktiven Mitmenschlichkeit, an die politische Solidarität der Bürger und ihre gemeinsame Verpflichtung, eine lebensethische Grundausstattung für bedürftige Mitbürger bereitzustellen. Der systematische Ort des Solidaritätsbegriffs bei Habermas ist das Integrationsproblem, die soziologische Frage nach der Chemie des gesellschaftlichen Zements. Kein Übergang ist möglich von der integrationspsychologischen Emphase zur nüchtern-moralischen suffizienzorientierten Versorgung einschlägig Bedürftiger durch die Allgemeinheit in bürgerlicher Solidarität. Weniger kollektive Lebensformsorge als individuelle Existenzformsorge treibt die sozialstaatliche Solidarität an. Ihr Motiv ist die Bereitstellung der für die Aufrechterhaltung einer anständigen, bürgerlichen und sozial integrierten Existenz notwendigen und hinreichenden Güter. Nicht Anerkennungsverhältnisse sollen stabilisiert, sondern Individuen soll geholfen werden. Freilich sind die Individuen, denen die Hilfsbereitschaft der politischen Solidarität gilt, die Mitglieder der eigenen politischen Gemeinschaft. Insofern ist solidarische Grundversorgung nach dem Suffizienzprinzip durchaus auch lesbar als interne Stabilisierung der gemeinsamen Lebensform. Denn es ist einsichtig, daß eine Lebensform destabilisiert und die Kohärenzressource der Loyalität knapp werden kann, wenn infolge etwa lang anhaltender struktureller Arbeitslosigkeit immer mehr Bürger kein anständiges und gesellschaftlich integriertes Leben mehr führen können.

Aber diese Überlegung mindert nicht die Diskrepanz zwischen dem Solidaritätskonzept der politischen Philosophie des Sozialstaats und der Solidarität der Diskurstheorie. Denn natürlich ist aufgrund der universalistischen Orientierung der Diskursethik die Solidarität keine partikularistische Loyalitätsgestalt, sondern eine auf alle Kommunikationsverhältnisse empathisch ausgreifende Mitmenschlichkeit. Daher ist sie für die Konzeption sozialstaatlicher Solidarität gänzlich unbrauchbar, denn diese beschränkt sich als politisch organisierte notwendigerweise auf eine bestimmte kontingente politische Gemeinschaft. Mit der effizienzsichernden politischen Organisation menschlicher Hilfsbereitschaft wird aus der universalistischen Hilfemoral eine partikularistische Solidaritätsmoral. Denn nur unter der Bedingung der Einschränkung der sozialstaatlichen Versorgung auf Mitglieder der eigenen politischen Gemeinschaft ist die Verstaatlichung der Solidarität, die Verwandlung der freiwilligen individuellen Solidarität in eine zwangsweise durchsetzbare und kollektive Solidarität moralisch zulässig. Aber genau dieses politikphilo-sophische Grundproblem der Zwangsrechtfertigung wird bei den moralhypertro-phen Konzeptionen des Egalitarismus wie auch der Diskursethik aus den Augen gelassen. So können sie sich der Gravitationskraft der moralischen Gleichheit über-lassen, ohne durch die besonderen Herausforderungen politischer Herrschaftslegi-timation belastet zu werden.

6 Kein Wohlfahrtsminimalismus

Der liberale Egalitarismus wird dem Solidaritätskonzept einen moralisch unzulässi-gen Minimalismus vorwerfen. Nachdem der Samariter den Geschundenen in eine nahe Herberge gebracht und etwas Geld für die Pflege zurückgelassen hatte, ist er weiter gezogen; und – um eine andere Ikone der Solidarität aufzuführen – auch der Hl. Martin hat schließlich nur seinen Mantel halbiert, den Rest seines Vermögens je-doch für sich behalten. Gehen die Solidaritätsleistungen über die Sicherung nackter Daseinsfristung überhaupt hinaus? Und wenn ja, wie weit? Wohlfahrtsstaatliche So-lidarität gibt sich heutzutage freilich nicht mit einem Versorgungsminimalismus zu-frieden; sie verfolgt ein anspruchsvolleres Ziel als die Sicherung des nackten Daseins. Sie ist dem Ideal verpflichtet, das allen gesellschaftlichen Ordnungsformen vom Markt bis zum Rechtsstaat, von der Wissensverfassung bis zu den internationalen Be-ziehungen zugrunde liegt. Sie modelliert ihre Zielvorstellung nach den Umrissen der allgemeinen Wertüberzeugungen. Und deren ethischen Schnittpunkt bildet das Kon-zept der eigenverantwortlichen Lebensführung und bürgerlichen Existenz. Nicht auf Daseinssicherung, sondern auf überbrückende Ermöglichung der materialen Grundvoraussetzungen eines erniedrigungsfreien Lebens ist die wohlfahrtsstaatliche Solidarität gerichtet. Ihr Leistungsvolumen und ihre Leistungsvielfalt ist zu groß, als daß sie als Bedarfdeckungsminimalismus denunziert werden dürfte.

Der Wohlfahrtsstaat ist keine egalitaristische Umverteilungsmaschinerie. Sein Ziel liegt in der Sicherung der bürgerlichen Selbständigkeit und Herbeiführung der Marktfähigkeit. Der Markt ist nicht für den Wohlfahrtsstaat da, um die Ressourcen zu erarbeiten, die zum Zwecke größerer Verteilungsgerechtigkeit oder zur Finan-zierung gesellschaftsweiter sozialethischer Gleichstellungs- und Kompensations-projekte erforderlich sind, sondern der Wohlfahrtsstaat ist für den Markt da, sein Ziel ist die Selbständigkeitssicherung, er entzieht die Unselbständiggewordenen der Ausbeutungs- und Erniedrigungsgefahr, er stattet sie mit einem Ersatzeinkommen aus, er macht aus den Unselbständiggewordenen Selbständige in Wartestellung, er hält sie marktbereit. Die im Wohlfahrtsstaat aufgebrachte Solidarität ist *selbständig-keitsfunktional*, Hilfe zur Selbsthilfe. Es versteht sich, daß die Strukturen der sozia-len Sicherungssysteme diesem Ziel anzupassen sind und der gegenwärtige Sozial-staat darum einer tiefgreifenden Strukturreform zu unterwerfen ist, die die zementierte Kompaktheit des vorfindlichen Systems durch wettbewerbsermögli-chende und wettbewerbssteigernde Maßnahmen der Differenzierung, Flexibilisie-

rung und Dezentralisierung aufbricht, die die bislang geltenden einheitlichen so-
zial- und arbeitsmarktpolitischen Regulierungen den unterschiedlichen wirtschaftlichen Gegebenheiten in den Regionen und Betrieben anpaßt, die nicht länger
durch Flächentarifverträge dem Lobbyismus der Arbeitsplatzbesitzer interessenpolitisch zuarbeitet und durch eine ausdifferenzierte Lohnstruktur mit einem Nied-
riglohnsegment zum einen und einen signifikanten, beschäftigungsförderlichen
Abstand zwischen der Sozialhilfe und dem Nettolohn für einfache Arbeit zum anderen die Arbeitsmarktsituation verbessert. Gegenwärtig ist das Sicherungssystem
des Wohlfahrtsstaats so ausgestattet, daß es zu beschäftigungspolitischer Unverantwortlichkeit geradezu herausfordert, da es keinerlei Anreize für beschäftigungs-
mehrendes Verhalten gibt, sondern gleichsam als Kompensationsstelle für arbeitsmarktpolitische Unvernunft fungiert und es den Tarifparteien gestattet, die Kosten
ihres lohn- und tarifpolitischen Fehlverhaltens auf die kollektiv finanzierten Sozialversicherungssysteme abzuwälzen, also zukünftigen Generationen aufzuhalsen.
Die Anreizstrukturen unserer wohlfahrtsstaatlichen Leistungssysteme müssen also
verändert werden, damit eine beschäftigungsmehrende Arbeitsmarktpolitik eine
Chance erhält, damit aber auch die Bereitschaft zur eigenverantwortlichen Lebensgestaltung und privaten Zukunftsvorsorge wächst. Und sicherlich muß marktori-
entiertes Denken daher wieder im Wohlfahrtsstaat heimischer werden, muß die Alterssicherung von der Umlagefinanzierung auf Kapitaldeckung umgestellt und
privatrechtlich organisierten Versicherungen übertragen werden, muß aber auch
die Subventionierung zukunftsunfähiger Industriezweige eingestellt werden. Der
traditionellen wohlfahrtsstaatlichen Strategie der Daseinswattierung muß ein Ende
bereitet werden; sie muß durch eine bürgerethische, liberale Einstellung ersetzt
werden, die den leviathanischen Sozialstaat zurückdrängt und den Individuen ihr
Leben mit allen Eigenverantwortlichkeitsrisiken zurückgibt und die staatlichen Leistungen auf die solidarische Sicherung einer einkommensunabhängigen Grundversorgung für mittellose Bedürftige beschränkt.

7 Wohlfahrtsrechte

Diese liberale, autonomie- und bürgerethische Begründung des Wohlfahrtsstaats
stützt sich auf ein Argument, das eine bestimmte Anthropologie mit einer bestimmten Rechtskonzeption in Beziehung setzt. Protagonist des Liberalismus ist
das freie Individuum, das handlungsmächtig ist und in seiner Lebensführung von
fremder Unterstützung unabhängig ist, das über sich frei verfügen kann und sich
die erforderlichen Ressourcen für die Befriedigung seiner Bedürfnisse und Interessen selbst erarbeiten kann, das in seiner Freiheit und Unabhängigkeit einen Quell
seiner Selbstwertschätzung besitzt, das seinesgleichen mit erhobenem Kopf und
auf Augenhöhe begegnet und mit ihnen in reziproken Anerkennungsverhältnissen
lebt. Die Wertschätzung dieses Menschenbildes und der mit ihm verbundenen Lebensform selbstverantwortlicher Daseinsgestaltung drückt sich darin aus, daß die

Gesellschaft das Individuum mit rechtlichen Schutz- und Beteiligungs- und Er-
möglichungsansprüchen ausstattet. Diese Freiheits-, Partizipations- und Wohlfahrtsrechte finden in institutionellen Arrangements ihre objektiven Realitätsbe-
dingungen. Und diese institutionellen Arrangements, das ist die grundlegende
liberale Legitimationsidee, haben in den ihnen zugrundeliegenden Rechten hinwiederum ihre Legitimationsbedingungen. Aus der autonomieethischen Ausrichtung
dieses Arguments ist mühelos ableitbar, daß die drei Rechtssorten und die ihnen
entsprechenden normativen Grundsätze und institutionellen Arrangements keinesfalls auf der gleichen logischen Höhe liegen; vielmehr besteht eine Abhängig-
keitsordnung zwischen ihnen. Ohne auf das Verhältnis zwischen Freiheitsrechten
und politischen Partizipationsrechten näher einzugehen, ist doch klar, daß die bürgerlichen Leistungsansprüche notwendigerweise sekundär sind. Die politische Solidarität antwortet auf gefährdete Bürgerlichkeit; der Sozialstaat ist daher nur ein
Subsidium, eine Überbrückungsveranstaltung, die im autonomieethischen Telos
der Selbständigkeitsermöglichung ihre normative Grenze hat.

Wohlfahrtsrechte sind reflexive Rechte; in ihnen schlägt sich die Erfahrung nie-
der, daß die Wahrnehmung der freiheitlichen Rechte von kontingenten Umständen
abhängig ist. Mit anderen Worten: Wohlfahrtsrechte sind Ausdruck der Tatsache,
daß die Wirksamkeit der anderen Rechte von günstigen Umständen abhängt und
durch ungünstige Umstände vermindert oder gar negiert wird. Ohne physische, psychische und moralische Handlungs- und Selbstmächtigkeit, ohne eine bestimmte
ökonomische Basissicherheit können die klassischen Bürgerrechte nicht die Bedeutung gewinnen, die sie nach der Vorstellung des Liberalismus für die Gestaltung autonomer Lebensführung und individueller Selbstwertbildung besitzen. Sowie das
natürliche Recht auf Freiheit ein Recht auf Staat impliziert, da ohne staatliche Ver-
faßtheit des gesellschaftlichen Lebens die Wahrnehmung dieses Rechts unmöglich
wäre, so verlangt das natürliche Recht auf Freiheit auch ein Recht auf Wohlfahrt,
will sagen: auf eine ökonomische Basisversorgung im Fall der Unmöglichkeit, selbst
für seinen Lebensunterhalt aufkommen zu können. Dieses Bedingungsverhältnis,
dieses Reflexionsverhältnis muß festgehalten werden, da es den Wohlfahrtsstaat als
einen freiheitsfunktionalen definiert und damit seine Grenzen festlegt.

8 Schuldigkeit und Gütigkeit

In der Pflichtenlehre des 18. Jahrhunderts unterschied man Pflichten der Gerechtigkeit von Pflichten der Benevolenz, der Liebe und Hilfeleistung. Erstere waren
strenge, unnachlaßliche Pflichten und unterstanden dem „starken Gesetz der
Schuldigkeit"; letztere unterstanden dem „schwächeren Gesetz der Gütigkeit" und
wurden zu den weiten Verbindlichkeiten gezählt.[10] Nicht daß Gerechtigkeitsforde-

---

10 Vgl. Kersting 1997, 74–120.

rungen stärker binden als Solidaritätsforderungen. Keinerlei Differenz der Verpflichtungskraft besteht zwischen den Pflichten der Schuldigkeit und den Pflichten der Gütigkeit; Hilfeleistungen sind nicht von geringerer normativer Dringlichkeit als Leistungen des Schuldigen. Der Unterschied zwischen dem, was die Gerechtigkeit fordert, und dem, was die Solidarität fordert, liegt woanders; er ist nicht verbindlichkeitstheoretischer, sondern epistemologischer Natur. Wie besonders Kant herausgearbeitet hat, sind die Forderungen der Benevolenzpflichten in hohem Maße kontextabhängig, während das, was das Pflichtgesetz der Gerechtigkeit verlangt, keinerlei Kontextrelativierung verträgt. Was wir einander schuldig sind, wissen wir; jeder kann zu jeder Zeit an jedem Ort dem nachkommen, was die Gerechtigkeit verlangt. Um jedoch zu bestimmen, was mitmenschliche Solidarität verlangt, müssen wir die Handlungssituation betrachten und den Gegebenheiten Rechnung tragen; wir müssen sowohl die je besondere Bedürfnislage der anderen wie auch unsere kontingenten Mittel und Fähigkeiten in Betracht ziehen.

Dieser grundlegende pflichtentheoretische Unterschied hallt in der Differenz zwischen solidaritätsorientierter und verteilungsgerechtigkeitsorientierter Sozialstaatsbegründung nach. Die Anhänger der Verteilungsgerechtigkeit wollen die Strenge und Dignität der Gerechtigkeit für ihre Begründungszwecke mobilisieren; sie wollen politischen Entscheidungsspielraum zustellen und der Ungenauigkeit kulturell geprägter Bedürfniskonzeptionen entgehen. Sie fürchten, daß mit der Solidaritätsorientierung dem politischen Opportunismus Tür und Tor geöffnet wird, Transferleistungen nur noch nach Demoskopie und Kassenlage erbracht werden. Sie verfolgen daher den Gedanken eines egalitären Algorithmus, der der Politik nur noch die Aufgabe läßt, das allokationsmathematisch Festgelegte zu verteilen. So wie das Recht eines jeden sich aller politischen Disposition entzieht, soll auch das Suum eines jeden, das, was ihm von Verteilungsgerechtigkeits wegen zusteht, aller politischen Disposition entzogen werden, der Staat neben der Rechtsgleichheitsgarantie zusätzlich auch die Wohlfahrtsgleichheits- oder Ressourcengleichheitsgarantie geben.

Gegen diesen Egalitarismus der Verteilungsgerechtigkeit, der nach einer unaufhörlich wuchernden und alle Politik absorbierenden Bürokratie verlangt, um die vorpolitische moralische Gleichheit in eine dem jeweilig theorieintern ausgezeichneten Equalisandum angemessene sozio-ökonomische Gleichheit zu transformieren, wendet sich das sozialstaatliche Solidaritätskonzept. Das Solidaritätsparadigma und das Gerechtigkeitsparadigma sind begründungstheoretische Alternativen. Während das Gerechtigkeitsparadigma seine Begründungsleistung darin erblickt, entweder – im individualistischen Fall – den je individuellen Anteil zu bestimmen, auf den jedermann in der Gesellschaft einen Anspruch hat, oder – im institutionalistischen Fall – allgemein anerkennungsfähige Verfassungsregeln für die Gesellschaftsgestaltung zu entwickeln, die innerhalb des Systems der gesellschaftlichen Zusammenarbeit Lasten und Gewinn gerecht verteilen, kennt das Solidaritätsparadigma keinen virtuellen Argumentationsraum, kein Gedankenlabor, in dem der Theoretiker bis zur Erschöpfung arbeitet, sondern nur das moralische Gebot der Hilfeleistung und

Solidarität. Dieses Gebot wird hinsichtlich seines Leistungsumfangs durch die Vorstellung eines für ein erniedrigungsfreies bürgerliches Leben ausreichenden sozialen Minimums bestimmt und zur weiteren Ausgestaltung den Verrechtlichungsprozessen der modernen, ausdifferenzierten Gesellschaft überantwortet. Dabei wird der solidaritätsethisch geforderte Leistungsumfang auch in prosperierenden Volkswirtschaften den Revisionsumfang einer Politik der Verteilungsgerechtigkeit immer unterschreiten. Immer wird ein Gemeinwesen, das sich in den Dienst der Herstellung einer gerechten Güterverteilung stellt, Korrekturen größeren Ausmaßes an der vorfindlichen Eigentumsverteilung vornehmen müssen. Denn es macht einen beträchtlichen Unterschied, ob sich ein Gemeinwesen solidaritätsethisch verantwortlich fühlt und durch kollektive Solidaritätsleistungen seinen Mitbürgern, die sich kein selbständiges Markteinkommen verschaffen können, eine bedürftigkeitsorientierte Grundversorgung zuteil werden läßt, oder ob es sich in den Dienst abstrakter Verteilungsgerechtigkeit stellt und durch umwegige Kompensationsmaßnahmen für eine gleiche Ressourcen- oder Wohlfahrtsverteilung sorgt. Im ersten Fall gründet staatliches Wohlfahrtshandeln in der politischen Selbstbestimmung des Gemeinwesens, im zweiten Fall ist das Gemeinwesen lediglich kontingenter Anwendungsrahmen der egalitären Güterverteilungsregeln eines menschenrechtlichen Apriorismus.

Und genau hier läßt sich der paradigmatische Unterschied noch einmal verdeutlichen. Das positivrechtliche Regelwerk hat im Rahmen des Solidaritätsparadigmas keine Verankerung in transpositiven, vorstaatlichen Gerechtigkeitsprinzipien oder menschenrechtlichen Grundsätzen; es dient schlicht der Operationalisierung des gesamtgesellschaftlichen Entschlusses zur bürgerlichen Binnensolidarität. Wohingegen im Rahmen einer gerechtigkeitsparadigmatischen Wohlfahrtsstaatsbegründung eben diese die Verteilungsverfahren regelnden Gesetze einen normativen Halt in vorausgesetzten gerechtigkeitsethischen oder menschenrechtlichen Grundregeln finden sollen. In der wohlfahrtsstaatlichen Wirklichkeit freilich vermischen sich diese beiden Dimensionen; hier stehen Solidaritätsanrufe neben Gerechtigkeitsappellen, hier wird die unterschiedliche moralische Autorität von Gerechtigkeit und Solidarität unterschiedslos innerhalb der Verteilungskämpfe der Gruppendemokratie instrumentalisiert. Die verteilungspolitische Rhetorik des Wohlfahrtsstaats unterscheidet nicht zwischen der Solidaritätssprache und der Gerechtigkeitssprache.

Doch die philosophische Analyse zeigt, daß sich das Gerechtigkeitsparadigma und das Solidaritätsparadigma erheblich unterscheiden. Politische Solidarität hat eine genuin politisch-moralische Dimension. Eine Solidaritätsgenealogie, die eine Gerechtigkeitsentwicklung zum Vorbild nehmen könnte, wie sie sowohl durch den kontraktualistischen Egalitarismus à la Rawls wie auch den nicht-kontraktualistischen Egalitarismus à la Dworkin vorgeführt wird, ist nicht denkbar. Es gibt keine Geburt der Solidarität aus dem privaten Interesse. Der Solidaritätsdiskurs ist an die Bürgergemeinschaft adressiert; er will die in der politischen Zusammengehörigkeit und gesellschaftlich-geschichtlichen Identität begründete mitbürgerliche Hilfsbereitschaft wecken und stärken; er erinnert an das Ideal bürgerlicher Selbständigkeit und an die soziale Verantwortung der Bürgergemeinschaft, alle unselbständig gewordenen Mitglieder hinreichend zu versorgen. Der Gerechtigkeitsdiskurs ist von anderem begründungstheoretischen Kaliber; er geht über den Rand der Bürgergemeinschaft hinaus und sucht einen unvordenklichen normativen Grund im menschenrechtlich Apriorischen. Sein Ziel ist es, einen fundamentalen Sockel gerechtigkeitsethischer und menschenrechtlich ausgewiesener Schuldigkeiten freizulegen.

Der Wohlfahrtsstaat ist jedoch keine menschenrechtlich ausweisbare Schuldigkeit, denn innerhalb des menschenrechtlichen Basisdiskurses läßt sich kein Konzept der sozialen Gerechtigkeit entwickeln, kein menschenrechtlicher Anspruch auf einen gleichen oder wie immer gearteten Teil der kooperativ erwirtschafteten Güter einer kontingenten politischen Gemeinschaft begründen. Wenn wir dem Sozialstaat einen tragfähigen Grund geben wollen, wenn wir ihn dem Opportunismus von Politik und Wirtschaft entziehen wollen, dann müssen wir vom menschenrechtlichen Diskurs in den politischen Diskurs wechseln, dann müssen wir ihn in politischer Solidarität gründen. Nur innerhalb des durch politische Solidarität gezogenen Rahmens der bedürfnisorientierten mitbürgerlichen Hilfsbereitschaft gibt es legitimes staatliches Verteilungshandeln. Nur durch die legitimationsstiftende Gründung staatlicher Zwangsanwendung in dem Gedanken bürgerlicher Selbstorganisation vermag kollektives Verteilungshandeln sich mit dem effizienzsichernden Instrument des Rechtszwangs versehen. Es gibt keine aus dem menschenrechtlichen Egalitarismus destillierbare Verteilungsgerechtigkeit, die jeder politischen Vergesellschaftung vorausläge und als menschenrechtliche Metaverfassung verpflichtendes Ziel und Vorbild staatlichen Handelns wäre. In dieser Kritik der Verteilungsgerechtigkeit begegnen sich die so unterschiedlichen Positionen der wohlfahrtsstaatlichen Solidaritätsethik und der libertären Sozialstaatskritik: beide halten das Konzept einer egalitaristischen, aus menschenrechtlicher Gleichheit gekelterten Verteilungsgerechtigkeit für eine begriffliche Chimäre und für ein politisches Verhängnis. Diese Übereinstimmung schwindet freilich sofort, wenn die Frage einer Wohlfahrtsverpflichtung des Gemeinwesens aufgeworfen wird. Der Libertäre leugnet eine Wohlfahrtsverpflichtung des Gemeinwesens, der solidaritätsethische Anhänger des Wohlfahrtsstaats hingegen vertritt die Überzeugung, daß das bürgerliche Gemeinwesen zu politischer Solidarität verpflichtet ist. Hier liegt also ein eminent politisches Solidaritätsverständnis vor. Der solidaritätsgenerierte Sozialstaat ist organisierte Mitbürgerlichkeit, geht auf einen Akt politischer Selbstbestimmung zurück, durch den sich die Bürger einer bestimmten politischen Gemeinschaft zur mitbürgerlichen Anteilnahme verpflichten und dafür sorgen, daß all die Mitbürger, die sich nicht selbst versorgen können, mit dem, was für eine bürgerliche Lebensführung erforderlich ist, versehen werden. Diese Orientierung an dem Leitbild des autonomen, selbständigen und zur Selbstbeanspruchung bereiten Bürgers verlangt natürlich, die sozialstaatlichen Hilfeleistungen durch eine offensive Beschäftigungspolitik zu ergänzen und alles zu verhindern, was einen Verteuerungsmechanismus der Arbeit in Gang setzt und daher Beschäftigung verknappt. Dieses bürgersolidarische Sozialstaatsverständnis ist offenkundig nicht mit den herrschenden wohlfahrtsstaatlichen Verteilungskampfarenen vereinbar, in denen organisierte Interessen jenseits aller Bedürftigkeit auf Kosten der Allgemeinheit und der zukünftigen Generationen für ihre Klientel möglichst große Anteile erstreiten. Wohingegen der Egalitarismus mit seiner Rhetorik der Verteilungsgerechtigkeit gerade dieser Form der sowohl leistungs- wie bedürfnisunabhängigen Einkommensmehrung zu Hilfe kommt.

9 Wohlfahrtsstaatskritik, Stärkung der Eigenverantwortung und aktive Arbeitsmarktpolitik

Herzlos, mitleidlos, gleichgültig werden die gescholten, die der expansiven Wohlfahrtspolitik einen Riegel vorschieben wollen, die für eine ökonomische Evaluation der einzelnen Maßnahmen, für eine Mißbrauchsverhinderung, für eine Vergrößerung der Zielgenauigkeit wohlfahrtsstaatlicher Großzügigkeiten eintreten, die auch den Parteien den allzu sorglosen Umgang mit Steuergeldern bei ihrer wohlfahrtsstaatlichen Wählerbewirtschaftung, Wählerbetreuung nicht durchgehen lassen möchten. Dabei handelt es sich um einen effektvollen Kategorienfehler. Der Kritiker einer expansiven Wohlfahrtspolitik ist genausowenig dem mitleidlosen Leviten und Kaufmann gleichzusetzen, der mit abgewandtem Gesicht an dem Ausgeraubten und Geschundenen im Straßengraben vorübergeht, wie der wohlfahrtsstaatliche Maximalist als Guter Samariter gelten kann. Denn, es klang während meiner Behandlung der unterschiedlichen egalitaristischen Positionen bereits an, es sind nicht allein ökonomische Überlegungen, die auf eine Senkung des wohlfahrtsstaatlichen Leistungsniveaus, eine Forcierung des Wettbewerbs, eine strukturelle Aufspreizung des Arbeitsmarktes mit einer Dezentralisierung des Tarifvertragswesens dringen, es sind auch moralische Überzeugungen, die Minimierung und Restrukturierung der Wohlfahrtsstaatsbürokratie verlangen. Auch in der Wohlfahrtsstaatskritik besteht eine enge Allianz zwischen ökonomischer Rationalität und moralischer Rationalität.

Freilich muß man bei der ökonomischen Wohlfahrtsstaatskritik zwischen gemäßigten und radikalen Positionen unterscheiden: während die moderate Kritik auf Reformen drängt, aber an der Grundidee der sozialen Marktwirtschaft festhält und damit auch auf einer ordnungspolitischen Verantwortung des Staates besteht, lehnt der Radikale den Wohlfahrtsstaat völlig ab. Er betrachtet die Auswirkungen des Wohlfahrtsstaats auf die allgemeine Wohlstands- und Versorgungssituation und behauptet, daß das Wohlfahrtsstaatssystem kontraproduktiv sei und eine staatsminimalistische Wirtschaftsorganisation die wohlstandsmehrenden Leistungen des kapitalistischen Wirtschaftssystems signifikant verbessern könnte, daß gerade auch die Schlechtestgestellten und Mindertalentierten von der Entfesselung des Marktes profitieren würden, somit die allgemeinen sozio-ökonomischen Besserstellungseffekte einer libertären Politik der Forcierung des ökonomischen Wachstums, der Belohnung des wirtschaftlichen Erfolgsstrebens, der Entbindung der sozialen und technischen Innovations- und Entdeckungskapazitäten und der psychologischen

Stärkung des Selbstbehauptungswillens das Niveau der Wohlfahrtsausschüttungen der staatlichen Versorgungsbürokratie bei weitem übersteigen würden. Die Umstellung von einer egalitär wohlfahrtsstaatlichen Politik auf eine libertäre Politik der Marktentfesselung würde eine allseits vorteilhafte Umverteilung der sozialen Transaktionskosten der leviathanischen Wohlfahrtsbürokratie auf die Bürger ermöglichen. Und die im Rahmen dieser Konzeption den Individuen zugesprochenen *property rights* würden als wohlfahrtsmehrende Instrumente wirksam und dem Ziel dienen, die Transaktionskosten des Wohlfahrtssystems zu senken und die diversen suboptimalen Verteilungseffekte des an Externalitäten reichen Systems der Wohlfahrtsbürokratie zu verbessern.

Wie immer bei konsequentialistischen Überlegungen haben wir es hier mit einer schlichten technischen These zu tun: es gibt ein besseres System als den Wohlfahrtsstaat, um die von dem Wohlfahrtsstaat verfolgten Ziele zu erreichen. Diese These ist allerdings nicht ohne Brisanz. Der Gegenstand ist so komplex, daß es beträchtliche Verifikationsschwierigkeiten gibt. Er ist nicht in dem Maße der wissenschaftlichen Analyse und rational kontrollierten politischen Gestaltung zugänglich, wie es von einem gesellschaftspolitischen Experiment dieser Größe und mit diesen Auswirkungen verlangt werden muß; und Großsysteme menschlichen Zusammenlebens wohlgemut einem politischen Falsifikationsexperiment zu unterwerfen, verbietet sich selbstredend.

Auch die ethische Wohlfahrtsstaatskritik stützt sich auf eine empirisch-konsequentialistische These. Sie bringt vor, daß der Wohlfahrtsstaat ethisch kontraproduktiv sei, daß er sich im Laufe seiner Entwicklung, angeheizt von der wahltaktischen Klientelwirtschaft der sich dem Allgemeinen zusehends weiter entfremdenden demokratischen Politiker, zu einer Betreuungsmaschinerie und Entmündigungsagentur verwandelt habe; daß er in seinen Kunden eine ebenso weinerliche wie dreiste Versorgungsmentalität erzeugt habe und diese weiterhin fleißig nähre, so daß diese zunehmend schicksalsunfähig und den Staat als Allheilmittel für alle Mißlichkeiten des Lebens ansehen würden. Ethische Wohlfahrtsstaatskritik erblickt in dem Wohlfahrtsstaat eine Anstalt der Bürgerlichkeitsgefährdung. Anstatt mit strukturpolitischer Phantasie in erniedrigungsabwehrende Ermöglichung von Selbständigkeit in Situationen ökonomischer Erwerbslosigkeit zu investieren, betätigt sich der Wohlfahrtsstaat selbst als Unselbständigkeitsproduzent. Diese Unselbständigkeitsproduktion ist nicht nur die Konsequenz der Entscheidung, Transfereinkommen ohne jede Art von Gegenleistung zu zahlen und so arbeitsfreie Wohlfahrt zu ermöglichen, als ob marktbedingte Arbeitslosigkeit gesellschaftliche Arbeitsfreiheit bedingen müßte. Sie zeigt sich auch darin, daß das Leitbild des selbständigen, für sich selbst verantwortlichen Bürgers durch diese wohlfahrtsstaatliche Ermöglichung einer von allen Gegenleistungen freigestellten Alimentationsexistenz in von Unzumutbarkeitsklauseln geschützter Immobilität verraten wird.

Die These von der ethischen Kontraproduktivität des Wohlfahrtsstaats verlangt eine ethisch-ökonomische Reformation des Wohlfahrtsstaats, die das Betreuungsdickicht, das die Wohlfahrtsbürokratie um ihre Klientel hat wachsen lassen, drastisch zurückschneidet, die Leistungen des Sozialstaats auf das Niveau gesellschaftlicher Grundgüterversorgung reduziert und ihn von allen dem Solidaritätssystem völlig fremden Leistungen, insbesondere allen den Rahmen der Solidaritätsgemeinschaft sprengenden kulturpolitischen Engagements und emanzipationspolitischen Extravaganzen entlastet. Sie verlangt weiterhin flankierende arbeitsmarktpolitische Maßnahmen zur Durchbrechung der unverantwortlichen Arbeitsmarktblockade der Tarifkartelle und gesellschaftspolitische Maßnahmen zur Förderung privater Zukunfts- und Versorgungsverantwortung. Da sich im ethischen Argument der Wohlfahrtsstaatskritik viele unterschiedliche Wertperspektiven verflechten, findet die ethische Kritik auch jenseits standardliberaler Zirkel Zustimmung; sowohl die christliche Soziallehre[11] als auch der Kommunitarismus[12] vermag sich wesentlichen Teilen dieser hier kurz skizzierten ethischen Wohlfahrtsstaatskritik anzuschließen.

Der Wohlfahrtsstaat setzt die Atomisierungstendenzen der kapitalistischen Wirtschaftsgesellschaft fort. Die wertintegrierten Sozialwelten mit ihren lebensweltlichen Solidaritätsressourcen haben der Modernisierung nicht standhalten können; selbst die Familie begegnet heute zunehmend mehr in den postmodernen Schrumpfgestalten des kinderlosen Paars und der Alleinerziehungsduale. Die familialen Beziehungen der Traditionswelt sind aufgelöst; die atomisierten Familienmitglieder werden auf den Markt, auf die Rechtswege des Gerichtsstaats oder in die Flure der Wohlfahrtsbürokratie geschickt. Der Wohlfahrtsstaat ist kein Remedium für Modernisierungsschäden, kein Antidot der Vereinzelung; die von ihm gelieferte Solidarität restituiert nicht das Ethos der kleinen Lebenskreise, den verlorenen Gemeinsinn. Er ist auf den Individualisierungssteppen der Moderne errichtet und vermag die verblichenen Sozialwelten nicht zurückzubringen. Daher ist das modernitätsskeptische Reethisierungsprogramm des Kommunitarismus konsequenterweise immer auch gegen den bürokratischen Wohlfahrtsstaat gerichtet, gegen die Ökonomisierung und Verrechtlichung der gemeinschaftlichen Solidarität. Der Kommunitarismus will die Versorgung der Bedürftigen entstaatlichen und als gesellschaftliche Aufgabe reorganisieren. Und mit dem leviathanischen Versorgungsstaat will er auch dessen psychologisches Widerlager in den Individuen abbauen, die Passivität, die Sehnsucht nach Abhängigkeit und Fremdbestimmung, die wachsende Unfähigkeit, ein mündiges, selbstverantwortliches Leben zu führen. Der Wohlfahrtsstaat ist eine bürokratische Meisterleistung der Versorgungstechnik, aber er ist darum zugleich auch ein effektives Unternehmen der Bürgerverhinderung. Und darum bekämpft ihn der Kommunitarismus vor allem: im Wohlfahrtsstaat können sich die Menschen nicht zu verantwortlichen Bürgern entwickeln, die sich für ihr Gemeinwesen einsetzen, frei und einsichtig die Pflichten der Gemeinschaft übernehmen und sich um das

---

11 Vgl. Spieker 1986.
12 Vgl. Kersting 1996b, 258ff; Mead 1986.

Allgemeine sorgen. Dort, wo das ebenso wohlmeinende wie regelungssüchtige Präventionsethos der Helferbürokratie herrscht, wo eine Beratungs- und Betreuungskultur wuchert und das Leben in Watte gepackt wird, kann keine selbstmächtige Zivilität gedeihen.

Die sich von konkreten Notlagen emanzipierende Fürsorgerationalität des modernen Sozialstaats gipfelt in der hybriden Vorstellung einer Totalverantwortung der Gesellschaft für die Lebenschancen ihrer Mitglieder, die sich als umfassende Verrechtlichung mit großer Reglementierungsdichte vergegenständlicht. Das rechtliche Steuerungsmedium wird im sozialstaatlichen Kontext durch die materialethischen Zielvorstellungen einer perfekten Versicherung gegen Daseinsrisiken und Lebensunzufriedenheit in den Dienst genommen. Das rechtsstaatliche Instrument reaktiver Konfliktregulierung verliert seine liberale Identität und verwandelt sich in ein präventiv-interventionistisches Instrument der Wohlfahrtspolitik, das die bislang der moralischen Subjektivität und der natürlichen und sozialen Kontingenz überlassenen Lebensräume zunehmend stärker durchdringt und so den Bereich der egalitaristischen Zentralverwaltung individueller Lebenschancen unaufhörlich vergrößert. Die freiheitsermöglichende Funktion des Rechts wird dabei durch die Übernahme sozialpädagogischer Aufgaben zunehmend überlagert. Die Menschen werden durch ein Netz kompensatorischer Verrechtlichung aus ihren normalen kontingenzgebundenen Lebenssituationen herausgelöst; damit werden die gewachsenen und routiniert beherrschten lebenswelteigenen, situationsangemessenen und gemeinsamkeitsbegründeten Praktiken des Umgangs mit Kontingenz, mit Not und den Widrigkeiten des Lebens zerstört, ohne daß die leviathanische Sozialstaatskulisse als neue gemeinsame Lebenssituation mit inhärentem Obligationsprofil und Loyalitätsmuster an ihre Stelle treten könnte. Die Menschen vereinzeln. Sie werden zu Selbstverwirklichungsvirtuosen im ethischen Niemandsland, die ihre Erfolgskarrieren auf dem Markt und ihre Versorgungskarrieren im Sozialstaat mit der gleichen egozentrischen Konzentration vorantreiben.

Freilich ist der Bürgerbegriff, den ich meiner Konzeption des Liberalismus *sans phrase* zugrundelege, nicht kommunitaristischer Natur. Denn der Liberalismus *sans phrase* stützt sich auf einen normativen Individualismus, erblickt in dem eigenverantwortlichen, zur kundigen Selbstbeanspruchung fähigen Leben sein lebensethisches Ideal. Er teilt mit dem Kommunitarismus die antietatistische Skepsis, fürchtet wie er die nivellierende und uniformierende Wirkung eines übermächtigen welfaristischen Leviathan. Aber er setzt seine Hoffnung nicht auf regenerierende Gemeinschaftlichkeit, sondern auf das selbstmächtige Individuum, das die Risiken der Selbstverantwortung nicht scheut und zur ethischen Selbstbeanspruchung fähig ist. Er zielt nicht auf unmittelbare Stärkung kultureller Identität und gesellschaftlicher Kohäsion, sondern auf eine dem Selbständigkeitswillen der Individuen entgegenkommende Gesellschaft, die zum einen ein hinlänglich ausdifferenziertes und hoch qualifiziertes Ausbildungssystem etabliert und zum anderen eine offensive Beschäftigungspolitik betreibt.

Für den Liberalismus *sans phrase*, dessen normativer Kompaß das personentheoretische Ideal eigenverantwortlicher und selbstbestimmter Lebensführung ist, ist die effektivste Sozialpolitik die Schaffung von Arbeitsplätzen. Und diejenigen, die den Wohlfahrtsstaat erzwungenermaßen finanzieren, haben auch einen Anspruch darauf, daß im Rahmen der Wahrung des Ziels, die Abhängigkeit ökonomisch und moralisch erträglich zu halten, alle wirtschaftlichen Instrumente zur Verbesserung der Beschäftigungslage angewandt werden. Der Arbeitsmarkt ist ein Ort wachsender Ungerechtigkeit, aber nicht weil wir uns in einem kapitalistischen System befinden oder die Unternehmensgewinne stärker steigen würden als die Arbeitnehmereinkünfte, sondern weil Arbeit eklatant ungleich verteilt ist und Arbeit nicht nur ein ökonomisch wichtiges, sondern auch ein ethisch wichtiges Gut ist. Mit schrumpfendem Arbeitsmarkt geht auch die Versorgung mit einem wichtigen ökonomischen und ethischen Gut zurück. Die interne axiologische Komplexität des Gutes Arbeit wird von dem gegenwärtigen wohlfahrtsstaatlichen System nicht angemessen berücksichtigt. Das Ersatzeinkommen, das es gewährt, vermag zwar teilweise die ökonomische Funktion der Arbeit zu ersetzen, nicht jedoch seine ethische Bedeutung. Bedenkt man diese komplexe Struktur der Arbeit, dann fällt die Insuffizienz des monetaristischen Reduktionismus des Wohlfahrtsstaats sofort ins Auge. *Zur Steigerung – oder in Zeiten wirtschaftlichen Rückgangs, lediglich zur Sicherung – der Transferzahlungen, die die ökonomische Funktion der verlorenen Arbeit ersetzen sollen, werden die Kosten der verbleibenden Arbeit erhöht und damit die über günstige Bedingungen der Produktion von Arbeitsplätzen entscheidenden Rahmengegebenheiten des Arbeitsmarktes sukzessive verschlechtert, so daß die Versorgung mit dem vollständigen, sowohl seine ökonomische wie seine ethische Funktion erfüllenden Gut Arbeit immer dürftiger wird.* Dies wird durch die tarifpolitischen Verteilungskämpfe noch verstärkt, in denen die ehemals als wirtschaftliche Interessenvertretung der Arbeiterschaft agierenden Gewerkschaften nur noch als Lobby der Arbeitsplatzbesitzer auftreten und sich daher bei ihren Verhandlungen über die Bedingungen, die zu einer gerechteren Verteilung des Gutes Arbeit führen würden, interessenpolitisch hinwegsetzen.

Der sozialstaatliche Kompensationismus legt einen erstaunlichen Gleichmut gegenüber dem vielfältigen Übel der Arbeitslosigkeit an den Tag. Der herrschende Sozialdemokratismus glaubt sich diesen Gleichmut leisten zu können, weil er von einem monetaristischen Monismus ausgeht und damit die Währung des Marktes genauso wie die Egalitaristen unmittelbar zur Währung der Gerechtigkeit macht. Aber Arbeit ist weitaus mehr als der Weg zu einem Einkommen. *Einer Arbeit nachgehen ist eine Praxis, die viele Werte in eine Wertverwirklichungssituation verflicht, einer Arbeit nachgehen ist eine Lebensform.* Entsprechend komplex sind die Folgen der Arbeitslosigkeit; Arbeitslosigkeit bedeutet gravierende lebensgeschichtliche Verschlechterung, kommt einem biographischen Bruch, einem sozialen Schock gleich; Einkommenslosigkeit ist sicherlich eine schwerwiegende, jedoch nicht die einzige Konsequenz, die mit dem Verlust des Arbeitsplatzes verbunden ist. Der gerechtigkeitstheoretische Kompensationismus der Wohlfahrtsdemokratie ist daher arbeitsethisch und autonomieethisch unterentwickelt. Die evaluative Bedeutung der Arbeit geht weit über den ökonomischen Horizont hinaus. Nur dann wäre an dem Monetarismus des Sozialdemokratismus nichts auszusetzen, wenn die durch Arbeitslosigkeit verursachte Wertdefizienz und Wertunterversorgung sich allein nach der Einkommensgröße bemessen würde, wenn Arbeitslosigkeit also allein Einkommenslosigkeit wäre und das Leid der Arbeitslosigkeit allein das Leid an der Einkommenslosigkeit wäre. Dann bedeutet solidarische Leidminderung Minderung der Einkommenslosigkeit, Bereitstellung eines Ersatzeinkommens. Dann kann sich an der Höhe des bereitgestellten Ersatzeinkommens auch das sozialstaatliche Gerechtigkeitsniveau messen lassen. Dann ist es verständlich, wenn die Gerechtigkeitsdiskussion über den ‚Sozialabbau' sich allein auf ökonomische Kategorien beschränkt und nur auf die Höhe der arbeitsfreien Zuwendungen starrt. Aber diese Sichtweise ist ethisch blind, betrachtet den Bürger als ein ausschließlich konsumptives Wesen, entkleidet ihn seiner fundamentalen Bedürfnisse, sich auszudrücken, Herausforderungen anzunehmen und zu bestehen, sein eigenes Leben zu führen und in der beruhigenden ethischen Reziprozität von Leistung und Gegenleistung zu leben. *Der sozialdemokratische Sozialstaat verdient keinesfalls sonderliches Gerechtigkeits- und Solidaritätslob; ihm ist vorzuwerfen, daß er sich durch Ersatzzahlungen von seiner strukturpolitischen und arbeitsmarktpolitischen Gerechtigkeitsverantwortung und seiner bürgerlichen Solidarität freikauft.*

Bibliographie

Ackerman, Bruce 1980: *Social Justice in the Liberal State*, New Haven.

Ackerman, Bruce 1989: „Why Dialogue?", *The Journal of Philosophy* LXXXVI/1, 5–22.

Ackerman, Bruce 1991: *We The People*, Cambridge, Mass.

Ackerman, Bruce 1993: *Ein neuer Anfang für Europa. Nach dem utopischen Zeitalter*, Berlin.

Ackerman, Bruce/Alstott, Anne 1999: *The Stakeholder Society*, New Haven.

Adorno, Th. W. 1966: *Negative Dialektik*, Frankfurt/M.

Alexander, L./Schwarzschild, M. 1987: „Liberalism, Neutrality, and Equality of Welfare vs. Equality of Resources", *Philosophy and Public Affairs* 16, 85–110.

Aristoteles 1974: *Nikomachische Ethik*, Werke Band 6, Darmstadt.

Arneson, Richard J.1989: „Equality and Equality of Opportunity for Welfare", *Philosophical Studies* 56, 77–93.

Arneson, Richard J. 1990a: „Primary Goods Reconsidered", *Nous* 24/3, 429–456.

Arneson, Richard J.1990b: „Liberalism, Distributive Subjectivism, and Equal Opportunity for Welfare", *Philosophy and Public Affairs* 19, 158–194.

Arneson, Richard J. 1993: „Equality", in: Robert E. Goodin/Philip Pettit (Hrsg.): *A Companion to Contemporary Political Philosophy*, Oxford, 489–507.

Arneson, Richard J. 1994: „Gleichheit und gleiche Chancen zur Erlangung von Wohlergehen" in: Honneth, Axel (Hrsg.): *Pathologien des Sozialen*, Frankfurt/M, 330–350.

Barry, Brian 1965: *Political Argument*, New York-London.

Barry, Brian 1973: *The Liberal Theory of Justice. A Critical Examination of the Principal Doctrines in „A Theory of Justice" by John Rawls*, Oxford.

Barry, Brian 1989: *Theories of Justice*, Berkeley.

Beck, Ulrich 1999: *Schöne neue Arbeitswelt. Vision: Weltbürgergesellschaft*, Frankfurt/M.

Bedau, Horst 1980: „Social Justice and Social Institutions", *Midwest Studies in Philosophy*, vol. 5, Minneapolis, 159–176.

Bedau, Hugo Adam 1982: „International Human Rights", in: Tom Regan/Donald VanDeVeer (Hrsg.): *And Justice for All. New Introductory Essays in Ethics and Public Philosophy*, Totowa NJ, 287–308.

Berlin, Isaiah 1969: *Four Essays on Liberty*, Oxford.

Blasche, Siegfried/Döring, Diether (Hrsg.) 1998: *Sozialpolitik und Gerechtigkeit*, Frankfurt/M.

Brandt, Reinhard 1972: „Zu Lockes Lehre vom Privateigentum", *Kant-Studien* 63, 426–435.

Brandt, Reinhard 1983: „Menschenrechte und Güterlehre. Zur Geschichte und Begründung des Rechts auf Leben, Freiheit und Eigentum", in: Johannes Schwartländer/Dieter Willoweit (Hrsg.): *Das Recht des Menschen auf Eigentum*, Kehl am Rhein, 19–31;

Brunkhorst, Hauke 1997: *Solidarität unter Fremden*, Frankfurt/M.

Buchanan, James M. 1975: *Limits of Liberty: Between Anarchy and Leviathan*, Chicago.

Buchanan, James M./Congleton, Roger D. 1998: *Politics By Principles, Not Interest. Towards Non-discriminatory Democracy*, Cambridge.

Cicero 1964: *De officiis libri III / Vom rechten Handeln*, Zürich-Stuttgart.

Cohen, Gerald A. 1977: „Robert Nozick and Wilt Chamberlain: How Patterns Preserve Liberty", *Erkenntnis* 11, 5–23.

Cohen, Gerald A. 1986a: „Self-Ownership, World-Ownership, and Equality", in: Lucash, F. (Hrsg.): *Justice and Equality Here and Now*, Ithaca, NY, 108–135.

Cohen, Gerald A.1986b: „Self-Ownership, World-Ownership and Equality: Part 2", *Social Philosophy and Policy* 3/2, 77–96.

Cohen, Gerald A. 1989: „On the Currency of Egalitarian Justice", *Ethics* 99, 906–944.

Cohen, Gerald A. 1993: „Equality of What? On Welfare, Goods, and Capabilities", in: Nussbaum, Martha C./Sen, Amartya (eds.): *The Quality of Life*, Oxford, 9–29.

Cohen, Gerald A. 1995: *Self-Ownership, Freedom and Equality*, Cambridge.

Corlett, J.Angelo (Hrsg.) 1991: *Equality and Liberty. Analyzing Rawls and Nozick*, Houndmills.

Daniels, Norman 1975: „Equal Liberty and Unequal Worth of Liberty", in: Norman Daniels (Hrsg.): *Reading Rawls. Critical Studies on Rawls' „A Theory of Justice"*, New York, 253–281.

Daniels, Norman 1996: *Justice and Justification. Reflective Equilibrium in Theory and Practice*, Cambridge.

Durkheim, Emile 1988: *Über soziale Arbeitsteilung*, Frankfurt/M.

Dworkin, Ronald 1977: *Taking Rights Seriously*, Cambridge, Mass.

Dworkin, Ronald 1981a: „What is Equality? Part I: Equality of Welfare", *Philosophy and Public Affairs* 10, 185–246.

Dworkin, Ronald 1981b: „What is Equality? Part II: Equality of Resources", *Philosophy and Public Affairs* 10, 283–345.

Dworkin, Ronald 1983a „Neutrality, Equality, and Liberalism", in: MacLean, Douglas/Mills, Claudia (Hrsg.): *Liberalism Reconsidered*, Totowa, NJ, 1–11.

Dworkin, Ronald 1983b: „In Defense of Equality", *Social Philosophy & Policy* 1/1, 24–40.

Dworkin, Richard 1983c: „To Each His Own", *The New York Review of Books*, April 14, 4.

Dworkin, Ronald 1984: *Bürgerrechte ernstgenommen*, Frankfurt/M.

Dworkin, Ronald 1985: *A Matter of Principle*, Cambridge, Mass.

Dworkin, Ronald 1990/1995: „Foundations of Liberal Equality", in: *The Tanner Lectures of Human Values XI*, Salt Lake City: University of Utah Press, 1–120; wiederabgedruckt in: Stephen Darwall (Hrsg.): *Equal Freedom. Selected Tanner Lectures on Human Values*, Ann Arbor 1995, 190–306.

Dworkin, Ronald 1993: „Freiheit, Gleichheit und Gemeinschaft", in: Krzysztof Michalski (Hrsg.): *Die liberale Gesellschaft. Castelgandolfo-Gespräche 1992*, Stuttgart; 69–102.

Elster, Jon 1986: „Comment on van der Veen and Van Parijs", *Theory and Society* 15, 709–722.

Elster, Jon 1988: „Taming Chance: Randomization in Individual and Social Decisions", *The Tanner Lectures on Human Values* IX, 1988, Salt Lake City, 107–179.

Elster, Jon 1989: *Solomonic Judgements. Studies in the Limitations of Rationality*, Cambridge.

Enzensberger, Hans Magnus 1999: *Leichter als Luft. Moralische Gedichte*, Frankfurt/M.

Feinberg, Joel 1970: „Justice and Deserving", in: ders.: *Doing and Deserving*, Princeton NJ, 55–94.

Fishkin, James S. 1983: *Justice, Equal Opportunity, and the Family*, New Haven-London.

Fleischacker, Samuel 1999: *A Third Concept of Liberty. Judgment and Freedom in Kant and Adam Smith*, Princeton NJ.

Flew, Anthony 1989: *Equality in Liberty and Justice*, London.

Forst, Rainer 1999: „Das grundlegende Recht auf Rechtfertigung", in: H. Brunkhorst/W. Köhler (Hrsg.): *Recht auf Menschenrechte*, Frankfurt/M., 66–105.

Frankfurt, Harry G. 1988: „Equality as a Moral Ideal", in: ders.: *The Importance of What We Care About*, Cambridge, 134–158.

Fried, Charles 1978: *Right and Wrong*, Cambridge Mass.

Fried, Charles 1982: „Is Liberty Possible?", *The Tanner Lectures vol. III.*, Salt Lake City, 91–135.

Fried, Charles 1983: „Distributive Justice", *Social Philosophy & Policy* 1/1, 45–59.

Galston, William 1986: „Equality of Opportunity and Liberal Theory"; in: Lucash, F. (Hrsg.): *Justice and Equality Here and Now*, Ithaca, NY, 89–107.

Gauthier, David 1990: „Justice and Natural Endowment. Toward a Critique of Rawls's Ideological Framework", in: ders.: *Moral Dealing. Contract, Ethics, and Reason*, Ithaca, 150–170.

Gerhardt, Volker 1999: *Selbstbestimmung. Das Prinzip der Individualität*, Stuttgart.

Gibbard, Alan: „Natural Property Rights", *Nous* 10, 77–86.

Giddens, Anthony 1997: *Jenseits von Rechts und Links. Die Zukunft radikaler Demokratie*, Frankfurt/M.

Giddens, Anthony 1998: *Der dritte Weg. Die Erneuerung der sozialen Demokratie*, Frankfurt/M.: Suhrkamp.

Goodin, Robert E. 1988a: „Reasons for Welfare: Economic, Sociological, and Political – but Ultimately Moral", in: Moon, J. D. (Hrsg.): *Responsibility, Rights and Welfare. The Theory of the Welfare State*, Boulder, 19–54.

Goodin, Robert E. 1988b: *Reasons for Welfare: The Political Theory of the Welfare State*, Princeton NJ.

Green Thomas Hill 1931: *Lectures on the Principles of Political Obligation*, in: ders., *Philosophical Works* Bd. II, London 1931.

Griffin, James 1986: *Well-Being. Its Meanings, Measurement, and Moral Importance*, Oxford.

Grünebaum, James O. 1987: *Private Ownership*, London.

Gutmann, Amy (Hrsg.) 1988: *Democracy and the Welfare State*, Princeton, NJ.

Habermas, Jürgen 1986: „Moralität und Sittlichkeit. Treffen Hegels Einwände gegen Kant auch auf die Diskursethik zu?", in: Wolfgang Kuhlmann (Hrsg.): *Moralität und Sittlichkeit*, Frankfurt/M.

Habermas, Jürgen 1991: *Erläuterungen zur Diskursethik*, Frankfurt/M.

Harris J. W. 1996: *Property and Justice*, Oxford.

Harsanyi, John C. 1976: „Can the Maximin Principle Serve as a Basis for Morality", in: ders.: *Essays in Ethics, Social Behaviour, and Scientific Explanation*, Boston, 37–63.

Hart, H.L.A. 1961: *The Concept of Law*, Oxford:

Hart, H.L.A. 1975: „Rawls on Liberty and its Priority", in: Norman Daniels (Hrsg.): *Reading Rawls. Critical Studies on Rawls' „A Theory of Justice"*, New York, 230–253.

Hayek, Friedrich A. v. 1960: *Constitution of Liberty*, London.

Hayek, Friedrich A. v. 1975: *Die Irrtümer des Konstruktivismus*, Tübingen.

Hayek, Friedrich A. v. 1976a: *Law, Legislation and Liberty. Vol 2: The Mirage of Social Justice*, Chicago.

Hayek, Friedrich A. v. 1976b: *Drei Vorlesungen über Demokratie, Gerechtigkeit und Sozialismus*, Tübingen.

Hayek, Friedrich A. v. 1979: *Liberalismus*, Tübingen.

Hayek, Friedrich A. v. 1981: *Recht, Gesetzgebung und Freiheit, Band 2: Die Illusion der sozialen Gerechtigkeit*, Tübingen.

Hayek, Friedrich A. v. 1996: *Die Anmaßung von Wissen*, Tübingen.

Heidegger, Martin 1967: *Sein und Zeit*, Tübingen.

Hinsch, Wilfried 1998: „Rawls' Differenzprinzip und seine sozialpolitischen Implikationen", in: Siegfried Blasche/Diether Döring (Hrsg.): *Sozialpolitik und Gerechtigkeit*, Frankfurt/M.: Campus, 17–74.

Hobbes, Thomas 1928, *The Elements of Law Natural and Politic* (1640), hrsg. v. F. Tönnies, Cambridge.

Hobbes, Thomas 1992: *Dialog zwischen einem Philosophen und einem Juristen über das englische Recht*, Weinheim.

Hobbes, Thomas 1996: *Leviathan*. Hrsg. v. Richard Tuck, Cambridge

Hondrich, Karl-Otto/Koch-Arzberger, Claudia 1992: *Solidarität in der modernen Gesellschaft*, Frankfurt/M.

Hume, David 1902: *Enquiries concerning the Human Understanding and Concerning the Principles of Morals*, hrsg. v. L. A. Selby-Bigge, Oxford.

Hume, David 1973: *Ein Traktat über die menschliche Natur,* Hamburg.

Hume, David 1986: *Dialogues Concerning Natural Religion*, hrsg. v. R. H. Popkin, Indianapolis.

Kant, Immanuel 1902: *Kant's Werke*, hrsg. v. der Preußischen Akademie der Wissenschaften, Berlin 1902ff.

Kateb, George 1992: *The Inner Ocean. Individualism and Democratic Culture*, Ithaca.

Kavka, Gregory S. 1991: „An Internal Critique of Nozick's Entitlement Theory", in: J. Angelo Corlett (Hrsg.): *Equality and Liberty* London 1991, 298-.310.

Kekes, John 1997: *Against Liberalism*, Ithaca.

Kersting, Wolfgang 1979: „Naturzustand und Minimalstaat. Robert Nozicks Versuch, die Grenzen der Wirksamkeit des Staates zu bestimmen", *Allgemeine Zeitschrift für Philosophie* 4, 34–53.

Kersting, Wolfgang 1988: „Polizei und Korporation in Hegels Gesellschaftsphilosophie", *Akten des XV. Internationalen Hegel-Kongresses vom 16.–19. April 1984 in Rotterdam, Hegel-Jahrbuch 1986*, Bochum, 373–383.

Kersting, Wolfgang 1992: *Thomas Hobbes zur Einführung*, Hamburg

Kersting, Wolfgang 1993a: *John Rawls zur Einführung*, Hamburg.

Kersting, Wolfgang 1993b: *Wohlgeordnete Freiheit. Immanuel Kants Rechts- und Staatsphilosophie*. Erweiterte Taschenbuchausgabe, Frankfurt/M.

Kersting, Wolfgang 1994: *Politische Philosophie des Gesellschaftsvertrags*, Darmstadt.

Kersting, Wolfgang 1996a: „Spannungsvolle Rationalitätsbegriffe in der politischen Philosophie von John Rawls", in: K.-O. Apel/M. Kettner (Hrsg.): *Die eine Vernunft und die vielen Rationalitäten*, Frankfurt/M, 227–261.

Kersting, Wolfgang 1996b: „Sozialstaat und Gerechtigkeit", in: *Sozialstaat – Idee und Entwicklung, Reformzwänge und Reformziele*, Veröffentlichungen der Walter-Raymond-Stiftung Bd. 35, Köln, 243–287.

Kersting, Wolfgang 1997: *Recht, Gerechtigkeit und demokratische Tugend*, Frankfurt/M.

Kersting, Wolfgang 1998a: „Die Gerechtigkeit zieht die Grenze, und das Gute setzt das Ziel", in: O. Höffe (Hrsg.): *John Rawls: Eine Theorie der Gerechtigkeit*, Berlin, 209–230.

Kersting, Wolfgang 1998b: „Der Markt- das Ende der Geschichte?", in: Norbert Brieskorn/ Johannes Wallacher (Hrsg.): *Homo Oeconomicus: Der Mensch der Zukunft?*, Stuttgart, 93–146.

Kersting, Wolfgang 1999a: „Gleiche gleich und Ungleiche ungleich: Prinzipien der sozialen Gerechtigkeit", in: Andreas Dornheim/Winfried Franzen/Alexander Thumfart/Arno Waschkuhn (Hrsg.): *Gerechtigkeit. Interdisziplinäre Grundlagen*, Opladen, 46–77.

Kersting, Wolfgang 1999b: „Theoriekonzeptionen der politischen Philosophie der Gegenwart: Methoden, Probleme, Grenzen", in: Michael Th. Greven/Rainer Schmalz-Bruns (Hrsg.): *Politische Theorie – heute. Ansätze und Perspektiven*, Darmstadt, 41–80.

Kersting, Wolfgang 1999c: *Platons ‚Politeia'*, Darmstadt: Wissenschaftliche Buchgesellschaft.

Kersting, Wolfgang 1999d: „Über Gerechtigkeit im Gesundheitswesen", *Jahrbuch für Wissenschaft und Ethik* 4, 143–174.

Kersting, Wolfgang 2000: „Makros anthropos und mikra polis. Der Begriff der Person in der politischen Philosophie", in: Dieter Sturma (Hrsg.): *Die Person. Geschichte-Konzepte-Probleme*, Paderborn.

Koller, Peter 1983: „Rawls' Differenzprinzip und seine Deutungen", *Erkenntnis* 20, 1–25.

Koller, Peter 1987: *Neue Theorien des Sozialkontrakts*, Berlin: Duncker & Humblot.

Koller, Peter 1994a: Gesellschaftsauffassung und soziale Gerechtigkeit, in: Günter Frankenberg (Hrsg.): *Auf der Suche nach der gerechten Gesellschaft*, Frankfurt/M, 129–150.

Koller, Peter 1994b: „Soziale Güter und soziale Gerechtigkeit", in: H.-J. Koch/M. Köhler/ K. Seelmann (Hrsg.): *Theorien der Gerechtigkeit*, ARSP-Beiheft 56, Stuttgart, 79–104.

Kronman, Anthony T. 1981: „Talent Pooling", in: *Human Rights*. Nomos XXIII, hrsg. v. Roland Pennock/John Chapman, New York, 58–79.

Kymlicka, Will 1990: *Contemporary Political Philosophy. An Introduction*, Oxford.

Larmore, Charles 1987: *Patterns of Moral Complexity*, Cambridge.

Locke, John 1977: *Zwei Abhandlungen über die Regierung*, Frankfurt/M.

Macpherson, C. B. 1962: *The Political Theory of Possessive Individualism: Hobbes to Locke*, Oxford.

Mapel, David 1989: *Social Justice Reconsidered. The Problem of Appropriate Precision in a Theory of Justice*, Urbana, Ill.

Martin, Rex 1994: „Economic Justice. Contractarianism and Rawls's Difference Principle", in: David Boucher/Paul Kelly (Hrsg.): *The Social Contract from Hobbes to Rawls*, London, 245–266.

Marx, Karl 1971: *Kritik des Gothaer Programms*, in: Marx/Engels: Ausgewählte Schriften II, Berlin.

Mead, Lawrence M. 1986: *Beyond Entitlement: The Social Obligation of Citizenship*, New York-London.

Melden, A. I. 1977: *Rights and Persons*, Berkeley/Los Angeles.

Mises, Ludwig von 1979: *Die Wurzeln des Anti-Kapitalismus*, 2. Aufl. Frankfurt/M.

Montesquieu 1965: *Vom Geist der Gesetze*, Stuttgart.

Moon, Donald J. 1988: „The Moral Basis of the Democratic Welfare State, in: Gutmann, Amy (Hrsg.): *Democracy and the Welfare State*, Princeton, NJ, 27–52.

Nagel, Thomas 1973: „Rawls on Justice", *The Philosophical Review* 82, 220–234.

Nagel, Thomas 1975: „Libertarianism Without Foundations", *Yale Law Journal* 85, 136–149.

Nagel, Thomas 1979: „Moral Luck", in: ders.: *Moral Questions*, Cambridge, 24–38.

Nagel, Thomas 1986: *The View from Nowhere*, New York.

Nagel, Thomas 1991a: *Equality and Partiality*, New York.

Nagel, Thomas 1991b: *Die Grenzen der Objektivität. Philosophische Vorlesungen*, Stuttgart.

Narveson, Jan 1983a: „On Dworkinian Equality", *Social Philosophy and Policy* 1, 1–23.

Narveson, Jan 1983b: „Reply to Dworkin", *Social Philosophy and Policy* 1, 41–44.

Narveson, Jan 1988: *The Libertarian Idea*, Philadelphia.

Neal, Patrick 1997: *Liberalism and Its Discontents*, New York.

Nietzsche, Friedrich 1980: *Vom Nutzen und Nachteil der Historie für das Leben*, Werke Bd. 1, München.

Nozick, Robert 1974: *Anarchy, State, and Utopia*, Oxford.

Okin, Susan 1989: *Justice, Gender and the Family*, New York.

Otsuka, Michael 1998: „Self-Ownership and Equality: A Lockean Reconciliation", *Philosophy & Public Affairs* 27, 65–92.

Paul, Jeffrey (Hrsg.) 1982: *Reading Nozick. Essays on „Anarchy, State, and Utopia"*, Oxford.

Peffer, Rodney G. 1990: *Marxism, Morality, and Social Justice*, Princeton NJ.

Platon 1974: *Jubiläumsausgabe sämtlicher Werke zum 2400.Geburtstag*, Zürich.

Pojman, Louis P./McLeod, Owen (Hrsg.) 1999: *What Do We Deserve? A Reader on Justice and Desert*, New York.

Pufendorf, Samuel 1672: *De jure naturae et gentium libri octo*, Amsterdam.

Rakowski, Eric 1991: *Equal Justice*, Oxford.

Rawls, John 1971: *A Theory of Justice*, Cambridge, Mass.

Rawls, John 1975: *Eine Theorie der Gerechtigkeit*, Frankfurt/M.

Rawls, John 1978: „The Basic Structure as Subject", in: E. Goldman/J. Kim (Hrsg.): *Values and Morals*, Dordrecht, 47–73.

Rawls, John 1980: „Kantian Constructivism in Moral Theory: The Dewey Lectures", *Journal of Philosophy* 77, 515–572

Rawls, John 1992: *Die Idee des politischen Liberalismus. Aufsätze 1978–1989*, Frankfurt/M.

Rawls, John 1993: *Political Liberalism*, New York.

Rawls, John 1998: *Politischer Liberalismus*, Frankfurt/M.

Rescher, Nicholas 1966: *Distributive Justice: A Constructive Critique of the Utilitarian Theory of Distribution*, Indianapolis.

Rieger, Günter 1998: *Einwanderung und Gerechtigkeit. Mitgliedschaftspolitik auf dem Prüfstand amerikanischer Gerechtigkeitstheorien der Gegenwart*, Opladen.

Roemer, John E. 1985: „Equality of Talent", *Economics and Philosophy* 1, 151–181.

Roemer, John E. 1986a: „Equality of Resources Implies Equality of Welfare", *Quarterly Journal of Economics* 101, 751–782.

Roemer, John E. 1986b: „The Mismarriage of Bargaining Theory and Distributive Justice", *Ethics* 97/1, 88–110.

Roemer, John E. 1996: *Theories of Distributive Justice*, Cambridge, Mass.

Roemer, John E. 1998: *Equality of Opportunity*, Cambridge, Mass.

Rothschild, Kurt W. 1997: „Basiseinkommen und alternative Motivierungen", *Jahrbücher für Nationalökonomie und Statistik* 216/3, 361–367.

Rousseau, Jean-Jacques 1971: *Schriften zur Kulturkritik. Die zwei Diskurse von 1750 u. 1755*, hrsg. v. Kurt Weigand, Hamburg.

Rousseau, J.-J. 1984: *Diskurs über die Ungleichheit/Discours sur l'inégalité*. Kritische Ausgabe des integralen Textes, ediert, übersetzt und kommentiert von Heinrich Meier, Paderborn.

Rüb, Friedbert W. 1998: „Versicherungsprinzip und soziale Gerechtigkeit", in: S. Blasche/ D. Döring (Hrsg.): *Sozialpolitik und Gerechtigkeit*, Frankfurt/M., 314–355.

Sandel, Michael J. 1982: *Liberalism and the Limits of Justice*, Cambridge.

Sandkühler, H. J./de la Vega, Rafael (Hrsg.) 1970: *Marxismus und Ethik. Texte zum Neukantianischen Sozialismus*, Frankfurt/M.: Suhrkamp.

Schaar, John H. 1997: „Equality of Opportunity, and Beyond", in: Louis P. Pojman/Robert Westmoreland (Hrsg.): *Equality. Selected Readings*, New York-Oxford, 137–148.

Schoeck, Helmut 1966: *Der Neid und die Gesellschaft*, Freiburg.

Schwartz, Adina 1973: „Moral Neutrality and Primary Goods", *Ethics* 83, 294–307.

Sen, Amartya 1970: *Collective Choice and Social Welfare*, San Francisco.

Sen, Amartya 1980: „Equality of What?", in: S. McMurrin (Hrsg.): *The Tanner Lectures on Human Values*, Cambridge, 195–220.

Sen, Amartya 1985a: „Well-Being, Agency and Freedom: The Dewey Lectures 1984", *Journal of Philosophy* 82, 169–221.

Sen, Amartya 1985b: *Commodities and Capabilities*, Amsterdam.

Sen, Amartya 1990: „Justice: Means versus Freedoms", *Philosophy and Public Affairs* 19, 111–121.

Sesselmeier, Werner 1998: „Negative Einkommenssteuer und Gerechtigkeit", in: Siegfried Blasche/Diether Döring (Hrsg.): *Sozialpolitik und Gerechtigkeit*, Frankfurt/M, 356–383.

Sher, George 1987: *Desert*, Princeton.

Siebert, Horst 1998: *Arbeitslos ohne Ende? Strategien für mehr Beschäftigung*, Wiesbaden.

Simmons, A. John 1992: *The Lockean Theory of Rights*, Princeton.

Smith, Adam 1978: *Wohlstand der Nationen* (1776), München.

Sommers, Christina 1989: „Philosophers against the Family", in: George Graham/Hugh Lafollette (Hrsg.): *Person to Person*, Philadelphia, 82–105.

Sommers, Christina 1991: „Do These Feminists Like Women?", *The Journal of Social Philosophy* 21, 66–74.

Spieker, Manfred 1986: *Legitimationsprobleme des Sozialstaates*, Bern/Stuttgart.

Stenzel, G. (Hrsg.) 1986: *Die deutschen Romantiker. Bd. 1*, Salzburg.

Sterba, James P. 1995: „Reconciling Conceptions of Justice", in: Sterba et. al. (Hrsg.): *Morality & Social Justice. Point/Counterpoint*, Lanham, 1–38.

Sterba, James P. 1998a: „Social Justice", in: Charles K. Wilber (Hrsg.): *Economics, Ethics, and Public Policy*, Lanham-Boulder, 187–215.

Sterba, James P. 1998b: *Justice for Here and Now*, Cambridge.

Strawson, Peter Fr. 1985: *Scepticism and Naturalism: Some Varieties*, London.

Sturma, Dieter 1997: *Philosophie der Person. Die Selbstverhältnisse in Subjektivität und Moralität*, Paderborn.

Thiel, Udo 1983: *Lockes Theorie der personalen Identität*, Bonn.

Thoss, Peter 1968: *Das subjektive Recht in der gliedschaftlichen Bindung. Zum Verhältnis von Nationalsozialismus und Privatrecht*, Frankfurt/M.

Van Parijs, Philippe 1991: „Why Surfers Should be Fed: The Liberal Case for an Unconditional Basic Income", *Philosophy and Public Affairs* 20, 101–131.

Van Parijs, Philippe (Hrsg.) 1992a: *Arguing for Basic Income. Ethical Foundations for a Radical Reform*, London.

Van Parijs, Philippe 1992b: „Basic Income Capitalism", *Ethics* 102/3, 465–484.

Van Parijs, Philippe 1995: *Real Freedom for All. What (if Anything) Can Justify Capitalism?* Oxford.

Waldron, Jeremy 1988: *Right to Private Property*, Oxford.

Walter, Tony 1989: *Basic Income. Freedom from Poverty, Freedom to Work*, London.

Walzer, Michael 1983: *Spheres of Justice. A Defence of Pluralism and Equality*, Oxford.

Walzer, Michael 1984: „Liberalism and the Art of Separation", *Political Theory* 12/3, 315–330.

Williams, Bernard 1984: „Moralischer Zufall", in: ders.: *Moralischer Zufall*. Philosophische Aufsätze 1973–1980, Königstein/Ts, 30–49.

Wittgenstein, Ludwig 1970: *Über Gewißheit*, Frankfurt/M.

Wolff, Jonathan 1991: *Robert Nozick. Property, Justice and the Minimal State*, Cambridge.

Young, Iris Marion 1990: *Justice and the Politics of Difference*, Princeton.

Zaitchik, Alan 1977: „On Deserving to Deserve", *Philosophy and Public Affairs* 6, 370–388.

Personenregister